Meher Baba · Darlegungen

Meher Baba

DARLEGUNGEN
über das Leben in
Liebe und Wahrheit

Die Unterweisungen
eines universalen
Weisheitlehrers

Übersetzung aus dem Englischen im Auftrag des Avatar Meher Baba Perpetual Public Charitable Trust Ahmednagar Maharastra India.

Übersetzung von Stephan Schuhmacher.
Redaktion: Adrian Leser.

Copyright © 1987 by Avatar Meher Baba Perpetual Public Charitable Trust Ahmednagar, Maharashtra, India.

Alle Rechte der verbreitung, auch durch Funk, Fernsehen, fotomechanische Wiedergabe, Tonträger jeder art sowie durch auszugsweisen Nachdruck, sind vorbehalten.

Alle Fotos © Meher Nazar Publications

1. Auflage 1991
Gesamtdeutsche Rechte beim Otto Wilhem Barth Verlag.

2. Auflage 2017
Weltweite und gesamtdeutsche Rechte beim Companions Books, dba Beads on One String Inc.

ISBN 978-0-9565530-1-0

Inhalt

Vorwort zur deutschen Ausgabe 9
Einleitung 10

Die sieben Wirklichkeiten 17
Die Neue Menschheit 19
Selbstsucht 27
Gott und das Individuum 34
Ursprung und Ziel der Schöpfung 41
Entstehung und Funktion der Sanskāras 51
Die Beseitigung der Sanskāras 60
    I.   Nichtschaffen, Entkräften und Abbauen von Sanskāras 60
    II. Auflösung und Erschöpfung von Sanskāras 69
    III. Letztes Auslöschen der Sanskāras 77
Gut und Böse 81
Gewalt und Gewaltlosigkeit (I) 88
Gewalt und Gewaltlosigkeit (II) 94
Handeln und Nichthandeln 98
Vollkommenheit 100
Das Leben des Geistes 105
Selbstloses Dienen 111
Wege zur Einsicht 116
Das Problem der Sexualität 122
Die Heiligung des Ehelebens 127
Liebe 134
Die Unendlichkeit der Wahrheit 142

Inhalt

Die Suche nach Gott	148
Die Stufen des Pfads	154
Der Vorgang der Selbsterkenntnis	161
Gottverwirklichung	167
Wahre Jüngerschaft	173
Die Wege der Meister	180
Die Natur des Ich und seine Auflösung	187
I. Das Ich als Mittelpunkt des Konflikts	187
II. Das Ich als Bekräftigung der Getrenntheit	193
III. Die Formen des Ich und ihre Auflösung	199
Der Platz des Okkulten im Leben des Geistes	207
I. Vom relativen Wert okkulter Erfahrungen	207
II. Die geistige Beziehung zum Meister	213
III. Okkultismus und Spiritualität	219
Die Arten der Meditation	228
I. Das Wesen der Meditation und ihre Voraussetzungen	228
II. Die Hauptarten der Meditation und ihr relativer Wert	234
III. Allgemeine Klassifikation der Meditationsformen	240
IV. Assimilation der göttlichen Wahrheiten	245
V. Spezialisierte Meditation personaler Natur	254
VI. Spezialisierte Meditation nichtpersonaler Natur	260
VII. Nirvikalpa-Samādhi	265
VIII. Der Aufstieg zum Nirvikalpa-Samādhi und die Natur des Sahaj-Samādhi	270
Die Dynamik des geistigen Fortschritts	277
Die tieferen Aspekte geistiger Praxis (Sādhana)	284
Der Avatār	293
Der Vollkommene Meister	298
I. Suchende und Verwirklichte	298
II. Der Stand des Vollkommenen Meisters	303
III. Das Wirken des Vollkommenen Meisters	308
Der Kreis	314
Der zehnfache Kreis des Avatār	320
Die Geburtswehen der neuen Weltordnung	325
Reinkarnation und Karma	329
I. Die Bedeutung des Todes	329
II. Himmel und Hölle	334
III. Die Erinnerung früherer Existenzen	340
IV. Die Rolle der Dualität	345

Inhalt

    V. Die Notwendigkeit männlicher und weiblicher Inkarnationen ... 349
    VI. Das Wirken des Karma durch aufeinanderfolgende Existenzen .. 353
    VII. Die Bestimmung des sich wiederverkörpernden Individuums ... 360
Für Gott leben und für Gott sterben 365
Das Werk der geistigen Befreiung der Menschheit 366
Die Aufgabe des geistig Arbeitenden 370
Anforderungen an den Suchenden 376
    I. Eintritt in die Realitäten des inneren Lebens 376
    II. Die Entfaltung göttlicher Eigenschaften 380
    III. Bereitschaft zum Dienen 384
    IV. Vertrauen (Glauben) 389
Māyā 395
    I. Falsche Werte 395
    II. Falsche Überzeugungen 399
    III. Über das Spiel der Māyā hinaus 403
    IV. Gott und Māyā 407
Die Voraussetzungen wahren Glücks 412
    I. Überwindung des Leidens durch innere Loslösung 412
    II. Anspruchslosigkeit, Liebe und Gottverwirklichung 418
Gott als unendliche Liebe 423
Epilog 428
    Zwölf Wege zu meiner Wirklichkeit 428

Glossar 430
Literaturverzeichnis 444

Vorwort
zur deutschen Ausgabe

Die vorliegende deutsche Übertragung der *Discourses* von Meher Baba basiert auf der siebenten, überarbeiteten Ausgabe der *Discourses* in englischer Sprache. Zuerst erschienen die *Discourses* zwischen 1939 und 1943 in einer fünfbändigen Ausgabe in Indien. In den fünf Bänden der Erstausgabe waren Darlegungen und Botschaften Meher Babas, die sich an bestimmte Personen oder Gruppen richteten und die er über die Jahre mit Hilfe seiner Buchstabentafel diktiert hatte, gesammelt.

Einzelne in diesen *Discourses* behandelte Punkte wurden von Meher Baba später auf Fragen seiner Anhänger hin zusätzlich erläutert und präzisiert. Außerdem stellte sich heraus, daß in die frühen Ausgaben der *Discourses* Interpretationen und Ausschmückungen der Personen, die das von Meher Baba diktierte Material zum Zweck der Publikation redaktionell bearbeitet hatten, eingeflossen waren.

So wurden die *Discourses* für spätere Ausgaben mit Erlaubnis von Meher Baba von einigen seiner engen Vertrauten mehrfach überarbeitet. Dabei wurde auf weitere Erläuterungen Meher Babas sowie die Verfeinerung und Vertiefung seiner Terminologie in einem späteren Werk, *God Speaks*, zurückgegriffen. Die hier ins Deutsche übersetzte siebente Ausgabe stellt den bisherigen Endpunkt dieser jahrzehntelangen editorischen Arbeit dar und enthält die 1987 vom Avatar Meher Baba Perpetual Public Charitable Trust autorisierte Version der *Darlegungen*.

Einleitung

Meher Baba wurde am 25. Februar 1894 als Merwan Sheriar Irani in der indischen Stadt Poona (Maharashtra) geboren. Seine Eltern, Sheriar und Shirin, waren Anhänger des Zoroastrismus iranischer Herkunft. Sheriar, sein Vater, hatte sein Leben der Gottsuche geweiht. Merwan war ein aufgeweckter, fröhlicher Knabe, der sich in der Schularbeit ebenso auszeichnete wie im Sport. Für geistige Dinge legte er kein übermäßiges Interesse an den Tag, doch als ihm einmal ein Schulfreund ein Buch über das Leben Buddhas zu lesen gab, geschah etwas Seltsames: «Ich schlug das Buch auf», sagte er Jahre später über diesen Augenblick, «und stieß auf die Stelle, wo die Rede war vom künftigen Kommen des Buddha als Maitreya, der Herr des Erbarmens. Und plötzlich wußte ich – das bin ich selbst. Ich fühlte es tief in mir. Dann vergaß ich alles wieder, und Jahre vergingen.»

Im Mai 1913, als Merwan an der Dekkan-Universität in Poona studierte, trat ein Ereignis ein, das seinem bisherigen Leben ein jähes Ende bereitete – die Begegnung mit der muslimischen Greisin Hazrat Babajan, die zu den fünf Vollkommenen Meistern jener Zeit gehörte. Als er eines Tages wie gewohnt auf seinem Rad an dem Baum vorbeifuhr, unter welchem Babajan zumeist saß, rief sie ihn zu sich. Sie küßte ihn auf die Stirn. Damit zerriß sie den Schleier und offenbarte ihm seinen wahren Stand als der *Avatār**, der totalen Manifestation Gottes in Menschengestalt.

---

* Fremdsprachliche Termini sind nur beim ersten Auftauchen kursiviert; Erläuterungen zu diesen Termini und einigen anderen kursivierten Begriffen finden sich im Glossar, S. 430 ff.

Einleitung

Zunächst war Merwan wie geblendet, doch im Laufe von Monaten vermochte er sein Bewußtsein wieder soweit auf seine Umwelt zu richten, daß er den Vollkommenen Meister Sai Baba von Shirdi (1838-1918) aufsuchen konnte. Dieser sandte ihn zu einem weiteren der Vollkommenen Meister, Upasni Maharaj von Sakori, einem Hindu. (Sai Baba äußerte sich nie über seine Zugehörigkeit zu einer Religion. Die beiden übrigen Vollkommenen Meister waren der Muslim Tajuddin Baba und der Hindu Narayan Maharaj.) Während der folgenden sieben Jahre brachte Upasni Maharaj Merwans Gottbewußtsein in Einklang mit dem Bewußtsein der Erscheinungswelt und versetzte ihn damit in die Lage, seine Aufgabe als der Avatār des Zeitalters zu erfüllen. Dieses öffentliche Wirken begann 1921 mit der Berufung der ersten Jünger, die ihm den Namen Meher Baba gaben, das heißt «Barmherziger Vater».

Nach monatelanger intensiver Arbeit mit diesen Jüngern und Wanderungen durch Indien (einschließlich des heutigen Pakistan) und Iran zog Meher Baba 1923 mit seiner Gefolgschaft in die Nähe von Ahmednagar im indischen Staate Maharashtra. Hier entstand in der Folge eine kleine Siedlung, Meherabad genannt, mit verschiedenen Einrichtungen wie Krankenhaus, Tagesklinik, Unterkünften für die Armen, Aussätzigen, Gemütskranken und Gottberauschten, die Meher Baba eigenhändig pflegte, sowie eine Schule für Knaben aller Religionen, die vornehmlich der geistigen Erziehung diente. Kastentrennung gab es hier nicht. Angehörige aller Kasten und Kastenlose fanden in der Liebe zum Meister zu einer einzigen Gemeinschaft zusammen. Alle unterwies Meher Baba in sittlicher Lebensführung und selbstlosem Dienen und verhalf ihnen in mannigfacher Weise zu geistiger Einsicht. Vor allem aber weckte er in ihnen Gottesliebe.

Dieses vielfältige Wirken wurde auch durch das Schweigen nicht unterbrochen, das Meher Baba nach kurzfristiger Vorankündigung am 10. Juli 1925 begann. Als man ihn damals fragte, wie er denn im Schweigen weiterhin lehren könne, antwortete er: «Ich bin nicht gekommen, um zu lehren, sondern um zu erwecken.» In späteren Jahren, während seiner Reisen in den Westen, beantwortete er Fragen bezüglich seines Schweigens ebenso tiefgründig: «Das, was wirklich ist, wird im Stillen geschenkt und empfangen» und «Wenn man mein Schweigen nicht hört, was nützen dann Worte?».

Nachdem er 1927 auch das Schreiben aufgegeben hatte (mit Ausnahme seiner Unterschrift), benutzte er zur verbalen Verständigung eine Buchstabentafel. 1954 entledigte er sich auch dieses Mittels und drückte

Einleitung

sich fortan durch ein eigenes, einzigartiges System von Gesten aus. Sowohl die vorliegenden *Darlegungen* als auch das Werk *God Speaks* wurden jedoch noch vor diesem Zeitpunkt mit Hilfe der Buchstabentafel diktiert.

Anfang der dreißiger Jahre begann eine Periode von Reisen, hauptsächlich nach Europa und Amerika. Von den Hunderten von Menschen, mit denen Meher Baba damals im Westen Kontakt aufnahm, erlaubte er nur wenigen, später in kleinen Gruppen nach Indien zu kommen, für Aufenthalte von wenigen Wochen bis zu mehreren Jahren. Kurz vor Ausbruch des 2. Weltkriegs wurden alle bis auf eine Handvoll zurückgeschickt. Weitere Reisen in den Westen folgten in den Jahren 1952, 1956 und 1958. Die beiden letzten schlossen auch Australien ein. Danach verließ Meher Baba Indien nicht mehr und gestattete seinen Anhängern im Ausland nur noch bei seltenen Gelegenheiten, ihn zu besuchen. Eine dieser seltenen Gelegenheiten war das Ost-West-Treffen im November 1962, als auf seine Einladung Tausende seiner Anhänger aus aller Welt nach Poona kamen. Beinahe eine Woche lang gab Meher Baba großzügig von sich selbst, und das Treffen endete mit einem Tag der offenen Tür, an dem die Menschen scharenweise aus der Umgebung herbeiströmten, um im *Darshan* den Segen des Avatār zu empfangen. Bei dieser Begegnung wurde wirklich, was so oft als Notwendigkeit postuliert worden ist: das Zusammenfinden von Ost und West, die Überbrückung tiefer Unterschiede in Tradition und Kultur – hier möglich geworden durch die einigende Liebe des Gottmenschen.

Unter Meher Babas vielseitigen Tätigkeiten während der fünf Jahrzehnte seines Wirkens in der Welt bedarf eine ganz besonders der Erläuterung – die Arbeit mit den Gottberauschten. Gottberauschte oder *Masts* (Urdu), wie man sie in Indien nennt, sind Pilger auf dem geistigen Pfad, die von der Erfahrung der Gottesliebe so überwältigt sind, daß sie den Kontakt mit der äußeren Welt verloren haben. Obwohl sie sich oft wie Geisteskranke benehmen, sind sie keineswegs mit solchen gleichzusetzen. Die Zustände der Gottberauschtheit *(Masti)* hat Meher Baba besonders ausführlich in Dr. William Donkins Buch *The Wayfarers* beschrieben. Vor allem in den vierziger Jahren suchte Meher Baba auf dem gesamten indischen Subkontinent Hunderte dieser Gottberauschten auf, pflegte sie eigenhändig und gab jedem das, wessen er oder sie auf dem weiteren Weg zu Gott bedurfte und um das nur Meher Baba selbst wußte.

Auf mannigfache Art diente Meher Baba auch den Armen, Gemütskranken und körperlich Behinderten. Ganz besonders nahm er sich der

Einleitung

Aussätzigen an. Mit unendlicher Sorgfalt und Liebe wusch er ihre Füße, beugte seine Stirn auf die oft unförmigen Stummel, auf denen sie einherhumpelten, und sandte sie mit kleinen Gaben und neuer Hoffnung auf den weiteren Weg. «Sie sind wie herrliche Vögel in häßlichen Käfigen», gab er bei dieser Arbeit einmal zu verstehen. «Von allen Aufgaben, die ich zu erfüllen habe, bewegt mich diese am tiefsten.»

Auf seinen weiten Reisen, bei der Fühlungnahme mit vielen Tausenden von Menschen, betonte Meher Baba immer wieder, daß er nicht gekommen sei, um zu lehren oder neue Gebote niederzulegen, sondern um zu erwecken. Mit Nachdruck wiederholte er, daß die Wahrheit von den Großen der Vergangenheit bereits verkündet worden sei und daß es für die Menschheit heute darum gehe, die in ihren Lehren offenbarte Wahrheit zu verwirklichen. Meher Babas avatärisches Werk ist mithin, die Menschen durch seine uralte Botschaft der Liebe zu dieser Verwirklichung zu erwecken. Sein Leben ist der Maßstab, «an dem der Mensch ablesen kann, was er ist und wozu er berufen ist».

Eines der großen Wunder der Begegnung mit Meher Baba ist das Gefühl gänzlichen Angenommenseins. Charles Purdom schreibt in seinem biographischen Werk über Meher Baba, *The God-Man*: «Er ermutigt die Menschen, sich selbst zu betrachten, ihr egoistisches Selbst hinzunehmen, nicht als gut oder schlecht, klug oder dumm, erfolgreich oder erfolglos, sondern als Mißverständnis ihres wahren Selbst, und aufzuhören, sich mit dieser illusionären Vorstellung zu identifizieren.» In jenen, die sich zu ihm hingezogen fühlen, löst Meher Baba nach wie vor überraschende Antworten aus, doch wie er das tut, weiß keiner wirklich zu sagen. Alles, was der einzelne spürt, ist eine mächtige heilende Kraft, die sein inneres Wesen belebt und befreit, in einer Weise, der man intuitiv vertraut.

Die Geschichte der Suche des Menschen nach seiner Seele hat nur wenige Werke hervorgebracht, die eine detaillierte Wegleitung für diese Suche vermitteln. Die vorliegenden *Darlegungen* sind ein wichtiger Beitrag zu diesem Schrifttum. Hier macht Meher Baba anschaulich, wie das Alltagsleben der geistigen Entfaltung dienstbar gemacht werden kann. Er legt auch in großen Zügen den Aufbau der Schöpfung dar und klärt die Beziehung des Suchenden zum Avatär und zum Vollkommenen Meister. Während das später veröffentlichte Werk *God Speaks* ganz dem Thema der Schöpfung gewidmet ist und die verschiedenen Seinszustände Gottes, Seinen Willen zur bewußten Erfahrung Seiner Göttlichkeit sowie die sich daraus ergebende Rolle der Schöpfung schildert, sind die *Darlegungen* ein Leitfaden für jene, die nach dem evolutionären «Sturz» in das Be-

Einleitung

wußtsein der Vielheit auf der Suche sind nach dem Weg zurück zum Einen.

Die *Darlegungen* beschreiben nicht nur den geistigen Pfad und seine Anforderungen, sondern werfen auch Licht auf das Ziel, das der Suchende anstrebt. Der Leser wird entdecken, daß sie durchaus kein fertiges Rezept für die geistige Entwicklung liefern. Sie erinnern vielmehr ständig daran, daß Gottesliebe und Hingabe an Gott bei jedem Schritt unerläßlich sind. Gottesliebe ist die lenkende Kraft auf dem Pfad, und diese Liebe und Hingabe sind es, die letztlich, durch die Gnade eines Vollkommenen Meisters, zum Ziel führen. Solch ein Meister ist der wissende Führer, der den Pfad bereits durchschritten hat und die Wahrheit erfahren hat. Er verhilft dem Jünger zu jener unendlichen Geduld, jener Zielstrebigkeit und Sicherheit, deren er bedarf, um seine Bestimmung zu verwirklichen.

Wie in der Darlegung «Der Avatār» beschrieben, ist es die periodische Manifestation Gottes als der Avatār – der Gottmensch, der Messias, der Christus, der Buddha, der Rasul –, welche die geistige Wiedergeburt der Menschheit als ganzer bewirkt, denn der Avatār allein setzt geistige Kräfte frei, die grenzenlos wirksam werden. Anders als die Gnade des Vollkommenen Meisters, der nach seinem Hingang keine Verbindung mehr hat zur Schöpfung, strömt die Gnade des Avatār ununterbrochen allen zu, und jeder empfängt davon nach Maßgabe seiner Liebe zu Gott und seiner Sehnsucht nach Ihm. Die Führung und Gnade des Avatār ist mithin nicht bloß während seiner leiblichen Anwesenheit in der Welt verfügbar. Er kommt nicht nur für die Menschen der jeweiligen Epoche, sondern auch für die Generationen danach und bleibt jedermann jederzeit zugänglich. Zur Verwirklichung des Ziels, zum Vollzug des letzten Schritts vom Bereich der Zweiheit zur unverlierbaren Erfahrung der Einheit der Wirklichkeit bedarf es ohne Ausnahme der Gnade eines lebenden Vollkommenen Meisters oder des Avatārs, der DER EWIGE LEBENDIGE VOLLKOMMENE MEISTER IST.*

Bis zum 31. Januar 1969, als Meher Baba seine sterbliche Hülle ablegte, blieb sein Schweigen, das 44 Jahre zuvor begonnen hatte, ungebrochen. Die letzten Jahre seines irdischen Daseins waren von großem körperlichen Leiden gekennzeichnet, das teils von zwei schweren Autounfällen herrührte. Der erste hatte sich 1952 in Oklahoma ereignet, als Meher Baba durch die Vereinigten Staaten reiste, der zweite 1956 in Indien, und

---

* Diese Formulierung der einzigartigen Verfügbarkeit des Avatār zu allen Zeiten stammt von einem von Meher Babas engen Jüngern.

Einleitung

die hierbei erlittenen Verletzungen machten jedes Gehen und selbst das Stehen zur Qual. Solch körperliches Leiden ist jedoch nur der äußere Ausdruck des unendlichen inneren Leidens, das der Avatār um der Menschheit willen jedesmal auf sich nimmt, wenn er in ihre Mitte kommt.

Diese letzte Zeit verbrachte er meist in gänzlicher Zurückgezogenheit, wo er sich bis zur Erschöpfung seinem inneren universalen Werk widmete. Mitte 1968 erklärte er, daß dieses Werk zu seiner vollen Zufriedenheit vollendet sei. In derselben Periode begann auch eine explosionsartige Zunahme der Zahl jener, die sich in ihrer Suche nach dem Sinn des Daseins zu ihm hinwenden. Bei seinem Hingang kamen Tausende, um einen letzten Blick auf die geliebte Gestalt zu werfen, die sieben Tage lang im Grabgewölbe in Meherabad aufgebahrt blieb. Weitere Tausende strömten zwischen April und Juni 1969 herbei, um an dem von Meher Baba schon Monate zuvor festgelegten Darshan-Programm in Poona teilzunehmen, und sie fühlten seine Liebe und Gegenwart zutiefst in ihrem Herzen.

Wie Ringe im Wasser pflanzt sich die Kraft seiner Liebe seither unablässig weiter fort und läßt immer mehr Menschen jeder Herkunft und Religion aufbrechen zu einem neuen Leben in seiner Liebe. In Ost und West sind zahlreiche kleinere und größere Gruppen und Zentren entstanden, darunter das Meher Spiritual Center in Myrtle Beach, South Carolina, und Avatar's Abode in Woombye in Australien, die beide auf seine persönliche Initiative zurückgehen und jährlich Hunderte von Besuchern empfangen. Meher Babas Grabmal in Meherabad selbst sowie die Wohnstätte seiner letzten Jahre im nahegelegenen Meherazad sind heute Pilgerorte für unzählige Gottsucher aus der ganzen Welt.

Don E. Stevens

Die sieben Wirklichkeiten

Ich messe weder Glaubensbekenntnissen, Dogmen und Kastenzugehörigkeit noch dem Vollzug von religiösen Riten und Zeremonien Bedeutung bei, wohl aber dem Erfassen der folgenden sieben Wirklichkeiten:

1. Das einzige WIRKLICHE SEIN ist jenes des einen und einzigen Gottes, der das unendliche Selbst in jedem endlichen Ich ist.*

---

* Bei der Verwendung der Begriffe «Selbst» und «Ich» herrscht im deutschsprachigen Schrifttum zu metaphysischen und spirituellen Themen beträchtliche Verwirrung, die noch verstärkt wird durch unterschiedlichen Gebrauch dieser Begriffe in der Psychologie. So steht «Selbst» oft für das «höhere Selbst» oder die Seele des Menschen, aber auch für die Person, die individualisierte Seele, das begrenzte Selbst oder Ich. Da die englische Sprache keine generelle Großschreibung von Substantiven kennt, konnte im englischen Original zwischen der ersteren und der letzteren Bedeutung durch die Verwendung von *Self* bzw. *self* unterschieden werden, eine Möglichkeit, die das Deutsche nicht bietet.

Da der Pfad der spirituellen Entwicklung die Lösung von der Identifikation mit dem begrenzten Selbst oder Ich und die Verwirklichung des wahren Selbst *(Ātman)* verlangt, ist die Unterscheidung zwischen beiden Bedeutungen von «Selbst» für diesen Text zentral. In der vorliegenden Übersetzung wurde deshalb «Selbst» nur in der Bedeutung von «höheres Selbst» oder Seele im Sinne von *Ātman* gebraucht, während «Ich» oder gelegentlich auch «Ego» für das begrenzte Selbst, die individualisierte Seele, das sich als vom «anderen» getrennt erfahrende und seine Getrenntheit behauptende Ich steht. Im Rahmen dieser Definition der Terminologie ist es nicht mehr sinnvoll, von einem «begrenzten Selbst» zu sprechen, das das Selbst per definitionem unbegrenzt ist, oder von einem «begrenzten Ich», da das Ich ja per definitionem begrenzt ist. Nur wo in bestimmtem Zusammenhang die Begrenztheit des Ich besonders betont wird, wurde auch «begrenztes Ich» verwendet. (Anm. d. Redakt.)

Die sieben Wirklichkeiten

2. Die einzige WIRKLICHE LIEBE ist die Liebe zu dieser Unendlichkeit (Gott), die ein brennendes Sehnen weckt, ihre WAHRHEIT (Gott) zu schauen, zu erfahren und damit eins zu werden.

3. Das einzige WIRKLICHE OPFER ist jenes, in dem aus dieser Liebe alles – Leib, Gemüt, Stellung, Wohlbefinden, ja das Leben selbst – hingegeben wird.

4. Die einzige WIRKLICHE ENTSAGUNG ist jene, in der auch inmitten der Erfüllung weltlicher Pflichten alle eigennützigen Gedanken und Begehren abgelegt werden.

5. Das einzige WIRKLICHE WISSEN ist das Wissen, daß Gott das innerste Wesen eines jeden ist, des Guten ebenso wie des sogenannten Schlechten, des Heiligen ebenso wie des sogenannten Sünders. Dieses Wissen fordert von euch, daß ihr jedem gleicherweise helft, so wie es die Umstände verlangen und ohne Belohnung dafür zu erwarten. Es fordert außerdem, daß ihr, wenn ihr zur Teilnahme an irgendeiner Auseinandersetzung gezwungen seid, ohne die geringste Spur von Feindseligkeit oder Haß handelt, daß ihr in brüderlichem oder schwesterlichem Gefühl für jedermann versucht, andere glücklich zu machen, und daß ihr niemanden verletzt, weder in Gedanken noch in Worten oder Taten, selbst jene nicht, die euch verletzen.

6. Die einzige WIRKLICHE SELBSTBEHERRSCHUNG ist die Beherrschung der Sinne, auf daß ihr nicht in niederen Begierden schwelgt, was allein absolute Reinheit des Charakters zu sichern vermag.

7. Die einzige WIRKLICHE HINGABE ist jene, kraft welcher der Mensch allen Widrigkeiten mit unerschütterlichem Gleichmut begegnet und sich in Drangsalen jeder Art mit vollkommener Gelassenheit in den Willen Gottes ergibt.

Die Neue Menschheit

Der göttliche Plan
Wie in allen kritischen Perioden ihrer Geschichte geht die Menschheit heute durch die qualvollen Wehen geistiger Wiedergeburt. Große zerstörerische Kräfte sind am Werk und scheinen zur Zeit die Oberhand zu haben, doch werden über verschiedene Kanäle auch aufbauende, schöpferische Kräfte freigesetzt, die die Menschheit erlösen werden. Obwohl diese Kräfte des Lichts vorwiegend im stillen wirken, sind sie letztlich bestimmt, jene Veränderungen herbeizuführen, die den weiteren geistigen Fortschritt der Menschheit sichern werden. All dies ist Teil des göttlichen Plans, der hungernden und erschöpften Welt eine erneute Darbietung der ewigen und einzigen Wahrheit zukommen zu lassen.

Der Krieg ist ein Symptom tieferer Ursachen
Das gegenwärtig dringendste Problem der Menschheit liegt darin, Mittel und Wege zu finden, um Konkurrenzkampf, Konflikte und Rivalitäten in allen ihren versteckten und offenkundigen Formen aus den verschiedenen Lebensbereichen zu tilgen. Waffenkriege sind zwar die auffälligsten Quellen von Chaos und Zerstörung, doch sind nicht diese Kriege an sich das zentrale Problem der Menschheit, sondern das, worin sie wurzeln und wovon sie nur die äußeren Symptome sind. Kriege und das daraus erwachsende Leid lassen sich durch bloße Propaganda gegen die Waffengewalt niemals gänzlich ausschalten. Wenn sie aus der menschlichen Geschichte verschwinden sollen, muß ihre eigentliche Ursache beseitigt werden. Selbst wenn die Waffen schweigen, führen Individuen oder Gruppen von Individuen unablässig wirtschaftliche oder irgendwelche

andere subtile Kriege gegeneinander. Waffenkriege und all die Grausamkeiten, die sie mit sich bringen, kommen erst dann zum Ausbruch, wenn diese unterschwelligen Auseinandersetzungen sich verschärfen.

Die Grundursache des Chaos ist Selbstsucht
Die Grundursache des Chaos, das in Kriegen gipfelt, liegt darin, daß die meisten Menschen von eigennützigem Denken und Streben beherrscht sind und ihren Egoismus sowohl individuell als auch kollektiv ausdrücken. Dies ist das Leben illusorischer Werte, in denen der Mensch gefangen ist. Die Wahrheit sehen bedeutet, sich bewußt zu werden, daß das Leben in allen seinen vielfältigen Äußerungen eins ist. Das Begreifen dieser Wahrheit, das Innewerden der Einheit allen Lebens, bedeutet das Vergessen des begrenzenden Ich.

Kriege sind unnötig und irrational
Mit dem Erwachen wahrer Einsicht verschwindet das Problem der Kriege. Werden Kriege eindeutig als unnötig und irrational erkannt, besteht das unmittelbare Problem nicht mehr darin, wie man sie beenden kann, sondern darin, sie auf geistiger Ebene gegen jene innere Verfassung zu führen, die für diese grausame und schmerzliche Situation verantwortlich ist. Im Licht der Wahrheit der Einheit allen Lebens wird gemeinsames, harmonisches Handeln zu etwas Natürlichem und Unumgänglichem. Deshalb ist die Hauptaufgabe jener, denen der Wiederaufbau der Menschheit am Herzen liegt, ihr Äußerstes zu tun, um die geistige Unwissenheit zu beseitigen, die die Menschen umfangen hält.

Materieller Ausgleich erfordert geistige Einsicht
Kriege entstehen nicht bloß zur Sicherung materiellen Ausgleichs. Oft sind sie das Ergebnis kritikloser Identifikation mit engherzigen Interessen und deren Übertragung auf jenen Teil der Welt, den man als «mein» betrachtet. Die Berichtigung materieller Verhältnisse ist nur ein Teil des größeren Problems geistiger Berichtigung, und letztere erfordert die Auslöschung des Ich, nicht nur im materiellen Bereich, sondern auch in allen Sphären des intellektuellen, emotionalen und kulturellen Lebens.

Das Problem der Menschheit ausschließlich als ein Problem des Brotes zu verstehen heißt, den Menschen herabzusetzen auf die Stufe des Tiers. Selbst wenn sich der Mensch an die begrenzte Aufgabe macht, den rein materiellen Ausgleich zu sichern, kann er hierin nur dann Erfolg haben, wenn er geistige Einsicht besitzt. Ausgleich in ökonomischen Angelegenheiten ist unmöglich, solange den Menschen die Einsicht fehlt, daß sinnvolles und kooperatives Handeln die Preisgabe des Eigennutzes zugunsten hingebender Liebe voraussetzt. Fehlt diese Voraussetzung, so vermag auch die beste technische Ausrüstung, die höchste Effizienz in den materiellen Sphären die Menschheit nicht vor Konflikten und Bedürftigkeit zu bewahren.

Der Stellenwert der Wissenschaft
Die Neue Menschheit, die in den Wehen des gegenwärtigen Ringens und Leidens geboren wird, wird die Wissenschaft und ihre praktischen Leistungen nicht außer acht lassen. Es ist ein Irrtum, die Wissenschaft als Widersacherin des Geistes anzusehen. Ob die Wissenschaft das geistliche Leben fördert oder behindert, hängt davon ab, welchen Gebrauch man von ihr macht.*Ebenso wie wahre Kunst Ausdruck des Geistigen ist, kann auch die Wissenschaft, wenn richtig gehandhabt, Ausdruck und Erfüllung des Geistes sein. Wissenschaftliche Erkenntnisse über den physischen Körper und sein Leben in der physischen Welt können für die Seele zu einem Instrument der Selbsterkenntnis werden, doch müssen sie, um diesen Zweck zu erfüllen, in angemessener Weise in die umfassendere geistige Einsicht integriert werden. Dies schließt ein unbeirrbares Gewahrsein echter und beständiger Werte ein. Fehlt solche Einsicht, so besteht die Gefahr, daß die wissenschaftlichen Erkenntnisse und Errungenschaften zur gegenseitigen Zerstörung verwendet und einem Leben dienstbar gemacht werden, das die Fesselung des Geistes noch verstärkt.

---

* Auch in Hinsicht auf die Verwendung der Begriffe «Geist» bzw. «geistig» ist es notwendig, die hier verwendete Terminologie zu definieren, um Mißverständnisse zu vermeiden. Wo die englische Sprache zwischen *spirit* (Adj. *spirutual*) und *mind* (Adj. *mental*) unterscheidet, wird im Deutschen oft gleichlautend mit «Geist» (Adj. geistig) übersetzt. Mit «Geist» ist in dieser Übertragung nur *spirit* übersetzt, während für *mind* «Gemüt» (siehe Definition im Glossar) steht, wo angebracht auch «Verstand». (Die oft verwendete Unterscheidung durch die Schreibweisen GEIST bzw. Geist wurde dadurch vermieden.)

Schwieriger wird es beim Adjektiv «geistig», dessen Verwendung im deutschen Sprachgebrauch eher dem englischen *mental* oder *intellectual* entspricht als dem englischen Wort *spiritual*, das im Deutschen oft mit «spirituell» wiedergegeben wird oder auch mit «geistlich». Da das Gerede von «spiritueller Erfahrung» heute in gewissen Kreisen zu einer Mode geworden ist, hat die Übersetzerin die Verwendung des Adjektivs «spirituell» vermieden und *spiritual* durchgehend mit «geistig» übersetzt. «Geistliches Leben» steht für *spiritual life*, da mit «Geistesleben» im Deutschen eher das «kulturelle» als das «spirituelle» Leben gemeint ist. (Anm. d. Redakt.)

Die Neue Menschheit

Der allseitige Fortschritt der Menschheit läßt sich nur dann gewährleisten, wenn Wissenschaft und Religion miteinander voranschreiten.

Die Notwendigkeit geistiger Erfahrung
Die kommende Zivilisation der Neuen Menschheit wird nicht von öden intellektuellen Dogmen beseelt sein, sondern von lebendiger geistiger Erfahrung. Geistige Erfahrung erwächst aus den tieferen Wahrheiten, die dem bloßen Intellekt unzugänglich sind. Der Intellekt allein kann sie nicht hervorbringen. Er mag zwar bis zu einem gewissen Grad in der Lage sein, geistige Wahrheit zu formulieren, und er kann sicherlich dazu beitragen, geistige Erfahrung mitzuteilen. Doch an sich allein reicht der Intellekt nicht aus, dem Menschen geistige Erfahrung zu verschaffen oder ihm die Mitteilung derselben zu ermöglichen.

Wenn zwei Menschen Kopfschmerzen gehabt haben, können sie diese Erfahrung gemeinsam untersuchen und sich mit Hilfe des Intellekts darüber verständigen, doch wenn jemand nie im Leben Kopfschmerzen gehabt hat, reicht keine noch so weitgehende intellektuelle Erklärung aus, ihm verständlich zu machen, was Kopfschmerz ist. Intellektuelle Erklärungen können niemals Ersatz sein für unmittelbare Erfahrung. Sie vermögen allenfalls den Boden dafür zu bereiten.

Das Wesen geistiger Erfahrung
Geistige Erfahrung beinhaltet mehr, als der bloße Intellekt erfassen kann. Dies wird zuweilen dadurch betont, daß man sie als mystisch bezeichnet. Mystik wird oft als etwas dem Verstand Entgegengesetztes, Dunkles und Verworrenes angesehen, als etwas, das außerhalb des praktischen Lebens, der konkreten Erfahrung liegt. Doch wahre Mystik ist nichts von alledem. In der wahren Mystik gibt es nichts Irrationales, wenn sie das ist, was sie sein soll, nämlich ein Schauen der Wirklichkeit. Sie ist eine Form der Wahrnehmung, die gänzlich ungetrübt und so konkret ist, daß sie in jedem Augenblick des Daseins gelebt und in jeder alltäglichen Aufgabe ausgedrückt werden kann. Ihr Zusammenhang mit Erfahrung ist so tief, daß sie in gewissem Sinne das endgültige Begreifen aller Erfahrung bedeutet.

Wenn geistige Erfahrung als mystisch bezeichnet wird, ist dies daher nicht so aufzufassen, als wäre sie etwas Übernatürliches, etwas, das gänzlich außerhalb des Fassungsvermögens des menschlichen Bewußtseins liegt. Gemeint ist nur, daß sie dem begrenzten menschlichen Verstand unzugänglich bleibt, solange dieser seine Begrenzungen nicht überwunden hat und erleuchtet wird durch das unmittelbare Innewerden des Unendlichen. Jesus Christus wies den Weg zu geistiger Erfahrung, als er sagte: «Verlasse alles und folge mir nach.» Das bedeutet, daß der Mensch seine Begrenzungen ablegen muß, um in das unbegrenzte Leben Gottes einzugehen.

Echte geistige Erfahrung beinhaltet nicht nur das Innewerden der wahren Natur der Seele im Durchlaufen der höheren Bewußtseinsebenen, sondern auch eine richtige Einstellung gegenüber weltlichen Pflichten. Verliert sie den Zusammenhang mit den verschiedenen Lebensphasen, so haben wir es mit einer neurotischen Reaktion zu tun, was alles andere ist als eine geistige Erfahrung.

Geistige Erfahrung erwächst nicht aus Flucht
Die geistige Erfahrung, die die Neue Menschheit beleben und mit neuen Kräften durchdringen wird, kann nicht eine Reaktion sein auf die ernsten und unausweichlichen Forderungen, die die Realitäten des Daseins an den Menschen stellen. Jene, die sich dem Strom des Lebens nicht einzufügen vermögen, neigen dazu, vor diesen Realitäten zurückzuweichen und in einer selbsterschaffenen Festung von Illusionen Zuflucht zu suchen. Diese Reaktion ist ein Versuch, durch Abschirmung von den Forderungen des Lebens seine eigene gesonderte Existenz zu verewigen. Dadurch erhalten die Daseinsprobleme jedoch nur eine Scheinlösung in Form eines falschen Gefühls von Sicherheit und Selbstgenügsamkeit. Dies ist nicht nur kein Fortschritt zur wahren, dauernden Lösung hin, sondern ein Abweichen vom wahren geistigen Weg. In immer neuen, unwiderstehlichen Wellen wird das Leben den Menschen aus seinen trügerischen Zufluchtsstätten vertreiben und ihm ständig neue Formen des Leids bringen, solange er sein Sonderdasein durch Flucht zu schützen sucht.

Die Neue Menschheit wird sich lösen von äußeren Formen
Ebenso wie Flucht kann auch kritiklose Bindung an Formen, Zeremonien, Rituale, Traditionen und Konventionen zum Mittel genommen werden, um das eigene Sonderdasein zu erhalten. Formen, Zeremonien und Rituale, Traditionen und Konventionen sind in den meisten Fällen ein Hindernis für die Entfaltung des Geisteslebens. Wären sie flexible Ausdrucksmittel des unbegrenzten Lebens, dann wären sie eine Hilfe und könnten die Verwirklichung des Göttlichen auf Erden nicht behindern. Meist aber werden sie zum Selbstzweck und entwickeln ein Eigendasein, das sie ihrer ursprünglichen Bestimmung entfremdet. Wenn dies ge-

schieht, muß die Bindung an sie letztlich zu einer drastischen Beschneidung und Einengung des Lebens führen.

Die Neue Menschheit wird sich frei machen von solchen Begrenzungen und dem schöpferischen Leben des Geistes ein unbegrenztes Feld öffnen. Sie wird die Bindung an äußere Formen durchbrechen und lernen, diese Formen den Forderungen des Geistes unterzuordnen. Dann wird das begrenzte Leben in Illusion und falschen Werten dem unbegrenzten Leben in der Wahrheit weichen. Die Schranken, durch die das gesonderte Ich lebt, werden fallen, wenn das Licht wahrer Einsicht sie berührt.

Identifikation mit Gruppen – eine Form der Selbstbestätigung
Wie Flucht oder Bindung an äußere Formen kann auch die Identifikation mit einer bestimmten Klasse, Nation, Doktrin, Sekte, Religion oder Geschlechtsgruppe dazu dienen, das eigene Sonderdasein zu bekräftigen und zu sichern. Hier mag es zwar scheinen, als habe der einzelne seine separate Existenz zugunsten eines größeren Ganzen aufgegeben, doch in Wirklichkeit dient diese Identifikation oft gerade dem Ausdruck seines Sonderdaseins und erlaubt ihm, in seinem Gefühl der Trennung von anderen, die einer anderen Klasse, Nation, Doktrin, Sekte, Religion oder Geschlechtsgruppe angehören, zu schwelgen.

Das Ich lebt durch Gegensätze
Das Ich gewinnt seine Existenz und Kraft aus der Identifikation mit einem Teil und der Abgrenzung vom Gegenteil. Durch Identifikation mit einer bestimmten Ideologie im Gegensatz zu einer anderen oder mit einer Vorstellung vom Guten im Gegensatz zu einer Vorstellung vom Schlechten sucht das Individuum sein Sonderdasein zu schützen. Doch was diese Identifikation mit begrenzten Gruppen und Idealen bringt, ist nicht ein wirkliches Aufgehen des Ich in einem größeren Ganzen, sondern bloß ein Trugbild davon. Das wirkliche Aufgehen des Ich im Ozean des allumfassenden Lebens setzt die vollständige Preisgabe separaten Daseins in allen seinen Formen voraus.

Hoffnung für die Zukunft
Die große Mehrheit der Menschen ist gefangen im Streben nach Trennung und Selbstbehauptung. Wer sich vom Schauspiel dieser Fesselung der Menschheit überwältigen läßt, kann nur mit Verzweiflung in die Zukunft blicken. Doch um die heutige Not der Menschheit in der richtigen

Die Neue Menschheit

Perspektive sehen zu können, muß man tiefer in die Realitäten der Gegenwart blicken. Die tatsächlichen Möglichkeiten der Neuen Menschheit bleiben jenen verborgen, die bloß die Oberfläche des Weltgeschehens betrachten. Sie sind jedoch vorhanden und bedürfen nur des Funkens geistiger Einsicht, um zur vollen Entfaltung und Wirkung zu gelangen. Begierden, Haß und Habsucht bringen unermeßliches Leid und Chaos. Der eine rettende Grundzug der menschlichen Natur aber ist, daß sie selbst mitten im Tumult zerreißender Kräfte stets eine Form von Liebe bewahrt.

Liebe muß frei werden von Begrenzungen
Selbst Kriege erfordern gemeinschaftliches Handeln, doch das Feld dieses gemeinschaftlichen Handelns ist künstlich eingeschränkt durch die Identifikation mit einer begrenzten Gruppe oder Idee. Oft werden Kriege aus einer Art Liebe heraus geführt, doch ist dies eine Liebe, die nicht richtig verstanden wurde. Damit Liebe sein kann, was sie in Wahrheit ist, muß sie frei sein von Fesseln und Begrenzungen jeder Art. Liebe existiert tatsächlich in allen Bereichen menschlichen Daseins, doch meist ist sie nur latent oder beschränkt und vergiftet durch persönlichen Ehrgeiz, Rassenstolz, engstirnige Loyalitäten und Rivalitäten, Bindungen an Geschlecht, Nationen, Sekten, Kasten oder Religionen. Soll die Menschheit auferstehen, wird das menschliche Herz entriegelt werden müssen, so daß eine neue Liebe in ihm geboren werden kann – eine Liebe, die unverfälscht und vollkommen frei ist von individuellem oder kollektivem Eigennutz.

Liebe überträgt sich von selbst
Die Neue Menschheit wird durch eine Freisetzung von Liebe in unerschöpflicher Fülle ins Dasein treten, und diese Freisetzung von Liebe wird sich vollziehen durch das geistige Erwachen, das die Vollkommenen Meister* herbeiführen werden. Liebe kann nicht aus bloßem Entschluß geboren werden. Durch Willensakte wird man bestenfalls pflichtgetreu. Selbstüberwindung und Anstrengung mögen zwar gewährleisten, daß man in Einklang handelt mit der eigenen Vorstellung von dem, was richtig ist, doch solches Handeln ist geistig öde, weil ihm die innere Schönheit spontaner Liebe fehlt. Liebe muß spontan aus dem Herzen kommen. Sie läßt sich in keiner Weise herbeizwingen

---
* s. Glossar.

durch innere oder äußere Gewalt. Liebe und Zwang können sich niemals vertragen. Doch während Liebe niemandem aufgezwungen werden kann, kann sie erweckt werden durch die Liebe selbst.

Es liegt im Wesen der Liebe, sich selbst zu übertragen – wer sie nicht hat, empfängt sie von denen, die sie haben. Wer von anderen Liebe empfängt, kann nicht umhin, mit etwas zu antworten, das selbst vom Wesen der Liebe ist. Wahre Liebe ist unbesiegbar und unwiderstehlich. Sie wächst an Kraft und breitet sich aus, bis sie letztlich alle verwandelt, die sie berührt. Durch den freien, ungehinderten Fluß reiner Liebe von Herz zu Herz wird die Menschheit zu einem neuen Leben finden, zu einer neuen Art des Seins.

Rettung der Menschheit durch göttliche Liebe
Wenn die Menschheit erkennt, daß es kein größeres Gut gibt als das allumfassende göttliche Leben, das ohne Ausnahme jeden und jegliches einschließt, wird Liebe nicht nur Frieden, Eintracht und Glück in die soziale, nationale und internationale Sphäre tragen, sondern in ihrer eigenen Reinheit und Schönheit leuchten. Göttliche Liebe bleibt dem Zugriff der Zweiheit ewiglich entzogen und ist ein Ausdruck des Göttlichen selbst. Durch göttliche Liebe wird sich die Neue Menschheit in Einklang bringen mit dem göttlichen Plan. Göttliche Liebe wird nicht nur das Dasein des Einzelnen mit unzerstörbarer Freude und Süße erfüllen, sondern die Menschheit insgesamt erneuern.

Durch göttliche Liebe wird die Neue Menschheit die Kunst harmonischen Zusammenlebens erlernen. Sie wird sich frei machen von der Tyrannei toter Formen und das schöpferische Leben geistiger Weisheit leben. Sie wird alle Illusionen ablegen und Fuß fassen in der Wahrheit. Friede und dauerhaftes Glück werden ihr zuteil werden, und das Leben in der Ewigkeit wird sich ihr erschließen.

Selbstsucht

Analyse der Selbstsucht
Selbstsucht erwächst aus der Tendenz der Begierden, in Handlung und Erfahrung Erfüllung zu suchen. Sie entspringt dem grundlegenden Nichtwissen um das eigene wahre Wesen. Das menschliche Bewußtsein ist getrübt durch die Anhäufung verschiedener Arten von Eindrücken, die sich im Laufe des langen Prozesses der Bewußtseinsentwicklung abgelagert haben. Diese Eindrücke oder *Sanskāras* (auch *Samskāras*) äußern sich als Begierden, und der Funktionsbereich des Bewußtseins wird durch diese Begierden eng begrenzt. Die Sanskāras bilden gleichsam einen Wall um den Bereich, in dem Bewußtsein möglich ist. Das individuelle Bewußtsein vermag nur diesen begrenzten Bereich zu erfassen.

Während einige Begierden latent sind, drängen andere zum Ausdruck und übersetzen sich in Handlung. Der Antrieb einer Begierde, sich in Handlung zu äußern, hängt ab von der Intensität und Menge der damit verbundenen Sanskāras. Unter Zuhilfenahme einer geometrischen Metapher könnte man sagen, daß eine Begierde, wenn sie in Handlung übergeht, eine Distanz durchquert, die dem Radius des von den zugehörigen Sanskāras gebildeten Kreises entspricht. Hat ein Begehren genügend Kraft gewonnen, setzt es sich in Handlung um, um Erfüllung zu finden.

Begehren endet in Unzufriedenheit
Das Ausmaß der Selbstsucht entspricht dem Ausmaß der Begierden. Behindert durch Begierden aller Art, wird es der Seele unmöglich, ihr wahres Sein frei und vollständig auszudrücken, und das Leben wird ichbezogen und eng. Das Dasein des Ich ist gänzlich beherrscht vom Wollen, vom

Selbstsucht

Streben nach Erfüllung von Begierden durch Dinge, die sich verändern und vergehen. Doch Vergängliches kann keine wirkliche Erfüllung geben. Die Befriedigung, die aus den flüchtigen Dingen des Daseins gewonnen wird, hat keinen Bestand, und so bleiben die Wünsche der Menschen unerfüllt. Daraus entsteht ein allgemeines Gefühl von Unzufriedenheit, begleitet von Sorgen aller Art.

Sinneslust, Habsucht und Zorn
Das frustrierte Ich drückt sich hauptsächlich aus durch Sinneslust, Habsucht und Zorn. Sinneslust ist in mancher Hinsicht der Habsucht sehr ähnlich, unterscheidet sich aber in der Art ihrer Erfüllung, die unmittelbar von der physischen Sphäre abhängt. Sinneslust findet ihren Ausdruck durch das Medium des physischen Körpers und bezieht sich auf das Fleisch. Sie ist eine Verstrickung mit der *physischen* Sphäre*. Habsucht ist ein Unruhezustand des Herzens und äußert sich vorwiegend im Streben nach Macht und Besitz. Diese werden erstrebt, um Begierden zu erfüllen. Der Versuch, seinen Begierden Erfüllung zu sichern, bringt dem Menschen jedoch nur teilweise Befriedigung, und statt die Flamme der Begierden zu löschen, facht die Teilbefriedigung sie weiter an. So findet die Habsucht immer und endlos neue Objekte der Eroberung und läßt das Individuum endlos unbefriedigt. Die Hauptausdrucksformen der Habsucht sind mit dem emotionalen Bereich des Menschen verbunden. Sie ist eine Verstrickung mit der *subtilen* Sphäre.

Zorn ist die Aufwallung eines gereizten Gemüts** und entsteht, wenn die Erfüllung von Begierden vereitelt wird. Er nährt das abgegrenzte Ich und dient der Beherrschung anderer sowie der Aggression. Sein Ziel ist die Beseitigung der Hindernisse, die sich der Erfüllung der Begierden entgegenstellen. Die Raserei des Zorns stärkt Selbstsucht und Dünkel und ist der größte Wohltäter des Ich. Zorn hat seinen Sitz im Gemüt und äußert sich hauptsächlich durch mentale Tätigkeit. Er ist eine Verstrickung mit der *mentalen* Sphäre. Sinneslust hat den Körper, Habsucht das Herz und Zorn das Gemüt als Ausdrucksmittel.

Teufelskreis der Frustration
Sinneslust, Habsucht und Zorn bringen dem Menschen keine Erfüllung, und so versucht das frustrierte Ich von neuem, durch Ausleben von Sin-

---

* Für die Begriffe «physisch», «subtil» und «mental» siehe Glossar.
** Für die Bedeutung von «Gemüt» in diesem Text siehe Glossar.

neslust, Habsucht und Zorn Befriedigung zu erlangen. Damit bleibt das Bewußtsein gefangen in einem Teufelskreis endloser Frustration. Frustration entsteht, wenn Sinneslust, Habsucht und Zorn ihr Ziel nicht erreichen. Sie ist eine allgemeine Reaktion der Verstrickung mit dem Physischen, Subtilen oder Mentalen. Sie ist eine Krise, verursacht durch die Nichterfüllung von Sinneslust, Habsucht und Zorn, deren Ausmaß demjenigen der Selbstsucht entspricht. Die Selbstsucht, die den gemeinsamen Nenner dieser drei Laster bildet, ist mithin die eigentliche Ursache von Frustration und Sorgen. Sie bringt sich selbst zu Fall, denn sie sucht Erfüllung durch Begierden, erreicht aber letztlich nur endlose Unzufriedenheit.

Der Weg zum Glück
Selbstsucht führt unvermeidbar zu Unzufriedenheit und Frustration, weil Begierden endlos sind. Die Frage, wie sich das Glück erreichen läßt, ist deshalb die Frage, wie sich die Begierden beseitigen lassen. Durch mechanische Unterdrückung sind sie nicht wirklich zu überwinden. Einsicht allein vermag sie zu vernichten. Wenn ihr tief in das Reich der Gedanken taucht und nur einige Minuten ernsthaft nachdenkt, werdet ihr erkennen, wie hohl eure Begierden sind. Bedenkt, woran ihr in all den vergangenen Jahren Genuß gefunden und woran ihr gelitten habt. All das, was ihr genossen habt, ist heute nichtig. Auch das, woran ihr früher gelitten habt, ist in der Gegenwart nicht mehr vorhanden. Alles war illusorisch.

Es ist euer Recht, glücklich zu sein, doch ihr schafft euch euer eigenes Unglück, indem ihr dies und jenes begehrt. Begehren ist die Quelle endloser Unruhe. Wenn ihr das, was ihr begehrt, nicht bekommt, seid ihr unzufrieden, und wenn ihr es bekommt, wollt ihr mehr und mehr davon und werdet unglücklich. Sagt «Ich begehre nichts», und seid glücklich. Die unablässige Vergegenwärtigung der Nichtigkeit eurer Begierden wird euch letztlich zu wahrer Erkenntnis führen. Diese Selbsterkenntnis wird euch die Freiheit von Begierden verschaffen, die auf den Weg zu unvergänglichem Glück führt.

Lösung von Begierden
Begierden müssen sorgfältig unterschieden werden von Bedürfnissen. Stolz und Zorn, Habsucht und Sinneslust sind alle verschieden von Bedürfnissen. Ihr mögt zwar denken: «Ich brauche all das, was ich begehre», doch das ist ein Irrtum. Wenn einer in der Wüste von Durst geplagt ist, so braucht er Wasser, nicht Limonade. Solange man einen

Selbstsucht

Körper hat, hat man auch gewisse Bedürfnisse, und diese Bedürfnisse müssen erfüllt werden. Begierden aber sind das Produkt einer betörten Vorstellung. Sie müssen gänzlich ausgetilgt werden, wenn Glück möglich werden soll. Da aber Begehren das Wesen der Selbstsucht ist, wird der Verzicht auf Begierden zu einem Prozeß des Sterbens. Sterben im gewöhnlichen Sinne bedeutet Trennung vom physischen Leib, doch im wirklichen Sinne bedeutet es Lösung von niederen Begierden. Priester bereiten die Menschen auf einen falschen Tod vor, indem sie ihnen trügerische Bilder von Himmel und Hölle ausmalen, doch ihr Tod ist eine Illusion, denn das Leben ist eine ungebrochene Kontinuität. Der wirkliche Tod besteht im Ablegen der Begierden, und er vollzieht sich in Etappen.

Liebe und Dienen
Wenn die Liebe erwacht, beginnt die Selbstsucht zu sterben. Sein bedeutet Sterben aus Liebe. Wenn ihr aber jene nicht lieben könnt, die euch am nächsten stehen, wie könnt ihr dann jene lieben, die euch quälen? Die Begrenzungen der Selbstsucht entstehen aus Nichtwissen. Entdeckt ein Mensch erst einmal, daß ihm größere Erfüllung zuteil wird, wenn er die Sphäre seiner Interessen und seines Handelns erweitert, bricht er auf zu einem Leben des Dienens. Auf dieser Stufe hegt er viele gute Begierden. Er will andere glücklich machen, indem er ihre Not lindert und ihnen beisteht. Auch gute Begierden dieser Art haben oft einen indirekten und latenten Bezug zum Ich, doch kleinliche Selbstsucht hat keine Macht über gute Taten.

In einem gewissen Sinne können selbst gute Begierden als eine – allerdings gemilderte und übertragene – Form der Selbstsucht bezeichnet werden, denn wie die schlechten Begierden bewegen auch sie sich im Bereich der Dualität. Doch indem ein Mensch gute Begierden hegt, öffnet er sich einer breiteren Schau, die letztlich die Auslöschung der Selbstsucht herbeiführen wird. Statt bloß nach Ruhm, Auszeichnung und Beherrschung anderer zu streben, lernt er, sich anderen nützlich zu machen.

Selbstsucht und Selbstlosigkeit
Die Begierden, aus denen sich das Ich aufbaut, sind gut oder schlecht. Schlechte Begierden werden gewöhnlich als Formen der Selbstsucht bezeichnet, gute Begierden dagegen als Formen der Selbstlosigkeit. Es gibt jedoch keine klare Trennungslinie zwischen Selbstsucht und Selbstlosigkeit. Beide bewegen sich im Bereich der Dualität. Vom letzten Gesichtspunkt jenseits der Gegensätze von Gut und Böse unterscheiden sich

Selbstsucht und Selbstlosigkeit hauptsächlich in der Ausdehnung ihres Gesichtsfeldes. Selbstsucht und Selbstlosigkeit sind zwei aufeinanderfolgende und ineinander übergehende Phasen im Leben des Ego. Selbstsucht entsteht, wenn alle Begierden auf das Ich zentriert sind. Selbstlosigkeit entsteht, wenn diese sehr grobe Ordnung auseinanderbricht und die Begierden eine breite Streuung erfahren, so daß sie einen weit größeren Bereich abdecken.

Selbstsucht ist eine Einengung des Interesses auf einen streng begrenzten Bereich; Selbstlosigkeit ist eine Ausdehnung des Interesses auf einen breiteren Bereich. Paradox ausgedrückt: Selbstsucht ist eine beschränkte Form der Selbstlosigkeit und Selbstlosigkeit die Ausdehnung der Selbstsucht auf ein größeres Tätigkeitsfeld.

Umwandlung der Selbstsucht in Selbstlosigkeit
Selbstsucht muß sich zur Selbstlosigkeit wandeln, bevor die Welt der Gegensätze gänzlich überwunden werden kann. Durch beharrliches und unablässiges Vollbringen guter Taten nutzt sich die Selbstsucht ab. Indem die Selbstsucht durch gute Taten über sich selbst hinauswächst, wird sie zum Werkzeug ihrer eigenen Vernichtung. Das Gute ist die Brücke, die vom Gedeihen der Selbstsucht überleitet zu deren Tod. Am Anfang Quelle aller üblen Neigungen, besiegelt die Selbstsucht durch gute Taten am Ende ihren eigenen Untergang. Sind die üblen Neigungen gänzlich durch gute Neigungen ersetzt, wandelt sich die Selbstsucht zur Selbstlosigkeit, das heißt, die ichbezogene Selbstsucht löst sich auf in universaler Anteilnahme. Obwohl auch ein in Selbstlosigkeit und Aufopferung gelebtes Leben durch die Gegensätze gebunden bleibt, ist das Tun von Gutem eine notwendige Phase auf dem Weg zur Freiheit von den Gegensätzen. Es ist das Mittel, durch das die Seele ihr Nichtwissen um sich selbst überwindet.

Das allumfassende Selbst
Vom Guten gelangt die Seele zu Gott. Selbstlosigkeit geht auf im allumfassenden Selbst, das jenseits von Gut und Schlecht ist, jenseits von Tugend und Laster und allen anderen dualen Aspekten der kosmischen Illusion oder *Māyā*. Auf dem Höhepunkt der Selbstlosigkeit beginnt die Empfindung des Einsseins mit allem. Im Zustand der Erlösung gibt es weder Selbstsucht noch Selbstlosigkeit im üblichen Sinne mehr, denn beide sind aufgegangen in der Empfindung, daß alles das Selbst ist. Das Innewerden des Einsseins von allem bringt Frieden und grenzenlose Se-

ligkeit. Es führt in keiner Weise zu geistigem Stillstand oder zur Auslöschung relativer Werte. Die Empfindung des allumfassenden Selbst bewirkt uneingeschränkte Harmonie ohne Verlust der Unterscheidungsfähigkeit und unerschütterlichen Frieden ohne Gleichgültigkeit gegenüber der Umwelt. Dieses allumfassende Selbstgefühl kann niemals aus einer bloßen intellektuellen Schlußfolgerung erwachsen. Es erwächst aus dem tatsächlichen Einswerden mit der letzten Wirklichkeit, die alles einschließt.

Vereinigung mit der letzten Wirklichkeit
Öffnet euer Herz, indem ihr es von allen Begierden läutert und nur noch ein einziges Sehnen darin wohnen laßt – das Sehnen nach Vereinigung mit der letzten Wirklichkeit! Die letzte Wirklichkeit ist nicht in den vergänglichen Dingen der Außenwelt zu finden, sondern in eurem innersten Sein. Wann immer eure Seele in euer menschliches Herz eintreten will, findet sie die Tür verriegelt und das Innere übervoll von Begierden. Haltet die Tür eures Herzens nicht verschlossen. Die Quelle unvergänglicher Seligkeit ist allgegenwärtig, und dennoch sind die Menschen unglücklich, weil aus Nichtwissen geborene Begierden sie beherrschen. Das Ziel dauerhaften Glücks kann erst dann erreicht werden, wenn das Ich mitsamt seinen Begierden vollständig und endgültig verschwindet.

Spiritualität ist eine positive Einstellung zum Leben
Ablegen der Begierden bedeutet nicht Askese oder eine bloß negative Einstellung zum Leben. Eine solche Verneinung des Lebens würde den Menschen unmenschlich machen. Göttlichkeit entbehrt nicht der Menschlichkeit. Spiritualität soll den Menschen menschlicher machen. Sie ist eine positive Einstellung zum Leben, die alles Gute, Edle und Schöne im Menschen zum Ausdruck bringt. Sie trägt auch bei zu allem, was in der Umwelt Anmut und Liebreiz hat. Spiritualität fordert keineswegs den äußeren Verzicht auf weltliche Tätigkeiten oder das Meiden von Pflichten und Verantwortung. Was sie fordert, ist allein, daß der Geist bei der Ausübung weltlicher Tätigkeiten, bei der Erfüllung der Pflichten, die sich aus der spezifischen Situation des Einzelnen ergeben, völlig frei bleibe von der Bürde der Begierden.

Vollkommenheit besteht darin, frei zu bleiben von der Verstrickung in Dualität. Freiheit von solchen Verstrickungen ist die wichtigste Voraussetzung unbehinderter Kreativität. Diese Freiheit ist jedoch nicht zu erlangen, indem man aus Angst vor Verstrickungen vor dem Leben davonläuft, das hieße das Leben verleugnen. Vollkommenheit besteht nicht darin, den dualen Aspekten der Natur auszuweichen. Der Versuch, vor Verstrickungen zu fliehen, beinhaltet Angst vor dem Leben. Spiritualität aber heißt, sich dem Leben voll und ganz zu stellen, ohne sich durch die Gegensätze überwältigen zu lassen. Sie muß Herr sein über alle Illusionen, wie verführerisch oder machtvoll sie auch seien. Ein Vollendeter bleibt selbst inmitten intensivster Tätigkeit und ohne den Kontakt mit den vielfältigen Formen des Lebens irgendwie zu meiden, innerlich völlig frei.

Gott und das Individuum

Gott ist die einzige Wirklichkeit
Gott ist unendlich. Er ist jenseits der Gegensätze von Gut und Schlecht, Richtig und Falsch, Tugend und Laster, Geburt und Tod, Freude und Leid. Solche dualen Aspekte sind Gott nicht eigen. Wenn ihr Gott als gesonderte Wesenheit betrachtet, wird Er zu einer Kategorie des relativen Seins. Geradeso wie Gut das Gegenstück ist zu Schlecht, wird Gott das Gegenstück zu Nichtgott, und damit macht ihr das Unendliche zum Gegensatz des Endlichen. Wenn ihr von Unendlichem und Endlichem redet, behandelt ihr sie als zweierlei, und so wird das Unendliche zum einen Teil einer Zweiheit. Doch das Unendliche hat seinen Platz in der nichtdualen Seinsordnung. Wird das Unendliche als Gegensatz des Endlichen aufgefaßt, ist es streng genommen nicht mehr unendlich, sondern eine Gattung des Endlichen, denn dann steht es außerhalb des Endlichen als dessen Widerpart und ist mithin begrenzt. Da aber das Unendliche nicht der andere Teil des Endlichen sein kann, ist die scheinbare Existenz des Endlichen unwahr.

Das Unendliche allein ist. Gott läßt sich nicht herabbringen in den Bereich der Zweiheit. In Wirklichkeit gibt es nur ein einziges Sein – die Allseele. Die Existenz des Endlichen oder Begrenzten ist bloßer Schein, Vorstellung.

Falsche Identifikation mit dem Körper
Ihr seid unendlich. Ihr seid in Wirklichkeit überall. Doch ihr meint, der Körper zu sein, und betrachtet euch deshalb als begrenzt. Wenn ihr glaubt, der Körper zu sein, der hier sitzt, so deshalb, weil ihr euer eigenes

wahres Wesen nicht kennt. Könntet ihr nach innen schauen und eure Seele in ihrem wahren Wesen sehen, so würdet ihr erkennen, daß ihr unendlich und jenseits aller Schöpfung seid. Doch ihr identifiziert euch mit dem Körper. Diese falsche Identifikation ist durch Nichtwissen bedingt, das durch das Gemüt wirksam wird. Der Weltmensch meint, der physische Leib zu sein. Ein geistig Fortgeschrittener meint, der Subtilleib zu sein. Der Heilige meint, der Mentalleib zu sein. Doch in keinem von den dreien erkennt die Seele unmittelbar sich selbst. In keinem ist die Wahrnehmung rein, ungetrübt von Illusion.

Die Seele als Allseele ist unendlich, Gemüt und Körper entrückt, doch infolge des Nichtwissens gerät die Seele unter die Herrschaft des Gemüts und wird zum «Denker». So identifiziert sie sich hier mit dem Körper, dort mit dem Gemüt. Vom begrenzten Gesichtspunkt des in der Māyā Gefangenen gibt es zahllose Individuen; ihm scheint, es gebe ebenso viele Individuen wie Gemüter und Körper. In Wirklichkeit gibt es nur eine einzige universale Seele, doch das Individuum glaubt, von den anderen Individuen verschieden zu sein. Ein und dieselbe Allseele ist letztlich hinter den Gemütern der scheinbar verschiedenen Individuen, und durch diese hat sie vielfältige Erfahrungen von Zweiheit. Die Eine *in* den Vielen erfährt sich als eine *der* Vielen. Ursache hiervon ist Vorstellung, das heißt falsches Denken.

Die Ursache falschen Denkens
Das Denken wird falsch durch die störende Wirkung der Sanskāras, die sich im Laufe der Bewußtseinsentwicklung angehäuft haben. Diese Sanskāras oder Prägungen äußern sich als Begierden und verzerren das Bewußtsein. Über viele Existenzen hinweg bürden sich dem Bewußtsein fortwährend die Nachwirkungen der Erfahrung auf und trüben die Wahrnehmung der Seele. Das Denken vermag den Wall der Sanskāras nicht zu durchbrechen, und so wird das Bewußtsein zum hilflosen Gefangenen der Illusionen, die sein eigenes falsches Denken hervorbringt. Solch falsches Denken herrscht nicht nur dort, wo das Bewußtsein erst teilweise entwickelt ist, sondern auch im Menschen, wo es voll entwickelt ist.

Das Drama des menschlichen Bewußtseins
Die Evolution des Bewußtseins von der Stufe des Steins an findet ihren Abschluß im Menschen. Die Evolutionsgeschichte ist in Wirklichkeit die Geschichte der stufenweisen Entwicklung des Bewußtseins. Die Frucht

der Evolution ist das vollentwickelte Bewußtsein, das den Menschen kennzeichnet. Dieses vollentwickelte Bewußtsein ist jedoch wie ein staubbedeckter Spiegel. Getrübt durch das Wirken der Sanskāras, bringt es nicht klare Erkenntnis des wahren Wesens der Seele. Obwohl voll entwickelt, wird es durch die Bürde der Sanskāras am freien Wirken gehindert, so daß es nicht zur Wahrheit führt, sondern zu Konstruktionen der Vorstellung. Es bleibt gefangen im Käfig der Begierden und ist deshalb in seinem Gesichtskreis begrenzt.

Die Individualisierung des Bewußtseins
Der begrenzte Bereich, in dem das Bewußtsein funktionieren kann, ist vorgegeben durch die Sanskāras, und dieses Funktionieren wiederum wird bestimmt durch die Begierden. Da Begierden auf ihre Befriedigung zielen, richtet sich das ganze Bewußtsein auf diese Befriedigung aus und wird dadurch individualisiert. Das individualisierte Bewußtsein kann deshalb in einem gewissen Sinne als das Produkt des Strudels der Begierden bezeichnet werden. Die Seele verfängt sich in den Begierden und kann sich nicht von der begrenzten Individualität lösen, die aus diesen Begierden besteht. Sie hält sie für wirklich und wird von ihr hypnotisiert. So betrachtet sie sich selbst als begrenzt und getrennt von anderen Individuen. Sie verstrickt sich in individualistisches Dasein und stellt sich eine Welt mannigfacher Getrenntheit vor, in der es unzählige Einzelwesen mit individuellen Gemütern und Körpern gibt.

Analogie des Prismas
Wenn das Sonnenlicht durch ein Prisma fällt, wird es durch Brechung in einzelne Strahlen zerteilt. Hätte jeder dieser Strahlen Bewußtsein, so würde er sich als von den anderen Strahlen getrennt betrachten und damit gänzlich vergessen, daß er an der Quelle jenseits des Prismas keine gesonderte Existenz hat. In analoger Weise «fällt» das eine Sein in den Bereich der Māyā und nimmt eine Vielheit an, die es in Wahrheit gar nicht gibt. Die Getrenntheit der Individuen existiert nicht in Wirklichkeit, sondern nur in der Vorstellung. Die eine Allseele stellt sich Getrenntheit in sich selbst vor, und aus dieser Trennung erwächst der Gedanke von «ich» und «mein» im Gegensatz zu «du» und «dein». Obwohl die Seele in Wirklichkeit unteilbar und absolut eins ist, läßt die Tätigkeit ihrer eigenen Vorstellung sie als in viele aufgeteilt erscheinen. Doch Vorstellung ist nicht Wirklichkeit. Selbst die erhabensten Vorstellungen sind eine Abkehr von der Wahrheit. Sie sind alles andere als die Wahrheit. Die Erfahrungen, die

die Seele vom Standpunkt des individualisierten Ich sammelt, sind nichts als Vorstellung. Sie sind ein Mißverständnis der Seele. Aus der Vorstellung der Allseele werden viele Individuen geboren. Dies ist Māyā oder Nichtwissen.

Das objektive Universum
Mit der Geburt der gesonderten und begrenzten Individualität tritt auch das objektive Universum ins Dasein. Ebenso wie die begrenzte Individualität als gesonderte Wesenheit nicht wirklich, sondern bloß in der Vorstellung existiert, hat auch das objektive Universum keine unabhängige und separate Existenz. Es ist das eine universale Selbst in der zweiten Rolle der Manifestation durch die Attribute. Wenn die Seele absteigt in das Reich der Māyā, nimmt sie die Begrenzungen mannigfacher Existenz auf sich. Durch diese Selbstbegrenzung bringt die Seele gewissermaßen sich selbst auf dem Altar des Bewußtseins als Opfer dar. Obwohl sie ewig dasselbe unendliche Absolute bleibt, erleidet sie durch ihren scheinbaren Abstieg in die Welt der Zeit, der Vielheit und der Entwicklung eine Art zeitloser Kontraktion. Was sich in Wirklichkeit entwickelt, ist jedoch nicht die Seele selbst, sondern ihr Bewußtsein, aus dessen Begrenzungen die begrenzte Individualität erwächst.

Dreifache Verstrickung der Seele
Die Geschichte der begrenzten Individualität ist die Geschichte der Entwicklung einer dreifachen Verstrickung mit Gemüt, Energie und Materie (Körper). Diese drei Bereiche sind alle von Dualität beherrscht, und die Seele verstrickt sich darin, obwohl sie in ihrem Wesen jenseits aller Dualität ist. Dualität setzt die Existenz von Gegensätzen voraus, die sich durch Spannung gegenseitig abgrenzen und im Gleichgewicht halten. Gut und Schlecht, Tugend und Laster sind Beispiele solcher Gegensätze. Gut und Schlecht halten die in Dualität verstrickte, unwissende Seele in ihrem Würgegriff. Der Gegensatz von Gut und Schlecht erwächst aus Nichtwissen; hat sich die Seele jedoch einmal darin verstrickt, so erliegt sie seiner Macht.

Während der Entwicklung der dreifachen Verstrickung mit Materie (Körper), Energie und Gemüt ist die Seele fortwährendem Begehren unterworfen. Sie begehrt das Gute und Schlechte der physischen Welt; sie begehrt das Gute und Schlechte der subtilen Welt, und sie begehrt das Gute und Schlechte der mentalen Welt. Durch dieses Unterscheiden von Gut und Schlecht wird das Begehren selbst gut oder schlecht und durch die fortwährende Spannung der Gegensätze zwangsläufig begrenzt. Daraus folgt ein endloses Hin- und Herpendeln vom einen zum anderen, ohne daß je der Zustand der Unbegrenztheit erreicht würde, der nur im Wandellosen und Ewigen gefunden werden kann. Das Unendliche ist jenseits des Bereichs der Zweiheit. Es erschließt sich erst dann, wenn sich das Bewußtsein von der begrenzten Individualität löst, indem es die Schranken der Sanskāras durchbricht.

Die Spaltung zwischen Bewußtem und Unbewußtem

Wir haben gesehen, daß der Bereich, in welchem das Bewußtsein funktionieren kann, durch Sanskāras begrenzt wird. Diese Begrenzung erzeugt eine Spaltung des menschlichen Seelenlebens in zwei Teile. Der eine Teil liegt im Gesichtsfeld des Bewußtseins, der andere Teil liegt außerhalb davon. Der unbewußte Teil in seinem ganzen Ausmaß ist identisch mit der Kraft, die hinter der Materie steht. Er ist das, was die orthodoxen Religionen Gott nennen. Die letzte Wirklichkeit, die durch solche Begriffe symbolisiert wird, kann erst dann gänzlich erfahren werden, wenn das Unbewußte zum Bewußtsein gebracht wird. Erweiterung des Bewußtseins besteht darin, dessen bewußt zu werden, was zuvor Teil des Unbewußten war. Die fortschreitende Eroberung des Unbewußten durch das Bewußtsein gipfelt im Vollendeten Bewußtsein, das in seinem Gesichtskreis unbegrenzt und in seinem Wirken unbehindert ist. Zwischen diesem höchsten Bewußtseinszustand und dem begrenzten – wiewohl vollentwickelten – Bewußtsein des gewöhnlichen Menschen lassen sich neunundvierzig Grade der Erleuchtung unterscheiden, die die Hauptphasen des Erleuchtungsprozesses kennzeichnen.

Geistiger Fortschritt

Die Kluft zwischen dem begrenzten Bewußtsein des gewöhnlichen Menschen und dem unbegrenzten Bewußtsein eines Vollkommenen Meisters rührt von den Sanskāras her, die Selbstsucht erzeugen. Diese Prägungen können aufgehoben werden durch Läuterung des Charakters, Aufopferung und selbstloses Dienen, doch nichts ist in dieser Hinsicht so wirksam wie der Beistand eines Vollkommenen Meisters. Geistiger Fortschritt besteht nicht in einer *Weiterentwicklung* des Bewußtseins, denn dieses ist im Menschen bereits voll entwickelt, sondern in der *Befreiung des Bewußtseins* von den Fesseln der Sanskāras. Obwohl das Bewußtsein seinem Wesen nach in allen Seinszuständen dasselbe ist, kann es niemals vollendet sein, solange es unfähig ist, das Wissen des Unendlichen ohne den geringsten Schatten von Nichtwissen widerzuspiegeln und durch Beleuchtung aller Daseinssphären die Schöpfung in ihrem ganzen Ausmaß zu erfassen.

Tiefschlaf
Jedesmal, wenn ihr in tiefen Schlaf sinkt, seid ihr unbewußt mit der unendlichen Wirklichkeit vereint. Diese Vereinigung geschieht durch Überflutung des Bewußten durch das Unbewußte. Auf diese Weise wird die Kluft zwischen Unbewußtem und Bewußtem überbrückt. Da euch aber diese Vereinigung unbewußt bleibt, zieht ihr daraus keinerlei bewußten Nutzen. Dies ist der Grund, weshalb ihr beim Erwachen aus dem Tiefschlaf wieder das gewohnte Alltagsindividuum wahrnehmt und in genau der gleichen Weise zu handeln und zu fühlen beginnt wie vor dem Einschlafen. Wäre eure Vereinigung mit der höchsten Wirklichkeit eine bewußte Vereinigung, würdet ihr zu einem völlig neuen und unendlich reichen Leben erwachen.

Bewußte Vereinigung mit der unendlichen Wirklichkeit
Ein Vollkommener Meister ist bewußt vereint mit der unendlichen Wirklichkeit. In seinem Fall wurde die Kluft zwischen Bewußtem und Unbewußtem nicht überbrückt durch Überflutung des Bewußtseins durch das Unbewußte, wie beim Menschen im Tiefschlaf, sondern durch Ausdehnung des Bewußtseins auf das Unbewußte. Das alternierende Zunehmen und Abnehmen des Bewußtseins gibt es nur beim begrenzten Individuum. Im Falle des Vollkommenen Meisters ist die Eroberung des Unbewußten durch das Bewußtsein endgültig, und deshalb ist seine Erfahrung des wahren Selbst ein permanenter und ununterbrochener Zustand, der ohne jede Minderung allezeit derselbe bleibt. Daran könnt ihr sehen, daß ein Vollkommener Meister niemals im üblichen Sinne «schläft». In seinem Bewußtsein gibt es nie eine Lücke, auch dann nicht, wenn sein Körper ruht.

Der Stand der Vollkommenheit
Im Stand der Vollkommenheit hat das Bewußtsein seine letzte Vollendung erreicht, nachdem all das, was die Erleuchtung behinderte, entfallen ist. Die Eroberung des Unbewußten durch das Bewußtsein ist vollzogen. Der Vollkommene lebt ununterbrochen im vollen Licht der Erleuchtung. Eins mit der Erleuchtung, ist er die Erleuchtung selbst geworden.

Solange ein Mensch von Dualität beherrscht ist und die Erfahrung von

Gott und das Individuum

Vielheit für wahr und endgültig hält, hat er den Bereich des Nichtwissens nicht zu Ende durchschritten. Erst im Zustand der letzten Erkenntnis gewahrt er, daß das Unendliche, welches das Eine ohne ein Zweites ist, die einzige Wirklichkeit ist. Das Unendliche durchdringt und umfaßt alles Sein und läßt nichts als Widerpart aus. Wer dessen inne wird, hat den höchsten Bewußtseinszustand erreicht. Das vollentwickelte Bewußtsein, Frucht der Evolution, bleibt in diesem Zustand erhalten, doch die Begrenzungen durch Sanskāras und Begierden sind ganz und gar überwunden. Die durch Nichtwissen geschaffene begrenzte Individualität wandelt sich zur göttlichen Individualität, die unbegrenzt ist. In diesem Brennpunkt wird das unbegrenzbare Bewußtsein der Allseele individualisiert, ohne Illusionen irgendeiner Art hervorzubringen. Der Vollendete ist frei von allen ichbezogenen Begierden und wird zum Träger des spontanen Flusses des höchsten, universalen Willens, durch den sich das Göttliche ausdrückt.

Mit dem Entfallen des Nichtwissens wird die Individualität grenzenlos. Da sie nicht mehr von der durch die Māyā bewirkten Trennung und Dualität behindert ist, lebt sie im Zustand der Erlösung, dem Zustand gegenstandslosen Gewahrseins, reinen Seins und ungetrübter Freude. Der Vollendete hat alle Illusionen abgelegt, die den Menschen verwirren und irreleiten. In einem gewissen Sinne ist er tot. Das Ich, dem das Gefühl des Getrenntseins entspringt, ist in ihm auf immer ausgelöscht. Doch in einem anderen Sinne lebt er ewig, erfüllt von unbesiegbarer Liebe und Seligkeit ohne Ende. Seine Macht und Weisheit sind unbegrenzt, und das ganze Universum dient ihm als Feld für sein geistiges Werk, die Menschheit zur Vollendung zu führen.

Ursprung und Ziel der Schöpfung

Woher und wohin?
Solange das Gemüt des Menschen die letzte Wirklichkeit nicht unmittelbar erfährt, wie sie ist, scheitern alle seine Versuche, Ursprung und Ziel der Schöpfung zu begreifen. Die ferne Vergangenheit erscheint ihm als unergründliches Geheimnis, die Zukunft als Buch mit sieben Siegeln. Da das menschliche Gemüt im Bann der Māyā ist, kann es bestenfalls scharfsinnige Mutmaßungen über Vergangenheit und Zukunft des Universums anstellen. Es vermag weder letzte Gewißheit darüber zu erlangen, noch kann es sich mit seinem Nichtwissen abfinden. «Woher?» und «Wohin?» sind die beiden ständig wiederkehrenden und nagenden Fragen, die das menschliche Gemüt in göttliche Unruhe versetzen.

Anfang und Ende
Das menschliche Gemüt kann sich nicht zufriedengeben mit endlosem Zurückschreiten in seiner Suche nach dem Ursprung der Welt, und ebensowenig kann es sich aussöhnen mit dem Gedanken endlosen Wandels ohne Ziel. Die Evolution ist unverständlich, wenn sie nicht eine erste Ursache hat, und sie entbehrt jeder Richtung und jeden Sinns, wenn sie nicht zu einem Endziel führt. Allein schon die Frage nach dem Woher und Wohin setzt einen Beginn und ein Ende dieser in Evolution befindlichen Schöpfung voraus. Der Anfang der Evolution ist der Anfang der Zeit, und das Ende der Evolution ist das Ende der Zeit. Die Evolution hat sowohl einen Anfang als auch ein Ende, weil die Zeit einen Anfang und ein Ende hat.

Ursprung und Ziel der Schöpfung

Mahāpralaya

Zwischen Anfang und Ende dieser sich wandelnden Welt laufen viele Zyklen ab, doch über alle diese Zyklen hinweg vollzieht sich die kosmische Evolution in ungebrochener Kontinuität. Der wirkliche Abschluß des Evolutionsprozesses wird bezeichnet als *Mahāpralaya*, das heißt als die große Auslöschung, wenn das Universum wird, was es am Anfang war, nämlich *nichts*. Mahāpralaya ist mit dem Tiefschlaf eines Menschen vergleichbar. Geradeso wie die vielgestaltige Erfahrungswelt für das in Tiefschlaf versunkene Individuum gänzlich verschwindet, löst sich das gesamte objektive Universum, die Schöpfung der Māyā, zum Zeitpunkt des Mahāpralaya in nichts auf. Es ist, als hätte dieses Universum überhaupt nie existiert.

Die Wirklichkeit ist zeitlos und absolut

Selbst während des Evolutionsprozesses ist das objektive Universum an sich nichts als Vorstellung. Tatsächlich gibt es nur eine einzige, unteilbare und ewige Wirklichkeit, und sie hat weder Anfang noch Ende. Sie ist jenseits der Zeit. Von dieser zeitlosen Wirklichkeit her gesehen ist der gesamte Zeitprozeß bloße Vorstellung, und die Milliarden Jahre, die vergangen sind, ebenso wie die Milliarden Jahre, die noch kommen werden, haben nicht einmal den Wert einer Sekunde. Es ist, als wären sie nie gewesen.

Das mannigfaltige und in Evolution befindliche Universum kann deshalb nicht als eine wirkliche Hervorbringung dieser einen Wirklichkeit bezeichnet werden. Wäre es eine Hervorbringung dieser einen Wirklichkeit, müßte die Wirklichkeit entweder eine relative Kategorie oder etwas Zusammengesetztes sein, was sie nicht ist. Die eine Wirklichkeit ist absolut.

Wirklichkeit und Nichts

Die eine Wirklichkeit umschließt in sich selbst *alles*. Sie ist das «Alles», und sie hat das «Nichts» zum Schatten. Der Begriff des allumfassenden Seins besagt, daß es nichts gibt, was außerhalb davon wäre. Wenn ihr den Begriff des Seins untersucht, gelangt ihr zwangsläufig zum Begriff des Nichtseins. Dieser Begriff des Nichtseins oder Nichts hilft euch, euer Konzept des Seins zu klären. Der komplementäre Aspekt von Sein ist mithin Nichtsein oder Nichts. Das Nichts kann indessen nicht angesehen werden als etwas, das ein eigenes, separates und unabhängiges Dasein hätte. An sich betrachtet, ist es nichts und kann nicht Ursache von irgend etwas sein. Das mannigfaltige, in Evolution befindliche Universum kann nicht die Hervorbringung des für sich allein genommenen Nichts sein, noch kann es, wie wir gesehen haben, die Hervorbringung der einen Wirklichkeit sein. Wie also entsteht das mannigfaltige, in Evolution befindliche Universum?

Wirklichkeit und Universum
Das mannigfaltige, in Evolution befindliche Universum entsteht, wenn die eine Wirklichkeit und das Nichts zusammengebracht werden. Es entspringt dem Nichts, wenn dieses Nichts vor dem Hintergrund der einen Wirklichkeit gesehen wird. Dies ist jedoch nicht so zu verstehen, daß das Universum zum Teil eine Hervorbringung der einen Wirklichkeit wäre oder daß es einen Funken Wirklichkeit besäße. Es ist eine Hervorbringung des Nichts und ist nichts. Seine Existenz ist bloß Schein. Diese scheinbare Existenz rührt von der einen Wirklichkeit, die gleichsam hinter dem Nichts steht. Wenn der einen Wirklichkeit das Nichts beigesellt wird, folgt als Ergebnis das mannigfaltige, in Evolution befindliche Universum.

Die eine Wirklichkeit, die unendlich und absolut ist, wird dadurch in keiner Weise verändert. Das Absolute bleibt völlig unberührt von irgendwelchen Beifügungen oder Wegnahmen. Die eine Wirklichkeit bleibt, was sie ist, in sich selbst vollständig und wandellos, unbetroffen und ungebunden vom Panorama der Schöpfung, das dem Nichts entspringt. Das Nichts ist dem Nullwert der Mathematik vergleichbar. An sich hat die Null keinen positiven Wert, doch wenn sie einer anderen Zahl beigefügt wird, bringt sie die Vielen hervor. In derselben Weise bringt das Nichts das mannigfaltige, in Evolution befindliche Universum hervor, wenn es der einen Wirklichkeit zur Seite gestellt wird.

Vorgestellte Spaltung in Ich und Nichtich
Der ganze Vorgang der Evolution vollzieht sich im Bereich der Vorstellung. Wenn in der Vorstellung der Ozean der einen Wirklichkeit scheinbar in Bewegung gerät, entsteht die mannigfaltige Welt getrennter Bewußtseinszentren. Dies bringt die grundlegende Spaltung des Lebens in Ich und Nichtich mit sich, anders gesagt, in ein «Ich» und dessen Umwelt. Da dieses begrenzte Ich, als bloß vorgestellter Teil eines in Wirklichkeit unteilbaren Ganzen, falsch und unvollständig ist, kann das Bewußtsein an der fortwährenden Identifikation mit demselben kein Genügen finden. Es ist deshalb in unablässiger Rastlosigkeit gefangen, die es

zwingt, Identifikation auch mit dem Nichtich zu suchen. Der Teil des Nichtich, das heißt der Umwelt, mit dem sich das Bewußtsein zu identifizieren vermag, wird dem Ich als «mein» angegliedert. Jener Teil des Nichtich aber, mit dem es sich nicht zu identifizieren vermag, bleibt das unversöhnliche Andere, das zwangsläufig als Grenze des Ich und in Gegnerschaft dazu stehend empfunden wird.

Das Bewußtsein erreicht mithin nicht die *Aufhebung* der Zweiteilung, sondern bloß deren *Verwandlung*. Solange das Bewußtsein dem verzerrenden Wirken der Vorstellung unterworfen bleibt, kann es diese Spaltung nicht gänzlich aufheben. Alle Versuche, die es unternimmt, um das Nichtich (das heißt die Umwelt) zu assimilieren, führen bloß dazu, daß an die Stelle der ursprünglichen Zweiheit unzählige neue Formen *derselben* Zweiheit gestellt werden. Das Akzeptieren und Ablehnen bestimmter Teile der Umwelt drücken sich aus als «Habenwollen» beziehungsweise «Nicht-Habenwollen» und erzeugen dadurch die Gegensätze von Genuß und Schmerz, Gut und Schlecht und so weiter. Doch weder Annehmen noch Ablehnen verhelfen zur Freiheit von Dualität, und so sieht sich das Bewußtsein einem unablässigen Hinundherpendeln zwischen den Gegensätzen ausgeliefert. Die gesamte Entwicklung des Individuums ist gekennzeichnet durch dieses Pendeln von einem Gegensatz zum anderen.

Die bestimmende Kraft der Sanskāras
Die Entwicklung des begrenzten Individuums wird gänzlich bestimmt durch die Sanskāras oder Eindrücke, die dasselbe über viele Zeitalter hinweg gesammelt hat, und obwohl all das zum Bereich der Vorstellung gehört, ist diese Determinierung durchgehend und automatisch. Jede Handlung und jede Erfahrung, wie kurzlebig auch immer, hinterläßt im Mentalkörper einen Eindruck. Dieser ist eine *objektive* Veränderung des Mentalkörpers, und da der Mentalkörper über viele Existenzen hinweg erhalten bleibt, können auch die vom Individuum gesammelten Eindrücke über viele Existenzen hinweg erhalten bleiben. Wenn die so gesammelten Sanskāras sich auszudrücken beginnen (statt im Mentalkörper bloß zu schlummern), werden sie als Begierden erfahren, das heißt, sie werden *subjektiv* empfunden. Das Objektive und das Subjektive sind zwei komplementäre Aspekte der Sanskāras: Das erstere ist ein passiver Zustand der Latenz, das zweite ein aktiver Zustand der Äußerung.

In ihrer aktiven Phase bestimmen die angehäuften Sanskāras jede Erfahrung und Handlung des Ich. Geradeso wie im Kino mehrere Meter Film ablaufen müssen, um auf der Leinwand eine kurze Handlung zu zeigen, sind oft viele Eindrücke an der Hervorbringung einer einzigen Handlung des Ich beteiligt. Durch Äußerung und Erfüllung in der Erfahrung werden die Sanskāras «verbraucht». Schwache Sanskāras werden in mentalen Vorgängen verbraucht, stärkere in Vorgängen des subtilen Bereichs, also in Form von Begierden und vorgestellten Erfahrungen, und die stärksten schließlich in physischen Handlungen.

Doch obwohl dieses Verbrauchen von Sanskāras unablässig vor sich geht, führt es nicht zur Befreiung von Sanskāras, denn nicht nur durch neues Handeln, sondern auch durch den Vorgang des Verbrauchens selbst werden unvermeidlich neue Sanskāras erzeugt. So nimmt die Bürde der Sanskāras ständig zu, und das Individuum sieht sich außerstande, diese Bürde abzuwerfen.

Ausgleich der Gegensätze
Die Eindrücke, die bestimmte Handlungen und Erfahrungen im Gemüt hinterlassen, erzeugen in diesem eine Neigung zu ähnlichen Handlungen und Erfahrungen. Ist aber ein gewisser Punkt erreicht, kommt es zu einer natürlichen Reaktion, die dieser Neigung entgegenwirkt und eine vollständige Kehrtwendung zu ihrem unmittelbaren Gegenteil zur Folge hat. Damit wird Raum geschaffen für den Ausdruck entgegengesetzter Sanskāras.

Oft äußern sich beide Teile eines Gegensatzpaares im Vorstellungsablauf eines einzigen Lebens. So kann ein Individuum beispielsweise zunächst die Erfahrung haben, ein berühmter Schriftsteller zu sein, der Reichtum, Ansehen, Familie und all die angenehmen Dinge des Daseins besitzt, und in einem späteren Abschnitt desselben Lebens überwechseln zur Erfahrung, Reichtum, Ansehen, Familie und all die angenehmen Dinge des Daseins verloren zu haben. Zuweilen aber scheint der Vorstellungsablauf einer Lebensspanne nicht beide Teile des Gegensatzpaares zu enthalten. So kann sich ein Individuum während der ganzen Dauer seines gegenwärtigen Lebens als mächtiger König erfahren, der aus jeder Schlacht als Sieger hervorgeht. In diesem Fall wird er den Ausgleich seiner Erfahrung durch die Erfahrung von Niederlagen und dergleichen in seinem nächsten Leben vollziehen müssen. Das bedeutet, daß er ein weiteres Leben brauchen wird, um diese Vorstellungsreihe zu ergänzen. Der rein psychologische Zwang, den die Sanskāras ausüben, entspringt somit dem tieferen Bedürfnis der Seele, sich selbst zu erkennen.

Ursprung und Ziel der Schöpfung

Das Beispiel des Tötens

Nehmen wir an, ein Mensch habe in seinem gegenwärtigen Leben einen anderen umgebracht. Diese Tat hinterläßt in seinem Mentalkörper die Sanskāras des Tötens. Würde das Bewußtsein einzig und allein durch die Neigung bestimmt, die durch diese Sanskāras entstanden ist, müßte er endlos fortfahren, andere zu töten, und dabei jedesmal zusätzlichen Antrieb für nachfolgende Taten derselben Art erhalten. Es gäbe für ihn keinen Ausweg aus dieser sich selbst verstärkenden Determinierung, würde nicht die Logik der Erfahrung selbst die nötige Umkehr bewirken. Früher oder später empfindet das Individuum jedoch die Unvollständigkeit der Erfahrung von nur einem Teil eines Gegensatzpaares und versucht unbewußt, durch Übergang zum anderen Teil das verlorene Gleichgewicht wiederherzustellen.

So entwickelt der Mensch, der die Erfahrung des Tötens gehabt hat, das psychologische Bedürfnis und die Disposition, selbst getötet zu werden. In der Tötung eines anderen hat er nur einen Teil der Gesamtsituation erfahren, in der er als Partei beteiligt ist, nämlich den Teil des Tötens. Die andere Hälfte der Gesamtsituation (das heißt die Rolle des Getötetwerdens) bleibt ihm unverständlich und fremd, obwohl sie in seinen Erfahrungskreis eingetreten ist. Es wird für ihn deshalb notwendig, die Erfahrung zu vervollständigen, indem er sich dem Gegenteil des persönlich Erfahrenen aussetzt, und das Bewußtsein neigt dazu, dieses neue und drängende Bedürfnis zu erfüllen. Ein Mensch, der einen anderen getötet hat, entwickelt daher bald eine Neigung, selbst getötet zu werden, um auf diese Weise die Gesamtheit der Situation durch persönliche Erfahrung zu erfassen.

Hier stellt sich die Frage, wer erscheinen wird, um ihn in diesem oder im nächsten Leben zu töten. Es kann derselbe sein, den er in dessen vorhergehendem Leben getötet hat, oder es kann ein anderes Individuum mit gleichartigen Sanskāras sein. Durch Handeln und Interaktion zwischen Individuen entstehen sanskārische Bindungen. Wenn das Individuum einen neuen physischen Körper annimmt, so kann es unter jenen geboren werden, mit denen es durch frühere sanskārische Bindungen verbunden ist, oder unter solchen, die Sanskāras der gleichen Art haben wie es selbst. Das Leben paßt sich jedoch in einer Weise an, die Raum läßt für das freie Spiel sich wandelnder Dualität.

Durch die Gegensätze über die Gegensätze hinaus
Wie das Weberschiffchen bewegt sich das menschliche Gemüt ständig zwischen zwei Extremen hin und her und wirkt so das bunte Gewebe des Lebens. Die Entfaltung des Geisteslebens läßt sich eher durch eine Zickzacklinie als durch eine Gerade veranschaulichen. Betrachten wir zum Beispiel die Funktion der beiden Uferböschungen eines Stroms. Gäbe es keine Böschungen, würde sich das Wasser verlaufen, so daß der Strom sein Ziel nicht erreichen könnte. Geradeso würde sich die Lebenskraft auf unzählige und endlose Weisen verlieren, wenn sie nicht eingedämmt würde durch die beiden Pole der Gegensätze.

Die Böschungen des Lebensstroms sind jedoch nicht als zwei Parallelen anzusehen, sondern als zwei konvergierende Linien, die im Punkt der Erlösung zusammentreffen. Je mehr sich das Individuum dem Ziel nähert, desto kleiner wird die Pendelbewegung zwischen den Gegensätzen und kommt schließlich ganz zum Stillstand, wenn das Ziel erreicht ist. Dies läßt sich mit der Bewegung eines Stehaufmännchens vergleichen, das unten mit Blei beschwert ist. Stößt man es an, schwingt es eine Weile hin und her, doch jede Schwingung wird kürzer, und zuletzt steht das Männchen ruhig da. Übertragen auf die kosmische Evolution bedeutet das Aufhören des Hin- und Herpendelns zwischen den Gegensätzen Mahāpralaya, und in der geistigen Entwicklung des Individuums bedeutet es Erlösung.

Unterschied zwischen Dualität und Nichtdualität ist unendlich
Der Unterschied zwischen Dualität und Nichtdualität ist nicht bloß ein gradueller Unterschied. Da die beiden in ihrem *Wesen* verschieden sind, ist der Unterschied zwischen ihnen unendlich. Dualität ist der Nicht-Gottzustand, Nichtdualität ist der Gottzustand. Dieser unendliche Unterschied bildet den Abgrund zwischen der sechsten und der siebenten Ebene der Bewußtseinsinvolution*. Die ersten sechs Ebenen sind zwar ebenfalls durch eine Art Tal oder Entfernung voneinander getrennt, doch obwohl der Unterschied zwischen ihnen groß ist, ist er nicht unendlich, weil diese sechs Ebenen alle gleicherweise der Bipolarität der begrenzten Erfahrung unterworfen sind, die im Hin- und Herpendeln zwischen den Gegensätzen besteht.

Der Unterschied zwischen der ersten und der zweiten Ebene, zwischen der zweiten und der dritten usw. bis hin zur sechsten ist groß, doch nicht

---
* s. Glossar.

Ursprung und Ziel der Schöpfung

unendlich. Strenggenommen kann man deshalb nicht sagen, daß irgendeine der sechs Ebenen der Dualität der siebenten Ebene wirklich näher sei als eine andere. Der Unterschied zwischen irgendeiner der sechs Ebenen und der siebenten Ebene ist ebenso unendlich wie der Unterschied zwischen der sechsten und der siebenten Ebene. Das Fortschreiten durch die sechs Ebenen ist ein Fortschreiten in der Vorstellung, doch die Verwirklichung der siebenten Ebene ist das *Aufhören* des Vorstellens und mithin das Erwachen zum Bewußtsein der Wahrheit.

Durchqueren der inneren Ebenen
Obwohl das Fortschreiten durch die sechs Ebenen der Dualität Illusion ist, läßt es sich nicht vermeiden. Die Vorstellung muß sich vollständig erschöpfen, bevor die Wahrheit erkannt werden kann. Wenn der Suchende von einem Vollkommenen Meister geführt wird, durchquert er alle sechs Ebenen. Der Meister kann den Suchenden entweder mit offenen Augen oder unter einem Schleier durch die inneren Ebenen führen. Wird der Suchende verborgen geführt, so daß er der Ebenen, die er durchquert, nicht gewahr wird, bestehen seine Begehren fort, bis die siebente Ebene erreicht ist. Wird er aber mit offenen Augen geführt, so daß er die durchquerten Ebenen wahrnimmt, sind von der fünften Ebene an alle Begierden verschwunden. Für die Zwecke seines Wirkens in der Welt zieht es der Vollkommene Meister oft vor, seine Jünger im verborgenen zu führen, da sie so für sein Werk von aktiverem Nutzen sind als bei der Führung mit offenen Augen.

Das Durchqueren der inneren Ebenen ist in allen Phasen gekennzeichnet durch den Abbau von Sanskāras. Dieser Vorgang des Abbauens muß sorgfältig unterschieden werden von jenem des Verbrauchens. Beim Verbrauchen werden die Sanskāras aktiviert und übertragen sich in Handlung oder Erfahrung. Dies führt nicht zur endgültigen Befreiung von Sanskāras, weil die fortwährende Anhäufung neuer Sanskāras die verbrauchten mehr als ersetzt und weil der Vorgang des Verbrauchens selbst neue Sanskāras erzeugt. Beim Vorgang des Abbauens dagegen werden die Sanskāras entkräftet und schließlich verbrannt im Feuer der Sehnsucht nach dem Unendlichen.

Geistiges Leiden des Wanderers
Das Sehnen nach dem Unendlichen kann zur Ursache von großem geistigen Leiden werden. Es gibt keinen Vergleich zwischen der akuten Heftigkeit gewöhnlichen Leidens und der fortwährenden Pein geistigen Lei-

dens, welches das Durchqueren der inneren Ebenen mit sich bringt. Das erstere ist eine Wirkung der Sanskāras, das zweite die Wirkung ihrer Auflösung. Wenn körperliches Leiden unerträglich wird, verliert der Mensch das Bewußtsein und damit die Schmerzempfindung, doch bei geistigem Leiden gibt es keine solche automatische Abhilfe. Geistiges Leiden führt jedoch nicht zum Überdruß, weil darin auch eine Art Freude enthalten ist.

Das Sehnen nach dem Unendlichen nimmt an Intensität zu, bis es seinen Höhepunkt erreicht. Dann beginnt es sich allmählich abzukühlen. Das heißt indessen nicht, daß das Bewußtsein die Sehnsucht nach dem Unendlichen völlig aufgibt, denn es hält fest an seinem Ziel, eins zu werden mit dem Unendlichen. Dieser Zustand abgekühlten, aber latent fortbestehenden Sehnens ist die Vorstufe der Verwirklichung. Bis dahin war das Sehnen nach dem Unendlichen das Instrument zur Vernichtung aller anderen Begierden, nun ist es bereit für seine Erfüllung in der unergründlichen Stille des Unendlichen.

Der Friede der Verwirklichung
Bevor sich das Sehnen nach dem Unendlichen in der Verwirklichung erfüllen kann, muß das Bewußtsein den Schritt von der sechsten auf die siebente Ebene vollziehen. Es muß von der Dualität zur Nichtdualität gelangen. Statt in der Vorstellung zu wandern, muß es zum Ende des Vorstellens kommen.

Der Vollkommene Meister begreift die eine Wirklichkeit als die einzige Wirklichkeit und das Nichts als ihren bloßen Schatten. Für ihn hat sich die Zeit aufgelöst in der Ewigkeit. Da er die Zeitlosigkeit der Wirklichkeit erkannt hat, ist er jenseits der Zeit und begreift in sich selbst sowohl Anfang als auch Ende der Zeit. Er bleibt unbewegt vom Zeitprozeß, der aus Aktion und Interaktion der Vielen besteht. Der gewöhnliche Mensch weiß weder um den Anfang noch um das Ende der Schöpfung. Deshalb ist er überwältigt vom Gang der Geschehnisse, dem er infolge seines Gefangenseins in der Zeit und seiner dadurch verzerrten Sicht große Bedeutung beimißt. Er betrachtet alles unter dem Gesichtspunkt möglicher Erfüllung oder Nichterfüllung seiner Begierden und ist infolgedessen zutiefst beunruhigt von den Ereignissen dieser Welt. Das ganze objektive Universum erscheint ihm als unwillkommene Begrenzung, die entweder überwunden oder ertragen werden muß.

Der Vollkommene Meister aber ist frei von Dualität und von Sanskāras der Dualität. Er ist frei von aller Begrenzung. Die Stürme und Spannungen des Universums berühren sein Wesen nicht. Die ganze Betriebsamkeit der Welt mit ihrem Wechsel von Aufbau und Zerstörung hat für ihn keine besondere Bedeutung. Er ist eingetreten in das Heiligtum der Wahrheit, in den innersten Bezirk des ewigen Sinns, von dem die flüchtigen Werte der in ständigem Wandel begriffenen Schöpfung nur ein bruchstückhaftes und schwaches Abbild sind. Er begreift in seinem Wesen alles Sein und sieht das ganze Drama der Manifestation als bloßes Spiel.

Entstehung und Funktion der Sanskāras

Zwei Aspekte menschlicher Erfahrung
Menschliche Erfahrung hat zwei Aspekte – einen subjektiven und einen objektiven. Sie beinhaltet mentale Vorgänge, die ihre wesentlichen Bestandteile sind, und Objekte, auf die sich diese Vorgänge beziehen. Die mentalen Vorgänge hängen zum Teil von der unmittelbar gegebenen objektiven Situation ab, zum Teil vom Wirken der angesammelten Sanskāras oder Eindrücke vergangener Erfahrungen. So findet sich das menschliche Gemüt konfrontiert mit einem Meer von Sanskāras auf der einen Seite und der ganzen weitläufigen Welt der Dinge auf der anderen.

Sanskāras sind das Produkt der Erfahrung
Menschliches Handeln gründet auf der Wirkung von Eindrücken, die frühere Erfahrungen im Gemüt hinterlassen haben. Jeder Gedanke, jedes Gefühl und jede Handlung wurzelt in Gruppen von Eindrücken, die bei objektiver Betrachtung als Veränderungen des Mentalkörpers erscheinen. Diese Eindrücke sind Ablagerungen aus früheren Erfahrungen, und sie bilden die wichtigsten Faktoren, die die gegenwärtige und künftige Erfahrung bestimmen. Während seines Erfahrens erzeugt und speichert das Gemüt ununterbrochen neue Eindrücke. Beschäftigt es sich mit den physischen Dingen dieser Welt (Körper, Natur usw.), externalisiert es sich gleichsam und erzeugt *grobe* Eindrücke. Beschäftigt es sich mit seinen eigenen subjektiven mentalen Vorgängen, die Ausdruck bereits vorhandener Sanskāras sind, erzeugt es *subtile* und *mentale* Eindrücke. Die Frage, ob zuerst Eindrücke oder Erfahrung dagewesen seien, ist wie die Frage, ob zuerst das Ei oder die Henne dagewesen sei. Das eine ist Vor-

aussetzung des anderen, und beide entwickeln sich zusammen. Das Wesen der menschlichen Erfahrung verstehen bedeutet deshalb Entstehung und Funktion der Sanskāras verstehen.

Natürliche und nichtnatürliche Sanskāras
Es gibt zwei Arten von Sanskāras, die entsprechend ihrer Entstehungsweise als natürliche und nichtnatürliche Sanskāras bezeichnet werden. Die natürlichen Sanskāras sind jene, die die Seele im Laufe der natürlichen Evolution sammelt. Sie entstehen, während die Seele nacheinander die verschiedenen vormenschlichen Formen annimmt und ablegt und so von den scheinbar unbeseelten Zuständen (wie Stein und Metall) allmählich aufrückt bis zum Zustand des Menschen, in dem das Bewußtsein voll ausgebildet ist. Alle Sanskāras, die die Seele *vor* Erreichen der menschlichen Form sammelt, sind das Ergebnis der natürlichen Evolution, und deshalb werden sie natürliche Sanskāras genannt. Sie sind sorgfältig zu unterscheiden von jenen Sanskāras, die die Seele *nach* Erreichen der menschlichen Form sammelt.

Die Sanskāras, die die Seele auf der Stufe des Menschen sammelt, entstehen in der sittlichen Freiheit des vollentwickelten Bewußtseins, die die Verantwortung mit sich bringt, zwischen Gut und Schlecht, Tugend und Laster zu wählen. Man nennt sie deshalb nichtnatürliche Sanskāras. Obwohl diese spezifisch menschlichen Sanskāras unmittelbar von den natürlichen Sanskāras abhängen, entstehen sie mithin unter völlig anderen Daseinsbedingungen und sind vergleichsweise jünger als die natürlichen Sanskāras. Dieser Unterschied in Entstehungsdauer und Entstehungsbedingungen erklärt, warum natürliche und nichtnatürliche Sanskāras der Seele mit unterschiedlicher Festigkeit anhaften. Die nichtnatürlichen Sanskāras sind nicht so schwer auszutilgen wie die natürlichen, die ein altes Erbe sind und daher tiefer wurzeln. Die Auslöschung der natürlichen Sanskāras ist ohne die Hilfe und Gnade eines Vollkommenen Meisters praktisch unmöglich.

Die Ursache manifesten Lebens
Die nichtnatürlichen Sanskāras sind abhängig von den natürlichen Sanskāras, die ihrerseits ein Ergebnis der Evolution sind. Die nächste wichtige Frage lautet: Weshalb tritt überhaupt manifestes Leben in verschiedenen Evolutionsstadien hervor aus der absoluten Wirklichkeit, die unendlich ist? Die Notwendigkeit manifesten Lebens erwächst aus dem Drang des Absoluten, seiner selbst bewußt zu werden. Die fortschreitende Manife-

station des Lebens durch den Prozeß der Evolution ist letztlich verursacht durch den *Willen zur Bewußtwerdung*, der dem Unendlichen innewohnt. Um die Schöpfung in Begriffen des Denkens zu verstehen, bedarf es des Postulats dieses Willens zur Bewußtwerdung, der dem Absoluten vor dem Akt der Manifestation latent innewohnt.

Analogie der Welle
Obwohl zum Zweck intellektueller Erklärung dieser Drang im Absoluten als Wille zur Bewußtwerdung bezeichnet werden muß, wäre es ein Mißverständnis seines wahren Wesens, würde man ihn als eine Art inhärentes Begehren betrachten. Man beschreibt ihn daher besser als *Lahar*, das heißt als eine Regung, die so unerklärbar, spontan und unvermittelt ist, daß man ihr Wesen verfehlt, wenn man sie als dieses oder jenes bezeichnet. Da sich alle intellektuellen Kategorien zwangsläufig als ungeeignet erweisen, das Mysterium der Schöpfung zu erfassen, kommt man dem Verständnis seines Wesens am nächsten, wenn man statt intellektueller Begriffe eine Analogie verwendet.

Geradeso wie eine Welle, die über die Oberfläche eines stillen Meeres wandert, unzählige Schaumblasen aufbrodeln läßt, läßt dieser Lahar aus der unteilbaren Unendlichkeit der Allseele Myriaden von individuellen Seelen ins Dasein treten. Das Substrat aller dieser individuellen Seelen aber bleibt das allumfassende Absolute. Die individuellen Seelen sind Schöpfungen einer plötzlichen und spontanen Regung und ahnen deshalb kaum, daß ihnen bestimmt ist, über Zyklen hinweg fortzubestehen bis zum letzten Abklingen der Bewegung, die sie ins Dasein gerufen hat. Innerhalb des undifferenzierten Seins des Absoluten wird ein geheimnisvoller Punkt geboren (der *Om*-Punkt), durch den die bunte Vielheit der Schöpfung hervortritt, und plötzlich brodeln die unendlichen Wasser, die noch einen Sekundenbruchteil zuvor eisesstill dagelegen hatten, vom Treiben unzähliger schaumhafter Selbste, die ihre Verschiedenheit in Maß und Form durch Abgrenzung innerhalb der schäumenden Flut des Ozeans zu sichern suchen.

Vielheit ist Illusion
All dies ist bloß Analogie. Es wäre ein Irrtum zu glauben, daß im Absoluten irgendeine wirkliche Veränderung stattfindet, wenn die Regung des latenten Willens zur Bewußtwerdung das Hervortreten der Welt bewirkt. Es kann im Sein des Absoluten keine Evolution oder Involution geben, ebensowenig wie aus dem Absoluten etwas Wirkliches geboren werden

könnte, da eine wirkliche Veränderung zwangsläufig die Leugnung des Absoluten bedeuten würde. Die Veränderung, die in der Schöpfung der manifesten Welt zum Ausdruck kommt, ist keine ontologische, das heißt das Sein des Absoluten berührende Veränderung. Sie ist bloß Schein.

In einem gewissen Sinne ist der Akt der Manifestation als eine Art *Ausdehnung* des unbegrenzbaren Seins des Absoluten zu betrachten, da durch diesen Akt das Unendliche, das ohne Bewußtsein ist, das Bewußtsein seiner selbst zu erreichen sucht. Weil sich diese Ausdehnung des Wirklichen aber auf dem Wege seiner Selbstbegrenzung in verschiedene Lebensformen vollzieht, könnte der Akt der Manifestation mit gleicher Berechtigung auch als ein Vorgang zeitloser *Zusammenziehung* bezeichnet werden. Doch ob man den Akt der Manifestation als eine Art Expansion der Wirklichkeit betrachtet oder als ihre zeitlose Kontraktion, es geht ihm eine erste Regung voraus, die, in Begriffen des Denkens ausgedrückt, als ein dem Absoluten innewohnender Wille zur Bewußtwerdung angesehen werden kann.

Die Vielheit der Schöpfung und die Getrenntheit individueller Seelen existiert nur in der Vorstellung. Das Dasein selbst der Schöpfung, der manifesten Welt, gründet in *Bhas*, das heißt in Illusion. Ungeachtet des Hervortretens zahlloser individueller Seelen bleibt die Allseele sich selbst gleich, ohne irgendeine wirkliche Ausdehnung oder Zusammenziehung, Zunahme oder Abnahme zu erleiden. Doch obwohl die Allseele keinerlei Veränderung erfährt, kommt es durch die Illusion der Individuation zu ihrer scheinbaren Differenzierung in viele Einzelseelen.

Die Entstehung der ersten Sanskāras

Die allererste Illusion, der die Allseele erlag, fällt zusammen mit dem allerersten Eindruck. Sie kennzeichnet mithin den Anfang der Bildung von Sanskāras. Die Bildung von Sanskāras beginnt im allerendlichsten Bewußtseinszentrum, das zum ersten Brennpunkt für die Individuation der Seele wird. In der physischen Sphäre wird dieser Brennpunkt verkörpert durch den dreidimensionalen trägen Stein, dem das rudimentärste und geringste Bewußtsein zugehört. Dieser vage, unentwickelte Bewußtseinszustand reicht kaum aus, die eigene Form zu beleuchten, und ist hoffnungslos ungeeignet, den Zweck der Schöpfung zu erfüllen, das heißt die Allseele zu befähigen, sich selbst zu erkennen.

Auch die minimale Fähigkeit zur Selbsterleuchtung, die das Bewußtsein in der Steinphase hat, stammt letztlich aus der Allseele und nicht aus dem Körper des Steins. Doch das Bewußtsein ist nicht in der Lage, seinen

Entstehung und Funktion der Sanskāras

Gesichtskreis unabhängig vom Körper des Steins zu erweitern, weil sich die Allseele zuerst mit dem Bewußtsein und dann durch dieses mit der Steinform identifiziert. Da der Steinkörper in seiner Trägheit jede Weiterentwicklung des Bewußtseins verhindert, wird die Hervorbringung höherer Manifestationsformen oder -träger unerläßlich. Die Entwicklung des Bewußtseins kann sich nur zusammen mit der Evolution des Körpers vollziehen, der es prägt. Der der Allseele innewohnende Wille zur Bewußtwerdung strebt deshalb kraft göttlicher Bestimmung nach einer allmählichen Höherentwicklung seiner Ausdrucksformen.

Evolution von Bewußtsein und Formen
Die Allseele schafft sich mithin ein neues Ausdrucksmittel in der Form des Metalls, bei dem das Bewußtsein bereits etwas ausgeprägter ist. Selbst auf dieser Stufe aber ist es noch sehr rudimentär und muß deshalb in die noch höheren Formen der Pflanzen übergehen, wo seine Entwicklung durch die organischen Lebensvorgänge von Wachstum, Fortpflanzung und Zerfall einen beachtlichen Fortschritt erfährt. Eine weitere Entwicklung erfährt das Bewußtsein, wenn sich die Allseele im Instinktleben von Insekten, Vögeln und Säugetieren auszudrücken sucht, die ihres eigenen Körpers sowie ihrer jeweiligen Umwelt gewahr sind, einen aktiven Sinn für Selbstverteidigung entfalten und ihre Umwelt zu meistern trachten. In den höherentwickelten Tieren macht sich bis zu einem gewissen Grad auch Verstand bemerkbar, doch bleibt sein Wirken streng begrenzt durch jenes der Triebe, beispielsweise des Selbsterhaltungstriebs oder des Brutpflegetriebs. So erreicht das Bewußtsein selbst in den höherentwickelten Tieren nicht seine volle Entfaltung, weshalb es unfähig bleibt, den der Evolution zugrundeliegenden Drang der Allseele nach Selbsterleuchtung zu erfüllen.

Das menschliche Bewußtsein
Schließlich nimmt die Allseele die menschliche Form an, in welcher das Bewußtsein voll entwickelt ist und das persönliche Eigenwesen sowie die Umwelt vollständig wahrzunehmen vermag. Auf dieser Stufe erreicht der Verstand seinen größten Wirkungskreis. Seine Betätigungsmöglichkeiten sind unbegrenzt. Da sich die Allseele jedoch über das menschliche Bewußtsein mit dem physischen Körper identifiziert, erfüllt dieses Bewußtsein nicht seinen eigentlichen Zweck, das Wesen der Allseele zu erkennen. Doch in der menschlichen Form ist das Bewußtsein voll ausgebildet und besitzt deshalb eine *latente* Fähigkeit zur Erkenntnis des wahren

Selbst. Seine letzte Erfüllung findet der Wille zur Bewußtwerdung, von welchem der Evolutionsprozeß ausging, im Vollkommenen Meister, dem Gottgewordenen, der die schönste Blüte der Menschheit ist.

Die Einschnürung des Bewußtseins durch Sanskāras
Die Allseele kann durch das gewöhnliche Bewußtsein der Menschheit nicht zur Selbsterkenntnis gelangen, weil dieses umhüllt ist von einer Vielzahl von Sanskāras. Während das Bewußtsein vom scheinbar unbeseelten Zustand von Stein und Metall übergeht zum vegetativen Leben der Pflanzen, dann zum instinktgesteuerten Leben der Insekten, Vögel und Säuger und schließlich im menschlichen Zustand seine volle Entfaltung erreicht, erzeugt es unablässig neue Sanskāras, die es gleichsam einschnüren. Die Behinderung durch diese natürlichen Sanskāras wird nach Erreichen des Menschzustandes noch verstärkt durch die nichtnatürlichen Sanskāras, die im Zug der mannigfaltigen Erfahrungen und Handlungen menschlichen Daseins entstehen.

Das Ansammeln von Sanskāras geht mithin sowohl während des Evolutionsprozesses als auch während der nachfolgenden Phase menschlichen Handelns ununterbrochen vor sich. Es läßt sich vergleichen mit dem Umschnüren eines Stocks, wobei die Schnur die Sanskāras darstellt und der Stock das Gemüt der individuellen Seele. Dieser Umschnürungsvorgang beginnt zusammen mit dem Evolutionsvorgang und setzt sich fort durch alle Phasen der Evolution und des nachfolgenden menschlichen Daseins. Er bezieht alle Sanskāras gleicherweise ein, die natürlichen ebenso wie die nichtnatürlichen.

Die Macht der Sanskāras
Die Sanskāras, die im menschlichen Dasein unablässig erzeugt werden, rühren von den Gegenständen und Ideen, mit denen sich das Bewußtsein konfrontiert sieht, her. Diese Sanskāras bewirken bedeutsame Veränderungen im Bewußtseinszustand. Eindrücke schöner Dinge haben die Macht, die dem Bewußtsein innewohnende Fähigkeit zur Wertschätzung des Schönen und der Freude daran zu wecken. Die Eindrücke, die ein Mensch beim Hören schöner Musik oder beim Betrachten einer herrlichen Landschaft von diesen Dingen empfängt, erzeugen in ihm ein Gefühl der Erhebung. In gleicher Weise kann die Begegnung mit einem Denker in einem Individuum ein Interesse wecken für neue Wege des Denkens und ihn in einer Weise inspirieren, die dem Bewußtsein zuvor völlig fremd war. Nicht nur Eindrücke von Dingen und Personen, son-

dern auch Eindrücke von Ideen und Aberglauben üben auf die Verfassung des Bewußtseins einen starken Einfluß aus.

Eine Geistergeschichte
Die Macht der Eindrücke des Aberglaubens läßt sich durch eine Geistergeschichte veranschaulichen. Von den verschiedenen Bereichen menschlichen Denkens ist kaum einer in solchem Ausmaß vom Aberglauben geprägt wie jener, der mit Geistern zu tun hat, die nach volkstümlicher Auffassung ihre Opfer auf sonderbare Weise belästigen und quälen.

Zur Zeit der Moghul-Herrschaft lebte in Indien ein sehr gebildeter Mann, der Geistergeschichten gegenüber skeptisch war und beschloß, ihnen durch persönliche Erfahrung auf den Grund zu gehen. Man hatte ihn davor gewarnt, in der *Amāvāsyā*-Nacht (Neumond) einen gewissen Friedhof zu besuchen, weil dieser angeblich die Wohnstatt eines furchterregenden Geistes war, der unfehlbar erschien, wenn man innerhalb der Friedhofsmauern einen Eisennagel in den Boden schlug. Mit einem Hammer in der einen Hand und einem Eisennagel in der anderen begab sich der Mann in der Amāvāsyā-Nacht geradewegs zu besagtem Friedhof und suchte sich einen grasfreien Platz aus, um den Nagel einzuschlagen. Der Boden war dunkel, und ebenso dunkel war auch der herunterhängende Mantel des Mannes. Als dieser sich auf den Boden setzte und sich anschickte, den Nagel einzuhämmern, geriet ein Zipfel seines Mantels zwischen Nagel und Boden und wurde festgehalten. Der Mann trieb den Nagel tief in den Grund und fühlte sich befriedigt von seinem Experiment, war doch kein Geist erschienen. Doch als er aufzustehen versuchte, um nach Hause zu gehen, verspürte er einen starken Ruck, der ihn zu Boden riß. Er geriet in Panik, denn aufgrund früherer Eindrücke konnte er an nichts anderes denken als an den Geist, der ihn, so glaubte er, schließlich doch erwischt habe. Der Schock dieses Gedankens war so groß, daß der Ärmste einen Herzschlag erlitt und auf der Stelle starb. Diese Geschichte zeigt, wie machtvoll der Einfluß von Eindrücken des Aberglaubens sein kann.

Die Befreiung von Sanskāras ist Voraussetzung ganzheitlicher Erfahrung
Die Macht und Wirksamkeit der Eindrücke kann kaum überschätzt werden. Ein Eindruck ist verfestigte Kraft, und diese Trägheit macht ihn unbeweglich und dauerhaft. Er kann sich dem Gemüt so tief einprägen, daß er trotz des aufrichtigen Wunsches und Bemühens des Individuums, ihn

auszulöschen, lange Zeit fortbesteht und dazu neigt, sich direkt oder indirekt in Handlung zu äußern. Das Gemüt enthält viele heterogene Eindrücke, die in ihrem Streben nach Ausdruck im Bewußtsein oft zusammenprallen. Dieser Zusammenprall verschiedenartiger Sanskāras wird im Bewußtsein als mentaler Konflikt erlebt. Die menschliche Erfahrung bleibt zwangsläufig chaotisch, undurchschaubar und mancherlei Schwankungen, Verwirrungen und komplexen Bindungen unterworfen, solange das Bewußtsein nicht frei ist von *allen* Sanskāras, guten wie schlechten. Erfahrung kann erst dann wahrhaft harmonisch und ganzheitlich werden, wenn das Bewußtsein erlöst ist von den Fesseln der Eindrücke.

Drei Arten von Sanskāras und Bewußtseinszuständen

Aufgrund wichtiger Unterschiede zwischen den Daseinssphären, auf die sich die Sanskāras beziehen, kann man dieselben in drei Hauptgruppen einteilen:

1. *Grobe* Sanskāras, die die Seele befähigen, durch das physische Medium die physische Welt zu erfahren, und sie veranlassen, sich mit dem physischen Körper zu identifizieren.

2. *Subtile* Sanskāras, die die Seele befähigen, durch das subtile Medium die subtile Welt zu erfahren, und sie veranlassen, sich mit dem subtilen Körper zu identifizieren.

3. *Mentale* Sanskāras, die die Seele befähigen, die mentale Welt zu erfahren, und sie veranlassen, sich mit dem Mentalkörper zu identifizieren.

Die Verschiedenheit der Bewußtseinszustände der individuellen Seelen ist gänzlich bedingt durch die Verschiedenheit der Sanskāras, mit denen ihr Bewußtsein beladen ist. So können Seelen mit groben Sanskāras nur die physische Welt bewußt erfahren; Seelen mit subtilen Sanskāras können nur die subtile Welt bewußt erfahren, und Seelen mit mentalen Sanskāras können nur die mentale Welt bewußt erfahren. Die qualitative Verschiedenheit der Erfahrung dieser drei Gruppen ist somit bestimmt durch die unterschiedliche Natur ihrer Sanskāras.

Ungetrübtes Gewahrsein ihres wahren Selbst

Der Zustand der Seele, die ihres wahren Selbst gewahr ist, unterscheidet sich radikal vom Zustand aller anderen Seelen, weil diese Seele die Allseele durch sich selbst erfährt, während die anderen Seelen nur ihren Körper und die entsprechenden Welten erfahren. Dieser radikale Unterschied rührt daher, daß das Bewußtsein der meisten Seelen durch Sanskāras irgendeiner Art begrenzt wird, während das Bewußtsein der des wahren Selbst bewußten Seelen völlig frei ist von Sanskāras jedwelcher Art. Erst wenn das Bewußtsein ungetrübt und ungebunden ist durch irgendwelche Sanskāras, findet der uranfängliche Wille zur Bewußtwerdung seine endgültige und wirkliche Erfüllung im bewußten Erfahren der Unendlichkeit und unteilbaren Einheit des Absoluten. Das Problem der Beseitigung der Sanskāras ist daher von größter Bedeutung.

Die Beseitigung der Sanskāras

I. Nichtschaffen, Entkräften und Abbauen von Sanskāras

Sanskāras verhindern Selbsterkenntnis

Die Menschen kennen ihr wahres Selbst nicht, weil ihr Bewußtsein umhüllt ist von Sanskāras, das heißt von angehäuften Eindrücken vergangener Erfahrungen. In der menschlichen Form ist es dem Willen zur Bewußtwerdung, der die Evolution in Gang setzt, zwar gelungen, volles Bewußtsein zu schaffen, doch bringt dieses nicht Erkenntnis der Allseele, weil die individualisierte Seele dem Zwang erliegt, ihr Bewußtsein zur Erfahrung von Sanskāras zu benutzen statt zur Erfahrung ihres eigenen wahren Wesens als Allseele. Das Erfahren der Sanskāras hält sie gefangen in der Illusion, ein endlicher Körper zu sein, und so versucht sie, sich als solcher der Welt der Dinge und Personen einzuordnen.

Das Problem der Befreiung von den Sanskāras

Die individuellen Seelen sind wie Wassertropfen im Ozean. Geradeso wie jeder Tropfen im Ozean wesenhaft identisch ist mit dem Ozean selbst, ist die als Folge ihrer Illusion (*Bhas*) individualisierte Seele nichtsdestoweniger die Allseele selbst und nicht eine wirklich von ihr getrennte Wesenheit. Doch die Hülle der Sanskāras, die das Bewußtsein trübt, hindert den Seelentropfen an der Erkenntnis dieser Einheit und hält ihn gefangen in der Vorstellung von Zweiheit. Damit die individuelle Seele ihrer Identität mit der Allseele innewerden kann, muß das Bewußtsein erhalten bleiben und von allen Sanskāras befreit werden. Die Sanskāras, die zunächst zur

Entwicklung des vollen Bewußtseins beigetragen haben, sind zum Hemmnis geworden für die Verwirklichung seiner Fähigkeit, das Wesen der Allseele zu erkennen. Deshalb ist das Problem, das sich dem Willen zur Bewußtwerdung stellt, nicht mehr jenes der Weiterentwicklung des Bewußtseins, sondern jenes seiner Befreiung von den Sanskāras.

Fünf Arten der Befreiung von Sanskāras
Die Befreiung von Sanskāras vollzieht sich auf folgende fünf Arten:

1. Nichtschaffen neuer Sanskāras
Dies besteht darin, der fortwährenden Tätigkeit des Erzeugens neuer Sanskāras ein Ende zu setzen. Wenn das Schaffen von Sanskāras mit dem Umschnüren eines Stocks verglichen wird, so bedeutet dieser Schritt, daß man aufhört, die Schnur weiter um den Stock zu wickeln.

2. Entkräften vorhandener Sanskāras
Wenn Sanskāras daran gehindert werden, sich in Handlung und Erfahrung auszudrücken, schwächen sie sich allmählich ab. In der Analogie der Schnur entspricht dieser Vorgang der Zermürbung der Schnur an Ort und Stelle.

3. Abbau alter Sanskāras
Dieser Vorgang besteht darin, alte Sanskāras aufzulösen durch mentale Umkehrung des Prozesses ihrer Entstehung. In Weiterführung unserer Analogie entspricht dies dem Loswickeln der Schnur.

4. Zerstreuen und Erschöpfen bestimmter Sanskāras
Wird die in gewissen Sanskāras gestaute mentale Energie vergeistigt und anderen Kanälen zugeführt, so zerstreuen und erschöpfen sich dieselben und neigen zum Verschwinden.

5. Auslöschen aller Sanskāras
Dies bedeutet die vollständige Tilgung aller Sanskāras. In der Analogie der Schnur entspricht es dem Durchschneiden der Schnur mit einer Schere. Das endgültige Auslöschen aller Sanskāras kann nur durch die Gnade eines Vollkommenen Meisters geschehen.

Es ist zu beachten, daß viele der konkreten Methoden zur Beseitigung der Sanskāras auf mehrfache Art wirksam werden. Die hier gegebene Aufstellung bedeutet nicht eine Klassifikation dieser Methoden in streng getrennte Kategorien. Die fünf Arten stellen vielmehr die verschiedenen Prinzipien dar, die die mentalen Vorgänge während der Beseitigung der Sanskāras kennzeichnen. Der Übersichtlichkeit halber behandelt dieser erste Teil nur jene Methoden, die vorwiegend die ersten drei Prinzipien (Nichtschaffen neuer Sanskāras, Entkräften und Abbau vorhandener Sanskāras) anwenden. Die Methoden, die vorwiegend die beiden letzten Prinzipien anwenden (Zerstreuung und Erschöpfung der Sanskāras durch Vergeistigung und Auslöschung aller Sanskāras), werden in den folgenden Teilen dargelegt.

Entsagung
Wenn das Gemüt von der Herrschaft sich ständig vermehrender Sanskāras befreit werden soll, muß die Schaffung neuer Sanskāras ein Ende finden. Das Schaffen vielfältiger neuer Sanskāras kann durch Entsagung beendet werden. Entsagung kann äußerlich oder innerlich sein. Äußere oder physische Entsagung besteht darin, alles aufzugeben, woran man in der physischen Welt gebunden ist – Heim, Eltern, Ehe, Kinder, Reichtum, Behaglichkeit und grobe Sinnesfreuden. Innere oder mentale Entsagung besteht darin, alle Begierden aufzugeben, insbesondere das Begehren nach sinnlichen Dingen.

Obwohl äußere Entsagung an sich nicht zwangsläufig von innerer Entsagung begleitet ist, vermag sie oft den Weg zu solch innerer Entsagung zu bereiten. Geistige Freiheit besteht in innerer, nicht in äußerer Entsagung. Die äußere Entsagung ist jedoch eine große Hilfe bei der Verwirklichung innerer Entsagung. Wer seine Besitztümer aufgibt, trennt sich von allem, was er hatte oder hat. Das bedeutet, daß die Dinge, denen er entsagt, für ihn nicht länger eine Quelle neuer Sanskāras sind. Indem er so den Vorgang der Schaffung neuer Sanskāras unterbindet, vollzieht er einen bedeutsamen Schritt in Richtung auf die Befreiung von seinen Sanskāras. Das ist aber nicht alles, was durch äußere Entsagung erreicht wird. Indem ein Mensch seinen Besitztümern entsagt, entsagt er auch seinen vergangenen Bindungen daran. Die mit diesen Besitztümern zusammenhängenden Sanskāras lösen sich aus seinem Gemüt, und da sie am Ausdruck gehindert werden, schwächen sie sich ab.

Für die meisten Menschen schafft äußere Entsagung ein Umfeld, das die Entkräftung der Sanskāras begünstigt. Ein Mensch, der Geld und Macht besitzt, ist fortwährend der Selbstverwöhnung und Ausschweifung ausgesetzt. Seine Lebensumstände lassen der Versuchung besonders großen Raum. Der Mensch ist größtenteils das, was seine Umwelt aus ihm gemeißelt und geformt hat. Ob er seine Umgebung zu überwinden vermag oder nicht, hängt ab von seiner Charakterstärke. Ist er stark, so bleibt er selbst inmitten seiner Wechselbeziehungen mit der Umwelt im Denken und Handeln frei von ihr. Ist er schwach, so erliegt er ihrem Einfluß. Doch selbst wenn er stark ist, kann er durch die mächtige Welle einer kollektiven Lebensweise oder eines Zeitgeistes überwältigt werden.

Es ist schwer, dem Sog eines Zeitgeistes standzuhalten und nicht den Umständen zum Opfer zu fallen. Wenn sich ein Mensch dem Strom entgegenstellt, läuft er Gefahr, von einer wilden Aufwallung kollektiver Leidenschaften hinweggerissen und in Denkweisen verstrickt zu werden, denen er sich nicht zu entziehen vermag. Während es schwer ist, diesen Einflüssen standzuhalten und sie zu überwinden, ist es leichter, sich ihnen zu entziehen. Viele Menschen würden ein lauteres und einfaches Leben führen, wenn sie nicht von Luxus und Versuchungen umgeben wären. Verzicht auf alle überflüssigen Dinge hilft, gewisse Sanskāras abzuschwächen, und trägt mithin bei zu einem Leben in Freiheit.

Einsamkeit und Fasten
Zwei wichtige Formen äußerer Entsagung, die besonderen geistigen Wert haben, sind Rückzug in die Einsamkeit und Fasten. Austritt aus dem Sturm und Drang vielfältiger weltlicher Betätigungen und gelegentlicher Rückzug in die Einsamkeit sind wertvolle Hilfen bei der Abschwächung jener Sanskāras, die mit dem Trieb zur Nachahmung zusammenhängen. Doch darf dies nicht als ein Ziel an sich betrachtet werden.

Wie Einsamkeit hat auch Fasten großen geistigen Wert. Essen bedeutet Befriedigung, Fasten bedeutet Verweigerung. Fasten ist körperlich, wenn trotz Verlangen nach dem Genuß des Essens keine Nahrung eingenommen wird. Es ist mental, wenn zwar Nahrung eingenommen wird, jedoch nicht um des Genusses und der Bindung daran willen, sondern allein zur Aufrechterhaltung der Körperfunktionen. Äußeres Fasten besteht darin, direkte Berührung mit Speisen zu vermeiden, und dient als Vorbereitung zum mentalen Fasten.

Nahrung ist eine unmittelbare Lebensnotwendigkeit, und ihre fortgesetzte Verweigerung hat zwangsläufig verheerende Folgen für die Gesundheit. Äußeres Fasten sollte daher nur periodisch und nie über lange Zeit hinweg praktiziert werden. Es ist solange notwendig, bis die Eßbegierde vollständig besiegt ist. Wenn die Lebenskräfte ins Spiel gebracht werden, um dem Verlangen nach Essensgenuß standzuhalten, wird es möglich, das Gemüt von der Bindung an Nahrung zu befreien. Äußeres Fasten entbehrt jeden geistigen Werts, wenn sein Motiv die Erhaltung der Gesundheit oder Körperform oder das Zurschaustellen der eigenen Person ist. Es soll nicht ein Mittel der Selbstbestätigung sein. Auch sollte es nicht bis zum Äußersten getrieben werden – bis der Körper zusammenbricht. Selbstkasteiung durch fortgesetztes Fasten ist der Befreiung von Eßbegierde nicht unbedingt förderlich. Sie neigt im Gegenteil dazu, die Reaktion einer darauffolgenden Hinwendung zur Schlemmerei nach sich zu ziehen. Wird Fasten aber mit Maß und zu geistigen Zwecken praktiziert, erleichtert es den Übergang zum inneren Fasten. Wenn äußeres und inneres Fasten konsequent und aufrichtig sind, bewirken sie den Abbau der Sanskāras, die mit der Eßbegierde zusammenhängen.

Buße
Der Abbau vieler anderer Sanskāras kann durch Buße herbeigeführt werden. Diese besteht darin, das Reuegefühl zu intensivieren und auszudrücken, das ein Mensch empfindet, wenn er sich bewußt geworden ist, daß er etwas Unrechtes getan hat. Reue bedeutet, sich das begangene Unrecht unter strenger Selbstverurteilung zu vergegenwärtigen. Sie wird erleichtert durch Nutzung der verschiedenen Umstände und Situationen, die Bußfertigkeit wecken, durch Nichtverteidigung seiner selbst bei Gefühlsausbrüchen oder durch willentliches Erinnern der vergangenen Geschehnisse mit zerknirschtem Herzen und ausdrücklicher Selbstmißbilligung. Solche Buße bewirkt den Abbau jener Sanskāras, die das unrechte Tun auslösten.

Tief empfundene Selbstverurteilung vermag die Sanskāras von Habsucht, Zorn und Sinneslust auszutilgen. Nehmen wir an, jemand habe einem anderen durch ungezügelte Habsucht, Zorn oder Sinneslust nicht wiedergutzumachendes Unrecht zugefügt. Früher oder später kommt es in ihm zwangsläufig zur Reaktion selbstzerstörerischer Schuldgefühle und Gewissensbisse. Wenn er sich zu diesem Zeitpunkt das Unheil, das er angerichtet hat, deutlich vergegenwärtigt, wird die Intensität des damit einhergehenden Reuegefühls die Neigungen vernichten, die ihm diese Selbstverurteilung eingetragen haben.

Selbstverurteilung wird zuweilen durch Kasteiungen verschiedener Art ausgedrückt. Einige Suchende gehen so weit, ihrem Körper Wunden zuzufügen, wenn sie in Büßerstimmung sind, doch ist von einem derart drastischen Reuebekenntnis eindeutig abzuraten. Die Anhänger einer bestimmten hinduistischen Richtung suchen Demut zu erlangen, indem sie

Nichtschaffen, Entkräften und Abbauen von Sanskāras

sich zur Regel machen, jedem, dem sie begegnen, zu Füßen zu fallen. Wer einen starken Willen und festen Charakter hat, bei dem mag Buße in Form solcher Selbstdemütigung tatsächlich die erwünschte heilsame Wirkung haben, indem sie die mit guten und schlechten Taten zusammenhängenden Sanskāras lockert und entwurzelt. Für andere aber, die in ihrer Willenskraft schwach sein mögen, ist Buße auch heilsam, wenn sie unter mitfühlender, liebender Führung vollzogen wird. Wird Reue mit Umsicht genährt und geübt, bewirkt sie unweigerlich die Aufhebung unerwünschter Denk- und Verhaltensweisen und macht den Menschen reif für ein Leben der Lauterkeit und des Dienens.

Man sollte sich indessen darüber im klaren sein, daß Bußfertigkeit immer die Gefahr eines zu langen Verweilens bei vergangenen Fehlern mit sich bringt, so daß das Gemüt eine krankhafte Gewohnheit entwickeln kann, über Bagatellen zu jammern und zu weinen. Solch sentimentales Übertreiben bedeutet eine Verschwendung mentaler Energie und ist dem Entkräften oder Abbauen von Sanskāras in keiner Weise dienlich. Buße soll nicht sein wie ein tagtägliches Bereuen tagtäglich wiederholter Verfehlungen. Sie soll auch nicht zu einer langweiligen und sterilen Gewohnheit werden, sein eigenes Ungenügen zu bejammern. Aufrichtige Buße besteht nicht in endlosem Gram ob vergangener Fehler, sondern im Entschluß, künftig jene Handlungen zu vermeiden, die Gewissensbisse hervorrufen. Führt Buße zum Verlust der Selbstachtung oder des Selbstvertrauens, hat sie ihren wahren Zweck verfehlt, der ja nur darin liegt, die Wiederholung gewisser Arten des Handelns unmöglich zu machen.

Nichterfüllen von Begierden
Entkräftung und Abbau von Sanskāras läßt sich auch dadurch erreichen, daß man aufsteigenden Begierden den Ausdruck und die Erfüllung verweigert. Die Menschen sind nicht alle gleichermaßen fähig, ihrer Begierden Herr zu werden. Jene, in denen Begierden mit großer impulsiver Geschwindigkeit aufsteigen, vermögen sie nicht an der Quelle aufzufangen. Doch selbst wenn ein Mensch das Aufsteigen von Begierden nicht zu verhindern vermag, kann er dieselben doch hindern, sich in Handlungen zu übertragen. Ablehnung der Begierden durch Beherrschung des Handelns schaltet die Möglichkeit aus, Samen künftiger Begierden zu säen. Überträgt ein Mensch seine Begierden in Handlung, kann er zwar einige seiner Sanskāras aufbrauchen und erschöpfen, doch erzeugt er im Vorgang dieser Erfüllung selbst wieder neue Sanskāras und sät damit die Samen künftiger Begierden, die ihrerseits unweigerlich nach Befriedigung rufen wer-

Die Beseitigung der Sanskāras

den. Der Vorgang des Auslebens oder Erschöpfens durch Ausdruck und Erfüllung trägt deshalb an sich nicht zur Befreiung von Sanskāras bei.

Wenn Begierden aufsteigen und an ihrem Übergang in Handlung gehindert werden, ergibt sich reichlich Gelegenheit zum spontanen Nachdenken über diese Begierden. Solches Nachdenken führt zur Entkräftung der damit zusammenhängenden Sanskāras. Es kann aber diesen Zweck nicht erfüllen, wenn es die Form eines mentalen Nachgebens gegenüber den fraglichen Begierden annimmt. Wenn den Begierden willentlich und widerstandslos im Gemüt Unterschlupf gewährt wird, ist dies Denken nicht nur ohne jeden geistigen Wert, sondern kann zudem subtile Sanskāras erzeugen. Das Überdenken der im Bewußtsein aufsteigenden Begierden sollte nicht von Rechtfertigung oder Billigung dieser Begierden begleitet sein. Auch soll nicht versucht werden, die Erinnerung an diese Begierden aufrechtzuerhalten. Wenn Begierden an Ausdruck und Erfüllung in Handlung gehindert und dem Feuer einsichtigen, nichtrechtfertigenden Bewußtseins preisgegeben werden, sterben die Keime dieser Begierden ab. Ablehnung der Begierden und Verhinderung ihres Übergangs in Handlung führen mit der Zeit von selbst und auf natürliche Weise zur Auflösung der damit zusammenhängenden Sanskāras.

Zustand des Nichtbegehrens von Irgendetwas
Ablehnung der Begierden bereitet den Weg zum Zustand des Nichtbegehrens von Irgendetwas, was allein wahre Freiheit bringen kann. Begehren bindet in jedem Fall, ob es sich erfüllt oder nicht. Erfüllt es sich, so führt es zu weiteren Begierden und verewigt mithin die Fesselung des Geistes. Erfüllt es sich nicht, führt es zu Unzufriedenheit und Leiden, die durch ihre Sanskāras die Freiheit des Geistes auf ihre eigene Weise behindern.

Begehren ist endlos, weil die äußeren und inneren Stimuli das Gemüt immer von neuem in einen Zustand des Wollens oder Nichtwollens von etwas (das bloß eine andere Form des Wollens ist) locken. Die äußeren Stimuli sind die Sinnesempfindungen des Sehens, Hörens, Riechens, Schmeckens und Berührens. Die inneren Stimuli sind jene, die im menschlichen Gemüt selbst erwachsen, aus den Erinnerungen der gegenwärtigen Existenz sowie aus der Gesamtheit der Sanskāras, die das Bewußtsein während der evolutiven Periode sowie in den nachfolgenden menschlichen Existenzen gesammelt hat. Wenn das Gemüt durch Übung fähig geworden ist, in Gegenwart irgendwelcher äußerer und innerer Stimuli unbewegt und ausgeglichen zu bleiben, erreicht es den Zustand des

Nichtbegehrens von Irgendetwas (außer der absoluten Wirklichkeit, die jenseits der Gegensätze der Stimuli ist), und damit wird es möglich, die Sanskāras des Begehrens abzubauen.

Der Grundsatz des Neti-Neti
Begehren ist ein Gemütszustand gestörten Gleichgewichts, Nichtbegehren von Irgendetwas ist ein Gemütszustand steter Ausgeglichenheit. Der Zustand des Gleichmuts kann nur aufrechterhalten werden durch fortwährende Gelöstheit von allen Stimuli, lustvollen wie schmerzvollen, angenehmen wie unangenehmen. Um von den Freuden und Leiden dieser Welt unbewegt zu bleiben, muß das Gemüt von allen äußeren und inneren Stimuli vollständig entbunden sein. Obwohl sich das Gemüt fortwährend durch seine eigenen konstruktiven Eingebungen stark macht, besteht immer die Möglichkeit, daß diese Verteidigungslinien durch irgendeine unvermittelte und unerwartete Flutwelle im Ozean der physischen und mentalen Umwelt hinweggespült werden. Geschieht dies, so magst du dich fürs erste völlig verloren fühlen, doch die Haltung der Nichtbindung kann dich dann behüten. Diese Handlung besteht in der Anwendung des Grundsatzes des *«neti neti»* (nicht dies, nicht das).

Dieser Grundsatz beinhaltet fortwährendes Bemühen, sich von den Verlockungen beider Pole der begrenzten Erfahrung gleichermaßen fernzuhalten. Gleichmut ist unerreichbar, solange man sich nur den unangenehmen Stimuli versagt und innerlich an die angenehmen Stimuli gebunden bleibt. Wenn das Gemüt vom Ansturm der Gegensätze unbewegt bleiben soll, kann es nicht irgendwelchen Bevorzugungen anhängen und sich von ihnen beeinflussen lassen. Gleichmut besteht darin, beiden Alternativen mit derselben vollständigen inneren Gelöstheit zu begegnen.

Grenzen der Verneinung
Das Erfüllung suchende «Ja, Ja» der positiven Sanskāras kann nur aufgehoben werden durch die verweigernde Entgegenstellung von «Nein, Nein». Dieses Element der Negation ist zwangsläufig in allen Aspekten der Askese gegenwärtig, wie sie in der Entsagung, im Rückzug in die Einsamkeit, in Fasten, Buße, Nichterfüllung von Begierden und im Nichtbegehren von Irgendetwas zum Ausdruck kommt. Eine glückliche Verbindung aller dieser Methoden und Gemütshaltungen schafft eine gesunde Form der Askese, in der es kein selbstquälerisches Abmühen

gibt. Um dies zu gewährleisten, muß das verneinende Element zu ihnen jedoch auf natürliche Weise zustande kommen und darf nicht ausarten oder zusätzliche Begrenzungen schaffen.

Es ist unnütz, das Gemüt zu einem asketischen Leben zwingen zu wollen. Jede gewaltsame Ausrichtung des Lebens nach asketischen Grundsätzen ist dazu angetan, das Wachsen gewisser guter Eigenschaften zu behindern. Wenn den gesunden Eigenschaften der menschlichen Natur gestattet wird, sich natürlich und langsam zu entfalten, erschließen sie von selbst das Wissen um die relativen Werte und bereiten damit den Weg zu einer spontanen Askese. Jeder Versuch aber, das Gemüt zu einer asketischen Lebensweise zu zwingen oder zu drängen, ist dazu angetan, eine Reaktion hervorzurufen.

Die Gefahr neuer Bindungen

Der Vorgang der Befreiung von einigen Bindungen ist oft begleitet vom Vorgang der Erzeugung anderer, neuer Bindungen. Die gröbste Form der Bindung ist die Bindung an die Welt der Dinge. Doch wenn sich das Gemüt von dieser Dingwelt löst, neigt es dazu, gewisse feinere Bindungen subjektiver Art einzugehen. So kann es, nachdem es ihm gelungen ist, einen bestimmten Grad der Lösung zu erreichen, leicht jene subtile Form von Egoismus entwickeln, die sich in Distanziertheit und überlegener Miene äußert. Man darf indessen nicht zulassen, daß Lösung aus einigen Bindungen zu einem neuen Kern wird, an den sich das Ich heften kann. Auch soll diese Lösung nicht Ausdruck der eigenen Unfähigkeit sein, mit dem Sturm und Drang weltlichen Daseins fertigzuwerden. Die Dinge, die das reine, unendliche Sein begrenzen, sollen aus einer Position wahrer Stärke heraus aufgegeben werden, die aus Reinheit und Erleuchtung erwächst, und nicht aus einem Gefühl der Hilflosigkeit angesichts des Lebenskampfes.

Auch besteht wahre Lösung von Bindungen nicht darin, sich an die bloße Formel des «*neti neti*» zu klammern, die zuweilen zu einer fixen Idee wird, ohne daß irgendein wirkliches Sehnen nach Erleuchtung vorhanden wäre. Solch steriles Interesse an einer bloßen Formel der Verweigerung geht oft einher mit einem bejahenden inneren Verweilen bei den Versuchungen, die es zu überwinden gilt. Lösung aus den Bindungen kann nur dann vollständig und aufrichtig sein, wenn sie zum untrennbaren Teil der eigenen Natur wird.

Negation muß letztlich ebenfalls aufgegeben werden
Die negierende Entgegenstellung des «*neti neti*» ist der einzige Weg, um die im Laufe der Evolution und der Existenzen in menschlicher Form gesammelten positiven Sanskāras abzubauen. Während aber dieser Vorgang die positiven Sanskāras zunichte macht, bewirkt er die Entstehung verneinender oder negativer Sanskāras, die das Gemüt auf ihre eigene Weise binden und damit ein neues Problem schaffen. Die Negation muß zwar kraftvoll genug sein, um die Entwurzelung aller positiven Sanskāras grober, subtiler und mentaler Natur herbeizuführen. Hat sie aber ihren Zweck erfüllt, muß auch sie aufgegeben werden. Das Endziel geistiger Erfahrung besteht nicht in barer Negation. Es auf eine negative Formel zu bringen bedeutet, es mittels eines intellektuellen Konzepts zu begrenzen. Die negative Formel muß vom Gemüt benutzt werden, um sich seiner Begrenzungen zu entledigen. Doch bevor das letzte Ziel des Lebens erreicht werden kann, ist auch sie selbst abzulegen.

Das Denken ist notwendig, um die Begrenzungen zu überwinden, die seine eigene Bewegung geschaffen hat. Doch ist dies geschehen, muß es selbst aufgegeben werden. Dies läuft auf das Transzendieren des Gemüts hinaus, und es wird möglich durch Nichtidentifikation mit dem Gemüt und seinen Begierden. Werden nicht nur der Körper und die niederen Regungen, sondern ebenso alle Gedanken als Objekte wahrgenommen, folgt daraus seliges Ungebundensein und die Negation *aller* Sanskāras. Damit wird die Seele frei von der selbsterzeugten Illusion, der Körper, das Begehren oder das Gemüt zu sein, und nähert sich dem vollerleuchteten Bewußtseinszustand an, in dem die Seele weiß: «Ich bin Gott» (*Anal Haqq* oder *Aham Brahmāsmi*).

II. Auflösung und Erschöpfung von Sanskāras

Die Notwendigkeit der Beherrschung des Gemüts
Sanskāras verhüllen dem Bewußtsein die Wahrheit und verhindern die Selbsterkenntnis, um derentwillen die ganze Schöpfung ins Dasein getreten ist. Im vorigen Kapitel wurden jene Methoden zur Beseitigung von Sanskāras dargelegt, die hauptsächlich auf dem Grundsatz der Negation positiver Sanskāras beruhen. Diese Methoden der Negation positiver Sanskāras gründen letztlich alle auf der Beherrschung von Körper und Gemüt. Beherrschung gewohnheitsmäßiger Neigungen des Gemüts ist ungleich schwerer als Beherrschung des physischen Handelns. Die flüch-

Die Beseitigung der Sanskāras

tigen, umherschweifenden Gedanken und Begierden des Gemüts lassen sich nur mit großer Geduld und durch hartnäckige Übung zügeln. Eine solche Zügelung der mentalen Vorgänge und Reaktionen ist indessen notwendig, um das Schaffen neuer Sanskāras zu verhindern und die alten Sanskāras, deren Ausdruck sie sind, zu entkräften und abzubauen. Obwohl dies am Anfang schwerfallen mag, wird es durch aufrichtiges Streben allmählich zu etwas Natürlichem und Leichtem.

Beherrschung ist vorsätzlich und erfordert Willensanstrengung, solange das Gemüt noch darum kämpft, sich aus seiner Abhängigkeit von positiven Sanskāras zu lösen. Doch nachdem diese Lösung erreicht ist, wird die Beherrschung spontan, weil das Gemüt nunmehr frei und mit Einsicht funktionieren kann. Solche Beherrschung wird aus Charakterstärke und geistiger Gesundheit geboren, und sie bringt stets Freiheit von Angst, unerschütterlichen Frieden und Gelassenheit mit sich. Das Gemüt, das schwach erscheint, wenn es von Begierden getrieben ist und zügellos umherschweift, wird zu einer Quelle großer Kraft, wenn es gezügelt ist. Beherrschung ist unerläßlich zur Erhaltung der mentalen Energie und zur rationellen Nutzung der Denkkraft für schöpferische Zwecke.

Wahre Beherrschung erwächst aus Einsicht, nicht aus mechanischer Unterdrückung
Ist Beherrschung indessen rein mechanisch, vereitelt sie die Erfüllung ihres eigentlichen Zwecks, der darin besteht, das freie, ungebundene Funktionieren des Gemüts möglich zu machen. Beherrschung von echtem geistigen Wert besteht nicht in der mechanischen Unterdrückung von Gedanken und Begierden. Sie ist vielmehr die natürliche Zurückhaltung, die aus Einsicht in die während des Vorgangs der Erfahrung entdeckten positiven Werte erwächst. Wahre Beherrschung ist mithin nicht bare Negation. Wenn positive Werte in den Gesichtskreis des Bewußtseins treten, weckt ihr Ruf nach Ausdruck eine innere Antwort und Energie, die letztlich alle Widerstände des Gemüts gegen den freien und vollen Ausdruck dieser Werte überwindet. So werden durch die aufrichtige Anerkennung des Werts eines Lebens der Reinheit, Großzügigkeit und Güte die Neigungen zu Sinneslust, Habsucht und Zorn überwunden.

Das Gemüt, das sich an gewisse Denk- und Reaktionsweisen gewöhnt hat, empfindet es zunächst als mühsam, sich diesen neuen Ansprüchen seiner eigenen Wahrnehmung anzupassen, weil es hierbei gegen die Trägheit der Eindrücke seines bisherigen Denkens und Handelns anzukämpfen hat. Seine Neuausrichtung im Licht wahrer Werte ist das, was als Zügelung des Gemüts bezeichnet wird. Diese Zügelung ist nicht ein mechanisches oder gewaltsames Zurechtbiegen des Gemüts. Sie ist eine Anstrengung des Gemüts selbst, um seine eigene Trägheit zu überwinden. Ihr Zweck ist von Grund auf schöpferisch und nicht verneinend, denn was das Gemüt damit anstrebt, ist seine Befähigung, den wahren Werten des Lebens zum Ausdruck zu verhelfen.

Das Licht in jedem
Schöpferische Beherrschung ist möglich, weil jeder Mensch die Quelle des Lichts in sich trägt. Obwohl die Erfahrung des wahren Selbst durch den Schleier der Sanskāras verhindert wird, herrscht innerhalb der Grenzen des gewöhnlichen menschlichen Bewußtseins nicht gänzliche Finsternis. Der Lichtstrahl, der es erhellt, besteht in einem Sinn für wahre Werte, der den Menschen vorwärts führt, mit unterschiedlicher Klarheit, je nach der Dichte des Schleiers seiner Sanskāras. Der Vorgang der Verneinung der Sanskāras ist zugleich der Vorgang des Verstehens wahrer Werte. Geistiger Fortschritt ist mithin gekennzeichnet durch den dualen Aspekt des Aufgebens der falschen Werte der Sanskāras zugunsten der wahren Werte der Einsicht. Der Vorgang des Ersetzens niederer Werte durch höhere Werte ist der Vorgang der Sublimation oder Vergeistigung, der darin besteht, die in den alten Sanskāras gestaute mentale Energie geistig schöpferischen Zwecken zuzuführen. Wird diesen Sanskāras in solcher Weise die Energie entzogen, lösen sie sich auf und erschöpfen sich.

Sublimation, der beste Weg
Sublimation oder Vergeistigung ist die natürlichste und wirksamste Methode, aus den Gleisen alter Sanskāras auszubrechen. Sie hat den besonderen Vorteil, daß sie den Suchenden in allen Phasen durch ein unerschöpfliches Interesse beflügelt. Die Methode barer Verneinung ohne irgendwelchen Ersatz neigt dazu, langweilig und öde zu werden, und scheint oftmals ins Leere zu führen. Vergeistigung jedoch besteht im positiven Vorgang des Ersetzens niederer Werte durch höhere. Sie ist deshalb auf jeder Stufe voller Sinn und Ansporn und bringt ein ständig wachsendes Gefühl der Erfüllung mit sich. Die mentale Energie kann geistigen Kanälen zugeführt werden durch: 1. Meditation, 2. selbstloses Dienen und 3. Liebe.

Wesen und Zweck der Meditation
Meditation ist tiefe und beständige Sammlung auf einen idealen Gegenstand. In einem solchen Zustand der Sammlung auf einen idealen Gegenstand gewahrt die Seele nur den Gegenstand der Meditation, während sie ihr Gemüt ebenso wie den physischen Körper vollständig vergißt. Dadurch kommt der Vorgang der Schaffung neuer Sanskāras zum Stillstand. Gleichzeitig werden durch die mentale Tätigkeit des Verweilens beim Meditationsgegenstand alte Sanskāras zerstreut und erschöpft. Verschwinden die Sanskāras am Ende ganz, löst sich in der Intensität der Sammlung die Seele als individualisierte Entität auf und wird eins mit dem idealen Gegenstand ihrer Meditation.

Formen der Meditation
Entsprechend den unterschiedlichen Fähigkeiten verschiedener Personen gibt es auch viele verschiedene Formen der Meditation. Bei Menschen, die hart arbeiten müssen, ist das feinere Vorstellungsvermögen infolge Übermüdung oft geschwächt oder gelähmt. Für sie eignet sich am besten jene Form der Meditation, die darin besteht, sich von seinen Gedanken zu lösen und dieselben sowie den Körper *objektiv* zu betrachten. Ist es dem Meditierenden gelungen, seine Gedanken und seinen Körper mit gänzlicher Objektivität zu betrachten, versucht er, sich mit dem kosmischen Sein zu identifizieren, durch positive Vorhaltungen wie «Ich bin das Unendliche» oder «Ich bin in allen Dingen», «Ich bin in jedem».

Wessen Vorstellung ständig umherschweift, der kann versuchen, das Gemüt ganz auf einen bestimmten Punkt zu sammeln, doch sollte diese Art der Sammlung von jenen gemieden werden, die eine Abneigung dagegen haben. Gewöhnlich zerstreut sich die mentale Energie in eine Vielfalt von Gedanken. Meditation in Form der Sammlung auf einen Punkt ist insofern sehr heilsam, als sie diese Zerstreuung beendet und das Gemüt veranlaßt, sich auf eines festzulegen. Sie ist indessen ein mechanischer Vorgang, der weder schöpferisch noch beseligend wirkt. Sie mag in den Anfangsstadien praktiziert werden, als Vorbereitung für andere, wirksamere Formen der Meditation.

Meditation über Gott in Seinem personalen und Seinem nichtpersonalen Aspekt
Den wirksameren und tieferen Formen der Meditation geht vorsätzliches und positives Nachdenken über Gott voraus – über den ewigen Geliebten. Meditation über Gott ist die in geistiger Hinsicht fruchtbarste Form

Auflösung und Erschöpfung von Sanskāras

der Meditation. Sie kann den *nichtpersonalen* oder den *personalen* Aspekt Gottes zum Gegenstand haben. Meditation über den nichtpersonalen Aspekt Gottes eignet sich nur für jene, die eine besondere Fähigkeit dazu haben. Sie besteht darin, alles Denken auf das gestaltlose, nichtoffenbare Sein Gottes auszurichten. Meditation über den personalen Aspekt Gottes andrerseits besteht darin, alles Denken auf die göttliche Gestalt und die göttlichen Attribute auszurichten.

Nach intensiver Meditation kann es vorkommen, daß sich das Gemüt nicht mehr in den Gegenstand der Meditation, sondern in das weitende Gefühl von Frieden, das während der Meditation aufgekommen ist, versenken möchte. Solche Momente sind das natürliche Ergebnis einer Ermüdung des Vorstellungsvermögens; man soll ihnen ohne Widerstand folgen. Meditation soll spontan sein, nicht erzwungen. In den Augenblicken, wo sich der göttliche Impuls regt, sollte der Vorstellung freier Lauf gelassen und ihr erlaubt werden, sich emporzuschwingen. Allein das Sehnen nach Einswerden mit dem Unendlichen soll diesen Höhenflug der Vorstellung lenken; sie darf nicht unter den Einfluß der Gefühle von Lust, Habsucht oder Zorn geraten.

Hindernisse bei der Meditation
Erfolg bei der Sammlung der Gedanken stellt sich nur allmählich ein, und der Neuling mag verzagen, wenn er nicht schon am Anfang befriedigende Ergebnisse erzielt. Die Unzufriedenheit, die er empfindet, ist aber oft selbst ein ernsthaftes Hindernis für den Beginn seiner Meditation sowie für das Verweilen dabei. Auch andere Hindernisse wie Trägheit oder schlechte Gesundheit mögen Schwierigkeiten bereiten, doch lassen sich diese durch Festlegung und Einhaltung bestimmter Zeiten und durch geduldiges Üben überwinden. Die ruhige Stimmung der Natur in den frühen Morgenstunden oder bei Sonnenuntergang ist der Meditation besonders förderlich, doch kann auch jede andere passende Zeit gewählt werden.

Meditation erfordert Abgeschiedenheit
Abgeschiedenheit ist eine der wichtigsten Voraussetzungen erfolgreicher Meditation. In der Welt des Denkens geht ein ständiges Ineinanderfließen von Gedanken aller Formen und Farben vor sich. Starke Gedanken neigen dazu, das Gemüt zu festigen, indem sie seine Sammlung erleichtern, wogegen frivole Gedanken zerstreuend wirken. Das Gemüt wird von diesen verschiedenen Gedanken in der mentalen Umwelt entweder

angezogen oder abgestoßen. Es ist ratsam, sich ihrem Einfluß zu entziehen, um in seinem eigenen Ideal Fuß zu fassen. In dieser Hinsicht bietet Abgeschiedenheit enorme Möglichkeiten. Abgeschiedenheit bedeutet Einsparung an mentaler Energie und größere Konzentrationsfähigkeit. Da das Gemüt durch nichts Äußeres abgelenkt wird, wirst du nach innen gezogen und lernst die Kunst, dich den höheren Strömungen zu öffnen, die dir Kraft, Seligkeit und friedvolle Weite zu geben vermögen.

Sammlung auf den universalen Aspekt Gottes durch selbstloses Dienen
Während Meditation über den personalen und den nichtpersonalen Aspekt Gottes den Rückzug des Bewußtseins in das Heiligtum des eigenen Herzens erfordert, wird Sammlung auf den universalen Aspekt Gottes am besten durch selbstloses Dienen erreicht. Wenn sich ein Mensch ganz dem uneigennützigen Dienst an der Menschheit hingibt, vergißt er wie in der Meditation seinen eigenen Körper, sein Gemüt und deren Funktionieren ganz und gar. So kommt es nicht zur Schaffung neuer Sanskāras, und die alten, die das Gemüt binden, zerstreuen sich und lösen sich auf. Indem ein Mensch seine Aufmerksamkeit und sein Interesse nicht dem eigenen Wohl, sondern ganz dem Wohl anderer zuwendet, wird der Kern seines Ego der nährenden Kraft beraubt. Selbstloses Dienen ist mithin eine der besten Methoden zur Umleitung und Vergeistigung der in den bindenden Sanskāras gestauten Energie.

Das Wesen selbstlosen Dienens
Dienen ist selbstlos, wenn dabei nicht der leiseste Gedanke an Belohnung oder Ergebnisse aufkommt und wenn keinerlei Rücksicht genommen wird auf das eigene Wohlbefinden, den eigenen Vorteil oder die Möglichkeit, mißverstanden zu werden. Bist du gänzlich beschäftigt mit dem Wohlergehen anderer, kannst du kaum an dich selbst denken. Du kümmerst dich nicht um deine Behaglichkeit, dein Wohlbefinden, deine Gesundheit oder dein Glück. Du bist vielmehr gewillt, all das für das Wohlergehen der anderen zu opfern. Ihr Wohlbefinden ist dein Behagen, ihre Gesundheit deine Wonne und ihr Glück deine Freude. Du findest dein Leben, indem du es im ihrigen verlierst. Du lebst in ihrem Herzen, und dein Herz wird ihre Zuflucht. Wo wahre Herzenseintracht herrscht, fühlst du dich völlig eins mit dem anderen. Dein helfendes Tun oder tröstendes Wort gibt anderen das, was ihnen innerlich fehlen mag, und durch ihre Gedanken der Dankbarkeit und des Wohlwollens empfängst du in Wirklichkeit mehr, als du gibst.

Freiheit und Erfüllung durch selbstloses Dienen

Indem du so für andere lebst, weitet sich dein eigenes Leben und wird hinausgetragen über seine Grenzen. Ein Mensch, der ein Leben selbstlosen Dienens führt, ist sich deshalb seines Dienens kaum bewußt. Er gibt jenen, denen er dient, nicht das Gefühl, ihm in irgendeiner Weise zu Dank verpflichtet zu sein, sondern fühlt sich vielmehr selbst zu Dank verpflichtet für die Gelegenheit, andere glücklich zu machen. Er dient ihnen weder zum Zwecke der Zurschaustellung der eigenen Person, noch um Ruhm und Namen zu erlangen. Selbstloses Dienen erreicht erst dann seine Vollendung, wenn der Dienende im Dienst an anderen dieselbe Freude empfindet wie wenn er selbst der Empfänger dieses Dienstes wäre. Das Ideal selbstlosen Dienens befreit ihn von den Sanskāras des Macht- und Besitzstrebens, des Selbstmitleids und der Eifersucht sowie von den Sanskāras schlechter Taten, die aus Eigensucht begangen wurden.

Liebe

Selbstloses Dienen ebenso wie Meditation sind spontan, wenn sie aus Liebe erwachsen. Liebe wird deshalb mit Recht als der Hauptweg zur Verwirklichung des Höchsten betrachtet. In der Liebe verliert sich die Seele ganz im göttlichen Geliebten und ist deshalb innerlich völlig gelöst vom Tun des Körpers oder des Gemüts. Dies setzt der Erzeugung neuer Sanskāras ein Ende und bewirkt durch die vollständige Neuausrichtung des Daseins auch die Aufhebung alter Sanskāras. Nirgends geschieht die Lösung aus der Ichverhaftung auf so natürliche Weise und so vollständig wie in der Intensität der Liebe. Deshalb wird sie allen anderen Wegen vorangestellt, die zur Erlösung des Bewußtseins aus den Banden der Sanskāras führen.

Die reinigende Kraft der Liebe

Liebe schließt die Vorzüge aller anderen Pfade zur Erlösung ein und ist deshalb selbst der edelste und wirksamste Pfad. Sie ist zugleich durch Selbstaufopferung und Glückseligkeit charakteristisch. Ihre Einmaligkeit liegt darin, daß sie von einer völligen und vorbehaltlosen Hingabe an den göttlichen Geliebten begleitet ist, die keinerlei Raum läßt für die Ansprüche von irgend etwas anderem. Da so der Zerstreuung mentaler Energie die Voraussetzung entzogen ist, wird höchste Konzentration erreicht. In der Liebe werden alle physischen, vitalen und mentalen Energien des Menschen zusammengespannt und in den Dienst des Geliebten gestellt, und dadurch wird die Liebe zur dynamischen Kraft. Die Spannung wahrer Liebe ist so groß, daß jedes fremde Gefühl, das sich einschleichen möchte, sogleich ausgestoßen wird. Die ausstoßende, reinigende Kraft der Liebe hat deshalb nicht ihresgleichen.

Liebe ist in der ganzen Schöpfung gegenwärtig
Liebe hat nichts Unnatürliches oder Künstliches an sich. Sie besteht seit Anbeginn der Schöpfung. Auf der anorganischen Stufe drückt sie sich rudimentär aus als Kohäsion oder Anziehungskraft. Sie ist die natürliche Verwandtschaft, die die Dinge zusammenhält und zueinanderzieht. Die Anziehung, die die Himmelskörper aufeinander ausüben, ist ein Ausdruck dieser Art von Liebe. Auf der organischen Stufe wird Liebe zunehmend bewußter und spielt eine wichtige Rolle bei allen Formen, von der einfachsten wie der Amöbe bis zur höchstentwickelten des Menschen. Wenn die Liebe durch sich selbst erleuchtet wird, gewinnt sie durch ihr bewußtes Opfer eine neue Wertdimension.

Das Opfer der Liebe
Das Opfer der Liebe ist so vollständig und vorbehaltlos, daß es alles verschenkt und nichts zurückerwartet. Je mehr Liebe gibt, um so mehr will sie geben und um so weniger gewahrt sie, gegeben zu haben. Wahre Liebe nimmt unaufhörlich zu und niemals ab. Ihr einfachster Ausdruck ist schlichte Hingabe. Die vielen Gesichter des göttlichen Geliebten sind der einzige Gegenstand ihrer Aufmerksamkeit und ihres Tuns. Endlos und rückhaltlos, auf tausenderlei Weisen, sucht sie dem Geliebten zu gefallen. Ohne Zögern und freudig nimmt sie jede Mühsal auf sich, um nur einen einzigen Wunsch des Geliebten zu erfüllen, um den geringsten Schatten von Vernachlässigung oder Gleichgültigkeit zu tilgen, der den Geliebten getroffen haben mag. Um des Geliebten willen würde sie mit Freuden darben und sterben. In ständiger Sorge und Pein um den Geliebten hält sie sich nicht damit auf, den Körper zu pflegen, der sie selbst beherbergt und nährt. Sie kennt keinen Kompromiß. Der Geliebte ist das Ein und Alles ihres Daseins. Unter dieser unbezwingbaren Rastlosigkeit bricht das Tabernakel der Liebe auf und läßt Ströme der Liebe von höchster Süße fließen, bis der Liebende seine Begrenzungen endgültig überwindet und sich im Sein des Geliebten verliert.

Bhakti
Ist Liebe tief und innig, wird sie *Bhakti* oder gläubige Hingabe genannt. In den Anfangsstadien äußert sich Bhakti durch Verehrung von Symbo-

len, Anrufung von Gottheiten, Bekenntnis zu den Offenbarungsschriften oder Streben nach dem Höchsten durch abstraktes Denken. In den höheren Stadien drückt sich Bhakti aus als Anteilnahme am Schicksal der Menschheit und Dienst am Nächsten, als Liebe und Verehrung für Heilige und als Treue und Gehorsam gegenüber einem geistigen Führer. Alle diese Stadien haben ihren relativen Wert und führen zu relativen Ergebnissen. Doch Liebe für einen lebenden Vollkommenen Meister stellt eine einzigartige Stufe von Bhakti dar, weil sie letztlich zu *Parabhakti*, das heißt zur göttlichen Liebe führt.

Parabhakti
Parabhakti ist nicht einfach eine Intensivierung von Bhakti. Parabhakti beginnt dort, wo Bhakti endet. Auf der Stufe von Parabhakti herrscht nicht nur einmütige Hingabe, sondern auch eine äußerste Herzensruhe, ein verzehrendes Sehnen nach dem Einswerden mit dem göttlichen Geliebten. Dies führt zur Vernachlässigung des eigenen Körpers, zur Absonderung von der Umwelt und völliger Gleichgültigkeit gegenüber Äußerlichkeiten oder Kritik. Gleichzeitig regt sich der göttliche Impuls des Hingezogenwerdens zum Geliebten häufiger denn je. Diese höchste Phase der Liebe trägt reichere Frucht als alle vorhergehenden, weil ihr Gegenstand der Eine ist, der die Liebe selbst verkörpert und der als der höchste Geliebte allein imstande ist, auf die Liebe des Liebenden voll und ganz zu antworten. Die Reinheit, Süße und Wirksamkeit der Liebe, die der Liebende vom Meister empfängt, trägt bei zum unübertrefflichen geistigen Wert dieser höchsten Stufe der Liebe.

III. Letztes Auslöschen der Sanskāras

Die Bedeutung der Liebe zum Vollkommenen Meister
Liebe zum Vollkommenen Meister (*Sadguru*) ist von besonderer Bedeutung, weil sie einen Kontakt herstellt zu ihm. Durch diesen Kontakt empfängt der Suchende vom Meister Eindrücke, die die besondere Macht haben, alte Eindrücke aufzuheben und damit eine vollständige Wandlung seines Lebens herbeizuführen. Der Empfänger solcher Eindrücke mag sich ganz und gar lösen von seinen bisherigen Lebensgewohnheiten und Denkweisen. Kontakt mit dem Vollkommenen Meister verändert und hebt den Grundton selbst der verkommensten Existenz. Ein Mensch mag ein Leben gedankenloser Zerstreuung geführt und nie an etwas anderes

Die Beseitigung der Sanskāras

gedacht haben als an die Erfüllung seiner weltlichen Begierden. Er mag im Hunger nach Besitz und Macht gefangen gewesen sein und nie ein anderes Ideal gekannt haben als das Anhäufen von Geld und die Jagd nach Genüssen. Doch selbst ein solcher Mensch, dem nie im Leben auch nur der leiseste Gedanke einer Befreiung von irdischen Fesseln gekommen ist, kann entdecken, daß die im Kontakt mit dem Vollkommenen Meister empfangenen Sanskāras mächtig genug sind, um für immer einen Vorhang über sein bisheriges Leben fallen zu lassen und ihm gänzlich neue Ausblicke auf ein höheres und freieres Leben zu eröffnen.

Ebenso heilsam können die vom Meister empfangenen Eindrücke auch für einen intellektuellen und gebildeten Menschen sein, dessen Gesichtsfeld nichtsdestoweniger beschränkt ist, dessen Vorstellung sich bestenfalls bis zur Schönheit in Kunst und Literatur zu erheben vermag und dessen Nächstenliebe an den Grenzen seines Freundeskreises oder seines Landes endet. Durch die vom Meister empfangenen Eindrücke öffnet sich auch einem solchen Menschen der Zugang zu höheren Daseinsebenen.

Auslöschung aller Sanskāras durch die Gnade des Meisters

Der Vollkommene Meister kann den Suchenden von der gewöhnlichen Bewußtseinsebene des Intellekts auf die Bewußtseinsebene der Inspiration und Intuition heben und weiter auf die Ebene der Einsicht und Erleuchtung, die letztlich zum Einswerden mit dem Unendlichen führt. Dieses Emporziehen des Strebenden entspricht dessen Fortschreiten von der weltlichen Sphäre zur subtilen Sphäre, von der subtilen Sphäre zur mentalen Sphäre und schließlich von der mentalen Sphäre zur Freiheit. Dieser letzte Schritt beinhaltet das vollständige Auslöschen aller Sanskāras, der natürlichen ebenso wie der nichtnatürlichen, der positiven ebenso wie der negativen. Im Gleichnis der um einen Stock gewickelten Schnur entspricht dieser Vorgang des Auslöschens dem Durchschneiden der Schnur mit einer Schere. Das Auslöschen aller Sanskāras, das allein die endgültige Befreiung des Bewußtseins von aller Illusion und Knechtschaft bringen kann, läßt sich niemals anders erreichen als durch die Gnade eines Vollkommenen Meisters.

Die Notwendigkeit vollständiger Hingabe

Ein solches aktives Eingreifen des Vollkommenen Meisters setzt indessen eine uneingeschränkte Beziehung zwischen dem Suchenden und dem Meister voraus, die erst dann möglich wird, wenn es dem Suchenden gelingt, sich dem Meister voll und ganz hinzugeben. Hingabe beinhaltet Gehorsam gegenüber allen Weisungen des Meisters. Wenn dein ganzes Streben und Handeln vom Meister gelenkt wird und das Ergebnis deines Gehorsams gegenüber seinen Weisungen ist, geht alle Verantwortung dafür unmittelbar auf den Meister selbst über. Ist die Hingabe vollständig, wird die Verantwortung für deine Befreiung von den Sanskāras auf den Meister abgewälzt, und unter dieser neuen Voraussetzung vernichtet der Meister alle deine Sanskāras im Nu.

Verstandesmäßiger Gehorsam
Gehorsam gegenüber dem Meister, wie ihn völlige Hingabe beinhaltet, ist zweifacher Art: 1. verstandesmäßiger Gehorsam und 2. wörtlicher Gehorsam. Von diesen beiden Arten des Gehorsams kommt verstandesmäßiger Gehorsam zuerst; er ist eine Vorbereitung zum wörtlichen Gehorsam, der reichere Frucht trägt. Wenn du intellektuell überzeugt bist von der Erhabenheit und Vollkommenheit des Meisters, empfindest du zwar Liebe und Achtung für ihn, bist aber unfähig, seine Weisungen wortwörtlich zu befolgen. Da deine Überzeugung auf dem Verstand gründet, bereitet es dir Mühe, sie unabhängig zu machen von deinem Verstehen des Meisters und seiner Weisungen. Deine Überzeugung ist unlösbar verbunden mit deinem Verstehen, und deshalb hält dich dein verstandesmäßiger Glaube in den Grenzen des Gehorsams gegenüber Weisungen, die dir verständlich sind. Diese Phase des Schülers läßt der Meister ungestört auslaufen. Alle «Pillen» des Gehorsams, die er dem Schüler verabreicht, werden intellektualisiert, um sie dem Geschmack und Kaliber des Schülers anzupassen.

Wörtlicher Gehorsam
Verstandesmäßiger Gehorsam gegenüber dem Meister kann zur Auslöschung aller Sanskāras führen, vorausgesetzt, daß du in deiner logischen Interpretation und in der Ausführung der Weisungen des Meisters aufrichtig bist. Dasselbe Resultat wird jedoch viel rascher erreicht, wenn dein Gehorsam wörtlich ist. Wörtlicher Gehorsam folgt aus dem unerschütterlichen Vertrauen und der tiefen Liebe, die der Meister durch seine Menschlichkeit im Schüler weckt. Die Ausstrahlung des inneren Lichts des Meisters, seiner absoluten Reinheit und Barmherzigkeit, ist es vor allem, die dem Schüler jenes unerschütterliche Vertrauen schenkt, das ihn bereit macht, den Weisungen des Meisters vorbehaltlos zu folgen, ohne Rücksicht auf die Befriedigung seines Verstandes.

Wörtlicher Gehorsam ist nicht an die Forderung gebunden, daß der wirkliche Sinn der Weisungen dem intellektuellen Verständnis des Schülers zugänglich ist. Diese Art des Gehorsams ist die beste, die du anstreben kannst. Durch solchen vorbehaltlosen und fraglosen Gehorsam werden die wirren Knäuel und Knoten deiner Begierden und Sanskāras allesamt aufgelöst. Gehorsam dieser Art ist es auch, der zwischen Meister und Schüler jene tiefe Verbindung schafft, die das ungehinderte und dauernde Überfließen geistiger Weisheit und Macht in dem Schüler zur Folge hat. In diesem Stadium wird der Schüler oder die Schülerin zum geistigen Sohn beziehungsweise zur geistigen Tochter des Meisters und erlangt zu gegebener Zeit die Befreiung von allen individualistischen und sanskārischen Bindungen. Dann wird der oder die also Auserwählte selbst zum Meister.

Der Stand des Vollkommenen Meisters
Der Vollkommene Meister oder Sadguru hat eine Stellung und Macht, die einzigartig sind. Es gibt in der Welt viele Seelen, die auf dem geistigen Pfad mehr oder weniger fortgeschritten sind, doch nur sehr wenige, die alle sechs Ebenen der inneren Bewußtseinssphären durchschritten haben und einsgeworden sind mit der unendlichen Quelle von Sein, Bewußtsein und Seligkeit.

Der Vollkommene Meister hat nicht nur die verschiedenen Bewußtseinsebenen durchschritten, sondern er ist gegenwärtig im ureigensten Sein aller Seelen, weil er eins geworden ist mit dem Unendlichen. Er ist die Achse des universellen Geschehens. In einem gewissen Sinne ist er der Urheber all euren Denkens und Tuns, eurer Freuden und Leiden, eures Zorns und Ärgers, eurer Stärken und Schwächen, eures Habens und Hingebens, eurer Liebe und eures Sehnens. Er durchdringt nicht nur alles Sein, sondern ist aufs innigste vertraut mit dem kosmischen Gesetz von Ursache und Wirkung, mit den komplexen Wirkungen der Sanskāras in den individuellen Seelen. Die Ursachen individuellen Glücks oder Elends, individueller Tugenden oder Laster sind ihm ebenso bekannt wie die Ursachen kosmischer Veränderungen und Umstürze. Jedes Lebewesen ist ihm ein offenes Buch, denn der Scheinwerfer seines allgegenwärtigen Bewußtseins reicht überall hin. Weil er eins ist mit dem Unendlichen, hat der Vollkommene Meister unbegrenzte Macht und vermag in einem einzigen Augenblick sämtliche Eindrücke der Seele auszulöschen und sie aus allen Verstrickungen und Fesseln zu erlösen.

Gut und Böse

Wertung in Gegensätzen
Das menschliche Gemüt macht nicht nur ständig Erfahrungen, sondern es bewertet sie auch ohne Unterlaß. Einige Erfahrungen empfindet es als angenehm, andere als unangenehm. Einige Erfahrungen sieht es als glückbringend, andere als leidbringend. Einige Erfahrungen beurteilt es als erfreulich, andere als unerfreulich. Einige Erfahrungen versteht es als Einschränkung des menschlichen Lebens, andere als Schritte zu seiner Erfüllung und Befreiung. Einige Erfahrungen wertet es als gut, andere als schlecht. Dies sind die Gegensätze, die die menschliche Vorstellung hervorbringt, wenn sie dem Leben von einem besonderen Standpunkt begegnet.

Begehren als das Richtmaß menschlichen Wertens
Die Auffassung eines Menschen von dem, was annehmbar oder unannehmbar ist, entwickelt und wandelt sich unablässig, je nach der Art der Begierden, die zu einem gegebenen Zeitpunkt vorherrschen mögen. Solange in seinem Gemüt irgendeine Art von Begehren vorhanden ist, sieht er sich gezwungen, seine Erfahrung in bezug auf dieses Begehren zu werten und sie in zwei Teile zu spalten: einer trägt bei zur Erfüllung und gilt deshalb als annehmbar, der andere neigt dazu, die Erfüllung zu verhindern, und gilt deshalb als unannehmbar. Statt dem Leben und allem, was es bringt, ohne Erwartung, Verstrickung oder Ausweichen zu begegnen, schafft das Gemüt auf diese Weise eine Norm, nach der es das Leben in zwei entgegengesetzte Teile scheidet, von denen einer als annehmbar, der andere als unannehmbar betrachtet wird.

Gut und Böse

Auch das Gute ist relativ zum Begehren
Unter den Gegensatzpaaren, die das menschliche Gemüt hervorgebracht hat, ist jenes von Gut und Böse in geistiger Hinsicht das bedeutsamste. Es gründet auf dem Begehren des Menschen, von der Knechtschaft allen Begehrens frei zu sein. Jene Erfahrungen und Handlungen, die die Fesselung durch Begierden verstärken, gelten als schlecht, jene Erfahrungen und Handlungen aber, die dazu neigen, das Gemüt von seinen begrenzenden Begierden zu befreien, gelten als gut. Da aber auch gute Erfahrungen und Handlungen als solche nur relativ zu einem Begehren existieren, binden sie in derselben Weise wie schlechte Erfahrungen und Handlungen. Bindung insgesamt kann erst dann wahrhaft verschwinden, wenn alle Begierden verschwinden. Wahre Freiheit kommt mithin erst dann, wenn Gut und Böse sich gegenseitig ausgleichen und solchermaßen ineinander übergehen, daß kein Raum mehr bleibt für irgendeine Bevorzugung.

Menschliches Bewußtsein beginnt mit tierischen Sanskāras
Wenn das Bewußtsein in der menschlichen Form seine volle Entwicklung erreicht, überwiegen darin zunächst schlechte Elemente, da es in den vormenschlichen Phasen der Evolution hauptsächlich unter begrenzenden Neigungen wie Sinneslust, Habgier und Zorn funktionierte. Die Erfahrungen und Handlungen, die durch diese eigensüchtigen Neigungen hervorgebracht und gefördert wurden, haben in dem in Entwicklung begriffenen Gemüt ihre Eindrücke hinterlassen, und diese Eindrücke sind im Gemüt in ähnlicher Weise gespeichert wie die Bewegungen der Schauspieler auf einem Film. Deshalb ist es leicht, schlecht zu sein, und schwer, gut zu sein. Das Leben der Tiere, aus dem das menschliche Bewußtsein hervorgegangen ist, wird hauptsächlich bestimmt durch tierische Sinneslust, tierische Habgier und tierischen Zorn, wobei jedoch viele Tiere auch gute Eigenschaften entwickeln wie Selbstaufopferung, Liebe und Geduld. Wären alle der angehäuften tierischen Sanskāras schlecht und keine gut gewesen, hätten gute Neigungen im menschlichen Bewußtsein gar nicht auftreten können.

Die Notwendigkeit der Förderung guter Sanskāras
Obwohl einige der tierischen Sanskāras gut sind, sind die meisten schlecht. So findet sich das menschliche Bewußtsein am Anfang einer Triebkraft unterworfen, die zur Hauptsache schlecht ist. Von Anbeginn der menschlichen Entwicklung besteht das Problem der Emanzipation darin, die guten Sanskāras so zu fördern und zu entwickeln, daß sie die

angehäuften schlechten Sanskāras überlagern und aufheben. Die Förderung guter Sanskāras geschieht durch Pflege jener Erfahrungen und Handlungen, die den im Tierleben überwiegenden entgegengesetzt sind. Der Gegensatz von Sinneslust ist Liebe, der Gegensatz von Habgier ist Großzügigkeit, und der Gegensatz von Zorn ist Nachsicht und Geduld. Indem der Mensch versucht, in Liebe, Großzügigkeit und Nachsicht zu leben, kann er die Neigungen von Sinneslust, Habgier und Zorn auslöschen.

Sünder und Heiliger
Der allgemeine Vorgang der Befreiung aus den Begrenzungen der Sanskāras muß deshalb einhergehen mit dem Vorgang des Aufgebens des Schlechten zugunsten des Guten. Ob eine Person zu irgendeinem gegebenen Zeitpunkt gut ist oder schlecht, hängt ab vom unerbittlichen Wirken ihrer Sanskāras. Der Sünder ebenso wie der Heilige ist mithin, was er ist, aufgrund der Gesetze, die im ganzen Universum wirken. Beide haben denselben Ursprung und dasselbe Ziel. Der Sünder muß nicht das Stigma ewiger Verderbtheit tragen, und der Heilige braucht nicht stolz zu sein auf seine sittlichen Errungenschaften.

Niemand, wie heilig er auch sei, hat die Höhen der Tugend anders erreicht als durch ein Leben sittlicher Verfehlungen, und niemand ist so schlecht, daß er unfähig wäre, sich zu bessern und gut zu werden. Jedermann, wie verderbt er auch sei, kann allmählich besser werden, bis er letztlich zum besten Vorbild für die ganze Menschheit wird. Es gibt jederzeit Hoffnung für jeden. Keiner ist ganz verloren, und keiner braucht zu verzweifeln. Es bleibt indessen wahr, daß der Weg zum Göttlichen über das Ablegen des Schlechten zugunsten des Guten führt.

Die Buchhaltung der Sanskāras
Die allmähliche Entfaltung des Guten zieht Liebe, Großzügigkeit und Frieden nach sich. Die guten Sanskāras, die der Ausdruck dieser Eigenschaften hinterläßt, überlagern die entgegengesetzten schlechten Sanskāras von Sinneslust, Habsucht und Zorn und heben sie auf. Wenn sich die guten und die schlechten Sanskāras genau überlagern und aufwiegen, finden beide Arten von Sanskāras ihr sofortiges Ende, und das Bewußtsein tritt aus seinem Zustand der Knechtschaft in den Zustand der Freiheit. Soll-Seite und Haben-Seite müssen sich genau ausgleichen, wenn die Rechnung der Sanskāras zum Abschluß kommen soll. Meist aber zeigt entweder die Soll-Seite oder die Haben-Seite einen Überschuß, und so

läuft die Rechnung weiter. Es ist wichtig zu beachten, daß ihr Abschluß nicht nur durch einen Überschuß auf der Soll-Seite verhindert wird, sondern ebenso durch einen Überschuß auf der Haben-Seite. Der Abschluß wird erst möglich, wenn sich beide Seiten genau aufwiegen.

Im Bereich der Sanskāras ist das Erreichen eines solchen Gleichgewichts ein seltenes Geschehnis, weil in jedem gegebenen Zeitpunkt entweder gute oder schlechte Sanskāras überwiegen. Ebenso wie ein Konto infolge eines Überschusses der einen oder anderen Seite weiterläuft, erhält sich das Leben des Ich durch einen Überschuß entweder an schlechten oder an guten Sanskāras. Das Ich kann sowohl durch gute als auch durch schlechte Sanskāras überleben. Seine endgültige Auslöschung erfordert ein genaues Überlagern und Aufwiegen aller schlechten und guten Sanskāras.

Kein quantitatives, sondern ein qualitatives Problem
Das Problem der genauen Überlagerung und des Aufwiegens von guten und schlechten Sanskāras ist indessen nicht ein mathematisches Problem des quantitativen Ausgleichs. Wäre es bloß eine Angelegenheit gleicher Mengen, ließe es sich einfach durch beharrliches Anhäufen guter Sanskāras lösen. Man könnte dann argumentieren: Wird einerseits die Anhäufung schlechter Sanskāras beendet oder verlangsamt und andererseits die Anhäufung guter Sanskāras fortgesetzt und beschleunigt, so muß früher oder später der Punkt erreicht werden, wo die guten Sanskāras mengenmäßige Gleichheit mit den schlechten erreichen und diese somit aufwiegen. Doch damit das Bewußtsein frei werden kann, müssen sich die guten und die schlechten Sanskāras nicht nur ihrer Stärke nach aufwiegen, sondern es muß zu einem Punkt-für-Punkt-Ausgleich der gegensätzlichen Sanskāras kommen. Das Problem ist deshalb für jedes Individuum ein *spezifisches*, das sich auf die qualitative Verschiedenheit und Natur seiner angehäuften Sanskāras bezieht.

Zuviel des Guten ist ungesund
Geht die Anhäufung guter Sanskāras ohne Rücksicht auf die spezifische Konstellation vorhandener Sanskāras vor sich, besteht die Möglichkeit, daß in gewissen Richtungen ein Überschuß an guten Sanskāras produziert wird, während schlechte Sanskāras eines anderen Typs unangefochten bleiben. So können zum Beispiel durch Selbstkasteiung und strenge Askese gewisse Bindungen aufgehoben werden, während Bindungen anderer Art von diesen Praktiken gar nicht berührt werden und weiterbeste-

hen. Der Suchende neigt dazu, jene weiterbestehenden Bindungen zu übersehen und unter dem Antrieb neuer Sanskāras, die durch diese Praktiken selbst erzeugt wurden, seine Selbstkasteiung oder Askese fortzusetzen. In einem solchen Fall wird ein Überschuß an guten Sanskāras erzeugt, ohne daß es deshalb zur Auslöschung des Ich käme. Selbst wenn die bisher unberührt gebliebenen Bindungen in der Folge aufgehoben werden sollten, kann sich das Ich auf diese neuen guten Sanskāras übertragen und durch sie fortbestehen.

Intelligenter Ausgleich ist unerläßlich
Befreiung des Bewußtseins ist nicht eine Angelegenheit bloßer Anhäufung von Tugenden. Sie erfordert einen intelligenten Ausgleich der Sanskāras. Jedes Bewußtseinszentrum strebt unwillkürlich hin zur letzten Befreiung im Innewerden der Wahrheit, und das Gemüt hat einen natürlichen Hang, gerade jenen Gegensatz auf sich zu ziehen, der die geistigen Erfordernisse der jeweiligen Situation zu erfüllen vermag. Dies ist jedoch nicht ein mechanischer oder automatischer Vorgang, der sich selbst überlassen werden könnte, unabhängig von intelligentem und rechtem Bemühen seitens des Suchenden. Meist findet sich der Suchende außerstande, das wirklich Notwendige zu erkennen, es sei denn, er habe das Glück, die unfehlbare Hilfe eines Vollkommenen Meisters zu erlangen, der allein unmittelbare und untrügliche Einsicht hat in das, was in einem spezifischen Fall tatsächlich notwendig ist.

Das Gefängnis des Guten
Wie dargelegt, können gute Sanskāras zum Mittel werden, durch welches das begrenzte Ich seinen Fortbestand sichert. Wenn ein Mensch sich selbst als gut und nicht schlecht betrachtet, so bedeutet das, daß er sich eingelassen hat auf Selbstbestätigung durch Identifikation mit seiner Überzeugung von der eigenen Güte, womit er sein Sonderdasein in einer neuen Form bekräftigt. In einigen Fällen ist dieses neue Gefängnis, das sich das Ich erbaut, schwerer abzubauen als das alte, weil Identifikation mit dem Guten oft vollständiger ist als Identifikation mit dem Schlechten. Identifikation mit dem Schlechten ist leichter zu überwinden, weil die Herrschaft des Schlechten über das Bewußsein sogleich geschwächt wird, wenn das Schlechte als schlecht erkannt ist. Das Ablegen der Identifikation mit dem Guten ist ein schwierigeres Problem, weil das Gute infolge seines vorteilhaften Kontrasts zum Schlechten zur Selbstrechtfertigung verlockt. Im Laufe der Zeit jedoch wird der Suchende dieses neuen Ge-

fängnisses überdrüssig, und nachdem er es als solches erkannt hat, gibt er sein gesondertes Dasein auf, indem er die Zweiheit von Gut und Böse transzendiert.

Unterschiedliche Schwierigkeiten der Lösung vom Schlechten und vom Guten

Das Ich tauscht das Haus der Identifikation mit dem Schlechten deshalb gegen das Haus der Identifikation mit dem Guten, weil ihm letzteres ein Gefühl größerer Entfaltung verschafft. Früher oder später erkennt der Suchende aber, daß diese neue Wohnstatt eine nicht geringere Begrenzung hat. Er entdeckt dann, daß es leichter ist, aus dieser auszubrechen als aus der vorhergehenden Wohnstatt der Identifikation mit dem Schlechten. Beim Haus des Schlechten besteht die Schwierigkeit nicht so sehr darin, es als Begrenzung zu erkennen, sondern vielmehr in seinem tatsächlichen Abbrechen nach diesem Erkennen. Beim Haus des Guten besteht die Schwierigkeit nicht so sehr darin, es abzubrechen, als vielmehr darin, überhaupt zu erkennen, daß es eine Begrenzung ist. Dieser Unterschied rührt daher, daß die tierischen Sanskāras aufgrund ihres alten Ursprungs und ihrer langen Anhäufung fester verwurzelt sind. Es ist wichtig zu beachten, daß das Gute ebenso bindet wie das Schlechte, wobei sich aber Bindung durch das Gute leichter lösen läßt, nachdem es einmal als Begrenzung erkannt worden ist.

Das gegenseitige Aufwiegen der Sanskāras im Gleichnis

Das Ich lebt entweder durch schlechte Sanskāras oder durch gute Sanskāras oder durch eine Mischung von beiden. Deshalb kann die Befreiung des Bewußtseins von allen Sanskāras entweder dadurch zustandekommen, daß die guten Sanskāras die schlechten überlappen und aufwiegen, oder dadurch, daß bestimmte gute bestimmte schlechte und bestimmte schlechte bestimmte gute Sanskāras aufwiegen. Einen fettigen Teller kann man mit Spülmittel und Wasser reinigen. Dies entspricht dem Aufheben schlechter Sanskāras durch gute. Ist ein Teller voller Fett, kann man ihn aber auch dadurch reinigen, daß man Asche darauf gibt und ihn dann mit Wasser spült. Asche ist das Unfettigste der Welt und somit in einem gewissen Sinn das Gegenteil von Fett. Gibt man Asche auf den fettigen Teller, ist es deshalb leicht, ihn zu reinigen. Dies entspricht dem Aufheben guter Sanskāras durch schlechte.

Erleuchtung und Verwirklichung
Wenn sich gute und schlechte Sanskāras genau überlagern und aufwiegen, verschwinden beide. Zurück bleibt ein Gemüt, das blank ist wie eine unbeschriebene Tafel und das deshalb die Wahrheit ohne jede Verzerrung widerspiegelt, so wie sie ist. Die Seele selbst ist ewig unbeschrieben. Die Sanskāras lagern sich im Gemüt ab, nicht in der Seele. Die Seele bleibt immerzu unbefleckt, doch erst wenn das Gemüt ein blanker Spiegel geworden ist, kann es die Wahrheit reflektieren. Wenn die Eindrücke von Gut und Böse ausgelöscht sind, sieht das Gemüt die Seele. Dies ist Erleuchtung.

Das Sehen der Seele durch das Gemüt ist indessen nicht dasselbe wie die Selbsterkenntnis der Seele, denn die Seele ist nicht das Gemüt, sondern Gott, der jenseits des Gemüts ist. Deshalb muß das Gemüt, nachdem es die Seele geschaut hat, aufgehen in ihr, wenn die Seele ihrer selbst durch sich selbst innewerden soll. Dies ist Verwirklichung. Im Zustand der Verwirklichung ist das Gemüt mit allen seinen guten und schlechten Sanskāras verschwunden. Es ist ein Zustand jenseits des Gemüts und infolgedessen auch jenseits der Unterscheidung von Gut und Böse. Vom Gesichtspunkt dieses Zustandes gibt es nur ein einziges unteilbares Sein, das gekennzeichnet ist durch unendliche Liebe, Frieden, Seligkeit und Wissen. Der unablässige Kampf zwischen Gut und Böse ist zu Ende, weil es weder Gut noch Böse gibt, sondern nur das eine allumfassende und ungeteilte Leben Gottes.

Gewalt und Gewaltlosigkeit (I)

Die Fassade der Schlagworte
Der Mensch neigt dazu, sich an Schlagworte zu klammern und sein Handeln beinahe mechanisch durch sie bestimmen zu lassen, ohne es in unmittelbare Beziehung zu bringen zur lebendigen Wahrnehmung, die diese Worte ausdrücken. Worte haben ihren eigenen Platz und Nutzen im Leben, doch wenn Handeln intelligent sein soll, ist es von zwingender Notwendigkeit, den Sinn, den diese Worte vermitteln wollen, sorgfältig zu untersuchen und festzulegen. Von den Worten, die solcher Untersuchung bedürfen, sind wenige so wichtig wie «Gewalt» und «Gewaltlosigkeit», denn sie üben einen direkten Einfluß aus auf Ideologien, die nicht nur einzelne Handlungen bestimmen, sondern das ganze Leben.

Geistige Einsicht geht über Formeln hinaus
Das geistliche Leben ist eine Angelegenheit der Wahrnehmung und nicht der mechanischen Anpassung an menschliche Satzungen, selbst wenn diese Satzungen als Ausdruck der höchsten Werte gemeint sind. Es erfordert eine Einsicht, die über alle Worte und Formeln hinausgeht. Alle Worte und Formeln neigen dazu, die Wahrheit zu begrenzen. Deshalb müssen jene, die den Sinn dieser Formeln offenbar zu machen suchen, oft eine gründliche Analyse der formulierten Grundsätze vornehmen, und dieselbe durch konkrete Beispiele aus dem Alltag verdeutlichen. Dies ist besonders notwendig bei jenen Grundsätzen, die in die gegensätzlichen Begriffe «Gewalt» und «Gewaltlosigkeit» gefaßt sind.

Untersuchung anhand repräsentativer Situationen

Die Begriffe «Gewalt» und Gewaltlosigkeit» sind in ihrem üblichen Gebrauch auf so viele verschiedene Alltagssituationen anwendbar, daß keine Darlegung ihrer Problematik vollständig sein kann, wenn sie diese Situationen nicht berücksichtigt und unmittelbar von ihnen ausgeht. Hierzu ist es notwendig, die Gesamtheit der möglichen Situationen, auf welche diese Begriffe anwendbar sind, zu behandeln. Es genügt, einige der repräsentativsten zu betrachten. Die folgenden Situationen wurden deshalb ausgewählt, weil sie ein klares Licht werfen auf die Grundwerte, um die es hier geht.

Der Fall des Ertrinkenden

Situation 1: Nehmen wir an, ein Mensch, der nicht schwimmen kann, sei in einen See gefallen und im Begriff zu ertrinken. In der Nähe befindet sich ein anderer, der gut schwimmen kann und ihn retten will. Der Ertrinkende neigt dazu, sich an seinen Retter zu klammern, und sein Griff kann so stark sein, daß er nicht nur jede Rettung unmöglich macht, sondern überdies den zu Hilfe Geeilten selbst zu ertränken droht. Der Rettungsschwimmer muß ihn deshalb durch einen Schlag auf den Kopf bewußtlos machen, bevor er ihn retten kann. Schlägt man einen Ertrinkenden unter solchen Umständen, kann das weder als Gewalt noch als Gewaltlosigkeit betrachtet werden.

Der Fall des chirurgischen Eingriffs

Situation 2: Nehmen wir an, ein Mensch leide an einer Infektion, die sich nur durch eine Operation beseitigen läßt. Um den Erkrankten von seinem Leiden zu befreien und überdies andere vor Ansteckung zu bewahren, muß der Chirurg den infizierten Teil entfernen. Dieser Eingriff am Körper des Erkrankten kann weder als Gewalt noch als Gewaltlosigkeit betrachtet werden.

Der Fall der aggressiven Nation

Situation 3: Nehmen wir an, eine aggressive Nation überfalle aus selbstsüchtigen Erwägungen eine schwächere Nation, und eine dritte Nation stelle sich dieser Invasion mit Waffengewalt entgegen, mit dem alleinigen Motiv, die schwache Nation zu retten. Ihr Kampf zur Verteidigung der schwachen Nation kann weder als Gewalt noch als Gewaltlosigkeit betrachtet werden; man kann ihn aber als gewaltlose Gewalt bezeichnen.

Gewalt und Gewaltlosigkeit (I)

Der Fall des tollwütigen Hundes
Situation 4: Nehmen wir an, ein tollwütiger Hund sei in einen Schulhof geraten. Da die Gefahr besteht, daß er die Schulkinder beißt, wird er von den Lehrern getötet. Das Töten des tollwütigen Hundes zum Schutz der Kinder beinhaltet Gewalt, doch es ist Gewalt ohne Haß.

Der Fall der Gewaltlosigkeit des Starken
Situation 5: Nehmen wir an, ein starker Mensch werde von einem hochmütigen, aber schwachen Menschen beschimpft und angespuckt. Nehmen wir weiter an, der Starke sehe nicht nur davon ab, den Schwachen, den er ohne weiteres überwältigen könnte, irgendwie anzurühren, sondern er lege diesem ruhig die Botschaft der Liebe dar. Solches Handeln beinhaltet Gewaltlosigkeit, doch es ist die Gewaltlosigkeit des Starken.

Notwendigkeit differenzierter Betrachtung
Die drei ersten Situationen machen klar, daß die Frage von Gewalt und Gewaltlosigkeit in bezug auf eine gegebene Handlung nur entschieden werden kann, wenn viele subtile und differenzierte Erwägungen angestellt werden über die Einzelheiten der Situation und über das Motiv der Handlung. Die beiden letzten Situationen zeigen, daß selbst dort, wo eindeutig Gewalt oder Gewaltlosigkeit im Spiel ist, gewisse weitere Faktoren den Begriffen «Gewalt» und «Gewaltlosigkeit» eine Bedeutung geben, die über jene ihres herkömmlichen Gebrauchs hinausreicht.

Kommentar zum Fall des Ertrinkenden
In Situation 1 liegt zwar eine Anwendung von Kraft ohne vorherige Zustimmung des Betroffenen vor, das heißt Zwang, wobei aber der Beweggrund die Rettung des Ertrinkenden ist. Die Anwendung von Zwang könnte als ein Fall von Gewalt begriffen werden. Doch sie erfolgt zum Wohl des Ertrinkenden und nicht in irgendeinem Bestreben, den Mann zu verletzen oder sonstwie zu schädigen. Deshalb kann man sagen, es sei nicht ein Fall von Gewalt. Im besonderen Sinn dieser beiden Aspekte der Situation kann gesagt werden, sie beinhalte sowohl Gewalt als auch Gewaltlosigkeit, doch im gewöhnlichen Sinn dieser Begriffe kann sie weder als Fall von Gewalt noch als Fall von Gewaltlosigkeit betrachtet werden.

Kommentar zum Fall des chirurgischen Eingriffs
Situation 2 ist leicht verschieden. Auch hier haben wir es mit der Anwendung von Kraft zu tun (in der noch ausgeprägteren Form des Schnitts ins

Fleisch), die dem Wohl des Patienten dient. Doch in den meisten Fällen gibt der Patient seine Einwilligung zur Operation. Überdies bezweckt die Operation nicht nur den Schutz des Patienten selbst (vor einer Ausdehnung der Infektion), sondern auch den Schutz anderer (vor einer Übertragung der Infektion). Die Kraftanwendung entspringt hier unvermischtem Wohlwollen sowohl gegenüber dem Patienten selbst, als auch gegenüber anderen, die mit ihm in Berührung kommen könnten. Da keine Schädigung bezweckt wird, kann diese Kraftanwendung nicht als Gewalt im herkömmlichen Sinne betrachtet werden. Doch kann man sie auch nicht eindeutig als gewaltlos bezeichnen, da sie ja im Abtrennen eines Teils eines lebendigen Körpers besteht.

Kommentar zum Fall der aggressiven Nation
Auch Situation 3 ist sehr aufschlußreich. Kampf bedeutet hier Widerstand gegen einen Angriff, ohne eigennütziges Motiv, sondern allein zum Zweck der Verteidigung der schwächeren Nation. Dadurch kann der angreifenden Nation viel Schaden erwachsen, ja sie kann sogar der Zerstörung anheimfallen. Auch erfolgt die Kraftanwendung hier nicht nur ohne vorherige Zustimmung des Betroffenen, sondern gegen dessen ausdrücklichen und bewußten Willen. Aber auch hier haben wir nicht einen klaren Fall von Gewalt. Trotz des erwachsenden Schadens geschieht die Kraftanwendung nicht nur zum Wohl der schwächeren Nation, die das Opfer des Angriffs ist, sondern in einem sehr wichtigen Sinne auch zum Wohl des Angreifers selbst. Denn durch den Widerstand, auf den seine Aggression stößt, wird er allmählich geheilt von seiner geistigen Schwäche oder Krankheit, die in der Neigung besteht, schwächere Nationen anzugreifen und auszubeuten. Der Kampf des uneigennützigen Verteidigers ist deshalb als gewaltlose Gewalt zu bezeichnen.

Vergleich zwischen Situation 2 und 3
Der Fall des Kampfes gegen eine angreifende Nation hat sehr große Ähnlichkeit mit dem Fall der chirurgischen Entfernung eines infizierten Körperteils. Im Fall des Kampfes gegen die angreifende Nation erscheint zwar das Wohl der schwächeren Nation als primäres Ziel und das Wohl des Angreifers (gegen den Kraft angewandt wird) als sekundäres Ziel, wogegen im Fall der Operation das Wohl des Patienten (an dem Kraft angewandt wird) als primäres Ziel erscheint und das Wohl der anderen als sekundäres Ziel. Dies ist aber ein geringfügiger Unterschied, und wenn beide Situationen sorgfältig untersucht und verglichen werden, so

zeigt sich, daß hier wie dort das Wohl dessen, den die Kraftanwendung trifft, und das Wohl aller anderen Beteiligten gleichermaßen gefördert wird.

Verteidigung der Schwachen, eine Form selbstlosen Dienens
Verteidigung der Schwachen ist eine wichtige Form selbstlosen Dienens und gehört zum *Karma-Yoga* (Yoga des Handelns). Wenn diese Verteidigung die Anwendung von Zwang unvermeidlich macht, ist sie als unerläßliches Werkzeug zur Sicherung des Ziels vollauf gerechtfertigt. Doch muß jeder Kampf zur Verteidigung der Schwachen ohne die geringste Spur von Eigennutz oder Haß geführt werden, wenn er ungetrübten geistigen Wert haben soll. Ein solcher Kampf kann verglichen werden mit dem Fall eines Mannes, der eine von einem anderen Mann angegriffene Frau verteidigt und damit zugleich Ehre und Leben der Frau rettet und den Angreifer zurechtweist, indem er ihn bestraft und zur Reue veranlaßt.

Kommentar zu Situationen 4 und 5
Situation 4 ist ein eindeutiger Fall von Gewalt. Diese ist jedoch gerechtfertigt, weil sie keinen Haß beinhaltet und dem größeren Wohl der Kinder dient, die vom tollwütigen Hund gebissen werden könnten. Der Fall des starken Mannes, der mit der Botschaft der Liebe antwortet, statt mit Rache (Situation 5), ist ein eindeutiger Fall von Gewaltlosigkeit, aber nicht im Sinne von Tatenlosigkeit. Solche Gewaltlosigkeit beinhaltet weder Passivität noch Schwäche, sondern Stärke und wahres schöpferisches Handeln unpersönlicher Art. Sie ist die Gewaltlosigkeit des Starken.

Göttliche Liebe und geistige Einsicht
Aus diesen Untersuchungen und Vergleichen wird ersichtlich, daß die Fragen von Gewalt oder Gewaltlosigkeit, ihrer Rechtfertigung oder Nichtrechtfertigung, ihres wahren Werts oder ihres Unwerts nicht beantwortet werden können durch Aufstellen einer starren, allgemeingültigen Regel. Diese Fragen berühren viele heikle geistige Gegebenheiten und Aspekte. Richtiges Verstehen des Platzes von Gewalt und Gewaltlosigkeit innerhalb der Ordnung geistiger Werte erfordert wahre Einsicht in den Sinn des Daseins. Menschliches Handeln sollte mithin nicht mittels irgendwelcher Schlagworte gesteuert werden, die, wie erhaben sie auch klingen mögen, auf unvollständigen und unzulänglichen

Vorstellungen von bloßer Gewalt oder bloßer Gewaltlosigkeit gründen. Es soll vielmehr spontaner Ausdruck sein von göttlicher Liebe, die jenseits aller Zweiheit ist, und von geistiger Einsicht, die über allen Regeln steht.

Gewalt und Gewaltlosigkeit (II)

Gewaltlosigkeit

1. Reine Gewaltlosigkeit (gegründet auf göttliche Liebe)
Der Zustand desjenigen, der alle als sein eigenes wahres Selbst sieht. Es ist ein Zustand jenseits der Dualität von Feindschaft und Freundschaft, wo niemals, unter keinen Umständen, auch nur der geringste Gedanke an Gewalt aufkommen kann.

2. Gewaltlosigkeit des Tapferen (gegründet auf unbegrenzter reiner Liebe).
Dies bezieht sich auf jene, die, obwohl nicht durch tatsächliche Verwirklichung eins mit allen, niemanden als ihren Feind betrachten. Sie versuchen, selbst den Angreifer durch Liebe zu gewinnen, und geben ihr Leben hin, wenn sie angegriffen werden, nicht aus Feigheit, sondern aus Liebe.

Gewalt

3. Gewaltlose Gewalt (gegründet auf unbegrenzter Liebe)
Gewalt, die allein zur Verteidigung der Schwachen angewandt wird, ohne irgendeine Beimischung von Selbstverteidigung oder Eigennutz, ist gewaltlose Gewalt.

4. Selbstlose Gewalt (gegründet auf begrenzter menschlicher Liebe)
Dies ist Gewalt zum Zweck der Selbstverteidigung im Falle eines verräterischen Angriffs, und zu keinem anderen eigennützigen Zweck. Ein Fall

von selbstloser Gewalt ist beispielsweise auch die Verteidigung der eigenen Mutter, wenn diese in Gefahr ist, von einem Lüstling entehrt zu werden, oder das selbstlose Bemühen eines Volkes zur Verteidigung des Mutterlandes, wenn dieses von Feinden angegriffen wird.

5. Gewaltlosigkeit des Feiglings (gegründet auf unbegrenzter Schwäche des Charakters und des Geistes)
Dies Art von Gewaltlosigkeit bezieht sich auf jene, die einen Angriff allein deshalb nicht abwehren, weil sie sich fürchten, und aus keinem anderen Grund.

6. Selbstsüchtige Gewalt (gegründet auf Haß und Begierde)
Dies ist Gewalt, die ein Individuum oder eine Nation aus selbstsüchtigen Gründen ausübt, zur Erlangung von Macht oder anderen eigennützigen Dingen.

Reine Gewaltlosigkeit bedeutet unendliche Liebe. Sie ist das Ziel des Lebens. Wenn dieser Zustand reiner und unendlicher Liebe erreicht ist, wird der Suchende eins mit Gott. Zu diesem Ziel führt tiefes Sehnen danach, und der Suchende, den solches Sehnen nach Gott ergriffen hat, muß mit der Übung dessen beginnen, was als «Gewaltlosigkeit des Tapferen» bezeichnet wird. Sie bezieht sich auf jene, die, obwohl nicht eins mit allen durch tatsächliches Innesein der Wahrheit, niemanden als ihren Feind betrachten. Sie versuchen selbst den Angreifer durch Liebe zu gewinnen und geben ihr Leben hin, wenn sie angegriffen werden, nicht aus Feigheit, sondern aus Liebe.

Die Gewaltlosigkeit des Tapferen ist nur demjenigen zugänglich, der von tiefem Sehnen nach dem Ziel ergriffen ist. Bei der Mehrheit der Menschen ist dieses Sehnen nicht vorhanden. Beabsichtigt man, die Massen zur reinen Gewaltlosigkeit zu führen, müssen sie zuerst reif gemacht werden für die Gewaltlosigkeit des Tapferen. Um dies praktisch zu verwirklichen, ist es nötig, sie zunächst zur Befolgung des Grundsatzes der gewaltlosen Gewalt anzuhalten – das heißt Gewalt allein zum Zweck der Verteidigung der Schwachen, ohne irgendein eigennütziges Motiv.

In Zeiten offenen Kriegs, wenn die Massen im Banne des Geschehens und nicht in Stimmung sind, auch nur hinzuhören auf Ratschläge bezüglich der Erreichung des höchsten Ziels, ist diese vorläufige Einprägung des Grundsatzes der gewaltlosen Gewalt der einzige gangbare Weg, um sie allmählich zum Grundsatz der Gewaltlosigkeit des Tapferen hinzu-

Gewalt und Gewaltlosigkeit (II)

führen. Der Versuch, die Gewaltlosigkeit des Tapferen bei den unvorbereiteten Massen inmitten von Kriegswirren zu Unzeiten einzuführen, muß nicht nur fehlschlagen, sondern bringt zudem die ernstliche Gefahr, daß die verhängnisvolle Gewaltlosigkeit des Feiglings ins Spiel kommt, das heißt, daß die Menschen der Aggression bloß aus Furcht keinen Widerstand leisten und aus keinem anderen Grund.

Die Menschen können auch dadurch zur Gewaltlosigkeit des Tapferen erzogen und geführt werden, daß man sie statt zur gewaltlosen Gewalt zunächst zur Befolgung des Grundsatzes der selbstlosen Gewalt anhält. Selbstlose Gewalt ist Gewalt, die allein der Selbstverteidigung im Falle verräterischer Aggression dient. Irgendein anderes eigennütziges Motiv ist hier als Rechtfertigung ausgeschlossen. Als selbstlose Gewalt gilt zum Beispiel auch Gewalt, die angewandt wird zur Verteidigung der eigenen Mutter, wenn diese in Gefahr ist, entehrt zu werden. Desgleichen ist auch das selbstlose Bemühen eines Volkes, sein Mutterland zu verteidigen, wenn es von Feinden angegriffen wird, ein Fall selbstloser Gewalt. Da in diesen Fällen ein Element der Selbstsucht erhalten bleibt (die Mutter ist die eigene Mutter), ist die hier ausgedrückte Liebe von der Art der begrenzten menschlichen Liebe.

Die Gewaltlosigkeit des Feiglings ist, wie bereits hervorgehoben, fatal. Dasselbe gilt auch für selbstsüchtige Gewalt, das heißt Gewalt aus selbstsüchtigen Beweggründen, die einem Individuum oder einer Nation als Mittel dient, um Macht oder andere eigennützige Dinge zu gewinnen.

Reine Gewaltlosigkeit ist das Ziel des Lebens, und sie wird von individuellen Gottsuchern dadurch erreicht, daß sie dem Grundsatz der Gewaltlosigkeit des Tapferen folgen. Die Mehrheit der Menschen aber, die das hierzu erforderliche tiefe Sehnen nach Einswerden mit Gott nicht haben, müssen diesem Ziel stufenweise nähergebracht werden, und zwar durch die Grundsätze der gewaltlosen Gewalt oder der selbstlosen Gewalt, je nach den Umständen. Es muß mithin klar verstanden werden, daß gewaltlose Gewalt und selbstlose Gewalt bloße Mittel sind zur Verwirklichung des eigentlichen Ziels, der Gewaltlosigkeit in ihrem reinen Zustand, das heißt der unendlichen Liebe. Das bedeutet, daß sie in keiner Weise mit dem Ziel selbst verwechselt oder sonstwie gleichgestellt werden dürfen.

Eine Handlung wird nicht unabhängig von ihrem Beweggrund beurteilt. So sind die Gewaltlosigkeit des Tapferen und die Gewaltlosigkeit des Feiglings beide Gewaltlosigkeit, doch im Fall des Tapferen ist sie aus Liebe geboren, im Fall des Feiglings aus Furcht, was das Gegenteil von

Liebe ist. Während mithin diese beiden Haltungen als bloße Gewaltlosigkeit nicht entgegengesetzt sind, stehen sie vom Beweggrund her in unendlichem Gegensatz zueinander. Das Motiv der Gewaltlosigkeit des Tapferen ist die Preisgabe des eigenen Lebens um der unendlichen Liebe willen, wogegen das Motiv der Gewaltlosigkeit des Feiglings die Bewahrung des eigenen Lebens ist, was unendliche Verachtung verdient. Die Gewaltlosigkeit des Feiglings nennen wir deshalb Lieblosigkeit, die Gewaltlosigkeit des Tapferen aber Liebe.

Gewaltlose Gewalt steht nicht unmittelbar unter dem Titel der Liebe, sondern unter dem der Pflicht, die selbstlos anderen gegenüber erfüllt wird, gemäß dem Karma-Yoga. Obwohl sie in letzter Instanz mit unbegrenzter Liebe verbunden ist, ist ihr unmittelbares Motiv die menschliche Liebe. Der Unterschied zwischen den beiden entgegengesetzten Kräften von Gewalt und Gewaltlosigkeit läßt sich nicht auslöschen, doch wenn sie in rechter Weise und über die richtigen Kanäle ausgedrückt werden, kann sich die eine in die andere verwandeln. In unrechter Weise verabreichte Nahrung wird zum Gift, während in rechter Dosierung verabreichtes Gift zur Nahrung werden kann (wie zum Beispiel Strychnin für die Nerven). Obwohl Nahrung an sich nicht Gift und Gift an sich nicht Nahrung ist, kann beides durch die Art des Gebrauchs in seiner Wirkung verändert werden.

Handeln und Nichthandeln

Alles Handeln mit Ausnahme desjenigen, das mit Einsicht zur Gottverwirklichung hinstrebt, schafft eine Bindung des Bewußtseins. Es ist nicht nur Ausdruck angehäufter Unwissenheit, sondern eine weitere Vermehrung dieser Unwissenheit.

Unwert mechanischen Handelns – die Gefahr des religiösen Formalismus
Religiöse Bräuche und Zeremonien, ebenso wie die Riten und Gebote der verschiedenen Konfessionen und geistlichen Institutionen, neigen an sich dazu, den Geist der Liebe und Andacht zu fördern. Insofern können sie bis zu einem gewissen Grad beitragen zur Auflösung der Schale des Ich, in der das menschliche Bewußtsein gefangen ist. Doch wenn sie in unintelligenter Weise und mechanisch befolgt werden, versiegt der innere Geist der Liebe und Andacht. Dann bewirken sie statt der Auflösung der Schale des Ich das Gegenteil, nämlich deren Verhärtung.

Riten und Zeremonien vermögen deshalb den Menschen auf dem geistigen Pfad nicht sehr weit zu führen. Werden sie ohne Einsicht befolgt, schaffen sie ebenso viele Bindungen wie jedes andere uneinsichtige Handeln. Aller inneren Lebendigkeit und Bedeutung entblößt, sind sie gewissermaßen noch gefährlicher als andere Formen uneinsichtigen Handelns, weil der Mensch sich ihnen im Glauben hingibt, sie seien der Gottverwirklichung förderlich, während sie es so tatsächlich nicht sind. Aufgrund dieses Elements der Selbsttäuschung werden leblose Formen und Zeremonien zum Abweg, anders gesagt, sie führen ab vom Pfad in eine Sackgasse. Oft läßt sich der Mensch durch die bloße Macht der Gewohnheit so stark an diese äußeren Formen binden, daß nur tiefes Leiden ihn von der irrigen Vorstellung ihres Werts befreien kann.

Alles Leben strebt nach Freiheit
In manchen Fällen ist Nichthandeln uneinsichtigem Handeln vorzuziehen, hat es doch zumindest den Vorteil, nicht neue Sanskāras und Komplikationen zu schaffen. Selbst gutes und wohlgemeintes Handeln erzeugt Sanskāras und bedeutet eine Vermehrung der Bindungen vergangener Handlungen und Erfahrungen. Alles Leben ist ein Streben nach Befreiung aus selbstgeschaffener Verstrickung. Es ist ein hartnäckiges und verzweifeltes Ringen um Entwirkung dessen, was in Nichtwissen gewirkt wurde, um Erlösung von der angehäuften Last der Vergangenheit, um Befreiung vom Schutt vergangener Errungenschaften und Verfehlungen. Das Leben sucht die begrenzenden Prägungen der Vergangenheit zu löschen und dem selbsterzeugten Irrgarten zu entrinnen, damit seine künftigen Schöpfungen unmittelbar dem Herzen der Ewigkeit entspringen und gekennzeichnet sein möchten von uneingeschränkter Freiheit und einer Fülle des Seins, die keine Begrenzung kennt.

Nichthandeln – oft ein notwendiges Stadium
Handeln, das beiträgt zur Gottverwirklichung, ist wahrhaft intelligent und geistig fruchtbar, weil es Lösung aus Gebundenheit bringt. Solchem Handeln ist nur noch jenes überlegen, das spontan dem Zustand der Gottverwirklichung selbst entspringt. Alle anderen Formen des Handelns, wie gut oder schlecht, wirksam oder unwirksam sie von einem weltlichen Standpunkt auch erscheinen mögen, tragen zur Gebundenheit bei und sind niedriger einzustufen als Nichthandeln. Nichthandeln ist weniger hilfreich als einsichtiges Handeln, doch es ist besser als uneinsichtiges Handeln, denn es läuft auf das Nichttun dessen hinaus, was weitere Bindung geschaffen hätte. Der Übergang von uneinsichtigem Handeln zu einsichtigem Handeln (das heißt von bindendem Karma zu entbindendem Karma) vollzieht sich oft durch Nichthandeln. Nichthandeln kennzeichnet jene Phase, in der uneinsichtiges Handeln durch kritische Zweifel zum Stillstand gebracht worden ist, aber einsichtiges Handeln noch nicht begonnen hat, weil ein entsprechender Impuls vorläufig fehlt. Diese besondere Art des Nichthandelns hat beim Fortschreiten auf dem Pfad ihre eigene Bedeutung und darf keinesfalls mit gewöhnlicher Untätigkeit verwechselt werden, die durch Trägheit oder Lebensangst bedingt ist.

Vollkommenheit

Zwei Arten von Vollkommenheit
Wollen wir eine umfassende Vorstellung von dem gewinnen, was Vollkommenheit bedeutet, müssen wir zwei Arten von Vollkommenheit unterscheiden. Die eine ist geistige Vollkommenheit; sie besteht in der inneren Verwirklichung eines transzendenten Bewußtseinszustandes jenseits aller Zweiheit. Die andere ist Vollkommenheit, wie sie im Bereich der Zweiheit ausgedrückt und gesehen wird. Alles relative Sein in der mannigfaltigen Welt der Erscheinungen läßt Abstufungen zu, und wenn wir uns mit Vollkommenheit in dieser Erscheinungswelt befassen, so entdecken wir, daß sie, wie alle anderen der Dualität unterworfenen Dinge, ebenfalls Abstufungen haben kann. Gut und Schlecht, Schwäche und Stärke, Laster und Tugend sind Gegensätze innerhalb der Dualität. Tatsächlich aber sind diese Aspekte alle Ausdruck der einen Wirklichkeit in verschiedenen Abstufungen.

Dualität kennt nur relative Vollkommenheit
So ist das Schlechte nicht durch und durch schlecht, sondern das Gute auf seiner niedrigsten Stufe; Schwäche ist nicht absolute Unfähigkeit, sondern Stärke in ihrem geringsten Maß, und Laster ist nicht unvermischtes Laster, sondern Tugend auf ihrem tiefsten Punkt. Mit anderen Worten: Das Schlechte ist der geringste Grad des Guten, Schwäche der geringste Grad der Stärke und Laster der geringste Grad der Tugend. Alle Aspekte der Dualität haben ein Mindestmaß und ein Höchstmaß, mit allen dazwischenliegenden Graden. Vollkommenheit bildet hiervon keine Ausnahme. Der gesamte Bereich des Menschlichen liegt zwischen diesen bei-

den Extremen von Vollkommenheit und Unvollkommenheit. Vollkommenheit und Unvollkommenheit sind ihrem Wesen nach eine Angelegenheit des Vergleichs, des Kontrasts und des relativen Seins. Vollkommenheit im Bereich der Dualität ist mithin bloß *relative* Vollkommenheit, denn nur wenn sie mit Unvollkommenheit verglichen wird, erscheint sie als Vollkommenheit.

Geistige Vollkommenheit ist nicht bloße Vortrefflichkeit
Vollkommenheit im Bereich der Dualität bedeutet Vortrefflichkeit einer bestimmten Eigenschaft oder Fähigkeit. Solche Vollkommenheit in einer bestimmten Hinsicht schließt nicht zwangsläufig auch Vollkommenheit in einer anderen Hinsicht ein. So ist zum Beispiel ein vortrefflicher Wissenschaftler nicht notwendigerweise auch ein vortrefflicher Sänger, und umgekehrt ist ein vortrefflicher Sänger nicht unbedingt auch ein vortrefflicher Wissenschaftler. In einem gewissen Sinne kann Vollkommenheit sogar in Verbrechen zum Ausdruck kommen. Wenn ein Mord in solcher Weise begangen wird, daß nicht der geringste Hinweis auf die Täterschaft bleibt, spricht man vom perfekten Verbrechen. Selbst in Gewalttaten oder Sünden ist somit eine Art Vollkommenheit möglich. Diese Art von Vollkommenheit muß jedoch von geistiger Vollkommenheit, die nicht zum Bereich der Dualität gehört, unterschieden werden.

Die verschiedenen Arten von Vortrefflichkeit, die für die Dualität charakteristisch sind, sind dem Intellekt ohne weiteres faßbar, denn solche Vortrefflichkeit läßt sich in der Vorstellung leicht als Steigerung von etwas Gutem begreifen, das innerhalb der begrenzten Alltagserfahrung liegt. Vollkommenheit aber, wie sie den geistig Verwirklichten eigen ist, gehört nicht zum Bereich der Dualität und ist als solche ganz und gar jenseits des Gesichtskreises des Intellekts. Sie hat keine Parallele im Bereich der Dualität. Wenn ein Mensch geistige Vollkommenheit erlangt, weiß er, daß nichts ist außer Gott und daß das, was im Bereich der Zweiheit zu sein scheint und vom Intellekt erfaßt werden kann, bloß in der Vorstellung existiert. Für den geistig Vollkommenen ist Gott die einzige Wirklichkeit. Wissenschaft, Kunst, Musik, Schwäche, Stärke, Gut und Schlecht sind für ihn nichts weiter als Träume. Seine Vollkommenheit besteht darin, daß er des einen unteilbaren Seins inne ist.

Geistige Vollkommenheit schließt alle Vortrefflichkeiten ein
Wenn ein geistig Vollkommener sein Wissen und seine Macht anwendet, so geschieht dies niemals zu einem anderen Zweck als jenem der geistigen

Förderung anderer Seelen. Er kennt alle, doch diese Kenntnis anderer gründet nicht auf deren Äußerungen. Bevor etwas in Worten ausgedrückt wird, wird es gedacht, und da der Vollkommene die Gemüter aller unmittelbar kennt, ist er nicht angewiesen auf den Ausdruck der Gedanken. Für ihn sind Worte unnötig. Es steht in seiner Macht, die Dinge zu wissen, bevor sie offenbar geworden sind, doch wendet er diese Macht nur an, wenn geistige Gründe es erfordern. Desgleichen steht es in seiner Macht, in jedem weltlichen Bereich mühelos Vortrefflichkeit zu erlangen, wenn dies sein Wille ist. Geistige Vollkommenheit schließt alle Arten von Vortrefflichkeit in latenter Form ein.

Krishna als der Avatār war nicht nur geistig vollkommen, sondern er war die Vollkommenheit in Person. Deshalb war er in allem vollkommen. Er hätte sich, wenn dies sein Wille gewesen wäre, sogar als perfekter Trinker zeigen können, als perfekter Sünder, perfekter Gauner oder perfekter Mörder, doch das hätte die Welt entsetzt. Obwohl er im Besitz der Vollkommenheit in jeder Hinsicht war, war es für die Erfüllung seiner Aufgabe nicht nötig, sie zur Schau zu stellen. Ein geistig Vollkommener kann in jeder Lebensweise, die er zum Wohl anderer Seelen annehmen mag, höchste Vortrefflichkeit an den Tag legen, doch tut er dies nie zum Zweck bloßer Zurschaustellung seiner Vollkommenheit. Er benutzt solche Vortrefflichkeit nur dann, wenn es geistig notwendig ist, und nicht zur Befriedigung der Neugier anderer. Wenn ein geistig Vollkommener solche Vortrefflichkeit anwendet, tut er dies aus einem Zustand völliger innerer Freiheit. Geradeso wie jemand, der Handschuhe trägt, allen Schmutz der Welt anfassen kann, ohne sich zu beschmutzen, kann ein geistig Vollkommener irgendwelche weltlichen Tätigkeiten verrichten, ohne dadurch irgendwie gebunden zu werden.

Vollkommenheit muß allseitig sein
Wahre Vollkommenheit ist die volle Entfaltung aller Aspekte der Persönlichkeit. Das bedeutet, daß Vollkommenheit allseitig sein muß. Vollkommenheit in einem einzigen Bereich ist nicht Vollkommenheit, sondern bloß die einseitige Entwicklung einer bestimmten Anlage oder Fähigkeit, was Inflexibilität zur Folge hat, das heißt die Unfähigkeit, sich den vielfältigen Wechselfällen des Lebens anzupassen. Dem einseitig entwickelten Menschen fehlt jenes dynamische Gleichgewicht, das es erlaubt, mit dem raschen Wandel des Lebens Schritt zu halten und dabei innerlich völlig ausgeglichen zu bleiben. Befindet sich eine solche Person in einer Umgebung, die ihre besondere Fähigkeit zum Zuge kommen läßt, so fühlt sie

sich vorübergehend glücklich und im Einklang mit der Welt, doch wenn sie sich in einer Umgebung befindet, wo diese Fähigkeit nicht gefragt ist, hat sie ein Gefühl des Versagens, das sie aus dem Gleichgewicht wirft. Wirkliche Vollkommenheit beinhaltet deshalb Vollkommenheit in jeder Hinsicht.

Vollkommenheit schließt alle Gegensätze ein
Wenn du versuchst, das Wesen der Vollkommenheit mittels einer festen Norm zu begreifen, die zwangsläufig einen Gegensatz bedingt, kannst du nicht umhin, sie zu begrenzen, und damit verfehlst du ihre wahre Bedeutung. Vollkommenheit schließt alle Gegensätze ein und transzendiert sie. Deshalb ist der Vollkommene durch keinerlei Satzungen oder begrenzte Ideale gebunden. Er selbst ist jenseits von Gut und Böse, doch sein Gesetz bringt jenen, die gut sind, guten Lohn und jenen, die schlecht sind, eine Antwort in ihrer eigenen Münze. Krishna bewies seinem Jünger Arjuna, daß die scheinbare physische und mentale Vernichtung der verderbten Kauravas in Wahrheit deren geistiger Erlösung diente. Vollkommenheit kann durch Tötung oder Bewahrung wirken, je nach den geistigen Erfordernissen der Situation.

Das Herz des Vollkommenen ist zugleich weich wie Butter und hart wie Stahl. Geistige Vollkommenheit ist in ihrem Ausdruck nicht auf *einen* dieser Gegensätze begrenzt und schließt die Möglichkeit ein, sich ebenso durch das andere auszudrücken. Je nach der einer gegebenen Situation innewohnenden Logik kann sie sich durch irgendeinen der Gegensätze ausdrücken. Dies ist der Grund, weshalb sie über den Gegensätzen steht und auf alle Lebenssituationen rational zu antworten vermag. Sie gewährleistet vollkommene Anpassungsfähigkeit ohne Preisgabe des Standpunkts der Wahrheit und sichert unerschütterlichen Frieden und Einklang auch in jenen Lebenslagen, die für einen Menschen, der noch keine allseitige Entfaltung erreicht hat, bestürzend sein müssen.

Vollkommenheit ist höchste Menschlichkeit
Menschliches Tun ist begrenzt durch die Gegensätze, doch Vollkommenheit ist jenseits der Gegensätze. Man darf indessen nicht glauben, Vollkommenheit habe nichts Menschliches an sich. Die Menschen sind unglücklich, und sie lachen, um sich selbst und andere glücklich zu machen, doch auch ein Vollendeter, der in zeitloser Seligkeit lebt, ist nicht ohne Sinn für Humor. Mit anderen Worten, Vollkommenheit ist

nicht Unmenschlichkeit, sondern höchste Menschlichkeit. Sie ist die volle Entfaltung jener Rationalität, die im Menschen angelegt ist.

Vollkommenheit, das Zusammenfallen des Menschlichen und des Göttlichen
Vollkommenheit eignet weder Gott als Gott noch dem Menschen als Menschen. Sie ist gegeben, wenn der Mensch Gott wird oder wenn Gott Mensch wird. Das endliche Wesen, dem nur seine Endlichkeit bewußt ist, entbehrt offensichtlich der Vollkommenheit, doch wenn es seines Einsseins mit dem Unendlichen inne wird, ist es zu seiner Fülle gekommen. Dies geschieht, wenn der Mensch die Illusion seiner Endlichkeit ablegt und seine Göttlichkeit erkennt. Wenn andererseits das Unendliche verstanden wird als etwas, das dem Endlichen entgegengesetzt oder fern ist und deshalb zwangsläufig ein Anderes ist als das Endliche, so ist das Unendliche bereits begrenzt durch seine Unfähigkeit, sich im Endlichen und durch das Endliche auszudrücken. Anders gesagt, einem solchen Unendlichen kann Vollkommenheit nicht eigen sein. Infolgedessen muß das Unendliche sein unbegrenztes Leben im Endlichen und durch das Endliche entdecken, ohne durch diesen Vorgang begrenzt zu werden. Die Vollkommenheit Gottes offenbart sich erst dann, wenn Er als Mensch erscheint. Die bewußte Niederkunft Gottes in die begrenzte Form des Menschen wird bezeichnet als der Avatār oder Gottmensch. Auch das ist Vollkommenheit.

Vollkommenheit wird mithin erreicht, wenn das Endliche seine Begrenzungen transzendiert und seiner Unendlichkeit inne wird, oder wenn das Unendliche seine vermeintliche Entrücktheit aufgibt und Mensch wird. In beiden Fällen stehen das Endliche und das Unendliche nicht außerhalb voneinander. Vollkommenheit ist die glückliche und bewußte Vereinung von Endlichem und Unendlichem. Dann offenbart sich das Unendliche durch das Endliche, ohne eine Begrenzung zu erleiden, und das Endliche transzendiert sein Gefühl der Begrenztheit in der vollen Erkenntnis seines eigenen wahren Wesens als Offenbarung des Unendlichen.

Das Leben des Geistes

Wahrer Karma-Yoga
Im wahren Karma-Yoga, anders gesagt, in einem Leben perfekten Handelns, besteht ein rechter Ausgleich zwischen den materiellen und den geistigen Aspekten des Daseins. In einem solchen Leben ist das Bewußtsein nicht an weltliche und materielle Dinge gefesselt, darf aber auch nicht aus dem Alltag flüchten. Das Gemüt darf weder im weltverhafteten Leben nagender Begierde versinken, noch darf es in geistiger Seligkeit aufgehen. Es wird benutzt, um den Daseinsproblemen mit geistiger Einsicht zu begegnen und sie von diesem Gesichtspunkt anzupacken.

Nutzung der Materie als Ausdrucksmittel des Geistes
Rechter Ausgleich zwischen den materiellen und den geistigen Aspekten des Daseins kommt nicht dadurch zustande, daß beiden gleiche Wichtigkeit beigemessen wird. Ein solcher Ausgleich kann nicht gesichert werden, indem man etwas vom Materiellen und etwas vom Geistigen nimmt und dann die beiden in ein Gleichgewicht bringt. Der Geist muß und wird stets einen unantastbaren Vorrang haben über die Materie, doch äußert sich dieser Vorrang nicht durch Meiden oder gar Verwerfen des Materiellen, sondern vielmehr dadurch, daß das Materielle in angemessener Weise als Ausdrucksmittel des Geistes benutzt wird.

Bei einem intelligenten Ausgleich muß das Materielle die Rolle eines fügsamen Instruments zur Selbstoffenbarung des Geistes spielen und darf in keiner Weise um seiner selbst willen genommen und damit zum Hindernis werden. So wie ein Musikinstrument nur insofern von Wert ist, als es das Lied des Spielers erklingen läßt, und zum Hemmnis wird, wenn es demselben nicht ganz und gar willfährig ist, hat auch das Materielle nur insofern Wert, als es dem schöpferischen Fluß des Lebens zum freien und angemessenen Ausdruck verhilft, und wird zum Hindernis, wenn es diesen Ausdruck stört.

Notwendigkeit der Lösung von Begierden
Aufgrund der vielfältigen Wünsche des Gemüts neigt das Materielle dazu, eine selbständige Bedeutung zu gewinnen. Für den Trinker ist Wein alles, dem Habsüchtigen geht das Anhäufen von Gütern über alles, und für den Genußmenschen ist die Jagd nach Sinnesempfindungen der eigentliche Lebensinhalt. Dies sind Beispiele dafür, wie das Materielle infolge verschiedener Begierden des Gemüts einen ungebührlichen Platz gewinnt und den Ausdruck des Geistes verfälscht. Der richtige Weg, dem Geist seine Würde wiederzugeben, besteht nicht darin, das Materielle zu verwerfen, sondern es den Forderungen des Geistes dienstbar zu machen. Dies wird erst dann möglich, wenn der Geist von allen Begierden frei und seines eigenen wahren Standes vollauf bewußt geworden ist. Dann kann der Mensch materielle Güter besitzen, ohne ihnen zu verfallen. Wo nötig, kann er sich ihrer als Mittel bedienen, um das Leben des Geistes zu fördern, doch sie vermögen ihn weder zu locken noch zu binden, denn er hat erkannt, daß der wahre Sinn des Lebens nicht in ihnen gründet. Er lebt in der materiellen und sozialen Umwelt, ohne daran zu hängen, und weil er ungebunden ist, vermag er sie zum Feld des Geisteslebens zu machen.

Weltflucht ist nicht nötig
Ist ein echter Ausgleich zwischen Geist und Materie zustandegekommen, gibt es keinen Daseinsbereich, der nicht dem Ausdruck des Göttlichen dienen könnte. Dann braucht der Mensch nicht mehr vor dem Alltag und seinen Verwicklungen wegzulaufen. Jene Freiheit des Geistes, die in Weltflucht, im Rückzug in die Einsamkeit gesucht wird, ist eine negative Freiheit. Wenn ein solcher Rückzug vorübergehend ist und der Verarbeitung weltlicher Erfahrungen sowie der inneren Lösung dient, hat er seinen Nutzen, verschafft er doch eine Atempause in der Hektik des Daseins. Doch wenn dieser Rückzug bedingt ist durch Furcht vor der Welt oder durch mangelndes Vertrauen in den Geist, ist er alles andere als eine Hilfe zur Erlangung wahrer Freiheit. Wahre Freiheit ist in ihrem Wesen positiv und äußert sich in der ungeteilten Herrschaft des Geistes über das Materielle. Dies ist das wahre Leben des Geistes.

Wahre Spiritualität schließt alles Leben ein

Das Leben des Geistes ist Ausdruck des Unendlichen und kennt deshalb keine künstlichen Grenzen. Wahre Spiritualität ist nicht zu verwechseln mit einer exklusiven Schwärmerei für irgendeine gerade vorherrschende Idee. Sie hat nichts zu tun mit irgendwelchen «Ismen». Wenn die Menschen Spiritualität abseits vom Leben suchen, als hätte sie keinen Bezug zur materiellen Welt, ist ihre Suche umsonst. Alle Glaubensbekenntnisse und Kulte neigen dazu, irgendeinen Teilaspekt des Lebens hervorzuheben. Doch wahre Spiritualität ist ganzheitlich in ihrer Schau. Das Wesen der Spiritualität besteht nicht in einem engbegrenzten, spezialisierten Interesse für irgendeinen vorgestellten Teil des Lebens, sondern in einer gewissen erleuchteten Haltung gegenüber all den verschiedenen Situationen, die das Leben hervorbringt. Sie erfaßt und umfaßt alle Aspekte des Lebens. Sämtliche materiellen Dinge dieser Welt lassen sich dem göttlichen Spiel dienstbar machen, und wenn sie in solcher Weise ihren Platz gefunden haben, tragen sie zum Selbstausdruck des Geistes bei.

Der physische Körper – die Analogie des Pferdes

Der Wert der materiellen Dinge hängt ab von der Rolle, die sie im Leben des Geistes spielen. An sich sind sie weder gut noch schlecht. Sie werden gut oder schlecht, je nachdem, ob sie den Ausdruck des Göttlichen fördern oder behindern. Nehmen wir zum Beispiel den Platz, der dem physischen Körper im Leben des Geistes zukommt. Es ist falsch, einen unversöhnlichen Gegensatz zwischen «Fleisch» und «Geist» aufzustellen. Eine derartige Entgegensetzung endet fast unweigerlich in einer uneingeschränkten Verdammung des Körpers. Der Körper stellt sich der geistigen Erfüllung nur dann in den Weg, wenn er um seiner selbst willen verwöhnt und verzärtelt wird. Seine eigentliche Aufgabe aber ist, dem Geist zu dienen.

Der Reiter braucht ein Pferd, wenn er in den Kampf ziehen soll, doch das Pferd kann zum Hindernis werden, wenn es dem Reiter den Gehorsam verweigert. In gleicher Weise muß der Geist in Materie gekleidet werden, wenn er in den vollen Besitz seiner eigenen Möglichkeiten gelangen soll, wobei der Körper zum Hemmnis werden kann, wenn er sich weigert, den Forderungen des Geistes zu folgen. Fügt sich der Körper aber den Forderungen des Geistes so, wie es ihm geziemt, wird er zum Werkzeug der Herabkunft des Himmelreichs auf Erden. Dann erfüllt er seine Aufgabe als Medium zur Freisetzung des göttlichen Lebens und wird mit Recht Tempel Gottes auf Erden genannt.

Schönheit, Kunst, Wissenschaft und Politik

Weil der physische Körper und andere materielle Dinge dem Leben des Geistes dienstbar gemacht werden können, wendet sich wahre Spiritualität nicht feindselig von ihnen ab, sondern sucht sich vielmehr in ihnen und durch sie auszudrücken. Der Vollkommene blickt nicht mit Verachtung auf die Schönheiten dieser Welt herab, auf Kunstwerke, auf die Leistungen der Wissenschaft oder der Politik. Schönheit kann entwürdigt werden, indem man sie zum Gegenstand von Begierden oder eines eifersüchtigen und exklusiven Besitzenwollens macht. Kunstwerke werden oft zum Ausdruck und zur Ausbeutung der Selbstsucht oder anderer menschlicher Schwächen benutzt. Die Entdeckungen der Wissenschaft können zur gegenseitigen Vernichtung mißbraucht werden, wie das in modernen Kriegen geschieht. Politisches Handeln, dem geistige Einsicht fehlt, kann das soziale und internationale Chaos verewigen. Doch all das läßt sich auch in rechter Weise handhaben und vergeistigen.

Schönheit kann eine Quelle der Reinheit, des Glücks und der Inspiration sein. Kunstwerke können das Bewußtsein der Menschen heben und verfeinern. Die Leistungen der Wissenschaft können die Menschheit von unnötigen Leiden und Belastungen befreien, und politisches Handeln kann zum Mittel werden für die Herbeiführung wahrer Bruderschaft unter den Menschen. Das Leben des Geistes besteht nicht darin, den weltlichen Daseinssphären den Rücken zu kehren, sondern sie einzuspannen in das göttliche Werk, Liebe, Frieden, Glück, Schönheit und geistige Vollkommenheit in die Reichweite eines jeden zu bringen.

Innere Loslösung bedeutet nicht Gleichgültigkeit

Wer das Leben des Geistes leben will, muß in der Welt stehen, ohne an ihr zu hängen, aber auch ohne ihr gegenüber kalt und gleichgültig zu werden. Innere Loslösung darf nicht als Geringschätzung mißverstanden werden. Sie ist nicht nur vereinbar mit rechter Einschätzung der Dinge, sondern deren unerläßliche Voraussetzung. Begehren erzeugt Täuschung und trübt die Wahrnehmung. Es nährt Zwangsvorstellungen und stärkt das Gefühl des Abhängigseins von äußeren Objekten. Innere Lösung aber erleichtert das Verstehen und Erkennen des eigentlichen Werts der Dinge, ohne das Bewußtsein von äußeren Objekten abhängig zu machen.

Die Dinge so sehen, wie sie sind, heißt ihr wahres Wesen als Teiloffenbarung des Einen Lebens begreifen, und wer so durch den Schleier ihrer scheinbaren Vielfalt sieht, ist frei vom quälenden Verlangen nach irgendeinem Ding in seiner vorgestellten Isolation und Ausschließlichkeit. Das

Leben des Geistes findet sich in einer alles einschließenden Schau, die frei ist von allem Haften, und in einer Wertschätzung, die frei ist von jeder Verstrickung. Es ist ein Leben positiver Freiheit, in welchem der Geist die Materie durchdringt und sie benutzt zur Verbreitung seines Lichts, ohne irgendeine Beschneidung seiner eigenen Forderungen hinzunehmen.

Die Symphonie der Schöpfung
Die Dinge und Geschehnisse dieses irdischen Daseins erscheinen nur solange als etwas Fremdes, als sie nicht von der vorrückenden Flut allumfassender Vergeistigung erfaßt worden sind. Haben sie jedoch ihren eigentlichen Platz in der Lebensordnung gefunden, offenbart sich, daß jedes von ihnen an der Symphonie der Schöpfung mitwirkt. Dann braucht Spiritualität kein separates oder exklusives Feld mehr, um sich auszudrücken. Sie wird nicht mehr entwürdigt durch Beschäftigung mit den gewöhnlichen physischen, intellektuellen und emotionalen Bedürfnissen der Menschen, denn das Leben des Geistes ist ein einziges allumfassendes Sein, in dem es keine exklusiven oder getrennten Abteile geben kann.

Göttliche Liebe
Das Leben des Geistes ist ein fortwährender Ausdruck göttlicher Liebe und Weisheit, und beide dieser Aspekte des Göttlichen sind unbegrenzt in ihrer Universalität und unanfechtbar in ihrer Einschließlichkeit. Göttliche Liebe braucht keinen besonderen Rahmen, um sich bemerkbar zu machen. Sie hat es weder nötig, auf irgendwelche seltenen Gelegenheiten zu warten, um sich auszudrücken, noch sucht sie sich weihevolle Situationen aus, denen der Geschmack besonderer Heiligkeit anhaftet. Sie findet ihren Ausdruck in jedem Ereignis und in jeder Situation, selbst in solchen, an denen ein erleuchteter Mensch vorbeigehen würde, weil er sie als so unbedeutend einschätzt, daß sie seine Aufmerksamkeit nicht verdienen.

Gewöhnliche Menschenliebe äußert sich nur unter geeigneten Bedingungen. Sie ist eine Antwort auf bestimmte Umstände und hängt ab von diesen. Göttliche Liebe indessen, die der Quelle im Innern entspringt, ist unabhängig von solchen Stimuli. Sie äußert sich selbst unter Umständen, die von jenen, die nur menschliche Liebe gekostet haben, als hemmend empfunden würden. Für den Vollkommenen Meister ist gerade der Mangel an Glück, Schönheit oder Güte in denen, die ihn umgeben, eine Gelegenheit, seine göttliche Liebe über sie regnen zu lassen und sie damit aus dem Zustand materieller oder geistiger Armut zu lösen. Das alltägliche

Das Leben des Geistes

Antworten des Meisters auf seine weltliche Umgebung ist der Ausdruck dynamischer und schöpferischer Göttlichkeit, die sich allem mitteilt und alles vergeistigt, was sie berührt.

Geistige Weisheit und Weltweisheit
Geistige Weisheit, der andere grundlegende Aspekt des Lebens des Geistes, ist von Weltweisheit zu unterscheiden, die die Quintessenz weltlicher Konventionen ist. Geistige Weisheit besteht nicht in der fraglosen Übernahme der Normen der Welt. Die weltlichen Normen sind in ihrer überwiegenden Mehrheit das Ergebnis des Handelns materiell gesinnter Menschen. Weltmenschen halten für richtig, was dieser Gesinnung entspricht, und machen es zur Richtschnur für Gleichgesinnte. Deshalb führt das blinde Befolgen von Konventionen schwerlich zu weisem Handeln. Das Leben des Geistes kann nicht ein Leben kritikloser Nachahmung sein. Es muß im Verstehen wahrer Werte gründen.

Selbstloses Dienen

Der Weg des Karma-Yoga
Wer dem Weg des Karma-Yoga folgt, meidet sowohl die chaotische Aktivität selbstsüchtigen Begehrens als auch die scheinbare Inaktivität des Nichtbegehrens von Irgendetwas. Er führt ein Leben selbstlosen Dienens, das völlig frei ist von persönlichen Motiven irgendwelcher Art und den Ausdruck des Göttlichen in allen Lebensbereichen fördert.

Notwendigkeit geistiger Einsicht
Dienen muß, das ist ganz wichtig, auch wenn es ganz und gar selbstlos ist, von geistiger Einsicht geleitet werden, denn selbstloses Dienen ohne Einsicht erzeugt oft Chaos und Komplikationen. In den sozialen Institutionen sind viele gutwillige Menschen ohne Unterlaß für das Allgemeinwohl tätig. Doch zu was führt diese Tätigkeit in den meisten Fällen? Für jedes Problem, das sie löst, schafft sie zehn neue, weil Handeln ohne Einsicht selbst dann, wenn es gut gemeint ist, unkontrollierbare Nebenergebnisse bringt. Weltmenschen versuchen einem Übel entgegenzuwirken, indem sie dagegen angehen, doch dadurch werden sie oft unbewußt Urheber anderer Übel.

Angenommen, ein Zug Ameisen läuft über den Körper eines Menschen und eine davon beißt ihn. Der Gebissene mag unwillkürlich zuschlagen, um die Ameise zu töten und so zu bestrafen, doch dabei tötet er unter Umständen auch mehrere andere Ameisen, die ihn nicht gebissen haben. Indem er an einer Ameise Gerechtigkeit zu vollstrecken sucht, wird er unvermeidlich in ein Handeln verstrickt, das gegenüber vielen andern Ungerechtigkeit bedeutet. Der Mensch, der durch eine großmütige

Selbstloses Dienen

Regung in den Strudel öffentlichen Lebens gezogen wird, ohne die Kunst reinen Dienens erlernt zu haben, befindet sich in einer ähnlichen Situation. Er mag wohl selbstlos sein, doch sein Handeln schafft Chaos statt Einklang, weil er nicht gelernt hat, wirklich und wirksam zu dienen, ohne Komplikationen hervorzurufen. Wenn Handeln ein reiner Segen sein soll für alle, muß es aus vollendetem Verstehen des Lebens entspringen. Diejenigen, die mit mir in Berührung kommen, müssen sich deshalb um solch wahres Verstehen des Lebens bemühen und jene Art des Dienens lernen, die keinerlei Verwicklungen schafft.

Einsichtiges Dienen gereicht allen zum Wohl
Wenn Dienen im Geist der Selbstlosigkeit erfolgt, bringt es dem Karma-Yogi stets Gutes, obwohl er selbst in seinem Dienen keinerlei Belohnung oder Ergebnisse suchen soll. Es steht außer Zweifel, daß ihm sein selbstloses Dienen auch dann einen gewissen geistigen Nutzen bringt, wenn es der Einsicht ermangelt, doch kann er es in diesem Fall nicht vermeiden, anderen viel unnötiges Leid zuzufügen. Ist sein selbstloses Dienen aber von geistiger Einsicht geleitet, gereicht es nicht nur ihm selbst zum geistigen Wohl, sondern fördert auch das materielle und geistige Wohl anderer. Selbstloses Dienen muß deshalb auf Einsicht gründen, wenn es *allen* Beteiligten unvermischtes Wohl bringen soll.

Gute und schlechte Dienste
Was nach gewöhnlichen Maßstäben als guter Dienst gilt, mag unter gewissen Umständen von einem Vollkommenen Meister als schlechter Dienst betrachtet werden, denn er hat einen untrüglichen Einblick in die gegebene Situation und ein tieferes Verständnis ihrer geistigen Erfordernisse. So ist es zum Beispiel unter gewöhnlichen Umständen ein unleugbarer Akt der Nächstenliebe, die Hungrigen zu speisen, doch die spezifischen Gegebenheiten einer Situation können verlangen, daß einem Bedürftigen zu seinem eigenen Wohl keine Nahrung gegeben wird. Die Neigung, um seine Nahrung zu betteln, erzeugt unerwünschte Sanskāras, und wenn du einem Menschen, der mit einer solchen Neigung zu dir kommt, zu essen gibst, hilfst du ihm lediglich, die Last seiner Sanskāras zu vermehren. Obwohl du ihm durch deine Gabe Gutes zu tun scheinst, tust du in Wirklichkeit nichts anderes, als ihn noch weiter zu binden. Selbst wenn es dir fernliegt, ihn durch Verpflichtungen dir gegenüber zu erdrücken, magst du tatsächlich gerade das bewirken, wenn du Almosen nicht mit Einsicht, sondern aus Gewohnheit gibst.

Selbstloses Dienen

Was für die Nahrungsgabe im obigen Sinne gilt, gilt auch für die Gabe vieler anderer Dinge, greifbarer wie ungreifbarer. Was von einem begrenzten Gesichtspunkt eindeutig als guter Dienst am Empfänger erscheinen mag, kann vom höheren Gesichtspunkt ein eindeutig schlechter Dienst an ihm sein. Geradeso wie das, was einem gesunden Menschen bekömmlich ist, für einen Kranken Gift sein kann, kann auch das, was für die Menschen allgemein gut ist, für ein bestimmtes Individuum von Übel sein. All das ist indessen nur gesagt, um den Menschen in ihrem Dienen mehr Sorgfalt und Unterscheidung nahezulegen. Es soll sie in ihrer Bereitschaft zu selbstlosem Dienen keineswegs entmutigen. Es trifft zwar zu, daß nur ein Vollkommener Meister im Ermessen der geistigen Erfordernisse irgendeiner Situation unfehlbar sein kann, doch wäre es beklagenswert, wenn diejenigen, die nicht so sicher zu urteilen vermögen, ihren spontanen Drang zu selbstlosem Dienen unterdrücken würden, aus Angst, sie könnten ungewollt einen schlechten Dienst erweisen. Auch in unintelligenter Weise geleisteter Dienst ist für den Dienenden von geistigem Nutzen, wenn er im Geist der Selbstlosigkeit erbracht wird.

Ein falsches Motiv ist gefährlicher als falsche Beurteilung
Tatsächlich liegt die eigentliche Gabe beim Dienen, vom geistigen Gesichtspunkt gesehen, weit eher darin, daß Dienst einem falschen Beweggrund entspringt, als in einem möglichen Irrtum bezüglich der geistigen Erfordernisse der Situation. Wenn du dienst, um dir einen Menschen zu verpflichten, und wenn du stolz bist auf dein Dienen, fügst du nicht nur dem Empfänger deines Dienstes geistigen Schaden zu, sondern auch dir selbst. Wenn du dich an deinem Dienen ergötzt und Stolz entwickelst auf das Gute, daß du tust, so bedeutet das, daß du deinem Handeln verfällst und dich damit bindest. Eine goldene Kette fesselt ebenso wie eine eiserne, und so kann ein Mensch durch seine guten Taten geistig ebenso gebunden werden wie durch seine schlechten.

Der einzige Weg, von karmischer Bindung frei zu bleiben, besteht darin, beim Dienen die eigene Person völlig aus dem Spiel zu lassen. Der Gedanke «ich verpflichte jemanden zu Dank» ist der erste, der während des Vorgangs des Dienens auftaucht. Doch läßt er sich aufheben durch den gegenteiligen Gedanken «ich bin zu Dank verpflichtet für diese Gelegenheit zum Dienen». Der zweite Gedanke erleichtert die Haltung innerer Lösung und verhindert die Bindung an gute Taten. Auf umfassende Einsicht gegründeter Dienst ist nicht nur selbstlos und den geistigen Bedürfnissen des Empfängers angemessen, sondern er wird aus dem Stand völliger innerer Ungebundenheit geleistet. Solches Dienen führt den Suchenden am raschesten zum Ziel.

Wahres Dienen beginnt nach der Verwirklichung
Der Wert eines Dienstes hängt ab von der Art des Guten, das er bringt. Materielle Versorgung und physische Pflege anderer ist Dienst; Entwicklung des Intellekts anderer ist Dienst; Erquickung der Menschenherzen ist Dienst, und Erfüllung der ästhetischen Bedürfnisse der Gesellschaft ist Dienst. Diese Formen von Dienst haben nicht alle denselben Wert, selbst wenn sie alle im Geist der Selbstlosigkeit erbracht werden. Die Art des Wohlergehens, das durch einen bestimmten Dienst angestrebt wird, hängt ab von der Vision des Dienenden. Mithin erbringt derjenige den wichtigsten und wertvollsten Dienst, der das höchste Gut am klarsten wahrnimmt. Zu dieser höchsten Art von Dienst sind jene, die die letzte Wahrheit nicht erkannt haben, nicht fähig. Ihr Dienen kann für die Schöpfung nicht denselben Wert haben wie das Dienen desjenigen, dessen geistige Einsicht allumfassend geworden ist. In einem gewissen Sinne kann man daher sagen, daß wahres Dienen erst nach der Verwirklichung beginnt.

Dienst für den Vollkommenen Meister
Der Geist des Dienens, der Suchenden auf dem geistigen Pfad und anderen gutwilligen Menschen innewohnt, kann jedoch in schöpferischer Weise für geistige Zwecke eingesetzt werden, wenn er sich mit dem Wirken eines Vollkommenen Meisters verbündet. Aus dem Stand seines unbegrenzten, zur letzten Bestimmung gelangten Bewußtseins dient der Meister dem ganzen Universum, und jene, die ihm dienen und gehorchen, werden dadurch teilhaftig an seinem universalen Werk. Ihr Dienst hat den Vorteil, daß er von der Weisheit und Einsicht des Meisters gelenkt ist. Williges Mitwirken am Werk des Meisters erhöht deshalb den Wert des Dienstes und bietet zudem die besten Möglichkeiten geistiger Erleuchtung. Dienst nach Anweisung des Meisters wird nur noch übertroffen durch den Dienst des Meisters selbst.

Dienen muß frei sein von der Bindung an Ergebnisse
Für die meisten Menschen ist der Gedanke des Dienens untrennbar verbunden mit dem Streben nach gewissen präzisen Ergebnissen in der objektiven Welt. Für sie besteht Dienen in der Beseitigung menschlicher Leiden oder des Analphabetentums oder anderer Hemmnisse und Schwie-

rigkeiten, die die Entfaltung des individuellen oder kollektiven Lebens beeinträchtigen. Dies ist die Art von Dienst, wie ihn geistig Suchende, Politiker, Sozialreformer und andere gutgesinnte Menschen leisten. Dienst solcher Art hat zwar überaus große geistige Bedeutung, doch es liegt in seiner Natur, daß er nie zu seinem Ende kommen kann. Was immer der Einzelne in diesen Bereichen zustandebringen mag, stets bleibt noch vieles zu tun. Solange der Gedanke des Dienens an den Gedanken von Ergebnissen gebunden ist, bringt das dem Dienenden unweigerlich ein Gefühl der Unvollständigkeit und Nichterfüllung. Das Unendliche ist nicht durch die Verfolgung einer endlosen Kette von Resultaten zu erreichen. Wer ein Leben des Dienens führt, um sichere und präzise Ergebnisse zu erzielen, trägt eine ewige Bürde mit sich herum.

Wahres Dienen ist absichtslos
Dienen nach dem Innewerden der Wahrheit ist von ganz anderer Art. Es ist ein spontaner Ausdruck des geistigen Wissens um das wahre Wesen des Ich, und obwohl dieses Dienen viel in der Welt bewirkt, wird es doch durch keinerlei Verlangen nach Ergebnissen kompliziert. Die Sonne scheint, weil es ihre Natur ist, zu scheinen, und nicht weil sie durch ihr Scheinen etwas erreichen will. So lebt auch der Verwirklichte ein Leben der Selbsthingabe, weil diese Hingabe im Wesen des göttlichen Lebens liegt, das vom Herzen der Wirklichkeit ausgeht, und nicht weil er etwas zu erreichen sucht. Sein Leben ist nicht ein Streben in der Hoffnung auf das Erreichen irgendeines Ziels. Er sucht sich nicht zu bereichern durch Errungenschaften irgendwelcher Art, denn er hat bereits alles und lebt in der Fülle der Verwirklichung des Unendlichen. Das Überströmen seines Seins ist ein Segen für das Leben in anderen Formen und wirkt aus sich selbst deren Erhebung, im Geistigen wie im Materiellen. Seine Seligkeit gründet in der Verwirklichung seines eigenen göttlichen Wesens und wird deshalb durch die Unvollkommenheit oder das Leiden des Lebens in anderen Formen nicht vermindert. Sein Bewußtsein ist frei von dem schmerzlichen Sehnen nach etwas noch nicht Verwirklichtem.

Dienen vor der Verwirklichung und Dienen danach sind somit grundverschieden. Das Leben des Vollkommenen Meisters ist ein Leben des Dienens. Es ist ein fortwährendes Sichverschenken an andere Formen seines eigenen wahren Selbst. Dienen, wie es das Leben eines Verwirklichten kennzeichnet, ist mithin von ganz anderem Wesen als das Dienen derjenigen, die der Wahrheit nicht inne sind.

Wege zur Einsicht

Geist ist nur durch den Geist zu begreifen
Die verschiedenen Wege, die zu geistiger Einsicht führen, lassen sich am ehesten verstehen, wenn zunächst zwischen Geist und Materie unterschieden wird. Zum Verständnis der Materie haben wir materielle Mittel, und zum Verständnis des Geistes haben wir geistige Mittel. Materie wird mittels des Intellekts verstanden, der die verschiedenen Sinneswahrnehmungen verarbeitet, doch Geist kann nur durch den Geist selbst begriffen werden. Dieses höchste Verstehen, in welchem sich der Geist aus sich selbst erkennt, ohne Rückgriff auf irgendein Werkzeug oder Medium, ist sehr selten und äußerst schwer zu erreichen. Solchem Verstehen nähert man sich am ehesten durch das Herz und nicht durch den Intellekt.

Das menschliche Denken ist gewohnt, sich mit materiellen Dingen zu beschäftigen, und die Kraft, die es zu diesem intellektuellen Erforschen materieller Dinge treibt, entspringt der Sinneslust und anderen Begierden. Wendet sich das Denken geistigen Fragen zu, folgt es denselben Bahnen, an die es gewöhnt ist, und benutzt dabei Begriffe, die es zum intellektuellen Verständnis materieller Dinge erfunden hat. Der Versuch, sich dem Verständnis des Geistigen auf diese Weise zu nähern, ist indessen zum Scheitern verurteilt, denn alle Begriffe, die der Intellekt zum Zwecke des Verständnisses materieller Dinge entwickelt, sind ungeeignet zum Verstehen des Geistes. Es ist wie ein Versuch, mit den Ohren zu sehen oder mit den Augen zu hören. Wenn der Intellekt das Geistige unabhängig vom Herzen zu verstehen sucht, benutzt er zwangsläufig Analogien aus der materiellen Welt, und dies führt unweigerlich dazu, den Geist als Objekt des Denkens zu betrachten, was er nicht ist.

Konflikt zwischen Kopf und Herz
Im Unterschied zur Methode des Intellekts, die von Sinneseindrücken ausgeht und durch Ableitung und Beweis zu Schlußfolgerungen gelangt, beruht die Methode des Herzens auf dem unmittelbaren intuitiven Begreifen der Werte, die im Leben des Menschen nach und nach verwirklicht werden, während er durch die mannigfachen Erfahrungen der Welt geht und nach geistiger Einsicht strebt. Bei den meisten Menschen sind Kopf und Herz im Widerstreit, und der Konflikt zwischen ihnen erzeugt Verwirrung. Das Herz, das die Einheit allen Lebens auf seine eigene Weise fühlt, strebt nach Selbsterfüllung in einem Leben der Liebe, der Hingabe und des Dienens. Ihm liegt mehr am Geben als am Nehmen. Es wird angetrieben vom innersten Drang der Seele und ist das eigentliche Gefäß unmittelbarer Intuition. Es kümmert sich nicht um Beweise oder theoretische Bestätigungen, wie sie der Intellekt verlangt, wenn er sich mit materiellen Dingen abgibt.

In seiner objektiven Betrachtung der materiellen Welt wird das Denken überladen mit Eindrücken von Vielheit und Getrenntheit und nährt deshalb die ichbezogenen Tendenzen, die einen Menschen gegen den anderen stellen und ihn selbstsüchtig und besitzhungrig machen. Doch das Herz, das in seiner inneren Erfahrung die Glut der Liebe fühlt, ahnt die Einheit des Geistes und sucht sich daher durch hingebende Tendenzen auszudrücken, die die Menschen vereinen und zu Selbstlosigkeit und Großmut bewegen. Es kommt mithin zwangsläufig zu einem Konflikt zwischen der inneren Stimme und den Äußerungen des Intellekts, die auf einer vordergründigen, oberflächlichen Betrachtung des Lebens beruhen.

Der Intellekt fordert Beweise und Wunder
Der Übergriff des Intellekts auf den Bereich des Herzens besteht darin, daß er Sicherheit und Beweise fordert, bevor er der Freisetzung von Liebe zustimmt. Doch Liebe ist nichts, wenn sie nicht spontan ist. Sie kann nicht eine Schlußfolgerung des Denkens sein. Sie ist nicht etwas, das durch Feilschen erlangt wird. Wenn du in bezug auf den Gegenstand der Liebe sicher sein willst, bevor du deine Liebe gibst, dann ist sie nichts weiter als eine Form berechnender Selbstsucht. So verlangen viele Leute Sicherheit in bezug auf meine Göttlichkeit, um mich lieben zu können. Das heißt, sie fordern von mir, daß ich ihnen durch das Vollbringen von Wundern objektive Beweise meines geistigen Standes liefere. Überzeugung dieser Art ist jedoch weit öfter ein Hindernis als

eine Hilfe für die Freisetzung von Liebe in ihrer höchsten Form, der völlig gleichgültig ist, was sie vom Geliebten empfangen mag.

Gott wird nur durch Liebe erkannt
Wenn der Intellekt Sicherheit oder Bestätigung sucht (durch objektive Beweise oder Wunder, die der geistigen Einsicht auf die Sprünge helfen sollen), greift er in jene Sphäre ein, die allein dem Herzen gehört. Sicherheit und Bestätigungen werden wichtig, wenn ein Mensch Garantien für das Erzielen gewisser präziser Ergebnisse in der objektiven Welt wünscht. Selbst wenn ein Mensch aufgrund von Wundern oder irgendwelchen anderen objektiven Gegebenheiten intellektuell von der Existenz Gottes überzeugt ist, bewirkt dies nicht zwangsläufig eine Öffnung seines Herzens. Das Bekenntnis zu Gott, das er als Ergebnis einer solchen kalten Offenbarung ablegen mag, ist entweder durch Furcht oder durch Pflichtgefühl bedingt. Vorbehaltlose Liebe kann nicht aus einer Überzeugung geboren werden, die auf dem Intellekt zugänglichen Dingen beruht, und wo keine Liebe ist, ist keine Seligkeit und keine Schönheit des Seins. Das Wesen Gottes als der Ozean der Liebe entzieht sich dem Fassungsvermögen des Intellekts. Gott ist nur durch Liebe zu erkennen, nicht durch intellektuelles Suchen nach Wundern.

Dies ist der Grund, weshalb ich für jene, die mir am nächsten und teuersten sind, keine Wunder vollbringe. Ich würde es eher vorziehen, daß keiner mir folgt, als zum Mittel von Wundern zu greifen, um andere von meiner Göttlichkeit zu überzeugen. Es trifft zwar zu, daß die Menschen in ihrer Liebe zu mir oft geistige Erfahrungen haben, die ihnen bisher unbekannt waren, und daß diese geistigen Erfahrungen ihnen helfen, ihr Herz weiter zu öffnen. Doch solche Erfahrungen sind nicht dazu bestimmt, das Verlangen nach intellektueller Überzeugung zu nähren, und sie dürfen nicht als Ziel betrachtet werden.

Wissen des Herzens und Wissen des Intellekts
Wenn ein Mensch sein Augenmerk auf das Ergebnis einer Handlung richtet, statt einzig auf den diesem Handeln innewohnenden Wert, so bedeutet das, daß er geistige Fragen allein durch den Intellekt zu beantworten sucht, und damit stört er das Wirken des Herzens. Der Intellekt will Dinge aller Art besitzen und fordert deshalb objektive Beweise, Überzeugungen und Sicherheiten. Diese Forderung des Intellekts verhindert das spontane Ausströmen von Liebe, das zugleich Ausdruck und treibende Kraft wahrer Spiritualität ist.

Du kannst nicht durch den Intellekt lieben. Was du durch den Intellekt erlangen magst, ist bestenfalls eine *Theorie* der Liebe, doch niemals Liebe selbst. Das Wissen, das bestimmte Yogis durch ihr Denken erlangt haben, ist rein intellektuell und trocken. Es vermag ihnen nicht jene geistige Seligkeit zu geben, die das Leben der Liebe kennzeichnet. Liebe und Glück sind die einzigen wichtigen Dinge im Leben, und beide fehlen im trockenen faktischen Wissen, das dem Intellekt zugänglich ist. Spiritualität besteht nicht in intellektuellem Wissen um die wahren Werte, sondern in deren Verwirklichung. Dieses Wissen innerer Verwirklichung ist es, das die Bezeichnung «geistige Einsicht» verdient, und es hängt weit mehr vom Herzen ab als vom Intellekt. Wissen des Intellekts allein steht auf gleicher Stufe wie bloße Information und bewegt sich an der Oberfläche des Lebens. Es zeigt den Schatten der Wirklichkeit, nicht deren Substanz. Die verborgenen Tiefen des Ozeans des Lebens ergründet nur, wer eintaucht in sein eigenes Herz.

Freiheit von Begierden
Der Intellekt der meisten Menschen steht unter dem Joch unzähliger Begierden. Vom geistigen Gesichtspunkt ist dies die niedrigste Stufe menschlichen Daseins. Die höchste Stufe menschlichen Daseins ist frei von allem Begehren und ist durch Genügsamkeit und Anspruchslosigkeit charakterisiert. Alle streben nach Glück, doch wenige haben es, denn dauerhaftes Glück beginnt erst dann, wenn der Mensch völlig frei ist von Begierden irgendwelcher Art. Dieser höchste Stand des Nichtbegehrens von Irgendetwas mag von außen als etwas erscheinen, das Tatenlosigkeit beinhaltet und leicht zu erreichen ist. Doch wer einmal versucht, still dazusitzen, ohne innerlich Irgendetwas zu wollen, und doch volles Bewußtsein zu bewahren (das heißt ohne einzudösen), wird erkennen, daß ein solcher Zustand des Nichtbegehrens von Irgendetwas äußerst schwer zu erreichen ist und nur durch intensivste geistige Bemühung aufrechterhalten werden kann. Nichtbegehren von Irgendetwas bleibt in der Tat unerreichbar, solange das Leben vom Ich-Gemüt beherrscht ist. Es wird erst möglich in einem Leben jenseits des Ich-Gemüts. Um die geistige Seligkeit des Nichtbegehrens zu erfahren, muß das Gemüt überschritten werden.

Einklang von Kopf und Herz
Zwischen den beiden Extremen eines Lebens unter dem Joch der Begierden und eines Lebens gänzlichen Nichtbegehrens gibt es die Möglichkeit

eines Lebens, in dem Kopf und Herz miteinander in Einklang sind. Wo solcher Einklang herrscht, werden die Lebensziele nicht vom Intellekt diktiert. Die Rolle des Intellekts beschränkt sich darauf, die Verwirklichung jener Ziele zu fördern, die das Herz angibt. Er legt keinerlei Bedingungen fest, die zu erfüllen wären, bevor sich die Stimme des Herzens im praktischen Leben äußern darf. Mit anderen Worten, der Intellekt gibt seine Richterrolle preis, die er in seinem theoretischen Fragen nach dem Wesen des Universums zu spielen gewohnt war, und akzeptiert fraglos die Gebote des Herzens.

Die Rolle des Intellekts im Leben des Geistes
Der Intellekt ist die Schatzkammer der Gelehrsamkeit, doch das Herz ist die Schatzkammer geistiger Weisheit. Der sogenannte Widerspruch zwischen Religion und Wissenschaft entsteht nur, wenn die Bedeutung dieser beiden Arten von Wissen nicht richtig erkannt wird. Es ist fruchtlos, Wissen um die wahren Werte allein durch Anstrengung des Intellekts gewinnen zu wollen. Der Intellekt kann dir nicht sagen, was des Erlangens wert ist. Er kann dir nur sagen, wie die Ziele zu erreichen sind, die von nichtintellektuellen Quellen eingegeben werden.

Der Intellekt der meisten Menschen akzeptiert als Ziele und Werte das, was ihm die Begierden eingeben, doch dies bedeutet Verneinung des Lebens des Geistes. Nur dann, wenn der Intellekt jene Ziele und Werte akzeptiert, die aus der Tiefe des Herzens eingegeben sind, trägt er bei zum Leben des Geistes. Der Kopf muß deshalb mit dem Herzen zusammenarbeiten. Das faktische Wissen muß der intuitiven Wahrnehmung untergeordnet werden, so daß das Herz völlig frei ist, die Lebensziele ohne irgendeine Behinderung durch den Intellekt zu bestimmen. Der Intellekt hat im praktischen Leben seinen Platz, doch seine Rolle beginnt erst dann, wenn das Herz gesprochen hat.

Das Wesen der Zusammenarbeit von Kopf und Herz
Geistige Einsicht erwächst aus dem Einklang von Kopf und Herz. Solcher Einklang bedeutet nicht Verquickung ihrer Funktionen. Er beinhaltet nicht überkreuzendes, sondern kooperatives Funktionieren. Die Funktionen von Kopf und Herz sind weder identisch noch gleichrangig. Deshalb müssen sie zum Ausgleich gebracht werden, doch solcher Ausgleich kommt nicht zustande, indem man abwechselnd das eine gegen das andere ausspielt. Er kommt zustande nicht durch mechanische Spannung, sondern durch intelligentes Einordnen. Man kann sagen, Kopf und

Herz seien im Ausgleich, wenn beide ihren eigentlichen Zweck erfüllen und ihre jeweiligen Funktionen ohne Abirren in dieser oder jener Richtung ausüben. Nur wenn sie in dieser Weise zusammenarbeiten, können sie miteinander in Einklang sein. Solcher Einklang von Kopf und Herz ist die wichtigste Voraussetzung für ein ganzheitliches Leben geistiger Einsicht.

Das Problem der Sexualität*

Die Falle des Denkens in Gegensätzen
Sexualität ist unleugbar eines der fundamentalen Probleme, die sich dem menschlichen Gemüt im Bereich der Dualität stellen. Sie ist eine der Gegebenheiten der menschlichen Natur, mit der sich das Gemüt auseinandersetzen muß. Wie alles andere im menschlichen Dasein wird Sexualität durch die Brille der Gegensätze betrachtet, die das begrenzte Gemüt unweigerlich hervorbringt. So wie das Gemüt versucht, das Leben in ein Schema von Alternativen wie Freude oder Leid, Gut oder Schlecht, Einsamkeit oder Geselligkeit einzupassen, neigt es auch in bezug auf den Geschlechtstrieb dazu, das Schwelgen in Sexualität und deren Unterdrücken als Alternativen anzusehen, aus denen es kein Entrinnen gibt.

Es scheint, als müsse das Gemüt die eine oder die andere dieser Alternativen hinnehmen. Dennoch kann es keine von beiden ganz hinnehmen, denn wählt es Unterdrückung, ist es unzufrieden mit seinem Los und denkt sehnsüchtig an Nachgeben, und wählt es Nachgeben, wird ihm seine Abhängigkeit von den Sinnen bewußt, weshalb es sich durch Rückkehr zur Unterdrückung frei zu machen trachtet. Das Gemüt bleibt von beiden Alternativen gleichermaßen unbefriedigt, und damit entsteht eines der wichtigsten und schwierigsten Probleme menschlichen Daseins.

---

* Zum selben Thema siehe auch «Reinkarnation und Karma», 5. Teil: Die Notwendigkeit der Inkorporation in männlichen und weiblichen Formen.

Das Problem der Sexualität

Der irreführende Einfluß des Verlangens
Um das Problem der Sexualität lösen zu können, muß das Gemüt zunächst einsehen, daß beide Alternativen gleichermaßen die Schöpfung der Vorstellung sind, die unter dem irreführenden Einfluß des Verlangens steht. Verlangen liegt sowohl der Unterdrückung des Geschlechtstriebs als auch seinem Ausleben zugrunde. Beide bewirken eine Verzerrung des Bewußtseins durch Sinneslust, das heißt durch das Verlangen nach Sinnesempfindungen. Deshalb bleibt das Gemüt bei beiden Alternativen zwangsläufig in Unruhe. Geradeso wie bei bedecktem Himmel Düsterkeit und Mangel an Sonnenschein herrschen, ob es nun regnet oder nicht, herrscht bei der Umwölkung des menschlichen Gemüts durch Verlangen Dumpfheit des Seins und Mangel an wahrem Glück, ob diesem Verlangen nachgegeben wird oder nicht.

Das von der Unruhe des Verlangens gepackte Gemüt erzeugt eine trügerische Vorstellung von Glück durch Erfüllung dieses Verlangens. Dann aber erkennt es, daß die Seele auch nach der Erfüllung des Verlangens unbefriedigt bleibt, und sucht Befriedigung durch Unterdrückung. So gerät das Gemüt auf seiner Suche nach Glück und Freiheit in die Zwickmühle der Gegensätze von Genuß und Unterdrückung, die sich als gleichermaßen enttäuschend erweisen. Da es nicht versucht, über diese Gegensätze hinauszutreten, bewegt es sich unablässig von einem Gegensatz zum anderen und infolgedessen von einer Frustration zur anderen.

Die falschen Versprechungen der Gegensätze
Verlangen verzerrt somit das Funktionieren der Vorstellung und bietet dem Gemüt die Wahl an zwischen den Alternativen Genuß und Unterdrückung, die sich in ihrem Versprechen von Glück als gleicherweise trügerisch erweisen. Doch trotz der abwechselnden und wiederholten Frustration sowohl im einen wie im anderen verzichtet das Gemüt gewöhnlich nicht auf die eigentliche Ursache seines Elends, nämlich das Verlangen. Dies hat seinen Grund darin, daß sich das Gemüt in der Unzufriedenheit, die die Unterdrückung mit sich bringt, leicht durch das falsche Versprechen des Genusses verführen läßt, und in der Unzufriedenheit, die ihm der Genuß bringt, ebenso leicht dem falschen Versprechen rein mechanischer Unterdrückung zum Opfer fällt.

Preisgabe des Verlangens durch geistiges Erwachen
All das ist wie ein rastloses Hin und Her in einem Käfig. Die Tür zum geistigen Weg innerer und spontaner Preisgabe des Verlangens bleibt je-

nen verschlossen, die nicht das Glück haben, von einem Vollkommenen Meister erweckt zu werden. Wahres Erwachen bedeutet Eintreten in den Pfad geistiger Wahrheit, der allein zur Freiheit und unverlierbaren Seligkeit des ewigen Lebens führt. Inneres und spontanes Ablegen des Verlangens ist von mechanischer Unterdrückung ebenso verschieden wie vom Ausleben. Das Gemüt wendet sich der mechanischen Unterdrückung des Verlangens zu, weil es der Täuschung der Gegensätze erliegt, doch der inneren und spontanen Preisgabe des Verlangens wendet es sich zu, weil es die Täuschung durchschaut hat, das heißt aufgrund geistigen Erwachens.

Die Alternativen von Ausleben oder mechanischer Unterdrückung drängen sich nur solange auf, wie das Wesen des Verlangens nicht klar verstanden wird. Wird dem Suchenden vollauf bewußt, daß er sich durch sein Verlangen unweigerlich Knechtschaft und Leiden zuzieht, beginnt er von selbst, sich der Bürde des Verlangens durch intelligentes Unterscheiden zu entledigen. Die Frage von Ausleben oder Unterdrücken erhebt sich nur, wenn Verlangen da ist. Mit dem vollständigen Verschwinden des Verlangens entfällt die Notwendigkeit des einen wie des anderen. Wenn das Gemüt frei ist von Verlangen, läßt es sich nicht länger durch die falschen Versprechungen des Genusses oder der mechanischen Unterdrückung antreiben.

Zölibat und Ehe
Es darf jedoch nicht übersehen werden, daß ein solches Leben in Freiheit leichter aus einem Leben der Zurückhaltung zu erreichen ist, als aus einem Leben des Nachgebens, obwohl es seinem Wesen nach von beiden grundverschieden ist. Für geistig Suchende ist deshalb ein Leben strikten Zölibats dem Eheleben vorzuziehen, wenn ihnen Zurückhaltung leichtfällt und kein übermäßiges Gefühl von Selbstunterdrückung verursacht. Den meisten Menschen aber fällt solche Zurückhaltung schwer, und zuweilen ist sie ihnen sogar unmöglich. Für sie ist die Ehe eine entschieden größere Hilfe als die Ehelosigkeit. Für die Mehrheit der Menschen ist somit das Eheleben unzweifelhaft ratsam, wenn sie nicht eine besondere Veranlagung für das Zölibat haben.

So wie das Leben im Zölibat die Entwicklung vieler Tugenden erfordert und fördert, nährt auch das Leben in der Ehe das Wachstum vieler geistiger Eigenschaften von höchster Bedeutung. Der Wert des Zölibats liegt darin, daß es das Gemüt an Zurückhaltung gewöhnt und ein Gefühl innerer Lösung und Unabhängigkeit verschafft. Doch solange das Gemüt

Das Problem der Sexualität

nicht gänzlich frei ist von Verlangen, kann es keine Freiheit geben. Der Wert der Ehe liegt in den Lehren gegenseitiger Anpassung und im Gefühl der Einheit mit dem anderen, die sie bringt. Doch wahres Einssein, das heißt das Entfallen aller Zweiheit, wird erst möglich durch göttliche Liebe, die niemals geboren werden kann, solange der geringste Schatten von Sinneslust oder Verlangen im Gemüt verbleibt. Nur im Beschreiten des Pfads innerer und spontaner Preisgabe des Verlangens sind wahre Freiheit und Einheit zu erreichen.

Der innere Pfad für Ehelose und Verheiratete
Der Pfad des inneren Lebens ist für Ehelose wie für Verheiratete derselbe. Wenn ein Mensch zur Wahrheit hingezogen wird, sehnt er sich nach nichts anderem, und je deutlicher die Wahrheit in seinen Gesichtskreis tritt, desto mehr löst er sich von der Last sinnlichen Verlangens. Ob er nun ehelos oder verheiratet ist, er läßt sich nicht länger von den trügerischen Versprechungen des Auslebens oder der mechanischen Unterdrückung narren, sondern praktiziert innere Lösung vom Verlangen selbst, bis er gänzlich frei ist vom Trug der Gegensätze. Der Pfad zur Vollendung steht dem Suchenden (beiderlei Geschlechts) offen, lebe er nun im Zölibat oder in der Ehe. Ob er ihn vom Zölibat oder vom Ehestand aus betritt, hängt ab von seinen Sanskāras und karmischen Bindungen. Heiteren Sinns nimmt er die Umstände hin, die ihm sein vergangenes Leben vorbestimmt hat, und nutzt sie für sein geistiges Fortschreiten im Licht des wahrgenommenen Ideals.

Notwendigkeit einer klaren Entscheidung
Der Suchende muß sich indessen klar entscheiden für einen der beiden Wege, die ihm offenstehen. Entweder wählt er das Zölibat, oder er wählt die Ehe, doch in keinem Fall darf er einen billigen Kompromiß eingehen zwischen beiden. Unverbindliche Geschlechtsbeziehungen stürzen den Suchenden unweigerlich in ein höchst klägliches und gefährliches Chaos zügelloser Sinneslust. Ausschweifende, unkontrollierte Sinneslust verhüllt die höheren Werte und verewigt daher die Verstrickung; sie erzeugt unüberwindbare Hindernisse auf dem geistigen Pfad, weil sie die innere und spontane Lösung vom sinnlichen Verlangen unmöglich macht. Geschlechtsbeziehungen in der Ehe sind völlig verschieden von Geschlechtsbeziehungen außerhalb der Ehe. In der Ehe sind die Eindrücke der Sinneslust viel schwächer und lassen sich deshalb leichter beseitigen. Wenn eine geschlechtliche Beziehung von Verantwortungsgefühl, Liebe

und geistigem Idealismus begleitet ist, sind die Voraussetzungen zum Hinauswachsen über die Sinneslust ungleich günstiger, als wenn eine solche Beziehung unverbindlich und wechselhaft ist.

Die Gefahren der Promiskuität
Bei unverbindlichen Geschlechtsbeziehungen ist die Versuchung zum Erforschen der Möglichkeiten bloßer Sinnesempfindung sehr groß. Doch nur durch höchstmögliche Einschränkung des Spielraums bloßer Sinnesempfindung kann der Suchende zu einem echten Verständnis der Werte gelangen, die die stufenweise Umwandlung der Sexualität in Liebe möglich machen. Wenn das Gemüt versucht, die Sexualität dadurch zu verstehen, daß es ihren Spielraum vergrößert, fällt es endloser Täuschung zum Opfer, denn die Vergrößerung dieses Spielraums läßt sich endlos fortsetzen. Bei unverbindlichen Geschlechtsbeziehungen sind die Eingebungen der Sinneslust zwangsläufig die ersten, die sich dem Gemüt anbieten, und so kann das Individuum anderen nur innerhalb der Grenzen dieser grundlegenden Perversion begegnen, womit es sich die Tür zu tieferen Erfahrungen verschließt.

Die Ehe als Medium geistiger Reifung
Die Wahrheit läßt sich nicht erfassen, indem man über die Oberfläche des Lebens gleitet und sich in einer Vielzahl unverbindlicher Kontakte verliert. Sie zu begreifen erfordert jene innere Reife, die das Gemüt befähigt, seine Kräfte auf ausgewählte Erfahrungen zu sammeln und seine Begrenzungen zu überwinden. Der Vorgang des Unterscheidens zwischen Höherem und Niederem und die Preisgabe des Niederen zugunsten des Höheren werden möglich, wenn ein Mensch wesentlich wird und ein echtes, aufrichtiges Interesse am Leben entfaltet. Solche Wesentlichkeit und solches Interesse sind zwangsläufig ausgeschlossen, wenn das Gemüt zum Sklaven der Gewohnheit, umherzuschweifen und von vielen möglichen Objekten gleichartiger Erfahrung zu naschen, wird. In der Ehe sind so viele verschiedenartige Erfahrungen möglich, daß die Eingebungen der Sinneslust nicht unbedingt die ersten sind, die sich dem Gemüt anbieten. Deshalb gibt die Ehe geistig Suchenden eine echte Gelegenheit, die begrenzenden Faktoren ihrer Erfahrung zu erkennen und aufzuheben. Durch allmähliche Beseitigung der Sinneslust und zunehmend reichere Erfahrung von Liebe und Hingabe können sie letztlich zur Unendlichkeit gelangen.

Die Heiligung des Ehelebens

Die Ehe, ein geistiges Unterfangen
Für die meisten Menschen ist das Heiraten etwas ganz Selbstverständliches, doch ob die Ehe zu einer Hilfe oder zu einem Hemmnis wird, hängt davon ab, wie man damit umgeht. Zweifellos bietet das Eheleben enorme Möglichkeiten geistiger Entfaltung, doch setzt dies rechte Einstellung voraus. Vom geistigen Gesichtspunkt kann die Ehe nur dann gelingen, wenn sie ganz von der Vision der Wahrheit geleitet ist. Sie hat nicht viel zu bieten, wenn sie auf nichts anderem gründet als den begrenzten Motiven bloßer Sexualität oder wenn sie von Erwägungen bestimmt wird, wie sie unter Geschäftspartnern üblich sind. Die Ehe muß als ein wahrhaft geistiges Unterfangen, das der Endeckung dessen dient, was das Leben in seinem höchsten Ausdruck sein kann, angegangen werden. Wenn zwei Menschen zusammen aufbrechen zu dem geistigen Wagnis, die höheren Möglichkeiten des Geistes zu erforschen, können sie ihr Experiment nicht von vornherein durch irgendwelche kleinmütigen Berechnungen in bezug auf Art und Menge individuellen Gewinns begrenzen.

Das Eheleben bezieht die ganze Persönlichkeit ein
Das Leben in der Ehe fordert von beiden Partnern, daß sie sich auf vielfältige Weise gegenseitig anpassen und verstehen, und es bringt manche Probleme, die man anfänglich meist nicht erwartete. Obwohl dies in einem gewissen Sinn auf das Leben im allgemeinen zutrifft, gilt es im besonderen Maße für das Leben in der Ehe. In der Ehe verbinden sich zwei Seelen auf mannigfache Art, mit dem Ergebnis, daß sie aufgerufen sind, das komplexe Problem der Persönlichkeit als ganzes anzupacken und nicht

Die Heiligung des Ehelebens

bloß irgendein Teilproblem, das aus einem einzelnen Begehren erwächst. Dies ist auch der Grund, weshalb das Eheleben grundverschieden ist von wechselhaften und unverbindlichen Geschlechtsbeziehungen. Solche Beziehungen sind ein Versuch, das Problem der Sexualität von anderen Bedürfnissen der in Entwicklung begriffenen Persönlichkeit zu isolieren und es getrennt von diesen zu lösen. Obwohl eine solche Lösung leicht erscheinen mag, erweist sie sich als sehr oberflächlich und hat den zusätzlichen Nachteil, daß sie den Suchenden davon abbringt, nach der wirklichen Lösung zu suchen.

Heilsame Spannung
Der relative Wert der verschiedenen Aspekte der begrenzten Persönlichkeit läßt sich am ehesten erkennen und einschätzen, wenn sich dieselben im gegenseitigen Wechselspiel und unter vielerlei Umständen und Gesichtspunkten äußern. Es ist schwer, zwischen ihnen zu unterscheiden, wenn sie nur sporadisch und zusammenhanglos zum Ausdruck kommen. Die Ehe bietet Raum genug für vielfältige Erfahrungen, und damit wird sie zu einem Kristallisationspunkt, um den sich die unterschiedlichen Neigungen, die im Gemüt latent vorhanden sind, ordnen können. Dieses Ordnen eröffnet nicht nur unbegrenzte Möglichkeiten zur Unterscheidung zwischen höheren und niederen Werten, sondern erzeugt zugleich auch eine heilsame Spannung, die das Aufgeben des Niederen zugunsten des Höheren erfordert und fördert.

Durch Konflikt zu wahrem Verstehen
In einem gewissen Sinne kann das Eheleben als Intensivierung der meisten menschlichen Probleme betrachtet werden. Es ist gleichsam der Sammelplatz von Kräften der Knechtschaft und Kräften der Freiheit, von Faktoren der Unwissenheit und Faktoren des Lichts. Da das Eheleben der meisten Menschen von gemischten Motiven und Erwägungen bestimmt wird, bewirkt es zwangsläufig einen offenen Widerstreit zwischen dem höheren und dem niederen Selbst. Solcher Widerstreit ist jedoch notwendig, wenn das niedere Selbst verschwinden und das wahre göttliche Selbst aufblühen soll. In der Ehe entwickeln sich so viele Kontakte zwischen zwei Seelen, daß das Durchtrennen jeder Verbindung das ganze Dasein erschüttern und durcheinanderbringen würde. Diese Schwierigkeit, sich voneinander loszureißen, fordert auf zur inneren Anpassung und fördert diese, und deshalb ist die Ehe in Wirklichkeit eine Gelegenheit für beide Seelen, zu einem wahren und dauerhaften Verstehen zu

gelangen, das selbst die schwierigsten und heikelsten Situationen zu bewältigen vermag.

Die Ehe als geistige Gemeinschaft der Liebe und des Dienens
Der geistige Wert des Ehelebens hängt unmittelbar ab von der Art der Faktoren, die seinen täglichen Ablauf bestimmen. Gründet es auf seichten Berechnungen, kann es zu einer Partnerschaft der Selbstsucht degenerieren, die sich gegen die ganze übrige Welt richtet. Wird es jedoch von edlen Bestrebungen beseelt, kann es sich zu einer geistigen Gemeinschaft erheben, die nicht nur zunehmend größere Opfer füreinander erfordert und bewirkt, sondern recht eigentlich zum Medium wird, durch das die beiden Seelen ihre vereinte Liebe und ihren vereinten Dienst der ganzen Menschheitsfamilie schenken. Wird das Eheleben auf diese Weise mit dem göttlichen Plan in Einklang gebracht, ist es ein reiner Segen für die Kinder, die dieser Ehe entspringen, denn es gibt ihnen den Vorteil, von Anbeginn ihres irdischen Daseins eine echte geistige Atmosphäre in sich aufzunehmen.

Kinder bereichern das Eheleben
Sind Kinder einerseits Nutznießer eines solchen Ehelebens, bedeuten sie andrerseits selbst eine Bereicherung für die Eltern. Kinder geben den Eltern Gelegenheit, wirkliche und spontane Liebe zu entfalten und auszudrücken, die Aufopferung leicht und freudvoll macht. Ihre Rolle im Leben der Eltern ist von unschätzbarer Bedeutung für die geistige Reifung der Eltern selbst. Wenn im Eheleben Kinder erscheinen, sollten sie deshalb von den Eltern vorbehaltlos willkommen geheißen werden.

Die Frage der Geburtenkontrolle
Aufgrund der Ansprüche, die Kinder an die Eltern stellen, muß die Frage der Geburtenkontrolle sehr sorgfältig und kritisch geprüft werden. Diese Frage darf nicht vom Gesichtspunkt irgendeines besonderen oder begrenzten Interesses betrachtet werden. Sie muß betrachtet werden vom Gesichtspunkt des höchsten Wohls des Individuums und der Gesellschaft. Richtige Anschauung gründet hier wie in allen anderen Belangen zuallererst auf geistigen Erwägungen. Die allgemeine Einstellung zur Geburtenkontrolle ist unschlüssig und konfus, weil sie sowohl gute wie schlechte Elemente enthält. Während Geburtenkontrolle richtig ist in ihrem Ziel, den Bevölkerungszuwachs zu regulieren, ist sie verheerend falsch in der Wahl der Mittel. Zweifellos ist Geburtenregelung aus per-

sönlichen und sozialen Gründen oft wünschenswert. Unkontrollierte Vermehrung der Bevölkerung intensiviert den Kampf ums Dasein und kann eine Situation herbeiführen, in der skrupelloser Überlebenskampf unvermeidbar wird. Ganz abgesehen davon, daß unbeschränkte Geburten den Eltern eine Verantwortung aufbürden können, die sie nicht angemessen zu erfüllen vermögen, werden sie zu einer indirekten und zusätzlichen Ursache von Kriminalität, Krieg und Armut. Während somit Menschlichkeit und Vernunft ein ernsthaftes Bemühen um Geburtenregelung erfordern und rechtfertigen, bleibt die Verwendung physischer Mittel zur Sicherung dieses Ziels von Grund auf unvertretbar und unverantwortbar.

Verlaß auf physische Mittel führt zum allseitigen Verfall
Die rein physischen Mittel, die von den Anhängern der Geburtenkontrolle im allgemeinen befürwortet werden, sind vom geistigen Gesichtspunkt eindeutig abzulehnen. Obwohl diese physischen Mittel der Geburtenregelung aus humanitären Gründen befürwortet werden, benutzt man sie in den meisten Fällen zur Erfüllung eigener selbstsüchtiger Zwecke und zur Umgehung der Verantwortung des Gebärens und Aufziehens von Kindern. Da sich die physischen Folgen des Auslebens der Sinneslust durch diese Mittel so leicht verhüten lassen, haben jene Menschen, die noch nicht zu höheren Werten erwacht sind, keinerlei Ansporn mehr zur Mäßigung in der Lusterfüllung. Sie fallen deshalb der Zügellosigkeit zum Opfer und führen ihren eigenen körperlichen, sittlichen und geistigen Verfall herbei, indem sie die mentale Kontrolle vernachlässigen und Sklaven tierischer Triebhaftigkeit werden.

Unerläßlichkeit mentaler Kontrolle
Die Leichtigkeit des Rückgriffs auf physische Mittel verhüllt die geistige Dimension des Problems und ist weit davon entfernt, dem Menschen zu helfen, zu seiner wahren Würde und Freiheit als geistiges Wesen zu erwachen. Gedankenloses und ungezügeltes Ausleben des Geschlechtstriebs führt unweigerlich zu Rückschritt und Knechtschaft des Geistes. Geistig Suchende im besonderen, aber auch alle anderen Menschen (die potentiell alle geistig Suchende sind), ist sehr davon abzuraten, sich bei der Geburtenregelung auf physische Mittel zu verlassen. Bei dieser Regelung sollte sich der Einzelne vielmehr auf nichts anderes verlassen als auf mentale Kontrolle. Mentale Kontrolle erfüllt die humanitären Zwecke der Geburtenregelung und verhütet die geistige Katastrophe, die der Anwendung physischer Mittel folgt.

Die Heiligung des Ehelebens

Mentale Kontrolle ist nicht bloß nützlich zur Einschränkung der Kinderzahl, sondern sie ist unerläßlich, um dem Menschen seine göttliche Würde und geistige Gesundheit wiederzugeben. Nur durch weise Anwendung mentaler Kontrolle wird es für den Menschen möglich, sich zu erheben aus dem Drang der Leidenschaften zum Frieden, aus der Knechtschaft zur Freiheit und aus der Animalität zur Reinheit. Die so oft übersehene geistige Dimension dieser Frage muß deshalb im Gemüt besonnener Menschen den Platz erhalten, der ihr zukommt.

Gemeinsames Tragen elterlicher Verantwortung
Da die Frau die Mühsal und die Verantwortung zu tragen hat, die das Gebären und Aufziehen von Kindern mit sich bringt, mag es den Anschein haben, daß sie durch ein mögliches Versagen bei der mentalen Kontrolle stärker betroffen wird als der Mann. Tatsächlich aber bedeutet solches Versagen keine wirkliche Ungerechtigkeit gegenüber der Frau. Es trifft zwar zu, daß die Frau die Mühsal des Gebärens und die Verantwortung des Aufziehens von Kindern zu tragen hat, doch hat sie auch die ausgleichende Freude, sie hegen und pflegen zu dürfen. Die Freuden der Mutterschaft sind viel größer als die Freuden der Vaterschaft. Andrerseits muß der Mann die Verantwortung für das Einkommen der Familie und die Ausbildung der Kinder tragen und erfüllen.

In einer harmonischen Ehe braucht es keine Ungerechtigkeit zu geben in der Verteilung der elterlichen Verantwortung, die Mann und Frau gemeinsam tragen. Wenn beiden ihre gegenseitige Verantwortung wirklich bewußt ist, weicht Rücksichtslosigkeit dem aktiven und gemeinsamen Bemühen um volle mentale Kontrolle. Kommt es jedoch zu einem Versagen in dieser mentalen Kontrolle, dann werden beide heiter und willig die gemeinsame Verantwortung der Elternschaft tragen.

Kinder sollten stets willkommen geheißen werden
Denjenigen, die nicht bereit sind, die Verantwortung für Kinder zu übernehmen, bleibt nur ein Weg offen – jener der Ehelosigkeit und der strikten mentalen Kontrolle. Solche mentale Kontrolle ist zwar äußerst schwer zu erlangen, doch sie ist nicht unmöglich. Vom geistigen Gesichtspunkt ist striktes Zölibat das beste, doch da es so schwer ist, können es nur wenige aushalten. Für diejenigen, die es nicht einzuhalten vermögen, ist das Nächstbeste, in den Ehestand zu treten, statt unverbindlichen Geschlechtsbeziehungen zu verfallen. In der Ehe können die Partner die tierische Triebhaftigkeit zügeln lernen. Dies ist zwangsläufig ein allmähli-

Die Heiligung des Ehelebens

cher Vorgang, und im Falle eines Versagens der mentalen Kontrolle muß das Paar der Natur ihren Lauf lassen, statt durch künstliche Mittel in diesen einzugreifen. Beide sollen die Folgen heiteren Sinns willkommen heißen und bereit sein, die Verantwortung des Aufziehens der Kinder auf sich zu nehmen.

Rückgriff auf physische Mittel unterhöhlt mentale Kontrolle
Vom geistigen Gesichtspunkt ist Geburtenregelung durch mentale Kontrolle zu sichern und durch nichts anderes. Physische Mittel sind unter keinen Umständen ratsam, selbst dann nicht, wenn man sie bloß als vorläufiges und sekundäres Hilfsmittel benutzen will, ohne eine Vernachlässigung des Ideals der mentalen Kontrolle zu beabsichtigen. Solange ein Paar physische Mittel benutzt, kann es echte mentale Kontrolle niemals erlangen, selbst wenn es dies ernsthaft will. Es wird vielmehr abhängig von der Benutzung physischer Mittel und beginnt sogar, sie zu rechtfertigen. Um es noch deutlicher zu sagen: Wenn ein Paar physische Mittel benutzt, mag es zwar glauben, damit einen ersten Schritt auf dem Weg zu voller Entfaltung der mentalen Kontrolle zu tun, doch in Wirklichkeit gerät es in Abhängigkeit von diesen Mitteln und erliegt der Gewohnheit. Während es meint, es versuche mentale Kontrolle zu entwickeln (bei gleichzeitiger Anwendung physischer Mittel), entgleitet ihm diese Kontrolle in Wahrheit mehr und mehr. Die mentalen Kräfte werden also durch den Rückgriff auf physische Mittel zwangsläufig unterhöhlt. Deshalb ist die Benutzung solcher Mittel der Selbstbeherrschung abträglich und hat für den geistigen Fortschritt absolut verheerende Folgen. Es ist mithin völlig davon abzuraten, wie gerechtfertigt sie auch scheinen mag.

Geistiger Fortschritt durch das Eheleben
Zu Beginn des Ehelebens werden die Partner sowohl durch Sinneslust als auch durch Liebe zueinander hingezogen, doch durch bewußte und vorsätzliche Zusammenarbeit wird es ihnen möglich, das Element der Lust allmählich zu schwächen und das Element der Liebe zu stärken. Solche Vergeistigung führt letztlich dazu, daß die Lust tiefer Liebe weicht. Im gegenseitigen Teilen von Freuden und Leiden schreiten die Partner von einem geistigen Sieg zum anderen, von tiefer Liebe zu noch tieferer Liebe, bis die tyrannische, eifersüchtige Liebe der Anfänge ganz und gar ersetzt worden ist durch hingebende, umfassende Liebe. Durch intelligentes Lernen in der Ehe kann der Mensch in der Tat so weit auf

Die Heiligung des Ehelebens

dem geistigen Pfad fortschreiten, daß eine Berührung durch einen Vollkommenen Meister ausreicht, um ihn in das Heiligtum ewigen Lebens zu heben.

Liebe

Liebe durchdringt den Kosmos
Leben und Liebe sind nicht zu trennen. Wo Leben ist, da ist auch Liebe. Selbst das rudimentärste Bewußtsein versucht ohne Unterlaß, aus seinen Begrenzungen auszubrechen und auf irgendeine Weise Einssein mit anderen Formen zu erfahren. Obwohl jede Form von anderen Formen getrennt ist, sind sie in Wirklichkeit alle Formen desselben einen Lebens. Das latente Wissen um diese verborgene innere Wirklichkeit drückt sich in der Welt der Illusion indirekt aus durch die wechselseitige Anziehung der Dinge.

Liebe in der anorganischen Natur
Das Gesetz der Gravitation, dem alle Planeten und Sterne unterworfen sind, ist auf seine eigene Art ein schwacher Widerschein jener Liebe, die den gesamten Kosmos durchdringt. Selbst die Kräfte der Abstoßung sind in Wahrheit ein Ausdruck von Liebe, denn die Dinge stoßen einander ab, weil sie mit größerer Macht zu irgendwelchen anderen Dingen hingezogen werden. Abstoßung ist eine negative Folge positiver Anziehung. Die Kräfte der Kohäsion und Affinität, die im Aufbau der Materie überwiegen, sind positive Äußerungen von Liebe. Ein eindrückliches Beispiel von Liebe auf dieser Stufe ist die Anziehung, die ein Magnet auf Eisen ausübt. Alle diese Formen von Liebe sind von der am wenigsten entwickelten Art, da sie zwangsläufig ebenso begrenzt sind wie das rudimentäre Bewußtsein, in dem sie erscheinen.

Liebe in der Tierwelt
In der Welt der Tiere äußert sich Liebe bereits deutlicher in Form bewußter Impulse, die auf bestimmte Objekte der Umwelt gerichtet sind. Diese Liebe ist triebhaft und drückt sich aus durch Einverleibung geeigneter Objekte zur Befriedigung verschiedener Verlangen. Wenn ein Tiger eine Gazelle jagt, um sie zu verschlingen, ist er in einem sehr realen Sinne verliebt in sie. Geschlechtliche Anziehung ist eine weitere Form der Liebe auf dieser Stufe. Alle Äußerungen von Liebe in diesem Stadium haben eines gemeinsam – sie suchen durch den Gegenstand der Liebe einen körperlichen Impuls, das heißt ein Verlangen, zu befriedigen.

Menschliche Liebe
Menschliche Liebe steht weit höher als alle diese primitiven Formen der Liebe, weil dem Menschen das vollentwickelte Bewußtsein eigen ist. Obwohl menschliche Liebe eine ungebrochene Weiterentwicklung der niederen, vormenschlichen Formen von Liebe ist, unterscheidet sie sich von diesen insofern, als ihr Ausdruck von einem neuen Faktor begleitet ist, der Vernunft. Zuweilen äußert sich menschliche Liebe als eine Kraft, die von der Vernunft geschieden ist und parallel dazu wirkt. Zuweilen äußert sie sich als eine Kraft, die mit der Vernunft vermischt wird, so daß sie mit ihr in Konflikt gerät. Schließlich äußert sie sich als Element eines harmonischen Ganzen, in dem Liebe und Vernunft aller Widersprüche ledig geworden und zu einer untrennbaren Einheit verschmolzen sind.

Dreierlei Beziehungen zwischen Liebe und Vernunft
Menschliche Liebe kann mithin dreierlei Beziehungen zur Vernunft haben. Bei der ersten bleiben der Bereich des Denkens und der Bereich der Liebe möglichst getrennt, das heißt die Sphäre der Liebe verschließt sich der Einwirkung der Vernunft, während das Denken seinerseits der Liebe nur wenig oder keinen Zutritt zu seinem Bereich erlaubt. Eine vollständige Trennung zwischen diesen beiden Aspekten des Geistes ist zwar niemals möglich, doch überwiegt hier jeweils der eine auf Kosten des anderen, so daß man entweder Liebe hat, die unerhellt ist von Vernunft, oder Vernunft, die unbeseelt ist von Liebe.

In der zweiten Beziehungsart wirken Liebe und Vernunft gleichzeitig, doch nicht in Einklang miteinander. Der Konflikt zwischen ihnen erzeugt Verwirrung, ist aber eine notwendige Etappe auf dem Weg zu jenem höheren Zustand, wo Liebe und Vernunft zu einer echten Synthese finden. In der dritten Beziehungsart ist diese Synthese erreicht. Sowohl die Liebe als auch die Vernunft erfahren hier eine so grundlegende Wandlung, daß sie das Bewußtsein auf eine neue Ebene heben, die im Vergleich zum normalen menschlichen Bewußtsein am besten als *Überbewußtsein* umschrieben wird.

Qualitative Vielfalt der Liebe
Menschliche Liebe tritt im Mutterschoß des Ichbewußtseins in Erscheinung, das zahllosen Begierden unterworfen ist. Diese Begierden färben die Liebe auf mancherlei Art. So wie in einem Kaleidoskop durch ständig neue Kombinationen seiner Elemente unablässig neue Muster entstehen, bringen die ständig wechselnden Konstellationen von Begierden in der Liebe eine fast unendliche Vielfalt qualitativer Nuancen hervor. So wie sich Blumen durch unendlich zarte Schattierungen ihrer Farben unterscheiden, zeigt auch die menschliche Liebe viele feinabgestufte Unterschiede.

Niedere Formen menschlicher Liebe
Menschliche Liebe ist begrenzt durch eine Reihe hemmender Faktoren wie Betörung, Sinneslust, Habsucht, Zorn und Eifersucht. In gewisser Hinsicht sind selbst diese hemmenden Faktoren entweder niedere Formen von Liebe oder unvermeidliche Nebenwirkungen solcher niederen Formen von Liebe. Betörung, Sinneslust und Habsucht können als verzerrte, niedere Formen der Liebe angesehen werden. Betörung ist das Vernarrtsein in einen Sinnesgegenstand. Lüsternheit ist das Verlangen nach Sinnesempfindungen in bezug auf diesen Gegenstand, und Habsucht ist das Begehren nach Besitz desselben. Unter diesen drei niederen Formen von Liebe sticht Habsucht dadurch hervor, daß sie dazu neigt, sich von ihrem eigentlichen Gegenstand auf die Mittel zu seiner Erlangung zu verlagern. So werden gewisse Menschen süchtig nach Geld, Macht oder Ruhm, die als Werkzeuge dienen können zur Erlangung der Dinge, die sie begehren. Zorn und Eifersucht entstehen, wenn diese niederen Formen von Liebe auf Widerstand stoßen und an ihrer Erfüllung gehindert werden.

Die niederen Formen von Liebe behindern das Aufbrechen reiner Liebe. Der Strom der Liebe kann niemals rein und kraftvoll fließen, solange er nicht befreit ist von den einschränkenden und verzerrenden Formen niederer Liebe. Die niederen Formen der Liebe sind den höheren feind. Solange das Bewußtsein im Rhythmus des Niederen gefangen bleibt, kann es nicht aus seinen selbstgeschaffenen Geleisen ausbrechen, weil ihm der vom Höheren kommende Mut zu dieser Befreiung und dem Weiterschreiten fehlt. So stören die niederen Formen der Liebe weiterhin die Entfaltung der höheren. Sie müssen indessen aufgegeben werden, wenn die Liebe in ihrer höheren Form zur Blüte gelangen soll.

Liebe, Betörung und Sinneslust
Die Geburt der höheren Liebe aus der Schale der niederen wird erleichtert durch ständiges Unterscheiden. Liebe muß sorgfältig unterschieden werden von den hemmenden Faktoren Betörung, Sinneslust, Habsucht und Zorn. Betörung macht das Individuum zum passiven Opfer des vorgestellten Banns durch ein Objekt. Liebe aber beinhaltet aktive Wahrnehmung des Eigenwerts ihres Gegenstands.

Liebe ist auch verschieden von Sinneslust. In der Sinneslust besteht Abhängigkeit von einem Sinnesobjekt, was zur Unterordnung des Geistes unter die Form führt. Liebe aber schafft eine unmittelbare und bedeutungsvolle Beziehung zur Wirklichkeit jenseits der Form. Aus diesem Grund wird Sinneslust als niederdrückend empfunden, Liebe hingegen als beflügelnd. Sinneslust bewirkt eine Einengung des Lebensgefühls, Liebe aber bewirkt dessen Weitung. Wenn du jemanden liebst, nimmst du gleichsam sein Leben in dein eigenes auf. Dein Leben wird gewissermaßen verdoppelt, so daß du fortan in zweien lebst. Liebtest du die ganze Welt, würdest du in allen leben. In der Sinneslust jedoch zieht sich das Leben zurück und hinterläßt ein Gefühl hoffnungsloser Abhängigkeit von einer Form, die als ein Anderer empfunden wird. Deshalb bringt Sinneslust eine Vertiefung des Gefühls von Trennung und Leiden. Liebe aber bringt ein Gefühl des Einsseins und der Freude.

Lust ist Zerstreuung, Liebe ist Erneuerung. Lust ist ein Verlangen der Sinne, Liebe ist der Ausdruck des Geistes. Sinneslust sucht Erfüllung, Liebe erfährt Erfüllung. In der Sinneslust ist Erregung, in der Liebe aber ist heitere Ruhe.

Liebe und Habsucht
Ebenso verschieden ist Liebe auch von Habsucht. Habsucht bedeutet das Besitzenwollen in allen seinen rohen und subtilen Formen. Sie sucht sich nicht nur Dinge und Personen anzueignen, sondern auch abstrakte, ungreifbare Besitztümer wie Ruhm und Macht. In der Liebe ist die Fesselung des anderen an das eigene individuelle Dasein undenkbar. Hier strömt eine befreiende, schöpferische Kraft, die die geliebte Person belebt und beflügelt, ohne für sich selbst irgend etwas zurückzuerwarten.

So ergibt sich das Paradox, daß Habsucht, die nach Aneignung eines Objektes strebt, tatsächlich zum gegenteiligen Ergebnis der Beherrschung durch das Objekt führt, während Liebe, die sich ihrem Gegenstand verschenken will, tatsächlich zum geistigen Eingehen des Geliebten in das Wesen des Liebenden führt. In der Habsucht versucht das Ich, einen Gegenstand zu besitzen, wird aber selbst von ihm besessen. In der Liebe schenkt sich das Selbst ohne Vorbehalt dem Geliebten und entdeckt dabei, daß es den Geliebten in sein eigenes Sein aufgenommen hat.

Reine Liebe ein Gnadengeschenk
Betörung, Sinneslust und Habsucht sind eine geistige Krankheit, die oft noch durch die zusätzlichen Symptome Zorn und Eifersucht verschlimmert wird. Reine Liebe dagegen ist die Blüte der Vollendung. Menschliche Liebe ist so sehr umfangen von diesen begrenzenden Faktoren, daß die selbständige Geburt reiner Liebe von innen heraus unmöglich wird. Deshalb ist reine Liebe, wenn sie im geistig Suchenden auftritt, stets ein Geschenk. Reine Liebe erwacht im Herzen des Suchenden als Antwort auf die Herabkunft der Gnade des Vollkommenen Meisters. Wenn reine Liebe als Geschenk des Meisters zum ersten Mal empfangen wird, senkt sie sich in das Bewußtsein des Suchenden wie ein Same in fruchtbaren Boden. Im Laufe der Zeit entwickelt sich der Same zum Pflänzlein und schließlich zum ausgewachsenen Baum.

Gnade erfordert geistige Bereitschaft
Die Niederkunft der Gnade des Vollkommenen Meisters kann indessen erst erfolgen, wenn der Suchende geistig bereit dafür ist. Die Vorbereitung zum Empfang dieses Geschenks ist niemals vollständig, solange der Suchende nicht gewisse göttliche Eigenschaften entfaltet hat. Wenn er üble Nachrede meidet und mehr auf die guten Seiten der anderen achtet als auf ihre schlechten, wenn er höchste Nachsicht zu üben vermag und auf das Wohl anderer bedacht ist, selbst zum Preis seines eigenen, dann ist er reif für die Gnade des Meisters.

Eines der größten Hindernisse bei der geistigen Vorbereitung des Suchenden ist Besorgnis. Erst wenn unter höchster Anstrengung dieses Hindernis des Sichsorgens überwunden ist, öffnet sich ein Weg zur Entfaltung jener göttlichen Eigenschaften, die zur geistigen Reife notwendig sind. Sobald der Jünger reif ist, kommt die Gnade nieder auf ihn, denn der Vollkommene Meister, der das Meer der göttlichen Liebe ist, hält immerzu Ausschau nach der Seele, in der seine Gnade Frucht bringen wird.

Liebe

Reine Liebe ist eine seltene Gabe
Die Art von Liebe, die durch die Gnade des Meisters erweckt wird, ist eine seltene Gabe. Die Mutter, die für ihr Kind alles zu opfern und zu sterben gewillt ist, und der Märtyrer, der bereit ist, sein Leben hinzugeben für sein Land, sind in der Tat edel, doch haben sie nicht notwendigerweise von jener reinen Liebe gekostet, die durch die Gnade des Meisters geboren wird. Selbst den großen Yogis, die in tiefem *Samādhi* (meditativer Trance) verharren, ist jene kostbare Liebe nicht immer gegeben.

Reine Liebe, der beste aller Wege
Durch die Gnade des Vollkommenen Meisters erweckte Liebe ist von höherem Wert als jeder andere Ansporn, der dem geistig Suchenden zugänglich sein mag. Solche Liebe vereinigt in sich die Vorzüge aller anderen Wege, mehr noch – sie übertrifft sie alle in ihrer Fähigkeit, den Suchenden zum Ziel zu führen. Wenn diese Liebe geboren wird, kennt der Suchende nur noch ein Verlangen, jenes nach dem Einswerden mit dem göttlichen Geliebten. Ein derartiger Rückzug des Bewußtseins aus allen anderen Verlangen führt zu unendlicher Reinheit. Deshalb vermag nichts den Suchenden vollkommener zu läutern als diese Liebe. Der Liebende ist jederzeit bereit, dem göttlichen Geliebten alles hinzugeben; kein Opfer ist ihm zu groß. All sein Denken wendet sich ab vom eigenen Ich und ganz und gar dem göttlichen Geliebten zu. In der Intensität dieser ständig wachsenden Liebe durchbricht er am Ende die letzten Fesseln des begrenzten Ich und wird eins mit dem Geliebten. Dies ist die Vollendung der Liebe. Wenn Liebe solchermaßen ihre Frucht hervorgebracht hat, wird sie *göttlich*.

Göttliche Liebe ist frei von Begrenzung
Göttliche Liebe ist von ganz anderer Qualität als menschliche Liebe. Menschliche Liebe gilt den Vielen im Einen. Göttliche Liebe gilt dem Einen in den Vielen. Menschliche Liebe führt zu zahllosen Komplikationen und Verstrickungen, göttliche Liebe aber führt zu Einheit und Freiheit. In der göttlichen Liebe sind der persönliche und der unpersönliche Aspekt zum Ausgleich gekommen, doch in der menschlichen Liebe überwiegt entweder der eine oder der andere. Hat der persönliche Aspekt die Oberhand, kann menschliche Liebe zu äußerster Blindheit für den Wert anderer Formen führen. Wenn sie vorwiegend unpersönlich ist, wie etwa im Pflichtgefühl, macht sie den Menschen oft kalt, steif und mechanisch. Pflichtgefühl erlegt dem Individuum einen äußeren Zwang zur Maßrege-

lung des eigenen Verhaltens auf, doch göttliche Liebe äußert sich in uneingeschränkter Freiheit und Spontaneität. Menschliche Liebe in ihrem persönlichen wie in ihrem unpersönlichen Aspekt ist begrenzt, göttliche Liebe aber, in welcher der persönliche und der unpersönliche Aspekt zusammenfallen, ist unendlich in ihrem Wesen und ihrem Ausdruck.

Göttliche Liebe ist Gott
Selbst in ihrer höchsten Form ist menschliche Liebe den Begrenzungen des individuellen Gemüts unterworfen, das bis zur Verwirklichung erhalten bleibt. Göttliche Liebe erwacht nach dem Verschwinden des individuellen Gemüts und ist frei von allen Fesseln der begrenzten Individualität. In der menschlichen Liebe bleibt die Zweiheit von Liebendem und Geliebtem bestehen. In der göttlichen Liebe jedoch werden der Liebende und der göttliche Geliebte eins. Der Liebende ist hinausgetreten aus dem Bereich der Zweiheit und eingegangen in Gott, denn göttliche Liebe *ist* Gott. Wenn der Liebende und der Geliebte eins sind – das ist das Ende und der Anfang.

Liebe ist der Urgrund der Schöpfung
Um der Liebe willen ist das gesamte Universum ins Dasein getreten, und um der Liebe willen bleibt es erhalten. Gott steigt hernieder in den Bereich der Illusion, weil die scheinbare Zweiheit von Geliebtem und Liebendem letztlich dazu beiträgt, daß Er sich Seiner eigenen Göttlichkeit bewußt erfreuen kann. Die Entfaltung der Liebe bedarf der Spannung der Zweiheit und wird getragen von ihr. Gott muß die scheinbare Differenzierung in eine Vielheit von Seelen erleiden, um das Spiel der Liebe spielen zu können. Diese Vielen sind Seine eigenen Formen, denen gegenüber Er zugleich die Rolle des göttlichen Liebenden und jene des göttlichen Geliebten spielt. Als der göttliche Geliebte ist Er der wirkliche und letzte Gegenstand ihres Sehnens. Als der göttliche Liebende ist Er ihr wirklicher und letzter Erlöser, der sie zurückzieht in sich selbst. Obwohl mithin die gesamte Welt der Zweiheit nichts ist als Illusion, ist diese Illusion zu einem sinnvollen Zweck ins Dasein getreten.

Die Kraft der Liebe
Liebe ist der Widerglanz der Einheit Gottes in der Welt der Zweiheit. In ihr gründet der ganze Sinn der Schöpfung. Schlösse man die Liebe vom Leben aus, würde jede Seele der andern völlig fremd, und in einer solchen lieblosen Welt wären nur oberflächliche und mechanische Beziehungen

Liebe

und Kontakte möglich. Die Liebe allein vermag den Kontakten und Beziehungen zwischen individuellen Seelen Bedeutung zu geben. Die Liebe ist es, die allem Geschehen in der Welt der Zweiheit Sinn und Wert verleiht. Doch während die Liebe der Welt der Zweiheit Sinn verleiht, stellt sie dieselbe zugleich auch immerdar in Frage. So wie die Liebe an Kraft gewinnt, erzeugt sie eine schöpferische Unrast und wird damit zum wichtigsten Element jener geistigen Dynamik, die das Bewußtsein letztlich zurückführt zur ursprünglichen Einheit des Seins.

Die Unendlichkeit der Wahrheit

Die Quelle des Irrtums in der Bewertung geistiger Dinge
Die meisten Menschen stehen unter dem Eindruck, daß alles, was geistige Bedeutsamkeit für sich beanspruchen kann, zwangsläufig sehr groß – im weltlichen Sinne – sein muß. Um als geistig bedeutsam anerkannt zu werden, muß eine Handlung in ihren Augen weitreichende oder spektakuläre Folgen haben. Sie beurteilen den Wert einer Handlung fortwährend nach der Größenordnung ihrer Folgen. Der Mensch ist im allgemeinen so vertieft in die Dinge der physischen Welt, daß sich deren Dimensionen, Größenordnungen und Mengen unbemerkt einschleichen in sein Urteil über den geistigen Wert und dasselbe verfälschen.

Mathematische Unendlichkeit
Das Gemüt des Menschen ist oft von mathematischen Ideen beherrscht, selbst dann, wenn es sich Erwägungen geistiger Natur hingibt. Doch geistige Größe ist von anderem Wesen als mathematische Größe. Das mathematische Konzept des Unendlichen beruht auf der Vorstellung der Summe einer endlosen Reihe separater Einheiten von begrenztem Wert und Rang. Tatsächlich aber bleibt solche mathematische Unendlichkeit selbst in der Vorstellung im Bereich der Endlichkeit, denn für jede vorstellbare Zahl läßt sich eine Zahl denken, die größer ist. Jede Einheit ist unwirklich, wenn ihr getrennte und ausschließende Existenz und Bedeutung beigemessen wird. Die mathematische Idee der Unendlichkeit erweist sich infolgedessen als Produkt einer Vorstellung, die von falschen Voraussetzungen ausgeht.

Die Unendlichkeit der Wahrheit

Geistige Unendlichkeit
Geistige Unendlichkeit ist nicht das Ergebnis eines imaginären Addierens des Unwirklichen. Sie ist die Wirklichkeit selbst, die wahrgenommen wird, wenn das Vorstellen von Unwirklichem aufhört. Die Unendlichkeit der Wahrheit nimmt nicht zu durch Beifügung, noch nimmt sie ab durch Wegnahme. Es kann ihr weder etwas hinzugefügt noch etwas genommen werden, weil sie alles einschließt und keinen Raum läßt für ein Anderes, ob klein oder groß. Sie ist unmeßbar, unteilbar und vollständig in sich selbst.

Die Unendlichkeit der Wahrheit bleibt unberührt von irgendwelchen Veränderungen im Universum. Alles, was im Universum geschieht, ist phänomenal und vom Gesichtspunkt der Wahrheit deshalb gleich null. Ein Erdbeben wird als furchtbares und katastrophales Unheil angesehen, weil es enorme Zerstörungen von Leben und Gütern mit sich bringt. Doch selbst ein Unheil wie dieses hat keinerlei Einfluß auf die unendliche Wahrheit, die im Herzen der Wirklichkeit wohnt. Die geistige Unendlichkeit der Wahrheit erleidet selbst dann keinerlei Begrenzung, wenn sich das ganze Universum auflöst. Es ist deshalb nichtig, sie an dem messen zu wollen, was nach den Normen der Welt groß ist.

Unendliche Wahrheit ist nicht in der Zukunft zu suchen
Eine der Illusionen, die abzulegen dem geistig Suchenden besonders schwerfällt, ist der Glaube, die unendliche Wahrheit sei ein Gegenstand, der in irgendeiner fernen Zukunft zu erreichen sei, und alles Leben sei nichts weiter als ein Mittel, ihn dereinst dort zu erreichen. Wäre die Wahrheit allein auf die Zukunft beschränkt, unter Ausschluß der Vergangenheit oder Gegenwart, wäre sie nicht unendlich. Sie wäre dann begrenzt auf ein Ereignis, das seinen Ursprung in der Zeit hat. Alles, was das Leben ist und bringt, wird sogleich seines inhärenten Sinns beraubt, wenn es bloß im Hinblick auf irgendein weit entferntes Ereignis betrachtet wird. Dies ist eine entschieden falsche Betrachtungsweise.

Das ewige Jetzt
Das Leben ist nicht etwa darauf angelegt, zu irgendeinem fernen Zeitpunkt von geistiger Bedeutung erfüllt zu sein, sondern es kann in jedem Augenblick davon erfüllt sein, wenn das Gemüt die Bürde seiner Illusionen ablegt. Nur ein klares, ruhiges Gemüt kann das wahre Wesen geistiger Unendlichkeit erfassen – als ewige Selbsterfüllung, die nicht erst werden muß, sondern von jeher war, immerdar ist und ewig sein wird. Wenn

jeder Augenblick in seiner Fülle ewigen Sinns wahrgenommen wird, kann es weder ein Hangen am Gewesenen geben noch ein sehnsüchtiges Hoffen auf die Zukunft, sondern nur ganzheitliches Leben im ewigen Jetzt. In einem solchen Leben allein kann die geistige Unendlichkeit der Wahrheit erfahren werden.

Das Kontinuum der Wahrheit
Es ist nicht richtig, die Gegenwart jeder Bedeutung zu berauben, indem man sie einem Ziel in der Zukunft unterordnet. Damit wird aller Sinn in eine vorgestellte Zukunft projiziert und die wahre Bedeutung dessen übersehen oder verkannt, was jetzt ist. Es kann in der Ewigkeit keine Gezeiten geben, keine bedeutungslosen Intervalle zwischen Momenten der Ernte, sondern nur eine fortwährende Fülle des Seins, die keinen einzigen Augenblick der Minderung kennt. Wenn das Leben eitel und leer zu sein scheint, liegt das nicht an irgendeiner Beschneidung der Unendlichkeit der Wahrheit, sondern am eigenen Unvermögen, ihrer voll und ganz inne zu sein.

Große und kleine Dinge
Geradeso wie es falsch ist, alle geistige Bedeutung einer vorweggenommenen Zukunft vorzubehalten, ist es auch falsch, solche Bedeutung ausschließlich jenen Dingen beizumessen, die Aufsehen erregen. Die großen und aufsehenerregenden Dinge des Daseins sind nicht die einzigen, denen geistige Bedeutung in ganzer Fülle innewohnt. Ein Ding braucht nicht ungewöhnlich oder besonders auffällig zu sein, um geistig bedeutsam zu sein. Das Ungewöhnliche und Auffällige existiert nur relativ zum Gewöhnlichen und Unauffälligen und ist an sich nicht notwendigerweise Ausdruck absoluter geistiger Schönheit.

So ist ein Mensch nicht allein deshalb schon geistig groß, weil er große Geldsummen für einen guten Zweck verschenkt. Ein Armer mag es ihm nicht gleichtun können und ist geistig dennoch nicht weniger groß, wenn er von Herzen gibt, was er kann. Nicht die Höhe des Betrags verleiht der Gabe ihren geistigen Wert, sondern die Gesinnung, in der sie gegeben wird. In der Tat kommt es oft vor, daß große Schenkungen mit Stolz oder irgendwelchen selbstsüchtigen Motiven verbunden sind, wodurch sie ihren geistigen Wert verlieren. Selbst eine kleine Gabe, in Demut und völlig uneigennütziger Liebe dargebracht, hat demgegenüber viel größeren geistigen Wert.

Geistige Unendlichkeit schließt das Größte und das Kleinste ein
Das geistige Leben ist nicht eine Angelegenheit der Quantität, sondern der inneren Qualität. Geistige Unendlichkeit schließt alle Lebensbereiche ein; sie hat nicht nur Platz für große Taten, sondern auch für kleine Taten. Sie ist größer als das Größte, aber auch kleiner als das Kleinste und kann sich in Geschehnissen aller Art ausdrücken, unabhängig davon, ob diese äußerlich groß sind oder klein. So steht ein Lächeln oder ein Blick auf derselben Ebene wie Hingabe des eigenen Lebens für eine Sache, wenn dieses Lächeln oder dieser Blick dem Bewußtsein der Wahrheit entspringt. Es gibt in der geistigen Bedeutung keine Rangunterschiede, wenn alles Leben im Schatten der Ewigkeit gelebt wird. Bestünde das Leben nur aus großen Dingen und nicht auch aus kleinen, wäre es nicht nur endlich, sondern äußerst arm. Die unendliche Wahrheit, die in allem verborgen ist, offenbart sich erst dann, wenn das Leben in seiner Ganzheit wahrgenommen und angenommen wird.

Ursachen der Begrenzung
Begrenzung entsteht durch ichbezogenes Begehren und Wollen. Besitzstreben in allen seinen Formen führt zu einem Leben in Begrenzung. Begehrt ein Mensch beispielsweise die Liebe eines anderen Menschen und verliert sie an einen Dritten, bewirkt dies in ihm eine drastische Einengung des freien Lebens des Geistes, die sich in seinem Bewußtsein als Gefühl akuter Begrenzung äußert. Dies ist die Ursache des Schmerzes würgender Eifersucht. Betrachtet derselbe Mensch die Situation aber mit einem von Begehren geläuterten Herzen, nimmt er die Liebe, die der andere empfängt, in ihrer natürlichen Schönheit wahr. In der Klarheit dieser Wahrnehmung, die durch Ablegen des Besitzenwollens möglich wird, kostet er nicht nur die Freiheit nichtdualen Seins, sondern auch dessen Freude. Wenn nun ein anderer diese Liebe empfängt, ist ihm dies dasselbe, wie wenn er sie selbst empfinge, denn wer sich eins fühlt mit dem Leben in allen seinen Formen, beharrt nicht mehr auf den Ansprüchen einer einzigen Form.

Geistige Unendlichkeit ist nur jenseits der Dualität erfahrbar
Im nichtdualen Sein herrscht Freiheit von allen Begrenzungen, und die Dinge werden so wahrgenommen und eingeschätzt, wie sie sind. In der Nichtdualität allein kann wahre geistige Unendlichkeit erfahren werden, die unvergängliche Seligkeit schenkt. So wie die Eifersucht sind auch alle anderen Begrenzungen wie Zorn, Haß und Begierden selbsterzeugt. Alle

Endlichkeit und Begrenztheit ist subjektiv und selbsterschaffen. Mit der Preisgabe ichbezogenen Wollens und Vorstellens dämmert die wahre Erkenntnis des unendlichen Werts dessen, was *ist*.

Die Lösung sozialer Probleme

Wird die Unendlichkeit der Wahrheit in rechter Weise begriffen, aus der Sicht der Nichtdualität, ermöglicht diese Einsicht auch eine angemessene Lösung sozialer Probleme, die fortbestehen, solange Dualität als unverrückbare Tatsache hingenommen wird. Reine Zahlenmanipulationen, wie ausgeklügelt auch immer, vermögen weder einen echten Ausgleich zwischen Individuum und Gesellschaft noch das harmonische Zusammenleben verschiedener Gruppen innerhalb der Gesellschaft zu sichern.

Wenn soziale Forderungen allgemeiner Natur von den Erwägungen einer kleinen Minderheit bestimmt werden, bleiben die Interessen der großen Mehrheit unberücksichtigt, weshalb die Mehrheit zwangsläufig in Rivalität und Opposition zur Minderheit gerät. In demokratischen Ländern andrerseits werden Forderungen allgemeiner Art eher von den Erwägungen der Mehrheit bestimmt als von jenen der Minderheit, doch auch dieser Standpunkt liegt noch im Bereich der Dualität, wo die Vielen existieren, und deshalb bleibt das Problem der Minderheiten ungelöst. Da ihre Interessen unberücksichtigt bleiben, stehen sie zwangsläufig in Rivalität und Opposition zur Mehrheit.

Unteilbares Ganzes

Solange ein soziales Problem vom Standpunkt der Zahl und der Vielheit her angegangen wird, kann es dafür keine dauerhafte Lösung geben. Die dauerhafte Lösung kann erst kommen, wenn es im Licht der Wahrheit gesehen wird, daß die Vielen in Wirklichkeit ein unteilbares Ganzes und wesenhaft eins sind. Dem Einen in allen kann man nicht begegnen, indem man die Vielheit vervielfacht, sondern nur indem man die falsche Idee der Vielheit ablegt. Jede Zahl, wie groß auch immer, ist zwangsläufig begrenzt. Geistige Unendlichkeit jedoch ist keine Zahl. Sie ist die alleinige Wirklichkeit ohne ein Zweites.

Wo Viele sind, kommt es zwangsläufig zum Vergleich. Da gibt es ein Kleineres und ein Größeres, eine Hierarchie von Ansprüchen, Privilegien und Rechten, und durch die Anerkennung von Rangunterschieden mancherlei Art wird alle Wertung verzerrt. Vom geistigen Gesichtspunkt sind alle diese Rangunterschiede Formen falschen Bewußtseins, denn in jedermann vibriert dieselbe Wahrheit. Die *Einheit*, die im Innesein der

Wahrheit erfahren wird, ist zwangsläufig verschieden vom dualen Prinzip der *Gleichheit*. In der Welt der Dualität kann eine Person zwar jeder anderen Einzelperson in bezug auf Ansprüche, Rechte und Wert gleich sein, sie kann aber innerhalb der Dualität niemals zwei oder mehr Personen gleich sein.

Der Eine in allen

Die geistige Unendlichkeit der Wahrheit aber hat Raum für das Paradox, daß eine Person als das Ganze selbst angesehen werden kann. Deshalb ist es möglich, eine Person nicht nur als zwei oder mehr Personen an Bedeutung gleich, sondern sogar als allen gleich zu betrachten. In der geistigen Unendlichkeit ist jeder Vergleich fehl am Platz. Da gibt es kein Kleineres oder Größeres, keine Hierarchie von Ansprüchen, Privilegien und Rechten. Die Wertung bleibt unbeirrbar, weil die Wahrnehmung des Einen in allen unbehindert ist. Da jeder in der Schöpfung nicht nur *in* der geistigen Unendlichkeit ist, sondern diese unteilbare geistige Unendlichkeit selbst *ist*, steht jeder in Bedeutung an erster Stelle, und keiner an zweiter.

Eine Zivilisation auf der Grundlage geistiger Erkenntnis

Im sozialen Leben wird die Anerkennung der geistigen Unendlichkeit der Wahrheit sowohl den Individualismus als auch den Kollektivismus in Frage stellen. Sie wird ein neues Denken in Begriffen eines unteilbaren Ganzen erschließen und alle relativen, dem Vergleich entspringenden Werte aufheben zugunsten der Anerkennung des inhärenten Werts von allem. In einer Zivilisation, die auf der Erkenntnis der geistigen Unendlichkeit der Wahrheit gründet, wird es deshalb keine Probleme von Minderheit und Mehrheit, Rivalität und Wettstreit geben. Sie wird keinen Platz haben für ausgeklügelte Vergleiche und Wertungen, die so oft zum Bollwerk für Stolz und Eigensucht werden. In einer solchen Zivilisation wird das Leben unendlich einfach und ganzheitlich sein, weil die falschen Vorstellungen, die Zwiespalt und Komplikationen schaffen, alle überwunden sein werden.

Die Suche nach Gott

Oberflächlicher Glaube an Gott
Die meisten Menschen haben keine Ahnung vom wahren Sein Gottes und sind deshalb wenig an Ihm interessiert. Andere bekennen sich unter dem Einfluß der Tradition zu dieser oder jener Religion und übernehmen den Glauben an die Existenz Gottes aus ihrer Umgebung. Ihr Glaube ist gerade stark genug, um sie an gewisse Rituale, Zeremonien oder Gebote zu binden, und besitzt selten jene Vitalität, die nötig ist, um eine radikale Änderung der gesamten Einstellung zum Leben herbeizuführen. Wieder andere, die der Philosophie zugetan sind, neigen dazu, entweder aufgrund ihrer eigenen theoretischen Betrachtungen oder aufgrund von Aussagen anderer die Existenz Gottes zu bejahen. Für sie ist Gott bestenfalls eine Hypothese oder eine intellektuelle Vorstellung. Solch lauwarmer Glaube kann an sich allein niemals ausreichen, um jemanden zu einer ernsthaften Suche nach Gott zu bewegen. Menschen dieser Glaubensart kennen Gott nicht aus eigener Erfahrung, und so ist Gott für sie nicht Gegenstand innigen Sehnens oder Strebens.

Der wahre Gottsucher beharrt auf persönlicher Erfahrung
Ein wahrer Gottsucher gibt sich nicht zufrieden mit dem, was ihm vom Hörensagen über die geistigen Realitäten bekannt ist, noch auch befriedigt ihn ein rein abgeleitetes Wissen. Für ihn sind die geistigen Realitäten nicht Gegenstand eitlen Denkens. Die Bejahung oder Verneinung dieser Realitäten hat für sein inneres Leben vielmehr entscheidende Folgen. Deshalb beharrt er ganz natürlich auf unmittelbarem Wissen über sie. Dies veranschaulicht eine Geschichte aus dem Leben eines großen Weisen.

Die Suche nach Gott

In seinen jungen Jahren unterhielt sich dieser einst mit einem Freund, der auf dem geistigen Pfad bereits ziemlich weit fortgeschritten war, über die Grundfragen des Daseins. Während des Gesprächs wurde ihre Aufmerksamkeit auf einen Leichnam gelenkt, der eben vorbeigetragen wurde. «Dies ist das Ende des Leibs, aber nicht der Seele», bemerkte der Freund. «Hast du die Seele gesehen?» fragte der Jüngling. «Nein», antwortete der andere. Der junge Mann blieb skeptisch in bezug auf die Seele, denn er beharrte auf *persönlicher* Erfahrung.

Der Gottsucher hält sich offen für das Unbekannte
Während sich der Gottsucher nicht zufriedengeben kann mit Wissen aus zweiter Hand oder bloßen Mutmaßungen, verschließt er sich auch nicht der Möglichkeit, daß es geistige Realitäten geben könnte, die noch nicht in seinen Erfahrungsbereich getreten sind. Er ist sich mit anderen Worten der Begrenztheit seiner eigenen individuellen Erfahrung bewußt und steht davon ab, dieselbe zum Maßstab des schlechthin Möglichen zu machen. Er hält sich offen für alles, was jenseits seines eigenen Erfahrungsbereiches liegt. Obwohl er es nicht auf bloßes Hörensagen hin bejaht, verfällt er nicht in den entgegengesetzten Irrtum, es von vornherein zu leugnen. Die Begrenztheit individueller Erfahrung neigt dazu, den geistigen Horizont einzuengen, so daß ein Mensch zur Überzeugung kommt, es gebe keine Wirklichkeit außer jener, der er in seiner begrenzten Erfahrung begegnet ist. Meist aber wird irgendein Geschehnis in seinem eigenen Leben dafür sorgen, daß er aus diesem dogmatischen Bannkreis ausbricht und sich einer breiteren Schau öffnet.

Die Geschichte vom unerkannten Prinzen
Dies möge eine weitere Episode aus dem Leben des oben genannten Weisen veranschaulichen, der seinem weltlichen Stand nach ein Prinz war. Einige Tage nach dem erwähnten Gespräch ritt er aus und begegnete unterwegs einem Wanderer. Da der Mann seinem Pferd den Weg versperrte, befahl ihm der Prinz, Platz zu machen. Der Wanderer weigerte sich, und so stieg der Prinz vom Pferd. «Wer bist du?» fragte der Wanderer. «Ich bin der Prinz», antwortete jener würdevoll. «Ich aber kenne dich nicht als den Prinzen», sagte der andere, «und ich werde dich auch nicht eher als solchen anerkennen, als ich sicher weiß, daß du es bist.»

Diese Begegnung erweckte den Jüngling zur Erkenntnis, daß es Gott *geben könnte*, obwohl er Ihn nicht aus persönlicher Erfahrung kannte, war doch auch er selbst tatsächlich der Prinz, obwohl der Wanderer ihn nicht aus eigener Erfahrung als solchen kannte. Nun da er sich der Möglichkeit der Existenz Gottes geöffnet hatte, machte er sich an die Aufgabe, diese Frage ernsthaft zu ergründen.

Der Weltmensch kümmert sich nicht um Gott
Entweder gibt es Gott, oder es gibt Ihn nicht. Gibt es Ihn, so ist die Suche nach Ihm vollauf gerechtfertigt. Gibt es Ihn nicht, so verliert man nichts, wenn man Ihn sucht. Doch im allgemeinen begibt sich der Mensch nicht aus freien Stücken und freudigen Sinns auf eine echte Suche nach Gott. Er muß dazu getrieben werden durch Leiden an den Dingen der Welt, die ihn locken und umgarnen und von denen er sein Gemüt nicht abzuwenden vermag. Der gewöhnliche Mensch ist ganz in Anspruch genommen von seinem Tun in der physischen Welt. Er schreitet unablässig durch ihre mannigfaltigen Erfahrungen von Freude und Schmerz, ohne das Vorhandensein einer tieferen Wirklichkeit auch nur zu ahnen. Sein ganzes Trachten ist darauf gerichtet, sich Sinnesfreuden zu verschaffen und Leiden aller Art zu vermeiden.

Krisen, die zur Besinnung bringen
«Iß, trink und sei vergnügt», lautet die Devise des Weltmenschen, doch trotz dieser unablässigen Suche nach Genüssen kann er Leiden nie ganz vermeiden. Gerade dann, wenn es ihm gelingt, sich die begehrten Sinnesgenüsse zu verschaffen, empfindet er oft Überdruß daran. Während er so die alltägliche Runde bunter Erfahrungen durchläuft, kann es geschehen, daß er sich zu fragen beginnt: «Was soll das alles?» Der Anlaß zu solchem Besinnen kann ein widriges Ereignis sein, auf das der Mensch innerlich nicht gefaßt war. Es kann die Zerstörung einer zuversichtlichen Erwartung sein oder eine bedeutsame Änderung seiner Lage, die eine gänzliche Neuanpassung, die Preisgabe gewohnter Denk- und Handlungsweisen erfordert. Meist entstehen solche Krisen aus der Nichterfüllung eines tiefwurzelnden Begehrens. Mündet ein solches Begehren in eine Sackgasse, so daß nicht die geringste Aussicht mehr besteht, das Begehrte je zu erlangen, erleidet die Person einen derartigen Schock, daß sie die Lebensweise, die sie bisher fraglos bejaht hatte, nicht länger hinnehmen kann.

Verzweiflung kann zerstörerisch, aber auch schöpferisch sein
Unter solchen Umständen kann ein Mensch zu äußerster Verzweiflung getrieben werden, und wenn die ungeheure Kraft, die durch diese innere

Die Suche nach Gott

Krise geweckt wird, ungebändigt und ungesteuert bleibt, kann sie sogar zu ernsten Gemütsstörungen oder Selbstmordversuchen führen. Katastrophen dieser Art überfallen jene, in denen Verzweiflung mit Unbesonnenheit einhergeht, denn sie lassen dem aufsteigenden Impuls freien und vollen Lauf. Die ungezügelte Kraft der Verzweiflung kann nur Zerstörung wirken. Die Verzweiflung eines besonnenen Menschen unter gleichartigen Umständen ist in ihrer Wirkung völlig anders, weil die Energie, die sie freisetzt, in einsichtiger Weise gezügelt, angeschirrt und einem Zweck zugeführt wird. In einem solchen Zustand *göttlicher* Verzweiflung faßt ein Mensch den bedeutsamen Entschluß, den Sinn des Daseins zu ergründen und zu verwirklichen. So beginnt eine echte Suche nach Werten, die Bestand haben. Fortan lautet die brennende Frage, die durch nichts mehr zum Verstummen gebracht werden kann: «Wohin führt dies alles?»

Göttliche Verzweiflung, der Anfang geistigen Erwachens
Wenn die mentalen Kräfte eines Menschen solcherart auf die Ergründung des Daseinszwecks gerichtet sind, setzt er die Macht der Verzweiflung schöpferisch ein. Er kann sich nicht länger zufriedengeben mit den flüchtigen Dingen dieser Welt und stellt die alltäglichen Werte, die er bisher kritiklos hingenommen hatte, von Grund auf in Frage. Sein einziger Wunsch ist, um jeden Preis die Wahrheit zu finden, und dieser Wunsch läßt ihn unzufrieden sein mit allem, was nicht die Wahrheit selbst ist. Göttliche Verzweiflung ist der Beginn geistigen Erwachens, weil sie das Sehnen nach Erfahrung der Wirklichkeit Gottes hervorbringt. Im Zustand göttlicher Verzweiflung, wenn alles zusammenzubrechen scheint, entschließt sich der Mensch, jedes Risiko auf sich zu nehmen, um Gewißheit zu erlangen darüber, was an Sinn für sein Leben *hinter* dem Schleier liegt.

Gott oder nichts
Alle üblichen Tröstungen haben ihn verlassen, und dennoch weigert sich seine innere Stimme, sich mit der Folgerung abzufinden, das Leben entbehre jeden Sinns. Wenn er nicht eine verborgene Wirklichkeit postuliert, der er bis dahin nicht begegnet ist, dann gibt es überhaupt nichts, wofür sich zu leben lohnt. Er sieht nur zwei Möglichkeiten: Entweder gibt es jene verborgene geistige Wirklichkeit, die die Propheten als Gott bezeichnet haben, oder alles ist sinnlos. Die zweite Möglichkeit ist für die gesamte menschliche Persönlichkeit schlechthin unannehmbar, deshalb muß er

die erste Möglichkeit erkunden. So wendet sich der Mensch Gott zu, wenn er in seinem weltlichen Dasein in die Enge getrieben ist.

Die Suche nach dem Pfad
Da es keinen unmittelbaren Zugang zu jener verborgenen Wirklichkeit gibt, die er postuliert, sucht er vorerst in seiner gewohnten Erfahrung nach möglichen Zugängen zu einem sinnvollen *Jenseits*. Er wendet sich zurück zu seinen Alltagserfahrungen, um Aufschlüsse zu finden über den Pfad. Dies bringt mit sich, daß er alles unter einem neuen Blickwinkel betrachtet und jede Erfahrung einer Neubewertung unterzieht. Er begnügt sich nun nicht mehr damit, Erfahrungen zu *haben*, sondern will ihre geistige Bedeutung ergründen. Was ihn fortan interessiert, ist nicht bloß, wie eine Erfahrung ist, sondern was sie *bedeutet* auf der Wanderung zu jenem verborgenen Ziel des Daseins. Durch dieses gründliche Neueinschätzen der Erfahrung gelangt er zu einer Einsicht, die ihm vor dem Aufbruch zu seiner Suche versagt war.

Das Leben als Experiment
Solche Neubewertung der Erfahrung bedeutet eine Mehrung geistiger Weisheit, und jede Mehrung geistiger Weisheit bewirkt zwangsläufig eine Änderung in der allgemeinen Einstellung zum Leben. So bringt selbst rein intellektuelles Suchen nach Gott – der verborgenen geistigen Wirklichkeit – einen Widerhall im Alltagsdasein eines Menschen. Sein Leben wird nun zu einem echten Experiment mit den geistigen Werten, die er wahrgenommen hat.

Das Finden Gottes, ein Kommen zu sich selbst
Je weiter der Suchende dieses intelligente und zielgerichtete Experiment mit seinem eigenen Leben vorantreibt, desto tiefer wird sein Verständnis des wahren Sinns des Daseins. Durch die vollständige Wandlung seines Inneren gelangt er letztlich zur Wahrnehmung des Lebens, so wie es ist – in seiner wirklichen Bedeutung. In der klaren und ruhigen Schau des wahren Wesens und Werts des Lebens erkennt er, daß Gott, den er so verzweifelt suchte, kein Fremdling ist, keine verborgene und außenstehende Wesenheit. Er ist die Wirklichkeit selbst und nicht eine Hypothese. Er ist die mit ungetrübtem Blick geschaute Wirklichkeit, von der er selbst ein Teil ist und in der er von jeher sein ganzes Wesen hatte, mit der er in Wahrheit identisch ist.

So findet er, der ausgezogen war, ein völlig Neues zu suchen, in Wahrheit zu einem neuen Verstehen eines Uralten. Die geistige Reise besteht nicht darin, an einen neuen Ort zu gelangen, wo der Wanderer gewinnt, was er nicht hatte, oder wird, was er nicht war. Sie besteht in der Auflösung seines Nichtwissens um sich selbst und das Leben und im allmählichen Reifen einer Einsicht, die mit dem geistigen Erwachen beginnt. Das Finden Gottes ist ein Kommen zum eigenen wahren Selbst.

Die Stufen des Pfads

Geistige Gefangenschaft, eine notwendige Phase
Alle Menschen müssen die Phase der Gefangenschaft durchlaufen. Diese Phase ist jedoch nicht als sinnlose Episode in der Entfaltung des Lebens anzusehen. Man muß das Eingesperrtsein erfahren haben, um das Freisein richtig schätzen zu können. Wenn der Fisch in seinem ganzen Leben nicht ein einziges Mal aufs Trockene geraten ist, hat er keine Möglichkeit, den Wert des Wassers richtig zu schätzen. Von seiner Geburt bis zu seinem Tod hat er nur im Wasser gelebt und ist deshalb nicht in der Lage zu verstehen, was Wasser für sein Dasein wirklich bedeutet. Wird er aber auch nur einen Augenblick aus dem Wasser genommen, so sehnt er sich nach Wasser, und durch diese Erfahrung wird er fähig, den Wert des Wassers zu begreifen. Desgleichen bliebe dem Menschen der wahre Wert der Freiheit verborgen, wenn das Leben immerzu frei wäre und keinerlei Erfahrung von Gefangensein brächte. Die Erfahrung geistiger Gefangenschaft und der brennende Wunsch nach Befreiung sind beide eine Vorbereitung für die uneingeschränkte Freude an der Freiheit, die kommen wird.

Das Betreten des geistigen Pfades
So wie sich der an Land geworfene Fisch ins Wasser zurücksehnt, sehnt sich der Mensch, der das Ziel wahrgenommen hat, nach Vereinigung mit Gott. Die Sehnsucht nach Rückkehr zum Ursprung wohnt in *jeder* Seele, vom ersten Augenblick ihrer Trennung von diesem Ursprung durch den Schleier des Nichtwissens. Doch bleibt dieses Sehnen unbewußt, bis der Suchende schließlich den geistigen Pfad betritt. In einem gewissen Sinn

Die Stufen des Pfads

kann man sich an das Nichtwissen gewöhnen, so wie man sich auf einer Bahnfahrt an die Dunkelheit eines Tunnels gewöhnen kann, wenn der Zug einige Zeit durch diesen Tunnel gefahren ist. Doch selbst dann bleibt ein Unbehagen, eine unterschwellige und undefinierbare Unrast, die von dem Gefühl herrührt, daß etwas fehlt. Dieses Etwas wird von Anbeginn als höchst bedeutsam empfunden. In den Stadien dunkelster Unwissenheit wird es meist unwillkürlich mit irgendwelchen Dingen der irdischen Welt gleichgesetzt.

Erreicht die Erfahrung dieser Welt aber eine gewisse Reife, bringen die wiederholten Enttäuschungen des Lebens den Menschen von selbst auf die richtige Spur dessen, was fehlt. Von diesem Augenblick an sucht er eine Wirklichkeit, die tiefer ist als wechselhafte Formen. Man kann diesen Augenblick treffend als die erste Initiation des Suchenden bezeichnen. Das Sehnen des Individuums nach der Quelle, von der es getrennt worden ist, wird nun deutlich und eindringlich. Geradeso wie den Reisenden im Zug ein dringenderes Verlangen nach Licht ergreift, sobald er den ersten Schimmer des Tunnelendes wahrgenommen hat, ergreift den Suchenden, der einen Blick auf das Ziel erhascht hat, ein unwiderstehlicher Drang, ihm mit aller verfügbaren Kraft zuzueilen.

Der Schleier des Nichtwissens
Auf dem geistigen Pfad gibt es sechs Zwischenstationen und eine siebente Station, die das Endziel ist. Jede dieser Zwischenstationen ist auf ihre eigene Weise gleichsam eine vorgestellte Vorwegnahme des Ziels. Der Schleier, der den Menschen von Gott trennt, besteht aus falschen Vorstellungen, und dieser Schleier hat viele Falten. Bevor ein Mensch den Pfad betritt, ist er von diesem Schleier mannigfaltiger falscher Vorstellungen so sehr umhüllt, daß er nicht einmal auf den Gedanken kommt, er könnte etwas anderes sein als ein gesondertes, in sich eingeschlossenes und endliches Individuum. Er ist gänzlich gefangen im Bewußtsein des Ich, das sich aus dem Wirken mannigfaltiger falscher Vorstellungen entwickelt hat. Durch das bewußte Sehnen nach Vereinigung mit Gott wird die gesamte Struktur dieses Ich erstmals erschüttert.

Das Durchschreiten des geistigen Pfads besteht im Aufheben der Folgen falschen Vorstellens, anders gesagt im Ablegen der verschiedenen Schichten des Schleiers, der ein Gefühl unwiderruflicher Trennung und Absonderung erzeugt hat. Hatte sich das Individuum bislang fest an die Idee seines separaten Daseins geklammert und sie hinter den mächtigen Mauern dunkelster Unwissenheit geschützt und gehegt, so tritt es nun in eine Art Kommunikation mit einer umfassenderen Wirklichkeit. Je vertrauter es mit dieser Wirklichkeit wird, desto dünner wird der Schleier seines Nichtwissens, und je mehr es sich vom Gefühl des Getrenntseins und von Selbstsucht befreit, desto stärker fühlt es sich aufgenommen in diese umfassendere Wirklichkeit.

Allmähliche Befreiung von falscher Vorstellung
Das Gefühl der Trennung ist die Folge falscher Vorstellungen. Um aus diesem selbstgeschaffenen Gefühl der Trennung ausbrechen und mit der Wirklichkeit eins werden zu können, muß zunächst die irreführende Wirkung der Vorstellungen rückgängig gemacht werden. Die Befreiung von allen Vorstellungen läßt sich mit dem Erwachen aus dem Tiefschlaf vergleichen. Die verschiedenen Phasen der Befreiung von falschen Vorstellungen entsprechen in diesem Vergleich den Träumen, die oft als Brücke zwischen Tiefschlaf und Wachzustand dienen. Die Befreiung vom mannigfaltigen Wirken falscher Vorstellungen ist ein allmählicher Vorgang, bei dem man sieben Phasen oder Stufen unterscheidet. Das Ablegen einer Schicht des Schleiers falscher Vorstellungen ist entschieden ein Fortschritt zum Licht und zur Wahrheit hin, doch bedeutet es noch nicht Einswerden mit der Wirklichkeit. Es bedeutet bloß eine Preisgabe des Falscheren zugunsten des weniger Falschen. Es gibt verschiedene Grade der Falschheit von Vorstellungen, und sie entsprechen den verschiedenen Graden des Gefühls der Trennung, das aus dem Ichbewußtsein erwächst. Jede Phase des Vorgangs der Befreiung von falschen Vorstellungen bringt eine deutliche Minderung des Ich. Doch alle diese Fortschritte auf dem Pfad, alle Zwischenstufen vor der endgültigen Verwirklichung des Ziels, sind bloß das Verlassen einer Vorstellungsebene zugunsten einer anderen. Sie bedeuten nicht das Ausräumen von Vorstellungen an sich.

Alle Zwischenstufen des Pfads sind Formen der Vorstellung
Das Durchschreiten dieser aufeinanderfolgenden Vorstellungsebenen bringt keine wirkliche Veränderung des wahren Selbst. Was sich ändert, ist nicht das Selbst an sich, sondern seine Vorstellung von sich selbst. Angenommen, du stellst dir in einem Tagtraum oder Gedankenflug vor, in China zu sein, während dein Körper tatsächlich in Indien ist. Endet der Gedankenflug, erkennst du, daß dein Körper nicht in China ist, sondern in Indien. Vom subjektiven Gesichtspunkt ist diese Erkenntnis wie eine Rückkehr von China nach Indien. In ähnlichem Sinne kann die allmähliche Lösung von der Identifikation mit dem physischen Körper und das

allmählich klarere Wahrnehmen der Allseele gleichgesetzt werden mit dem Durchschreiten eines Pfads. Tatsächlich aber sind die verschiedenen Stufen dieses Pfads alle gleichermaßen ein Produkt der Vorstellung.

Ein trügerisches Gefühl von Verwirklichung
Die sechs Stufen des Aufstiegs zur Verwirklichung liegen mithin alle im Bereich der Vorstellung, doch auf jeder Stufe ist die Minderung des Gefühls von Trennung so stark und die Wahrnehmung eines Aufgehens in der umfassenderen Wirklichkeit so deutlich, daß der Suchende oft ein trügerisches Gefühl von Verwirklichung hat. Es ergeht ihm wie einem Wanderer, der unterwegs ist zu einem Berggipfel und plötzlich ein herrliches Tal entdeckt, dessen Anblick ihn so sehr in Bann zieht, daß er sein eigentliches Ziel einstweilen vergißt und sich an seinem Bestimmungsort angelangt wähnt. So neigt auch der Suchende dazu, die Zwischenstationen für das Ziel selbst zu halten. Der Wanderer aber, dem es mit dem Bergsteigen wirklich ernst ist, erkennt nach einer Weile, daß das Tal durchquert werden muß, und ebenso erkennt der Suchende früher oder später, daß die Zwischenstufen überschritten werden müssen. Das trügerische Gefühl von Verwirklichung, das sich auf den Zwischenstufen einstellt, ist wie der Traum des Schläfers, er sei erwacht, obwohl er tatsächlich immer noch schläft. Nach dem tatsächlichen Erwachen erkennt er, daß sein erstes Gefühl von Erwachen in Wirklichkeit nur ein Traum war.

Bewußtseinsebenen und -zustände
Jede der Zwischenstufen des Pfads entspricht einem bestimmten Bewußtseinszustand, und das Fortschreiten von einem Bewußtseinszustand zum anderen vollzieht sich gleichzeitig mit dem Durchqueren der inneren Ebenen. So müssen sechs Bewußtseinsebenen und -zustände erfahren werden, bevor die siebente Ebene erreicht werden kann, wo die Wanderung in der endgültigen Verwirklichung des Gottzustandes endet. Eine Ebene kann mit einer Bahnstation verglichen werden, wo der Zug einige Zeit stehenbleibt, und der Bewußtseinszustand mit den Bewegungen des Reisenden nach dem Aussteigen an dieser Station.

Samādhi
Nachdem der Suchende eine neue Bewußtseinsebene erreicht hat, braucht er meist eine gewisse Zeit, bis er auf dieser Ebene frei funktionieren kann. Da sich die Bedingungen seines mentalen Lebens insgesamt und radikal verändert haben, erfährt er zunächst eine Art Lähmung der

Die Stufen des Pfads

mentalen Tätigkeit, die als *Samādhi* bezeichnet wird. Wenn der geistige Pilger eine neue Ebene betritt, geht er vorerst völlig auf in dieser Ebene, bevor er den Zustand erfahren kann, der für diese Ebene kennzeichnend ist. Geradeso wie ein von der Anspannung einer langen Reise ermüdeter Mensch in Schlaf sinkt, verfällt das Bewußtsein nach der Anstrengung des Aufstiegs zu einer neuen Ebene vorübergehend in einen Zustand verminderter mentaler Aktivität, den man dem Schlaf vergleichen könnte. Samādhi ist jedoch insofern grundlegend verschieden vom Schlaf, als der Mensch im Schlaf gänzlich unbewußt ist, während er im Samādhi Bewußtsein von Seligkeit oder Licht oder Macht hat, obwohl ihm sein Körper und seine Umgebung nicht bewußt sind. Nach einer Periode verhältnismäßiger Ruhe beginnt das Gemüt auf der neuen Ebene zu funktionieren und erfährt dabei einen Bewußtseinszustand, der ganz und gar anders ist als jener, den er verlassen hat.

Minderung des Ich oder Fana
Wenn der Suchende eine neue Ebene erreicht, geht er darin auf und erfährt gleichzeitig mit der Verminderung der mentalen Tätigkeit eine starke Minderung des Ichlebens. Die Minderung des Ich ist verschieden von der endgültigen Auslöschung desselben auf der siebenten Ebene. Doch aufgrund ihrer relativen Bedeutung verdienen die verschiedenen Phasen der Ichminderung auf den unteren Ebenen besonders Erwähnung. In der Sufi-Überlieferung wird die endgültige Auslöschung des Ich als *Fana-Fillah* bezeichnet, und da die vorausgehenden Zustände von Samādhi der sechs unteren Ebenen eine *teilweise* Auslöschung des Ich mit sich bringen, hat man sie ebenfalls als Fanas verschiedener Art bezeichnet.

Die drei ersten Fanas
Durch die Fanas aufsteigender Ordnung nähert sich der Suchende allmählich dem endgültigen Fana-Fillah, und jedes dieser Fanas hat bestimmte charakteristische Merkmale. Wenn der Pilger die erste Ebene erreicht, erfährt er das erste Fana oder die kleinere Auslöschung des Ich. Seine begrenzte Individualität kommt ihm vorübergehend abhanden, und er erfährt Seligkeit. Deshalb glauben hier viele Pilger, den Gottzustand erreicht zu haben, und bleiben auf der ersten Ebene stecken.

Wenn sich der Pilger jedoch freihält von Selbsttäuschung und erkennt, daß das Erreichte bloß eine Übergangsphase seiner Reise ist, geht er weiter auf dem geistigen Pfad und gelangt zur zweiten Ebene. Das Aufgehen

Die Stufen des Pfads

in der zweiten Ebene wird bezeichnet als *Fana-e-Batili* oder Auslöschung des Falschen. Hier ist der Pilger versunken in Seligkeit und unendlichem Licht. Auch hier meinen einige, das Ziel erreicht zu haben, und stranden auf der zweiten Ebene. Doch jene, die sich von Selbsttäuschung freihalten, setzen ihre Reise fort und gelangen zur dritten Ebene. Das Aufgehen in der dritten Ebene wird bezeichnet als *Fana-e-Zahiri* oder Auslöschung des Offenbaren. Hier verliert der Pilger für Tage jedes Bewußtsein seines Körpers und seiner Umwelt und erfährt unendliche Macht. Da er aber kein Bewußtsein der Welt hat, hat er auch keine Gelegenheit, diese Macht auszudrücken. Man nennt diesen Zustand auch *Videha-Samādhi* oder göttliches Koma, weil sich das Bewußtsein gänzlich von der Welt zurückgezogen hat.

Die Gefahren der vierten Ebene
Geht der Pilger noch weiter, erreicht er die vierte Ebene. Das Aufgehen in der vierten Ebene wird bezeichnet als *Fana-e-Malakuti* und ist die Auslöschung, die zur Befreiung hinführt. Auf dieser Ebene erfährt der Pilger einen eigentümlichen Bewußtseinszustand, insofern er nun unendliche Macht nicht nur fühlt, sondern auch ausdrücken kann. Mehr noch, er hat nicht nur die Möglichkeit, seine Macht anzuwenden, sondern auch eine eindeutige Neigung, dies zu tun. Gibt er der Versuchung nach, kommt er in ein Fahrwasser, das ihn zum Gefangenen der Verführungen der vierten Ebene macht. Aus diesem Grund ist die vierte Ebene eine der gefährlichsten und schwierigsten. Der Pilger ist geistig nie sicher, und er kann jederzeit zurückfallen, solange er diese Ebene nicht hinter sich gebracht und die fünfte erreicht hat.

Die Fanas der fünften und sechsten Ebene
Das Aufgehen in der fünften Ebene wird bezeichnet als *Fana-e-Jabruti* und ist die Auslöschung aller Begierden. Hier findet die unablässige Tätigkeit des niederen Intellekts ihr Ende. Der Pilger «denkt» nicht mehr im üblichen Sinne und ist dennoch indirekt eine Quelle vieler inspirierender Gedanken. Er sieht, doch nicht mit leiblichen Augen. Geist spricht zum Geist, und alle Sorge, aller Zweifel ist geschwunden. Der Pilger ist nun geistig sicher und kann nicht mehr zurückfallen. Dennoch fällt es manchem auf dieser hohen Ebene schwer, der Illusion zu widerstehen, er habe den Gottzustand erreicht. In seiner Selbsttäuschung glaubt und sagt er «Ich bin Gott» und wähnt sich am Ende des geistigen Pfads. Schreitet er aber weiter, so wird er seines Irrtums gewahr und erreicht die sechste

Die Stufen des Pfads

Ebene. Das Aufgehen in der sechsten Ebene wird bezeichnet als *Fana-e-Mahabubi* oder das Verlöschen des Liebenden im Geliebten. Nun sieht der Pilger Gott so unmittelbar und klar wie ein gewöhnlicher Mensch die verschiedenen Dinge dieser Welt. Dieses Schauen Gottes und die Freude an Ihm währt ununterbrochen und läßt keinen Augenblick nach. Aber noch ist der Pilger nicht einsgeworden mit Gott dem Unendlichen.

Fana-Fillah oder Nirvikalpa, der Zustand bewußten Gottseins
Steigt der Pilger zur siebenten Ebene auf, erfährt er das letzte Aufgehen, das bezeichnet wird als Fana-Fillah oder die endgültige Auslöschung des Ich in Gott. In diesem letzten Aufgehen verliert der Pilger sein separates Dasein und geht auf immer ein in Gott. Er ist einsgeworden mit Gott und erfährt sich selbst als nichts anderes als Gott. Das Fana-Fillah der siebenten Ebene ist das Ende des geistigen Pfads, das Ziel allen Suchens und Strebens. Es ist der Zustand des *Nirvikalpa*, der das bewußte Gottsein kennzeichnet. Es ist das einzige wirkliche Erwachen. Der Pilger ist am jenseitigen Ufer des weiten Ozeans der Vorstellungen angelangt und erkennt nun, daß diese letzte Wahrheit die einzige Wahrheit ist und daß alle vorausgegangenen Stufen des Pfads nichts waren als Illusion. Er hat seine letzte Bestimmung erreicht.

Der Vorgang der Selbsterkenntnis

Die Gesetzmäßigkeit geistiger Reifung
Wenn die Zeit reif ist, vollzieht sich der Fortschritt eines Individuums zur Erkenntnis seines wahren Selbst auf ebenso natürliche Weise wie die Entwicklung des kindlichen Körpers zur erwachsenen Form. Das Wachstum des physischen Körpers geschieht aufgrund der Wirkung von Naturgesetzen, und das Heranreifen des Suchenden zur Selbsterkenntnis geschieht aufgrund der Wirkung von geistigen Gesetzen, die die Wandlung und Befreiung des Bewußtseins betreffen. Der physische Körper des Kindes wächst allmählich und fast unmerklich, und dasselbe gilt auch für die geistige Reifung eines Menschen, nachdem er den inneren Pfad einmal betreten hat. Das Kind weiß nicht, wie sein Körper wächst, und ebenso weiß auch der Suchende nicht um das Gesetz, kraft dessen er zum Ziel seiner geistigen Wanderung fortschreitet. Im allgemeinen gewahrt er nur die Veränderungen in seinem Verhalten im täglichen Leben, nicht aber die Art und Weise, wie er sich der Selbsterkenntnis nähert.

Ohne dies bewußt wahrzunehmen, nähert sich der Suchende der Selbsterkenntnis nach und nach, indem er den inneren Weg geht durch seine Freuden und Leiden, seine Erfahrungen von Glück und Unglück, seine Erfolge und Mißerfolge, seine Anstrengungen und Ruhepausen, durch Augenblicke der Klarsicht und des einmütigen Wollens ebenso wie durch Augenblicke der Verwirrung und des Konflikts. Alle diese Situationen sind Ausdruck der verschiedenen Sanskāras, die er aus der Vergangenheit mitgebracht hat. Der Suchende bahnt sich seinen Weg zur Selbsterkenntnis durch das Gewirr dieser Sanskāras wie ein Wanderer, der sich durch das Dickicht eines Urwaldes schlägt.

Der Vorgang der Selbsterkenntnis

Das Bewußtsein als Scheinwerfer

Das menschliche Bewußtsein läßt sich mit einem Scheinwerfer vergleichen, der das Vorhandensein und die Natur im Dunkeln liegender Dinge offenbart. Der Bereich, den das Bewußtsein zu erhellen vermag, ist vorgegeben durch das Medium, dessen es sich bedient, geradeso wie jemand, der ein Boot benutzt, sich mit diesem zwar auf dem Wasser frei fortbewegen kann, nicht aber auf dem Festland oder in der Luft. Die eigentliche Tätigkeit des Bewußtseins innerhalb dieses begrenzten Bereichs wird ihrerseits bestimmt durch die Eindrücke vergangener Erfahrungen, geradeso wie das von einem Berg herabfließende Wasser den natürlichen Rinnen der Gebirgsfalten folgt.

Der gewöhnliche Mensch nimmt nur die physische Welt wahr

Die Daseinssphäre und Handlungsebene des gewöhnlichen Menschen beschränkt sich auf die physische Welt, weil in ihm der Lichtstrahl des Bewußtseins auf den physischen Körper fällt und durch diesen wirkt. Weil der gewöhnliche Mensch auf das Medium des physischen Körpers beschränkt ist, vermag er zwar die Dinge auf der physischen Ebene bewußt wahrzunehmen, ist aber nicht in der Lage, in bewußte Verbindung zu treten mit subtilen oder mentalen Realitäten. Der Standort des gewöhnlichen Menschen ist mithin die physische Sphäre, und all sein Tun und Denken ist den physischen Dingen zugewandt, die für ihn erreichbar sind. Die subtile und mentale Daseinssphäre bleiben ihm unbewußt, weil der Lichtstrahl seines Bewußtseins nicht durch das Medium des subtilen oder des mentalen Körpers wirken kann.

Identifikation mit dem physischen Körper

Auf dieser Stufe ist der Seele die physische Welt bewußt, doch bleibt sie ganz und gar im Unwissen um ihr eigenes wahres Wesen. Sie identifiziert sich mit dem physischen Körper, auf den das Licht des Bewußtseins fällt, und diese Identifikation wird zur Grundlage allen Tuns, das in diesem Stadium möglich ist. Die Seele kennt sich nicht unmittelbar durch sich selbst, sondern mittelbar durch den physischen Körper, und da alles Wissen, das sie durch den physischen Körper sammeln kann, auf eben diesen physischen Körper als Mittelpunkt des Tuns deutet, setzt sie sich selbst mit ihm gleich, während er tatsächlich nur ihr Werkzeug ist. So kommt es, daß sich die Seele für einen Mann oder für eine Frau hält, für jung oder alt, und mithin die Veränderungen und Begrenzungen des physischen Körpers auf sich selbst überträgt.

Identifikation mit dem subtilen Körper

Nach vielen Lebensrunden auf der Bühne der physischen Welt, wenn die Erfahrung von Gegensätzen wie großes Glück und tiefes Leid lang genug gedauert hat, schwächen sich die Eindrücke der physischen Welt ab. Diese Abschwächung ist gleichbedeutend mit dem Beginn geistigen Erwachens, das in einem allmählichen Rückzug des Bewußtseinsstrahls von den lockenden Dingen der physischen Welt besteht. Die groben Eindrücke dieser Welt lockern und verfeinern sich und erleichtern damit die Verlagerung des bewußten Funktionierens vom physischen auf den subtilen Körper.

Nun fällt der Strahl des Bewußtseins auf den subtilen Körper und wirkt fortan durch dieses Medium statt wie bisher durch jenes des physischen Körpers. Infolgedessen verschwindet die gesamte physische Welt aus dem Gesichtskreis des Bewußtseins, das jetzt allein die subtile Welt wahrnimmt. Die Seele lebt nun ganz in der subtilen Daseinssphäre und identifiziert sich mit dem subtilen Körper, der zum Mittelpunkt allen Tuns wird und den die Seele auch als solchen erfährt. Mithin bleibt die Seele, selbst nachdem sie Bewußtsein des Subtilen erlangt hat, im Unwissen um ihr eigenes wahres Wesen, da sie sich nicht unmittelbar durch sich selbst kennt, sondern nur mittelbar durch das Medium des subtilen Körpers.

Die Verlagerung der Handlungsebene von der physischen in die subtile Daseinssphäre ist jedoch von beträchtlicher Bedeutung. In der subtilen Sphäre treten an die Stelle der konventionellen Normen der physischen Welt neue Normen, die der Wahrheit näher sind. Durch das Erwachen neuer Kräfte und durch die Freisetzung geistiger Energie wird eine neue Lebensweise möglich. Das Leben in der subtilen Sphäre ist bloß eine Etappe auf der geistigen Wanderung und bei weitem nicht das Ziel, doch von Millionen individueller Seelen mit Bewußtsein des Physischen gelingt es nur selten einer, Bewußtsein des Subtilen zu erlangen.

Identifikation mit dem Mentalkörper

Die Eindrücke der subtilen Welt nutzen sich ihrerseits ab, beispielsweise durch gewisse Formen von Buße oder Yoga. Dies erleichtert und bewirkt einen weiteren Rückzug des Bewußtseinsstrahls nach innen, so daß dieser auf den Mentalkörper fällt und durch denselben zu wirken beginnt. Die bewußte Verbindung zum subtilen und physischen Körper bricht ab, weshalb die subtile und die physische Daseinssphäre dem Bewußtsein völlig entfallen. Der Seele ist nun allein die mentale Daseinssphäre bewußt, die ein tieferes geistiges Verstehen und eine klarere Schau der letzten Wahr-

Der Vorgang der Selbsterkenntnis

heit möglich macht. In dieser neuen Umgebung der mentalen Sphäre werden der Seele fortwährend Inspiration, tiefe Einsicht und unfehlbare Intuition zuteil. Sie ist nun in unmittelbarer Fühlung mit der geistigen Wirklichkeit. Doch obwohl die Seele in unmittelbarer Fühlung ist mit Gott, sieht sie sich selbst als ein Anderer, denn noch vermag sie sich nicht unmittelbar durch sich selbst zu erkennen, sondern nur mittelbar durch das Medium des individuellen Gemüts. Sie setzt sich selbst gleich mit dem individuellen Gemüt, weil sie es als Basis und Mittelpunkt allen Tuns sieht.

Obwohl die Seele Gott jetzt ungleich näher ist als in der subtilen und in der physischen Sphäre, bleibt sie eingeschlossen in der Welt der Schatten und fühlt sich nach wie vor getrennt von Gott. Diese Trennung rührt vom Schleier der Eindrücke der mentalen Sphäre her. Das Bewußtsein wirkt durch das individuelle Gemüt, das begrenzt ist, und bringt deshalb nicht Erkenntnis der Seele, wie sie an sich ist. Doch obwohl sich die Seele noch nicht als Gott erkannt hat, bedeutet ihr Leben in der mentalen Daseinssphäre einen enormen Fortschritt gegenüber der Phase der subtilen Sphäre. Von Millionen individueller Seelen mit Bewußtsein des Subtilen gelingt es nur selten einer, mit der mentalen Daseinssphäre in bewußte Verbindung zu treten.

Unerläßlichkeit der Hilfe eines Vollkommenen Meisters
Es mag einem Suchenden gelingen, durch seine eigenen Bemühungen und ohne Hilfe bis zur mentalen Daseinssphäre zu gelangen, doch das Ablegen des mentalen Körpers kommt der Preisgabe der individuellen Existenz gleich. Dieser letzte und wichtigste Schritt kann nur vollzogen werden mit Hilfe eines Vollkommenen Meisters, der selbst den Gottzustand erreicht hat. Von Millionen individueller Seelen mit Bewußtsein der mentalen Sphäre gelingt es nur selten einer, den Bewußtseinsstrahl vom individuellen Gemüt zurückzuziehen. Dieser Rückzug bedeutet das vollständige Auslöschen der letzten Spuren der Eindrücke des mentalen Lebens der Seele. Wenn das Bewußtsein nicht mehr auf irgendeinen der drei Körper gerichtet ist, erfüllt es den Zweck, das wahre Wesen der Seele widerzuspiegeln.

Unmittelbare Selbsterkenntnis
Die Seele erkennt sich nun unmittelbar durch sich selbst, ohne von irgendeinem Medium abhängig zu sein. Sie sieht sich nicht mehr als irgendeinen endlichen Körper, sondern erkennt sich als Gott den Unendlichen

und weiß sich als die einzige Wirklichkeit. Diese entscheidende Wende im Leben der Seele wird herbeigeführt durch das vollständige Durchtrennen der Verbindung mit allen drei Körpern. Da das Bewußtsein der verschiedenen Daseinssphären unmittelbar von den entsprechenden Körpern abhängt, entfällt der Seele das gesamte Universum ganz und gar. Das Bewußtsein ist nicht mehr auf irgendein Anderes oder Äußeres gerichtet, sondern auf die Seele selbst. Nun ist die Seele wahrhaft selbstbewußt. Sie ist zur wahren Erkenntnis ihrer selbst gekommen.

Falsche Selbsterkenntnis als vorläufiger Ersatz
Der Vorgang, durch den die Seele zur Selbsterkenntnis gelangt, ist über alle drei Daseinssphären hinweg mit der Entfaltung falscher Selbsterkenntnis verbunden, insofern sich die Seele nacheinander mit dem physischen, dem subtilen und dem mentalen Körper identifiziert. Dies ergibt sich notwendig aus dem eigentlichen Zweck der Schöpfung, der darin besteht, der Seele zur Selbsterkenntnis zu verhelfen. Die Seele kann erst am Ende der geistigen Wanderung zur wahren Selbsterkenntnis gelangen, und alle dazwischenliegenden Formen falscher Selbsterkenntnis sind gleichsam ein vorläufiger Ersatz für wahre Selbsterkenntnis. Es sind Irrtümer, die notwendig sind auf dem Weg des Strebens nach wahrer Selbsterkenntnis.

Da der Lichtstrahl des Bewußtseins während der ganzen Wanderung auf die Objekte der jeweiligen Umwelt gerichtet ist und nicht auf die Seele selbst, neigt die Seele dazu, sich dermaßen in diese Dinge zu vertiefen, daß sie ihre eigene Existenz beinahe vollständig vergißt. Dieser Gefahr gänzlicher Selbstvergessenheit wird jedoch entgegengewirkt durch die Selbstbejahung der Seele vermittels jenes Körpers, der dem Bewußtsein in der jeweils gegebenen Phase als Brennpunkt dient. So identifiziert die individuelle Seele sich selbst mit ihrem eigenen Körper und andere individuelle Seelen mit deren Körper, wodurch sie eine Welt der Vielfalt aufrechterhält, in der es Geschlecht, Rivalitäten, Aggression, Eifersucht, Furcht voreinander und ichbezogenes, gegen andere gerichtetes Streben gibt. Mittelbare Selbsterkenntnis durch ein äußeres Zeichen ist deshalb eine Quelle unsäglicher Verwirrung, Komplikation und Verstrickung.

Die Geschichte vom Kürbis
Diese Form von Nichtwissen läßt sich durch die altbekannte Geschichte vom Kürbis veranschaulichen, die der persische Dichter Djami in einer seiner Strophen erwähnt. Es war einmal ein zerstreuter Mann, der in Sa-

chen Vergeßlichkeit alle Rekorde brach. Es war so vergeßlich, daß er große Mühe hatte, sich an sich selbst zu erinnern. Nun hatte dieser Mann einen klugen und treuen Freund, der ihm helfen wollte. Zu diesem Zweck band er dem Vergeßlichen einen Kürbis um den Hals und sagte: «Nun hör zu, mein Guter – eines Tages könntest du dich völlig verlieren und gar nicht mehr wissen, daß du da bist. Deshalb binde ich dir als Zeichen diesen Kürbis um den Hals, so daß du ihn jeden Morgen beim Aufwachen siehst und weißt, daß du da bist.» Jeden Morgen erblickte der zerstreute Mann beim Aufwachen den Kürbis an seinem Hals und sagte zu sich selbst: «Ich bin nicht verloren!» Nach einiger Zeit, als sich der Mann an die Selbstfindung vermittels des Kürbis gewöhnt hatte, bat der Freund einen Fremden, bei dem Zerstreuten zu bleiben, ihm während des Schlafes den Kürbis abzunehmen und um seinen eigenen Hals zu binden. Der Fremde tat wie ihm geheißen, und als der zerstreute Mann am Morgen aufwachte, sah er den Kürbis nicht an seinem Hals. Da sagte er zu sich selbst: «Ich bin verloren!» Hierauf sah er den Kürbis am Hals des Fremden und rief aus: «Du bist ich! Wer aber bin dann ich?»

Verdeutlichung der Analogie
Die Kürbis-Geschichte ist eine Analogie der verschiedenen Formen falscher Selbsterkenntnis infolge der Identifikation mit dem Körper. Sich selbst als Körper kennen, ist, wie sich selbst durch den Kürbis kennen. Die Krise, die durch Nichtidentifikation mit dem stofflichen, subtilen oder mentalen Körper entsteht, ist der Verwirrung vergleichbar, die der zerstreute Mann empfand, als er den Kürbis nicht mehr an seinem Hals fand. Die Anfänge der Auflösung des Gefühls von Zweiheit entsprechen der Identifikation des zerstreuten Mannes mit dem Fremden, der seinen Kürbis um den Hals gebunden hatte. Würde der zerstreute Mann in der Geschichte aber lernen, sich unabhängig von jedem äußeren Zeichen durch sich selbst zu erkennen, so wäre seine Selbsterkenntnis der wahren Selbsterkenntnis der Seele vergleichbar, die nach Aufgabe der Identifikation mit den drei Körpern sich selbst als niemand anderen als Gott den Unendlichen erkennt. Das Erlangen solcher Selbsterkenntnis ist das eigentliche Ziel der Schöpfung.

Gottverwirklichung

Wahre Selbsterkenntnis bedeutet Gottverwirklichung
Zur wahren Selbsterkenntnis gelangen bedeutet zur Gottverwirklichung gelangen. Gottverwirklichung ist ein einzigartiger Bewußtseinszustand. Sie unterscheidet sich von allen anderen Zuständen des Bewußtseins, weil alle anderen durch das Medium des individuellen Gemüts erfahren werden, wogegen der Zustand des Gottbewußtseins in keiner Weise vom individuellen Gemüt oder irgendeinem anderen Medium abhängig ist.

Ein Medium ist notwendig zur Erkenntnis von etwas anderem als dem eigenen wahren Selbst. Zur Erkenntnis seiner selbst ist kein Medium notwendig. Die Verbindung des Bewußtseins mit dem Gemüt ist sogar entschieden ein Hindernis für die Verwirklichung und nicht eine Hilfe. Das individuelle Gemüt ist der Sitz des falschen Selbst, das heißt des Bewußtseins von Trennung. Es bringt die begrenzte Individualität hervor, die die Illusion von Zweiheit, Zeit und Wandel nährt und zugleich genährt wird von ihr. Um das wahre Selbst so zu erkennen, wie es ist, muß das Bewußtsein ganz und gar frei werden von den Begrenzungen des individuellen Gemüts. Mit anderen Worten, das individuelle Gemüt muß verschwinden, das Bewußtsein aber erhalten bleiben.

Die Verflechtung des Bewußtseins mit dem Gemüt
Während der gesamten vergangenen Lebensgeschichte der Seele entwickelte sich deren Bewußtsein zusammen mit dem individuellen Gemüt, und alle Bewußtseinstätigkeit vollzog sich in engem Bezug zu diesem individuellen Gemüt. Das Bewußtsein ist deshalb tief verankert im individuellen Gemüt und vermag sich nicht zu lösen aus diesem Umfeld, in das

es gleichsam eingewoben ist. Die Folge dieser Verflechtung von Bewußtsein und individuellem Gemüt ist, daß bei Ausschaltung des Gemüts auch das Bewußtsein verschwindet. Das zeigt sich zum Beispiel an der Neigung zum Eindösen, wenn man versucht, die mentale Tätigkeit durch Meditation zum Stillstand zu bringen.

Die Ursache des Schlafs
Das alltägliche Phänomen des Einschlafens ist in seinem Wesen nicht sehr verschieden vom Phänomen des Eindösens während der Meditation. Nur in bezug auf seine Ursache unterscheidet es sich leicht davon. Da das individuelle Gemüt fortwährend mit der Welt der Zweiheit konfrontiert ist, befindet es sich in ständigem Konflikt, und wenn es dieses unablässigen Kampfes müde ist, empfindet es das Bedürfnis, seine Identität als gesonderte Wesenheit abzulegen und ins Unendliche zurückzukehren. So zieht es sich zurück aus der Welt seiner eigenen Schöpfung und erfährt eine Ruhepause in seiner Tätigkeit, die unweigerlich von einer Ausschaltung des Bewußtseins begleitet ist.

Die Rückkehr zum Wachzustand
Das Ruhen der mentalen Tätigkeit im Schlaf hat das vollständige Untertauchen des Bewußtseins zur Folge, doch dieser Stillstand des mentalen Lebens und bewußten Funktionierens ist zeitlich begrenzt, weil die im Gemüt gespeicherten Eindrücke dasselbe zu neuer Tätigkeit anregen. Nach einer Weile bewirken die von diesen Eindrücken ausgehenden Impulse ein Wiedererwachen des Gemüts und eine Wiederbelebung des bewußten Funktionierens durch dieses Medium. So folgt auf eine Periode des Schlafens eine Periode des Wachens, und auf eine Periode des Wachens eine Periode des Schlafens, entsprechend dem Gesetz alternierender Spannung und Entspannung. Solange die latenten Eindrücke im Gemüt nicht vollständig getilgt sind, kann es deshalb keine endgültige Auslöschung des individuellen Gemüts und keine endgültige Befreiung des Bewußtseins geben. Im Schlaf vergißt das Gemüt zwar zeitweilig seine Identität, doch kommt es nicht zum endgültigen Ablegen seiner individuellen Existenz. Wenn der Mensch aus dem Schlaf erwacht, findet er sich wieder im Bannkreis seiner alten Begrenzungen. Es kommt zwar zu einer Auferstehung des Bewußtseins, doch ist dieses Bewußtsein nach wie vor vom Gemüt beherrscht.

Das Hindernis des Ich

Das begrenzte Gemüt ist der Boden, in dem das Ich wurzelt, und durch die vielfältigen Täuschungen, in denen dieses Ich gefangen ist, verewigt es das Nichtwissen. Das Ich verhindert das Offenbarwerden des unendlichen Wissens, das der Seele latent innewohnt. Es ist das allergrößte Hindernis auf dem Weg zu Gott. Ein persisches Gedicht sagt treffend: «Es ist äußerst schwer, den Schleier des Nichtwissens zu durchdringen, denn über dem Feuer liegt ein Stein.» So wie eine Flamme nicht sehr hoch steigen kann, wenn ein Stein darübergelegt wird, kann das Sehnen nach Erkenntnis des eigenen wahren Wesens nicht zur Wahrheit führen, solange die Bürde des Ich auf dem Bewußtsein liegt.

Das Finden zum eigenen wahren Selbst wird unmöglich gemacht durch das Fortbestehen des Ich, und dieses besteht fort bis zum Ende der geistigen Reise. Im Alter kann ein kranker Zahn unsägliche Beschwerden verursachen, weil er sich nicht leicht ausreißen läßt, obschon er sich in der Zahnhöhle bewegt. Desgleichen ist auch das Ich schwer zu entwurzeln, auch wenn es durch Liebe oder Buße schwach geworden ist. Obwohl es sich mit dem Fortschreiten auf dem Pfad zusehends lockert, bleibt es bis zur Erreichung des Endziels auf der siebenten Ebene bestehen.

Das Ich kann sich nicht selbst beseitigen

Das Ich ist der Mittelpunkt allen menschlichen Tuns. Seine Versuche, die eigene Auslöschung herbeizuführen, lassen sich mit dem Versuch eines Menschen vergleichen, auf seine eigenen Schultern zu klettern. So wie das Auge sich nicht selbst sehen kann, vermag das Ich nicht, seinem Dasein ein Ende zu bereiten. Alles was es unternimmt, um seine eigene Vernichtung zustandezubringen, bewirkt bloß eine weitere Stärkung seines Daseins. Gerade aus der Anstrengung, sich selbst zu vernichten, bezieht es ständig neue Nahrung. So ist es nicht in der Lage, sich durch sein verzweifeltes Bemühen gänzlich zum Verschwinden zu bringen, auch wenn es ihm gelingt, seine Natur zu verändern. Das Verschwinden des Ich kommt zustande durch die Auflösung des begrenzten Gemüts, in dem es seinen Sitz hat.

Befreiung des Bewußtseins von den Begrenzungen des Gemüts

Das Problem der Gottverwirklichung ist das Problem der Befreiung des Bewußtseins von den Begrenzungen des Gemüts. Wenn sich das individuelle Gemüt auflöst, verschwindet auch das gesamte Universum, das nur relativ zum Gemüt existiert. Damit ist das Bewußtsein nicht länger an irgend etwas gebunden. Es ist nun unbegrenzt und ungetrübt durch irgend etwas und dient seinem eigentlichen Zweck – der Erkenntnis der unendlichen Wirklichkeit. In der Seligkeit der Verwirklichung hat die Seele alle Gesichte und Laute sowie jegliche Objekte im Universum vergessen. In dieser Hinsicht ist Gottverwirklichung dem Tiefschlaf ähnlich, doch besteht zwischen diesen beiden ein grundlegender Unterschied.

Auch im Schlaf verschwindet die Illusion des Universums, da ja alles Bewußtsein ausgeschaltet ist, doch bringt der Schlaf keine bewußte Erfahrung Gottes, denn diese Erfahrung erfordert die gänzliche Auslöschung des Ich und die Hinwendung des vollen Bewußtseins zur letzten Wirklichkeit. Gelegentlich, wenn die Kontinuität des Tiefschlafs kurz unterbrochen wird, kann es geschehen, daß die Seele einen Bewußtseinszustand erfährt, der nicht Bewußtsein von irgend etwas Bestimmtem ist. Bewußtsein ist da, doch es ist nicht Bewußtsein des Universums. Es ist Bewußtsein von *nichts*. Erfahrungen dieser Art sind Vorahnungen der Gottverwirklichung, in welcher das Bewußtsein völlig frei geworden ist von der Illusion des Universums und wo sich ihm das unendliche Wissen offenbart, das bis dahin vom Ich verdeckt war.

Unterschied zwischen Tiefschlaf und Gottverwirklichung

Im Schlaf besteht das individuelle Gemüt weiter, obschon es alles vergessen hat, einschließlich seiner selbst. Die im Gemüt latent vorhandenen Eindrücke bilden einen Schleier zwischen dem untergetauchten Bewußtsein und der unendlichen Wirklichkeit. Während des Schlafs bleibt das Bewußtsein gefangen in der Schale des individuellen Gemüts und vermag ihr nicht zu entrinnen. Obwohl die Seele mithin ihr Getrenntsein von Gott vergessen hat und tatsächlich vereint ist mit Ihm, ist ihr dieses Vereintsein nicht bewußt. In der Gottverwirklichung indessen hat das begrenzte Gemüt nicht bloß sich selbst vergessen, sondern es hat mitsamt allen seinen Eindrücken zu existieren aufgehört. Das Bewußtsein, das bis dahin mit dem individuellen Gemüt verflochten war, ist nunmehr frei und unbehindert. Es tritt in unmittelbaren Kontakt zur letzten Wirklichkeit und wird eins mit ihr. Da der Schleier zwischen Bewußtsein und Wirklichkeit gefallen ist, verschmilzt das Bewußtsein mit dem Absoluten und bleibt als untrennbarer Aspekt des Absoluten in alle Ewigkeit aufgehoben in ihm, woraus ein nimmer endender Zustand unendlichen Wissens und grenzenloser Seligkeit erwächst.

Gottverwirklichung

Gottverwirklichung, eine persönliche Errungenschaft
Das Offenbarwerden unendlichen Wissens und grenzenloser Seligkeit im Bewußtsein bleibt indessen streng auf jene Seele begrenzt, die zur Gottverwirklichung gelangt ist. In dieser Seele ist die unendliche Wirklichkeit ihrer eigenen Unendlichkeit bewußt geworden, doch die unverwirklichte Seele, die nach wie vor in der Illusion des Universums gefangen ist, hat solches Bewußtsein nicht. Wäre Gottverwirklichung nicht eine persönliche Errungenschaft, so würde das Universum zu seinem Ende kommen, sobald irgendeine Seele die Gottverwirklichung erlangt. Dies geschieht jedoch nicht, weil Gottverwirklichung ein persönlicher Bewußtseinszustand ist, der jener Seele eignet, die den Bereich des Gemüts überschritten hat. Die anderen Seelen bleiben gebunden und können die Verwirklichung nur erlangen, indem sie ihrerseits ihr Bewußtsein von der Bürde des falschen Ich und den Begrenzungen des individuellen Gemüts befreien. Deshalb hat Gottverwirklichung nur für jene Seele unmittelbare Bedeutung, die aus dem Zeitprozeß ausgetreten ist.

Gottverwirklichung, das Offenbarwerden des ewig Seienden
Nach Erlangen der Gottverwirklichung erkennt die Seele, daß sie von jeher die unendliche Wirklichkeit gewesen ist, als die sie sich jetzt weiß, und daß ihr Selbstverständnis als begrenztes, endliches Wesen während der Periode der Evolution und der nachfolgenden Periode geistiger Reifung bloß eine Illusion war. Die Seele entdeckt auch, daß die Allwissenheit und Allseligkeit, deren sie sich nunmehr erfreut, der unendlichen Wirklichkeit vom Uranfang der Zeit latent innewohnte und im Moment der Gottverwirklichung bloß offenbar wurde. Es ist mithin nicht so, daß der Gottverwirklichte tatsächlich etwas anderes würde, als er vor der Verwirklichung war. Er bleibt, was er im Grunde von jeher gewesen ist. Der einzige Unterschied, den die Verwirklichung macht, liegt darin, daß ihm sein eigenes wahres Wesen nunmehr bewußt ist, während es ihm zuvor nicht bewußt war. Er weiß nun, daß er nie etwas anderes war als das, als was er sich jetzt weiß, und daß alles, was er durchmachte, nichts anderes war als der Vorgang der Selbstfindung.

Ein Spiel, dessen Anfang und Ende identisch sind
Der ganze Vorgang, der zur Gottverwirklichung führt, ist nichts weiter als ein Spiel, dessen Anfang und Ende identisch sind. Nichtsdestoweniger bedeutet die Gottverwirklichung einen eindeutigen Gewinn für die Seele. Es gibt grundsätzlich zweierlei Formen von Gewinn: die eine besteht

Gottverwirklichung

darin, zu erhalten, was man zuvor nicht besaß, die andere darin, voll und ganz zu verwirklichen, was man tatsächlich ist. Gottverwirklichung gehört zur zweiten Art. Dieser Gewinn schafft indessen einen unendlichen Unterschied zwischen der verwirklichten und der nichtverwirklichten Seele. Die verwirklichte Seele besitzt zwar nicht irgend etwas Neues, doch ihr klares Wissen um all das, was sie wirklich ist, war und immerdar sein wird, verleiht der Gottverwirklichung höchste Wichtigkeit. Die nichtverwirklichte Seele erfährt sich selbst als begrenzt und endlich und leidet deshalb ständig unter den Gegensätzen flüchtige Freude und Leid. Die verwirklichte Seele aber ist hinausgetreten über diese Gegensätze und erfährt das unendliche Wissen und die grenzenlose Seligkeit des Gottbewußtseins.

Der Wert der Gottverwirklichung
In der Gottverwirklichung gibt die Seele ihr abgetrenntes Bewußtsein auf. Im unverlierbaren Wissen um ihre Identität mit der unendlichen Wirklichkeit tritt sie über alle Zweiheit hinaus. Die Fesseln der begrenzten Individualität sind gesprengt, die Welt der Schatten ist entschwunden und der Schleier der Illusion auf immer gelüftet. Das fieberhafte, qualvolle Suchen des begrenzten Bewußtseins weicht der Ruhe und Seligkeit des Bewußtseins der Wahrheit. Die Rastlosigkeit und das Getümmel des Daseins in der Zeit finden ihr Ende im Frieden und der Stille der Ewigkeit.

Wahre Jüngerschaft

Jüngerschaft ist ein lebenswichtiges Band
Wenn sich ein geistig Suchender aus freien Stücken einem Vollkommenen Meister anschließt, so sagt man von ihm, er sei dessen Jünger geworden. Doch wenn dieser Anschluß bloß formaler Art ist, bedeutet er nicht Jüngerschaft im wahren Sinne. Die Beziehung zwischen Jünger und Vollkommenem Meister ist ganz und gar verschieden von den weltlichen Beziehungen, die durch Absprachen oder formelle Vereinbarungen über Rechte und Pflichten zustandekommen. Jüngerschaft ist einer der Grundzüge des Lebens fortgeschrittener Suchender, und sie kommt nicht zustande durch irgendwelche künstliche Verfahren. Sie erwächst aus den elementaren Gesetzen des Geisteslebens selbst. Deshalb ist sie ungleich bedeutsamer als die weltlichen Beziehungen, die innerhalb des gewöhnlichen sozialen Kontexts aus zeitlich begrenzten Partnerschaften und Verträgen erwachsen. Weltliche Beziehungen dieser Art bleiben meist außerhalb des geistigen Gefüges des Lebens des Suchenden und haften seinem Wesen nur oberflächlich an. So ist es von geringer Tragweite, ob du ein Ding von diesem oder jenem Händler kaufst, solange du den Preis dafür bezahlst. Ebenso unwichtig ist, ob du mit diesem oder jenem Schiff reist, solange es dich ans Ziel bringt. Zwar sind ohne Zweifel auch solche geschäftlichen Beziehungen innerlich durch sanskārische Bindungen und die Gesetze des Karma bestimmt und entbehren daher nicht einer gewissen geistigen Bedeutung, doch bleiben sie ihrem Wesen nach oberflächlich und sind zeitlich begrenzt. Sie sind in keiner Weise vergleichbar mit dem lebenswichtigen Band der Jüngerschaft, das dem Leben des Suchenden Substanz und Richtung gibt.

Wahre Jüngerschaft

Der Kern der Jüngerschaft ist Liebe
Die Beziehung zwischen Jünger und Vollkommenem Meister ist ein notwendiges Ergebnis der inneren Lebensumstände des Suchenden. Sie ist in erster Linie eine Beziehung zwischen Liebendem und göttlichem Geliebten. Vom geistigen Gesichtspunkt ist dies die wichtigste Beziehung, die ein Mensch überhaupt eingehen kann. Jene Liebe, die den Kern der Jüngerschaft bildet, übertrifft alle anderen Arten von Liebe, wie sie in gewöhnlichen menschlichen Beziehungen vorherrschen. Weltliche Liebe ist ein Wechselspiel zwischen zwei Formen von Gott dem Unbewußten. Jene Liebe aber, um die es in der Jüngerschaft geht, ist die Liebe von Gott dem Unbewußten für Gott den Bewußten. Jeder ist Gott, doch den meisten ist ihr göttliches Wesen nicht bewußt, anderen ist es teilweise bewußt, und einigen wenigen nur ist es vollauf bewußt. Jene, die kein Bewußtsein von ihrem göttlichen Wesen haben, können keine Vorstellung vom Gottzustand haben. Ihnen ist nur der Körperzustand bewußt. Sie können das Erbe des Gottzustandes nur erlangen durch Liebe für, Übergabe an und Führung durch den Vollkommenen Meister, der auf immer in den Gottzustand eingegangen ist.

Vorrang des Anspruchs des Meisters
Die Liebe des Jüngers für den Meister ist in Wirklichkeit die Antwort, die die größere Liebe des Meisters für den Jünger in diesem weckt. Sie steht über allen anderen Arten von Liebe. Die Liebe zum Meister wird ganz natürlich zur zentralen Kraft im Leben des Jüngers, denn er weiß, daß der Meister eine Verkörperung und Offenbarung Gottes des Unendlichen ist. Sein ganzes Denken, sein ganzes Streben kreist fortan um die Person des Meisters. Damit räumt er dem Meister unangefochtenen Vorrang ein vor allen anderen Ansprüchen, die er anerkennen mag. Aufgrund eben dieses Vorranges wird der Meister zum Brennpunkt der geistigen Kräfte, die alle Finsternis vertreiben, das Herz von allen Sünden läutern und den Jünger einem Leben in Freiheit und Wahrheit zuführen.

Alle Liebe führt zum göttlichen Geliebten
Die Grundanforderung an denjenigen, der ein wahrer Jünger sein möchte, ist vorbehaltlose Liebe zum Meister. Alle anderen Flüsse der Liebe münden letztlich in diesen großen Strom der Liebe zum Meister und gehen auf in ihm. Dies veranschaulicht die Geschichte von Majnun und Layla. Majnun liebte Layla. Er liebte sie so sehr, daß er ihrer in jedem Augenblick seines Lebens eingedenk war. Er konnte weder essen noch

trinken, noch schlafen, ohne ihrer zu gedenken, und alles, was er begehrte, war Laylas Glück. Er hätte sie mit Freuden einem anderen vermählt gesehen, wenn dies ihr Glück gewesen wäre, und er hätte für ihren Angetrauten sogar sein Leben hingegeben, wenn ihr so Schmerz erspart geblieben wäre. Seine gänzliche Selbstverleugnung und Aufrichtigkeit in dieser Liebe führte ihn letztlich zum Vollkommenen Meister. Jede Sekunde seines Lebens hatte Majnun nicht an sich selbst gedacht, sondern an das geliebte Wesen, und dies hob seine Liebe über die Ebene des Sinnlichen oder Intellektuellen hinaus und vergeistigte sie. Die Vergeistigung seiner Liebe führte ihn zum göttlichen Geliebten.

Läuterung durch Liebe und Hingabe
Der Vollkommene Meister ist der göttliche Geliebte, und wenn der Jünger seinem Meister begegnet, bleibt ihm nichts weiter zu tun, als ihn zu lieben. Wenn der Jünger seinen Meister aus der Fülle seines Herzens liebt, ist ihm das letztliche Einswerden mit ihm sicher. Er braucht sich nicht zu sorgen ob der Unvollkommenheit seiner Liebe. Trotz seiner Schwächen soll er lieben und nicht warten, bis es ihm gelingt, sein eigenes Herz zu läutern. Der Meister ist die Quelle der Lauterkeit, und deshalb ist die Hinwendung des Herzens zu ihm der Beginn der Selbstläuterung. Wenn der Jünger dem Meister von ganzem Herzen ergeben ist, öffnet er sich für die göttliche Liebe, die der Meister auf ihn überströmen läßt. Im Feuer der so empfangenen göttlichen Liebe werden alle seine Makel getilgt. Soll der Jünger frei werden von jedem Makel und unverderbliche, unendliche Reinheit erlangen, muß er sein Leben ganz dem Meister weihen, ohne Vorbehalte oder Rückstellungen irgendwelcher Art. Er muß seine Schwächen ebenso darbringen wie seine Stärken, seine Laster ebenso wie seine Tugenden. Es darf in dieser Darbringung kein «wenn» und «aber» geben. Seine Hingabe muß so vollständig sein, daß nicht einmal ein Schatten irgendeines heimlichen selbstsüchtigen Wunsches mehr in ihm verbleibt.

Die Bedeutung des Glaubens
Vollständige Hingabe und vorbehaltlose Liebe werden möglich, wenn der Jünger zum unerschütterlichen Glauben an den Meister kommt. Glaube an den Meister ist ein unerläßlicher Bestandteil wahrer Jüngerschaft. Hat man Gott jedoch verwirklicht, so ist das nicht mehr eine Sache des Glaubens, ebensowenig wie ein Mensch, der weiß, daß er ein Mensch ist, daran glauben muß. Doch bis dieser Zustand der Verwirklichung er-

reicht ist, bleibt Glaube an den Meister das zuverlässigste Leitlicht des Jüngers und erfüllt eine ähnliche Funktion wie das Ruder eines Schiffes. Es ist falsch, Glauben als blind zu bezeichnen, denn Glaube ist dem Sehen ähnlicher als bloßem Nichtwissen, doch entbehrt er zwangsläufig der unmittelbaren Erfahrung. Diese wird erst möglich, wenn der Jünger selbst die Verwirklichung erlangt.

Es ist kein Zufall, daß alle Religionen als «Glauben» bezeichnet werden. Glaube gehört zu den wichtigsten Dingen im Leben eines Suchenden. Er kann sich in verschiedenen Formen ausdrücken, doch vom Gesichtspunkt der inneren Wirkung sind alle diese Formen ein und dasselbe und lassen sich nicht verschieden etikettieren. Der einzige Unterschied im Glauben ist ein Unterschied der Intensität. Glaube kann stark und lebendig sein, oder schwach und lau. Ein schwacher und lauer Glaube führt den Menschen nicht weiter als bis zur Teilnahme an Ritualen und Zeremonien, doch ein starker und lebendiger Glaube trägt den Suchenden unweigerlich über die äußeren Formen der Religion hinaus und hilft ihm, durch die Schale zum Kern wahren Geisteslebens vorzudringen. Der Glaube des Suchenden erreicht seinen natürlichen Höhepunkt und seine Bestimmung, wenn er in dessen Meister zu ruhen kommt.

Die Geschichte von Kalyan

Der Glaube des Jüngers muß allezeit fest gegründet sein in der Erfahrung der Göttlichkeit des Meisters. Sein Glaube darf nicht sein wie ein Strohhalm, den der leiseste Windhauch hinwegfegt. Er muß sein wie ein Fels, den selbst der gewaltigste Sturm nicht zu verrücken vermag. Die Geschichte von Kalyan zeigt, was ein wahrhaft felsenfester Glaube an den Meister bedeutet. Kalyan war ein Jünger von Swami Ramdas Samarth, einem Vollkommenen Meister zur Zeit Shivajis. Der Meister liebt alle Jünger gleichermaßen, doch einige mögen ihm besonders teuer sein, geradeso wie einem Menschen, der alle Teile seines Körpers liebt, die Augen teurer sein mögen als die Finger.

Swami Ramdas Samarth hatte viele Jünger, doch von allen war ihm Kalyan am teuersten. Die anderen Jünger verstanden nicht ganz, weshalb Kalyan dem Meister teurer sein sollte als die anderen. Ramdas machte es ihnen auf folgende Weise klar: Eines Tages rief er sie alle zu sich und stellte sich todkrank. Er hatte eine Mangofrucht auf sein Knie gelegt und mit einer Binde umwickelt, so daß der Eindruck einer großen Schwellung entstand. Ramdas deutete auf sein Knie und sagte zu den Jüngern, wenn nicht jemand das Gift aus seinem kranken Knie sauge, habe er keine

Wahre Jüngerschaft

Chance zu überleben. Zugleich machte er klar, daß jener, der das Gift aussauge, auf der Stelle sterben werde. Dann fragte er, welcher Jünger bereit sei, ihn um den Preis seines eigenen Lebens von diesem Gift zu befreien. Alle zögerten, ausgenommen Kalyan. Er trat sogleich hinzu und begann an der Geschwulst zu saugen. Zu seiner Überraschung fand er süßen Mangosaft statt Gift, und Ramdas pries seinen unerschütterlichen Glauben und seine selbstverleugnende Liebe. Die Bereitschaft, für das Wohlbefinden des Geliebten zu sterben, bedeutet wahre Liebe. Einen so festen Glauben, eine so unanfechtbare Liebe und bedingungslose Treue, wie sie Kalyan besaß, kann der Jünger nur durch die Gnade des Meisters selbst erlangen.

Wer dem Meister dient, dient allen
Bedingungslose Treue zum Meister bedeutet keineswegs eine Einengung der Lebenssphäre des Jüngers. Wer dem Meister dient, dient seinem eigenen wahren Selbst in jedem anderen Selbst. Der Vollkommene Meister ist in seinem Bewußtsein universal, und sein Wirken gilt dem geistigen Wohlergehen aller. Dienst für den Meister bedeutet daher Teilnahme an seinem Werk, das darin besteht, allem Leben zu dienen. Bei dieser Teilnahme am Werk des Meisters kann der Jünger zum Umgang mit der Welt aufgefordert sein, doch während er sich solchermaßen in der Welt bewegt, um die ihm übertragene Aufgabe zu erfüllen, bleibt er innerlich verbunden mit dem Meister als dem unendlichen Sein. Diese Teilnahme am universalen Werk des Meisters bringt ihn dem Meister immer näher, bis er schließlich aufgeht in seinem universalen Bewußtsein. Dienst für den Meister ist deshalb der kürzeste Weg zur Verwirklichung des Meisters in sich selbst.

Durch Dienen zum Ziel
Der Dienst, den der Jünger dem Meister darbringt, ist mithin nicht nur eine Teilnahme am Werk für die ganze Menschheit, sondern auch eines der wirksamsten Mittel zur Annäherung an das geistige Ziel. Spontaner, liebender, selbstloser und bedingungsloser Dienst für den Meister bringt dem Jünger größeren geistigen Gewinn als er je auf irgendeinem anderen Weg zu erlangen vermöchte. Dienst für den Meister ist für den Jünger eine Freude, selbst wenn er eine Feuerprobe bedeutet für Körper oder Gemüt. Dienst unter Bedingungen, die mühsam und unbequem sind, stellt die Hingabe des Jüngers auf die Probe. Je größer die Prüfungen des Dienens, desto willkommener sind sie dem wahren Jünger. Indem er bei seinem

hingebenden Dienst für den Meister körperliche und mentale Pein willig auf sich nimmt, erfährt er die Seligkeit geistiger Erfüllung.

Die wahre Rolle des Meisters
Vorbehaltlose und absolute Treue zum Meister wird möglich durch richtiges Verstehen dessen, was der Meister ist und wofür er in Wirklichkeit steht. Wenn der Jünger den wahren Stand und die Rolle des Meisters nur unzulänglich erfaßt, neigt er dazu, einen Widerspruch zwischen dem eigenen höheren Selbst und dem Meister zu sehen. Als Folge dieses vorgestellten Widerspruchs mag es in seinem Gemüt zu einem künstlichen Konflikt kommen zwischen den Forderungen des Meisters und anderen Forderungen, die ihm gerechtfertigt erscheinen.

Ein Jünger sollte indessen von vornherein einsehen, daß der Meister von ihm nur eines verlangt, nämlich die Verwirklichung seines eigenen wahren Selbst. Der Meister macht dem Jünger dessen eigenes wahres Selbst anschaubar, denn er ist nichts anderes als dieses wahre Selbst, das dieselbe eine Wirklichkeit in allen ist. Deshalb ist das Bekenntnis zum Meister nur eine andere Form des Bekenntnisses zum eigenen wahren Selbst. Das bedeutet allerdings nicht, daß ein rein formales Bekenntnis zum wahren Selbst in irgendeiner Weise ein geeigneter Ersatz sein könnte für das Bekenntnis zum Meister. Der Jünger ist außerstande, sein eigenes wahres Selbst klar wahrzunehmen, solange er das geistige Ziel nicht erreicht hat. Oft ist das, was ihm als seine Pflicht erscheint, in Wirklichkeit nichts anderes als die Eingebung gewisser Sanskāras, die sich in seinem Bewußtsein äußern und das wahre Selbst verhüllen. Der Meister jedoch ist eins mit dem wahren Selbst und kann sich in der Wertung nicht irren.

Notwendigkeit fortgesetzter Selbstprüfung
Der Jünger muß deshalb seine eigenen Eingebungen stets an den vom Meister gegebenen Richtlinien oder Weisungen messen und im Falle eines Widerspruchs zwischen beiden seine eigenen Anschauungen einer gründlichen Prüfung unterziehen, um herauszufinden, wo sie der Vollkommenheit ermangeln. Fast immer genügt eine aufrichtige Betrachtung, um die grundlegende Übereinstimmung zwischen den wirklichen Geboten des eigenen wahren Selbst und den Forderungen des Meisters zu erkennen. Sollte es dem Jünger aber in einem seltenen Fall trotz allem nicht gelingen, die beiden in Einklang zu bringen, so kann er sicher sein, daß er entweder die Gebote des eigenen wahren Selbst nicht richtig verstanden oder aber den Sinn der Forderungen des Meisters nicht richtig erfaßt hat.

In solchen Fällen stellt der Meister dem Jünger frei, seinem eigenen Gewissen zu folgen.

Zuweilen erteilt der Meister Weisungen, die eigens dazu dienen, den Jünger auf eine neue Phase seiner geistigen Entwicklung vorzubereiten. Solche Weisungen sind es, die den Jünger fürs erste mit einem scheinbaren Widerspruch zwischen seinen eigenen Neigungen und den Forderungen des Meisters konfrontieren können. Doch im allgemeinen gibt der Meister keine Weisungen, für die der Jünger nicht schon innerlich reif ist.

Die Bedeutung wahrer Jüngerschaft

Der Meister ist völlig frei von irgendwelchen persönlichen Motiven. Worum es ihm geht, ist stets einzig und allein die Beseitigung des Schleiers zwischen dem Bewußtsein des Jüngers und dessen wahrem Selbst. Es kann daher niemals einen wirklichen Konflikt geben zwischen dem Bekenntnis zum Meister und dem Bekenntnis zum eigenen wahren Selbst. Und wahrlich, am Ende seiner Suche entdeckt der Jünger, daß der Meister nichts anderes ist als sein eigenes wahres Selbst in einer anderen Form. Der Meister, in seiner gänzlichen Freiheit vom Ich und seiner durch nichts behinderten Göttlichkeit, ist so vollkommen, daß es für ihn nichts zu begehren gibt.

Alles, was er in seiner Beziehung zum Jünger verlangt, ist, daß sich der Jünger im Licht der höchsten Wahrheit neu aufbaue. Jünger werden heißt den Pfad unter die Füße nehmen, der zum geistigen Ziel führt. Dies ist die Bedeutung wahrer Jüngerschaft.

Die Wege der Meister

Allzeitige Hilfsbereitschaft
Vollkommene Meister sind in ihrem Bewußtsein absolut unpersönlich und universal, doch können sie, wenn geistige Zwecke dies verlangen, den Bereich ihres Wirkens einschränken und zulassen, daß ihre manifeste Persönlichkeit zum Zielpunkt des Strebens ihrer Jünger wird. Sie benutzen persönliche Beziehungen als spezifische Kanäle, um ihre Hilfe jenen Suchenden zuteil werden zu lassen, die mit ihnen in Verbindung treten. Die Meister halten stets Ausschau nach solchen, die ihre Hilfe benötigen und verdienen, und selbst der schwächste Schimmer geistigen Sehnens entgeht ihnen nicht. Sie fördern und beschleunigen den Fortschritt sämtlicher Suchenden auf vielerlei Arten, die unfehlbar wirksam sind, obwohl sie anderen nicht immer ganz verständlich sein mögen.

Das Wesen der Hilfe eines Vollkommenen Meisters
Die Hilfe eines Vollkommenen Meisters besteht darin, die geistige Reise des Suchenden sicher und gefahrlos zu machen und außerdem die Zeit abzukürzen, die dieser sonst benötigen würde, um das Ziel zu erreichen. Der Suchende mag durch unabhängiges Suchen weit vorankommen auf dem Pfad, doch das Hinausschreiten über die sechste Ebene ist ihm ohne die Hilfe eines Vollkommenen Meisters nicht möglich. Selbst auf den unteren Ebenen ist die Hilfe des Meisters von unschätzbarem Wert, weil sie den Suchenden vor dem Steckenbleiben unterwegs bewahrt und ihn vor den Fallen und Gefahren schützt, deren es zahllose auf dem geistigen Pfad gibt. Kabir, der ein Vollkommener Meister war, verglich die drei Abschnitte des Pfades mit den drei Phasen des Feuers: Zunächst gibt es

nur Rauch und kein Feuer, dann Feuer umhüllt von Rauch und schließlich Feuer ohne Rauch. Geradeso herrscht am Anfang des Pfads dichte Unwissenheit. Auf halbem Weg wird das Ziel unklar wahrgenommen, und am Ende herrscht wahres Wissen ohne irgendeine Beimischung von Illusion. Da der Pfad durch Illusion mancher Art verläuft, ist der Suchende nie sicher, wenn er nicht die Hilfe eines Meisters hat, der alle Stufen des Pfads kennt und ihn deshalb bis ans Ziel führen kann.

Der Ort der Täuschung
Vor der Öffnung des inneren Auges versteht das Gemüt das Unendliche als das Ziel, und dieses Verständnis stützt sich auf ein Sinnbild von Unendlichkeit wie den Himmel oder den Ozean, die eine Vorstellung von Weite vermitteln. Obwohl dieser Begriff des Unendlichen klar und wohldefiniert ist, muß er der unmittelbaren Wahrnehmung des Unendlichen weichen. Der Suchende nimmt das wahre Selbst erst dann unmittelbar wahr, wenn sein inneres Auge des Geistes geöffnet wird. Wenn dies geschieht, ist das Gemüt zunächst geblendet von dem, was es erblickt, und es sieht nicht mehr so klar wie vor der Öffnung des inneren Auges. Betäubt durch diese Wahrnehmung des wahren Selbst verliert es seine Fähigkeit zu klarem Denken und verwechselt das Erblicken des wahren Selbst mit seiner tatsächlichen Verwirklichung. Daher verfällt der Suchende der Illusion, das Ende des Pfads erreicht zu haben, während er tatsächlich immer noch unterwegs ist. In der Terminologie der Sufis heißt dieser besondere Punkt auf dem Pfad *Muqam-e-afsan* oder «Ort der Täuschung». In solchen schwierigen Phasen des Pfads kann der Meister durch sein geschicktes Eingreifen dem Suchenden den notwendigen Anstoß geben, damit er seine Reise fortsetzt, statt unterwegs steckenzubleiben.

Die Rolle des Meisters
In der Tat besteht die Gefahr des Steckenbleibens auf jeder der inneren Ebenen, weil jede auf ihre eigene Weise höchst verlockend ist und dem Suchenden so zur Falle werden kann. Der Meister führt den Suchenden ohne unnützes Säumen durch eine Ebene hindurch oder von einer Ebene zur nächsten. Der Suchende muß seinen Weg selbst gehen. Dabei hilft ihm jedoch der Meister insofern, als er die bisherigen Intuitionen und Wahrnehmungen des Suchenden bestätigt und stärkt und sein Bewußtsein vorbereitet für die nächste Phase, die zwar notwendig folgen muß, aber ihrem Wesen nach vom Suchenden unmöglich vorausgesehen werden kann.

Die Wege der Meister

Fragloses Vertrauen des Jüngers

Der Meister benutzt Māyā, um den Jünger hinauszuheben über Māyā, und da er selbst jenseits von Gut und Böse ist, mag er zuweilen Dinge verlangen, die für den gewöhnlichen Verstand des Jüngers unannehmbar sind oder an denen dieser gar Anstoß nimmt. In solchen Fällen ist das Beste, was der Jünger tun kann, den Weisungen des Meisters in fraglosem Vertrauen zu folgen, statt sie seiner eigenen begrenzten Urteilsfähigkeit vorzulegen. Die folgenden berühmten Beispiele veranschaulichen diesen Punkt.

Der Koran überliefert die Geschichte von Abraham*, der aufgefordert wird, dem Herrn seinen geliebten Sohn Ismael als Schlachtopfer darzubringen. Fest in seinem Gehorsam und Glauben, macht sich Abraham daran, den Befehl auszuführen, doch in dem Augenblick, wo er zum Opferakt ansetzt, greift Gott ein und löst den Sohn durch das Opfer eines Widders aus.

Shams-e-Tabriz befahl Maulana Jalaluddin Rumi, seinem Jünger, Wein für ihn zu holen, was derselbe ohne Zögern tat. Nun hatte der Maulana damals als berühmter Theologe eine große Gefolgschaft koranischer Gesetzesgelehrter, und nach dem koranischen Gesetz ist der Genuß von Wein verboten (*haram*). Deshalb bedeutete es für ihn eine Feuerprobe, mit einem Krug Wein durch die Straßen zu wandern. Dennoch tat er es, denn das Wohlgefallen und die Gnade seines Meisters gingen ihm über alles.

Ghausali Shah erhielt von einem seiner Meister, der in einer Hütte am Ganges wohnte, die Weisung, ein Gefäß voll Wasser zu holen, aber nur von der Mitte des Stromes. Es ging gegen Mitternacht, und der Ganges führte Hochwasser, denn es war Monsun. Ghausali Shah zögerte zuerst, doch dann sammelte er seinen Mut, um das Unmögliche zu versuchen, und überließ sich der Allwissenheit des Meisters. Kaum war er in die tosenden Fluten gestiegen, wurde er Zeuge einer wunderbaren Verwandlung. Statt reißender Wasser sah er nurmehr ein dünnes Rinnsal, in das sein Gefäß kaum einzutauchen war. Er suchte die Mitte des Stroms und durchquerte fast das ganze Strombett, ohne sie zu finden. Während er immer noch suchte, erschien der Meister auf der Bildfläche und fragte nach dem Grund seines Ausbleibens. Als ihm Ghausali Shah antwortete, er könne die Strommitte nicht finden, erlaubte ihm der Meister, das Gefäß von Hand zu füllen, und half ihm selbst eine Weile dabei. Dann ver-

---

* s. Glossar.

Die Wege der Meister

ließ er ihn mit der Weisung, sofort zurückzukehren, wenn der Krug voll sei. Als Ghausali Shah mit dem vollen Krug bei der Hütte anlangte, vernahm er von den anderen Jüngern mit Verblüffung, daß der Meister die Hütte während seiner Abwesenheit nicht einen einzigen Augenblick verlassen, sondern die ganze Zeit mit ihnen über Ghausali Shah gesprochen hatte.

Die Meister bevorzugen meist normale Mittel
Das Vorangehende zeigt, daß die Meister in seltenen Fällen von ihrer Macht Gebrauch machen, um das Ich ihrer Jünger abzubauen oder ihnen sonstwie auf ihrem Weg weiterzuhelfen. In der Regel sind Vollkommene Meister sehr sparsam in der Anwendung ihrer göttlichen Macht. Sie benutzen sie ausschließlich dann, wenn dies für geistige Zwecke absolut notwendig ist. Meist bedienen sie sich normaler, weltlicher Mittel. Hierbei zeigen sie nicht nur großes Verständnis, einen ausgeprägten Sinn für Humor, unendliche Geduld und vollendeten Takt, um ihren Jüngern zu helfen, sondern passen sich in jeder Weise den besonderen Erfordernissen der jeweiligen Situation an.

Die Geschichte von Bahlul
Einige dieser Punkte veranschaulicht folgende Geschichte aus dem Leben des großen Mystikers Bahlul. Aus bestimmten Gründen wünschte Bahlul mit einigen Würdenträgern Persiens in Kontakt zu treten. Der normale Weg hierzu war, an einem Fest des Prinzen teilzunehmen, zu dem diese Würdenträger geladen waren. Nun war Bahlul kahlköpfig, und in jenen Tagen durfte sich kein Kahlköpfiger auf einem Fest des Prinzen blicken lassen. Der Prinz hatte sein Haar verloren, und der Anblick anderer Glatzköpfe erinnerte ihn an diese Tatsache und verdarb ihm die Freude am Fest. Als Bahlul kahl und armselig gekleidet im Palast erschien, wurde er also hinausgeworfen. Das Fest dauerte indessen drei Tage, und am zweiten Tag lieh sich Bahlul ein kostbares Gewand sowie eine Perücke, verkleidete sich und ging nochmals hin.

Niemand erkannte ihn als Bahlul, und sein kostbares Gewand machte großen Eindruck auf die Würdenträger des Reichs. Er gab sich so gewandt und wohlgefällig, daß der Prinz selbst ihn wärmstens willkommen hieß und ihn bat, sich neben ihn zu setzen. Kaum hatte sich Bahlul gesetzt, zwinkerte er dem Prinzen zu. Der Prinz verstand nicht, was das Zwinkern bedeuten sollte, hatte aber das Gefühl, daß eine derartige Geste seitens eines so erlauchten Mannes etwas Wichtiges bedeuten müsse. In der Meinung, sie erfordere eine sofortige angemessene Antwort, zwinkerte er zurück. Jene, die in der Nähe saßen, bemerkten diesen Austausch und fühlten sich zur Nachahmung gehalten, und so pflanzte sich das Zwinkern fort, bis es schließlich die ganze Versammlung der Geladenen ergriff.

Da rief Bahlul aus: «Haltet ein! O ihr weisen Männer, warum zwinkert ihr?» Die Würdenträger antworteten: «Wir zwinkern, weil ihr beiden Großen gezwinkert habt. Wir ahmen euch nur nach.» Sogleich nahm Bahlul seine Perücke vom Kopf und sagte: «Wir sind beide kahl. Ahmt uns nach!» Die Würdenträger entfernten sich, und am dritten Tag kamen sie alle kahlgeschoren wieder. Bahlul wandte sich an den Prinzen und sagte: «Wir beide sind endgültig kahl. Diese jedoch werden sich täglich scheren lassen müssen, um kahl zu bleiben.» So gewann Bahlul durch seinen Takt und seinen Humor Zugang zu jenen, denen er helfen wollte.

Die Taktik des Meisters

Der Vollkommene Meister nimmt unendliche Mühen auf sich, um mit dem Jünger in Kontakt zu treten und ihn für das Geistesleben zu gewinnen. Da der Fortschritt des Jüngers nur dann gewährleistet sein kann, wenn seine Liebe zum Meister stark und fest ist, verwendet der Meister jede Sorgfalt, um alle Hindernisse zu beseitigen, die dem Jünger den Weg zur gänzlichen Hingabe versperren. Wenn er zuweilen eingeht auf die individuellen Neigungen eines Jüngers, so allein, um zu verhindern, daß dieselben für den Jünger zu einem ernstlichen Hemmnis werden, das ihm den Weg zum Meister verbaut. Mitunter mag sogar der Eindruck entstehen, der Meister nähre das Ego des Jüngers, doch all das bedeutet nichts anderes, als dessen Unwissenheit eine lange Leine lassen. Es ist nur eine Vorbereitung für die endgültige Beseitigung des Ich, geradeso wie man Opfertiere sorgfältig füttert, bevor man sie ihrer Bestimmung zuführt. Der Meister selbst ist jenseits von Gut und Böse und läßt sich durch die Schwächen des Jüngers in keiner Weise aus der Ruhe bringen. Er nimmt sie hin mit unerschöpflicher Geduld, mit einer unendlichen Fähigkeit zu warten, denn er weiß wohl, daß diese Mängel rasch hinweggewaschen werden, wenn der Jünger den Pfad einmal richtig unter die Füße genommen hat.

Der Reinigungsprozeß

Erachtet der Meister den Jünger als hinreichend gefestigt auf dem Pfad, setzt er alles daran, um sein Gemüt von allen Makeln zu befreien. Er nimmt dabei in Kauf, daß die Weise, auf die er dies erreicht, oft rücksichtslos erscheinen mag, geradeso wie ein Chirurg sein Skalpell führt, ohne auf die Proteste des Patienten zu achten. Letztlich kann der Jünger nicht umhin einzusehen, daß alle diese Maßnahmen in Wirklichkeit zu seinem Besten sind. Deshalb wird er durch den Vorgang der Reinigung nicht weggetrieben vom Meister, sondern vielmehr näher zu ihm gezogen, auch wenn ihm dieser Vorgang lästig oder schmerzhaft erscheinen mag.

Hilfe durch Lob
Die übliche Methode des Meisters jedoch ist für den Jünger ebenso süß und wohltuend wie wirksam. Der Meister bekundet seine Freude, wenn der Jünger irgendeinen wirklichen Fortschritt in seiner geistigen Entwicklung erzielt hat. Indem er dem Jünger wohlverdientes Lob erteilt, bekräftigt er in ihm die geistigen Qualitäten, die er zu verwirklichen im Begriffe ist, und weckt in ihm jenes Vertrauen, das ihn befähigen wird, jede Situation zu bewältigen. Eine edle Regung, eine Geste der Selbstverleugnung, ein heldenhaftes Opfer oder ein Beweis außergewöhnlicher Geduld, Liebe oder Glaubensfestigkeit genügt, um den Meister zu erfreuen und seine Zustimmung zu finden. Die übliche Methode des Meisters zur Förderung der guten Eigenschaften im Jünger besteht darin, dessen Errungenschaften voll und unverhohlen anzuerkennen. Bald beginnt der Jünger, die Anerkennung des Meisters höher zu werten als irgend etwas anderes und sie als sein eigentliches Glück zu erfahren. Was ihm zuvor unmöglich schien, wird ihm jetzt leicht – er ist bereit, den stärksten Versuchungen zu widerstehen und sich den härtesten Prüfungen zu unterziehen, wenn er nur weiß, daß er dem Meister damit Freude bereitet.

Die Lösung aller Probleme
Für den Jünger ist der Meister die Verkörperung des höchsten Selbstes in allen, und deshalb bedeutet das Problem der wahren Anpassung an den Meister für ihn dasselbe wie das Problem der Verwirklichung des Göttlichen in sich selbst und der wahren Anpassung an das höchste Selbst in allen anderen. Durch sein Bekenntnis zum Meister wird dem Jünger die fundamentale Einheit aller dieser Probleme bewußt. Er ist deshalb vom psychologischen Standpunkt in der Lage, sie nicht als voneinander geschiedene Probleme, sondern als Aspekte eines einzigen Problems anzupacken. Damit kann er zu echter Integration gelangen, was völlig verschieden ist von einem zeitlich begrenzten Kompromiß zwischen widerstreitenden Forderungen. Damit der Meister dem Jünger beim Vollzug dieser schwierigen Aufgabe helfen kann, muß er zum Zielpunkt allen

geistigen Strebens des Jüngers werden, denn solche Sammlung der inneren Kräfte ist unerläßlich, wenn es dem Suchenden gelingen soll, die unzähligen Schranken zu durchbrechen, die ihn von seinem Ziel trennen.

Absoluter Vorrang des eigenen Meisters
Der Vorrang des Anspruchs des eigenen Meisters kann durch nichts angefochten oder begrenzt werden, auch nicht durch die spontane Verehrung, die der Jünger zwangsläufig auch für andere Vollkommene Meister empfindet. Alle Vollkommenen Meister sind *eins* in ihrem Bewußtsein, und es wäre absurd, sich irgendwelche Rangunterschiede zwischen ihnen vorzustellen. Doch obwohl ein Vollkommener Meister nicht größer ist als ein anderer, muß der Jünger um seines eigenen Wohls willen dem Anspruch des eigenen Meisters stets den Vorrang einräumen vor jenem anderer Meister, bis er den Bereich der Zweiheit überschritten hat und der Einheit allen Lebens innegeworden ist.

Die mentale Energie würde zerstreut, wenn unter den vielen widerstreitenden Ansprüchen des Lebens nicht ein höchster und gebieterischer Anspruch aufträte. Ausschließliche Konzentration auf einen einzigen Meister ist deshalb im allgemeinen unerläßlich für die Sammlung der mentalen Energie des Jüngers. In einigen seltenen Fällen können die Meister aufgrund besonderer Umstände selbst beschließen, das geistige Werk in bezug auf einen bestimmten Jünger unter sich zu teilen. So gibt es Ausnahmefälle von Jüngern, die sich zwei oder mehr Meistern anschließen mußten. Dies ist jedoch die Ausnahme, nicht die Regel, und wo zwei oder mehr Meister am Werk sind, teilen sie sich so sorgfältig in ihre Aufgaben, daß es nicht zu einem Widerstreit der Ansprüche kommen kann.

Die Natur des Ich und seine Auflösung

I. Das Ich als Mittelpunkt des Konflikts

Der Ursprung des Ich
Auf der vormenschlichen Entwicklungsstufe macht das Bewußtsein zwar Erfahrungen, doch werden diese Erfahrungen nicht ausdrücklich in Zusammenhang gebracht mit einem zentralen «Ich». So mag ein Hund wütend sein, doch er fühlt dies nicht als ein deutliches «Ich bin wütend». Auch ein Hund lernt durch Erfahrung und gründet mithin sein Handeln auf vorhergehende Erfahrungen, doch ist dieses Handeln das Ergebnis einer weitgehend mechanischen Spannung zwischen bestimmten Sanskaras oder Eindrücken. Es unterscheidet sich von der intelligenten Synthese der Erfahrungen, die erst durch die Entwicklung eines «Ich»-Bewußtseins möglich wird. Der erste Schritt zu einer intelligenten Koordination des Wirkens einzelner Eindrücke besteht darin, sie mit dem Bewußtseinszentrum in Verbindung zu bringen, und dieses äußert sich im Menschen als das explizite begrenzte Ich. Die Konsolidierung des Ichgefühls ist im menschlichen Bewußtsein von Anfang an klar und deutlich.

Der Vorgang der Ichbildung
Das menschliche Bewußtsein wäre kaum mehr als ein Sammelbecken für Eindrücke verschiedenartiger Erfahrungen, wenn es nicht auch das Prinzip ichbezogener Integration enthielte, das sich in dem Versuch äußert, die Erfahrungen zu ordnen und zu verstehen. Der Vorgang des Verstehens der Erfahrung setzt die Fähigkeit voraus, verschiedenartige Erfahrungselemente als Teile einer Einheit zu erfassen und sie im Licht ihrer

wechselseitigen Beziehungen zu bewerten. Die Integration der Gegensätze der Erfahrung ist eine unerläßliche Voraussetzung für die Befreiung des Bewußtseins aus der Knechtschaft der Zwänge und Abneigungen verschiedenster Art, die es ungeachtet jeder Wertung zu beherrschen neigen. Die ersten Versuche einer solchen Integration vollziehen sich durch die Ausbildung des Ich, das ihr als Fundament und Angelpunkt dient.

Vergleich mit dem Ballast eines Schiffs
Das Ich tritt als explizite und unvermeidliche Begleiterscheinung aller Geschehnisse des mentalen Lebens hervor, um ein bestimmtes Bedürfnis zu erfüllen. Seine Rolle im menschlichen Dasein läßt sich vergleichen mit der Funktion des Ballasts in einem Schiff. Der Ballast bewahrt das Schiff vor allzu starkem Schwanken. Ohne ihn wäre das Schiff zu leicht und unstet und liefe Gefahr, von den launischen Winden und Wellen zum Kentern gebracht zu werden. Desgleichen bliebe die mentale Energie endlos in den vielfältigen Wirrnissen dualer Erfahrung gefangen und würde gänzlich zerstreut und vergeudet, gäbe es nicht einen vorläufigen Sammlungskern. Das Ich macht eine Bestandsaufnahme all der erworbenen Erfahrungen und bringt die verschiedenen Handlungsantriebe, die aus den vom tierischen Bewußtsein ererbten, verhältnismäßig unabhängigen und ungebundenen Instinkten erwachsen, in wechselseitigen Zusammenhang.

Die Bildung des Ich dient somit dem Zweck, den bewußten Vorgängen eine gewisse Stabilität zu verleihen und ein vorläufiges Gleichgewicht zu sichern, das ein planvolles und geordnetes Dasein möglich macht.

Ein notwendiges Übel
Es wäre deshalb ein Irrtum zu glauben, das Auftreten des individuellen Ich sei sinnlos oder überflüssig. Obwohl es nur entsteht, um am Ende wieder zu verschwinden, ist es vorübergehend eine Notwendigkeit, die auf der langen Wanderung der Seele nicht übergangen werden kann. Das Ich soll nicht dauernd als Hindernis bestehen bleiben, denn es kann durch geistiges Streben überwunden und abgelegt werden. Die Phase der Ichbildung ist mithin ein notwendiges Übel, das eine gewisse Zeit lang existieren muß.

Das Ich erzeugt Spaltungen
Das Ich entspricht mithin einer bestimmten Notwendigkeit im weiteren Fortschritt des Bewußtseins. Da dieses Ich aber in der falschen Vorstel-

lung Halt sucht, der Körper zu sein, wird es zur Quelle vieler Täuschungen, die die Erfahrung verzerren. Es gehört zum Wesen des Ich, daß es sich in Gegensatz zu anderen Lebensformen stellt und sich infolgedessen von diesen getrennt fühlt. Während es innerlich bestrebt ist, die individuelle Erfahrung zu vervollständigen und zu integrieren, kann es nicht umhin, im Versuch selbst, seine eigene Existenz zu fühlen und sicherzustellen, eine künstliche Schranke zwischen äußerem und innerem Leben zu schaffen. Diese Spaltung in der Ganzheit des Lebens wirkt sich unweigerlich auf das Innenleben des Individuums aus, dem das begrenzte Ich als leitender Genius vorsteht.

Das Ich als Konfliktquelle
Obwohl das begrenzte Ich unablässig nach Einheit und Integration der Erfahrung strebt, vermag es dieses Ziel niemals zu erreichen. Es gelingt ihm zwar, eine Art Ausgleich zu schaffen, doch dieser Ausgleich ist immer nur provisorisch und zeitlich begrenzt. Die Unvollständigkeit seines Erfolgs zeigt sich am inneren Konflikt, der nie fehlt, solange die Erfahrung vom Gesichtspunkt des Ich angegangen wird. Jeden Augenblick geht das menschliche Gemüt durch eine Reihe von Konflikten. Das Gemüt großer und hervorragender Menschen wird ebenso wie das Gemüt gewöhnlicher Menschen von gegensätzlichen Begehren und Neigungen heimgesucht. Zuweilen ist dieser Konflikt so akut, daß der Betreffende dem Druck widerstreitender Kräfte erliegt und einer teilweisen oder totalen Entgleisung seiner mentalen Funktionen zum Opfer fällt. Es gibt keinen wirklich grundlegenden Unterschied zwischen dem normalen und dem sogenannt anormalen Menschen. Beide stehen vor denselben Problemen, doch der eine vermag diese Probleme mehr oder weniger erfolgreich zu lösen, der andere vermag es nicht.

Versuch der Konfliktlösung durch falsche Wertung
Das Ich versucht seine inneren Konflikte durch irrige Wertungen und falsche Wahl zu lösen. Es ist kennzeichnend für das Ich, daß es alles eigentlich Unwichtige für wichtig und alles eigentlich Wichtige für unwichtig hält. So sind Macht, Ruhm, Reichtum, Fähigkeiten und andere weltlichen Dinge oder Errungenschaften in Wirklichkeit unwichtig, doch das Ich ergötzt sich an diesen Dingen und hält sie eifersüchtig fest als «mein». Wahre Spiritualität andrerseits ist für die Seele von höchster Wichtigkeit, doch das Ich betrachtet sie als unwichtig. Wird zum Beispiel bei einer spirituell förderlichen Tätigkeit irgendein körperliches oder mentales Un-

behagen empfunden, so schaltet sich das Ich sogleich ein, um das an sich unwichtige körperliche oder mentale Wohlbefinden selbst auf Kosten der wirklich wichtigen geistigen Tätigkeit wiederherzustellen.

Körperliches und mentales Wohlbefinden ebenso wie andere weltliche Dinge sind zwar oft nötig, doch das heißt nicht, daß sie deshalb auch wichtig sind. Zwischen Notwendigkeit und Wichtigkeit besteht ein grundlegender Unterschied. Dem Ich erscheinen viele Dinge als nötig, doch an sich sind diese Dinge unwichtig. Spiritualität dagegen, die dem Ich als unnötig erscheint, ist für die Seele von eminenter Wichtigkeit. Das Ich stellt mithin ein tiefwurzelndes und grundlegendes Prinzip der Unwissenheit dar, das sich darin äußert, daß es dem Wichtigen stets das Unwichtige vorzieht.

Konfliktlösung durch richtiges Werten
Das Gemüt arbeitet selten harmonisch, weil es meist von unbewußten Kräften gesteuert und beherrscht wird. Nur wenige Menschen bemühen sich um Meisterung dieser verborgenen Kräfte, die den Lauf des mentalen Lebens bestimmen. Die Beseitigung innerer Konflikte ist indessen nur durch bewußte Kontrolle über die unbewußten Kräfte möglich, und diese Kontrolle ist nur durch richtiges Werten in allen Konfliktfällen, mit denen sich das Gemüt auseinanderzusetzen hat, dauerhaft zu erlangen.

Die Notwendigkeit intelligenter Wahl
Soll das Gemüt von seinen Konflikten befreit werden, muß es jederzeit richtig wählen und unfehlbar das wahrhaft Wichtige dem Unwichtigen vorziehen. Es muß in allen Konfliktfällen – ob groß oder klein – sowohl intelligent als auch standhaft seine Wahl treffen. Sie muß intelligent sein, weil nur im Verfolgen wahrer und dauernder Werte die innere Ruhe erreicht werden kann, die dem dynamischen und schöpferischen Fluß des mentalen Lebens nicht abträglich ist. Eine unintelligente Wahl mag, wenn konsequent durchgehalten, Konflikte zwar vorübergehend ausschalten, doch wird sie im Laufe der Zeit unweigerlich zu einer Beschneidung des Lebens führen und die Entfaltung der Gesamtpersönlichkeit behindern. Überdies wird ein Konflikt, der nicht auf intelligente Weise gelöst wurde, mit Gewißheit früher oder später in irgendeiner anderen Form wieder auftauchen.

Intelligente Lösung von Konflikten erfordert Einsicht in die wahren Werte, die sorgfältig von den falschen unterschieden werden müssen. Das Problem widerstreitender Begierden entpuppt sich mithin als ein Problem widerstreitender Werte, und deshalb erfordert die Lösung mentalen Konflikts eine tiefgehende Suche nach dem wahren Sinn des Lebens. Nur geistige Einsicht kann das Gemüt von Konflikten befreien.

Der richtigen Wahl treu bleiben
Ist einmal klargeworden, welches die richtige Wahl ist, besteht der nächste Schritt darin, beharrlich daran festzuhalten. Auch wenn der akute Widerstreit gegensätzlicher Neigungen im Gemüt durch die Entscheidung für eine bestimmte Richtung vorerst besänftigt wurde, wirken die entgegengesetzten Neigungen nach wie vor als Hemmnis für den tatsächlichen Vollzug dieser Entscheidung. Sie können sich bisweilen im Unbewußten sogar wieder soweit verstärken, daß sie die getroffene Wahl zu untergraben drohen. Um dies zu verhindern, muß das Gemüt unentwegt an den echten Werten festhalten, die es wahrgenommen hat. Deshalb erfordert die Lösung mentalen Konflikts nicht nur die Wahrnehmung der echten Werte, sondern auch unerschütterliches Festhalten an ihnen.

Richtiges Werten in allen Belangen
Intelligente Wahl und standhaftes Festhalten daran ist fortwährend und in *allen* Angelegenheiten notwendig, in kleinen ebenso wie in großen, denn die alltäglichen Sorgen des Daseins sind in keiner Weise weniger wichtig als die ernsten Probleme, denen sich das Gemüt in Krisenzeiten gegenübersieht. Die Wurzeln mentalen Konflikts lassen sich nicht vollständig beseitigen, solange richtiges und standhaftes Werten nur zeitweilig geübt wird. Spontanes Leben nach wahren Werten ist erst dann möglich, wenn sich das Gemüt so weit umgestellt hat, daß es in allen Belangen richtig wertet. Drei Viertel des Lebens bestehen aus alltäglichen Dingen, und auch wenn Konflikte in diesem Bereich dem Gemüt nicht allzu leidvoll erscheinen, hinterlassen sie doch ein Unbehagen, ein Gefühl, daß etwas nicht stimmt. Die Konflikte, die aus alltäglichen Dingen erwachsen, treten meist nicht einmal an die Oberfläche des Bewußtseins, sondern werfen bloß einen undeutlich wahrgenommenen bedrückenden Schatten auf das allgemeine Lebensgefühl. Derartige Konflikte muß man an die Oberfläche des Bewußtseins bringen und sich ihnen offen stellen, bevor sie in angemessener Weise gelöst werden können.

Anzeichen verborgener Konflikte
Der Prozeß des Bewußtmachens von Konflikten darf indessen nicht so weit ausarten, daß man sich Konflikte einbildet, wo es keine gibt. Das

sichere Anzeichen eines wirklichen verborgenen Konflikts ist das Gefühl, dem eigenen Denken oder Handeln in einer gegebenen Situation nicht von ganzem Herzen beipflichten zu können. Damit einher geht die unbestimmbare Empfindung einer Abschnürung oder radikalen Einschränkung des Lebens. In solchen Augenblicken sollte man den Versuch machen, tief ins eigene Innere zu blicken und diesen Gemütszustand einer aufrichtigen Prüfung zu unterziehen. Solche Prüfung bringt die verborgenen Konflikte ans Licht, die mit der fraglichen Situation in Zusammenhang stehen.

Motivierung durch ein Ideal
Wenn Konflikte auf diese Weise ans Licht gebracht werden, ist es möglich, sie durch richtiges Werten und beharrliches Festhalten an dieser Wertung zu lösen. Die dringendste Voraussetzung für die befriedigende Lösung von Konflikten ist jedoch Motivation – eine Inspiration, die nur von einem brennenden Sehnen nach einem umfassenden Ideal herrühren kann. Konfliktanalyse mag an sich zwar beitragen zur Klärung des zu wählenden Wegs, doch bleibt jede Wahl eine öde und wirkungslose intellektuelle Bevorzugung, wenn sie nicht beseelt wird von der Begeisterung für ein Ideal, das die tiefsten und bedeutsamsten Schichten der menschlichen Persönlichkeit anspricht. Die moderne Psychologie hat zwar viel getan, um die Ursachen inneren Konflikts aufzuzeigen, doch bleibt ihr noch, die Kräfte zu entdecken, die die zur Lösung solcher Konflikte notwendige Inspiration zu wecken vermögen und dem Menschen etwas geben, das das Leben lebenswert macht. Dies ist in der Tat die schöpferische Aufgabe, die den Rettern der Menschheit obliegt.

Der Weg zur Wahrheit
Die Wahrnehmung des wahren Ideals ist der Beginn richtigen Wertens. Richtiges Werten seinerseits bedeutet Abbau der Illusion des Ich, das von falscher Wertung lebt. Alles Handeln, das die wahren Werte des Lebens zum Ausdruck bringt, trägt bei zur Auflösung des begrenzten Ich, das sich durch unwissendes Handeln über Zeitalter hinweg ausgebildet hat. Das Leben läßt sich nicht auf immer in den Käfig des Ich sperren. Irgendwann regt sich in ihm der Impuls zur Wahrheit. Auf der Höhe individueller Entfaltung kommt es zur folgenreichen Entdeckung, daß man das Leben nicht in seiner Fülle leben und verstehen kann, solange man ihm das Ich als Angelpunkt aufzwingt. Die Logik der eigenen Erfahrung treibt den Menschen schließlich dazu, den wahren Mittelpunkt allen Erfahrens zu

finden und sein Leben im Licht der Wahrheit neu zu ordnen. Dies bringt die allmähliche Erschöpfung des falschen Ich mit sich, die in das Bewußtwerden des Wahren mündet. Die Auflösung des begrenzten Ich gipfelt in der Erkenntnis der Wahrheit. Der falsche Kern verfestigter Sanskāras muß verschwinden, wenn wahre Integration und Erfüllung des Lebens möglich werden soll.

II. Das Ich als Bekräftigung der Getrenntheit

Die vielen Formen des Ich
Das Ich ist eine Bejahung und Bekräftigung von Getrenntheit. Es nimmt vielerlei Formen an. Es kann sich in Form eines fortwährenden selbstbewußten Sicherinnerns äußern – durch Gedanken wie «Ich tat dieses, ich tat jenes», «Ich empfand dieses, ich empfand jenes», «Ich dachte dieses, ich dachte jenes». Es drückt sich aber auch aus in Form ichbezogener Zukunftserwartungen, in Plänen wie «Ich werde dieses tun, ich werde jenes tun», «Ich werde dieses fühlen, ich werde jenes fühlen», «Ich werde dieses denken, ich werde jenes denken». In der Gegenwart wiederum macht sich das Ich als ausgeprägtes Gefühl, jemand Besonderer zu sein, bemerkbar, und es behauptet seine Verschiedenheit und Getrenntheit von allen anderen Bewußtseinszentren. So wird das Ich, das an sich als vorläufiges Bewußtseinszentrum einen nützlichen Zweck erfüllt, durch die Bejahung und Bekräftigung von Getrenntheit zum größten Hindernis für die Befreiung des Geistes und die Erleuchtung des Bewußtseins.

Begehren, Haß, Zorn und Furcht
Das Ich bekräftigt seine Trennung von anderen durch Verlangen, Haß, Zorn, Furcht oder Eifersucht. Im Verlangen nach der Gegenwart eines anderen hat der Mensch eine ausgeprägte Empfindung des Getrenntseins von demselben und fühlt deshalb sein eigenes getrenntes Dasein mit besonderer Intensität. Das Gefühl des Getrenntseins ist am heftigsten, wenn man einen anderen brennend begehrt. Aber auch durch Haß und Zorn wird eine andere Person sozusagen aus dem eigenen Sein ausgestoßen und nicht allein als Fremder empfunden, sondern eindeutig als Feind, der sich der Entfaltung des eigenen Ich entgegenstellt. Furcht ist ebenfalls eine subtile Form der Bejahung von Getrenntheit und besteht dort, wo das Bewußtsein von Zweiheit ungemildert ist. Furcht wirkt als dichter Vorhang zwischen dem «Ich» und dem «Du». Sie nährt nicht nur tiefes

Mißtrauen gegenüber anderen, sondern bewirkt eine Einengung und Zurückziehung des Bewußtseins, die darauf abzielt, den anderen aus dem Umfeld des eigenen Lebens auszustoßen. Deshalb soll man andere Seelen und Gott nicht fürchten, sondern lieben. Furcht vor Gott oder Seinen Manifestationen verstärkt die Dualität. Liebe zu Gott und Seinen Manifestationen aber schwächt sie.

Eifersucht
Das Gefühl des Getrenntseins findet seinen quälendsten Ausdruck in der Eifersucht. Der menschlichen Seele wohnt ein tiefes und dringendes Bedürfnis inne, andere Seelen zu lieben und sich mit ihnen zu identifizieren. Die Erfüllung dieses Bedürfnisses ist ihr jedoch immer dann verwehrt, wenn Begehren, Zorn oder Furcht im Spiel sind. Eifersucht entsteht, wenn zur Nichterfüllung dieses Bedürfnisses in bezug auf eine gegebene Person der Gedanke hinzukommt, daß es einer anderen Person gelungen ist, den Anschluß zu finden, den man selbst gesucht hat. Damit kommt es zu einem ununterdrückbaren und unversöhnlichen Protest gegen beide Personen, weil sie eine Beziehung aufgenommen haben, die man eigentlich sich selbst vorbehalten wollte. Alle ausschließenden Gefühle wie Begehren, Haß, Furcht oder Eifersucht bewirken eine Einengung des Lebens und tragen zur Trübung und Begrenzung des Bewußtseins bei. Sie sind Ausdruck des Ich und verstärken sein Gefühl von Getrenntheit.

Auflösung des Ich durch wahre Liebe
Jeder Gedanke, jedes Gefühl und jede Handlung, die der Vorstellung von ausschließender und getrennter Existenz entspringen, bewirken eine Bindung. Alle Erfahrungen, ob erhaben oder alltäglich, und alle Bestrebungen, ob gut oder schlecht, die unter diesem Vorzeichen stehen, erzeugen eine Last von Eindrücken, die das Ichgefühl nähren. Die einzige Erfahrung, die das Ich zu schwächen vermag, ist die Erfahrung von Liebe, und das einzige Streben, das die Trennung zu mildern vermag, ist das Streben nach Einswerdung mit dem göttlichen Geliebten. Begehren, Haß, Zorn, Furcht und Eifersucht sind ausschließende Kräfte, durch die man einen Abgrund schafft zwischen sich selbst und dem übrigen Leben. Liebe allein ist eine einschließende Kraft, die diesen künstlichen und selbsterzeugten Abgrund überbrücken hilft und die Schranken falscher Vorstellung zu durchbrechen sucht.

Auch der wahrhaft Liebende sehnt sich, doch nicht nach Besitz des göttlichen Geliebten, sondern nach Auslöschung in Ihm. Im Streben nach

Das Ich als Bekräftigung der Getrenntheit

Einswerdung mit dem göttlichen Geliebten schwächt sich das Ichgefühl ab. In der wahren Liebe denkt das Ich nicht an Selbsterhaltung, so wenig wie sich der Nachtfalter davor fürchtet, in der Flamme zu verbrennen. Das Ich ist eine Bejahung des Getrenntseins vom anderen. Liebe aber ist die Bejahung des Einsseins mit dem anderen. Deshalb kann das Ich nur durch wirkliche Liebe aufgelöst werden.

Ablegen der Begierden
Das Ich macht sich durch Begierden verschiedenster Art geltend. Mißerfolg bei der Erfüllung der Begierden ist ein Mißerfolg des Ich. Erfolg bei der Erfüllung von Begierden ist ein Erfolg des Ich. Die erfüllten wie die unerfüllten Begierden stärken das Ich. Es kann sogar an einer verhältnismäßigen Beruhigung der Begierden erstarken und seine trennenden Bestrebungen nun dadurch ausdrücken, daß es das Gefühl hat, es sei ohne Begierden. Wirkliches Ablegen aller Begierden indessen beinhaltet auch das Ablegen des Begehrens, Getrenntheit in irgendeiner Form zu behaupten. Wirkliche Befreiung von allen Begierden führt deshalb zur Auflösung des Ich. Das Ich ist wie ein Reisigbündel. Die einzelnen Reiser sind seine vielfältigen Begierden, und das Zerbrechen dieser Reiser ist gleichbedeutend mit der Vernichtung des begrenzten Ich.

Die Wurzeln des Ich im Unbewußten
Die Tilgung des Ich aus dem Bewußtsein ist jedoch ein überaus komplexer Vorgang, weil die Wurzeln dieses Ich allesamt als latente Neigungen im unbewußten Bereich des Gemüts liegen und dem Bewußtsein nicht immer zugänglich sind. Das explizite Ich, das im Bewußtsein erscheint, ist nur ein kleines Fragment der Gesamtheit des Ich. Dieses ist wie ein Eisberg im Meer: Ungefähr ein Siebentel des Eisbergs liegt über dem Wasserspiegel und ist für den Betrachter sichtbar, während der größere Teil unter dem Wasserspiegel liegt und unsichtbar bleibt. Desgleichen manifestiert sich nur ein kleiner Teil der Gesamtheit des Ich als ausdrückliches Ichgefühl im Bewußtsein, während der größere Teil in den dunklen, unbekannten Gemächern des Unbewußten verborgen bleibt.

Das explizite Ich als Schauplatz von Konflikten
Das explizite Ich, das sich im Bewußtsein äußert, ist keineswegs eine harmonische Einheit. Es wird zum Schauplatz vielfältiger Konflikte zwischen entgegengesetzten Tendenzen. Doch seine Fähigkeit, entgegengesetzte Tendenzen gleichzeitig auftreten zu lassen, ist begrenzt. Zwei

Die Natur des Ich und seine Auflösung

Personen müssen zumindest fähig sein, miteinander zu reden, wenn sie sich streiten wollen. Sind sie dazu nicht fähig, so fehlt ihnen jede gemeinsame Grundlage für eine Auseinandersetzung. Desgleichen müssen zwei Neigungen irgendeinen gemeinsamen Nenner haben, um in bewußten Konflikt miteinander zu geraten. Sind sie allzu disparat, können sie keinen Zutritt finden zum Schauplatz des Bewußtseins – nicht einmal als entgegengesetzte Tendenzen –, sondern müssen solange im Unbewußten untergetaucht bleiben, bis sich beide durch die Spannung bewußter Gemütsvorgänge verändert haben.

Das explizite Ich als Schranke gegen das implizite Ich
Auch wenn das gesamte Ich in seiner Zusammensetzung wesenhaft heterogen ist, ist das explizite bewußte Ich doch weniger heterogen als das implizite unbewußte Ich. Im Vergleich zu den vereinzelten ungeordneten Neigungen des Unbewußten, die ins Bewußtsein zu treten suchen, wirkt das geordnete explizite Ich auf der Ebene des Bewußtseins als ein kompaktes Ganzes. Es wird damit zur repressiven Schranke, die verschiedene Bestandteile des impliziten Ich ständig daran hindert, ins Bewußtsein zu treten. Die Probleme des Ich lassen sich jedoch allesamt nur durch einsichtiges und bewußtes Handeln lösen. Deshalb wird die vollständige Auslöschung des Ich erst dann möglich, wenn *alle* seine Bestandteile durch das Feuer einsichtigen Bewußtseins gegangen sind.

Durch Kampf zur inneren Ruhe
Die Wirkung einsichtigen Bewußtseins auf die Bestandteile des expliziten Ich ist zwar bedeutsam, doch reicht sie allein nicht aus, um das Ich auszulöschen. Damit auch die Bestandteile des impliziten Ich im unbewußten Teil des Gemüts erfaßt werden, müssen sie irgendwie an die Oberfläche gebracht werden, so daß sie in das explizite Ich Eingang finden und dem Wirken einsichtigen Bewußtseins ausgesetzt werden können. Soll dies gelingen, muß das explizite Ich soweit geschwächt werden, daß es den Eintritt der bisher vom Bewußtsein ausgeschlossenen Begierden und Neigungen in die Arena des Bewußtseins zuläßt. Dieses Auftauchen verdrängter Neigungen bewirkt im expliziten Ich zwangsläufig zusätzliche Verwirrung und Konflikte. Deshalb ist der Abbau des Ich oft weit eher von einer Intensivierung der Auseinandersetzungen auf dem Schauplatz des Bewußtseins begleitet als von einem tröstlichen Nachlassen derselben. Doch am Ende des unnachgiebigen und heftigen Kampfes liegt der Zustand wahrer innerer Ruhe und

unanfechtbaren Einklangs, der erst möglich wird, wenn der ganze Eisberg des Ich dahingeschmolzen ist.

Das Ich lebt durch Gegensätze

Die Freilegung der verborgenen Wurzeln des Ich in den tieferen Schichten des Unbewußten und ihre Beleuchtung durch das Bewußtsein ist nur einer der beiden wichtigen Schritte im Prozeß der Auflösung des Ich. Der andere wichtige Schritt besteht im einsichtigen Umgang mit den Begierden *nach* ihrem Eintritt in die Arena des Bewußtseins. Das Fertigwerden mit den Komponenten des expliziten Bewußtseins ist durchaus kein klarer und einfacher Vorgang, denn das explizite Ich neigt dazu, seinen Fortbestand durch das Festhalten an irgendeiner Seite der Gegensatzpaare der Erfahrung zu sichern. Wird es durch das intensive Wirken des einsichtigen Bewußtseins aus dem einen Extrem vertrieben, wechselt es zum anderen Extrem über, um sich durch dieses auszudrücken. Durch solches Hin- und Herpendeln zwischen den Gegensatzpaaren der Erfahrung entzieht sich das Ich dem Zugriff des einsichtigen Bewußtseins und sucht sich selbst zu verewigen.

Das Ich als Hydra

Das Ich ist eine vielköpfige Hydra. Es drückt sich auf unzählige Weisen aus und lebt von jeder Art von Unwissenheit. Stolz ist das spezifische Gefühl, durch das sich das Ich äußert. Ein Mensch kann auf die unwichtigsten und unsinnigsten Dinge stolz sein. So gibt es Individuen, die ihre Fingernägel auf übermäßige Länge wachsen lassen – auch wenn das in vieler Hinsicht lästig ist –, in der einzigen Absicht, ihre Besonderheit herauszustreichen. Das Ich muß seine Errungenschaften in grotesker Weise aufblähen, um in ihnen leben zu können. Unumwundene Selbstbestätigung durch öffentliches Zurschaustellen ist weit verbreitet. Wo die Regeln des Anstands eine solche direkte Selbstbehauptung verbieten, neigt das Ich dazu, dasselbe Resultat durch Verleumdung anderer zu erreichen. Andere als schlecht hinstellen läuft darauf hinaus, sich selbst zu verherrlichen, indem man einen Vergleich *nahelegt*, den das Ich zwar offen formulieren möchte, aber davon absteht.

Die Schliche des Ich

Das begrenzte Ich wird angetrieben vom Prinzip der Selbsterhaltung und neigt dazu, durch jedes Mittel, das ihm nicht verwehrt ist, weiterzuleben und zu wachsen. Wird es in einer Richtung beschnitten, sucht es Kompensation in einer anderen. Wird es durch Ideen und Übungen geistiger Natur gefesselt, so neigt es dazu, sich der Kraft selbst anzuheften, die ins Spiel gebracht wurde, um es zu vertreiben. Versucht ein Mensch beispielsweise, sich in Demut zu üben, um sich von der unerträglichen Last des Ich zu befreien, und hat er dabei Erfolg, so kann sich das Ich mit überraschender Schnelligkeit auf diese Eigenschaft der Demut übertragen. Es nährt sich an wiederholten Selbstbestätigungen wie «Ich bin spirituell», so wie es in früheren Stadien dasselbe durch Gedanken wie «Ich bin nicht interessiert an Spiritualität» erreichte. Auf diese Weise entsteht das, was man als «spirituelles Ego» bezeichnen könnte, das heißt ein Ich, das seine Getrenntheit nun aufgrund des Erlangens von Dingen fühlt, die als gut und hochgeistig betrachtet werden. Vom wahrhaft spirituellen Gesichtspunkt aber bindet diese Art von Ich ebensosehr wie das ursprüngliche rohe Ich, das keine solchen Ansprüche erhebt.

Guerilla-Taktik des «spirituellen Ego»
In der Tat versucht das Ich in den fortgeschrittenen Phasen des Pfads nicht mehr, sich durch offene Methoden zu erhalten, sondern nimmt Zuflucht gerade zu jenen Dingen, die in der Absicht verfolgt werden, es zu schwächen. Diese Taktik des Ich hat große Ähnlichkeit mit der des Guerilla-Kampfes. Ihr ist am schwersten beizukommen. Die Vertreibung des Ich aus dem Bewußtsein ist zwangsläufig ein vielschichtiger Prozeß und läßt sich nicht durch stets gleichbleibendes Vorgehen erreichen. Da die Natur des Ich sehr komplex ist, erfordert seine Beseitigung ein gleichermaßen komplexes Vorgehen. Weil dem Ich fast unbegrenzte Möglichkeiten zu Gebote stehen, um sein Dasein zu sichern und Selbsttäuschung hervorzurufen, sieht sich der Suchende außerstande, mit den ständig neu aufkeimenden Formen des Ich fertig zu werden. Er hat nur dann Aussicht auf endgültigen Erfolg in seinem Kampf gegen die Schliche des Ich, wenn er die Hilfe und Gnade eines Vollkommenen Meisters erlangt.

Der Vollkommene Meister als letzte Zuflucht
In den meisten Fällen sucht der Suchende erst dann die Hilfe eines Meisters, wenn er nicht mehr umhin kann, die Nichtigkeit all seiner Bemühungen einzusehen. Aus eigener Kraft gelingt ihm kein entscheidender Fortschritt auf das Ziel hin, das er undeutlich wahrnimmt und tastend sucht. Das hartnäckige Fortdauern des Ich bringt ihn zur Verzweiflung, und in dieser klaren Erkenntnis seiner eigenen Hilflosigkeit gibt er sich dem Meister als seiner letzten und einzigen Zuflucht hin. Die Hingabe an

den Meister ist gleichbedeutend mit einem offenen Eingeständnis des Suchenden, daß er alle Hoffnung aufgegeben hat, die Probleme des Ich aus eigener Kraft lösen zu können, und daß er sich einzig und allein auf den Meister verläßt. Es ist, als würde er sagen: «Ich bin außerstande, die Existenz dieses elenden Ich zu beenden. Deshalb überlasse ich es dir, ihm den Garaus zu machen.» Dieser Schritt erweist sich indessen als segensreicher als alle anderen, die der Suchende unternommen haben mag, um zu versuchen, das Ich zu schwächen und letztlich auszulöschen. Wenn durch die Gnade des Vollkommenen Meisters die Unwissenheit vertrieben wird, aus der das Ich besteht, dämmert die Wahrheit – das Ziel aller Schöpfung.

III. Die Formen des Ich und Ihre Auflösung

Das Ich lebt durch die Idee des «Mein»

Das Ich lebt von weltlichem Besitz wie Macht, Ruhm, Reichtum, Fähigkeiten, Leistungen und Errungenschaften. Es erzeugt und bekräftigt die Idee des «Dein» zum Zwecke einer deutlichen Abgrenzung des «Mein». Doch trotz aller weltlichen Dinge, die es als «mein» beansprucht, fühlt es sich fortwährend leer und unvollständig. Um dieser ihm eigenen tiefen Unzufriedenheit abzuhelfen, sucht es sich durch weitere Aneignungen zu stärken. Dieses Arsenal von Besitztümern aller Art bringt es vorteilhaft zur Geltung durch Vergleich mit anderen, die ihm in bezug auf irgendeines der mit «mein» abgestempelten Dinge unterlegen sein mögen. So benutzt es sie oft zur rücksichtslosen und unaufgeforderten Zurschaustellung seiner selbst, zum Nachteil anderer. Trotz seiner weltlichen Güter ist das Ich unbefriedigt, doch statt nach innerer Lösung von ihnen zu streben, sucht es Befriedigung in einem noch stärkeren Gefühl ihres Besitzes, indem es sie von anderen abgrenzt. Das Ich als Bejahung von Getrenntheit lebt durch die Idee des «Mein».

Zwang zur Über- oder Unterordnung

Das Ich will sich von anderen getrennt und einzigartig fühlen und sucht sich deshalb entweder als jemand auszudrücken, der entschieden besser ist als andere, oder als jemand, der entschieden geringer ist als andere. Solange ein individuelles Ich da ist, ist zwangsläufig auch ein Hintergrund von Zweiheit impliziert, und solange dieser Hintergrund von Zweiheit fortbesteht, lassen sich die mentalen Vorgänge des Gegenüberstellens und Vergleichens nicht endgültig ausschalten. Selbst wenn sich ein Mensch einem anderen gleich zu fühlen scheint, ist dieses Gefühl nie sicher verankert. Es bedeutet weit eher ein vorübergehendes Verweilen zwischen den beiden Grundhaltungen des Ich als endgültige Freiheit von der Unterscheidung zwischen «Ich» und «Du».

Die Idee der Gleichheit
Ein solches Scheingefühl von Gleichheit besagt: «Ich bin in keiner Weise geringer oder besser als der andere.» Dies ist jedoch sogleich als eine negative Selbstbestätigung des Ich zu erkennen. Das Gleichgewicht zwischen «Ich» und «Du» wird durch das Vorherrschen eines Überlegenheits- oder Minderwertigkeitskomplexes fortwährend gestört. Die Idee der Gleichheit entsteht, um dieses Gleichgewicht wiederherzustellen. Die negative Bekräftigung des Ich in Form des Bekenntnisses zur Gleichheit ist indessen grundverschieden von der Empfindung des Einsseins, die das Leben in geistiger Freiheit kennzeichnet. Das Gleichheitsbekenntnis ist die Grundlage vieler sozialer und politischer Ideale, doch bleiben die wirklichen Voraussetzungen eines harmonischen Zusammenlebens unerfüllt, solange die öde Idee der Gleichheit nicht ersetzt worden ist durch das Innewerden der Einheit allen Lebens.

Überlegenheits- und Minderwertigkeitskomplex
Die Gefühle von Überlegenheit und Minderwertigkeit sind wechselseitige Reaktionen, und das künstlich herbeigeführte Gefühl von Gleichheit kann angesehen werden als eine Reaktion auf beide. In allen diesen Ausdrucksweisen gelingt es dem begrenzten Ich, seine Absonderung zu bejahen und zu bekräftigen. Überlegenheitskomplex und Minderwertigkeitskomplex äußern sich meist losgelöst voneinander. Beide suchen sich getrennt und abwechselnd durch geeignete Objekte auszudrücken, indem zum Beispiel ein Mensch jene zu beherrschen trachtet, die er als ihm unterlegen ansieht, und sich jenen unterwirft, die er als ihm überlegen betrachtet. Solche abwechselnde Äußerung durch gegensätzliches Verhalten kann diese Komplexe jedoch nur verschärfen, statt zu ihrer Auflösung zu führen.

Wirkung des Überlegenheitskomplexes
Der Überlegenheitskomplex rührt sich dann, wenn ein Mensch einen anderen trifft, der ihm hinsichtlich seines weltlichen Besitzes in irgendeiner Weise sichtlich unterlegen ist. Trotz seines mannigfachen Besitzes sieht

Die Formen des Ich und ihre Auflösung

sich das Ich fortwährend mit dem Schauspiel seiner eigentlichen Leere konfrontiert. Deshalb klammert es sich an die tröstende Illusion seines Werts, die es durch Zurschaustellen der Größe seines Besitzes bekräftigt. Solche Abgrenzung von anderen beschränkt sich nicht auf bloß theoretische Vergleiche, sondern äußert sich oft in konkreten Zusammenstößen mit anderen. Aggressivität ist mithin ein natürliches Ergebnis dieses Bedürfnisses, die Armut des Ichlebens wettzumachen.

Wirkung des Minderwertigkeitskomplexes
Der Minderwertigkeitskomplex rührt sich dann, wenn ein Mensch einem anderen begegnet, der ihm hinsichtlich seines weltlichen Besitzes in irgendeiner Weise sichtlich überlegen ist. Doch seine Unterwerfung diesem gegenüber wurzelt entweder in Furcht oder in Selbstsucht. Sie kann niemals von ganzem Herzen kommen oder spontan sein, weil ihr heimliche Eifersucht oder gar Haß gegen den anderen innewohnt, der etwas besitzt, das man eigentlich lieber für sich selbst haben möchte. Alle erzwungene und äußerliche Unterordnung ist nichts als die Auswirkung eines Minderwertigkeitskomplexes und kann nur eine Stärkung des Ich in einer seiner schlimmsten Formen zur Folge haben.

Das Ich führt sein Gefühl von Leere zurück auf die im Vergleich zu anderen geringeren Besitztümer, die es als «mein» beanspruchen kann, statt auf die eigentliche Nichtigkeit des Strebens nach Erfüllung durch Besitz. Die Wahrnehmung seiner Unterlegenheit an Besitztümern wird deshalb zu einem weiteren Antrieb für sein verzweifeltes Bemühen, mit allen zu Gebote stehenden Mitteln eine Vermehrung seines Besitzes zu erlangen. So fördert der Minderwertigkeitskomplex im selben Maße wie der Überlegenheitskomplex Selbstsucht und soziales Chaos und führt, in Verewigung der inneren Armut, zur Verstärkung jener Art von Unwissenheit, die für das Ich charakteristisch ist.

Hingabe an den Meister – kein Minderwertigkeitskomplex
Wenn ein Suchender mit einem Vollkommenen Meister in Berührung kommt und in ihm den Zustand ichloser Vollendung erkennt, gibt er sich ihm freiwillig hin. Er tut dies, weil ihm bewußt geworden ist, daß das Ich eine Quelle endloser Unwissenheit, Unrast und Konflikte darstellt und daß er selbst unfähig ist, diesem Ich ein Ende zu bereiten. Solche Hingabe hat nichts gemein mit der Unterwerfung, die aus einem Minderwertigkeitskomplex erwächst. Die Hingabe an den Meister erwächst aus der Erkenntnis des Jüngers, daß der Meister sein eigenes wahres Wesen ver-

körpert und deshalb wesenhaft eins ist mit ihm selbst. Seine Hingabe ist keineswegs Ausdruck eines Verlusts des Selbstvertrauens. Sie ist im Gegenteil Ausdruck des Vertrauens in die Möglichkeit der endgültigen Überwindung aller Hindernisse mit Hilfe des Meisters. Mit der Anerkennung der Göttlichkeit des Meisters bringt das höhere Selbst des Jüngers seine eigene Würde zum Ausdruck.

Das Vorgehen des Meisters
Um eine rasche Auflösung der beiden Hauptformen des Ich, das heißt der Komplexe von Überlegenheit und Minderwertigkeit, herbeizuführen, kann der Meister mit Absicht abwechselnd den einen oder anderen dieser Komplexe aufrühren. Ist der Jünger im Begriff, den Mut zu verlieren und seine Suche aufzugeben, kann der Meister in ihm tiefes Selbstvertrauen wecken. Ist der Jünger im Begriff, selbstgefällig zu werden, kann der Meister dieses neue Hindernis dadurch beseitigen, daß er Situationen schafft, in denen der Jünger seine eigene Unfähigkeit und Schwäche erkennen und hinnehmen muß. In dieser Weise benutzt der Meister seinen Einfluß auf den Jünger, um die Überwindung der verschiedenen Stadien zu beschleunigen, die das abnehmende Ich durchläuft, bevor es endgültig verschwindet.

Die Anpassung an den Meister bewirkt die Auflösung beider Komplexe
Überlegenheits- und Minderwertigkeitskomplexe müssen in eine intelligente Beziehung zueinander gebracht werden, wenn sie einander entgegenwirken sollen. Dies erfordert eine Situation, die beide gleichzeitig zum Zuge kommen läßt, so daß nicht der eine unterdrückt werden muß, damit der andere zum Vorschein kommen kann. Eine solche Situation ist gegeben, wenn der Suchende in eine dynamische und vitale Beziehung zum Meister tritt. In dieser Beziehung werden beim Jünger die Gefühle von Minderwertigkeit und Überlegenheit zur gleichen Zeit aktiviert und in intelligenter Weise so gegeneinander ausgespielt, daß sie sich gegenseitig aufheben. Der Jünger fühlt, daß er an sich selbst nichts ist, doch im und durch den Meister erschließt sich ihm die belebende Aussicht, Alles zu sein.

So werden die beiden Komplexe mit einem Schlag in wechselseitige Spannung gebracht, und im Bemühen des Jüngers um Anpassung an den Meister neigen sie dazu, sich gegenseitig auszulöschen. Mit der Auflösung dieser gegensätzlichen Komplexe brechen die trennenden Schranken des Ich in allen seinen Formen zusammen. Mit dem Zusammenbruch dieser Schranken erwacht göttliche Liebe. Mit dem Erwachen göttlicher Liebe verschwindet das trennende Gefühl von «Ich» im Unterschied zum «Du» im Erfahren des Einsseins beider.

Analogie des Autofahrers
Damit ein Wagen seinen Bestimmungsort erreichen kann, ist ein Fahrer notwendig. Es kann jedoch sein, daß dieser Fahrer allzu empfänglich ist für die Dinge, denen er unterwegs begegnet, und daher nicht nur auf unbestimmte Zeit irgendwelche Zwischenstationen macht, sondern im Verfolgen wechselnder Lockungen vom Weg abkommt. In diesem Fall mag er zwar den Wagen ununterbrochen in Bewegung halten, doch ohne sich dem Ziel zu nähern. Unter Umständen entfernt er sich sogar immer weiter davon. Etwas Ähnliches geschieht, wenn das Ich die Steuerung des menschlichen Bewußtseins innehat. Das Ich läßt sich mit einem Autofahrer vergleichen, der seinen Wagen zwar einigermaßen beherrscht und der einigermaßen fähig ist, ihn zu steuern, der aber völlig im dunkeln ist hinsichtlich seiner letzten Bestimmung.

Notwendigkeit des Fahrerwechsels
Damit ein Wagen seinen Bestimmungsort erreichen kann, genügt es nicht, daß ein Fahrer da ist, der mit der Mechanik des Fahrzeugs umzugehen versteht. Notwendig ist auch die Fähigkeit des Fahrers, den Wagen ans Ziel zu bringen. Solange sich das Bewußtsein unter der vollen und ausschließlichen Herrschaft des Ich bewegt, ist der geistige Fortschritt des Menschen gefährdet, weil dieses Ich eine natürliche Tendenz hat, die Schranken irriger Vorstellungen zu festigen. Ichbezogenes Denken und Tun halten das Bewußtsein umschlossen von Mauern, die es selbst erschaffen hat, und begrenzen sein Wirken auf den engen Bezirk dieses Gefängnisses der Mâyâ.

Soll das Bewußtsein von seinen Begrenzungen frei und fähig werden, den eigentlichen Zweck zu erfüllen, für den es ins Dasein getreten ist, so muß es seine lenkende Kraft von einem von dem begrenzten Ich verschiedenen Prinzip beziehen. Mit anderen Worten, der Fahrer, der im Unwissen ist über die letzte Bestimmung, muß gegen einen anderen ausgewechselt werden, der frei ist vom Verlangen nach all jenen unwesentlichen Dingen, denen er unterwegs begegnen mag, und der seine Aufmerksamkeit nicht auf die Raststätten und Blickfänge am Wegrand richtet, sondern auf das letzte Ziel der Nichtdualität. Die Verlagerung des Interessenschwerpunkts von unwichtigen Dingen auf wahrhaft wichtige Werte ist gleichbedeutend mit der Übergabe des Steuers an den Fahrer, der um das Endziel weiß. Indem sich der Interessenschwerpunkt in solcher Weise verlagert, löst sich das Ich allmählich auf, und das bedeutet Bewegung zur Wahrheit hin.

Das Ich sucht Integration auf falscher Grundlage
Wäre das individuelle Ich nichts weiter als ein Medium der Integration menschlicher Erfahrung, so könnte durch bloßes Fortsetzen seiner Tätigkeit die letzte Wahrheit erreicht werden. Doch während dieses Ich im Fortschritt des Bewußtseins tatsächlich eine besondere Rolle spielt, stellt es zugleich auch ein aktives Prinzip der Unwissenheit dar, das die weitere geistige Entfaltung verhindert. Das Ich versucht zwar, die Erfahrungen zu integrieren, doch geht es dabei aus von der irrigen Grundvorstellung der Getrenntheit. Da es für den Bau seines Gebäudes eine Illusion zum Fundament genommen hat, erreicht es niemals etwas anderes als das Auftürmen einer Illusion über der anderen. Das Wirken des Ich ist deshalb weit eher ein Hindernis als eine Hilfe für das Finden der Wahrheit. Der Vorgang der Wahrheitsfindung kann nur dann Früchte bringen, wenn die bislang vom Ich gesteuerte Integration weitergeführt wird, ohne die grundlegende Unwissenheit ins Spiel zu bringen, die sich in der Vorstellung von Getrenntheit äußert.

Der Meister als neuer Integrationskern
Solange sich die menschliche Erfahrung innerhalb der Grenzen der Dualität bewegt, ist Integration der Erfahrung eine unerläßliche Voraussetzung für ein rationales und sinnvolles Dasein. Doch das Ich als Kern dieser Integration muß aufgegeben werden, weil es zwangsläufig mit den Kräften der Unwissenheit verbündet ist. So erwächst das dringende Bedürfnis nach einem neuen Integrationskern, der frei ist von der grundlegenden Illusion der Getrenntheit und damit die Einbeziehung all jener Werte möglich macht, die dem Ich bisher unzugänglich blieben. Diese Funktion erfüllt der Vollkommene Meister, der die absolute Wahrheit verkörpert und in dem all das zum Ausdruck kommt, was wirklichen Wert hat. Durch das Bekenntnis zum Meister und die Hingabe an ihn wird die Verlagerung des Interesses von unwichtigen Dingen auf wichtige Werte leicht, und damit kann sich die innere Einigung ungehindert vollziehen.

Einswerden mit dem Meister als der Wahrheit
In seiner wahren Bedeutung ist der Meister eine permanente Bejahung und Bekräftigung der Einheit allen Lebens. Die Hinwendung zu ihm bewirkt deshalb eine allmähliche Lösung vom Ich, das eine Bejahung und Bekräftigung von Getrenntheit ist. Nach diesem bedeutsamen Wendepunkt im Leben des Suchenden erhält dessen gesamte mentale Tätigkeit einen neuen Bezugsrahmen. Sie ist nicht länger zu verstehen im Lichte irgendeiner Beziehung zum Ich, sondern im Lichte der Beziehung zum Meister als Manifestation der unendlichen Wahrheit. Der Jünger gewahrt nun, daß sein Handeln nicht mehr dem Ich entspringt, sondern von der Wahrheit eingegeben ist, die durch den Meister wirkt. Er ist nicht mehr am Wohlergehen seiner eigenen Person interessiert, sondern schenkt sein ganzes Interesse dem Meister, der für das universale und ungeteilte Leben steht. Er bringt alle seine Erfahrungen und Begierden innerlich dem Meister dar, ohne sich selbst irgendwelche vorzubehalten, seien sie gut oder übel. Damit entzieht er dem Ich jeden Inhalt.

Diese fortschreitende Aushöhlung des Ich stört den Integrationsprozeß keineswegs, denn dieser vollzieht sich nunmehr um den neuen Kern des Meisters als der Verkörperung der Wahrheit. Ist der Ich-Kern vollständig erschöpft und jeder Macht oder Substanz entkleidet, wird der Meister als die Wahrheit zum alleinigen lenkenden Genius des Bewußtseins des Jüngers und zu dessen eigentlichem Lebensgeist. Dies ist das Einswerden mit dem Meister und zugleich die Verwirklichung der unendlichen Wahrheit in sich selbst.

Das Ende der langen Reise
Indem sich das Ich durch Pflege von Menschlichkeit, Selbstlosigkeit und Liebe sowie durch vorbehaltlose Hingabe an den Meister als Wahrheit den geistigen Erfordernissen des Lebens allmählich anpaßt, erfährt es eine drastische Beschneidung. Es wird nicht nur zusehends schwächer in seinem Widerstand gegen die geistige Entfaltung, sondern macht auch eine grundlegende Wandlung durch. Diese Wandlung reicht so tief, daß das Ich als Bejahung und Bekräftigung von Getrenntheit am Ende völlig verschwindet und der Wahrheit Platz macht, die von keiner Trennung weiß.

Die Schwächung des Ich und die Zähmung seiner Natur läßt sich vergleichen mit dem Zurückschneiden und Lichten eines mächtigen, wuchernden Baumes und der letzte Schritt der Auslöschung des Ich mit dem Entwurzeln dieses Baumes. Wenn das trügerische Ich gänzlich verschwunden ist, erkennt das wahre Selbst sich selbst. So besteht denn die lange Reise der Seele darin, aus dem Bewußtsein der vormenschlichen Evolutionsstufen ein explizites Selbstbewußtsein als «Ich» zu entwickeln und hierauf diese Ich-Phase des menschlichen Bewußtseins mit der Hilfe des Vollkommenen Meisters zu überwinden. Ist dies vollbracht, kommt die Seele zum Bewußtsein ihres wahren Selbst als eines immerwährenden und unendlichen «Ich bin», das keine Trennung kennt und alles einschließt.

Der Platz des Okkulten* im Leben des Geistes

I. Vom relativen Wert okkulter Erfahrungen

Die Notwendigkeit richtiger Wertung und Unterscheidung
Auf dem Pfad zur Befreiung des Bewußtseins entfalten sich viele innere Fähigkeiten, die der menschlichen Seele latent innewohnen. Damit erweitert sich der Spielraum und Horizont des Bewußtseins. Diese neuen Elemente spielen oft eine wichtige Rolle bei der Förderung oder Behinderung des geistigen Fortschritts. Deshalb muß der Suchende lernen, den Wert von Erfahrungen – wie etwa ungewöhnliche und bedeutsame Träume, Visionen, Astralreisen und Blicke in die subtile Welt – richtig zu verstehen und echte okkulte Erfahrungen zu unterscheiden von Halluzinationen und Selbsttäuschungen.

Die Bedeutung okkulter Erfahrungen wird meist überschätzt. Es kommt aber auch oft vor, daß man ihre Gültigkeit in Zweifel zieht und sie mit jener Verachtung behandelt, die man im allgemeinen mentalen Abirrungen und Anomalien aller Art entgegenbringt. Eine solche Haltung uneingeschränkter Verachtung ist bei jenen am ausgeprägtesten, die selbst keinerlei unmittelbares Wissen vom Okkulten haben. Es schmerzt das Ich, zugeben zu müssen, daß es möglicherweise weite unerforschte Bereiche des Universums gibt, die nur einer begrenzten Zahl von Menschen zugänglich sind und von denen man sich selbst ausgeschlossen findet. Die

* In den folgenden drei Teilen wird der Begriff des Okkulten generell benutzt im weitesten Sinne von «verborgen» oder «jenseits der gewöhnlichen Erfahrung». In bestimmten Zusammenhängen bezeichnet er aber auch übersinnliche oder «übernatürliche» Phänomene (s. Glossar). (Anm.d.Hrsg.)

unverdiente Geringschätzung, die dem Okkulten zuweilen entgegengebracht wird, ist fast immer das Resultat gänzlicher Unwissenheit hinsichtlich seiner wahren Bedeutung. Solche Verachtung ist etwas anderes als eine vorsichtige und kritische Haltung. Wer innerlich demütig und offen ist, nähert sich dem Okkulten behutsam und fragend und ist bereit, okkulte Gegebenheiten anzuerkennen und sie hinzunehmen, wenn sie sich äußern.

Geistig bedeutsame Träume

Gewährt ein Vollkommener Meister einem Suchenden seine Hilfe, so tut er dies in den meisten Fällen mit gewöhnlichen Mitteln, und er zieht es vor, den Suchenden unter einem Schleier auf dem geistigen Pfad zu führen. Wenn es jedoch angezeigt ist, kann er sich auch okkulter Methoden bedienen, um dem Suchenden zu helfen. So kann er das Mittel gewisser Arten von Träumen benutzen, um die tieferen Schichten des Suchenden zu berühren. Nicht selten sind Meister mit Suchenden zuerst dadurch in Kontakt getreten, daß sie ihnen in Träumen erschienen. Derartige Träume müssen jedoch sorgfältig unterschieden werden von gewöhnlichen Träumen. In gewöhnlichen Träumen übt der Subtilkörper seine Funktionen des Sehens, Schmeckens, Riechens, Berührens und Hörens zwar aktiv aus, doch benutzt die Seele den subtilen Körper hier nicht mit vollem Bewußtsein. Diese Erfahrungen gewöhnlicher Träume spielen sich im Unterbewußtsein ab und sind in den meisten Fällen rein subjektiv. Sie beziehen sich auf physische Aktivitäten, betreffen das Leben in der physischen Sphäre und sind die Schöpfungen von Sanskāras, die im Gemüt gespeichert sind und sich durch den Traum äußern. In einigen Fällen indessen kann ein Traum, der sich sonst in nichts von einem gewöhnlichen Traum unterscheidet, die Spiegelung irgendeiner objektiven Erfahrung des Subtilkörpers im Unterbewußten sein und ist deshalb nicht ein bloßes Phantasieprodukt.

Seltene Arten von Träumen

Die meisten Träume sind rein subjektive und unterbewußte Erfahrungen des Subtilkörpers und haben keinerlei besondere geistige Bedeutung, es sei denn als Möglichkeiten der Erzeugung neuer Sanskāras oder des Auslebens alter Sanskāras sowie der gelegentlichen Beleuchtung von verborgenen Komplexen und verdrängten Problemen der eigenen Persönlichkeit. Derartige Träume können niemals etwas einschließen, das nicht bereits irgendwie Teil der vergangenen Erfahrungen des Träumers ist.

Spielraum für Neues bieten sie nur im Sinne neuer Kombinationen von Elementen, die schon in vergangenen Erfahrungen aufgetaucht sind. Die seltenen Arten von Träumen sind jene von Personen oder Dingen, denen man in diesem Leben nicht begegnet ist, wohl aber in vergangenen Leben. Noch seltener sind Träume von Personen oder Dingen, die weder in diesem Leben noch in vergangenen Leben je erschienen sind, aber in der Zukunft erscheinen werden. Gewöhnliche Träume sind mithin gänzlich verschieden von Träumen, die okkulte Bedeutung haben.

Erste übersinnliche Erfahrungen
Wenn der Suchende übersinnliche Fähigkeiten zu entfalten beginnt, kommt es sehr oft vor, daß er die subtile Welt in Form von bedeutsamen Visionen und Wahrnehmungen von Licht, Farben, Tönen, Gerüchen oder Berührungen erfährt. Diese Erfahrungen treten zunächst so plötzlich und unerwartet auf, daß der Suchende geneigt ist, sie für Halluzinationen zu halten. Doch selbst wenn er sie für Halluzinationen hält, empfindet er es aufgrund der ihnen innewohnenden Kraft als unmöglich, ihrem lenkenden Einfluß zu widerstehen. Die geistige Reise geht einfacher vonstatten, wenn der Suchende lernt, gegenüber okkulten Erfahrungen die richtige Haltung einzunehmen, das heißt ihnen den Wert beizumessen, den sie haben. Eine solch ausgeglichene Haltung ist aber gerade das, was dem Suchenden in den Anfangsstadien besonders schwerfällt.

Die Gefahr der Bindung an okkulte Erfahrungen
Der Anfänger neigt dazu, die Bedeutung seiner kurzen Eindrücke in die inneren Welten zu übertreiben und ein unüberwindliches Verlangen nach der Wiederholung solcher Erfahrungen zu entwickeln, oder aber er versucht, sie als abnorme Erscheinungen abzutun, womit er ihre Bedeutung unterschätzt. Von diesen beiden Alternativen ist jene der Überbewertung okkulter Erfahrungen die weitaus häufigere, was sich hauptsächlich durch die Neuheit und Seltenheit solcher Erfahrungen erklärt, die sie als überaus bedeutsam erscheinen lassen.

Das Ich des Suchenden neigt deshalb dazu, sich an diesem neuen Erfahrungsbereich, der sich ihm enthüllt hat, festzuklammern. Er gibt ihm das Gefühl, ein außergewöhnlicher Mensch zu sein, dem ein exklusives Privileg gewährt wurde. Je mehr okkulte Erfahrungen ein Suchender hat, desto mehr verlangt ihn nach Erweiterung derselben. Auch entwickelt er die Gewohnheit, jeden Schritt auf seinem Weg von okkultem Ansporn abhängig zu machen, geradeso wie jene, die Drogen nehmen, danach süchtig werden und sie als Anregung selbst für jene Dinge brauchen, die sie zuvor ohne solche Anregung zu tun vermochten. Um den Suchenden vor dieser Falle zu bewahren, achtet der Meister sorgsam darauf, dessen neue Sucht nach okkulten Erfahrungen nicht zu nähren. Okkulte Erfahrungen werden dem Suchenden nur dann gewährt, wenn sie für geistige Zwecke absolut notwendig sind, und nicht, wenn er sie begehrt oder fordert.

Vorgehen bei der Sucht nach okkulten Erfahrungen
Wenn der Suchende okkulten Erfahrungen übertriebene Bedeutung beimißt oder ein unbezähmbares Verlangen danach entwickelt, kann der Meister diesem Hindernis auf seine Weise zu Leibe rücken, indem er die okkulten Erfahrungen, die den Anwärter zu seinem falschen Streben bewogen haben, schwächt oder ganz aufhebt. Dieses Vorgehen entspricht jenem des Chirurgen, der einem Patienten durch Beseitigung der Ursache einer körperlichen Störung unmittelbare Linderung verschafft. Es dient dem Zweck, den Suchenden vor dem Schmieden neuer Ketten der Selbstbegrenzung zu bewahren. Dem Suchenden darf unter keinen Umständen gestattet werden, sich in falsche Werte und nichtiges Streben zu verstricken. Solches kann nur auf Abwege führen und das Erreichen des wirklichen Ziels, das heißt die Verwirklichung des wahren geistigen Lebens, unnötig verzögern. Die Einführung des Suchenden in die verborgenen Welten ist zwangsläufig ein allmählicher und sehr langwieriger Vorgang. Der Meister ist niemals bestrebt, diesen Vorgang zu beschleunigen, denn nur wenige Suchende sind wirklich fähig, der Erweiterung ihrer Erfahrung in dieser neuen Dimension standzuhalten.

Merkmale echter okkulter Erfahrungen
In den Anfangsstadien ist das Auftreten okkulter Phänomene sehr sporadisch, weshalb der Anwärter ihre Echtheit zuweilen bezweifelt und sie mit Vorsicht aufnimmt, um die Möglichkeit einer Selbsttäuschung auszuschließen. Oft aber weisen sich okkulte Erfahrungen durch unmißverständliche Zeichen selbst als echt aus. Auch wenn der Suchende nicht imstande ist, diese Zeichen klar zu erfassen, veranlassen ihn solche Erfahrungen doch zu gebührender Aufmerksamkeit und Achtung aufgrund des tiefen Sinns und richtungsweisenden Werts, der ihnen in Überfülle innewohnt, sowie des außergewöhnlichen Gefühls von Seligkeit und Frieden, das sie bewirken. Diese Merkmale vor allem sind es, die dem Anwärter erlauben, echte okkulte Erfahrungen von Halluzinationen und Selbsttäuschungen zu unterscheiden.

Das Wesen von Halluzinationen und Selbsttäuschungen

Halluzinationen sind trügerische Wahrnehmungen; sie bestehen darin, daß man Dinge, die es nicht wirklich gibt, tatsächlich hört oder sieht. Obwohl Halluzinationen in dieser Hinsicht eindeutig von bloßer Vorstellung verschieden sind, bleibt man ihnen gegenüber – ungeachtet ihrer Ähnlichkeit mit normalen Wahrnehmungen – doch skeptisch. Selbsttäuschungen sind insofern trügerischer, als hier zudem die feste Überzeugung besteht, die nichtexistierenden, aber effektiv gesehenen Dinge seien tatsächlich vorhanden. Gewöhnliche Halluzinationen und Selbsttäuschungen bringen indessen demjenigen, der sie erfährt, nicht außergewöhnliche Seligkeit oder Frieden. Die Seligkeit und der Friede, die mit wirklichen okkulten Erfahrungen einhergehen, sind ziemlich zuverlässige Kriterien, an denen der Suchende ermessen kann, ob dieselben echt sind. Halluzinationen und Selbsttäuschungen dagegen sind wie Alpträume des Wachbewußtseins.

Diskretion und Vertrauen

Selbst wenn eine okkulte Erfahrung eindeutig als echt erkannt worden ist, büßt sie an Kraft und Wirksamkeit ein, wenn sie angezweifelt wird. Dies geschieht, wenn der Suchende, der diese Erfahrung hatte, mit anderen darüber redet, die aufgrund ihrer Unfähigkeit, Dinge dieser Art zu verstehen, widersprechende Gedanken äußern und ihn damit unsicher machen. Aus diesem Grund verlangt der Meister von seinem Jünger im allgemeinen strikte Verschwiegenheit bezüglich dessen okkulten Erfahrungen. Selbst eine tiefe Erfahrung kann durch Widerspruch und Skepsis anderer geschwächt werden, es sei denn, der Suchende hat gelernt, seiner eigenen inneren Erfahrung ohne Rücksicht auf das, was andere denken oder sagen mögen, zu vertrauen.

Will der Suchende rasch vorwärtskommen und aus der Hilfe des Meisters möglichst großen Nutzen ziehen, so muß er ein festes, unerschütterliches Vertrauen in sich selbst und in den Meister entwickeln. Er darf nicht bei anderen Rat suchen, denn es gibt nur sehr wenige, die fähig sind, seine Probleme und Erfahrungen wirklich zu verstehen. Der Suchende muß in der Tat bereit sein, die Möglichkeit ins Auge zu fassen, daß er von keinem seiner Freunde oder Angehörigen ganz verstanden wird, weil sie in bezug auf die Ursachen seines Denkens und Handelns im dunkeln tappen.

Das Suchen nach Bestätigung ist ungesund
Wenn eine okkulte Erfahrung im Moment ihres Geschehens den Zweck erfüllt, dem geistigen Streben des Suchenden einen neuen Impuls zu geben, spielt es oft gar keine Rolle, ob dieser sie im Rückblick als eine Form von Selbsttäuschung betrachtet. Anders verhält es sich mit jenen okkulten Erfahrungen, die dem Suchenden absichtlich vermittelt werden, damit sie ihm eine bleibende Quelle der Inspiration und Führung sind. Hier ist es in der Tat notwendig, daß der Suchende ihre Echtheit und Wichtigkeit nicht bezweifelt.

Die allgemeine Haltung endlosen Suchens nach Bestätigung okkulter Erfahrungen ist jedoch eindeutig ungesund, und der Meister gewährt solche Bestätigung und Bekräftigung nur dann, wenn er es für notwendig hält. Außerdem tut er dies stets auf jene Weise, die er in der gegebenen Situation für die beste hält. Was immer er tut, erwächst aus seinem eigenen uneingeschränkten Ermessen und ist keineswegs gebunden an irgendwelche Erwartungen des Suchenden oder abhängig von diesen. Doch wo es sich als geistig notwendig erweist, verstärkt der Meister in der Tat die Wirksamkeit okkulter Erfahrungen, indem er deren Echtheit und Autorität durch irgendeinen direkten oder indirekten Hinweis innerhalb des normalen Erfahrungsbereichs des Suchenden bestätigt.

Astralreisen
In den Stadien, die dem Betreten des eigentlichen geistigen Pfads vorausgehen, wird der Suchende soweit vorbereitet, daß er mit der freien Benutzung der Kräfte der inneren Welt der semisubtilen und astralen Ebene* betraut werden kann. Er vermag dann den physischen Körper im Schlaf oder im Wachzustand zu verlassen und in seinem Astralkörper sogenannte Astralreisen zu unternehmen. Unbewußt unternommene Reisen dieser Art sind weit weniger bedeutsam als jene, die mit vollem Bewußtsein und vorsätzlich unternommen werden. Letztere setzen die bewußte Benutzung des Astralkörpers voraus. Die bewußte Lösung des Astralkörpers vom äußeren Vehikel des physischen Körpers ist insofern von Wert, als sie die Seele ihre Verschiedenheit vom physischen Körper erkennen läßt und zudem eine bessere Beherrschung desselben ermöglicht. So kann ein Suchender fähig werden, den physischen Körper gleichsam wie ein Kleid willentlich aus- und anzuziehen und den Astralkörper zur Erfahrung der inneren Welt des Astralen und wenn nötig zu Astralreisen zu benutzen.

* s. Glossar.

Die Empfindungen des Sehens, Riechens, Schmeckens, Berührens und Hörens, wie sie bei bewußter Benutzung des Astralkörpers erfahren werden, sind ebenso klar und deutlich wie die Sinneswahrnehmungen bei bewußter Benutzung des physischen Körpers. Sie sind nicht verschwommen oder subjektiv wie in gewöhnlichen Träumen, sondern geradeso objektiv und wirksam wie andere Erfahrungen des Wachbewußtseins. Die Fähigkeit zu Astralreisen beinhaltet deshalb eine beträchtliche Erweiterung des Erfahrungsbereichs. Sie bringt neue Möglichkeiten zur Förderung des eigenen geistigen Fortschritts, der mit der Abkehr des Bewußtseins vom Physischen beginnt.

Okkulte Erfahrung ist kein Ersatz für aktives Bemühen
Die Nutzung okkulter Fähigkeiten darf in keiner Weise als Ersatz betrachtet werden für das aktive innere Bemühen des Suchenden, das unerläßlich ist, wenn er weiterkommen will. Werden ihm okkulte Erfahrungen als Geschenk eines Vollkommenen Meisters oder geistig fortgeschrittener Seelen zuteil, so dienen sie dem Zweck, vieles von dem offenbar zu machen, was bisher nur dunkel geahnt wurde, einige der Schwierigkeiten zu beseitigen, die ihm den Zutritt zum Pfad verwehren, und ihm jenes feste Vertrauen und jene Zielstrebigkeit zu geben, die nötig sind, damit er den neuen Erfordernissen der nächsten Stadien begegnen kann. Wirklichen Fortschritt aber erzielt der Suchende, indem er die besten Intuitionen seines Herzens in die Praxis umsetzt, und nicht, indem er bloß passiver Empfänger okkulter Erfahrungen bleibt.

II. Die geistige Beziehung zum Meister

Die innere Einheit des mentalen Lebens
Wer auch nur die geringsten Kenntnisse hat von der Struktur und den Gesetzen der inneren Lebenssphären, muß erkennen, daß es eine vollständige Isolierung des Individuums nur in der Vorstellung geben kann. Alle Menschen, ob sie es wollen oder nicht, wirken durch ihre bloße Existenz unablässig aufeinander ein, selbst wenn sie auf der physischen Ebene keinerlei Kontakt miteinander haben. Dieser wechselseitigen Beeinflussung sind keine Schranken gesetzt. Die Einflüsse der inneren Sphären bleiben unbehindert von Landesgrenzen und anderen Abgrenzungen konventioneller Art.

Gute Gedanken ebenso wie schlechte, heitere Stimmungen ebenso wie düstere, edle und weitende Gefühle ebenso wie engherzige und bedrükkende, selbstlose Bestrebungen ebenso wie selbstsüchtige – sie alle haben die Tendenz, sich auszubreiten und andere zu beeinflussen, selbst dann, wenn sie nicht in Worten oder Taten ausgedrückt werden. Die Welt des mentalen Lebens ist im selben Maße ein einheitliches System wie die Welt der Materie. Die physische Welt als Vehikel des geistigen Lebens hat ihre eigene unzweifelhafte Bedeutung, doch lassen sich die Beziehungen und Verbindungen zwischen Individuen keineswegs voll erfassen, wenn man bloß ihre sichtbaren Kontakte und Interaktionen in Betracht zieht, die sich auf der physischen Ebene abspielen.

Der Wert von Darshan und Sahavas
Die volle Bedeutung des Darshan (Anblicks) eines Vollkommenen Meisters erschließt sich dem Suchenden erst im Licht der Vorgänge, die dadurch auf den inneren Bewußtseinsebenen ausgelöst werden. Die alten Rishis oder Weisen maßen dem Darshan von Heiligen und Vollkommenen Meistern große Bedeutung bei, weil von diesen ein ununterbrochener Strom von Liebe und Licht ausgeht, der das innere Wesen des Suchenden unwiderstehlich inspiriert, selbst wenn er von ihnen keine verbale Unterweisung erhält.

Die Wirkung des Darshan hängt ab von der Empfänglichkeit und Antwort des Suchenden, die ihrerseits durch dessen Sanskāras sowie durch frühere Beziehungen bestimmt sind. Oft ist der Suchende allein mit dem Darshan des Meisters zufrieden und begehrt nichts weiter von ihm. Es bedeutet etwas Großes, wenn ein Suchender Seligkeit und Befriedigung aus dem bloßen Anblick eines Meisters gewinnt, denn es zeigt, daß er ohne Begehren ist und Liebe hat, womit er die beiden Haupterfordernisse des geistlichen Lebens erfüllt. Hat ein Suchender den Darshan seines geliebten Meisters empfangen, so verlangt ihn nach nichts anderem mehr als der Fortdauer desselben. Sein geistiger Impuls treibt ihn dazu, sooft wie möglich die Gesellschaft (*Sahavas*) des Meisters zu suchen. Im Zusammensein mit dem Meister verstärkt sich die läuternde Wirkung seines Darshan, mit dem Ergebnis, daß der Suchende innerlich immer mehr zum Meister hingezogen wird.

Die Füße des Meisters
Wie Darshan und Sahavas hat auch das Berühren der Füße des Meisters seine eigene und besondere Bedeutung. Die Füße, die physisch der niedrigste Teil des Körpers sind, sind vom geistigen Gesichtspunkt der höch-

ste. Die Füße gehen durch alles – Gutes und Schlechtes, Schönes und Häßliches, Reines und Unreines – und bleiben dennoch über allem. Ebenso sind die Füße des Meisters geistig über allem im Universum, durch das sie gehen wie durch Staub. Indem sich die Menschen einem Vollkommenen Meister nähern und seine Füße mit den Händen berühren, legen sie die Bürde ihrer Sanskāras darauf nieder. So sammelt der Meister die Sanskāras des ganzen Universums, in gleicher Weise wie ein gewöhnlicher Mensch beim Wandern Staub an seinen Füßen sammelt.

Es gibt eine alte Sitte, nach der der Suchende, sobald er den Darshan des Meisters empfangen und seine Füße berührt hat, die Füße des Meisters mit Milch und Honig übergießt und als Gabe eine Kokosnuß daneben legt. Honig stellt die roten (schlechten) Sanskāras dar, Milch die weißen (guten) Sanskāras und die Kokosnuß das individuelle Gemüt. Diese Sitte, die in gewissen Gegenden einen festen Bestandteil der Begrüßung des Meisters bildet, symbolisiert mithin das Abwälzen der Bürde aller Sanskāras auf den Meister und die Hingabe an ihn. Der *innere* Vollzug dieser Handlung ist der wichtigste und entscheidende Schritt, den der Suchende tun muß, um den geistigen Pfad zu betreten.

Mentaler Kontakt mit dem Meister
Hat der Anwärter den Darshan eines Vollkommenen Meisters empfangen, prägt sich dieser Anblick seinem Gemüt tief ein. Selbst wenn er in der Folge nicht die Möglichkeit zu häufigem äußeren Kontakt mit dem Meister hat, wendet er sich innerlich wieder und wieder dem Meister zu, in dem Bemühen, dessen Bedeutung zu verstehen. Dieser Vorgang des Herstellens eines mentalen Kontakts mit dem Meister ist grundsätzlich verschieden von der bloßen Erinnerung an vergangene Geschehnisse. Beim gewöhnlichen Spiel der Vorstellung ist die Rückrufung vergangener Geschehnisse nicht unbedingt von einem bestimmten Motiv getragen, wogegen bei der Herstellung eines mentalen Kontakts ein bestimmtes Motiv vorliegt. Aufgrund der richtunggebenden Kraft dieses Motivs ist die Vorstellung nicht mehr nur ein bloßes Wälzen von Gedanken. Sie wendet sich vielmehr hin zum Meister und stellt eine mentale Verbindung zu ihm her.

Mentaler Kontakt kann ebenso fruchtbar und wirksam sein wie der physische Darshan des Meisters. Die Wiederholung derartiger mentaler Kontakte ist wie der Bau eines Kanals zwischen Meister und Suchendem, über den dem Suchenden ungeachtet aller scheinbaren Distanz die Gnade, die Liebe und das Licht zufließen, die ununterbrochen vom Meister ausgehen. So erreicht die Hilfe des Meisters nicht nur jene, die sich in seiner physischen Gegenwart befinden, sondern auch andere, die in mentalem Kontakt mit ihm stehen.

Die Abschirmung des Jüngers gegen hemmende Einflüsse
Der Meister achtet sorgfältig auf die individuellen Bedürfnisse des Jüngers und unternimmt als erstes, denselben vor Einflüssen zu schützen, die seine Aufmerksamkeit vom Pfad ablenken oder sonstwie seinen Fortschritt hemmen. So kann der Meister dem Jünger eine vorübergehende Isolation auferlegen, um dessen Gemüt gegen Einwirkungen abzuschirmen, die seiner geistigen Reifung abträglich sind. Manche Yogis werden von ihren Meistern sogar angewiesen, ihre Nahrung selbst zuzubereiten und niemandem zu gestatten, während der Mahlzeit zugegen zu sein. Dies geschieht mit dem Zweck, Eindrücke von Unreinheit aus dem Blick Niedriggesinnter zu vermeiden. Der Jünger kann von anderen auch Eindrücke ihrer Sinneslust empfangen, geradeso wie ein sauberes Tuch leicht von Schmutz befleckt wird.

In den Anfangsstadien muß sich der Suchende vor allen Komplikationen hüten, die durch den Umgang mit anderen, die nicht auf dem Pfad sind, entstehen können. Doch ordnet der Meister den Abbruch oder die Vermeidung bestimmter Beziehungen und Kontakte nur in spezifischen Fällen an, wo dies besonders angezeigt ist. Im allgemeinen wird die nötige Abschirmung allein durch den ständigen Kontakt mit dem Meister erreicht, so daß sich eine eigentliche Klausur des Jüngers erübrigt. Obwohl der Jünger äußerlich mit der Welt in Berührung sein mag, bleibt er auf Grund seiner inneren Verbindung mit dem Meister mental von ihr gelöst.

Hilfreiche Beziehungen
So wie der Meister einen neuen engen Jünger von unerwünschten Kontakten und Verbindungen isolieren kann, kann er auch neue Beziehungen unmittelbar fördern oder herbeiführen, die er als im geistigen Interesse des Jüngers liegend erachtet. Der Meister kennt die Sanskāras und karmischen Bindungen aller und ebenso deren Komplikationen. Er vermag daher den Menschen bewußt zu helfen, Beziehungen einzugehen, die bedeutsame Wechselwirkungen möglich machen und hervorrufen. Damit wird der Fortschritt aller Beteiligten auf dem Weg des geringsten Widerstandes, das heißt auf dem kürzesten Weg, gefördert. Der Meister benutzt sein Wissen um die vergangenen Existenzen, Sanskāras und

Verbindungen der Menschen, um ihnen zu helfen, ihre geistige Energie sparsam und zu ihrem Besten einzusetzen.

Der Jünger als Instrument für das Werk des Meisters
Die innere Einheit und Solidarität der inneren Welten ermöglichen es dem Meister, seinen Jünger als Instrument für sein Werk zu benutzen, selbst wenn dem Jünger nicht bewußt ist, daß er diesem größeren Zweck des Meisters dient. Durch seine Liebe zum Meister und sein Verständnis desselben ebenso wie durch seinen Gehorsam und seine Hingabe tritt der Jünger in enge Verbindung zum Meister und bringt sich in Einklang mit ihm. Wer mit dem Meister in unmittelbarem Kontakt steht, empfängt seine Hilfe unmittelbar, und wer mit seinen Jüngern in enger Beziehung steht, empfängt die Hilfe des Meisters mittelbar.

Der Meister als Relais-Station
Die Mitwirkung am geistigen Werk des Meisters vollzieht sich durchaus nicht nur auf eine einzige Weise. Selbst jene Jünger, die bloß an den Meister denken oder über ihn meditieren, haben das Privileg, an der universalen geistigen Arbeit teilzunehmen, der sich der Meister in diesem Moment gerade widmet. Der Meister ist eins mit der Ewigkeit und deshalb jenseits der Zeit und aller Begrenzungen der Zeit. Doch indem er für den geistigen Fortschritt der Menschheit tätig ist, nimmt er viele der Begrenzungen der Zeit auf sich, und diese Arbeit kann durch das willentliche Mitwirken seiner Jünger unterstützt werden. Der Meister nimmt die Liebe seiner Jünger auf und nutzt die von ihnen freigesetzten geistigen Kräfte für sein universales Werk. In dieser Hinsicht ist der Meister wie eine Relais-Station, die ein Lied nur empfängt, um es in die weite Welt hinaus zu senden. Den Meister lieben heißt alle lieben, nicht bloß symbolisch, sondern tatsächlich, denn was der Meister auf den inneren Ebenen empfängt, vergeistigt und verteilt er. So stärkt er einerseits die persönlichen Beziehungen der Jünger zu ihm und schenkt ihnen andererseits das Privileg, an seinem göttlichen Werk teilzuhaben.

Das innere Auge
Auf unendlich vielfältige Weisen sucht der Vollkommene Meister den Suchenden zu sich hinzuziehen, auf daß er sich aus dem Irrgarten des Universums löse und nach Gott zu verlangen beginne. Das Sehnen nach Gott wohnt dem Suchenden von Anfang an inne, doch der Meister verstärkt und verdeutlicht es, indem er das innere Auge des Suchenden öffnet. Bei

Der Platz des Okkulten im Leben des Geistes

der Öffnung des inneren Auges wird Gott, der Gegenstand allen Suchens und Sehens, tatsächlich geschaut. Wenn sich der Blick der Seele nach innen wendet und die höchste Wirklichkeit erfaßt, wird das Sehnen nach Einswerden mit ihr ungleich intensiver, als wenn die Seele Gott durch bloßes spekulatives Denken oder Vorstellen sucht. Ist die Zeit reif, kann der Meister dieses innere Auge in weniger als einer Sekunde öffnen.

Der Om-Punkt
Letztlich muß der Suchende erkennen, daß Gott die einzige Wirklichkeit ist und daß er in Wirklichkeit eins ist mit Ihm. Das setzt voraus, daß er sich nicht vom Schauspiel des vielfältigen Universums überwältigen läßt. Tatsächlich liegt dieses ganze Universum in ihm selbst, in seinem wahren Selbst, und tritt ins Dasein aus jenem winzigen Punkt im Selbst, der als *Om*-Punkt bezeichnet wird. Doch das Selbst hat sich angewöhnt, Erfahrung durch dieses oder jenes Medium zu sammeln, und deshalb erfährt es das Universum als einen mächtigen Rivalen außerhalb seiner selbst. Die Gottverwirklichten indessen sehen das Universum fortwährend als dem Om-Punkt entspringend, der in jedem ist.

Umkehrung des Wahrnehmungsvorgangs
Der Vorgang der Wahrnehmung läuft parallel zum Vorgang der Schöpfung. Die Umkehrung des Wahrnehmungsvorgangs ohne Verlust des Bewußtseins führt deshalb zur Erkenntnis, daß das Universum als gesonderte Wesenheit nicht existiert. Das Selbst als individualisierte Seele sieht zuerst durch das Gemüt, dann durch das subtile Auge und zuletzt durch das physische Auge. Es selbst aber ist größer als alles, was es wahrzunehmen vermag. Das weite Meer und die unermeßlichen Räume des Himmels sind winzig im Vergleich zum Selbst. Alles, was das Selbst wahrzunehmen vermag, ist in der Tat endlich, das Selbst aber ist unendlich. Wenn das Selbst volles Bewußtsein bewahrt und dennoch nichts sieht, hat es das Universum seiner eigenen Schöpfung durchquert und damit den ersten Schritt getan, um sich selbst als das Alles zu erkennen.

Siddhis
Der gesamte Vorgang des Rückzugs des Bewußtseins vom Universum und seiner Hinwendung zum Selbst ist von einer wachsenden Kontrolle über die verschiedenen Bewußtseinsträger begleitet. Sie wird möglich durch die Aktivierung bislang unbenutzter Steuerzentren, und dies bringt die Entfaltung gewisser okkulter Kräfte mit sich. Diese neuen Kräfte wer-

den gemeinhin als *Siddhis* bezeichnet, und sie können sich entfalten, bevor der Suchende geistige Vollkommenheit erlangt hat. Deshalb kann die Entfaltung solcher Kräfte die Selbstsucht nähren. Es kann sein, daß der Suchende sich nicht nur an ihrem Besitz ergötzt, sondern sie tatsächlich anwendet, um weltliche Begehren zu erfüllen, von denen er nicht unbedingt schon frei ist. Siddhis werden daher mit Recht als Hindernis auf dem Weg zum geistigen Ziel angesehen.

Nach der Gottverwirklichung nehmen alle diese okkulten Kräfte an Bedeutung ab. Die Siddhis haben ihren Platz in der Illusion des Universums, und wer Gott in sich verwirklicht hat, ist fortwährend und unwiderruflich fest gegründet in der höchsten Wirklichkeit. Obwohl das Universum für den Verwirklichten nicht mehr Wert hat als eine Null, kann er willentlich Verantwortung übernehmen für jene Seelen, die im Irrgarten des Universums gefangen sind. In diesem Fall kann er von seinen okkulten Kräften frei und legitim Gebrauch machen, um das geistige Wohl anderer zu fördern.

Die Erfüllung des göttlichen Plans
Es gibt nichts, was die Meister der Weisheit nicht unmittelbar oder mittelbar zu steuern vermöchten. Durch Freisetzung der Kräfte der hohen Ebenen, auf denen sie bewußt weilen, können sie sowohl weittragende soziale Phänomene wie Kriege, Revolutionen oder Epidemien als auch Naturereignisse wie Erdbeben und Überschwemmungen kontrollieren und lenken. Die Meister können okkulte Kräfte auch zur Koordinierung ihres geistigen Wirkens benutzen. So kommt es häufig zu «Konferenzen» der Meister auf den inneren Ebenen, die der Sicherung des Fortschritts der Menschheit dienen. Die Allseele in allen ist eins und wirkt stets als Einheit. Jene, die dieser Einheit vollauf bewußt geworden sind, werden fähig zur Übernahme unbegrenzter Verantwortung, denn sie haben die Begrenzungen des menschlichen Gemüts abgelegt. Da ihr Interesse unpersönlich und universal ist, vermögen sie der Ausführung und Erfüllung des göttlichen Plans auf Erden wirksam zu dienen.

III. Okkultismus und Spiritualität

Okkultismus als Wissenschaft
Okkultismus ist eine Wissenschaft, die das Studium gewisser Aspekte und Kräfte des Universums und der menschlichen Persönlichkeit zum Gegen-

stand hat. In dieser Hinsicht besteht kein grundsätzlicher Unterschied zwischen Okkultismus und anderen Wissenschaften, die sich mit dem Studium dieser Dinge befassen. Der Unterschied zwischen Okkultismus und anderen Wissenschaften erwächst daraus, daß die anderen Wissenschaften sich mit jenen Aspekten und Kräften beschäftigen, die unmittelbar oder mittelbar der gewöhnlichen Beobachtung und Manipulation zugänglich sind, während Okkultismus sich mit verborgenen Aspekten und Kräften beschäftigt, die der gewöhnlichen Beobachtung und Manipulation ihrem Wesen nach unzugänglich sind. Die Entwicklung okkulten Wissens hängt ab von der Entfaltung der latenten Kräfte des menschlichen Geistes. Viele der modernen Gesellschaften für parapsychologische Forschung nähern sich dem Wissenszweig des Okkulten mit derselben Haltung wie anderen Wissenszweigen, denn im Prinzip scheint es keinen Grund zu geben, ihn als weniger wertvoll oder wertvoller einzustufen als andere Bereiche theoretischen Wissens. So unternehmen diese Gesellschaften den Versuch, das Okkulte gemeinschaftlich und systematisch zu erforschen.

Die Grenzen der Mitteilung

Die Vollkommenen Meister hielten es hin und wieder für angezeigt, der Allgemeinheit der Menschen einiges theoretische Wissen über gewisse bedeutsame Grundzüge der verborgenen Welten zu vermitteln, etwa über Unsterblichkeit und Wiederverkörperung, über die Existenz verschiedener Körper und Bewußtseinsebenen sowie über die Gesetze der Evolution und das Wirken des Karma. Wissen dieser Art verschafft dem geistigen Streben die richtige Art von Hintergrund und bringt die Optik des gewöhnlichen Menschen der Wahrheit so nahe, wie es unter den gegebenen Umständen möglich ist. Von solch allgemeinem Wissen über Grundlegendes abgesehen, haben es die Meister jedoch konsequent vorgezogen, der Verbreitung eingehenderen Wissens über okkulte Gegebenheiten möglichst wenig Raum zu geben. Sie haben es sogar peinlich vermieden, Informationen über jene Punkte preiszugeben, die entscheidende Bedeutung haben für den Okkultismus als Kunst.

Theoretisches Wissen ist niemals Ersatz für unmittelbare Erfahrung

In bezug auf das Okkulte herrscht mehr als bei jedem anderen Wissensbereich ein scharfer und bedeutsamer Unterschied zwischen jenen, die wissen, und jenen, die nicht wissen. In anderen Wissenschaften kann das Fehlen direkten Wissens bis zu einem gewissen Grad wettgemacht werden durch indirektes Wissen. In bezug auf das Okkulte aber kann indirektes Wissen in Tragweite und Bedeutung in keiner Weise heranreichen an direktes Wissen. Obwohl Okkultismus eine wichtige Wissenschaft ist, hat die Verbreitung rein theoretischer Information über okkulte Gegebenheiten deshalb wenig Sinn. Für jene, die keine unmittelbare Erfahrung des Okkulten haben, kann rein theoretisches Wissen über gewisse okkulte Tatsachen von keinem besonderen Wert sein. Okkulte Gegebenheiten müssen für sie mehr oder weniger in der gleichen Kategorie bleiben wie Beschreibungen eines nie gesehenen Landes oder Schöpfungen der Phantasie.

Okkultismus als Kunst
Vom Okkultismus als Wissenschaft kann man sagen, er stehe mehr oder weniger auf der gleichen Stufe wie andere Wissenschaften, doch Okkultismus als Kunst steht für sich allein. Allein schon die Verbreitung rein theoretischer Information über okkulte Gegebenheiten bringt zuweilen Schaden, weil dadurch eitle Neugier geweckt und das Verlangen nach Macht über unbekannte Kräfte angeregt werden kann, um diese zu selbstsüchtigen Zwecken anzuwenden. Okkulte Macht als solche hat nichts besonders Geistiges an sich. Wie jede andere weltliche Macht oder wissenschaftliche Entdeckung kann sie für gute oder üble Zwecke benutzt werden. Sie schafft zwar enorme Möglichkeiten für kooperatives Wirken auf den höheren Ebenen, doch setzt dies zwangsläufig geistige Reife und die Bereitschaft voraus, die damit einhergehende besondere Verantwortung zu schultern.

Mißbrauch okkulter Macht
Der Novize mag okkulte Kräfte suchen, und innerhalb bestimmter Grenzen mag es ihm auch gelingen, sie zu erwerben. Doch diese neue Errungenschaft wird sich weit eher als Fluch erweisen denn als Segen, wenn er geistig nicht reif ist für die Erfüllung der neuen Verantwortung, die mit dem Erwerb dieser neuen Kräfte einhergeht. Selbst der geringste Mißbrauch okkulter Macht hat ernste Folgen und schafft eine Bindung für die Seele. Oftmals verzögert sie den Fortschritt des Suchenden und kann sogar zu einem beträchtlichen Rückschritt führen. Ganz abgesehen davon, daß der Neuling durch unbesonnene Anwendung okkulter Kräfte geistiges Verderben auf sich selbst zieht, wird er unweigerlich zu einer Quelle unberechenbaren Unheils für andere, denen gegenüber er einen gewaltigen Vorteil errungen hat.

Okkulte Macht ist geistigen Zwecken vorbehalten
In den Händen der Meister geistiger Weisheit ist okkulte Macht nicht nur sicher, sondern läßt sich auch als überaus wirksames Hilfsmittel zum Wohl der Menschheit einsetzen. Doch selbst die Meister gehen mit dieser Macht sehr sparsam um. Okkultismus als Kunst hat seinem ureigenen Wesen nach natürliche Grenzen. Er kann nicht in großem Maßstab zur Erfüllung der materiellen Bedürfnisse der Menschheit oder zur Förderung ihrer weltlichen Bestrebungen angewendet werden. Die Einführung eines ungewissen und unberechenbaren Faktors, wie sie die freie Ausübung okkulter Macht mit sich brächte, würde im gewöhnlichen Streben des Menschen unweigerlich enorme Verwirrungen und Störungen hervorrufen. Damit sich das Gesetz des Karma gleichmäßig und bruchlos vollziehen kann, muß der Mensch in diesem Streben seinen eigenen Begrenzungen, Fähigkeiten und Möglichkeiten überlassen bleiben. Die Anwendung okkulter Macht hat sich deshalb strikt auf die Förderung geistiger Zwecke zu beschränken.

Die Bedeutung der Erfüllung weltlicher Wünsche durch Heilige
Heilige erfüllen zuweilen in der Tat gewisse weltliche Wünsche ihrer Anhänger. Dies geschieht jedoch nicht, weil sie an weltlichen Angelegenheiten interessiert wären, sondern in der Absicht, diese Anhänger von ihren materiellen Neigungen wegzulocken. Kleine Kinder haben an sich wenig Interesse für das Erlernen des Alphabets. Um ihre Aufmerksamkeit zu gewinnen, legen ihnen die Eltern deshalb oft spezielle Buchstaben aus Zuckerwerk vor. Dann beschäftigen sich die Kinder mit diesen Buchstaben, nicht weil sie an Buchstaben als solchen interessiert wären, sondern weil sie am Zuckerwerk interessiert sind. Dies führt aber oft zum Erwachen eines Interesses an den Buchstaben selbst, so daß das Zuckerwerk bald beiseitegelassen werden kann, nachdem es seinen Zweck erfüllt hat. Weltlich gesinnte Menschen sind wie solch kleine Kinder. Geradeso wie die Mutter oder der Vater dem Kind gelegentlich ein Stück Schokolade schenkt, um es zum Gutsein zu ermutigen, können Heilige ihren weltlich gesinnten Anhängern mitunter gewisse harmlose Dinge gewähren, die sie begehren, damit sie sich letztlich bereitfinden mögen, solche Begehren abzulegen und sich der wahren Spiritualität zuzuwenden.

Heiligen soll man sich nicht mit materiellen Motiven nähern
Weltlich gesinnte Menschen sind dermaßen in materielle Wünsche verstrickt, daß nichts ihr Interesse zu erregen vermag, wenn es nicht in ir-

gendeinem unmittelbaren Zusammenhang steht mit der Erfüllung dieser Wünsche. So kann es geschehen, daß sie sich Heiligen nähern und ihnen Ehrerbietung oder Dienst in der Erwartung darbringen, dafür Hilfe bei der Lösung ihrer materiellen Probleme zu erhalten. Wenn sich jemand einem Heiligen mit Ehrerbietung nähert, wird es für den Heiligen zur Pflicht, diesem Menschen geistig beizustehen, selbst wenn er aus einem anderen Beweggrund gekommen ist. Der Heilige, mit seinem größeren Verständnis des menschlichen Gemüts, kann deshalb beschließen, diesem Verehrer materiell zu helfen, um ihn für das wahre Geistesleben zu gewinnen. Solches Anbieten eines materiellen Köders für geistige Zwecke ist jedoch eher die Ausnahme als die Regel. Meist entmutigen Heilige die Leute, sich ihnen um irgendwelcher materieller Vorteile willen zu nähern. Vom geistigen Gesichtspunkt ist es für einen Menschen unendlich besser, Heilige einfach deshalb zu lieben, weil sie es wert sind, geliebt zu werden, als aus irgendwelchen eigennützigen Gründen. Die Leute sollten sich Heiligen nähern, weil sie aufrichtig interessiert sind an wahrer Spiritualität, und aus keinem anderen Grund. Nur dann bringt ihnen der Kontakt mit Heiligen größtes Wohl.

Die wahre Funktion okkulter Macht
Okkultismus als Kunst rechtfertigt sich einzig und allein daraus, daß man damit geistigen Zwecken dienen kann. Jede von diesem Ziel abweichende Anwendung okkulter Macht ist als Mißbrauch anzusehen, sie darf nicht zur bloßen Erfüllung weltlicher Zwecke aufgeboten werden. Ihre wahre Funktion besteht nicht in der Erfüllung menschlicher Wünsche, sondern in der Läuterung des menschlichen Herzens. Okkultismus als Kunst ist einer der wirksamsten und mächtigsten Faktoren, die zur Läuterung der Menschheit beitragen können, indem er ihr hilft, ihre niedrigen Begierden abzulegen.

Die Anwendung okkulter Macht auf den höheren Ebenen
Okkultismus als Kunst wird dann besonders bedeutsam und notwendig, wenn jemand im Begriff ist, seine latenten übersinnlichen Fähigkeiten zu entfalten, oder wenn jemand diese Fähigkeiten bereits in beträchtlichem Maße entfaltet hat, ihm aber die physische Welt zuweilen nicht vollauf präsent ist, weil sich sein Bewußtsein auf die höheren Ebenen zurückgezogen hat. Solch ein Mensch muß in einer Sprache angesprochen werden, die er verstehen kann. Viele fortgeschrittene Suchende entwickeln bestimmte okkulte und mystische Kräfte, doch bedürfen sie oft im selben

Maße geistiger Hilfe wie gewöhnliche Menschen. Weil ihnen aber solche Kräfte eigen sind, kann ihnen ein Vollkommener Meister seine Hilfe ungeachtet der räumlichen Distanz unmittelbar und wirksam zukommen lassen. Wenn die Hilfe des Meisters bewußt auf den höheren Ebenen empfangen werden kann, trägt sie weit reichere Frucht als die Hilfe, die der Meister über ein physisches Medium erteilt.

Abstieg in die Welt
Neben den allgemeinen Schwierigkeiten des Weiterkommens auf dem Pfad haben fortgeschrittene Suchende überdies das besondere Problem zu bewältigen, daß es ihnen in ihrer tiefen Versunkenheit in der Seligkeit ihres jeweiligen Bewußtseinszustandes schwerfällt, zur weiteren Arbeit in die physische Sphäre «abzusteigen». Dieser Abstieg fortgeschrittener Suchender ist nicht zu verwechseln mit der Rückkehr eines Vollendeten zum normalen Bewußtsein nach der Erfahrung der siebenten Ebene, das heißt, nach der Gottverwirklichung. Die Rückkehr eines Vollkommenen Meisters – ebenso wie seine Etablierung auf einer der höheren Ebenen nach der Verwirklichung – wird bestimmt durch altruistische Motive und ist die Folge seines *Prārabdha–Karma* (das heißt, seines unausweichlichen Schicksals), das ein Vollendeter entsprechend der ihm übertragenen Autorität zur geistigen Erhebung der Menschheit benutzt. Obwohl ein Vollkommener Meister simultanes Bewußtsein aller Ebenen hat, sagt man, daß sich beispielsweise Khwaja Muinuddin Chishti von Ajmer (Indien) auf die fünfte der inneren Bewußtseinsebenen stellte. Es trifft auch zu, daß der Avatār auf allen Bewußtseinsebenen zugleich tätig ist, doch für die Zwecke seines universalen Werks stellt er sich zuweilen auf eine bestimmte Ebene. So sagt man, daß sich der Prophet Mohammed auf die siebente Ebene stellte und Gautama Buddha auf die fünfte.

Der Abstieg fortgeschrittener Suchender dagegen wird herbeigeführt, um deren Vorankommen auf dem Pfad zu beschleunigen, wenn sie irgendwo zwischen den Ebenen hängengeblieben sind. Wenn ein Suchender beispielsweise irgendwo zwischen der dritten und der vierten Ebene steckenbleibt, bringt ihn der Meister gewöhnlich wieder auf die dritte Ebene herunter, bevor er ihn auf die vierte hinaufhebt. Ein derartiger Abstieg aus der Höhe ist vielfach auch zum Wohl derjenigen notwendig, die nach wie vor in der Wildnis der Welt umherirren und den Zugang zum Pfad noch nicht gefunden haben. Zuweilen kann der Meister einem fortgeschrittenen Suchenden eine bestimmte geistige Arbeit auftragen und deshalb von ihm verlangen, daß er die Bemühungen um seinen eigenen

Fortschritt zugunsten anderer zurückstellt. Letztlich wird sich dieser Abstieg als geistige Vorbereitung für die unbehinderte und rasche Bewältigung der nächsten Phase des Pfads erweisen, doch einstweilen fällt es dem Suchenden schwer, auf die Vorzüge des erreichten Zustandes zugunsten anderer zu verzichten.

Besonders mühsam ist der Abstieg für denjenigen, der sich in einem Zustand tiefer Entrückung oder Bezauberung befindet. Im Sufismus wird dieser Zustand bezeichnet als *Hairat*. Der Suchende empfindet es als äußerst schwierig, diesen Zustand zu verlassen. Es ist jedoch nötig, daß er der Entrückung widersteht, statt sich in ihr zu verlieren, und daß er in bestimmten Fällen zum Wohle anderer in die Welt zurückkehrt. Der Meister hat seine eigenen Methoden im Umgang mit einem fortgeschrittenen Suchenden und vermag ihn zu jedem Schritt zu bewegen, der diesem an sich wenig behagt.

Die Geschichte von Ganj-e-Shakkar

Dies veranschaulicht die Geschichte eines berühmten *Wali* namens Baba Fariduddin, auch bekannt als Ganj-e-Shakkar. Lange bevor dieser Wali oder Gottesfreund die Erleuchtung erlangte, versank er in Hairat und ging völlig auf in diesem Zustand. Er vermochte seine Augen nicht mehr zu schließen. Sie blieben ständig offen und starrten blicklos und gläsern ins Leere, und auch essen konnte er nicht. Sein Meister, Khwaja Muinuddin Chishti von Ajmer, wollte, daß er aus dieser Entrückung zurückkehre und absteige in die Welt, doch dem Wali fiel es schwer, dem Meister zu gehorchen. Da griff der Khwaja zurück auf seine okkulte Macht und brachte ihn auf folgende Weise herunter: Er gab fünf Dieben ein, sich an den Ort zu begeben, wo Baba Fariduddin saß. Sie ließen sich fünf Schritte von ihm entfernt nieder und machten sich daran, die eben gemachte Beute zu teilen. Bald entbrannte zwischen ihnen ein Streit, und zwei der Diebe erschlugen die drei anderen. Die beiden Siegreichen teilten die Beute eilends unter sich auf und rannten davon. Dabei aber kamen sie gerade an die Stelle, wo der Wali saß. Kaum waren sie ihm nahegekommen, fand der Wali sein normales Bewußtsein wieder. Die Nähe dieser Verbrecher war ein Reiz von ausreichender Roheit, um ihn von seiner Höhe herunterzuholen.

Das erste, was Baba Fariduddin sah, waren einige Spatzen, und sein erster Impuls war, seine erwachende Macht an ihnen zu erproben. Er sprach: «O ihr Spatzen! Sterbt!» – und die Spatzen fielen tot zu Boden. Dann sprach er: «O ihr Spatzen! Erhebt euch!» – und die Spatzen erhoben sich. Die beiden Diebe, die dies beobachtet hatten, waren verblüfft und baten den Wali, auch die drei Diebe zu erwecken, die sie im Zorn erschlagen hatten. So wandte sich der Wali den drei toten Dieben zu und sprach: «Erhebt euch!», doch sie erhoben sich *nicht*. Entsetzt ob des Gedankens, er könnte seine Macht verloren haben, und voller Reue über die leichtfertige Anwendung derselben, begab sich der Wali weinend zu seinem Meister. Als er aber bei diesem anlangte, sah er, daß jene drei Diebe dabei waren, seinem Meister die Füße zu salben. Daraufhin kehrte Baba Fariduddin an seinen alten Platz zurück, unbekümmert um Speise oder Trank. Er magerte ab bis auf die Knochen und verharrte so zehn Jahre am selben Ort, bis weiße Ameisen anfingen, seinen Körper anzunagen. Von da an kamen Leute und brachten große Mengen Zucker, um die Ameisen von ihm abzuhalten. Da er ständig von Zuckerhaufen umgeben war, wurde er *Ganj-e-Shakkar* genannt, was soviel bedeutet wie «Zuckerschatz».

Diese Geschichte zeigt, daß selbst weit fortgeschrittene Anwärter die Hilfe des Meisters benötigen, um auf dem Weg zur Verwirklichung weiterzukommen.

Okkulte Phänomene haben keinen Wert an sich

Die Geschichte von Ganj-e-Shakkar veranschaulicht jene Art von Situationen, die die Anwendung okkulter Methoden und okkulter Macht notwendig machen. Man sollte sich jedoch darüber im klaren sein, daß kein okkultes Phänomen, welchen Ranges auch immer, an sich irgendeinen Eigenwert hat. Der Wert, der irgendwelchen Phänomenen – okkulten wie nichtokkulten – innezuwohnen scheint, ist entweder rein illusorisch oder aber gänzlich relativ. Illusorische Werte entstehen, wenn irgendein Ding eine falsche Bedeutung erhält, weil es die wechselhaften Begierden und begrenzten Ziele, die aus Unwissenheit geboren sind, stimuliert oder zu erfüllen verspricht. Wird dieses Ding aber aus dem Zusammenhang jener wechselhaften Begierden und begrenzten Ziele gelöst, verliert es sogleich alle Bedeutung, die ihm zuvor in Fülle innezuwohnen schien. Relative Werte entstehen, wenn ein Ding Bedeutung erhält, weil es der Erkenntnis oder dem Ausdruck der Wahrheit dient. Die Bedeutung solcher Dinge ergibt sich daraus, daß sie wesentliche Voraussetzungen für das Spiel des göttlichen Lebens sind. Deshalb ist ihr Wert, obwohl relativ, wirklich und nicht illusorisch.

Der Unterschied zwischen Okkultismus und Spiritualität

Die meisten Menschen messen okkulten Phänomenen bewußt oder unbewußt ungebührliche Bedeutung bei und mißverstehen sie als Spiritualität. Für sie sind Wunder und Phänomene der Geisterwelt das, was eigentliche und größte Aufmerksamkeit verdient, und deshalb betrachten sie die Beschäftigung mit solchen Dingen als Beweis für ein Interesse am wahren geistlichen Leben. Es besteht jedoch ein sehr klarer und eindeutiger Unterschied zwischen Okkultismus und Mystik, zwischen Spiritismus und Spiritualität, und wer die volle Tragweite dieses Unterschieds nicht erfaßt, geht unweigerlich in die Irre.

Das einzig Wichtige

Alle Wunder gehören zur phänomenalen Welt, und diese Welt ist die Welt der Schatten. Als Phänomene sind sie dem Wandel unterworfen, und nichts, was sich wandelt, kann beständigen Wert haben. Verwirklichung der ewigen Wahrheit bedeutet Eintritt in das unwandelbare Sein, und dieses Sein ist die höchste Wirklichkeit. Keine Bekanntschaft mit der okkulten Welt und keine Fähigkeit, ihre Kräfte zu manipulieren, kann der Verwirklichung der Wahrheit gleichkommen. Okkulte Phänomene liegen ebensosehr im Bereich falscher Vorstellung wie die gewöhnlichen Phänomene der physischen Welt. Vom geistigen Gesichtspunkt ist das einzig Wichtige, das göttliche Leben in sich selbst zu verwirklichen und durch seinen Ausdruck im täglichen Leben andern zu helfen, es zu verwirklichen. Einzugehen in die Essenz allen Seins und allen Sinns und den Duft dieser inneren Errungenschaft freizusetzen zum Wohl und zur Führung anderer, durch den Ausdruck von Wahrheit, Liebe, Reinheit und Schönheit in der Alltagswelt des Menschen – dies ist das einzige Spiel, dem wirklicher und absoluter Wert innewohnt. Alle anderen Geschehnisse, Erlebnisse und Errungenschaften haben an sich keine bleibende Bedeutung.

Die Arten der Meditation

I. Das Wesen der Meditation und ihre Voraussetzungen

Ein Pfad durch das Dickicht des Gemüts

Meditation kann umschrieben werden als ein Pfad, den sich das Individuum bahnt, wenn es versucht, die Begrenzungen seines Gemüts zu überwinden. Ist ein Mensch in den Schlingpflanzen eines dichten Urwalds gefangen und versucht, ins Freie zu gelangen, so hinterlassen seine Bemühungen zum Durchbrechen der ihn einkreisenden Hindernisse gewisse Spuren. Anhand dieser Spuren vermag ein Beobachter den Weg nachzuzeichnen, den dieser Mensch genommen hatte, um aus dem Urwald herauszukommen. Die Bewegung dessen, der sich durch den Urwald schlägt, ist grundlegend verschieden von der Bewegung einer Lokomotive, die auf vorgegebenen Geleisen dahinfährt. Dieser Mensch folgt nicht einem vorgezeichneten Pfad. Sein Pfad zeichnet sich ab, nachdem er ihn gegangen ist. So verhält es sich auch mit dem Menschen, der sich zu tiefer Meditation hingezogen fühlt. Er ringt in Wirklichkeit mit den geistigen Problemen, denen er sich gegenübersieht, und folgt nicht einfach einer unveränderlichen Route, die in seiner mentalen Landschaft bereits vorgezeichnet wäre.

Bedeutung der Intelligenz

Jemand, der unmittelbare Einsicht hat in die besonderen Züge des Gemüts eines Meditierenden, kann den Verlauf von dessen meditativer Entwicklung jedoch in großen Zügen voraussehen, geradeso wie jemand, der gründliche Kenntnis von der Beschaffenheit der Erdkruste hat, in etwa vorauszusagen vermag, in welcher Gegend ein Vulkanausbruch am ehesten zu erwarten ist. Wenn die im Erdinnern aufbrandenden Kräfte auszubrechen suchen, nehmen sie unweigerlich den Weg des geringsten Widerstandes, und ihr tatsächlicher Verlauf hängt weitgehend ab von der Natur des Materials, dem sie begegnen. Der Unterschied zwischen vulkanischen Kräften und dem Drang des Geistes liegt darin, daß die ersteren unbewußt sind, während letzterer ein bewußtes Phänomen ist. Intelligenz* spielt deshalb eine bedeutende Rolle im Verlauf der Meditation, und der Vollkommene Meister weckt diese Intelligenz, indem er dem Suchenden einige einfache Winke gibt in bezug auf das, was dieser in seinen Meditationen zu tun oder zu erwarten hat.

Verstehende Meditation ist eine natürliche Tätigkeit
Meditation wird oft mißverstanden als ein mechanischer Vorgang, bei welchem das Gemüt gezwungen wird, sich auf eine bestimmte Idee oder einen bestimmten Gegenstand zu fixieren. Die meisten Menschen hegen eine natürliche Abneigung gegen Meditation, weil es ihnen überaus schwerfällt, das Gemüt in eine bestimmte Richtung zu zwingen oder es auf ein bestimmtes Ding festzunageln. Jede rein mechanische Behandlung des Gemüts ist nicht nur ermüdend und langweilig, sondern endet unweigerlich in Mißerfolg.

Der erste Grundsatz, den sich der Suchende vor Augen halten muß, ist, daß das Gemüt in der Meditation nur in Übereinstimmung mit den Gesetzen, die seiner eigenen Natur innewohnen, beherrscht und gesteuert werden kann und nicht durch Ausübung irgendeines mechanischen oder semimechanischen Zwangs. Es kommt sehr oft vor, daß Menschen, die nicht im eigentlichen Sinne «meditieren», sich unter voller Aufwendung ihrer mentalen Kraft in systematisches und klares Nachdenken über irgendein praktisches oder theoretisches Problem versenken. Ihre mentale Tätigkeit ist in gewisser Hinsicht der Meditation sehr ähnlich, insofern das Gemüt hierbei unter Ausschluß all dessen, was für die gegebene Problematik irrelevant ist, ganz auf ein bestimmtes Thema gerichtet ist. In solchen mentalen Prozessen fällt die Ausrichtung des Gemüts leicht und

---

* Mit «Intelligenz» ist hier nicht allein das «Vermögen, unter Einsatz des Denkens Erkenntnisse zu erlangen» – also ein Synonym für «Verstand» – gemeint, sondern ein das Denkvermögen und den Verstand zwar einschließendes, aber darüber hinausgehendes Vermögen, das auch Aspekte wie Intuition, Wertgefühl, direkte Einsicht einschließt – also eher ein direktes, unmittelbares «Begreifen» und nicht nur ein vom Denken schlußfolgernd erreichtes abstraktes «Verstehen». (Anm. d. Redakt.)

erfolgt spontan, weil der Gegenstand seines Denkens etwas ist, das es interessiert und das es zunehmend versteht.

Das vom spirituellen Standpunkt Tragische an diesen gewöhnlichen Denkvorgängen ist, daß sie nicht Dingen gelten, die *wirklich* wichtig sind. Meditation im eigentlichen Sinne gilt einem Gegenstand, der stets sorgfältig ausgewählt und geistig bedeutsam sein muß. Dieser Gegenstand kann eine Manifestation des Göttlichen sein oder ein göttliches Prinzip oder ein anderes Thema von geistiger Bedeutung. Erfolg in der Meditation setzt voraus, daß das Gemüt nicht nur ein tiefes Interesse für die göttlichen Themen oder Wahrheiten entfaltet, sondern auch beginnt, sich darum zu bemühen, sie zu begreifen und entsprechend zu würdigen. Verstehendes Meditieren dieser Art ist eine natürliche Tätigkeit des Gemüts, und da es die monotone Starrheit und Gleichförmigkeit mechanischer Meditation vermeidet, ist es nicht nur spontan und inspirierend, sondern auch leicht und erfolgreich.

Meditation und Sammlung

Meditation ist zu unterscheiden von Sammlung. Meditation ist die erste Phase eines Vorgangs, der allmählich zur Sammlung führt. In der Sammlung sucht das Gemüt eins zu werden mit seinem Gegenstand, indem es sich ganz auf diesen sammelt, während Meditation darin besteht, über einen besonderen Gegenstand unter Ausschluß aller anderen gründlich nachzudenken. In der Sammlung ist das Gemüt praktisch bewegungslos, während es sich in der Meditation von einer relevanten Idee zur anderen bewegt. In der Sammlung *verweilt* das Gemüt bloß bei einer Manifestation oder einer kurzen, kraftgeladenen Formel, ohne sich diskursivem Denken darüber hinzugeben. In der Meditation versucht das Gemüt, den Gegenstand seines Denkens zu verstehen und zu assimilieren, indem es die verschiedenen Attribute der Person oder die mannigfachen Folgerungen aus der Formel in Betracht zieht.

Beiden Tätigkeiten aber, der Sammlung ebenso wie der Meditation, ist gemeinsam, daß in ihnen Liebe und Sehnsucht nach der göttlichen Person oder dem göttlichen Prinzip, die das Gemüt betrachtet, zusammenkommen, und damit sind sie grundlegend verschieden von rein mechanischen Vorgängen, die mit starrer Regelmäßigkeit und unerbittlicher Eintönigkeit ablaufen. Wer nicht mit der Fähigkeit zu tiefer Sammlung begabt ist, muß mit der Meditation beginnen. Wer aber diese Fähigkeit besitzt, für den ist Meditation unnötig. In diesem Fall genügt es, sich auf die Gestalt des Gottmenschen oder eines Vollkommenen Meisters zu sammeln oder auf eine einfache Formel wie «Ich bin weder der physische Körper noch der Subtilkörper, noch der Mentalkörper – ich bin *Ātman* (die Seele)».

Stille und Abgeschiedenheit
Meditation ist ihrem Wesen nach eine persönliche Angelegenheit, in dem Sinne, daß sie nicht der Zurschaustellung in der Öffentlichkeit dient, sondern dem eigenen geistigen Fortschritt. Vollständige Absonderung des einzelnen von der sozialen Umgebung fördert in den meisten Fällen den unbehinderten Verlauf der Meditation. Auf der Suche nach Abgeschiedenheit zogen sich die Yogis der alten Zeit auf Berge und in Höhlen zurück. Ungestörtheit und Stille sind zwar wesentliche Voraussetzungen für den Erfolg, doch ist es nicht notwendig, diese auf Bergen und in Höhlen zu suchen. Selbst in Städten kann man mit einiger Umsicht jene Ungestörtheit, Stille und Abgeschiedenheit finden, die den Fortschritt in den verschiedenen Arten der Meditation erleichtern und fördern.

Der Wert der Dunkelheit
Dunkelheit oder Schließen der Augen ist für die Meditation nicht unbedingt notwendig. Hat der Suchende den Gegenstand seiner Meditation leibhaftig vor Augen, kann die Meditation auch bei geöffneten Augen erfolgreich sein. Meistens aber fördert die Abkehr von allem physischen Sehen und Hören die tiefe Meditation. Die Sicherung vollständiger äußerer Stille erfordert eine sorgfältige Wahl des Meditationsorts, doch um das Gemüt vor dem störenden Einfluß visueller Wahrnehmungen zu schützen, genügt es meist, die Augen zu schließen. Bei Helligkeit kann allerdings selbst das Schließen der Augen zuweilen nicht verhindern, daß die Aufmerksamkeit durch visuelle Reize abgelenkt wird. In solchen Fällen ist es ratsam, die Meditation in vollständiger Dunkelheit zu beginnen. Normalerweise unterstützt Dunkelheit den Fortschritt in der Meditation.

Körperhaltung bei der Meditation
In bezug auf die Körperhaltung gibt es keine feste Regeln. Jede bequeme Stellung eignet sich zur Meditation, solange sie zur Wachheit des Gemüts beiträgt und nicht zum Eindösen führt. Die gewählte Haltung darf keinerlei körperliche Spannung oder Schmerz verursachen, denn dies würde die Aufmerksamkeit auf den Körper lenken. Der Körper soll deshalb völlig entspannt sein, wie beim Einschlafen. Die übliche Schlafstellung ist indessen zu vermeiden, weil der Meditierende darin zu leicht einschlum-

mert. Ist der Körper einmal in eine bequeme und geeignete Haltung gebracht, ist es hilfreich, die Aufmerksamkeit zur Einleitung der Meditation auf den Kopf zu lenken und diesen als Körperzentrum zu betrachten. Dies erleichtert das Vergessen des Körpers und die Sammlung der Aufmerksamkeit auf den Gegenstand der Meditation.

Anfängliche Rahmenbedingungen
Es ist zu empfehlen, daß der Suchende bei jeder Meditation dieselbe Körperhaltung einnimmt. Die Assoziationen zwischen einer bestimmten Körperhaltung und der Meditation, die sich so bilden, führen dazu, daß der meditative Zustand in dieser Haltung leichter herbeizuführen ist. Hat der Körper die gewählte Stellung eingenommen, unterliegt er gleichsam der fortwährenden unterbewußten Mahnung, sich des Übergriffs auf das Bewußtsein zu enthalten und dem Zweck der Meditation zu dienen. Aus demselben Grund ist auch die Wahl eines festen Meditationsorts und einer bestimmten Meditationszeit förderlich. Der Suchende sollte sich ernsthaft darum bemühen, an der einmal gewählten Haltung, einem bestimmten Ort und einer bestimmten Zeit festzuhalten. Bei der Wahl des Meditationsorts spielt auch die Erwägung geistiger Zusammenhänge und Möglichkeiten eine Rolle. Besondere Bedeutung wird der Meditation an heiligen Stätten beigemessen, wo die Meister selbst gelebt oder gewirkt haben.

Ort, Haltung und Zeit der Meditation haben alle ihre relative Bedeutung, die je nach den Besonderheiten und der Situation des Einzelnen variiert. Deshalb erteilt der Meister oft unterschiedliche Weisungen, die dem besonderen Fall jedes Jüngers Rechnung tragen. Wenn Meditation indessen durch ständiges Üben zu einer vertrauten Tätigkeit geworden ist, wird das Festhalten an einer bestimmten Örtlichkeit, Haltung oder Zeit überflüssig. Der Anwärter vermag nun seine Meditation jederzeit und unter jedweden Bedingungen fortzuführen. Selbst beim Gehen kann er innerlich in Meditation versunken sein.

Meditation soll ein freudiges Unterfangen sein
Zur Meditation sollte man sich nicht überwinden müssen, so als ginge es darum, Lebertran zu schlucken. Meditation erfordert zwar Ernsthaftigkeit, jedoch nicht Feierlichkeit oder gar Schwermut. Humor und Heiterkeit sind der Meditation nicht nur nicht abträglich, sondern tragen tatsächlich zu ihrem Fortschritt bei. Meditation sollte nicht zu etwas Widerwärtigem und Ermüdendem gemacht werden. Der Suchende soll

sich der natürlichen Freude, die mit erfolgreicher Meditation einhergeht, frei hingeben, ohne davon abhängig zu werden. Meditation sollte sein wie ein Picknick auf den höheren Ebenen. Wie ein Ausflug in eine unbekannte herrliche Landschaft bringt auch Meditation ein Gefühl von Begeisterung, Abenteuer, Frieden und Freude mit sich. Alle Gedanken von Niedergeschlagenheit, Angst oder Sorge müssen vollständig ausgeschaltet werden, wenn es zu wahrhaft erfolgreicher Meditation kommen soll.

Gemeinsame Meditation
Auch wenn Meditation ihrem Wesen nach eine individuelle Angelegenheit ist, hat gemeinsames Meditieren seine Vorteile. Wenn mehrere Suchende, die miteinander in Einklang stehen, gemeinsam in der gleichen Richtung meditieren, kommt es leicht zu einer gegenseitigen Stärkung und Festigung ihrer Gedanken. Dies macht sich besonders dann bemerkbar, wenn Jünger desselben Meisters gemeinsam über ihren Meister meditieren. Soll eine kollektive Meditation dieser Art ihre Vorteile aber voll entfalten können, muß jeder Teilnehmer sich ganz dem Lauf seiner eigenen Meditation zuwenden und nicht nach dem schielen, was die anderen tun. Obschon er seine Meditation in der Gesellschaft anderer beginnt, muß er die anderen ganz vergessen und im Gegenstand seiner Meditation aufgehen. Er muß die ganze Welt, einschließlich seines eigenen Körpers, gänzlich vergessen und seine Aufmerksamkeit allein auf den Gegenstand richten, der vor Beginn der Meditation vereinbart wurde. Bei intelligenter Handhabung kann gemeinsames Meditieren zu einer unschätzbaren Hilfe für Anfänger werden, während fortgeschrittene Suchende auch im Alleingang vorankommen können.

Das Auftreten störender Gedanken
Beim gewöhnlichen Denken fließt der Strom relevanter Ideen meist ungestört dahin, doch wenn sich das Gemüt der systematischen Meditation zuwendet, entsteht unweigerlich eine Tendenz zur Reaktion in Form irrelevanter und widersprechender Gedanken, die die Meditation stören. Dies ist das Gesetz des Gemüts, und der Suchende sollte sich deshalb durch das Auftauchen vieler widersätzlicher und ungereimter Gedanken, die bislang nie in sein Bewußtsein getreten waren, nicht aus der Fassung bringen lassen. Die Meditation bringt es mit sich, daß unterbewußte Gemütsinhalte in den Vordergrund des Bewußtseins rücken. Wie der Zauberer, der viele seltsame und unerwartete Dinge ins Dasein ruft, ruft der Vorgang der Meditation viele absurde und unerwünschte Gedanken her-

vor. Der Suchende muß auf all diese störenden Gedanken gefaßt sein und sollte ihnen mit größter Geduld begegnen, in dem unerschütterlichen Vertrauen darauf, daß alle diese Störungen letztlich verschwinden werden.

Richtiger Umgang mit störenden Gedanken
Die letzte, aber nicht geringste Voraussetzung für den Erfolg der Meditation ist der richtige Umgang mit störenden Gedanken und mentalen Einflüssen. Es ist eine unnütze Verschwendung mentaler Energie, diese störenden Gedanken und Einflüsse *direkt* zu bekämpfen und sie unterdrücken zu wollen. Jeder Versuch dieser Art bedeutet, ihnen zusätzliche Aufmerksamkeit zu schenken, und gerade an dieser zusätzlichen Aufmerksamkeit zum Zweck ihrer Unterdrückung nähren sie sich und werden in ihrem störenden Einfluß auf das Bewußtsein weiter gestärkt. Das Beste ist, sie zu ignorieren und so bald wie möglich zum Gegenstand der Meditation zurückzukehren, ohne den Störfaktoren übermäßige Bedeutung beizumessen. Durch Anerkennen der Irrelevanz und Wertlosigkeit störender Gedanken einerseits und des relativen Werts sowie der relativen Wichtigkeit des Meditationsgegenstandes andererseits wird es möglich, diese Gedanken an barer Vernachlässigung sterben zu lassen und damit das Gemüt unverrückbar auf den Meditationsgegenstand zu heften.

II. Die Hauptarten der Meditation und ihr relativer Wert

Drei Grundsätze zur Einteilung der Meditationsarten
Es gibt viele Arten der Meditation, und sie lassen sich nach drei verschiedenen Grundsätzen voneinander unterscheiden. Der erste dieser Grundsätze ist die *Funktion*, die die Meditation bei der geistigen Reifung erfüllt. Der zweite ist der *Teil der Persönlichkeit*, der bei einer Meditation vorwiegend ins Spiel gebracht wird, und der dritte ist der *Aspekt der Erfahrung*, den eine Meditation zu ergründen sucht. Von diesen drei Grundsätzen kann jeder zur Klassifikation der Meditationsarten herangezogen werden. Der dritte wird hier verwendet, um eine ausführliche Übersicht über die verschiedenen Formen der Meditation zu geben, weil er sich am besten für Aufzählungen dieser Art eignet. Zunächst sollen jedoch die beiden ersten Grundsätze angewandt werden, weil sie in mehrfacher Hinsicht für die Darlegung des relativen Werts der verschiedenen Meditationsarten hilfreich sind.

Erster Grundsatz – Assoziative und dissoziative Meditation
Der erste Grundsatz bezieht sich auf den Zweck der Meditation. Meditation dient dem Zweck, das Bewußtsein mit der ewigen Wahrheit zu assoziieren (verbinden) und es von den falschen und unwichtigen Dingen der phänomenalen Welt zu dissoziieren (lösen). Daraus ergeben sich zwei Arten der Meditation. Assoziative Meditation beansprucht vorwiegend die synthetische Funktion des Gemüts (*Anvaya*), und dissoziative Meditation beansprucht vorwiegend die analytische Funktion (*Vyatireka*). Assoziative Meditation läßt sich veranschaulichen durch die Formel «Ich bin unendlich», dissoziative Meditation durch die Formel «Ich bin nicht meine Begierden». Durch assoziative Meditation sucht der Meditierende eins zu werden mit seinem geistigen Ideal, das er sich mental vergegenwärtigt. Durch dissoziative Meditation sucht er sich zu lösen von den Bedingungen, die er als dem Geistigen zuwiderlaufend empfindet. Assoziative Meditation ist ein Vorgang der *Assimilation* der wesentlichen Aspekte des geistlichen Lebens. Dissoziative Meditation ist ein Vorgang der *Ausscheidung* jener Faktoren, die das geistliche Leben behindern.

Dissoziative Meditation als Vorbereitung
Assoziative Meditation befaßt sich mit Dingen, die gleichsam ausgewählt werden aus dem Reich des Lichts, und dissoziative Meditation befaßt sich mit Dingen, die zum Reich der Schatten gehören. Die Welt der Illusion hat einen verwirrenden Reiz besonderer Art. Wenn es einem Menschen gelingen soll, aus der Welt der Illusion auszutreten und zur Wahrheit zu gelangen, muß er Widerstandsfähigkeit gegen die Lockungen dieser Welt entwickeln, indem er sich unablässig deren eigentliche Wertlosigkeit vorhält, geradeso wie ein Mensch Unbehagen an der Welt der Schatten entwickeln muß, um ins Licht zu treten. Deshalb ist dissoziative Meditation eine Vorstufe der assoziativen Meditation. Sie kommt zuerst und hat ihren eigenen Wert, doch liegt ihr Zweck allein darin, den Weg zur assoziativen Meditation zu ebnen.

Assoziative Meditation bringt reichere Frucht
Assoziative Meditation und dissoziative Meditation sind beide auf ihre Weise notwendig, doch letztlich erweist sich assoziative Meditation als weit fruchtbarer und wichtiger als dissoziative Meditation.

Wenn ein Mensch von Schatten umgeben ist, hilft es ihm nicht besonders, sich ihretwegen ständig zu grämen. Wenn er kein anderes Interesse hat, als den Schatten zu zürnen, so ist kein Ende seiner Sorgen abzusehen.

Die Arten der Meditation

Doch wenn er, statt sich ob der umschlingenden Schatten zu ärgern und zu empören, die wichtige Aufgabe anpackt, sich selbst ins volle Sonnenlicht zu bringen, wird er entdecken, daß alle Schatten verschwunden sind. Was wirklich zählt, ist nicht ziellose Unzufriedenheit mit den gegebenen Begrenzungen, sondern gezieltes Bemühen zu Erreichung des gesetzten Ideals.

Wenn sich der Mensch der Sonne zuwendet und versucht, in ihrem Licht zu wandeln, können die ihn umgebenden Schatten kein ernstliches Hindernis für seine Befreiung sein. Desgleichen braucht sich der Suchende nicht übermäßig ob seiner Mängel zu sorgen, solange sein Herz fest darauf ausgerichtet bleibt, mit seinem geistigen Ideal eins zu werden. Am Ende seiner Pilgerreise werden sich alle diese Mängel in nichts aufgelöst haben.

Ausgewogene Kombination verschiedener Formen assoziativer Meditation
Assoziative Meditation ist für den Geist das, was die Assimilation von Nahrung für den Körper ist. Durch Assimilation der richtigen Art von Nahrung kann der Körper seine Mängel ausgleichen. Desgleichen kann das Gemüt seine Gesundheit durch Assimilation geistiger Wahrheiten in der Meditation sichern.

Obwohl alle Formen assoziativer Meditation auf ihre besondere Weise heilsam sind, ist es notwendig, für einen Ausgleich zwischen ihnen zu sorgen, wie es ja auch notwendig ist, auf eine ausgewogene Ernährung zu achten, obschon alle Nahrungsmittel uns sättigen können.

Einseitige Entwicklung des mentalen Lebens behindert den Fortschritt, weil sie einen inneren Bruch bewirkt, wogegen eine glückliche Kombination verschiedener Meditationsformen den raschen Fortschritt erleichtern, indem sie das Gemüt ins Gleichgewicht bringt. Die richtigen Kombinationen sind jene, die einen zunehmenden Ausgleich schaffen, indem sie jeweils gerade jene Aspekte der Wahrheit ins Spiel bringen, die bedeutsam sind für die Beseitigung der spezifischen Hindernisse, denen der Suchende in einem gegebenen Moment gegenübersteht.

Das Gift verkehrter Meditation
Die Analogie der körperlichen Gesundheit läßt sich auch auf die zweite Meditationsart, die dissoziative, anwenden, die darin besteht, geistlose Dinge zu meiden und auszuscheiden. So wie falsche Ernährung die Gesundheit des Körpers beeinträchtigt, können falsche Arten der Medita-

tion das Gemüt durcheinanderbringen. Ungeeignete Nahrungsmittel können die Gesundheit zerstören, statt sie zu fördern, und geradeso schafft instinktives Meditieren über die Objekte des Verlangens zusätzliche Fesseln für das Gemüt, statt es von jenen zu befreien, die bereits vorhanden sind. Deshalb ist das Vermeiden verkehrten Meditierens ebenso wichtig wie das Vermeiden ungesunder Nahrung, und geradeso wie die Erhaltung der Körpergesundheit die ständige Ausscheidung von Schlakken und Giftstoffen erfordert, verlangt die Erhaltung der geistigen Gesundheit die Ausscheidung unerwünschter Gedanken und Emotionen.

Zweiter Grundsatz – Meditation des Intellekts, des Herzens und des Handelns
Bisher haben wir zwei Arten der Meditation unterschieden, die sich bei Betrachtung der Funktion der Meditation für den geistigen Fortschritt ergeben. Ebenso erhellend ist es, die Meditationsarten nach dem Teil der Persönlichkeit zu differenzieren, der beim Meditieren vorwiegend ins Spiel gebracht wird. Die Anwendung dieses zweiten Klassifikationsgrundsatzes läßt drei Arten der Meditation unterscheiden. Bei der ersten Art wird vorwiegend der Intellekt ins Spiel gebracht. Sie kann als unterscheidende Meditation bezeichnet werden. Die zweite bringt vorwiegend das Herz ins Spiel und kann deshalb als Meditation des Herzens bezeichnet werden. Die dritte schließlich bringt vorwiegend die aktive Natur des Menschen ins Spiel und kann deshalb als Meditation des Handelns bezeichnet werden.

Unterscheidende Meditation besteht in der intellektuellen Betrachtung und Bekräftigung einer Formel wie «Ich bin nicht der Körper, sondern das Unendliche». Meditation des Herzens besteht im unablässigen und unbehinderten Überströmen von Liebe vom Suchenden zum göttlichen Geliebten. Meditation des Handelns besteht darin, sein Leben ohne Vorbehalt dem selbstlosen Dienst für den Meister oder an der Menschheit zu widmen. Von diesen dreien ist die Meditation des Herzens die höchste und wichtigste, doch auch die beiden anderen haben ihren Wert und dürfen nicht vernachlässigt werden, wenn der geistige Fortschritt des Suchenden nicht ernstlich beeinträchtigt werden soll.

Diese verschiedenen Meditationsarten sind nicht als einander ausschließend zu verstehen, sie lassen sich auf vielfältige Weise miteinander kombinieren. Zuweilen führt eine Meditationsart unweigerlich zu einer anderen, und oft wird das Fortschreiten in einer Art solange aufgehalten, bis in den anderen ein entsprechender Fortschritt erzielt worden ist. Jede

Die Arten der Meditation

dieser drei Meditationsarten hat ihren eigenen Wert zur Sicherung des geistigen Fortschritts des Suchenden. Fast immer gleicht eine Art gewisse Mängel einer anderen aus, und so ergänzen sie sich gegenseitig.

Die Notwendigkeit individueller Abstimmung
Eine bestimmte Meditationsart kann jedoch den Fortschritt in einer anderen auch ernsthaft stören, wenn dafür ein ungünstiger Moment gewählt wird. Alle Arten echter Meditation haben zwar Aspekte des Lebens zum Gegenstand, die gleichermaßen wahr sind, doch kann je nach der mentalen Verfassung des Individuums die Assimilation einer bestimmten Lebenswahrheit dringender notwendig sein als die Assimilation irgendwelcher anderer Lebenswahrheiten. Deshalb verordnet der Meister nie allen Suchenden dieselbe Meditationsart, sondern erteilt jedem spezifische Weisungen, die seinen jeweiligen individuellen Bedürfnissen entsprechen.

Hilfe und Rat des Meisters sind unerläßlich
Welche Art von Meditation in einer besonderen Situation notwendig ist, kann der Suchende selbst oft nicht richtig beurteilen. Er kann von einer bestimmten Meditationsart so abhängig werden, daß es ihm schwerfällt, aus den Geleisen auszubrechen, die diese seinem Gemüt eingegraben hat. Er übersieht daher die Bedeutung anderer Meditationsarten und fühlt sich nicht zu ihnen hingezogen. Es kann zwar geschehen, daß der Suchende nach einer gewissen Zeit die Einseitigkeit und Mangelhaftigkeit seines Vorgehens selbst erkennt, doch so wie ein Patient eine an sich notwendige Arznei ihres Geschmacks wegen ablehnen mag, empfindet der Suchende oft eine Abneigung gegen jene Meditationsarten, die in seiner spezifischen Situation wirklich notwendig wären, und scheut vor ihnen zurück. An diesem Punkt wird die Hilfe des Meisters unerläßlich. Der Einblick des Meisters in die tieferen und wirklichen geistigen Bedürfnisse des Suchenden ist unendlich größer als der des Suchenden selbst. Die spezifischen Weisungen des Meisters verschaffen den notwendigen Ausgleich zugunsten vernachlässigter Aspekte der Persönlichkeit.

Der wahre Wert einer Meditationsart erschließt sich nur durch Übung
Obwohl der Suchende gegen die Meditationsart, die er nötig hat, anfänglich Abneigung hegen mag, findet er zunehmendes Interesse daran, sobald er ihren wahren Wert und Zweck einzusehen beginnt. Der wahre Wert und Zweck einer bestimmten Meditationsart erschließt sich ihm

aber erst dann, wenn er sie übt. Wert und Möglichkeiten irgendeiner Meditationsart lassen sich nicht entdecken, indem man bloß darüber theoretisiert. Spekulationen und Mutmaßungen mögen zwar einige oberflächliche Erkenntnisse bringen, doch der wirkliche Nutzen der fraglichen Meditationsart bleibt dabei verborgen. Wie viele andere Dinge, die geistig wichtig sind, erschließt die Meditation ihre volle Bedeutung erst dann, wenn der Suchende sie praktiziert, und nicht wenn er versucht, sie durch Betrachtung von außen zu verstehen.

Entschlossenheit ist notwendig
Damit wirklicher Erfolg in irgendeiner Meditationsart möglich wird, muß der Suchende sich ihr mit dem Entschluß hingeben, alle ihre Möglichkeiten zu erforschen. Er darf nicht von vornherein irgendwelche begrenzenden Vorbehalte anbringen, sondern sollte darauf gefaßt sein, unerwarteten Bewußtseinszuständen zu begegnen. Er sollte bereit sein, dorthin zu gehen, wohin ihn diese Meditationslinie führt, ohne starre Forderungen zu stellen, die auf vorgefaßten Erwartungen gründen. Meditation bedeutet ihrem Wesen nach Einsgerichtetheit und Ausschluß aller anderen Erwägungen, selbst wenn diese verlockend sein mögen.

Gefahren der Meditation ohne Führung
Wenn der Suchende indessen irgendeine Art von Meditation aus eigener Initiative übt, ohne im Genuß der Führung und Überwachung durch einen Meister zu sein, kann es geschehen, daß er sich so weit in diese verliert, daß er den Überblick verliert und sich nicht mehr zurückzuholen weiß. Es kann dann für ihn unmöglich werden, zu einer anderen, ausgleichenden Meditationsart überzuwechseln, obwohl dies absolut notwendig wäre. Diese Gefahr wird umgangen, wenn der Suchende einer bestimmten Meditationsweise auf Anweisung seines Meisters folgt. Wenn ein Meister ihn führt und überwacht, kann dieser ihm nicht nur rechtzeitig Einhalt gebieten, sondern ihm auch helfen, aus den Geleisen auszubrechen, die seine vorhergehenden Meditationen geschaffen haben.

Ein Beispiel gefährlichen Experimentierens
In diesem Zusammenhang gibt es eine anschauliche Geschichte von einem Mann, der aus persönlicher Erfahrung wissen wollte, was ein Mensch empfindet, wenn er gehängt wird und erstickt. Er mochte sich nicht damit begnügen, sich bloß vorzustellen, wie es sein könnte, sondern er wollte es an sich selbst erfahren. Dieser Mann bat einen Freund, ihm

Die Arten der Meditation

bei seinem Experiment zu helfen. Er erklärte ihm, er werde sich an einem Seil aufhängen und ihm ein Zeichen geben, sobald das Gefühl des Erstickens einen gefährlichen Grad erreiche. Auch schärfte er ihm ein, ihn ja nicht herunterzuholen, bevor er ihm das vereinbarte Zeichen gegeben habe. Der Freund erklärte sich einverstanden, und so wurde der Mann an einem Seil, das um seinen Hals geschlungen war, aufgehängt. Doch als ihm das Seil den Atem abschnürte, wurde er bewußtlos und konnte das vereinbarte Zeichen nicht geben. Der Freund war indessen ein kluger Mensch, und da er fand, das Erstickungsgefühl des Aufgehängten habe den gefährlichen Punkt jetzt erreicht, schob er die Vereinbarung beiseite und befreite den Mann gerade noch rechtzeitig, bevor er gestorben wäre. Dieser Mann verdankte seine Rettung mithin nicht der eigenen Besonnenheit und Vorsicht, sondern der Klugheit des Freundes. Desgleichen ist es für den Suchenden sicherer, sich auf den Meister zu verlassen als auf irgendwelche Vorkehrungen, die er selbst getroffen haben mag.

III. Allgemeine Klassifikation der Meditationsformen

Meditation ist universal
Der Vorgang der Meditation zielt auf ein Durchschauen und Überschreiten des weiten und vielfältigen Bereichs der Erfahrung hin. So verstanden, ist Meditation etwas, das nicht nur einigen wenigen Suchenden eigentümlich ist. Sie entpuppt sich als ein Vorgang, den jedes lebende Geschöpf in gewisser Weise vollzieht.

Der Tiger, der das Lamm beobachtet, das er erspäht hat und verschlingen will, «meditiert» über das Lamm. Das Lamm seinerseits, das den Tiger erblickt hat, «meditiert» über den Tiger. Der Mann, der auf dem Bahnsteig auf den Zug wartet, «meditiert» über den Zug, und der Zugführer, der erwartet, an der nächsten Haltestelle abgelöst zu werden, «meditiert» über die Haltestelle. Der Wissenschaftler, der an einem ungelösten Problem arbeitet, «meditiert» über dieses Problem. Der Kranke, der mit gespannter Besorgnis auf den Arzt wartet, «meditiert» über den Arzt, und der Arzt, der auf die Zahlung seiner Rechnung wartet, «meditiert» über sein Konto. Wenn der Polizist einem Dieb nachjagt, «meditiert» er über den Dieb, und der Dieb «meditiert» über den Polizisten. Wer sich verliebt hat, «meditiert» über den Geliebten oder die Geliebte. Der Eifersüchtige «meditiert» über den Rivalen. Der Mann, der über den Verlust seines Freundes trauert, «meditiert» über den Freund, und derjenige, der

Allgemeine Klassifikation der Meditationsformen

auf Rache sinnt an seinem Feind, «meditiert» über den Feind. Wer versunken ist in Überlegungen über seine Kleidung, um den bestmöglichen Eindruck zu erwecken, «meditiert» über sich selbst als Körper, und wer sich seiner intellektuellen oder geistigen Leistungen rühmt, «meditiert» über sich selbst als Gemüt.

Geistig bedeutsame Meditation
Alle diese Tätigkeiten sind in einem gewissen Sinn Formen der Meditation, doch im geistigen Zusammenhang wird der Begriff der Meditation gewöhnlich auf jene Meditationsformen begrenzt, die auf das Problem des Durchschauens der Erfahrung konzentriert sind und es systematisch angehen. In den aufgezählten Beispielen ist Meditation eine Folge der natürlichen Hinwendung des Gemüts zu den Erfahrungsgegenständen, die sich ihm anbieten. Hierbei bleibt dem Meditierenden der letzte Zweck seiner Meditation fast völlig unbewußt. Meditation im geistigen Bereich indessen ist, zumindest in den Anfangsstadien, ein vorsätzliches Unterfangen, und der Endzweck ist dem Meditierenden klarer bewußt. Die Meditationsformen, die das geistliche Leben kennzeichnen, sind eine Weiterentwicklung jener gewöhnlichen Meditation, die überall in der Welt des Bewußtseins vor sich geht. Geistig bedeutsame Meditation entsteht erst, wenn die übliche Art des Meditierens einen Menschen in eine Krise oder Sackgasse geführt hat. Er sieht sich dann veranlaßt, seine Erfahrung im Lichte eines geistigen Ideals zu betrachten und seine gewohnte Meditationsweise zu ändern.

Zwei Arten geistig bedeutsamer Meditation
Geistig bedeutsame Meditation ist von zweierlei Art: *allgemeine* Meditation, die in der Assimilation der göttlichen Wahrheiten besteht, und *spezialisierte* Meditation, bei welcher das Gemüt einen bestimmten Erfahrungsgegenstand auswählt und sich ausschließlich mit diesem befaßt. Allgemeine Meditation ist eine systematische und gesammelte Weiterführung gewöhnlicher Denkprozesse. Sie unterscheidet sich von den vielen Meditationen des Weltmenschen nur darin, daß das Denken nunmehr auf Gegebenheiten gerichtet ist, die geistige Bedeutung haben, und daß das Gemüt intelligenten Gebrauch von der Darlegung der göttlichen Wahrheiten durch die Wissenden macht, ohne dabei auf seine kritischen Fähigkeiten und seinen Drang zur Wahrheit zu verzichten.

Die Arten der Meditation

Spezialisierte Meditation

Spezialisierte Meditation andrerseits beinhaltet und erfordert mehr als eine bloß intellektuelle Annäherung an die Wahrheit. Wie in der allgemeinen Meditation bietet sich zwar dem Gemüt auch hier Gelegenheit, zu einem intellektuellen Verständnis des Meditationsgegenstandes zu gelangen, doch hilft spezialisierte Meditation überdies, sich in der Beherrschung des Gemüts zu üben, bislang schlummernde Fähigkeiten zu wecken und latente Möglichkeiten der Persönlichkeit zu entfalten. Bei der spezialisierten Meditation geht es nicht um ein theoretisches, sondern um ein praktisches Problem. Spezialisierte Meditation hilft besondere Hindernisse wegräumen, die der Erleuchtung und Verwirklichung im Wege stehen. Sie zielt darauf ab, das Gemüt unter Kontrolle zu bringen und zu transzendieren. Deshalb gleichen die verschiedenen Formen spezialisierter Meditation weit eher dem tatsächlichen Bemühen eines Gefangenen, die Mauern seines Kerkers zu durchbrechen, als müßigen Spekulationen über die Dicke der Mauern oder über das, was nach dem Durchbruch ins Freie zu sehen sein wird.

Praktischer Zweck kann wichtiger sein als formale Wahrheit

Im geistlichen Leben kann ein Fehler, der in gutem Glauben und in aller Aufrichtigkeit begangen wurde, mehr Wert haben als ein halbherziges Bekenntnis zur theoretischen und formalen Wahrheit. Der praktische Zweck der spezialisierten Meditation muß zuweilen selbst dann Vorrang haben, wenn er auf Kosten der formalen und theoretischen Wahrheit geht. Sammelt sich der Suchende beispielsweise auf eine besondere Gestalt oder Formel, dann darf er keine andere Gestalt oder Formel in sein Gemüt treten lassen, auch wenn jene andere Gestalt oder Formel an sich von gleicher oder gar größerer geistiger Bedeutung sein mag. Wenn ein Suchender über einen bestimmten Vollkommenen Meister meditiert, muß er alle Gedanken an irgendwelche andere Vollkommene Meister ausschalten, obwohl diese Meister ebenso vollkommen sind wie jener, über den er meditiert. Desgleichen kann intensives Denken an den Meister für die Erreichung des Ziels ebenso hilfreich sein wie das völlige Leermachen des Gemüts.

Allgemeine Meditation dient der Gesamtschau

In der Regel ist ein Vermischen der verschiedenen Formen spezialisierter Meditation nicht wünschenswert, obwohl theoretisch alle gleichermaßen auf die Wahrheit in ihren verschiedenen Aspekten zielen. Die Aufgabe, die verschiedenen Aspekte der Wahrheit zu einer ganzheitlichen Schau des

Allgemeine Übersicht über die Arten der Meditation

I Gewöhnliche Meditation des Weltmenschen

II Formen der Meditation des Suchenden (Sādhak)

A Allgemeine Meditation und Assimilation der göttlichen Wahrheiten

1 Philosophisches
Denken

2 Hören mündlicher
Unterweisungen
des Meisters

3 Lesen schriftlicher
Darlegungen
der Meister

B Spezialisierte Meditationen über ausgewählte Texte der Erfahrung

1 Meditation über
die Objekte
der Erfahrung

2 Meditation über
das Subjekt
der Erfahrung

3 Meditation über
mentale Vorgänge

III Sahaj-Samādhi (das Göttliche im Zustand des Handelns) der Vollkommenen Meister und des Avatār

A Nirvāna (Entwerden im Göttlichen)

B Nirvikalpa-Samādhi (das Göttliche im Zustand der Selbstbejahung)

Die Arten der Meditation

Lebens zusammenzubringen, obliegt der allgemeinen Meditation, bei welcher das Denken frei, umfassend und für alle Aspekte empfänglich ist. Solche allgemeine Meditation hat ihren eigenen Wert und ihre eigene Berechtigung. Allgemeine Meditation ist eine Hilfe sowohl vor der spezialisierten Meditation als auch danach, doch kann sie die spezialisierte Meditation nicht ersetzen, weil diese eine andere Funktion erfüllt und einen anderen Zweck verfolgt.

Die verschiedenen Formen spezialisierter Meditation lassen sich vergleichen mit verschiedenen Körperübungen, die spezifischen Zwecken dienen. Muskeltraining dient einzig der Stärkung der Muskeln, doch das heißt nicht, daß die Muskeln der einzige wichtige Teil des Körpers wären. Zur Gewährleistung der allgemeinen Gesundheit des Körpers sind alle Arten der Übung wichtig, doch können nicht alle zur gleichen Zeit ausgeführt werden.

Allgemeine und spezialisierte Meditation sind gleichermaßen nötig
Die verschiedenen Körperübungen müssen im Licht des Wissens um wahre Gesundheit und gleichmäßige Entwicklung des ganzen Körpers koordiniert und gesteuert werden. Desgleichen müssen auch die verschiedenen Formen spezialisierter Meditation auf der Grundlage des ganzheitlichen und allumfassenden Lebensideals koordiniert und gesteuert werden. Dieses Ideal erarbeitet sich der Anwärter durch den Vorgang der allgemeinen Meditation oder des uneingeschränkten Denkens, das kein Gesetz kennt außer jenem, die Wahrheit in allen ihren Aspekten zu finden. Geradeso wie spezialisierte Meditation nicht durch allgemeine ersetzt werden kann, kann allgemeine Meditation nicht ersetzt werden durch spezialisierte. Beide sind gleichermaßen notwendig und haben ihren eigenen Wert.

Dritter Grundsatz – drei Arten spezialisierter Meditation
Entsprechend dem dritten Klassifikationsgrundsatz lassen sich in der spezialisierten Meditation drei Arten unterscheiden, je nach den Aspekten der Erfahrung, die das Gemüt durch sie zu verstehen sucht. Die menschliche Erfahrung in ihrer ganzen Vielfalt ist durchwegs dualistisch, also durch die Erfahrung von Subjekt und Objekt charakterisiert. Einige Formen spezialisierter Meditation befassen sich mit den *Objekten* der Erfahrung, andere befassen sich mit dem *Subjekt* der Erfahrung, und wieder andere befassen sich mit den *mentalen Vorgängen*, die der Wechselwirkung zwischen Subjekt und Objekt zugrundeliegen.

Nirvāna, Nirvikalpa und Sahaj-Samādhi
Alle Formen der Meditation, die der Suchende übt, können letztlich – durch die Gnade eines Vollkommenen Meisters – zum Ziel des *Nirvikalpa*-Zustandes führen. *Nirvikalpa-Samādhi* bedeutet das Göttliche im Zustand der Selbstbejahung, und es ist die Erfahrung des Nirvikalpa-Zustandes ununterbrochener, spontaner Selbsterkenntnis des Gottverwirklichten (*Siddha*). Dieser Erfahrung geht *Nirvāna* voraus, das gänzliche Entwerden des begrenzten Gemüts im Göttlichen. Der Zustand des Vollkommenen Meisters ist *Sahaj-Samādhi*, das Göttliche im Zustand des Handelns, und diesem Zustand gehen Nirvāna und Nirvikalpa voraus. Sahaj-Samādhi ist der mühelose, durchgehende Zustand der Vollkommenheit der Vollkommenen Meister und nichts anderes als das Leben des Avatārs.

Tafel der allgemeinen Klassifikation
Die Tafel der allgemeinen Klassifikation der Meditationsformen faßt diesen dritten Teil der Darlegungen über die Arten der Meditation zusammen. Die Formen gewöhnlicher Meditation des Weltmenschen, bevor er ein Suchender geworden ist, wurden zu Beginn des dritten Teils erläutert. Die Formen allgemeiner Meditation des Suchenden werden im vierten Teil zur Sprache kommen, jene der spezialisierten Meditation im fünften und sechsten Teil. Nirvikalpa-Samādhi und Sahaj-Samādhi schließlich werden im siebten bzw. achten Teil erläutert.

IV. Assimilation der göttlichen Wahrheiten

A. Formen allgemeiner Meditation

Philosophisches Denken und seine Grenzen
Die Anfänge des geistlichen Lebens sind durch allgemeine Meditation charakterisiert und werden durch sie gefördert. Allgemeine Meditation beschränkt sich nicht auf ausgewählte Aspekte der Erfahrung, sondern sucht entsprechend ihrer ganzheitlichen Perspektive die göttlichen Wahrheiten des Lebens und des Universums zu verstehen und zu assimilieren. Wenn der Suchende die Frage nach dem letzten Sinn des Daseins und des Universums stellt und darüber nachzudenken beginnt, so kann man von ihm sagen, er habe sich auf den Weg dieser Art von Meditation begeben. Vieles von dem, was als Philosophie bezeichnet wird, ist das Ergebnis solcher Versuche, das Wesen des Daseins und des Universums intellektu-

Die Arten der Meditation

ell zu ergründen. Infolge der Begrenztheit der Erfahrung jedoch, von der solche Spekulation ausgeht und die ihr als Fundament für ihr Gebäude dient, bleibt rein intellektuelles Verständnis dieses Wesens schwach, unvollständig und unschlüssig.

Das selbständige und ungeführte Denken philosophischer Meditation gelangt nicht zu schlüssigen Ergebnissen, sondern weit eher zu unterschiedlichen und widerstreitenden Systemen oder Ansichten. Dennoch ist philosophisches Denken nicht ohne Wert. Abgesehen davon, daß es den Suchenden bis zu einem gewissen Punkt in den Bereich der Erkenntnis einführen kann, verhilft es ihm zu einer intellektuellen Disziplin, die ihn befähigen wird, die göttlichen Wahrheiten aufzunehmen und zu begreifen, wenn er ihnen in denen begegnet, die sie *verwirklicht* haben.

Studium der offenbarten Wahrheiten
Eine fruchtbare Form der allgemeinen Meditation ist das Studium der offenbarten Wahrheiten über das Leben und das Universum. Es kann beginnen mit dem Hören oder Lesen von Darlegungen der göttlichen Wahrheiten, die auf die Meister der Weisheit selbst zurückgehen. Das gesprochene oder geschriebene Wort des Avatārs und der Vollkommenen Meister der Gegenwart oder Vergangenheit eignet sich am besten für diese Art allgemeiner Meditation, weil die Assimilation der durch sie offenbarten göttlichen Wahrheiten den Suchenden befähigt, sein Leben mit dem göttlichen Plan im Universum in Einklang zu bringen.

Der Wert des Hörens vom Meister selbst
Die göttlichen Wahrheiten werden dann am leichtesten erfaßt und assimiliert, wenn sie der Suchende unmittelbar von einem lebenden Vollkommenen Meister vernimmt. Der persönlichen Unterweisung durch den Meister wohnt eine Kraft und Wirksamkeit inne, wie sie aus anderen Quellen bezogenen Informationen niemals eigen sein können. Das Wort wird lebendig und machtvoll durch das Leben und die Persönlichkeit des Meisters. Deshalb wird in vielen Schriften die Notwendigkeit betont, die göttlichen Wahrheiten unmittelbar durch das gesprochene Wort des Meisters zu vernehmen. Wenn ein Suchender deshalb Gelegenheit hat, mit einem lebenden Meister in Kontakt zu treten und ihm zuzuhören, ist dieses unmittelbare Hören der göttlichen Wahrheiten unzweifelhaft die beste Form allgemeiner Meditation.

Vorteile der Meditation durch Lesen

Es ist indessen nicht allen Suchenden gegeben, mit einem lebenden Meister in Kontakt zu treten und ihm zuzuhören. In solchen Fällen hat Meditation durch Lesen einige besondere Vorteile. Für die Mehrheit der Suchenden gibt es kaum einen geeigneten Ersatz für Meditation durch Lesen, weil ihnen die Darlegung der göttlichen Wahrheiten nur in schriftlicher Form jederzeit zur Verfügung steht. Meditation anhand schriftlicher Darlegungen der offenbarten Wahrheiten hat also den besonderen Vorteil, daß sie für die meisten Suchenden leicht zugänglich ist.

B. Meditation durch Lesen

Schwierigkeiten bei der Meditation durch Lesen

Meditation durch Lesen hat ihre eigenen Erschwernisse, denn die meisten schriftlichen Darlegungen der göttlichen Wahrheiten wurden eher zum Zwecke des intellektuellen Studiums geschrieben als zu jenem der Assimilation durch Meditation. Die Schwierigkeiten, denen der Suchende in diesem Zusammenhang begegnet, rühren entweder daher, daß die Meditationsmethode nicht auf den Meditationsgegenstand abgestimmt ist, daß irgendein Mangel in der Methode die Meditation mechanisch und öde werden läßt oder daß es dem zur Meditation benutzten Text an Übersichtlichkeit oder Klarheit mangelt.

Anleitung für die Meditation durch Lesen

Alle diese Faktoren, die die Meditation verderben und ihren Erfolg verhindern können, werden bei der in diesem Teil empfohlenen Meditation ausgeschaltet, und zwar durch gegenseitiges Abstimmen von Meditationsmethode und Meditationsgegenstand und Anpassung beider an die Voraussetzungen der verstehenden Meditation, durch Erläuterung der verschiedenen Phasen der Meditation durch Lesen sowie durch eine eigens für diese Meditation bestimmte Darlegung der göttlichen Wahrheiten, die dem Suchenden als gültige Vorlage dienen kann für seine allgemeine Meditation.

Drei Phasen der Meditation durch Lesen

Die Form allgemeiner Meditation, die ausgeht vom Lesen eines Textes über die göttlichen Wahrheiten, hat drei Phasen:
1. In der ersten Phase liest der Suchende die Darlegung täglich und denkt gleichzeitig gründlich darüber nach.

Die Arten der Meditation

2. In der zweiten Phase wird Lesen überflüssig. Der Suchende vergegenwärtigt sich den Textinhalt mental und denkt ständig darüber nach.
3. In der dritten Phase ist selbst die Vergegenwärtigung des Wortlauts überflüssig, und alles diskursive Denken über den Meditationsgegenstand findet ein Ende. In dieser Phase der Meditation beschäftigt sich das Gemüt nicht länger mit irgendwelchen Gedankenfolgen, sondern gelangt zu einer klaren, spontanen und intuitiven Schau der erhabenen Wahrheiten, die die Darlegung in Worten ausdrückt.

Zum Meditationstext
Da verstehende Meditation darin besteht, über ein bestimmtes Thema gründlich nachzudenken, wird sie am besten durch eine kurze und klare Darlegung des Meditationsgegenstandes unterstützt. Die im folgenden Abschnitt gegebene Kurzdarstellung der göttlichen Wahrheiten umreißt die ganze Schöpfungsgeschichte und enthält überdies eine Beschreibung des geistigen Pfads sowie des Ziels der Selbstverwirklichung. Der Suchende kann diese Darlegung mitdenkend lesen und die darin ausgedrückten erhabenen Wahrheiten in sich aufnehmen.

Die besondere Form der Meditation ist leicht und nützlich, weil das Lesen des Textes und das Nachdenken darüber gleichzeitig vor sich gehen müssen. Da die Darlegung des Meditationsgegenstandes kurz und klar ist, entfällt die Wahrscheinlichkeit, daß die Meditation durch das Auftreten belangloser Gedanken gestört wird. Beim Meditieren über eine längere Abhandlung oder ein Buch ist es äußerst schwer, Störungen durch belanglose Gedanken zu vermeiden, selbst dann, wenn man den Inhalt auswendig kennt. Spontane Meditation darüber wird deshalb unmöglich. Belanglose Gedanken tauchen jedoch nicht nur bei längeren Meditationen über ein abstraktes Thema auf, sondern auch bei Meditationen über bestimmte konkrete Erfahrungsobjekte. Solche Störungen werden vermieden, wenn der Meditationsgegenstand eine kurze Darstellung der übersinnlichen Wahrheit ist. Wenn der Suchende über die folgende Darlegung der göttlichen Wahrheiten in der oben beschriebenen Weise meditiert, wird seine Meditation nicht nur spontan und leicht, interessant und inspirierend sein, sondern auch nützlich und erfolgreich. Damit wird er einen wichtigen Schritt tun in Richtung auf die Verwirklichung des Lebensziels.

C. Die göttlichen Wahrheiten (zur Meditation durch Lesen)

DIE REISE DER SEELE ZUR ALLSEELE

Die Seele und ihre Illusion
Ātman, die Seele, ist in Wirklichkeit identisch mit *Paramātman*, der Allseele, und die Allseele ist eins, unendlich und ewig. Die Seele ist tatsächlich jenseits der Welten des Physischen, des Subtilen und des Mentalen. Doch sie erfährt sich als begrenzt, weil sie sich mit dem physischen Körper (*Sthūla-Sharīra*) oder mit dem Subtilkörper (*Prāna* oder *Sūkshma-Sharīra*, dem Vehikel der Begierden und Lebenskräfte) oder mit dem Mentalkörper (*Manas* oder *Kārana-Sharīra*, dem Sitz des Gemüts) identifiziert. Die Seele in ihrem transzendenten Zustand ist eins – gestaltlos, ewig und unendlich. Doch sie identifiziert sich mit der phänomenalen Welt der Formen, die vielfältig, endlich und zerstörbar sind. Dies ist Māyā, die kosmische Illusion.

Drei Zustände der phänomenalen Welt
Die phänomenale Welt der endlichen Dinge ist gänzlich illusorisch und trügerisch. Sie erscheint in drei Zuständen: dem physischen, dem subtilen und dem mentalen. Diese drei Zustände sind alle trügerisch, doch nicht alle im selben Maß. Die physische Welt ist von der Wahrheit (Gott) am weitesten entfernt. Die subtile Welt ist der Wahrheit näher, und die mentale Welt ist der Wahrheit am nächsten. Diese drei Zustände der phänomenalen Welt treten alle aufgrund der kosmischen Illusion ins Dasein, und die Seele muß diese Illusion transzendieren, bevor sie die Wahrheit erkennen kann.

Der Zweck der Schöpfung
Der einzige Zweck der Schöfung besteht darin, die Seele zu befähigen, sich des unendlichen Zustands der Allseele *bewußt* zu erfreuen. Obwohl die Seele ewiglich und in unverbrüchlicher Einheit in und bei der Allseele ist, kann ihr diese Einheit nicht bewußt werden ohne die Schöpfung, die den Begrenzungen der Zeit unterliegt. Die Seele muß Bewußtsein entwickeln, bevor sie ihren wahren Stand und ihr wahres Wesen erkennen kann, das heißt ihre Identität mit der unendlichen Allseele, die eins ist ohne ein Zweites. Die Entwicklung von Bewußtsein aber erfordert die Dualität von Subjekt und Objekt, von Bewußtseinszentrum und dessen Umgebung (das heißt der Formenwelt).

Die Arten der Meditation

Ursache der kosmischen Illusion
Wie geschah es, daß sich die Seele in Illusion verstrickte? Wie kam die gestaltlose, unendliche und ewige Seele dazu, sich als gestalthabend, endlich und zerstörbar zu erfahren? Wie kam *Purusha*, der höchste Geist, dazu, sich für *Prakriti*, die Welt der Natur, zu halten? Mit anderen Worten: Welches ist die Ursache der kosmischen Illusion, der die Seele erliegt?

Um den wahren Stand der Allseele zu erkennen, die eins, unteilbar, wirklich und unendlich ist, benötigte die Seele Bewußtsein. Die Seele erwarb Bewußtsein, doch es war nicht ein Bewußtsein von Gott, sondern des Universums, nicht der Allseele, sondern ihres Schattens, nicht des Einen, sondern der Vielen, nicht des Unendlichen, sondern des Endlichen, nicht des Ewigen, sondern des Vergänglichen. Statt der Allseele inne zu werden, verstrickt sich die Seele in kosmische Illusion und erfährt sich als endlich, obschon sie in Wirklichkeit unendlich ist. Anders gesagt: Wenn die Seele zum Bewußtsein kommt, gewahrt sie nicht ihr eigenes wahres Wesen, sondern die Welt der Erscheinungen, die ihr eigener Schatten ist.

Evolution von Bewußtsein und Form
Um Bewußtsein von der phänomenalen Welt zu erlangen, muß die Seele als Medium zur Erfahrung dieser Welt eine Form annehmen, und die Art dieser Form bestimmt die Art und den Grad ihres Bewußtseins. Durch das Annehmen einer ersten physischen Form wird die Seele erstmals des Physischen bewußt. Dieses erste Bewußtsein des Physischen ist von der geringsten und am wenigsten entwickelten Art, ebenso wie auch die erste physische Form von der rudimentärsten Art ist. Schematisch ausgedrückt ist diese erste physische Form der Stein.*

Die treibende Kraft der Sanskāras
Alle Erfahrungen, Bedingungen und Begierden hinterlassen Eindrücke oder Sanskāras. Die Evolution wird angetrieben von den Impulsen, die das Bewußtsein von diesen angesammelten Eindrücken empfängt. Die in einer gegebenen Form gesammelten Eindrücke müssen verarbeitet und in Erfahrung vollstreckt werden durch das Medium einer höheren Form

---

* Der Steinform gehen unzählige feinere Formen voraus, deren fortschreitende «Verdichtung» schließlich zur Steinform führt. Siehe hierzu Meher Baba, *God Speaks*, New York 1955. (Anm. d. Hrsg.)

und eines entsprechend höher entwickelten Bewußtseins des Physischen. Deshalb muß die Seele fortlaufend höhere Formen annehmen, wie Metall, Pflanze, Wurm, Fisch, Vogel und Säugetier, bis sie letztlich die menschliche Form annimmt, wo sie zum vollen Bewußtsein kommt, in allen Aspekten des Erkennens, Fühlens und Wollens in bezug auf die physische Welt.

Analogie des Schauspiels
Die Art und Weise, wie Sanskāras die Entwicklung des Bewußtseins und der entsprechenden Form bewirken und steuern, veranschaulicht eine Analogie aus dem Bereich der gewöhnlichen Erfahrung. Wenn jemand wünscht, sich auf der Theaterbühne in der Rolle eines Königs zu erleben, kann er zu diesem Erlebnis nur kommen, indem er tatsächlich das Gewand eines Königs anlegt und auf die Bühne tritt. Dies gilt auch für die evolutiven Bestrebungen und Begierden. Sie können nur dadurch zur Erfüllung gelangen, daß sie eine tatsächliche Veränderung der Gesamtsituation bewirken und ein Medium hervorbringen, das eine angemessene Erfahrung dieser veränderten Situation ermöglicht. Die Analogie des Schauspiels ist sehr nützlich zum Verständnis der treibenden Kraft der Evolution, die nicht mechanisch, sondern zielgerichtet ist.

Identifikation mit der Form
Die Eindrücke oder Sanskāras bestimmen nicht nur die Evolution der Form (des Körpers) und die Art des damit verbundenen Bewußtseins, sondern sie sind auch verantwortlich für die Fesselung des Bewußtseins an die phänomenale Welt. Sie machen die Emanzipation des Bewußtseins (das heißt seine Abwendung von der phänomenalen Welt und Hinwendung zur Seele) auf den vormenschlichen Stufen unmöglich und auf der menschlichen Stufe sehr schwierig. Weil das Bewußtsein an den Eindrücken vergangener Erfahrungen hängt und weil die Erfahrung der phänomenalen Welt bestimmt wird durch die Form, die als Medium dazu dient, identifiziert sich die Seele auf jeder Evolutionsstufe mit der jeweiligen Form. So kommt es, daß sich die Seele, die in Wirklichkeit unendlich und gestaltlos ist, als endlich erfährt und sich selbst je nach dem Entwicklungsgrad ihres Bewußtseins für Stein, Metall, Pflanze, Wurm, Fisch, Vogel oder Säugetier hält. Wenn die Seele schließlich die menschliche Form annimmt und die physische Welt durch dieses Medium erfährt, hält sie sich selbst für einen Menschen.

Die Arten der Meditation

Reinkarnation und Karma
Von der ersten menschlichen Form an ist das Bewußtsein der Seele vollständig und ganz entwickelt, und deshalb besteht keine Notwendigkeit mehr zur Weiterentwicklung der physischen Form. Mit der Erreichung der menschlichen Form kommt die Evolution der Formen mithin zum Abschluß. Um die in der menschlichen Form gesammelten Eindrücke durch Erfahrung verarbeiten zu können, muß sich die Seele wieder und wieder in menschlichen Formen verkörpern. Die unzähligen menschlichen Existenzen, die die Seele durchlaufen muß, sind bestimmt durch das Gesetz des Karma, anders gesagt durch die Art der Eindrücke vergangener Erfahrungen (von Tugend oder Laster, Glück oder Glücklosigkeit). Während dieser Existenzen identifiziert sich die Seele, die ewig ist, zunächst mit dem physischen Körper, der vergänglich ist.

Der Subtil- und der Mentalkörper
Indem die Seele volles Bewußtsein der physischen Welt entwickelte, entwickelte sie zugleich auch ihren Subtilkörper und ihren Mentalkörper. Diese Körper kann sie jedoch nicht bewußt, im Wachzustand, benutzen, solange ihr Bewußtsein auf die physische Welt gerichtet bleibt. Sie wird dieser Körper und der entsprechenden Welten erst dann gewahr, wenn sich ihr Bewußtsein nach innen wendet, daß heißt in Richtung auf sich selbst. Erfährt die Seele die subtile Welt bewußt durch den Subtilkörper, dann identifiziert sie sich mit dem Subtilkörper, und wenn sie die mentale Welt bewußt durch den Mentalkörper erfährt, identifiziert sie sich mit dem Mentalkörper, geradeso wie sie sich mit dem physischen Körper identifizierte, solange sie die physische Welt bewußt durch den physischen Körper erfuhr.

Der geistige Pfad
Die Heimreise der Seele besteht darin, sich von der Illusion ihrer Identität mit ihren Körpern – dem physischen, dem subtilen und dem mentalen – zu befreien. Wendet die Seele ihre Aufmerksamkeit der Selbsterkenntnis und Selbstverwirklichung zu, beginnen sich die Sanskåras, die das Bewußtsein auf die phänomenale Welt gerichtet halten, allmählich zu lokkern, um am Ende ganz zu verschwinden. Die allmähliche Auflösung der Sanskåras vollzieht sich gleichzeitig mit dem Durchdringen des Schleiers der kosmischen Illusion. Damit beginnt die Seele nicht nur, die verschiedenen Zustände der phänomenalen Welt zu transzendieren, sondern auch, sich selbst als verschieden von ihren Körpern zu erkennen. Der gei-

stige Pfad beginnt somit dann, wenn die Seele «aufbricht» zur Suche nach sich selbst und ihr volles Bewußtsein hinwendet zur Wahrheit (Gott).

In der ersten Phase des Pfads verliert die Seele jedes Bewußtsein ihres physischen Körpers sowie der physischen Welt und erfährt die subtile Welt durch das Medium des Subtilkörpers, mit dem sie sich nunmehr identifiziert. In der zweiten Phase verliert die Seele jedes Bewußtsein des physischen und subtilen Körpers und ebenso der physischen und der subtilen Welt und erfährt die mentale Welt durch das Medium des Mentalkörpers, mit dem sie sich nun identifiziert. Auf dieser Stufe befindet sich die Seele sozusagen Auge in Auge mit Gott und der Allseele, die sie als unendlich erkennt. Doch obwohl sie die Unendlichkeit der Allseele erkennt, betrachtet sie sich selbst aufgrund ihrer Identifikation mit dem Mentalkörper weiterhin als endlich und die Allseele als Objekt außerhalb ihrer selbst. So haben wir denn das Paradox, daß die Seele, die in Wirklichkeit unendlich ist, ihre Unendlichkeit zwar schaut, aber fortfährt, sich selbst für endlich zu halten, weil sie sich beim Schauen ihrer Unendlichkeit als das Gemüt versteht. Sie stellt sich vor, das Gemüt zu sein, und sieht die Allseele als Objekt des Gemüts. Deshalb sehnt sie sich nach Einswerden mit der objektivierten Allseele und versucht mit aller Kraft, diese Vereinigung zu erlangen.

Das Ziel
In der dritten Phase des Pfads wendet sich das volle Bewußtsein der Seele noch weiter nach innen, das heißt zu sich selbst, und legt nun auch die Identifikation mit dem Mentalkörper ab. So hört die Seele in der dritten und letzten Phase auf, sich mit irgendeinem ihrer Körper zu identifizieren, die sie entwickeln mußte, um volles Bewußtsein zu erlangen. Sie erkennt sich nun nicht nur als gestaltlos und jenseits aller Formen und Welten, sondern erfährt bei vollem Bewußtsein ihre eigentliche Identität mit der Allseele, die eins, unteilbar, wirklich und unendlich ist. Dies ist das Ziel. Mit dem Innewerden der Wahrheit geht die Seele ein in die Seligkeit, den Frieden, die Macht und das Wissen, die der Allseele von jeher eigen sind.

Zusammenfassung
Im Anfang war die Seele, da sie kein Bewußtsein besaß, ihrer Identität mit der Allseele nicht gewahr. Obwohl sie ewig und untrennbar eins ist mit der Allseele, vermochte sie weder ihre Identität mit ihr zu erkennen noch die Unendlichkeit ihres Friedens, ihrer Seligkeit, ihrer Macht und ihres Wissens zu erfahren. Selbst nach der Entwicklung des vollen Bewußtseins

Die Arten der Meditation

kann sie den Zustand der Allseele nicht erfahren (obwohl sie allezeit in und bei der Allseele ist), weil ihr Bewußtsein durch die Eindrücke oder Sanskāras, die sich im Laufe von Evolution und Reinkarnation angesammelt haben, an die physische Welt geheftet bleibt. Auch auf dem geistigen Pfad hat die Seele nicht Bewußtsein ihrer selbst, sondern bloß der subtilen oder der mentalen Welt, die wie die physische bloß ihre eigenen illusorischen Schatten sind.

Am Ende des Pfads indessen befreit sich die Seele von allen Sanskāras und Begehren, die mit der physischen, subtilen und mentalen Welt zusammenhängen. Sie legt die Illusion ihrer Endlichkeit ab, der sie infolge ihrer Identifikation mit dem physischen, subtilen oder mentalen Körper erlegen war. Damit überschreitet sie die phänomenale Welt völlig und erlangt Bewußtsein ihrer selbst – anders gesagt, sie erlangt Selbstverwirklichung. Um dieses Ziel zu erreichen, muß sich die Seele bei vollem Bewußtsein als verschieden vom physischen Körper, vom Subtilkörper und vom Mentalkörper erkennen und ebenso als jenseits der Welten des Physischen, des Subtilen und des Mentalen.

Die Befreiung der Seele von der Illusion ihrer Endlichkeit ist ein allmählicher Vorgang, der darin besteht, sich zu lösen von den Fesseln der Sanskāras und von der Identifikation mit den drei Körpern – dem physischen, dem subtilen und dem mentalen. Dies bedeutet die Vernichtung des Ich, das heißt der Illusion, die sagt: «Ich bin der physische Körper», «Ich bin der Subtilkörper», «Ich bin der Mentalkörper». Hat sich die Seele in dieser Weise von ihrer Selbsttäuschung befreit, so erkennt sie sich selbst in ihrem wahren Wesen. Das Ausbrechen aus der kosmischen Illusion und das bewußte Innewerden ihrer Identität mit der unendlichen Allseele ist das Ziel der langen Reise der Seele.

V. Spezialisierte Meditation personaler Natur

Zusammenhänge zwischen den drei Arten spezialisierter Meditation

Im dritten Teil der Darlegungen über Meditation haben wir drei Arten spezialisierter Meditation unterschieden: Meditation über die *Objekte* der Erfahrung, Meditation über das *Subjekt* der Erfahrung und Meditation über die *mentalen Vorgänge*. Zwischen diesen verschiedenen Arten spezialisierter Meditation besteht jedoch ein enger Zusammenhang, weil das Subjekt der Erfahrung, die Objekte der Erfahrung und die verschiedenen mentalen Vorgänge, die aus der Wechselwirkung dieser beiden er-

Spezialisierte Meditation personaler Natur

wachsen, unauflösbar miteinander verflochten sind. Die drei Arten spezialisierter Meditation sind mithin nicht scharf voneinander abgegrenzt und schließen sich nicht aus, sondern überlagern sich oftmals. So nimmt Meditation über die Objekte der Erfahrung vielfach Bezug auf das Subjekt der Erfahrung und ebenso auf die verschiedenen mentalen Aktivitäten desselben. Meditation über das Subjekt der Erfahrung andererseits nimmt vielfach Bezug auf die mentalen Vorgänge und die Objekte, denen sie gelten. Meditation über die verschiedenen mentalen Vorgänge schließlich hat einen Bezug sowohl zum Subjekt als auch zu den Objekten der Erfahrung. Dennoch bewahrt jede dieser drei Meditationsarten ihren besonderen Charakter, weil bei jeder ein bestimmter Faktor überwiegt. So überwiegen bei der ersten Art die Objekte der Erfahrung, bei der zweiten das Subjekt der Erfahrung und bei der dritten die mentalen Vorgänge.

Unterteilung in besondere Formen
Jede der drei Arten spezialisierter Meditation läßt sich nach Inhalt und Methode weiter unterteilen in mehrere besondere Formen. Von diesen Formen werden hier nur die repräsentativsten und wichtigsten behandelt. In der nachstehenden Übersichtstafel sind zwölf Formen spezialisierter Meditation aufgeführt.

Personale und nichtpersonale Meditation
Es ist zu beachten, daß von diesen zwölf Formen die ersten vier personaler Natur sind, die restlichen acht dagegen nichtpersonaler Natur. Meditation ist personal, wenn sie sich mit einer Person befaßt, und sie ist nichtpersonal, wenn sie sich mit Teilaspekten der menschlichen Persönlichkeit befaßt oder mit etwas, das nicht unter den Begriff der Persönlichkeit im üblichen Sinne fällt. Die Formen personaler Meditation werden im vorliegenden Teil erläutert, die Formen nichtpersonaler Meditation im sechsten Teil.

Personale Meditation hat einige klare Vorteile gegenüber der nichtpersonalen Meditation. Für Anfänger ist personale Meditation leichter und ansprechender als nichtpersonale Meditation, die oft als langweilig und schwierig empfunden wird, wenn nicht eine besondere Veranlagung dazu vorhanden ist. Zudem dienen die Formen nichtpersonaler Meditation hauptsächlich der Erziehung des Intellekts, während die Formen personaler Meditation nicht nur den Intellekt, sondern auch das Herz einbeziehen. Geistige Vollendung erfordert die volle Entwicklung und Harmonisierung von Herz und Verstand. Deshalb kommt der personalen

Übersicht über die Formen spezialisierter Meditation

A Meditation über die Objekte der Erfahrung
- 1 Meditation über die göttlichen Eigenschaften des Meisters
- 2 Konzentration auf die Gestalt des Meisters
- 3 Meditation des Herzens
- 4 Meditation des Handelns

⎫ Formen personaler Meditation

- 5 Meditation über die unzähligen Formen manifesten Lebens
- 6 Meditation über den eigenen Körper
- 7 Meditation über den gestaltlosen und unendlichen Aspekt Gottes

B Meditation über das Subjekt der Erfahrung
- 8 Suche nach dem Urheber des Tuns
- 9 Betrachtung seiner selbst als Zeuge

C Meditation über mentale Vorgänge
- 10 Niederschreiben von Gedanken
- 11 Beobachten mentaler Vorgänge
- 12 Leermachen des Gemüts

⎫ Formen nichtpersonaler Meditation

Meditation, die die Entwicklung und Harmonisierung von Herz und Verstand fördert, besondere Bedeutung zu. Nichtpersonale Meditation ist erst dann wirklich fruchtbringend und wirksam, wenn der Suchende durch personale Meditation angemessen darauf vorbereitet ist.

Personale Meditation gilt der Person eines geistig Vollkommenen
Personale Meditation gilt der Person eines geistig Vollkommenen. Wenn ein Mensch die Persönlichkeit Napoleons bewundert und ständig über ihn nachdenkt, neigt er dazu, diesem ähnlich zu werden. Geradeso nähert sich der Suchende, der einen geistig Vollkommenen bewundert und ständig über ihn nachdenkt, der geistigen Vollkommenheit. Geeigneter Gegenstand der personalen Meditation ist deshalb ein Vollkommener Meister der Gegenwart oder Vergangenheit oder der Avatār. Es ist wichtig, daß die für die Meditation ausgewählte Person geistig vollkommen ist. Wird eine geistig unvollkommene Person gewählt, so besteht größte Wahrscheinlichkeit, daß sich deren Schwächen auf das Gemüt des Suchenden übertragen, der über sie meditiert. Ist die als Meditationsgegenstand gewählte Person aber geistig vollkommen, so hat der Suchende einen sicheren Weg eingeschlagen.

Meditation über die göttlichen Eigenschaften des Meisters
Personale Meditation beginnt oft spontan mit der Bewunderung, die der Suchende für irgendwelche im Meister wahrgenommenen göttlichen Eigenschaften empfindet. Indem der Suchende sein Gemüt auf die im Leben des Meisters manifestierten göttlichen Eigenschaften ausrichtet, nimmt er diese allmählich in sein eigenes Wesen auf. Der Meister an sich ist jenseits aller Eigenschaften – guter ebenso wie übler. Er ist durch sie nicht gebunden. Alle Eigenschaften, die er im Wechselspiel mit seiner Umwelt an den Tag legt, sind Aspekte göttlichen Handelns. Der Selbstausdruck des Göttlichen durch diese Eigenschaften gereicht jenen zur Hilfe, die sie wahrnehmen und empfänglich dafür sind.

Die Wahrnehmung der Göttlichkeit des Meisters führt zu spontaner Meditation, in welcher der Suchende ständig und innig an den Meister denkt und sich die Eigenschaften vergegenwärtigt, die er in ihm verkörpert sieht – wie allumfassende Liebe, gänzliche innere Gelöstheit, Ichlosigkeit, Standfestigkeit, unbegrenztes Wissen und selbstloses Handeln. Bald verweilt das Gemüt bei einer dieser Eigenschaften, dann wieder betrachtet es sie zusammen und erkennt so ihren inneren Zusammenhang. Diese Art von Meditation hat überaus großen Wert, wenn sie spontan ist.

Die Arten der Meditation

Sie führt dann zu einem zunehmend tieferen Verständnis des Meisters und formt den Suchenden allmählich um zu einem Abbild desselben. Damit hilft sie, den Suchenden reif zu machen für die Verwirklichung des Göttlichen in sich selbst.

Konzentration auf die Gestalt des Meisters
Betrachtung der Eigenschaften des Meisters erleichtert oft die Konzentration auf dessen Gestalt. Bei dieser Konzentration zergliedert der Suchende die geistige Vollkommenheit des Meisters nicht in einzelne Eigenschaften. Sie ist ihm als ganze gegenwärtig, und in diesem Gewahrsein heftet er seine Aufmerksamkeit spontan auf die Gestalt des Meisters. Obwohl die göttlichen Eigenschaften mithin nicht einzeln in seinem Denken erscheinen, bildet das, was der Suchende davon erfaßt und verstanden haben mag (durch die vorbereitende Meditation über diese Eigenschaften den impliziten Hintergrund seiner einspitzigen Konzentration und trägt bei zu deren Wirksamkeit und Wert. Konzentration auf die Gestalt des Meisters beinhaltet vollständige Identifikation des Meisters mit dem geistigen Ideal.

Meditation des Herzens
Die vollständige Identifikation des Meisters mit dem geistigen Ideal beseitigt die Schranken, die den Suchenden vom Meister trennen mögen, und damit wird die Freisetzung unbegrenzter Liebe zum Meister möglich. Dies führt zur Meditation des Herzens, die darin besteht, in ununterbrochen strömender Liebe ständig an den Meister zu denken. Solche Liebe vernichtet die Illusion der Distanz zwischen Jünger und Meister und trägt eine Spontaneität in sich, die in anderen Formen der Meditation unerreichbar bleibt. Auf ihren höchsten Stufen bringt die Meditation des Herzens grenzenlose Freude und gänzliches Vergessen des eigenen, begrenzten Ich.

Meditation des Handelns
Liebe zum Meister führt zu wachsender Identifikation mit ihm, so daß der Suchende nur noch in ihm und für ihn leben will und nicht mehr für sein begrenztes Selbst. Dies mündet in die Meditation des Handelns. In ihren Anfängen nimmt die Meditation des Handelns meist folgende Formen an:
    1. Der Suchende übergibt dem Meister innerlich alles, was in ihm ist, und entsagt damit allem, was in ihm gut oder schlecht ist. Dies befreit ihn

sowohl von den guten als auch von den schlechten Elementen des Ich und verhilft ihm nicht nur zur Überwindung dieser Gegensätze, sondern auch zu einer beständigen und echten Integration mit dem Meister.

2. Der Suchende stellt sich freiwillig in den Dienst des Meisters und seines Werks. Arbeit für den Meister, die im Geiste selbstlosen Dienens verrichtet wird, ist jeder mentalen Meditation gleichwertig.

3. Der Suchende erlaubt seinem begrenzten Ich nicht, sich durch irgendwelche seiner Handlungen zu bestätigen, weder durch große noch durch kleine, weder durch gute noch durch schlechte. Er denkt nicht «Ich tue dies», sondern entwickelt im Gegenteil systematisch den Gedanken, daß es in Wirklichkeit der Meister ist, der in allem durch ihn handelt. Wenn er zum Beispiel etwas sieht, so denkt er «Der Meister sieht». Ißt er, so denkt er «Der Meister ißt». Schläft er, so denkt er «Der Meister schläft». Fährt er einen Wagen, so denkt er «Der Meister fährt den Wagen». Selbst wenn er etwas Unrechtes tun sollte, denkt er «Der Meister tut dies».

Auf diese Weise gibt er jeden Anspruch auf die Urheberschaft seines Handelns vollständig auf und bringt sein ganzes Tun in unmittelbaren Bezug zum Meister. Dies erfordert und bewirkt von selbst und zwangsläufig, daß alles Handeln vom geistigen Ideal bestimmt wird, das der Anwärter im Meister wahrgenommen hat.

Vier Stufen zur Verwirklichung des geistigen Ideals

Die vier Formen personaler Meditation über den Meister entsprechen den vier Hauptphasen des Aufstiegs zum geistigen Ideal: 1. Wahrnehmung des geistigen Ideals im Meister. 2. Sammlung auf den Meister als Verkörperung des geistigen Ideals. 3. Liebe zum Meister als Manifestation des geistigen Ideals und 4. Ausdruck des im Meister wahrgenommenen Ideals im eigenen Leben. Die verschiedenen Formen personaler Meditation über den Meister tragen letztlich zur Freisetzung des schöpferischen Lebens geistiger Erfüllung bei. Meditation über den Meister ist Meditation über das lebendige Ideal und nicht über ein bloßes Konzept der Vollkommenheit. Deshalb erweckt sie jene dynamische Kraft, die den Suchenden letztlich befähigt, den Abgrund zwischen Theorie und Praxis zu überbrücken und das geistige Ideal im alltäglichen Handeln seines eigenen Lebens zu verwirklichen. Ein Leben zu leben, das beseelt und erleuchtet ist vom geistigen Ideal, wie es der Vollkommene Meister verkörpert, ist das Ziel und die Krönung aller Formen personaler Meditation.

VI. Spezialisierte Meditation nichtpersonaler Natur

Unterschied zwischen personaler und nichtpersonaler Meditation
Der fünfte Teil galt der Erläuterung jener Formen spezialisierter Meditation, die personaler Natur sind. Im vorliegenden Teil werden die nichtpersonalen Formen spezialisierter Meditation behandelt. Es sei daran erinnert, daß Meditation personal genannt wird, wenn sie einer Person gilt, und nichtpersonal, wenn sie sich mit Teilaspekten der Persönlichkeit befaßt oder mit etwas, das nicht unter den Begriff der menschlichen Persönlichkeit im üblichen Sinne fällt. Die ersten vier Meditationsformen in der Übersichtstafel des fünften Teils sind personaler Natur, die übrigen acht sind nichtpersonaler Natur. Wie die Formen personaler Meditation bedürfen auch jene der nichtpersonalen Meditation einer besonderen Erläuterung.

Meditation über die Formen manifesten Lebens
Der Mensch neigt dazu, seine Aufmerksamkeit auf den eigenen Körper oder andere Formen zu fixieren, ohne auf den Geist zu achten, der sich durch diese Formen ausdrückt. So entstehen Illusionen, Verstrickungen und andere Komplikationen. Dies macht eine Meditation notwendig, die dem Anwärter hilft, Rang und Bedeutung der unzähligen Formen richtig zu verstehen und ihnen gegenüber eine entsprechende Einstellung zu entwickeln. Bei dieser Meditation übt sich der Suchende darin, alle Formen gleichermaßen als Äußerungen des einen allumfassenden Lebens zu betrachten, die an sich selbst aber nichts sind. Diese Art des Meditierens trägt zur Lösung aus der Verstrickung in die Welt der Dinge bei und fördert jene höchste Form universaler Liebe, die alle Menschen und alle lebenden Geschöpfe als Glieder eines unteilbaren Ganzen einschließt.

Meditation über den eigenen Körper
Die Meditation über die unzähligen Formen des manifesten Lebens bleibt indessen unvollständig, wenn ihr nicht eine Meditation folgt, die der eigenen Form gilt. Der eigene Körper – sei es der physische, der subtile oder der mentale – ist wie der Körper anderer eine Form des einen allumfassenden Lebens. Das Bewußtsein ist jedoch so sehr vom eigenen Körper gefesselt, daß es sich mit ihm identifiziert. Nährt man fortwährend Gedanken der Nichtidentifikation mit dem eigenen Körper, so fördert dies die Befreiung des Bewußtseins und die Annäherung an die Erkenntnis des wahren Selbst. Meditation dieser Art ist für den Suchenden

überaus fruchtbar. Sie führt ihn dazu, seine drei Körper – den physischen, den subtilen und den mentalen – gleicherweise als Hüllen zu betrachten, die an- und abgelegt werden können.

Meditation über den gestaltlosen und unendlichen Aspekt Gottes
Meditation über die unzähligen Formen des manifesten Lebens und Meditation über den eigenen Körper sind beide eine Vorbereitung für jene Form der nichtpersonalen Meditation, bei welcher man versucht, das Bewußtsein von den unzähligen Formen des manifesten Lebens, einschließlich des eigenen Körpers, abzuziehen und es auf den gestaltlosen und unendlichen Aspekt Gottes zu richten. In den Anfangsstadien muß man bei dieser Form nichtpersonaler Meditation ein Sinnbild der Unendlichkeit zu Hilfe nehmen, denn es ist leichter, mit einem Bild zu beginnen, das Unendlichkeit andeutet und nahelegt, als mit der abstrakten Idee der Unendlichkeit. Das Gemüt kann auf das Bild des Himmels, des Ozeans oder grenzenloser Leere gesammelt werden, doch sollte der Suchende während der ganzen Meditation am einmal gewählten Bild festhalten und nicht zulassen, daß ein anderes Bild an dessen Stelle tritt.

Von den drei genannten Sinnbildern der Unendlichkeit ist gänzliche und grenzenlose Leere am schwersten vorzustellen. Gelingt es aber, so erweist sie sich als das beste Symbol. Das Ziel dieser Meditationsform ist indessen nicht, das Gemüt vollständig leerzumachen. Leermachen des Gemüts erfordert die Beendung aller mentalen Tätigkeit, so daß keinerlei Gedanken oder Vorstellungen mehr im Gemüt auftauchen. Bei der hier erläuterten Meditationsform aber versucht das Gemüt, den gestaltlosen und unendlichen Aspekt Gottes mit Hilfe eines bedeutsamen Symbols zu verstehen und zu erkennen.

Vorstellen des Unendlichen in sich selbst
Diese Form der nichtpersonalen Meditation hat eine wichtige Variante. Hierbei wird die Unendlichkeit, die man sich vorstellt, nicht nach außen projiziert, als ob sie eine grenzenlose Ausdehnung außerhalb des Meditierenden wäre. Es ist in der Tat hilfreicher, sich das Unendliche in sich selbst vorzustellen. Ist es dem Meditierenden gelungen, sich das Unendliche in ihm selbst vorzustellen, sollte er sich mit Nachdruck seine eigene Identität mit diesem Unendlichen vorhalten, durch Wiederholen des Gedankens «Ich bin unendlich wie der Himmel in mir» oder «Ich bin unendlich wie der Ozean in mir» oder «Ich bin unendlich wie die Leere in mir». Es kann noch wirksamer sein, die Formel abzukürzen auf «Ich bin

das Unendliche in mir» und beim mentalen Wiederholen dieser Formel zu versuchen, durch das gewählte Sinnbild die Bedeutung des Unendlichen zu begreifen. Es ist nicht notwendig, die Formel in genau diesen Worten zu wiederholen; es genügt, am Gedanken festzuhalten, den die Formel ausdrückt.

Meditation über die Formel «Ich bin das Unendliche in mir» kann zum Aufgehen des Meditierenden im gestaltlosen und unendlichen Aspekt Gottes führen. Einige Meditierende gehen so vollständig darin auf, daß sie der physischen Welt gänzlich entrückt sind und selbst Mückenschwärme nicht bemerken, die sie umgeben. Andere dagegen werden unruhig oder lassen sich leicht stören. Sie sollen sich keine Sorgen über diesen Mangel an Erfolg machen, sondern in ihrer Meditation beharrlich fortfahren, ob sie nun ein Aufgehen erfahren oder nicht. Eine entspannte Körperhaltung mag dies erleichtern. Das *endgültige* Aufgehen indessen ist unmöglich ohne Hilfe eines Vollkommenen Meisters.

Die Suche nach dem Urheber des Tuns
Die in diesem Teil bisher erläuterten Meditationsformen betreffen vorwiegend die *Objekte* der Erfahrung, doch einige Formen der nichtpersonalen Meditation betreffen das *Subjekt* der Erfahrung. Eine dieser wichtigen Meditationsformen besteht darin, beharrlich und eindringlich zu fragen: «Wer ist es, der alle diese Dinge tut?» Dem Suchenden wird bewußt, daß er ständig Gedanken hat wie «Ich schlafe, gehe, esse, rede», «Ich sehe, höre, berühre, rieche und schmecke», «Ich denke, fühle und begehre». Die bohrende Frage, um die es bei dieser Meditationsform geht, lautet: Wer ist dieses «Ich»?

Die Seele erfährt keines dieser Dinge. Es ist nicht die Seele, die schläft, geht, ißt und redet, und es ist nicht die Seele, die sieht, hört, berührt, riecht und schmeckt oder denkt, fühlt und begehrt. Wer dann ist es, der all dies tut? Der Ursprung all dieser Tätigkeiten muß entdeckt werden, wenn das Rätsel des Daseins gelöst werden soll. Es gibt eine Macht, die all dies tut, und es ist nötig, sich als verschieden von dieser Macht zu erkennen, damit man sie ohne Gefahr der Verstrickung nutzen kann. Der Suchende meint, er gehe. In Wirklichkeit ist es sein Körper, der geht. Der Suchende meint, er sehe, höre, denke, fühle oder begehre. In Wirklichkeit ist es sein Gemüt, das durch ein geeignetes Medium alle diese Dinge tut. *Als Seele* ist der Suchende überall und tut in Wirklichkeit nichts. Doch es genügt nicht, zu denken, daß er als Seele überall sei und in Wirklichkeit nichts tue. Er muß es *wissen*.

Sich als Zeuge betrachten

Selbsterkenntnis kann durch eine Form der Meditation angestrebt werden, bei welcher der Meditierende versucht, sich selbst als bloßen Zeugen alles physischen und mentalen Geschehens zu betrachten. Wenn ein Mensch von einem Traum erwacht, gewahrt er, daß er nicht der wirklich Handelnde in den Handlungen seines Traumes war, sondern bloß deren Zeuge. Übt sich der Suchende ständig darin, sich selbst als Zeugen alles physischen und mentalen Geschehens zu betrachten, das er im Wachzustand oder im Traum erfährt, gelangt er bald zu jener vollständigen inneren Lösung, die ihn befreit von allen Sorgen und Leiden im Zusammenhang mit den Ereignissen der Welt. Meditation in dieser Form dient dem Zweck, den Suchenden innerlich freizumachen von den Fesseln der Zeit und vom Sturm und Drang der vielfältigen Äußerungen begrenzter Energie. Als Zeuge bleibt die Seele allem Geschehen in der Zeit entrückt, und die Ergebnisse des Handelns können sie nicht binden. Doch muß dies *erfahren* und nicht bloß gedacht werden.

Grenzen der Meditation über das Subjekt der Erfahrung

Allen Formen der Meditation über das Subjekt der Erfahrung sind insofern Grenzen gesetzt, als das wahre Subjekt der Erfahrung niemals Objekt des Denkens oder der Meditation im üblichen Sinne sein kann. Deshalb vermögen sie den Suchenden bestenfalls sehr nahe an die Selbsterkenntnis heranzuführen. Das wahre Selbst enthüllt sich erst dann, wenn der Bereich des Gemüts gänzlich durchschritten ist. Einige nichtpersonale Formen der spezialisierten Meditation befassen sich daher mit den mentalen Vorgängen und zielen darauf ab, das Gemüt zur Ruhe zu bringen.

Das Niederschreiben von Gedanken

Kontrolle über seine Gedanken erlangen bedeutet, sich voll bewußt zu werden, was sie sind. Bevor die Gedanken beherrscht werden können, muß man ihrer gewahr sein. Bei der gewöhnlichen Introspektion ist es dem Anfänger selten möglich, all den schattenhaften Gedanken, die durch sein Gemüt huschen, gebührende Aufmerksamkeit zu schenken. Deshalb ist es hilfreich, gelegentlich alle Gedanken niederzuschreiben, so wie sie auftauchen, und sie dann in Ruhe zu prüfen. Dieser Vorgang ist durchaus verschieden vom Verfassen logisch aufgebauter Texte. Den Gedanken wird hier erlaubt, ohne irgendwelche Steuerung und Einschränkung aufzutreten, so daß selbst unterdrückte Elemente aus dem Unbewußtsein ins Bewußtsein treten können.

Die Arten der Meditation

Das Beobachten mentaler Vorgänge

In einem fortgeschrittenen Stadium wird es möglich, die mentalen Vorgänge während des Auftauchens von Gedanken unmittelbar und intensiv wahrzunehmen, so daß das Niederschreiben von Gedanken überflüssig wird. Die Beobachtung mentaler Vorgänge sollte mit einer kritischen Bewertung der Gedanken einhergehen. Gedanken lassen sich nur beherrschen durch richtiges Beurteilen ihres Werts oder Unwerts. Werden die verschiedenen Gedanken, die das Gemüt überfallen, kritisch bewertet und die inneren Regungen der Sanskāras erkannt, verstanden und für das genommen, was sie sind, so fallen alle durch sie bedingten Zwänge und Fixierungen dahin.

Das Leermachen des Gemüts

Kontrolle über die Gedanken bereitet den Weg für jene Form der Meditation, die darauf abzielt, das Gemüt leerzumachen. Das ist besonders schwer zu erreichen. Im Tiefschlaf ist das Gemüt zwar ohne jeden Gedanken, doch hat es dann auch kein Bewußtsein. Wenn das Gemüt im Wachzustand den Gedanken hegt, daß es leer werden möchte, dann denkt es in Wirklichkeit über diese Idee nach und ist mithin alles andere als leer. Der schwierige Kunstgriff des Leermachens des Gemüts kann jedoch gelingen, wenn abwechselnd zwei entgegengesetzte Meditationsformen geübt werden, so daß das Gemüt gleichsam zwischen Sammlung und Zerstreuung gefangen wird.

Alternierende Sammlung und Zerstreuung

Der Suchende kann sich zum Beispiel zunächst fünf Minuten lang auf die Gestalt des Meisters konzentrieren und sich dann, sobald sein Gemüt fest auf diese Gestalt ausgerichtet ist, während der nächsten fünf Minuten in nichtpersonale Meditation über die Formel «Ich bin unendlich» vertiefen. Um den Kontrast zwischen diesen beiden Meditationsformen zu verschärfen, kann er bei der Meditation über die Gestalt des Meisters die Augen offenhalten und sie bei der nichtpersonalen Meditation schließen.

Solches Alternieren hilft, das Gemüt leerzumachen, doch um hierbei Erfolg zu haben, muß man beide Meditationen ernsthaft üben. Auch wenn man nach fünf Minuten zu einer anderen Meditationsform überwechselt, sollte kein Gedanke daran auftauchen, während die erste Meditation im Gange ist. Zerstreuung ist nur dort möglich, wo Sammlung vorhanden ist. Ist der Wechsel zur zweiten Meditationsform vollzogen, sollte kein Gedanke an die erste Meditation auftauchen. Die Zerstreuung muß ebenso vollständig sein wie die vorangehende Sammlung. Wird der Wechsel zwischen Sammlung und Zerstreuung in rascher Folge wiederholt, werden die Vorgänge im Gemüt gleichsam durchschnitten wie von einer Säge, die sich hin und her bewegt. Solches Durchschneiden der mentalen Vorgänge hilft, das Gemüt gänzlich zur Ruhe zu bringen, ohne daß dabei das Bewußtsein ausgeschaltet würde.

Nur in der inneren Stille enthüllt sich die Wahrheit
Alle Gedanken, die im Gemüt des Suchenden auftauchen, sind Formen der Störung und haben ihren Ursprung in den Impulsen, die von den gespeicherten Sanskāras ausgehen. Die Unrast des Gemüts verschwindet erst dann, wenn der Suchende es soweit beherrscht, daß er alles Denken willentlich ausschalten kann. Nur in völliger innerer Stille enthüllt sich die Wahrheit. Ist die Oberfläche eines Sees ruhig, so spiegelt sie die Sterne wider. Wenn das Gemüt still ist, spiegelt es das Wesen der Seele so wider, wie es ist.

VII. Nirvikalpa-Samādhi

Die Krönung aller Meditation
Die verschiedenen Formen gewöhnlicher Meditation vor dem bewußten Betreten des geistigen Pfads ebenso wie die Formen allgemeiner und spezialisierter Meditation, die danach geübt werden, sind alle eine Vorbereitung auf das Ziel des Nirvikalpa-Zustandes, das heißt des Gottzustandes, in dem die Seele mit absoluter und unverlierbarer Gewißheit weiß, daß sie Gott ist. Das endgültige Aufgehen im Nirvikalpa-Zustand am Ende des geistigen Wegs wird bezeichnet als Nirvikalpa-Samādhi, und es bedeutet das Göttliche im Zustand der Selbstbejahung («Ich bin Gott»). Der Nirvikalpa-Samādhi des Siddha, also des Gottverwirklichten, ist die Vollendung und Krönung aller Meditation, doch er ist von ganz anderem Wesen und gehört zu einer anderen Dimension. Er ist nur zu erlangen durch die Gnade eines Vollkommenen Meisters.

Spontaneität im Nirvikalpa-Samādhi und in den Meditationen des Weltmenschen
Nirvikalpa-Samādhi ist charakterisiert durch gänzliche Spontaneität und Mühelosigkeit. Diese Spontaneität muß man unterscheiden von der Pseudospontaneität der gewöhnlichen Meditationen des Weltmenschen.

Die Arten der Meditation

Das Gemüt des Weltmenschen ist von den Gegenständen der Sinneserfahrung in Anspruch genommen, und in seinen Meditationen über diese Gegenstände empfindet er in der Tat kein Gefühl von Anstrengung. Sein Gemüt befaßt sich mit ihnen, weil es von Natur aus an ihnen interessiert ist und nicht aufgrund irgendeines vorsätzlichen Bemühens. Das Gefühl der Anstrengung stellt sich nicht ein, wenn man dem Gemüt erlaubt, bei weltlichen Dingen zu verweilen, sondern erst, wenn man den Versuch macht, es von ihnen abzuwenden. Da man das in den gewöhnlichen Meditationen nicht versucht, scheinen sie spontan zu sein und deshalb eine gewisse Ähnlichkeit mit dem Nirvikalpa-Samādhi des Siddha zu haben. Diese Ähnlichkeit der Anfangsstadien der Meditation mit deren Endstadium ist indessen bloß oberflächlich, denn zwischen Nirvikalpa-Samādhi und weltlicher Meditation bestehen grundlegende Unterschiede von großer geistiger Bedeutung.

Das Gefühl von Spontaneität, das bei der gewöhnlichen Meditation über weltliche Dinge und Bestrebungen empfunden wird, beruht auf dem Interesse an ihnen, das bedingt ist durch Sanskāras. Weltliche Meditationen entspringen den Impulsen angehäufter Sanskāras aus der Vergangenheit und sind deshalb keineswegs Ausdruck wahrer Freiheit, sondern vielmehr Symptome geistiger Knechtschaft. Vor dem Betreten des geistigen Pfads ist der Mensch von dichtester Unwissenheit in Hinblick auf das Ziel unendlicher Freiheit umgeben, und obwohl er dabei alles andere ist als glücklich und erfüllt, identifiziert er sich so vollständig mit den Interessen, die ihm seine Sanskāras eingeben, daß er in der Verfolgung derselben Befriedigung erfährt. Doch diese Befriedigung ist nie garantiert und geht vorüber, und die Spontaneität, die der Weltmensch bei seinem Tun empfindet, ist bloßer Schein, denn bei all diesem Tun arbeitet sein Gemüt unter dem unbewußten Zwang der Sanskāras.

Wahre Freiheit und Spontaneität ist nur im Nirvikalpa
Das Gemüt wird erst dann wirklich frei und zu spontanem Wirken fähig, wenn es völlig frei ist von sanskārischen Bindungen und Begehren, und diese Freiheit erreicht es erst, wenn es im Nirvikalpa-Samādhi des Siddha aufgeht. Es ist deshalb wichtig zu beachten, daß die oberflächliche Ähnlichkeit zwischen den Meditationen des Weltmenschen und dem Nirvikalpa-Samādhi des Siddha in Wirklichkeit bloß den bedeutsamen Unterschied zwischen illusorischer Spontaneität und echter Spontaneität verhüllt, zwischen Knechtschaft und Freiheit, zwischen vergänglicher Zufriedenheit und unverlierbarem Glück. Während das Gemüt des Welt-

menschen unter unbewußtem Zwang arbeitet, entspringt die mentale Tätigkeit des Verwirklichten bewußtem und freiem Wollen.

Die verschiedenen Formen der Meditation, die der geistig Suchende übt, stehen halbwegs zwischen den gewöhnlichen Meditationen des Weltmenschen und dem Endzustand des Nirvikalpa-Samādhi des Siddha. Sie leiten von jenen zu diesem über. Wenn ein Mensch aus der ihm gewohnten Verfolgung sanskārischer Interessen durch Rückschläge, Niederlagen und Leiden zutiefst aufgestört oder durch einen Funken geistiger Einsicht erhellt wird, kommt ihm seine Unfreiheit und die Falschheit seiner Betrachtungsweise zum Bewußtsein. Die verschiedenen Meditationsformen, denen er sich nach diesem Bewußtwerden zuwendet, sind Teil seines Kampfes zur Befreiung aus der Knechtschaft trügerischer weltlicher Begierden. Geistig bedeutsame Meditation beginnt somit dann, wenn aus dem Weltmenschen ein geistig Suchender (Sādhak) geworden ist.

Geistige Meditation beinhaltet Anstrengung

Die Meditation des Suchenden ist in allen ihren Formen vorsätzlich, in dem Sinne, daß er sich ihr zuwendet, um gewissen instinktiven oder anderen dem Gemüt innewohnenden Neigungen entgegenzuwirken. Der Suchende benutzt verschiedene Formen der Meditation als Mittel zu einem Zweck, anders gesagt als Wege zur Wahrheit. Seine Meditation ist nicht die Auswirkung irgendwelcher Impulse, sondern Teil eines intelligenten und vorsätzlichen Bemühens. Während solche Meditation anfänglich Willensanstrengung erfordert, wird sie dem Gemüt allmählich zu einer vertrauten Tätigkeit. Außerdem findet das Gemüt zunehmend Interesse an den verschiedenen Aspekten der Wahrheit, die es in der Meditation zu erfassen sucht, was deren Spontaneität erhöht.

In keiner geistigen Meditation ist das Element der Spontaneität so ausgeprägt wie in den Formen personaler Meditation, die den Ausdruck von Liebe ermöglichen und fördern. Höchste Spontaneität und wahre Freiheit werden jedoch erst dann möglich, wenn das Ziel aller Meditation verwirklicht ist. Bis dahin besteht meist eine Mischung von Anstrengung und Spontaneität. Das Streben nach geistiger Freiheit ist stets von einem Gefühl des Sichmühens begleitet, und es bleibt in unterschiedlicher Intensität bestehen, bis alle Hindernisse falscher Betrachtung überwunden sind. Obwohl die Meditation zunehmend leichter werden kann, bleibt ein Element der Anstrengung, das erst im Frieden der letzten Errungenschaft verschwindet.

Die Arten der Meditation

Der Weg zum Nirvikalpa-Samādhi
Im Nirvikalpa-Samādhi ist keine Anstrengung, weil hier kein Hindernis zu überwinden und kein Ziel zu erreichen bleibt. In diesem Zustand herrscht die vollständige Spontaneität unbegrenzter Freiheit und die immerwährende Ruhe und Seligkeit des Inneseins der Wahrheit. Der Weg zum Nirvikalpa-Samādhi führt aus einem Zustand fragloser Bejahung sanskārischer Impulse zu einem Zustand hartnäckigen Ringens um Befreiung von den Begrenzungen der Sanskāras, und dieses Ringen mündet schließlich in den Zustand gänzlicher Freiheit, wo das Bewußtsein nicht länger durch die Schatten der Vergangenheit beherrscht wird, sondern die ewige Wahrheit ungetrübt wahrnimmt.

Die Auslöschung des individuellen Gemüts im Nirvikalpa
Der Nirvikalpa-Samādhi des Siddha unterscheidet sich von der Meditation des Suchenden nicht nur in bezug auf die Freiheit und Spontaneität des Bewußtseins, sondern auch in bezug auf viele andere wichtige Punkte. Die verschiedenen Formen der Meditation, die der Suchende direkt oder indirekt übt, zielen alle darauf ab, ein vollständiges Aufgehen des Gemüts in der unendlichen Wahrheit herbeizuführen. Dies gelingt jedoch nur teilweise, und die Auslöschung des individuellen Gemüts bleibt unerreicht. Diese Meditationen bringen eine fortschreitende Annäherung an das geistige Ziel, nicht aber seine Verwirklichung. Nirvikalpa-Samādhi indessen *ist* die Verwirklichung des geistigen Ziels, denn hier ist das begrenzte Gemüt vollständig ausgelöscht. Es ist vollständig aufgegangen in der unendlichen Wahrheit.

Die Geschichte vom habsüchtigen Yogi
In ihren höheren Phasen bringt die Meditation dem Suchenden oft ein Gefühl der Weitung und Freiheit sowie die Freude und Erleuchtung der höheren Ebenen. Doch nichts von alledem hat Bestand, und wenn der Suchende aus seiner Entrückung zurückkehrt, ist er in den meisten Fällen wieder das, was er war, nämlich ein gewöhnlicher Mensch, gebunden durch die hartnäckigen Fesseln der Sanskāras.

Die Unvollständigkeit der verschiedenen Samādhis oder Entrückungen des Suchende läßt sich durch die Geschichte eines indischen Yogi veranschaulichen. Dieser Yogi war sehr habsüchtig, doch durch den Yoga hatte er die Kunst gemeistert, sich in Samādhi (Trance-Meditation) zu versenken. Eines Tages ließ sich der Yogi zur Meditation vor dem Palast des Rāja nieder. Bevor er seine Versenkung begann, dachte er: «Ich muß vom Rāja tausend Rupien haben.» Dann versenkte er sich und blieb sieben volle Tage in diesem Zustand. Er nahm während dieser Zeit weder Speise noch Trank zu sich, sondern saß regungslos am selben Ort, völlig absorbiert in seine Trance-Meditation. Die Leute hielten ihn für einen Heiligen, und als der Rāja von ihm erfuhr, ging auch er hin, um seinen Darshan zu empfangen. Als er zum Yogi hintrat, berührte er aus Unachtsamkeit dessen Rücken. Diese leichte Berührung reichte aus, um den Yogi aus seiner Entrückung zurückzuholen. Kaum war er aus der Trance erwacht, verlangte er vom Rāja tausend Rupien.

Trance-Meditation, nur ein Blick aus dem Gefängnis
So wie ein Gefangener, der aus dem Fenster seiner Gefängniszelle schaut und die Weite des Himmels erblickt, sich in die Vision des grenzenlosen Raumes verlieren kann, mag es geschehen, daß der Suchende im Licht und in der Seligkeit der Trance-Meditation zeitweilig alle seine Begrenzungen vergißt. Doch wie der Gefangene, der das Gefängnis vergessen hat, nach wie vor darin festsitzt, hat der Suchende in der Trance-Meditation die Ketten, die ihn an die Welt der Illusion binden, zwar aus den Augen verloren, aber nicht wirklich zerbrochen. Und so wie der Gefangene seiner Gefangenschaft wieder gewahr wird, sobald er den Blick auf seine unmittelbare Umgebung richtet, wird auch der Suchende wieder all seiner Schwächen gewahr, sobald er zum normalen Bewußtsein zurückkehrt. Die verschiedenen Stufen der Trance-Meditation mögen dem Suchenden zwar zunehmend okkulte Kräfte bringen, nicht aber jenes unverlierbare Wissen und Glück, das dem Siddha im Nirvikalpa-Samādhi, der den Bann der Māyā durchbrochen und die endgültige Befreiung erlangt hat, eigen ist.

Ein weiterer wichtiger Unterschied zwischen Trance-Meditation und Nirvikalpa-Samādhi besteht darin, daß sich der Suchende in der Trance-Meditation üblicherweise auf ein phänomenales Objekt stützt, das auf sein Gemüt eine unwiderstehliche Anziehung ausübt. Die Lichtvisionen, Farben, Gerüche und Töne der subtilen Sphäre helfen, das Gemüt von den weltlichen Dingen wegzulocken, an die es gebunden ist. So ist denn Trance-Meditation nicht selbsttragend, sondern hängt ab vom Objekt, auf das sich das Gemüt heftet.

Der Nirvikalpa-Samādhi ist selbsttragend
Der Nirvikalpa-Samādhi des Siddha trägt sich selbst und hängt in keiner Weise von irgendeinem Objekt des Gemüts ab. Trance-Meditation indes-

Die Arten der Meditation

sen ist in gewisser Hinsicht der Betäubung durch Rauschmittel sehr ähnlich. Die Betäubung hält nur solange an, wie die Droge wirkt. Desgleichen hält die Trance solange an, wie das Gemüt unter dem Einfluß des Objekts steht, durch das sie gestützt wird. Nirvikalpa-Samādhi, der frei ist von der Beherrschung durch irgendein Objekt, ist ein Zustand vollen Wachseins, in dem es keine Schwankungen gibt, kein Zunehmen und Abnehmen, sondern nur die Beständigkeit ungetrübter Wahrnehmung.

Meister im Sahaj-Samādhi als Objekte der Meditation
Die verschiedenen Formen allgemeiner und spezialisierter Meditation, die der Suchende übt, sind innerhalb der ihnen eigenen Grenzen nützlich und wertvoll. Sie dürfen nicht als gleichermaßen wertvoll oder notwendig für jeden angesehen werden. Es sind nur einige der Wege, die den Suchenden zu seiner göttlichen Bestimmung führen können. Für die wenigen, die in ihrer geistigen Entwicklung bereits weit fortgeschritten sind, ist Meditation in den meisten ihrer üblichen Formen überflüssig. Desgleichen sind für jene, die unmittelbaren Kontakt zu einem Vollkommenen Meister oder zum Avatār haben, viele der besonderen Formen der Meditation unnötig. In ihrem Fall genügt es, sich der Führung des Meisters anheimzustellen und ihn zu lieben. Die Vollkommenen Meister und der Avatār selbst, die sich fortwährend im Sahaj-Samādhi befinden, sind nicht nur darüber hinaus, irgendeine Form von Meditation zu benötigen, sondern sind selbst geeignete Objekte für die Meditation der Suchenden. Denjenigen, die über sie meditieren, vermögen sie dadurch am besten zu helfen.

VIII. Der Aufstieg zum Nirvikalpa-Samādhi und die Natur des Sahaj-Samādhi

Vereinigung mit dem Unendlichen
Das gänzliche Aufgehen des Gemüts in der Wahrheit führt zum Nirvikalpa-Zustand, der Erfahrung der Seligkeit spontaner und ununterbrochener Selbsterkenntnis, in welcher der Suchende seine begrenzte Individualität verliert und entdeckt, daß er identisch ist mit Gott, der in allem ist. Diese Verwirklichung des Nirvikalpa-Zustandes durch die Gnade eines Vollkommenen Meisters ist die *Vollendung* der vorangegangenen Meditationen personaler und nichtpersonaler Natur, nicht deren Produkt. Alle Meditationen des Suchenden, ebenso wie alle seine anderen geistigen Be-

mühungen, dienen ungeachtet ihrer Verschiedenheit nur dem einen Zweck, die Erfüllung seines Sehnens nach Einswerdung mit dem Unendlichen zu beschleunigen. Ist dies erreicht, wird aus dem Sādhak (Suchender) ein Siddha (einer, der am Ziel angelangt ist).

Die vom Siddha verwirklichte Vereinigung mit dem Unendlichen wird von den Sufis als *Vasl* bezeichnet. Diesem Zustand des Einsseins mit Gott hat Jesus Christus mit den Worten «Ich und mein Vater sind eins» Ausdruck gegeben. Viele haben über diesen hohen Bewußtseinszustand geschrieben, doch bleibt er seinem Wesen nach unbeschreibbar. Er läßt sich nicht in Worte fassen und kann deshalb nicht angemessen erklärt werden. Doch während er niemals von einer Person einer anderen erklärt werden kann, kann er selbst erfahren werden. Die Erfahrung des Nirvikalpa-Zustandes durch den Siddha wird als Nirvikalpa-Samādhi bezeichnet.

Der Körperzustand
Im Nirvikalpa-Samādhi sein heißt den *Gottzustand* erfahren, in welchem die Seele sich selbst als Gott weiß, nachdem sie frei geworden ist von allen Begrenzungen, die durch ihr falsches Selbstverständnis bedingt waren. Der Gottzustand des Siddha steht in eindeutigem Kontrast zum *Körperzustand* des Weltmenschen. Der Weltmensch hält sich für den Körper und lebt in einem Zustand, der vom Körper und seinen Wünschen beherrscht ist. Sein Bewußtsein ist auf den Körper gerichtet und vermag nicht darüber hinauszureichen. Sein Trachten gilt dem Essen, Trinken, Schlafen sowie der Befriedigung anderer körperlicher Begierden. Er lebt für den Körper und sucht Erfüllung für denselben. Er denkt in Begriffen des Körpers und kann sich nichts vorstellen, was ohne Körper oder Form ist. Seine Welt besteht aus Formen, und die Sphäre, in der er lebt, sich bewegt und sein Dasein hat, besteht aus Raum.

Der Energiezustand
Der erste Schritt auf dem Weg zum Gottzustand ist die Überwindung des Körperzustands. Ablegen des Körperzustands bedeutet Eintreten in die Daseinssphäre der Energie. Hier erfährt die Seele einen Zustand, der nicht länger von physischen Formen oder Körpern beherrscht wird. Körper oder Formen sind eine Verfestigung von Energie, und der Aufstieg von der Welt der Formen zur Sphäre der Energie kommt deshalb dem Fortschritt zu einer ursprünglicheren und reineren Seinsweise gleich. Der Energiezustand ist frei von vielen der Begrenzungen, die in der Welt der

Formen herrschen. In diesem Zustand ist das Bewußtsein mit Energie verbunden. Es wirkt und äußert sich in und durch Energie. Das Essen und Trinken des Körperzustands hat hier seine Parallele im Aufnehmen und Assimilieren von Energie.

Auf dieser Ebene erlangt der Suchende volle Kontrolle über die Energie und sucht sich durch deren Anwendung zu erfüllen. Doch sein Handeln vollzieht sich nach wie vor im Bereich geistiger Begrenzung. Er kann zwar vieles sehen, hören und riechen, was im Körperzustand unwahrnehmbar ist, und vieles tun, was Menschen im Körperzustand als Wunder erscheint (zum Beispiel im Dunkeln Licht erzeugen oder jahrelang nur von Energie leben), doch seine Daseinssphäre beschränkt sich auf Energie und ist beherrscht von Energie. Alles was er zu denken vermag, denkt er in Begriffen der Energie, und alles, was er zu tun vermag, tut er vermittels Energie. Der Energiezustand ist der Zustand geistig fortgeschrittener Seelen, doch er ist noch weit entfernt vom Zustand der Vollkommenheit, wie er im Nirvikalpa-Samādhi des Siddha zum Ausdruck kommt.

Der mentale Zustand
Der zweite wichtige Schritt auf dem Weg zum Gottzustand ist das Überwinden des Energiezustandes und der Eintritt in die Sphäre des Mentalen. Alle Energie ist letztlich ein Ausdruck des Gemüts, und deshalb ist der Übergang vom Energiezustand zum mentalen Zustand ein weiterer Fortschritt in Richtung auf Nirvikalpa-Samādhi. Im mentalen Zustand ist das Bewußtsein unmittelbar verbunden mit dem Gemüt und unterliegt in keiner Weise mehr der Beherrschung durch den Körper oder durch Energie. Es wird jetzt beherrscht vom Gemüt. Heilige, die sich in diesem Zustand befinden, vermögen die Gedanken anderer zu lesen und zu beeinflussen. Doch der vom Gemüt beherrschte Zustand liegt immer noch im Bereich der Dualität und Illusion, und auch er muß überschritten werden, bevor die Vereinigung mit dem Unendlichen möglich wird.

Das Gemüt verhüllt die Wahrheit
Aller Fortschritt besteht von Anfang an darin, das Wirken des individuellen Gemüts nach und nach zu beschneiden und zu transzendieren. Das Gemüt funktioniert auch im Körperzustand und im Energiezustand, doch im Körperzustand denkt es in Begriffen des Körpers, und im Energiezustand denkt es in Begriffen der Energie. Im mentalen Zustand denkt es in seinen eigenen Begriffen. Doch selbst, wenn das Gemüt in seinen eigenen Begriffen denkt, gelangt es nicht zur Erkenntnis und wirklichen

Der Aufstieg zum Nirvikalpa-Samādhi und die Natur des Sahaj-Samādhi

Erfahrung des Unendlichen, weil es selbst zum Schleier zwischen Denken und Wahrheit wird. Obwohl das Gemüt nun unbehindert sein mag vom Leben im Körperzustand oder vom Leben im Energiezustand, bleibt es nach wie vor begrenzt durch das Bewußtsein von Trennung. Es läßt sich vergleichen mit einem staubbedeckten Spiegel. Damit die Erfahrung des Gottzustandes möglich werden kann, muß das Gemüt vollständig aufgehen im Unendlichen. Form ist verfestigte Energie, Energie ist ein Ausdruck des Gemüts, das Gemüt ist der verhüllte Spiegel der Ewigkeit, und die Ewigkeit ist die Wahrheit, die den Schleier des Gemüts abgeworfen hat.

Unendliches Sehnen und unendliche Geduld
Das Ablegen des begrenzenden Gemüts ist keine leichte Sache. Die Hauptschwierigkeit liegt darin, daß das Gemüt durch das Gemüt selbst vernichtet werden muß. Inniges Sehnen nach Einswerdung mit der unendlichen Wirklichkeit ist hierfür ebenso unerläßlich wie unendliche Geduld. Ein Meister erklärte das einem Jünger folgendermaßen: Um den höchsten Zustand zu erreichen, müsse er mit Händen und Füßen an ein Brett gefesselt in einen Strom geworfen werden und dabei seine Kleider trocken halten. Der Jünger konnte den Sinn dieser Belehrung nicht verstehen. Er zog umher, bis er einen anderen Meister traf, den er nach der Bedeutung dieser Worte fragte. Jener Meister antwortete ihm, um Gott zu erreichen, müsse er sich so sehr nach dem Einswerden mit Ihm sehnen, als könnte er keinen Augenblick länger ohne Ihn leben, und zugleich müsse er jene unerschöpfliche Geduld haben, die Millionen von Jahren warten kann.

Fehlt die brennende Sehnsucht nach dem Einswerden mit Gott, so fällt das Gemüt in die alten Geleise seiner sanskārabedingten Tätigkeit zurück. Fehlt unendliche Geduld, so hält das Sehnen selbst in seinem Fiebern die Tätigkeit des begrenzten Gemüts in Gang. Erst dann, wenn Gleichgewicht herrscht zwischen unendlicher Sehnsucht und unendlicher Geduld, kann der Suchende hoffen, den Schleier des begrenzten Gemüts zu durchdringen. Diese Verbindung von Extremen kann nur zustande kommen durch die Gnade eines Vollkommenen Meisters.

Der Nirvikalpa-Samādhi ist jenseits des Gemüts
Im Nirvikalpa-Samādhi sein bedeutet in der Wahrheit sein. Diesen Zustand kann niemand begreifen, dessen Gemüt noch tätig ist. Der Gottzustand ist jenseits des Gemüts. Er dämmert erst, wenn das begrenzte Ge-

müt im letzten Einswerden mit dem Unendlichen verschwindet. Dann erkennt sich die Seele durch sich selbst statt durch das Gemüt. Der Weltmensch weiß, daß er ein Mensch ist und nicht ein Hund. Mit der gleichen Gewißheit weiß die Seele im Nirvikalpa-Samādhi, daß sie Gott ist und nicht ein endliches Individuum. Der Weltmensch braucht sich nicht dauernd vorzusagen, er sei ein Mensch. Er weiß es ohne besonderes Bemühen. Ebensowenig bedarf die Seele im Nirvikalpa-Samādhi irgendeiner künstlichen Herbeiführung von Gottbewußtsein durch fortgesetzte Autosuggestion. Sie weiß sich selbst als Gott durch mühelose und unmittelbare Selbsterfahrung.

Leben in der Ewigkeit
Wer Nirvikalpa-Samādhi erfährt, ist auf immer zur Selbsterkenntnis der Allseele gelangt. Diese Selbsterkenntnis ist nicht eine, die kommt und geht. Sie ist endgültig. Im Zustand des Nichtwissens betrachtet sich die individualisierte Seele als Mann oder Frau, als Urheber begrenzter Handlungen und Empfänger von Freude und Leid. Im Zustand der Selbsterkenntnis weiß sie sich als die Allseele, die in keiner Weise durch diese Dinge begrenzt ist und von ihnen nicht berührt wird. Ist sie einmal zur Erkenntnis ihres wahren Wesens gelangt, so weiß sie ein für allemal und verstrickt sich nie wieder in Unwissenheit. Dieser Zustand des Gottbewußtseins ist unendlich und durch unbegrenztes Verstehen und grenzenlose Reinheit, Liebe und Seligkeit charakterisiert. In den Nirvikalpa-Samādhi eingehen bedeutet eingehen in die Endlosigkeit des Lebens in der Ewigkeit.

Sahaj-Samādhi
Für einige wenige führt der Nirvikalpa-Samādhi zum Sahaj-Samādhi. Sahaj-Samādhi bedeutet das Göttliche im Zustand des Handelns, und es ist die Erfahrung der Vollkommenen Meister. Diesem Zustand geht das gänzliche Aufgehen im Göttlichen *(Nirvāna)* und die Selbstbejahung des Göttlichen *(Nirvikalpa-Samādhi)* voraus. Wenn sich das Bewußtsein vollständig von den drei Körpern und von der Schöpfung zurückzieht, erfährt es zunächst Nirvāna, den Zustand absoluter Leere. Funktioniert das Bewußtsein wiederum durch die Körper, ohne Bindung an sie oder Identifikation mit ihnen, so erfährt es den Nirvikalpa-Samādhi des Siddha. Obwohl das Bewußtsein in diesem Zustand an die Körper als seine Instrumente gebunden ist, ist es durch Nichtidentifikation innerlich von ihnen gelöst.

Der Aufstieg zum Nirvikalpa-Samādhi und die Natur des Sahaj-Samādhi

Das Durchbrechen der Schranken des individuellen Gemüts ist gleichbedeutend mit dem vollständigen Rückzug des Bewußtseins vom Universum und seinem gänzlichen Aufgehen in Gott. Dies ist Nirvāna – die Erfahrung des Nichtseins des Universums. Wer nach dieser Erfahrung wieder zum Bewußtsein des Universums gelangt, erfährt es als nichts anderes als Gott und verharrt ununterbrochen in Nirvikalpa-Samādhi. Nirvikalpa-Samādhi bedeutet ein Leben, in welchem man sich keine falschen Vorstellungen mehr macht und die Bewegungen des begrenzten Gemüts auf immer zur Ruhe gekommen sind im Innewerden der unwandelbaren Wahrheit.

Moksha, Nirvāna und Nirvikalpa
Moksha, der Zustand der Erlösung, ist demjenigen von Nirvāna und Nirvikalpa vergleichbar, jedoch nur insofern, als er das Aufgehen der individuellen Seele in Gott und ewige Seligkeit bringt. Moksha wird *nach* dem Ablegen der Körper erfahren, während Nirvāna und Nirvikalpa beide *vor* dem Ablegen der Körper erfahren werden können. Während aber Nirvāna und Nirvikalpa in bezug auf die Beibehaltung der Körper gleich und in ihrem Wesensgrunde dasselbe sind, besteht dennoch ein Unterschied zwischen ihnen. Wenn die Seele aus der Schale des Ich ausbricht und in das unendliche Sein Gottes eingeht, tritt an die Stelle ihrer begrenzten Individualität unbegrenzte Individualität. Mit der Auslöschung der Begrenzungen ihrer Individualität erkennt die Seele, daß sie Gott ist, und bewahrt somit Individualität, jedoch ist diese Individualität unbegrenzt. Obwohl aber die Seele in ihrem Einswerden mit dem Unendlichen in einem gewissen Sinne Individualität bewahrt, drückt sich diese zunächst nicht aus, sondern bleibt absorbiert in der Erfahrung in sich selbst ruhender Göttlichkeit. Dies ist der Zustand des Nirvāna. Doch wenn die Seele nach dem Eingehen in das unendliche Sein Gottes ihre unbegrenzte Individualität durch Bejahung ihres Gottseins zum Ausdruck bringt, ist sie im Nirvikalpa-Samādhi.

Der Zustand der Vollkommenen Meister und des Avatār
Sahaj-Samādhi ist den wenigen Seelen zu eigen, die von der siebenten Bewußtseinsebene zurückkehren, um als Vollkommene Meister zu wirken, und er ist das eigentliche *Leben* des Avatār. Die innere Ruhe und Harmonie, die diesen Zustand kennzeichnet, bleibt selbst inmitten intensivster Tätigkeit, im aktiven Antworten auf die wechselvollen Umstände des Daseins ungestört. Die im Sahaj-Samādhi sind, leben das Leben Got-

tes auf Erden und erfahren Gott in allem und jedem. Das Gottbewußtsein dessen, der im Sahaj-Samādhi ist, wird in keiner Weise durch den Umgang mit den Dingen dieser Welt geschmälert. Ob er den Bogen spannt oder das Schwert führt im Kampf, ob er im Flugzeug reist oder zu den Menschen spricht oder irgendeine andere Tätigkeit ausübt, die größte Aufmerksamkeit erfordern mag – stets ruht er innerlich im seligen Bewußtsein der wandellosen Wahrheit. Sahaj-Samādhi ist das mühelose und ununterbrochene Leben geistiger Vollkommenheit und göttlichen Handelns in der Welt.

Die Dynamik des geistigen Fortschritts

Die Abkehr von der Körper-Perspektive
Geistiger Fortschritt beginnt dann, wenn in der Sichtweise des Weltmenschen eine radikale Änderung eintritt. Der Weltmensch lebt hauptsächlich für den Körper, und selbst bei jenen seiner Tätigkeiten, die keine unmittelbare Beziehung zum Körper zu haben scheinen, erweist sich in letzter Analyse, daß die treibende Kraft Begierden entstammt, die mit dem Körper zusammenhängen. Der Weltmensch lebt, um zu essen; er ißt nicht, um zu leben. Er hat noch keinen Daseinszweck entdeckt, der eindeutig über den Körper hinausweist, und deshalb bildet der Körper, sein Wohlergehen und seine Behaglichkeit, den Mittelpunkt all seines Strebens. Entdeckt er jedoch Werte, die ihn auf seine Seele hinweisen, tritt der Körper sogleich in den Hintergrund. Die Erhaltung des Körpers ist ihm jetzt nurmehr ein Mittel zur Verwirklichung eines höheren Zwecks. Sein Körper, der bis dahin ein Hindernis für das wahre Leben des Geistes war, wird nun der Entfaltung eines solchen Lebens untergeordnet und zu deren Instrument gemacht. Auf dieser Stufe sorgt der Mensch für die Bedürfnisse seines Körpers, ohne sich mit ihm zu identifizieren, etwa so wie der Autofahrer seinen Wagen mit Benzin versorgt, damit er weiterfahren kann.

Die Suche nach dem Ziel
Voraussetzung dafür, daß der geistige Fortschritt beginnen kann, ist die Suche nach dem Ziel, um dessentwillen der Mensch lebt – jenem Ziel, dem er unbewußt zustrebt durch sein Lieben und Hassen, seine Freuden und Leiden. Und auch wenn der Mensch den unwiderstehlichen Sog die-

Die Dynamik des geistigen Fortschritts

ser unbegreiflichen göttlichen Bestimmung verspürt, mag es lange dauern, bis er den Gipfel des Berges erreicht, wo er der Wahrheit inne wird. Der Pfad ist voller Fallen und führt an manchem Abgrund vorbei. Wer sich bewußt aufmacht zu diesem Gipfel, muß immer weiter hinauf, und selbst wenn es ihm gelungen ist, in große Höhen emporzusteigen, kann ihn ein Fehler zum Absturz bringen und an den Ausgangspunkt zurückwerfen. Deshalb ist der Suchende nie sicher, es sei denn, er kommt in den Genuß der Hilfe eines Vollkommenen Meisters, der alle Tücken des geistigen Pfades kennt und den Suchenden nicht nur vor einem möglichen Sturz bewahren, sondern auch ohne unnötiges Säumen ans Ziel führen kann.

Die Hemmung des Fortschritts durch Sanskāras
Der Suchende, der auf das Ziel zustrebt, nimmt auf seine Wanderung alle Sanskāras mit, die er in der Vergangenheit gesammelt hat. Durch die Intensität seines geistigen Sehnens sind sie zwar einstweilen außer Kraft gesetzt, doch sobald sein geistiges Streben erlahmt, gewinnen sie wieder an Kraft und stellen sich in neuer Anordnung als mächtige Sperre seinem weiteren Fortschritt entgegen.

Die läßt sich durch die Analogie des Stroms veranschaulichen. Ein Strom führt große Mengen Schlamm mit sich, den er von der Quelle und von den Uferbänken aufnimmt. Solange dieser Schlamm im Wasser schwebt, behindert er dessen Fließen nicht, obwohl er es verlangsamen kann. Doch wenn sich die Strömung in der Ebene und besonders gegen die Mündung hin vermindert, setzt sich der Schlamm ab und bildet oft riesige Inseln oder Deltas, die nicht nur das Weiterfließen des Stroms hemmen, sondern ihn zuweilen umleiten oder gar in mehrere Arme teilen und so seine vordem mächtige Kraft schwächen. Bei Hochwasser wiederum reißt der Strom Bäume, Büsche und andere Dinge mit, die sich ihm entgegenstellen, doch wenn sich dieses Treibgut anhäuft, kann es das Fließen des Stroms ernstlich behindern. Desgleichen wird der Pfad des geistigen Fortschritts oft durch Hindernisse versperrt, die dieser selbst erzeugt und die nur mit Hilfe des Meisters beseitigt werden können.

Preisgabe des Ich
Der Beistand des Meisters ist dann am wirksamsten, wenn der Suchende das Leben seines begrenzten Ich preisgibt zugunsten des unbegrenzten Lebens, für das der Meister steht. Vollständige Hingabe ist äußerst schwer; weitestgehende Minderung der Selbstsucht ist indessen die wich-

tigste Voraussetzung geistigen Fortschritts. Geistiger Fortschritt zielt nicht so sehr auf «Werke», sondern vielmehr auf die Dualität eines Lebens, das frei ist vom begrenzten Ich. Der Suchende mag noch so große Werke vollbringen – wenn er sie beansprucht als die seinigen, heftet sich sein begrenztes Ich an diese Errungenschaften, und damit entsteht ein mächtiges Hindernis für das unbegrenzte Leben des Geistes. Deshalb sind alle Rituale und Zeremonien, alle Werke der Barmherzigkeit und andere gute Taten, alle äußere Entsagung und Buße völlig nichtig, wenn sie im Ichbewußtsein wurzeln.

Das Dilemma
Es ist mithin unerläßlich, daß der Suchende sich freimacht vom Gedanken «Ich tue dies, ich tue jenes». Das bedeutet nicht, daß er aus Angst vor einer Stärkung des begrenzten Ich jede Tätigkeit meiden soll. Ein Leben des Handelns ist oft gerade das, was nötig ist, um dieses Ich abzunutzen. So ist der Suchende gefangen in einem Dilemma: Bleibt er untätig, tut er nichts, um aus dem Gefängnis seines Ichlebens auszubrechen. Wendet er sich aber einem Leben des Handelns zu, besteht die Möglichkeit, daß sich sein Ich auf die neuen Handlungen überträgt.

Das Beschreiten des Pfads – ein Gang auf Messers Schneide
Um geistig voranzukommen, muß der Suchende diese beiden Extreme vermeiden und dennoch ein Leben schöpferischen Handelns führen. Das Beschreiten des geistigen Pfads ist nicht wie das sichere Reiten auf einem gesattelten Pferd, sondern wie ein Gang auf Messers Schneide. Sitzt der Reiter einmal fest im Sattel, kann er sich mehr oder weniger entspannen und braucht wenig Anstrengung und Aufmerksamkeit, um vorwärtszukommen. Das Beschreiten des geistigen Pfads hingegen erfordert höchste Aufmerksamkeit und Vorsicht, denn auf diesem Pfad gibt es keinen Ruheplatz, keinen Raum für die Ausbreitung des Ich. Wer den Pfad betritt, kann weder da bleiben, wo er ist, noch kann er sich erlauben, das Gleichgewicht zu verlieren. Er ist mithin wie einer, der versucht, auf der Schneide eines Messers zu wandern.

Die Notwendigkeit des Aufbaus eines neuen Ich
Um einerseits Untätigkeit und andererseits Stolz auf Werke zu vermeiden, ist es notwendig, daß der Suchende ein vorläufiges und zweckgebundenes Ich aufbaut, das gänzlich im Dienste des Meisters steht. Dies geschieht folgendermaßen: Bevor er irgend etwas unternimmt, denkt der

Die Dynamik des geistigen Fortschritts

Suchende, daß nicht er der Urheber dessen ist, was er tut, sondern der Meister, der es durch ihn vollbringt. Nachdem es vollbracht ist, hält sich der Suchende nicht damit auf, die Ergebnisse des Handelns sich selbst anzurechnen oder sich an ihnen zu ergötzen. Er macht sich vielmehr sogleich frei davon, indem er sie innerlich dem Meister darbringt. Indem der Suchende sein Gemüt in diesem Geiste umerzieht, gelangt er zu einem neuen Ich, das, obwohl vorläufig und zweckgebunden, jenes Vertrauen, jene Feinfühligkeit, Begeisterung und Energie zu geben vermag, ohne die wahres Handeln unmöglich ist. Dieses neue Ich ist in geistiger Hinsicht unschädlich, denn es empfängt sein Leben und Dasein vom Meister, der für das Unendliche steht, und es kann zur gegebenen Zeit abgelegt werden wie ein Gewand.

Es gibt mithin zweierlei Ich – das eine kann die Begrenzungen, die die Seele umfangen halten, nur verstärken, während das andere zur Befreiung beiträgt. Der Weg vom begrenzenden Ich des Weltmenschen zur Ichlosigkeit des unbegrenzten Lebens führt über den Aufbau jenes vorläufigen Ich, das durch vorbehaltloses Bekenntnis zum Meister entsteht. Der Aufbau eines solchen neuen Ich, das gänzlich im Dienste des Meisters steht, ist für die Dynamik des geistigen Fortschritts unerläßlich.

Unvermittelter Übergang zur Ichlosigkeit ist unmöglich

Der Suchende war es bislang gewohnt, Freude am Leben aus seinem begrenzten Ich zu schöpfen. Ein unvermittelter Übergang von einem Dasein ichbezogenen Handelns zu einem Dasein ichlosen Handelns ist für ihn weder möglich noch ratsam. Würde er aufgefordert, sogleich alle Formen von Ichbewußtsein aufzugeben, müßte er in einen Zustand negativer Passivität verfallen, wo jede Freude des Ausdrucks fehlt. Oder aber er müßte Ausdruck suchen in einer Tätigkeit, die bloß automatisch ist, ähnlich derjenigen einer leblosen Maschine, wo jedes Gefühl von Erfüllung unmöglich ist. Das eigentliche Problem liegt darin, daß der Suchende das Leben des Ich aufgeben und in die Unbegrenztheit des ichlosen Lebens eintreten muß, ohne in ein Koma abzugleiten, in dem alles Leben zum Verebben kommt. Ein derartiges Koma mag zwar die Begrenzungen des Ichlebens vorübergehend aufheben, doch er kann den Suchenden nicht in die Unendlichkeit ichlosen Handelns hinüberführen.

Geistiger Fortschritt ist meist ein allmählicher Vorgang

Dies ist der Grund, weshalb sich geistiger Fortschritt in den meisten Fällen sehr langsam und stufenweise vollziehen muß und oft mehrere Existenzen erfordert. Wo ein Suchender in seiner geistigen Reifung mit großen Schritten voranzukommen scheint, handelt es sich entweder um eine bloße Rekapitulation der in früheren Existenzen erzielten Fortschritte oder um das Ergebnis des besonderen Eingriffs eines Vollkommenen Meisters. Im Normalfall schreitet der Suchende allmählich voran. Die Distanz zwischen dem begrenzten Leben des Ich und dem unbegrenzten Leben der Ichlosigkeit muß in Etappen der Ichumwandlung zurückgelegt werden, indem Selbstgefälligkeit ersetzt wird durch Demut, Begehren durch ständig zunehmende Genügsamkeit und Selbstsucht durch selbstlose Liebe.

Das dienende Ich als Instrument des Meisters
Wenn das Ich gänzlich im Dienste des Meisters steht, ist es nicht nur geistig unschädlich, sondern trägt auch unmittelbar zum geistigen Fortschritt des Suchenden bei, weil es ihn durch das Leben selbstlosen Dienens und der Liebe dem Meister immer näherbringt. Der innere Kontakt mit dem Meister, den es gewährleistet, macht den Suchenden in besonderem Maße empfänglich für jene spezielle Hilfe, die ihm allein der Meister zu geben vermag. Der Suchende, der dem Leben des ungezügelten und trennenden Ich entsagt zugunsten eines Lebens der Hingabe an den Meister, wird durch dieses neue dienende Ich zu einem Instrument in den Händen des Meisters. Es ist wirklich der Meister, der durch ihn wirkt.

Doch wie ein Musikinstrument dazu neigt, die richtige Tonhöhe zu verlieren, während man darauf spielt, besteht auch beim Suchenden die Wahrscheinlichkeit, daß er bei seinem Wirken in der Welt den Einklang verliert. Ein Instrument muß von Zeit zu Zeit gereinigt, überholt, repariert und neu gestimmt werden. Desgleichen muß auch der Suchende, der während seiner Arbeit neuen Problemen und Verstrickungen anheimgefallen ist und neue Schlupfwinkel für das persönliche Ich geschaffen hat, wiederum geläutert werden, damit er weiter voranschreiten kann.

Die Notwendigkeit der Läuterung durch den Meister
Der Suchende, der sich in den Dienst des Meisters stellt, läßt sich auch mit einem Besen vergleichen, mit dem der Meister die Welt von ihren Unreinheiten säubert. Der Besen fängt zwangsläufig den Schmutz der Welt ein, und wenn er nicht immer wieder gereinigt und aufgefrischt wird, verliert er mit der Zeit seine Wirksamkeit. Jedesmal, wenn der Suchende zum Meister zurückkehrt, bringt er neue geistige Probleme mit. Es kann sein, daß er sich in neue Bindungen verstrickt hat, in Verlangen nach Ruhm,

Besitz oder anderen weltlichen Dingen, die den Menschen locken. Verfolgt er die Befriedigung dieser Wünsche, so mag es geschehen, daß er sie erlangt, doch ist er dann weit entfernt vom Ziel, die Wirklichkeit Gottes zu erfahren, dem er sein Herz geschenkt hatte.

Nur durch das aktive Eingreifen des Meisters können solche geistigen Störungen geheilt werden. Diese Heilung geistiger Krankheit ist dem Eingriff eines Chirurgen vergleichbar, der ohne Verzug die Ursache beseitigt, die einem Menschen die Lebenskräfte entzieht. Wenn jemand an körperlichen Störungen leidet, muß er sich an den Arzt wenden, und wenn er an geistigen Störungen leidet, muß er sich an den Meister wenden. Häufiger Kontakt mit dem Meister ist während des ganzen Vorgangs der geistigen Reifung unerläßlich.

Jedes Wiedererstehen des Ich erfordert neue Hingabe

Der Meister hilft dem Suchenden auf seine eigene unfehlbare Weise, für die es in den Wegen der Welt keine Parallele gibt. Damit der Suchende diese Hilfe jedoch empfangen kann, muß er aufrichtig bemüht sein, sich dem göttlichen Willen des Meisters zu überlassen. Das persönliche Ich, dem der Suchende in seiner anfänglichen Hingabe an den Meister entsagt hatte, kann unter einem neuen Aspekt wieder auftauchen, sogar innerhalb des neuen vorläufigen Ich, das gänzlich zum Dienst für den Meister ausersehen war, und kann dessen Wirken so stören. Diesem neuerlichen Erstehen des persönlichen Ich muß der Suchende durch erneute Hingabe an den Meister entgegenwirken. Jeder der aufeinanderfolgenden Auferstehungen des persönlichen Ich muß durch einen neuen Akt der Hingabe an den Meister begegnet werden.

Die letzte Hingabe

Das Fortschreiten von Hingabe zu noch weiterreichender Hingabe ist ein Fortschreiten von Meisterung zu noch größerer Meisterung. Die höheren, umfassenderen Formen der Hingabe sind gleichbedeutend mit höheren Bewußtseinszuständen. Sie bringen den Suchenden zunehmend in Einklang mit dem Meister und öffnen ihn damit für ein reichlicheres Einströmen des unendlichen Lebens des Vollkommenen Meisters. Geistiges Fortschreiten bedeutet Fortschreiten von einer Hingabe zur anderen, bis schließlich in der letzten Hingabe des gesonderten Ichdaseins das Ziel vollkommen verwirklicht ist. Diese letzte Hingabe ist die einzige vollständige Hingabe. Sie ist gleichbedeutend mit der endgültigen Vereinigung, in welcher der Suchende eins wird mit dem Meister. Restlose Hingabe an den Meister läuft mithin auf die Verwirklichung der unendlichen Wahrheit hinaus, die das letzte Ziel allen geistigen Fortschritts ist.

Die tieferen Aspekte geistiger Praxis (Sādhana)

Der Übergang von Ritualen zur tieferen geistigen Praxis
Für die meisten Menschen besteht geistige Übung (Sādhana) im äußeren Vollzug von Ritualen und Zeremonien, die ihnen ihre jeweilige Religion vorschreibt. In den Anfangsstadien hat Vollzug dieser Art durchaus seinen Wert als Mittel der Selbstläuterung und mentalen Disziplin, doch letztlich muß der Suchende die Phase äußerer Konformität überwinden und zu den tieferen Aspekten geistiger Praxis vordringen. Wenn dies geschieht, rückt der äußere Aspekt der Religion in den Hintergrund, und der Suchende beginnt ein Interesse zu entfalten für das Wesentliche, das alle großen Religionen offenbaren.
    Wahres Sādhana besteht in einem Leben, das auf geistiger Einsicht gründet, und es beginnt dann, wenn ein Mensch ernstlich anfängt, nach den geistigen Realitäten zu forschen.

Die Vielfalt der Sādhanas
Sādhana besteht nicht in der Anwendung starrer Regeln und darf nie als solche betrachtet werden. Im Leben kann es keine strenge und unerbittliche Einförmigkeit geben und braucht es sie nicht zu geben. Das geistliche Leben bietet Raum für eine Vielfalt von Sādhanas. Sādhana, das sich für einen bestimmten Suchenden als nützlich erweist, entspricht zwangsläufig seinen Sanskāras und seinem Temperament. Obwohl das geistige Ziel für alle dasselbe ist, kann es deshalb sein, daß das Sādhana eines bestimmten Suchenden nur für diesen Gültigkeit hat. Weil aber das Ziel für alle dasselbe ist, haben die Unterschiede zwischen den verschiedenen Sādhanas keine grundlegende Bedeutung, und die tieferen Aspekte der

Die tieferen Aspekte geistiger Praxis (Sādhana)

Übung sind trotz dieser Verschiedenheit für alle Anwärter gleichermaßen wichtig.

Geistige Praxis und materielle Praxis
Praxis im geistigen Bereich ist wesenhaft verschieden von Praxis im materiellen Bereich, weil ihr Endziel völlig verschieden ist. Das in der materiellen Praxis angestrebte Ziel ist ein Resultat, das seinen Anfang und sein Ende in der Zeit hat. Das in der geistigen Praxis angestrebte Ziel ist Ganzheit, die den Begrenzungen der Zeit enthoben ist. Sādhana im materiellen Bereich zielt mithin auf das Hervorbringen von etwas, das noch nicht ist, doch Sādhana im geistigen Bereich gilt dem Innewerden dessen, was von jeher war, immerdar sein wird und jetzt IST.

Das Ziel geistiger Praxis
Das geistige Ziel des Lebens ist im Leben selbst zu suchen und nicht außerhalb davon, und deshalb muß Praxis im geistigen Bereich von solcher Art sein, daß sie das eigene Leben näher an das geistige Ideal heranführt. Geistige Praxis zielt nicht auf irgendeine begrenzte Errungenschaft, die ihre Blüte erlebt und dann sang- und klanglos auf immer verschwindet. Sie zielt auf eine radikale Änderung der Dualität des eigenen Lebens, so daß dieses zum fortwährenden Ausdruck der Wahrheit im ewigen Jetzt wird. Sādhana ist dann geistig fruchtbar, wenn es das Leben des Individuums in Einklang bringt mit der göttlichen Bestimmung, die darin besteht, jeden zur bewußten Erfahrung der Seligkeit des Gottzustandes zu befähigen. Geistiges Sādhana muß deshalb ganz auf dieses Ziel ausgerichtet sein.

Verschiedene Grade der Annäherung an das Ziel
Sādhana im geistigen Bereich muß in allen seinen Phasen die Verwirklichung des Ziels eines in jeder Hinsicht göttlichen Lebens anstreben. Die verschiedenen Aspekte des geistigen Sādhana sind deshalb gleichsam Ausdruck verschiedener Grade der Annäherung an geistige Vollkommenheit. Geistige Praxis ist in dem Maße vollkommen, wie sie das geistige Ideal zum Ausdruck bringt. Anders gesagt, der Grad ihrer Vollkommenheit mißt sich am Grad ihrer Übereinstimmung mit dem vollkommenen Leben. Je mehr sie sich vom Ideal unterscheidet, das sie anstrebt, desto unvollkommener ist sie, und je weniger sie sich vom Ideal unterscheidet, desto vollkommener ist sie. Ist geistige Praxis vollkommen, geht sie auf im Ideal – einem geistig vollkommenen Leben –, so daß aller Unterschied

Die tieferen Aspekte geistiger Praxis (Sādhana)

zwischen Mittel und Zweck entfällt und einmündet in die unverbrüchliche Ganzheit unteilbaren Seins.

Sādhana als begrenzte Teilhabe am Ziel

Die Beziehung zwischen geistiger Praxis und angestrebtem Ziel läßt sich dadurch verdeutlichen, daß man sie der Beziehung zwischen Mittel und Zweck im materiellen Bereich gegenüberstellt. Im materiellen Bereich liegt der angestrebte Zweck meist völlig außerhalb der Handlung, durch die man ihn zu erreichen sucht. Es besteht eine eindeutige Wesensverschiedenheit zwischen Mittel und Zweck. So kann das Durchdrücken eines Gewehrabzugs zum Mittel werden, einen Menschen zu töten, doch das Töten eines Menschen ist wesenhaft verschieden vom Durchdrücken eines Gewehrabzugs.

Im geistigen Bereich indessen können Mittel und Zweck einander nicht völlig fremd sein, und zwischen dem Wesen beider besteht keine deutliche Diskrepanz. Im geistlichen Leben kann und darf es keinen unüberbrückbaren Unterschied geben zwischen Weg und Ziel. Daraus folgt das grundlegende Paradox, daß geistiges Sādhana an sich einer begrenzten Teilhabe am Ziel gleichkommt. Damit wird verständlich, weshalb viele der geistigen Sādhanas so ernst genommen werden müssen, als wären sie das Ziel selbst.

Sādhana des Erkennens, des Handelns und der Liebe

In ihren tieferen Aspekten besteht geistige Praxis im Beschreiten des Pfads 1) des Erkennes *(Jñāna-Yoga)*, 2) des Handelns *(Karma-Yoga)* und 3) der Liebe oder Hingabe *(Bhakti-Yoga)*. Jñāna-Yoga findet Ausdruck in der inneren Lösung, die wahrer Einsicht entspringt, verschiedenen Formen der Meditation, fortwährendem Unterscheiden und Intuition. Jede dieser Arten, geistige Erkenntnis zu suchen oder auszudrücken, bedarf einer gesonderten Erläuterung.

Innere Lösung

Die individualisierte Seele ist verstrickt in die Welt der Formen und hat kein Wissen um ihr Einssein mit Gott. Dieses Nichtwissen fesselt die Seele, und deshalb muß geistiges Sādhana auf die Befreiung von diesen Fesseln zielen. Äußerer Verzicht auf die Dinge dieser Welt wird daher oft zu den Sādhanas gerechnet, die zur Erlösung führen. Doch auch wenn solch äußere Entsagung ihren Wert hat, ist sie nicht absolut notwendig. Wichtig ist innere Entsagung, das heißt das Ablegen des Verlangens nach

Die tieferen Aspekte geistiger Praxis (Sādhana)

den Dingen dieser Welt. Besteht kein Verlangen mehr, macht es keinen großen Unterschied, ob sich der Suchende von den Dingen dieser Welt äußerlich getrennt hat oder nicht, denn durch innere Lösung von der illusorischen Welt der Formen ist er reif geworden für die Befreiung *(Mukti)*. Innere Lösung ist ein wichtiger Aspekt des Sādhana des Erkennens.

Meditation
Meditation ist ein weiteres Mittel, durch das geistige Erkenntnis angestrebt wird. Meditation sollte nicht als eine absonderliche Tätigkeit angesehen werden, der sich gewisse Leute in Höhlen hingeben. Jeder Mensch meditiert ständig über dieses oder jenes. Der Unterschied zwischen dieser natürlichen Meditation und der Meditation des geistig Suchenden liegt darin, daß letztere in systematischem und geordnetem Denken über Dinge besteht, die geistig bedeutsam sind. Meditation als geistige Übung kann personaler oder nichtpersonaler Natur sein.

Unter Meditation personaler Natur ist eine Meditation zu verstehen, die einer geistig vollkommenen Person gilt. Geeignetes Objekt solcher Meditation ist der Avatār in irgendeiner seiner Erscheinungen oder einer der Vollkommenen Meister der Gegenwart oder Vergangenheit, je nach der individuellen Neigung des Suchenden. Durch seine Meditation nimmt der Suchende die göttlichen Eigenschaften und das geistige Wissen des Meisters in sich auf. Da solche Meditation mit Liebe und Hingabe verbunden ist, öffnet sich der Suchende der Gnade des Meisters, die allein die letzte Verwirklichung zu schenken vermag. Personale Meditation kann den Suchenden mithin nicht nur dem Meister ähnlich machen, über den er meditiert, sondern auch den Weg bereiten zur Vereinigung mit ihm in der Wahrheit.

Nichtpersonale Meditation gilt dem gestaltlosen und unendlichen Aspekt Gottes. Sie kann den Suchenden zum Aufgehen im nichtpersonalen Aspekt Gottes führen, doch im allgemeinen wird diese Art der Meditation als öde empfunden, wenn der Suchende nicht durch personale Meditation und ein Leben der Tugend reif dafür geworden ist. In der letzten Erkenntnis des Unendlichen gibt es weder die Begrenzungen der Person noch die Unterscheidung von Gut und Böse. Um zu dieser letzten Erkenntnis zu gelangen, muß der Suchende weiterschreiten vom Personalen zum Nichtpersonalen und vom Guten zu Gott, der jenseits der Gegensätze von Gut und Böse ist. Eine weitere Voraussetzung für die letzte Erkenntnis der Wahrheit mittels nichtpersonaler Meditation ist die Fähigkeit des Suchenden, sein Gemüt zu völliger Ruhe zu bringen. Dies wird erst dann möglich, wenn alle Sanskāras oder Eindrücke im Gemüt ausgelöscht sind. Da die letzte Auslöschung der Sanskāras nur durch die Gnade eines Vollkommenen Meisters geschehen kann, ist ein solcher Meister auch auf dem Pfad der nichtpersonalen Meditation unentbehrlich.

Unterscheidung und Intuition
Das Sādhana des Erkennens kann nicht zur Vollendung gelangen, wenn der Suchende nicht ständig Unterscheidung übt und seine höchste Intuition sprechen läßt. Die letzte Erkenntnis fällt jenem Suchenden zu, der sowohl vom Unterscheidungsvermögen als auch von seinem intuitiven Wissen um die wahren und beständigen Werte unablässig Gebrauch macht. Allwissenheit schlummert in jedem, doch sie muß geweckt werden. Der Weg zu mehr Wissen besteht darin, die geistige Weisheit, die dem Suchenden bereits verfügbar sein mag, in die Tat umzusetzen. Die Lehren, die der Menschheit durch die Meister der Weisheit vermittelt worden sind, sowie das angeborene Wertgefühl, das der Suchende selbst mitbringt, werfen Licht genug auf den nächsten Schritt, den er tun muß. Die eigentliche Schwierigkeit liegt darin, dem verfügbaren Wissen gemäß zu handeln. Soll das Sādhana des Erkennens jedoch Früchte tragen, muß es auf Schritt und Tritt in die Tat umgesetzt werden. Das tägliche Dasein muß von Unterscheidung gelenkt und von höchster Intuition inspiriert sein.

Die Wichtigkeit des Handelns
Karma-Yoga oder das Sādhana des Handelns besteht darin, ohne Furcht und Zaudern nach den besten Intuitionen des Herzens zu handeln. Was im geistlichen Leben zählt, ist Praxis und nicht bloße Theorie. Untadelige Praxis ist weit wichtiger als untadelige Theorie. Am fruchtbarsten ist selbstverständlich eine Praxis, die auf rechter Erkenntnis gründet, doch selbst ein praktischer Fehler kann wertvolle Lehren bringen. Rein theoretische Betrachtung dagegen bleibt geistig öde, selbst wenn sie makellos ist. So kann ein ungebildeter Mensch, der den Namen Gottes in der Einfachheit seines Herzens anruft und seine bescheidenen Aufgaben mit Hingabe erfüllt, Gott in Wirklichkeit viel näher sein als einer, der alle Metaphysik der Welt kennt, aber keiner dieser Theorien erlaubt, sein Alltagsleben zu verändern.

Die tieferen Aspekte geistiger Praxis (Sādhana)

Die Geschichte vom unschlüssigen Esel
Die Nutzlosigkeit bloßen Theoretisierens veranschaulicht die alte Geschichte vom unschlüssigen Esel. Es war einmal ein Esel, der einen Weg entlangtrottete, und da er schon lange unterwegs war, verspürte er großen Hunger. Da erblickte er zwei Haufen Gras, den einen in einiger Entfernung auf der rechten Seite des Wegs, den anderen in einiger Entfernung auf der linken Seite des Wegs. Der Esel überlegte, zu welchem Haufen er gehen sollte, und sagte sich, um diese Frage weise entscheiden zu können, müsse er absolute Gewißheit darüber haben, welcher eindeutig der bessere sei. Würde er nämlich seine Entscheidung ohne gründliche Prüfung und ohne hinlänglichen Grund für eine Bevorzugung fällen, so wäre sein Handeln impulsiv und nicht weise. Er erwog also zunächst die Entfernung zwischen jedem der beiden Haufen und dem Weg, auf dem er sich befand. Zu seinem Leidwesen mußte er aber nach sorgfältigem Vergleich feststellen, daß beide gleich weit vom Weg entfernt waren. Deshalb suchte er nach einem anderen Unterschied, der ihm helfen könnte, die richtige Wahl zu treffen, und zog die Größe der Haufen in Betracht. Doch auch dieser Versuch, theoretische Gewißheit zu erlangen, brachte ihn nicht weiter, denn es fand sich, daß beide Haufen gleich groß waren. Mit der Hartnäckigkeit seiner Eselsnatur prüfte er alsdann weitere Dinge wie die Qualität des Grases, doch das Schicksal wollte es, daß sich die Haufen in allen Vergleichspunkten, die sich der Esel auszudenken vermochte, als identisch erwiesen. Da er nichts fand, was ihm ein stichhaltiges Argument für eine Bevorzugung verschafft hätte, ließ er beide stehen und trottete weiter, hungrig und müde wie zuvor und keinen Deut besser dran als vor der Entdeckung der Grashaufen.

Wäre der Esel zu einem der Haufen gegangen, ohne auf theoretischer Gewißheit bezüglich seiner Wahl zu beharren, hätte er vielleicht jenen Haufen erwischt, der nicht so gut war wie der andere, doch wäre er dabei, trotz irgendwelcher Fehler in seiner intellektuellen Beurteilung, vom praktischen Standpunkt unendlich besser daran gewesen.

Mut zum Wagnis
Im geistlichen Leben ist es nicht notwendig, den gesamten Pfad zu überblicken, um die Wanderung beginnen zu können. Im Gegenteil, das Beharren auf solch vollständigem Wissen kann das Fortschreiten sogar behindern, statt es zu fördern. Die tieferen Geheimnisse des geistlichen Lebens enthüllen sich denjenigen, die den Mut zum Wagnis haben und sich dem Experiment aussetzen. Sie sind nicht bestimmt für Müßiggänger

Die tieferen Aspekte geistiger Praxis (Sādhana)

und Zauderer, die vor jedem Schritt Garantien fordern. Wer vom Ufer aus nachsinnt über den Ozean, wird immer nur seine Oberfläche kennen. Um die Tiefen des Ozeans zu ergründen, muß einer bereit sein, sich hineinzustürzen.

Selbstloses Dienen

Damit Karma-Yoga zu seiner Erfüllung kommen kann, muß das Handeln geistiger Einsicht entspringen. Erleuchtetes Handeln bindet nicht, weil es nicht im Ich wurzelt und daher selbstlos ist. Selbstsucht ist Ausdruck der Unwissenheit, Selbstlosigkeit jedoch ist eine Widerspiegelung der Wahrheit. Die wahre Rechtfertigung eines Lebens selbstlosen Dienens liegt in diesem ihm innewohnenden Wert und nicht in irgendwelchen daraus erwachsenden Ergebnissen oder Folgen. Das Paradox selbstlosen Handelns besteht darin, daß es dem Suchenden tatsächlich weit mehr schenkt, als ihm selbstsüchtiges Streben je zu verschaffen vermöchte. Selbstsucht bewirkt ein beschränktes Leben, das um die falsche Vorstellung eines begrenzten und von anderen getrennten Individuums kreist. Selbstloses Handeln dagegen trägt bei zur Auflösung der Illusion des Getrenntseins und öffnet damit den Weg zum unbegrenzten Leben, wo das Selbst des Einzelnen aufgeht im Selbst aller. Was einer verloren hat und zurückzugewinnen begehrt, mag er niemals wiedererlangen, doch wenn er etwas hingibt im Geiste einer Opfergabe an Gott, ist es ihm bereits wieder zugefallen. Dies ist der Pfad des wahren Karma-Yoga.

Liebe

Noch bedeutsamer als die Sādhanas des Erkennens *(Jñāna)* und des Handelns *(Karma)* ist Liebe *(Bhakti)*. Liebe rechtfertigt sich selbst. Sie ist in sich selbst vollständig und bedarf keiner Ergänzung durch irgendetwas. Die größten Heiligen fanden Genüge in ihrer Liebe zu Gott und begehrten nichts weiter. Liebe ist nicht Liebe, wenn sie auf irgendwelche Erwartungen gründet. In der Intensität göttlicher Liebe wird der Liebende eins mit dem göttlichen Geliebten. Es gibt keinen erhabeneren Pfad als die Liebe, es gibt kein höheres Gesetz als Liebe, und es gibt kein Ziel jenseits der Liebe, denn Liebe in ihrem göttlichen Stand wird unendlich. Gott und Liebe sind eins, und wer göttliche Liebe hat, hat bereits Gott.

Liebe macht alles leicht

Liebe kann als gleicherweise zum Weg wie zum Ziel gehörig angesehen werden, doch der Eigenwert der Liebe ist so offenkundig, daß es in ande-

Die tieferen Aspekte geistiger Praxis (Sādhana)

rer Hinsicht ein Irrtum ist, sie als Weg anzusehen. In keinem Sādhana ist das Aufgehen in Gott so leicht und vollständig wie in der Liebe. Wenn der Pfad zur Wahrheit unter der Führung der Liebe beschritten wird, ist die Wanderung mühelos und voller Freude. Sādhana beinhaltet in der Regel Anstrengung und zuweilen sogar verzweifelte Anstrengung, wie im Falle eines Suchenden, der Versuchungen ausgesetzt ist und um innere Lösung kämpft. In der Liebe indessen ist kein Gefühl von Anstrengung, weil sie spontan ist. Spontaneität gehört zur Essenz wahrer Spiritualität. Der höchste Bewußtseinszustand, in dem das Gemüt gänzlich in der Wahrheit aufgegangen ist, wird als *Sahaja-Avasthā* bezeichnet, als Zustand unbegrenzter Spontaneität, in dem ununterbrochenes Innesein des wahren Selbst herrscht. Es gehört zu den Paradoxen des geistigen Sādhana, daß alles Bemühen des Suchenden letztlich dazu bestimmt ist, einen Zustand der Mühelosigkeit zu erreichen.

Die Geschichte vom Moschushirsch

Es gibt eine wunderschöne Geschichte von einem Moschushirsch, die das Wesen allen geistigen Strebens und Bemühens zum Ausdruck bringt. Eines Tages, als der Hirsch wie gewöhnlich umherstreifte und sich übermütigem Spiel hingab, wurde er plötzlich eines köstlichen Duftes gewahr, wie er ihm in seinem Leben noch nie begegnet war. Dieser Duft rührte das Innerste seiner Seele an, so daß der Hirsch sich aufmachte, seinen Ursprung zu suchen. So groß war seine Sehnsucht nach der Quelle dieses himmlischen Duftes, daß er trotz schneidender Kälte und sengender Hitze Tag und Nacht ohne einzuhalten weiterzog. Weder Gefahren noch Hindernisse vermochten ihn zu schrecken. Er durchquerte Schluchten, erklomm Abhänge, übersprang leichtfüßig Abgründe – doch letztlich, beim Sprung auf eine steile Klippe, verlor er den Halt und stürzte in die Tiefe, wo er zu Tode verletzt liegenblieb. In seinem letzten Atemzug erkannte der Hirsch, daß der Duft, der sein Herz gefangen hatte, von seinem eigenen Nabel ausging. Dieser letzte Augenblick des Hirsches war sein seligster, und auf seinem Antlitz lag unaussprechlicher Friede.

Das Ziel aller Sādhanas

Alles geistige Streben des Suchenden ist wie die Suche des Moschushirsches. Seine letzte Erfüllung setzt die Beendigung des begrenzten Ichlebens voraus. In jenem Augenblick erkennt der Suchende, daß in gewissem Sinne er selbst der Gegenstand all seines Suchens und Bemühens war, daß alles, was er litt und erlebte, alle Gefahren und Abenteuer, alle

Die tieferen Aspekte geistiger Praxis (Sādhana)

Opfer und Kämpfe, einzig dazu dienten, ihn zur wahren Selbsterkenntnis zu führen, in der er seine begrenzte Individualität verliert und entdeckt, daß er in Wirklichkeit eins ist mit Gott, der in allem ist.

Der Avatār

Bewußt oder unbewußt sucht jedes lebende Geschöpf nur eines. In den niederen Lebensformen und in geistig wenig fortgeschrittenen Menschen ist diese Suche unbewußt, in geistig fortgeschrittenen Menschen ist sie bewußt. Der Gegenstand der Suche wird mit vielen Namen benannt – Glück, Frieden, Freiheit, Wahrheit, Liebe, Vollkommenheit, Selbstverwirklichung, Gottverwirklichung, Vereinigung mit Gott. Im Grunde ist es die Suche nach demselben, doch auf jeweils verschiedene Art. Jeder Mensch erlebt flüchtige Augenblicke des Glücks, der Wahrheitsschau, des Einsseins mit Gott. Wonach alle streben, ist die Fortdauer solcher Erfahrungen, das Finden einer unvergänglichen Wirklichkeit inmitten unablässigen Vergehens. Es ist ein natürliches Streben, das – je nach geistiger Reife – der mehr oder weniger klaren Erinnerung an das wesenhafte Einssein der Seele mit Gott entspringt, denn jedes Geschöpf ist eine Teiloffenbarung Gottes, begrenzt allein durch das Nichtwissen um sein wahres Wesen.

Die gesamte Evolution ist in der Tat nichts anderes als die Evolution von unbewußter Göttlichkeit zu bewußter Göttlichkeit, in welcher Gott selbst, in Seinem Wesen ewig und unwandelbar, eine unendliche Vielfalt von Formen annimmt, eine unendliche Vielfalt von Erfahrungen durchmacht und eine unendliche Vielfalt von selbstauferlegten Begrenzungen überwindet. Vom Standpunkt des Schöpfers ist die Evolution ein göttliches Spiel, in welchem der Unbedingte inmitten von Bedingungen aller Art die Unendlichkeit Seines absoluten Wissens, Seiner absoluten Macht und Seiner absoluten Seligkeit erprobt. Doch vom Standpunkt des Geschöpfs mit seinem begrenzten Wissen, seiner begrenzten Macht und seiner begrenzten Fähigkeit, selig zu sein, ist die Evolution das Epos eines unablässigen Wechsels von Ruhe und Kampf, Freude und Leid, Liebe und Haß, das erst dann endet, wenn Gott im vollendeten Menschen die Gegensätze zum Ausgleich bringt und alle Dualität entfällt. Dann erkennen sich Geschöpf und Schöpfer als Einer. Inmitten des Vergehens ersteht Unvergänglichkeit, inmitten der Zeit das Leben in der Ewigkeit. Gott weiß sich selbst als Gott, unwandelbar in Seiner Wesenheit, unbegrenzt in Seiner Offenbarung, in ständig neugeborenem Innesein Seiner selbst durch sich selbst ewiglich die höchste Seligkeit der Selbstverwirklichung erfahrend. Diese Verwirklichung ist nur durch das Leben in Begrenzung zu erlangen, denn nur in einem solchen Leben kann Begrenzung als solche erfahren, erkannt und überwunden werden. Die endgültige Befreiung von Begrenzung ist von dreierlei Arten:

Die meisten verwirklichten Seelen verlassen den Körper sogleich und für immer und bleiben ewiglich aufgehoben im nichtoffenbaren Aspekt Gottes. Bewußt ist ihnen nur die Seligkeit des Einsseins. Für sie existiert die Schöpfung nicht mehr. Ihr Kreislauf von Geburt und Tod ist zu Ende. Dies wird bezeichnet als Moksha (Mukti im gewöhnlichen Sinne) oder Erlösung.

Einige verwirklichte Seelen behalten den Körper noch für eine gewisse Zeit, doch ihr Bewußtsein ist gänzlich im nichtoffenbaren Aspekt Gottes aufgegangen, weshalb sie weder ihres Körpers noch der Schöpfung gewahr sind. Sie erfahren ununterbrochen die Allseligkeit, Allmacht und Allwissenheit Gottes, können sie jedoch nicht bewußt in der Schöpfung anwenden oder andern helfen, die Erlösung zu erlangen. Doch ihre Anwesenheit auf der Erde ist wie ein Brennpunkt der Allmacht, Allwissenheit und Allseligkeit Gottes, und für jene, die sich ihnen nähern, die ihnen dienen und sie verehren, ist dieser Kontakt ein geistiger Segen. Ein Verwirklichter dieser Art wird bezeichnet als *Majzub-e-Kamil*, seine besondere Art der Erlösung als *Videha-Mukti* oder Erlösung mit dem Körper.

Einige wenige verwirklichte Seelen schließlich behalten den Körper und sind ihrer selbst bewußt als Gott in Seinem offenbaren wie in Seinem nichtoffenbaren Aspekt. Sie wissen sich selbst zugleich als die unwandelbare göttliche Wesenheit und als ihre unendlich vielfältige Offenbarung. Sie erfahren sich als Gott jenseits der Schöpfung, als Gott der Schöpfer, Erhalter und Zerstörer der gesamten Schöpfung und als Gott, der sich den Begrenzungen der Schöpfung unterzogen und sie überwunden hat. Sie erfahren fortwährend den absoluten Frieden, die Allwissenheit, Allmacht und Allseligkeit Gottes, und die Schöpfung ist ihnen wahrlich göttliches Spiel. Dies sind die Vollkommenen Meister oder Sadgurus. Sie wissen sich selbst als Gott in allem und sind deshalb fähig, jedem geistig zu helfen und andere Seelen zur Gottverwirklichung im Stand von Majzubs-e-Kamil, Paramahansas, Jīvanmuktas oder Sadgurus zu führen.

Es gibt in der Welt jederzeit sechsundfünfzig verwirklichte Seelen. In ihrem Bewußtsein sind sie stets eins, in ihrer Funktion stets verschieden. Meist leben und wirken sie abseits der Öffentlichkeit und bleiben dieser unbekannt. Nur fünf davon, die gleichsam als leitendes Organ handeln, wirken offen und erlangen öffentliche Bekanntheit und Bedeutung. Diese fünf sind die Vollkommenen Meister ihrer Zeit. In periodischen Abständen nimmt *der Avatār* als der höchste Vollkommene Meister seinen Platz an der Spitze dieses Organs und der geistigen Hierarchie als ganzer ein.*

Die Perioden des Avatār sind gewissermaßen der Frühling der Schöpfung. In diesen Zeiten kommen neue Kräfte in Fluß. Sie bringen ein neues Erwachen des Bewußtseins, eine neue Erfahrung des Lebens – nicht nur für einige wenige, sondern für alle. Energien und Erkenntnisfähigkeiten, die vordem nur einige wenige fortgeschrittene Seelen zu nutzen vermochten, werden der ganzen Menschheit zugänglich gemacht. Das Leben insgesamt wird auf eine höhere Bewußtseinsstufe, ein höheres Energieniveau gebracht. Der Übergang von der Sinnesempfindung zum Verstand war ein solcher Intensivierungsprozeß; der Übergang vom Verstand zur Intuition wird ein weiterer sein.

Diese Aktivierung des Schöpfungsimpulses äußert und vollzieht sich durch das Medium einer göttlichen Person, einer Inkarnation Gottes in einem besonderen Sinne – des Avatār. Der Avatār ist die erste individuelle Seele, die aus dem Vorgang der Evolution und Involution als Vollkommener Meister hervorgegangen ist, und er ist der einzige Avatār, der je erschienen ist und erscheinen wird. In ihm vollendete Gott erstmals die Wanderung von unbewußter Göttlichkeit zu bewußter Göttlichkeit, wurde erstmals unbewußt Mensch, um bewußt Gott zu werden. Und durch ihn wird Gott periodisch bewußt Mensch, um die Menschheit zu erlösen.

Der Avatār erscheint zu verschiedenen Zeiten, in verschiedenen Teilen

---

* Avatār (Skrt.): wörtlich «Herabkunft». Der Avatār (d. h. der Gottmensch, der Christus, der Messias, der Buddha, der Rasul) ist die unmittelbare Herabkunft Gottes auf Erden in menschlicher Gestalt als der ewig lebendige Vollkommene Meister. Sein Erscheinen erfolgt in zyklischen Abständen von 700 bis 1400 Jahren und wird von den Vollkommenen Meistern der Gegenwart herbeigeführt. Meher Babas Erläuterungen hierzu finden sich in ausführlicher Form in *God Speaks.* (Anm. d. Hrsg.)

der Welt, unter verschiedenen Namen und in verschiedener Gestalt. Sein Erscheinen geht stets einher mit der geistigen Wiedergeburt des Menschen, und deshalb ist die Zeit unmittelbar vor seiner Manifestation stets eine, in der die Menschheit gepeinigt ist von den Wehen dieser Geburt. Es scheint, als sei der Mensch mehr denn je geknechtet durch Begierden, getrieben von Habsucht, umschnürt von Angst, überwältigt von Zorn. Die Starken beherrschen die Schwachen, die Reichen unterdrücken die Armen, und die Volksmassen werden ausgebeutet zum Nutzen der wenigen, die an der Macht sind. Das Individuum, das keinen Frieden, keine Rast mehr findet, sucht Selbstvergessen im Leben der Sinne. Zügellosigkeit nimmt überhand, Kriminalität blüht auf, die Religion wird verlacht. Die ganze soziale Ordnung fällt der Korruption anheim. Klassen- und Völkerhaß wird entfacht und geschürt. Kriege brechen aus, und die Menschheit verzweifelt. Es scheint keine Möglichkeit mehr zu geben, die Flut der Zerstörung aufzuhalten.

In diesem Augenblick erscheint der Avatār. Als volle Offenbarung Gottes in menschlicher Gestalt ist er einem Maßstab gleich, an dem der Mensch ablesen kann, was er ist und was er zu werden berufen ist. Der Avatār begradigt die Richtschnur menschlicher Werte, indem er deren Bedeutung im Lichte eines Lebens göttlicher Menschlichkeit aufzeigt. Er kümmert sich um alles, doch nichts kann ihn bekümmern. Jedes Leid findet sein Mitgefühl, doch selbst die größte Tragödie kann ihn nicht aus der Fassung bringen. In sich selbst steht er jenseits des Wechselspiels von Freude und Leid, Begehren und Befriedigung, Ruhe und Kampf, Leben und Tod. Sie sind ihm alle gleichermaßen Illusion, die er überwunden hat, die aber andere in Banden hält und von der zu befreien er gekommen ist. Er nutzt jede Situation als Mittel, andere zur Wahrheit zu führen. Er weiß, daß die Menschen nicht zu sein aufhören, wenn sie sterben, und deshalb kann ihn der Tod nicht bekümmern. Er weiß, daß dem Aufbau Zerstörung vorangehen muß, daß aus Leid Frieden und Seligkeit geboren werden, daß aus Kampf Freiheit von den Bindungen des Handelns erwächst. Seine einzige Sorge ist die Beseitigung des Sichsorgens.

In denen, die zu ihm kommen, erweckt er eine Liebe, die alle eigensüchtigen Begierden verbrennt im Feuer des alleinigen Verlangens, ihm zu dienen. Wer ihm sein Leben übergibt, der wird im Bewußtsein allmählich eins mit ihm. Seine menschliche Begrenztheit löst sich nach und nach auf in seiner Göttlichkeit, und durch diesen Vorgang wird er frei. Die ihm am nächsten Stehenden werden als sein Kreis bezeichnet. Jeder Vollkommene Meister hat einen vertrauten Kreis von zwölf Jüngern, die zum Zeitpunkt der Verwirklichung ihm selbst gleich werden, obwohl sie sich in Funktion und Autorität von ihm unterscheiden. Der Avatār selbst hat in den Zeiten seines Erscheinens einen zehnfachen Kreis von insgesamt 122 Jüngern, die alle die Verwirklichung erlangen und für die Erlösung anderer tätig sind.

Das Wirken des Avatār und seiner Jünger gilt nicht nur der Menschheit der Gegenwart, sondern auch der Nachwelt. Die Entfaltung von Leben und Bewußtsein während des gesamten avatārischen Zyklus, die in der Sphäre der Schöpfung schon vor dem Erscheinen des Avatār vorgezeichnet ist, vollzieht sich in der formgebenden Sphäre und in der materiellen Sphäre zur Zeit seines irdischen Daseins. Der Avatār erweckt die Menschheit der Gegenwart zur Erkenntnis ihres wahren Wesens, verhilft denjenigen zur Erlösung, die dafür bereit sind, und beschleunigt das gesamte geistliche Leben seiner Zeit. Der Nachwelt hinterläßt er die stimulierende Kraft des Vorbilds seiner göttlichen Menschlichkeit, der Erhabenheit eines in höchster Vollendung gelebten Lebens, einer Liebe, in der keine Spur von Begehren ist, einer Macht, die unbenutzt blieb, es sei denn zum höchsten Wohle anderer, eines durch keinen Ehrgeiz gestörten Friedens, eines durch keine Illusion getrübten Wissens. Sein Beispiel weist den Weg zu einem göttlichen Leben für die ganze Menschheit, zu einem himmlischen Leben auf Erden. Wer den Mut und die Integrität besitzt, die hierfür notwendig sind, kann ihm nachfolgen, wann er will.

Die geistig Wachen haben seit einiger Zeit schon erkannt, daß sich die Welt wiederum in einer jener Perioden befindet, wie sie der Manifestation des Avatār vorauszugehen pflegen. Heute werden selbst unerweckte Männer und Frauen dessen gewahr. Aus ihrer Finsternis streben sie zum Licht, in ihrem Leid sehnen sie sich nach Trost. Müde des Ringens, in das sie verstrickt sind, beten sie um Frieden und Erlösung. Für den Augenblick müssen sie sich gedulden. Die Flut der Zerstörung muß noch höher steigen, noch weiter vorrücken. Erst dann, wenn der Mensch aus der tiefsten Tiefe seines Herzens nach etwas verlangt, das beständiger ist als Reichtum, nach etwas, das wirklicher ist als materielle Macht, wird die Flut sich zurückziehen. Dann wird Friede kommen, Freude und Licht.

Das Brechen meines Schweigens – das Zeichen meiner öffentlichen Manifestation – ist nicht weit entfernt. Ich bringe das Kostbarste, das der Mensch empfangen kann, das alle anderen Kostbarkeiten einschließt, das ewig währt und zunimmt, wenn es geteilt wird mit anderen. Seid bereit, es zu empfangen.

Der Vollkommene Meister*

I. Suchende und Verwirklichte

Die Gottseligen
Schon vor der letzten Verwirklichung gehen fortgeschrittene Suchende durch Bewußtseinszustände, die in mancher Hinsicht dem Zustand der Gottverwirklichung ähnlich sind. So haben die Gottberauschten *(Masts)* und Pilger der höheren Ebenen alle Begierden abgelegt und leben ganz in der Seligkeit der Gottesschau. Da ihr ganzes Sein allein auf Gott gerichtet ist, werden sie zum Gefäß jener einzigartigen Glückseligkeit, die den Gottzustand kennzeichnet. Sie haben keinen anderen Geliebten als Gott, kein anderes Verlangen als jenes nach Gott. Für sie ist Gott die einzige Wirklichkeit, die zählt. Sie sind an nichts gebunden außer an Gott und bleiben unberührt von den Freuden und Leiden, die die Weltmenschen bewegen. Ihre Glückseligkeit rührt allein daher, daß sie ständig im Angesicht des göttlichen Geliebten weilen, der das Meer der Glückseligkeit selbst ist.

Besondere Kräfte fortgeschrittener Suchender
Fortgeschrittene Suchende haben nicht nur Anteil an einigen Aspekten des Gottzustandes, sondern verfügen auch über große okkulte und mystische Kräfte *(Siddhi)*. Je nach der Art dieser Kräfte unterscheidet man

---

* Der Vollkommene Meister wird auch bezeichnet als Mensch-Gott, Sadguru, Qutub oder Salik-e-Mukammil. Er ist es, der gemeint ist, wenn in den «Darlegungen» die Rede ist vom «Meister» (s. auch Glossar). (Anm. d. Hrsg.)

Suchende und Verwirklichte

verschiedene Kategorien von Suchenden. Bereits auf der ersten Ebene beginnt der Suchende, Lichter, Farben, Düfte und Klänge der subtilen Welt wahrzunehmen. Jene, die weiter voranschreiten, vermögen Dinge aus jeder Entfernung zu sehen und zu hören. Einige Suchende sehen die ganze physische Welt als bloße Spiegelung. Andere wiederum sind fähig, unmittelbar nach ihrem Tod einen neuen Körper anzunehmen. Einige Beauftragte Vollkommener Meister beherrschen die Welt des Physischen in solchem Maße, daß sie ihren Körper willentlich verwandeln können. In der Sufi-Überlieferung nennt man solche *Abdâl*. Alle diese Fähigkeiten von Suchenden gehören zur phänomenalen Welt. Ihr Wirkungsfeld ist selbst Teil der Illusion, und die Wunder, die sie vollbringen, bedeuten nicht notwendigerweise, daß sie dem Gottzustand in irgendeiner Weise näher sind.

Verschiedene Bewußtseinszustände von Suchenden
Auch hinsichtlich ihres Bewußtseins unterscheiden sich die Suchenden voneinander, je nachdem, welcher Entwicklungslinie sie gefolgt und wie nahe sie dem Gottzustand gekommen sind. Einige berauschen sich an ihrer außergewöhnlichen Macht, erliegen der Versuchung, sie anzuwenden, und erfahren dadurch einen langen Stillstand in ihrer Wanderung zu Gott; sie bleiben im Bewußtsein der mittleren Ebenen stecken. Andere sind geblendet, verwirrt oder verfallen gar der Selbsttäuschung. Einige gleiten in eine Art Koma. Andere bemühen sich, durch fortwährendes Wiederholen bestimmter Handlungen und Äußerungen zum Bewußtsein des Physischen zurückzugelangen. Einige sind in ihrem Gottesrausch so gleichgültig gegenüber dem Leben der physischen Welt, daß sie sich, von außen gesehen, wie Verrückte benehmen. Einige schließlich beschreiten den Pfad und erfüllen zugleich ihre weltlichen Pflichten.

Aufgrund ihres hohen Bewußtseinszustandes sind einige fortgeschrittene Suchende anbetungswürdig, doch lassen sie sich in keiner Weise mit Verwirklichten vergleichen, weder hinsichtlich der geistigen Schönheit und Vollendung des inneren Zustandes noch hinsichtlich ihrer Macht. Alle Pilger auf dem geistigen Pfad, bis zur sechsten Ebene hin, sind durch endliches Bewußtsein begrenzt. Sie befinden sich alle noch im Bereich der Dualität und mithin der Illusion.

Unmatta
Meist sind diese Pilger glücklich, was von ihrer engen Fühlung und Gemeinschaft mit Gott herrührt. Für einige ist die Freude des inneren Zu-

sammenseins mit dem göttlichen Geliebten so groß, daß ihr Verhalten gestört wird. Es kann vorkommen, daß sie in ihrem ungezügelten Gottesrausch andere beschimpfen, Steine nach ihnen werfen oder sich benehmen wie Besessene. Man bezeichnet diesen Zustand zuweilen als *Unmatta*. Im Überschwang und der Unkontrolliertheit des Glücksgefühls, das ihrem inneren Zusammensein mit dem göttlichen Geliebten entspringt, schenken sie weltlichen Normen und Werten keinerlei Beachtung. Da sie infolge ihrer gänzlichen inneren Lösung von der Welt ohne jede Furcht sind, ist ihr Selbstausdruck oft solcherart, daß er leicht als eigenartiges oder ungehöriges Betragen mißverstanden wird.

Vollendete Ausgeglichenheit auf der siebenten Ebene
Erst wenn die Seele auf der siebenten Ebene die Gottverwirklichung erlangt, kann sie ihre Freude vollständig beherrschen. Die grenzenlose Glückseligkeit, die dem ganz Erwachten auf immer zuteil geworden ist, kann diesen in keiner Weise mehr aus dem Gleichgewicht bringen. Er ist unwiderruflich eingegangen in die Ausgeglichenheit der Nichtdualität. Der Überschwang neugefundener Liebe und Freude ist überwunden. Die gelegentlichen Störungen, die das zunehmende Glücksgefühl der Annäherung an den göttlichen Geliebten auslöste, sind zu Ende, denn nun ist der Liebende untrennbar vereint mit Ihm. Er hat sich verloren im Geliebten und ist gänzlich aufgegangen in Ihm, der das uferlose Meer der Glückseligkeit ist.

Die Seligkeit des ganz zu Gott Erwachten ist durch nichts bedingt. Sie trägt sich selbst. Deshalb ist sie ewig gleich, ohne Ebbe und Flut. Der Verwirklichte hat uneingeschränkte Vollendung und unanfechtbaren Gleichmut erreicht. Die Seligkeit der Heiligen erwächst aus der zunehmenden Nähe zum göttlichen Geliebten und der Vertrautheit mit Ihm, der für sie jedoch ein Anderer außerhalb ihrer selbst bleibt. Die Seligkeit des Verwirklichten hingegen ist ein unveräußerlicher Aspekt des Gottzustandes, in dem jede Dualität entfällt. Die Seligkeit der Heiligen ist abgeleitet, die Seligkeit des Verwirklichten aber gründet in sich selbst. Die Seligkeit der Heiligen rührt von der wachsenden Gabe göttlicher Gnade, während die Seligkeit des Verwirklichten einfach IST.

Unterschiede im Verhältnis zum Universum
Der Gottverwirklichte ist allmächtig, allwissend und allselig. Diese Wesenszüge der inneren Verwirklichung sind bei allen Gottverwirklichten gleich, doch lassen sich aufgrund geringfügiger Unterschiede mehrere

Kategorien von Verwirklichten unterscheiden. Diese Unterschiede sind völlig nebensächlich und beziehen sich einzig und allein auf das Verhältnis der Verwirklichten zum Universum. Sie schaffen keinerlei Abstufungen in ihrem geistigen Status, sind doch alle vollendet und eins mit allem Leben und Sein.

Vom Standpunkt der Schöpfung sind diese Unterschiede zwischen den Verwirklichten allerdings nicht nur eindeutig, sondern auch beachtenswert. Nach der Verwirklichung legen die meisten Seelen alle ihre Körper ab und bleiben ewig aufgehoben im Gottbewußtsein. Für sie ist Gott die einzige Wirklichkeit, und das gesamte Universum ist nichtig. Sie sind so vollständig einsgeworden mit dem unpersönlichen Aspekt der Wahrheit, daß sie keinerlei unmittelbare Verbindung zur Welt der Formen mehr haben.

Verbleib in der Welt ohne Bewußtsein derselben
Einige verwirklichte Seelen behalten ihren physischen, subtilen und mentalen Körper, sind dieser Körper aber in der vollständigen Absorbtion im Gottbewußtsein ganz und gar unbewußt. Andere in der Schöpfung sehen ihre Körper zwar weiterhin und behandeln sie wie verkörperte Personen, doch existieren diese Körper nur vom Gesichtspunkt des Beobachters. Solche verwirklichte Seelen heißen in der Terminologie der Sufis *Majzub-e-Kamil.*

Solche Majzubs benutzen ihre Körper nicht bewußt, weil ihr Bewußtsein vollständig auf Gott gerichtet ist und nicht auf ihre Körper oder das Universum. Für sie existieren weder die eigenen Körper noch die Welt der Formen, so daß die Benutzung dieser Körper in der Formenwelt für sie gänzlich außer Frage steht. Nichtsdestoweniger sind ihre Körper zwangsläufig Ausstrahlungszentren der unendlichen Seligkeit, des unendlichen Wissens und der unendlichen Liebe, die sie ununterbrochen erfahren. Diejenigen, die solche Majzubs verehren, empfangen aus dieser spontanen Ausstrahlung des Göttlichen großes geistiges Wohl.

Bewußter Verbleib in der Welt ohne Handeln
Einige Verwirklichte sind in ihrem Gottbewußtsein auch der Existenz der unerlösten Seelen gewahr. Da sie aber alle diese Seelen als Formen der Allseele *(Paramātman)* wissen, deren Bestimmung es ist, irgendwann selbst zur Befreiung und Gottverwirklichung zu gelangen, gelten ihnen die vorläufigen und wechselhaften Schicksale der Unerlösten als unerheblich. Sie wissen, daß so, wie sie selbst zu Gott erwacht sind, dereinst

auch andere zu Gott erwachen werden. Sie verspüren keinen Drang zur Beschleunigung der Erlösung der Unerlösten und nehmen daher keinen aktiven Anteil am zeitlichen Vorgang der Schöpfung.

Der Vollkommene Meister
Einige wenige Verwirklichte schließlich sind in ihrem Gottbewußtsein sowohl der Schöpfung als auch ihrer eigenen Körper bewußt. Sie nehmen aktiv Anteil am Schicksal der unerlösten Seelen und benutzen ihre Körper bewußt zum Wirken in der Schöpfung, um anderen Seelen auf ihrem Weg zu Gott beizustehen. Eine verwirklichte Seele dieses Standes wird bezeichnet als Vollkommener Meister, Mensch-Gott, Sadguru, Qutub oder Sâlik-e-Mukammil. Der Vollkommene Meister erfährt sich selbst als der Mittelpunkt des gesamten Universums, und jedes Wesen, ob hoch oder niedrig, gut oder schlecht, ist ihm gleich nah. Deshalb nennt man ihn in der Überlieferung der Sufis Qutub, das heißt Weltachse. Durch ihre Beauftragten lenken die Vollkommenen Meister alles Geschehen im Universum.

Der Gottmensch
Wenn der Mensch Gott wird und hierbei das Schöpfungsbewußtsein bewahrt, nennt man ihn Mensch-Gott. Wenn Gott Mensch wird, bezeichnet man Ihn als den Gottmenschen oder Avatar. Der Avatar ist der höchste Vollkommene Meister, der allererste, der aus der Evolution und Involution hervorging, und durch seine periodische Wiederkehr hilft er allen Seelen, die noch unerlöst sind. Vom Gesichtspunkt der Grundmerkmale des Bewußtseins und der Art seines Wirkens in der Schöpfung ist der Avatar jedem anderen Vollkommenen Meister gleich. Ebensowenig wie der Vollkommene Meister verliert er je auch nur für einen einzigen Augenblick sein Gottbewußtsein, selbst dann nicht, wenn er auf vielfältige Weisen in der Schöpfung tätig ist. Weder der Avatar noch der Vollkommene Meister hat ein begrenztes menschliches Gemüt. Beide wirken durch das ihnen eigene universale Gemüt, wenn sie anderen Seelen beizustehen wünschen.

II. Der Stand des Vollkommenen Meisters

Stufenleiter zu Gott
Von allen Gegenständen menschlichen Forschens ist Gott der beste. Doch rein theoretisches Erforschen Gottes bringt den Suchenden nicht sehr weit auf dem Weg zum wirklichen Ziel menschlichen Daseins, auch wenn es besser ist, Gott auf diese Weise zu erforschen, als gar nicht um Ihn zu wissen. Gott mit Hilfe des Intellekts suchen ist unendlich besser als bloße Skepsis oder Agnostizismus. Es ist jedoch entschieden besser, Gott zu fühlen, als Ihn mit dem Intellekt zu suchen, auch wenn das Fühlen Gottes weniger wichtig ist als die tatsächliche Erfahrung Gottes. Doch selbst die Erfahrung Gottes vermag das wahre Wesen des Göttlichen nicht zu erfassen, denn als Objekt der Erfahrung bleibt Gott verschieden vom Suchenden und außerhalb von ihm. Das wahre Wesen Gottes enthüllt sich dem Suchenden erst, wenn er eins wird mit Gott, indem er sich in Ihm verliert. Es ist somit besser, Gott zu erforschen, als nicht um Ihn zu wissen. Es ist besser, Gott zu fühlen, als Ihn zu erforschen. Es ist besser, Gott zu erfahren, als Ihn zu fühlen, und es ist besser, Gott zu werden, als Ihn zu erfahren.

Die Gewißheit des Verwirklichten
Der Zustand der Gottverwirklichung ist frei von den Zweifeln, die das Gemüt derjenigen überschatten, die noch in der Illusion gefangen sind. Diese sind ständig im Ungewissen über ihr Woher und Wohin. Die Verwirklichten indessen wohnen mitten im Herzen der Schöpfung, wo sich deren Ursprung und Ende offenbaren. Die verwirklichte Seele weiß sich selbst als Gott mit derselben Eindeutigkeit, wie ein gewöhnlicher Mensch sich selbst als Mensch weiß und nicht als Hund. Dieses Wissen ist für sie nicht eine Angelegenheit von Zweifeln, Glauben, Selbsttäuschung oder Mutmaßung. Es ist eine Angelegenheit höchster und unerschütterlicher Gewißheit, die keiner Bestätigung von außen bedarf und vom Widerspruch anderer unberührt bleibt, weil sie in ununterbrochener Selbsterkenntnis gründet. Die geistige Gewißheit des Verwirklichten kann durch nichts und niemanden angefochten werden. Er kann sich selbst nicht als etwas anderes denken denn als Gott, geradeso wie ein gewöhnlicher Mensch sich nicht als etwas anderes denken kann denn als endlicher Mensch. Während aber dieser Mensch sich für das hält, was er in Wirklichkeit nicht ist, weiß sich die verwirklichte Seele als das, was sie in Wirklichkeit ist.

Die Herrlichkeit der Gottverwirklichung
Gottverwirklichung ist das eigentliche Ziel aller Schöpfung. Alle irdischen Freuden, wie groß auch immer, sind nichts als ein flüchtiger Schatten der ewigen Seligkeit der Gottverwirklichung. Alles Wissen der Welt, wie umfassend auch immer, ist nichts als ein Zerrbild der absoluten Wahrheit der Gottverwirklichung. Alle menschliche Macht, wie imposant auch immer, ist nicht mehr als ein Bruchteil der unendlichen Macht der Gottverwirklichung. Alles Erhabene, Schöne und Liebenswerte, alles Große, Gute und Beseelende im Universum ist bloß ein verschwindend kleines Fragment der unvergänglichen und unaussprechlichen Herrlichkeit der Gottverwirklichung.

Der Preis der Gottverwirklichung
Die ewige Seligkeit, unendliche Macht, unvergängliche Herrlichkeit und absolute Wahrheit der Gottverwirklichung sind nicht umsonst zu haben. Die individualisierte Seele muß die Wehen, Leiden und Kämpfe der Evolution, Reinkarnation und Involution in ihrem ganzen Ausmaß durchstehen, bevor sie diesen Schatz erben kann, der im Herzen der Schöpfung verborgen ist. Der Preis, den sie zahlen muß, um diesen Schatz zu erlangen, ist ihre eigene Existenz als gesondertes Ich. Die begrenzte Individualität muß ganz und gar verschwinden, wenn der Eingang zum unbegrenzten Zustand des Gottseins gefunden werden soll.

Im gewöhnlichen Weltmenschen überwiegt die begrenzte Individualität, die gleichgesetzt wird mit einem bestimmten Namen und einer bestimmten Form, und diese Individualität wirft einen Schleier von Unwissenheit über den Gott im Innern. Soll diese Unwissenheit verschwinden, muß das begrenzte Individuum seine begrenzte Existenz preisgeben. Wenn es von der Bühne abtritt, ohne eine Spur seines begrenzten Lebens zu hinterlassen, bleibt das, was Gott ist. Die Preisgabe der begrenzten Existenz ist die Preisgabe der festverwurzelten Vorstellung, ein gesondertes Dasein zu haben. Sie ist nicht die Preisgabe von etwas Wirklichem – sie ist die Preisgabe des Falschen und das Erben des Wahren.

Der Vollkommene Meister – Gott und Mensch in einem
Wenn ein Suchender die inneren Ebenen durchquert und sich der Gottverwirklichung nähert, verliert er nacheinander das Bewußtsein der physischen, der subtilen und schließlich der mentalen Welt, ebenso wie das Bewußtsein seines physischen, subtilen und mentalen Leibs. Nach der Gottverwirklichung kehren jedoch einige wenige Seelen wieder zum Be-

Der Stand des Vollkommenen Meisters

wußtsein der Schöpfung als ganzer sowie ihres physischen, subtilen und mentalen Leibs zurück, ohne dadurch irgendeine Minderung ihres Gottbewußtseins zu erleiden. Nur fünf dieser Verwirklichten wirken aktiv in der Schöpfung. Dies sind die Vollkommenen Meister. Gott als Gott allein ist nicht bewußt Mensch, und der Mensch als Mensch allein ist nicht bewußt Gott. Der Vollkommene Meister ist bewußt Gott ebenso wie bewußt Mensch.

Keine Verstrickung in die phänomenale Welt
Durch seine Rückkehr zum Bewußtsein der Schöpfung erleidet der Vollkommene Meister nicht die geringste Schmälerung seines geistigen Standes. Was geistig verheerend ist, ist nicht das Bewußtsein der Schöpfung an sich, sondern die *Verstrickung* des Bewußtseins in die Schöpfung aufgrund der Sanskāras. Die Sanskāras hüllen das Bewußtsein in Unwissenheit und verhindern so die Erkenntnis des Göttlichen in sich selbst. Desgleichen ist nicht das Bewußtsein der Körper an sich geistig verheerend, sondern die *Identifikation* mit ihnen aufgrund der Sanskāras. Die Sanskāras verhindern die Selbsterkenntnis der unendlichen Seelen, die die höchste Wirklichkeit und der Urgrund aller Schöpfung ist. In der unendlichen Seele allein ist der letzte Sinn der ganzen Schöpfung zu finden.

Die unerlöste Seele ist an die Formenwelt gefesselt durch die Sanskāras, die die Illusion der Identität von Seele und Körpern erzeugen. Die Disharmonie im Bewußtsein und die Verzerrungen im Ausdruck des göttlichen Willens entstehen aus dieser sanskārabedingten Identifikation mit den Körpern und nicht aus dem Bewußtsein der Körper an sich. Da der Vollkommene Meister frei ist von allen Sanskāras, weiß er sich allezeit verschieden von seinen Körpern und benutzt sie in harmonischer Weise als bloße Werkzeuge, um den göttlichen Willen in seiner ganzen Reinheit zum Ausdruck zu bringen. Die Körper sind ihm, was dem Kahlen die Perücke ist. Der Kahle setzt seine Perücke auf, wenn er morgens zur Arbeit geht, und legt sie wieder ab, wenn er sich abends zurückzieht. Desgleichen benutzt der Vollkommene Meister seine Körper, wenn er sie für sein Wirken in der Welt benötigt, und ist frei von ihnen, wenn er sie nicht braucht, denn er weiß, daß sie ganz und gar verschieden sind von seinem wahren Wesen als Gott.

Die Schöpfung, der Schatten Gottes
Der Vollkommene Meister weiß sich selbst als unendlich und jenseits aller Form, weshalb er der Schöpfung bewußt bleiben kann, ohne in ihr

Der Vollkommene Meister

gefangen zu sein. Das Trügerische der phänomenalen Welt liegt darin, daß sie nicht als das verstanden wird, was sie ist – ein illusorischer Ausdruck des unendlichen Geistes. Unwissenheit besteht darin, die Form an sich für vollständig zu halten, ohne sie irgendwie in Bezug zu stellen zum unendlichen Geist, dessen Ausdruck sie ist.

Der Vollkommene Meister ist der Wahrheit inne. Ihm ist das wahre Wesen Gottes ebenso bewußt wie das wahre Wesen der Schöpfung. Dies kann ihn jedoch in keiner Weise in Dualität verstricken, denn für ihn existiert die Schöpfung nur als der wechselhafte Schatten Gottes, des einzigen ewigen und wirklichen Seins, das aller Schöpfung zugrundeliegt. Der Vollkommene Meister kann daher das Schöpfungsbewußtsein bewahren, ohne sein Gottbewußtsein zu schmälern. Er wirkt in der Welt der Formen zur Förderung des ureigenen Zwecks der Schöpfung – der Erweckung jeder Seele zur vollen Selbsterkenntnis, das heißt zur Gottverwirklichung.

Das universale Gemüt des Vollkommenen Meisters
Wenn der Vollkommene Meister vom nichtpersonalen Aspekt Gottes zurückkehrt in die Welt der Formen, erwirbt er ein universales Gemüt, und durch dieses universale Gemüt weiß und fühlt er und wirkt er in der Schöpfung. Das begrenzte Leben des endlichen Gemüts, die Schmerzen und Freuden der Dualität, die Leere und Nichtigkeit des trennenden Ich – all das ist für ihn zu Ende. Er ist bewußt eins mit allem Leben. Durch das universale Gemüt erfährt er nicht nur das Glück aller endlichen Gemüter, sondern auch deren Leid. Unwissenheit erzeugt in den meisten Gemütern ungleich mehr Leiden als Glück, und deshalb ist das Leiden, das durch den Zustand der anderen auf ihn kommt, unendlich größer als das Glück. Das Leiden des Vollkommenen Meisters ist in der Tat groß, doch die unendliche Seligkeit des Gottzustandes, die ihm fortwährend und mühelos zu eigen ist, trägt ihn in diesem Leiden, so daß er davon unbewegt und unberührt bleibt.

Keine Identifikation mit dem universalen Gemüt
Der individualisierten Seele ist der Zugang zur unendlichen Seligkeit des Gottzustandes verwehrt. Da sie sich in ihrer Unwissenheit mit dem begrenzten Gemüt identifiziert, wird sie von den sanskārabedingten Freuden und Leiden zutiefst bewegt und erschüttert. Der Vollkommene Meister indessen identifiziert sich nicht einmal mit dem universalen Gemüt, das er in seinem Abstieg zum Wohl der Welt erwirbt. Er legt dasselbe nur an, um seine Aufgabe in der Welt zu erfüllen, und da er es allein für sein

Der Stand des Vollkommenen Meisters

Werk benutzt, ohne sich mit ihm zu identifizieren, bleibt er unberührt vom Leid wie vom Glück, die durch dieses auf ihn kommen.

Ist sein Werk getan, legt er das universale Gemüt ab, doch selbst während seines Wirkens in der Welt durch das universale Gemüt weiß er sich als der ewige und einzige Gott und nicht als das universale Gemüt. Sein Einssein mit Gott ist uneingeschränkt und vollkommen. Auch wenn er in der Welt der Dualität tätig ist, ist er nicht eine Sekunde lang entfernt von Gott. In seinem Zustand als Mensch muß er zwar auf der Ebene aller sein und essen, trinken und leiden wie die anderen, doch da sein Gottsein unverlierbar ist, erfährt er selbst hierbei immerwährenden Frieden, Seligkeit und Macht.

Die Bedeutung der Kreuzigung Christi
Wenn aber Gott herabkommt und Mensch wird in der Gestalt des Gottmenschen, dann leidet Er tatsächlich wie ein Mensch. Jesus Christus als der Avatār hat am Kreuz gelitten. Doch in seinem bewußten Gottsein wußte er zugleich, daß alles in der Welt der Dualität nichts ist als Illusion, und dieses Wissen seines Gottzustandes trug ihn im Leiden seines Menschzustandes. Der Gottmensch erfährt alle Seelen als seine eigene. Er erfährt sich selbst in allem, und sein universales Gemüt schließt alle endlichen Gemüter ein. Der Gottmensch weiß sich eins mit allen unerlösten Seelen. In seinem Einssein mit Gott ist er ewig frei, doch in seinem Einssein mit den unerlösten Seelen ist er gebunden. Obwohl er der unvergänglichen Seligkeit seines Gottzustandes inne ist, erfährt er auch unendliches Leiden infolge der Fesselung der anderen, die er als seine eigenen Formen weiß. Dies ist die Bedeutung der Kreuzigung Christi. Der Gottmensch wird gleichsam ununterbrochen gekreuzigt und ununterbrochen geboren. In ihm ist der Zweck der Schöpfung vollkommen erfüllt. Er hat für sich selbst nichts zu gewinnen durch sein Kommen in die Welt. Sein Wirken dient allein dazu, die Unerlösten zu erlösen und ihnen auf dem Weg zum Gottbewußtsein beizustehen.

Einheit inmitten der Zweiheit
Selbst während seines Wirkens in der Welt der Dualität ist der Gottmensch in keiner Weise durch Zweiheit begrenzt. In seiner allumfassenden göttlichen Liebe ist kein Platz für die Dualität von «Ich» und «Du». Der Zustand der Vollkommenheit, der ihm eigen ist, ist jenseits aller Formen von Dualität und Gegensätzlichkeit. Es ist ein Zustand unbegrenzter Freiheit und nichts ausschließender Vollständigkeit, unsterblicher Süße

und unvergänglichen Glücks, ungetrübter Göttlichkeit und unbehinderter Schöpfungskraft.

Der Gottmensch ist untrennbar und ewig eins mit Gott. Inmitten der Dualität ist er im Zustand der Nichtdualität. Er weiß sich selbst nicht nur eins mit allem, sondern er weiß sich selbst als der Alleinige. Er steigt bewußt aus dem Zustand reinen Gottseins in den Zustand hinab, in dem er sich als Gott in allem erfährt. Deshalb kann ihn sein Handeln in der Welt der Dualität nicht binden. Mehr als das – es spiegelt die ursprüngliche Herrlichkeit der einzigen Wirklichkeit, die Gott ist, wider und trägt bei zur Erlösung anderer aus ihrer Gefangenschaft.

III. Das Wirken des Vollkommenen Meisters

Freies Geben und Nehmen
Gottverwirklichung ist das endlose Ziel der Schöpfung und die zeitlose Erfüllung und Frucht von intelligentem und befreiendem Karma. Die Unerlösten leben im Bewußtsein der Dualität, und deshalb erzeugt das Geschäft ihres Gebens und Nehmens in den verschiedensten Bereichen die Fesseln karmischer Schulden und Forderungen, von denen es kein Entrinnen gibt. Der Vollkommene Meister jedoch ist im Bewußtsein der Einheit, und deshalb ist sein Wirken nicht nur nicht bindend für ihn selbst, sondern trägt bei zur Befreiung anderer, die noch in Unwissenheit gefangen sind. Für den Vollkommenen Meister gibt es niemanden, der von seinem eigenen Sein ausgeschlossen wäre. Er sieht sich selbst in jedem, und da alles, was er tut, dem Bewußtsein der Nichtdualität entspringt, kann er frei geben und nehmen, ohne für sich selbst oder andere Fesseln zu erzeugen.

Kontakt mit dem Vollkommenen Meister
Wenn ein Mensch ohne Vorbehalt annimmt von der Fülle, die der Vollkommene Meister über alle ausgießt, kommt es zu einer Verbindung, die bestehen bleibt, bis er das Ziel der Gottverwirklichung erreicht hat. Wenn einer dem Vollkommenen Meister unter Hingabe seines ganzen Lebens und all seiner Habe dient, geht er eine Beziehung ein, die ihn für dessen Gnade und Hilfe empfänglich macht und damit seinen geistigen Fortschritt beschleunigt. Tatsächlich entpuppt sich sogar Widerstand gegen das Wirken des Vollkommenen Meisters oft als Beginn einer Entwicklung, die einen Menschen unmerklich gottwärts führt, weil die Seele in

diesem Widerstand einen Kontakt zum Meister herstellt. So wird jeder, der willentlich oder unwillentlich in den Dunstkreis seines Wirkens kommt, in irgendeiner Weise zum Empfänger eines geistigen Anstoßes.

Vollkommene Meister und Priester
Das Wirken der Vollkommenen Meister im Universum ist grundverschieden von dem, wonach die Mehrzahl der Priester der institutionalisierten Religionen strebt. Die meisten Priester messen äußeren Formen, Ritualen und Konformität zu große Bedeutung bei. Da sie selbst nicht frei sind von Selbstsucht, Begrenzungen und Unwissenheit, beuten sie die Schwachen und Leichtgläubigen aus, indem sie ihnen den Schreck von Höllenstrafen oder die Hoffnung auf den Himmel vorhalten. Der Vollkommene Meister indessen ist auf immer in das ewige Leben der Liebe, der Reinheit und des allumfassenden Wissens eingegangen. Er kümmert sich daher nur um jene Dinge, die wirklich wichtig sind und die letztlich bei allen, denen er beisteht, die innere Entfaltung des Geistes herbeiführen.

Unwissende mögen aus Selbsttäuschung oder bewußtem Eigennutz dieselbe Sprache benutzen wie der Vollkommene Meister und versuchen, ihn in vielen der äußeren Dinge nachzuahmen, die mit seinem Leben verbunden sind. Doch gerade aufgrund ihrer geistigen Begrenztheit vermögen sie den Vollkommenen Meister in seinem Besitz vollendeten Wissens, unendlicher Seligkeit und unbegrenzter Macht nicht wirklich nachzuahmen. Diese Attribute eignen nur dem Vollkommenen Meister, da er eins ist mit Gott.

Selbsttäuschung und Heuchelei
Den Nichtwissenden fehlen grundlegende Züge des Vollkommenen Meisters, und wenn sie aus Selbsttäuschung oder Heuchelei sich als Vollkommene Meister hinzustellen versuchen, so wird ihr Irrtum oder ihre Anmaßung früher oder später unweigerlich bloßgestellt. Tut ein Mensch solches aus Selbsttäuschung, so ist das eine unglückliche Situation. Er glaubt zu sein, was er nicht ist, und meint zu wissen, was er in Wirklichkeit nicht weiß. Wenn er aber in allem, was er denkt und tut, aufrichtig ist, kann man ihm nichts vorwerfen, auch wenn er bis zu einem gewissen Grad für andere gefährlich werden kann. Der Heuchler hingegen weiß, daß er nicht weiß, und gibt aus Eigennutz vor zu sein, was er nicht ist. Dadurch schafft er für sich selbst eine schwerwiegende karmische Last. Er ist für die Schwachen und Leichtgläubigen eine Quelle beträchtlicher Gefahr, doch kann er seinen vorsätzlichen Betrug nicht endlos weiterfüh-

ren, denn im Laufe der Zeit wird er durch irgendeinen Anspruch, den er nicht zu erfüllen vermag, zwangsläufig entlarvt.

Unbegrenzte Anpassungsfähigkeit des Vollkommenen Meisters
In seinem universalen Wirken legt der Vollkommene Meister grenzenlose Anpassungsfähigkeit an den Tag. Er ist an keine bestimmte Methode gebunden, wenn er anderen hilft. Er folgt keinen Vorschriften oder Präzedenzfällen, sondern ist sich selbst Gesetz. Er ist jeder Situation gewachsen und kann jede Rolle spielen, die die Umstände erfordern, ohne durch sie gebunden zu sein. Ein Schüler fragte einst seinen Meister, weshalb er faste. Der Meister antwortete: «Ich faste nicht, um die Vollendung zu erlangen, denn da ich die Vollendung bereits erlangt habe, bin ich kein Suchender. Ich faste zum Wohl der anderen.»

Ein geistig Suchender kann nicht handeln wie ein Vollkommener, denn der Vollkommene ist unnachahmlich, doch der Vollkommene kann, zur Führung und zum Nutzen anderer, handeln wie ein Suchender. Um Kinder das Schreiben zu lehren, kann jemand, der im Besitz der höchsten akademischen Grade ist, wieder zum Alphabet zurückkehren und Buchstaben vorzeichnen, doch Kinder können nicht, was er kann. Um den Weg zu Gott zu zeigen, kann der Vollkommene Meister zuweilen die Rolle eines *Bhakta* (Gottsuchers) spielen, obwohl er selbst gänzlich eins ist mit Gott. Er spielt diese Rolle, damit die anderen den Weg erkennen. Er ist indessen an keine besondere Rolle gebunden und kann die Art seiner Hilfe den Bedürfnissen jener anpassen, die seine Führung suchen. Was immer er tut, tut er allein zum höchsten Wohl anderer. Für ihn selbst gibt es nichts zu gewinnen, denn er hat bereits alles gewonnen.

Befreiung von Māyā durch Māyā
So wie der Vollkommene Meister an keine besondere Methode gebunden ist, wenn er andern geistig beisteht, ist er auch nicht an die konventionellen Normen des Guten gebunden. Er ist jenseits des Gegensatzes von Gut und Böse, und was immer an seinem Tun in den Augen der Welt als regelwidrig erscheinen mag, dient stets dem höchsten Wohl anderer. Er bedient sich verschiedener Methoden für verschiedene Individuen. Er handelt niemals aus Eigennutz oder persönlichen Motiven, sondern allein aus Barmherzigkeit, die das wahre Wohlergehen anderer zum Ziel hat. Deshalb bleibt er in all seinem Tun ungebunden.

Der Meister benutzt die Māyā, um seine Jünger aus der Māyā herauszulocken, und er bedient sich in seinem geistigen Wirken einer unendlichen Vielfalt von Mitteln und Wegen. Seine Methoden wechseln je nach der Person, doch auch bei einer gegebenen Person wendet er nicht zu allen Zeiten dieselben an. Gelegentlich kann er sogar etwas tun, das bei anderen Anstoß erregt, weil es ihren üblichen Erwartungen zuwiderläuft. Dies geschieht jedoch stets zu einem geistigen Zweck. Wenn sich ein kurzer schockierender Traum dazwischenschiebt, so kann das dazu beitragen, jemanden aus einem langen schönen Traum zu wecken. Wie der schockierende Traum ist auch der Schock, den der Vollkommene Meister in seiner Ermessensfreiheit mit Absicht vermittelt, letzten Endes heilsam, auch wenn er im Augenblick selbst recht unangenehm ist.

Die Analogie des Rettungsschwimmers
Es kann vorkommen, daß der Vollkommene Meister mit gewissen Individuen übermäßig hart zu verfahren scheint, doch haben Außenstehende keinen Einblick in die innere Situation und können deshalb die Berechtigung dieser scheinbaren Härte nicht richtig beurteilen. In Wirklichkeit ist Härte oft ein Erfordernis der gegebenen inneren Situation und dient zum Besten desjenigen, den sie trifft. Der Fall des sicheren Schwimmers, der einen Ertrinkenden rettet, ist ein gutes und anschauliches Gleichnis für dieses anscheinend lieblose Vorgehen. Ein Ertrinkender neigt bekanntlich dazu, sich an alles zu klammern, was sich seinem Griff bietet. In seiner Verzweiflung ist er so blind für die Folgen seines Verhaltens, daß er sich sogar an die Person hängt, die gekommen ist, ihn zu retten. Damit macht er nicht nur seine eigene Rettung unmöglich, sondern droht auch den Retter selbst zum Ertrinken zu bringen. Aus diesem Grund muß einer, der die Kunst des Rettungsschwimmens beherrscht, dem Ertrinkenden oft einen Schlag auf den Kopf versetzen, um ihn bewußtlos zu machen. Durch diese scheinbare Grausamkeit verringert er die Gefahr, die der Ertrinkende heraufbeschwört, und sichert den Erfolg seiner Rettungsaktion. In gleicher Weise dient die scheinbare Härte des Vollkommenen Meisters der Sicherung des höchsten geistigen Wohls anderer.

Falsches Bewußtsein
Die unerlöste Seele ist gefangen im Universum, und das Universum ist nichts als Vorstellung. Da die Möglichkeiten des Vorstellens endlos sind, kann ein Mensch immer weiter durch das Labyrinth falschen Bewußtseins wandern, ohne je den Ausgang zu finden. Der Vollkommene

Meister kann ihm helfen, die verschiedenen Phasen falschen Bewußtseins abzukürzen, indem er ihm die Wahrheit offenbart. Solange das Gemüt die Wahrheit nicht sieht, neigt es dazu, sich alles mögliche vorzustellen; so kann es sich zum Beispiel vorstellen, ein Bettler zu sein oder ein König, ein Mann oder eine Frau.

Der Same der Gottverwirklichung
Durch das Gemüt sammelt die Seele unaufhörlich Erfahrungen von Gegensätzen. Wo Dualität herrscht, besteht unweigerlich auch die Neigung, bestimmte Erfahrungen durch ihr Gegenteil auszugleichen. Wenn eine Person zum Beispiel die Erfahrung hat, ein Mörder zu sein, erfordert dies den Ausgleich durch die Erfahrung, ermordet zu werden. Oder wenn sie die Erfahrung hat, ein König zu sein, muß diese ausgeglichen werden durch die Erfahrung, ein Bettler zu sein. So mag das Individuum endlos von einem Gegensatz zum anderen wandern, ohne seinem falschen Bewußtsein je entrinnen zu können. Der Vollkommene Meister kann dem Suchenden weiterhelfen, indem er ihm einen Einblick in die Wahrheit gibt und so der Tätigkeit des Vorstellens ein Ende macht, die sich sonst endlos fortsetzen würde. Der Vollkommene Meister steht der unerlösten Seele bei, indem er ihr den Samen der Gottverwirklichung einpflanzt. Doch dessen Entfaltung erfordert Zeit. Jeder Wachstumsvorgang im Universum erfordert Zeit.

Verschiedene Arten von Hilfe auf dem Pfad
Die Hilfe des Vollkommenen Meisters ist weitaus wirksamer als die Hilfe, die ein fortgeschrittener Suchender zu geben vermag. Wenn ein Suchender hilft, kann er denjenigen, dem er hilft, nur so weit führen, wie er selbst gekommen ist. Zudem wird diese begrenzte Hilfe nur sehr langsam wirksam, so daß jener, der sie empfängt, lange Zeit auf der ersten Ebene verharren muß, dann auf der zweiten und so weiter. Der Vollkommene Meister jedoch kann, wenn er will, einen Suchenden durch seine Gnade in einem einzigen Augenblick auf die siebente Ebene heben. In diesem einen Augenblick aber muß der Suchende alle dazwischenliegenden Bewußtseinsebenen durchlaufen.

Wenn der Vollkommene Meister einen Suchenden auf die siebente Ebene bringt, macht er ihn sich selbst gleich, und wer so den höchsten geistigen Stand erlangt, wird selbst zum Vollkommenen Meister. Diese Übertragung geistigen Wissens vom Vollkommenen Meister auf seinen Jünger gleicht dem Entzünden einer Fackel an einer anderen. Die Fackel, die entzündet wurde, ist ebenso fähig, anderen Licht zu spenden, wie die ursprüngliche Fackel. Es gibt zwischen ihnen keinen Unterschied in Bedeutung oder Nutzen.

Das Gleichnis vom Banyan-Baum
Der Vollkommene Meister ist wie ein Banyan-Baum. Der Banyan wächst zu einem riesigen und mächtigen Baum heran. Er spendet den Wanderern Schatten und Schutz vor Regen und Sturm. Auf der Höhe seines Wachstums dringen seine herabhängenden Wurzelzweige tief in den brachen Erdboden ein, um zur rechten Zeit einen neuen Banyan hervorzubringen. Auch dieser wird riesig und mächtig werden, den Wanderern Schatten und Schutz spenden und schließlich gleichartige Banyan-Bäume hervorbringen. Dasselbe gilt für den Vollkommenen Meister, der die schlummernde Gottheit in anderen erweckt. Die ungebrochene Folge Vollkommener Meister auf Erden ist für die Menschheit ein ständiger Segen und hilft ihr, sich durch die Finsternis hindurchzukämpfen.

Der Gottmensch – Herr und Diener zugleich
Der Gottmensch (Avatar) kann zugleich als der Herr und der Diener des Universums bezeichnet werden. Als derjenige, der seinen geistigen Reichtum in unermeßlicher Fülle über alle ausgießt, ist er der Herr des Universums. Als derjenige, der ununterbrochen die Bürde aller trägt und ihnen durch zahllose Schwierigkeiten ihrer geistigen Entfaltung hilft, ist er der Diener des Universums. So wie er Herr und Diener in einem ist, ist er auch der vollendete Liebende und unvergleichliche Geliebte. Die Liebe, die er schenkt oder empfängt, befreit die Seele vom Nichtwissen. Indem er Liebe schenkt, schenkt er sie sich selbst in anderen Formen. Indem er Liebe empfängt, empfängt er das, was durch seine eigene Gnade, die allezeit ohne Unterschied über alle niederströmt, erweckt worden ist. Die Gnade des Gottmenschen ist wie der Regen, der ohne Unterschied auf alles Land niederfällt, auf ödes wie auf fruchtbares, aber nur dort Frucht hervorbringt, wo durch beharrliche und geduldige Arbeit die Voraussetzungen dafür geschaffen wurden.

Der Kreis

Eintritt in den Kreis des Vollkommenen Meisters
Nach mehreren Lebensspannen des Suchens, der Läuterung, des Dienens und der Selbstaufopferung fällt einigen Individuen das Glück zu, einem gottverwirklichten Meister zu begegnen und in nahe Beziehung zu ihm zu treten. Diejenigen, die in ihren vergangenen Existenzen mit dem, der nun zum Vollkommenen Meister geworden ist, eng verbunden waren und die ihm in Liebe dienten, treten in seinen Kreis ein. Das sind jene, die durch ihr Streben reif geworden sind für die Gottverwirklichung. Wenn der genaue Zeitpunkt der Gottverwirklichung kommt, erlangen sie diese durch die Gnade des Meisters.

Die Prarabdha-Sanskāras des begrenzten Gemüts
Alles Handeln in der Welt der Dualität wird bewirkt durch Eindrücke oder Sanskāras von Zweiheit, auf denen das Bewußtsein von Dualität beruht. Diese Eindrücke dienen zunächst dem Zweck, Bewußtsein zu entwickeln und individuell zu artikulieren; danach dienen sie dazu, dieses Bewußtsein von seinen individuellen Begrenzungen zu befreien, so daß die Selbsterkenntnis der Seele, das heißt die Gottverwirklichung, möglich wird. Die unendliche Seele kann die Einheit ihres Seins nicht erkennen, bevor sie nicht durch die Erfahrung von Zweiheit gegangen ist, die entsprechende Eindrücke von Zweiheit voraussetzt und erfordert.

Von Anbeginn ihrer individualisierten Existenz bis zu deren letzter Aufhebung ist die Seele mithin der treibenden Kraft von Eindrücken unterworfen, die ihr Schicksal bestimmen. Diese Eindrücke werden als *Prarabdha-Sanskāras* bezeichnet. Prarabdha-Sanskāras erwachsen aus gegensätzlichen Erfahrungen, zum Beispiel von Lust und ihrem Gegensatz, Habsucht und ihrem Gegensatz, Zorn und seinem Gegensatz, schlechten Gedanken, Worten und Taten und ihren Gegensätzen. Von der Stufe des Atoms bis zur Gottverwirklichung ist die Seele gebunden durch solche Eindrücke von Dualität, und alles, was ihr geschieht, ist durch diese Eindrücke bedingt.

Die Yogayoga-Sanskāras des universalen Gemüts
In der Gottverwirklichung werden sämtliche Sanskāras ausgelöscht, und wenn die Seele in die Erfahrung des Gottseins versunken bleibt, ohne zum Bewußtsein der Welt der Dualität zurückzukehren, bleibt sie ewig jenseits aller Arten von Sanskāras. Sie hat keine Sanskāras und kann keine haben. Kehrt eine verwirklichte Seele aber zum Bewußtsein der dualen Welt zurück, so erwirbt sie ein universales Gemüt. Dieses universale Gemüt wirkt durch eine besondere Art von Sanskāras, die nicht durch Unwissenheit bedingt und deshalb nicht bindend sind. Man nennt solche Eindrücke *Yogayoga-Sanskāras*.

Im Jenseitszustand* ist der Vollkommene Meister ewig frei von allen Eindrücken, und selbst wenn er die Schöpfung wahrnimmt und in ihr wirkt, bleibt er ungebunden durch die Yogayoga-Sanskāras, die seinem universalen Gemüt oberflächlich anhaften. Die Yogayoga-Sanskāras dienen ihm allein als Kanäle für sein universales Werk. Sie können sein Bewußtsein nicht begrenzen. Die Yogayoga-Sanskāras wirken aus sich selbst. Auf ihnen gründen letztlich alle spezifischen Kontakte und Beziehungen, auf die der Vollkommene Meister während seines Wirkens in der Welt antwortet. Die Yogayoga-Sanskāras schaffen keinen Schleier für das universale Gemüt; sie bilden keine Wolke des Nichtwissens. Sie liefern bloß den notwendigen Rahmen für die Freisetzung gerichteten Handelns.

Durch die Yogayoga-Sanskāras des Vollkommenen Meisters wird der universale Wille Gottes in seinem Ausdruck partikularisiert. Jedes Handeln in der Welt von Raum und Zeit muß notwendigerweise auf eine bestimmte Situation oder Konstellation von Umständen bezogen sein. Es muß immer einen Grund geben, auf eine bestimmte Situation zu antworten, statt auf eine andere, und diese Antwort in einer bestimmten Weise zu geben, statt in einer anderen. Die Abgrenzung des Handelns einer unerlösten Seele beruht auf deren Prarabdha-Sanskāras, die binden. Die Ab-

---

* s. Glossar.

grenzung des Handelns einer geistig freien Seele beruht auf deren Yogayoga-Sanskāras, die nicht binden.

Das Wirken des Meisters ist den Gesetzen der Schöpfung unterworfen
Ohne den Erwerb von Yogayoga-Sanskāras bei seinem Abstieg in das Bewußtsein der Schöpfung wäre der Vollkommene Meister nicht in der Lage, irgendeine ganz bestimmte Arbeit zu vollbringen. Die Yogayoga-Sanskāras helfen ihm, den göttlichen Willen gezielt und konkret zu vollziehen und somit seine Aufgabe zu erfüllen.

Der Meister ist und weiß sich selbst als unendlich in Sein, Bewußtsein, Wissen, Seligkeit, Liebe und Macht, und in seinem Jenseitszustand bleibt er stets unendlich. Doch sein Werk in der Welt der Schöpfung ist den Gesetzen der Schöpfung unterworfen und folglich in einem gewissen Sinn endlich. Sein Werk gilt der Enthüllung der verborgenen Unendlichkeit und Göttlichkeit in jedem, deren Innewerden der alleinige Zweck der gesamten Schöpfung ist, und deshalb ist dieses Werk von unendlicher Wichtigkeit. Doch wenn es an seinen Ergebnissen gemessen wird, kann es wie jedes andere Werk, das in der Welt möglich ist, nicht mehr sein, als es zu sein hat.

Das Werk des Meisters ist durch Yogayoga-Sanskāras bestimmt
Doch selbst wenn das Werk des Vollkommenen Meisters an der Größe seiner Ergebnisse gemessen wird, ist das, was Weltmenschen erreichen, im Vergleich dazu trivial. Selbst die Werke der Größten unter denjenigen, die noch in geistiger Knechtschaft sind, reichen nicht an das heran, was der Vollkommene Meister vollbringt. Hinter seinem Werk steht die unbegrenzte Macht Gottes, während der Weltmensch mit der begrenzten Macht arbeitet, die ihm durch sein Ich-Gemüt zufließt.

Zuweilen gibt ein Vollkommener Meister sein irdisches Dasein auf, nachdem er eine engumgrenzte Aufgabe erfüllt hat. Das liegt nicht daran, daß er in seiner Macht begrenzt wäre, sondern daran, daß sein Werk, das durch seine Yogayoga-Sanskāras bestimmt wird, eben genau das zu sein hatte und nicht mehr. Er ist in keiner Weise gebunden an sein Wirken als solches. Nachdem er die Aufgabe erfüllt hat, die ihm durch seine Yogayoga-Sanskāras gegeben war, ist er bereit, wieder ganz im nichtpersonalen Aspekt des Unendlichen aufzugehen. Er verweilt nicht einen Augenblick länger in der Welt der Unwirklichkeit und Dualität, als es seine Yogayoga-Sanskāras erfordern.

Die Bedeutung des Zeitfaktors
Im Jenseitszustand sind Raum und Zeit und die gesamte phänomenale Welt nicht vorhanden. Nur in der phänomenalen Welt der Dualität gibt es Raum, Zeit und das Wirken des Gesetzes von Ursache und Wirkung. Wenn der Vollkommene Meister in der Sphäre der Dualität für die geistige Entwicklung der Menschheit tätig ist, unterliegt sein Wirken den Gesetzen von Raum, Zeit und Kausalität. Vom Gesichtspunkt seiner äußeren Arbeit scheint der Meister daher zuweilen begrenzt zu sein, obwohl er in Wirklichkeit allezeit die Einheit und Unendlichkeit des Jenseitszustandes erfährt. Er selbst ist jenseits der Zeit, doch bei seiner Arbeit für jene, die in der Dualität gefangen sind, hat der Zeitfaktor große Bedeutung.

Das universale Wirken des Meisters für die Menschheit als Ganzes geht auf den höheren Ebenen ohne Unterbrechung vor sich. Doch wenn der Meister für die Mitglieder seines Kreises tätig ist, folgt er einem Zeitplan, den er selbst mit höchster Sorgfalt festlegt, weil diese Arbeit ein präziser und gezielter Eingriff in die mechanische Tätigkeit ihrer Sanskāras sein muß. Für seinen Kreis wirkt er somit immer zu genau festgelegten Zeiten. Deshalb kommen jene, die sich bei der Befolgung der vom Meister empfangenen Weisungen an die von ihm vorgegebenen Zeiten halten, in den Genuß seines besonderen Wirkens. Vom Gesichtspunkt der besonderen Aufgaben, die sich der Meister stellt, wird Zeit somit zu einem äußerst bedeutsamen Faktor. Das besondere Wirken des Meisters in bezug auf die Mitglieder seines Kreises erreicht und berührt nicht nur diese Mitglieder selbst, sondern auch jene, die mit ihnen eng verbunden sind.

Der zehnfache Kreis und die Inkarnation des Avatār
Wie die Vollkommenen Meister hat auch der Avatār einen Kreis, doch ist sein Kreis ein zehnfacher, und er umfaßt stets 122 Mitglieder. Wenn der Avatār in die Welt kommt, hat er eine klar umrissene Aufgabe vor sich, die nach einem Plan verläuft, und dieser Plan wird stets sorgfältig auf den Zeitenlauf abgestimmt. Der Vorgang der Inkarnation des Avatār ist einzigartig. Bevor der Avatār einen physischen Körper annimmt und in die Welt der Dualität kommt, gibt er sich selbst und den künftigen Mitgliedern seines Kreises, die sich während seines Erdendaseins verkörpern müssen, eine besondere Art von Sanskāras, die als *Vijñāni-Sanskāras* bezeichnet werden. Die Annahme dieser Sanskāras vor der Inkarnation kommt einer Verschleierung des Avatār und der Mitglieder seines Kreises gleich. Nach der Inkarnation bleibt der Avatār unter dem Schleier der Vijñāni-Sanskāras bis zu dem Zeitpunkt, den er selbst festgelegt hat. Ist

dieser Zeitpunkt gekommen, erfolgt seine Entschleierung, womit ihm sein eigentliches göttliches Wesen bewußt wird. Die Vijñāni-Sanskāras wandeln sich zu Yogayoga-Sanskāras seines universalen Gemüts, und durch diese beginnt der Avatār nunmehr sein Werk.

Die Natur der Vijñāni-Sanskāras

Vijñāni-Sanskāras funktionieren in gleicher Weise wie die gewöhnlichen Sanskāras der Dualität, obwohl sie von ganz anderer Natur sind. Vijñāni-Sanskāras bewirken ähnliche Handlungen und Erfahrungen wie gewöhnliche Sanskāras, doch während letztere die Illusion der Zweiheit festigen, führen die durch Vijñāni-Sanskāras bewirkten Handlungen und Erfahrungen unweigerlich zur Befreiung von dieser Illusion. Die der Verarbeitung von Vijñāni-Sanskāras innewohnende Logik führt zwangsläufig zur Erkenntnis der Einheit und des Seins. Man bezeichnet diese Sanskāras daher als Schwelle zur Einheit. Die Mitglieder des zehnfachen Kreises des Avatār bleiben unter dem Schleier der Vijñāni-Sanskāras, bis sie zu dem vom Avatār festgesetzten Zeitpunkt die Gottverwirklichung erlangen. Nachdem sie durch den Avatār die Verwirklichung erlangt haben, bilden ihre Vijñāni-Sanskāras keinen Schleier mehr, sondern werden für einige zu Yogayoga-Sanskāras, die ihnen einzig und allein als Werkzeug zur Erfüllung des göttlichen Plans auf Erden dienen.

Der Unterschied zwischen Vijñāni- und Yogayoga-Sanskāras

Es gibt einen wichtigen Unterschied zwischen Vijñāni-Sanskāras und Yogayoga-Sanskāras. Obwohl die Vijñāni-Sanskāras letztlich auf das Innewerden der Einheit hinarbeiten, verursachen sie zunächst die Erfahrung des Begrenztseins, die erst mit der Verwirklichung endet. Die Yogayoga-Sanskāras indessen, die nach der Verwirklichung kommen, stören die Erfahrung des über alle Dualität erhabenen Unendlichen in keiner Weise, obwohl sie zum Handeln in der Welt der Zweiheit benutzt werden. Der Ausdruck der Vijñāni-Sanskāras trägt zur eigenen Verwirklichung bei, während der Ausdruck der Yogayoga-Sanskāras beiträgt zum Vorgang der Verwirklichung in anderen, die noch unerlöst sind.

Keine Umgrenzung durch den Kreis

Der zehnfache Kreis des Avatār ebenso wie der Kreis des Vollkommenen Meisters ist das wichtigste spezifische Instrument, durch das der Avatār und der Vollkommene Meister ihrer geistigen Aufgabe gegenüber der Menschheit nachkommen. Diese Kreise entstehen als Folge enger Verbindungen, die sich über mehrere Existenzen hinweg vertieft haben. Der Avatār und die Vollkommenen Meister haben stets solche Kreise von ihnen sehr nahestehenden Jüngern, doch diese begrenzen ihr Bewußtsein in keiner Weise. In ihrem Gottzustand finden sich der Avatār und die Vollkommenen Meister in der Mitte des Universums, ebenso wie in der Mitte aller Dinge. Da ist kein Kreis, der ihr Sein umgrenzen könnte. In der Unendlichkeit der Nichtdualität gibt es keine Bevorzugungen. Der Kreis existiert nur im Verhältnis zur Pflicht und Aufgabe, die der Avatār und die Vollkommenen Meister in der phänomenalen Welt zu erfüllen haben. Vom Gesichtspunkt dieses geistigen Werks in der phänomenalen Welt aber sind ihre Kreise ebenso real wie der Himālaya.

Der zehnfache Kreis des Avatār

Die Wirklichkeit ist absolut eins. Raum und Zeit sind nichts als Illusion. Sie sind bloß Effekt der Widerspiegelung der Unendlichkeit Gottes. Wenn der Mensch der Wirklichkeit inne wird, verschwindet die Spiegelung, die ihn von der Wirklichkeit abgelenkt hatte, und er erfährt die Absolutheit des absoluten Einssein Gottes. Wenn ein solcher Mensch sein Leben in der Welt der Illusion weiterführt, lebt er es als Vollkommener Meister oder Mensch-Gott auf Erden. In seiner unverlierbaren Erfahrung der absoluten Wirklichkeit dient er als Angelpunkt, um den sich der gesamte Kosmos dreht. Jeder Punkt im Kosmos befindet sich in gleichem Abstand vom Vollkommenen Meister, der als Mittelpunkt des Kosmos in der Illusion verbleibt.

Obwohl der Vollkommene Meister den Mittelpunkt des gesamten kosmischen Kreises bildet und seinen Einfluß gleicherweise über das ganze Universum ausstrahlt, versammelt er während seines irdischen Daseins einen engeren Kreis von zwölf Männern um sich, deren Leben ganz auf seine Individualität ausgerichtet ist. Seit den frühesten Stadien ihrer Bewußtseinsentwicklung sind diese Seelen eng mit ihm verbunden, und jetzt, da ihr naher Vertrauter der Vergangenheit zum Vollkommenen Meister geworden ist, ernten sie aus dieser Verbindung den größten Gewinn. Den zwölf Männern ist ein Anhang von zwei Frauen beigesellt, die den Kreis des Vollkommenen Meisters in allen seinen Aspekten vervollständigen. Auch diese beiden Frauen verdanken ihre Stellung zum Kreis ihrer vergangenen Verbindung zum Vollkommenen Meister. Einer oder mehrere dieser vierzehn engen Vertrauten des Vollkommenen Meisters erlangen die Gottverwirklichung während des irdischen Daseins des Meisters

Der zehnfache Kreis des Avatār

oder danach, in gewissen Fällen nach einer weiteren Inkarnation oder mehreren. Der Vollkommene Meister erfüllt seine Verpflichtungen ihnen gegenüber dadurch, daß er sie während seines irdischen Daseins in seinen Kreis beruft, und das größte Gut, das er schenkt, ist Gottverwirklichung in ihrer ganzen Vollkommenheit für mindestens eines der Mitglieder seines Kreises.

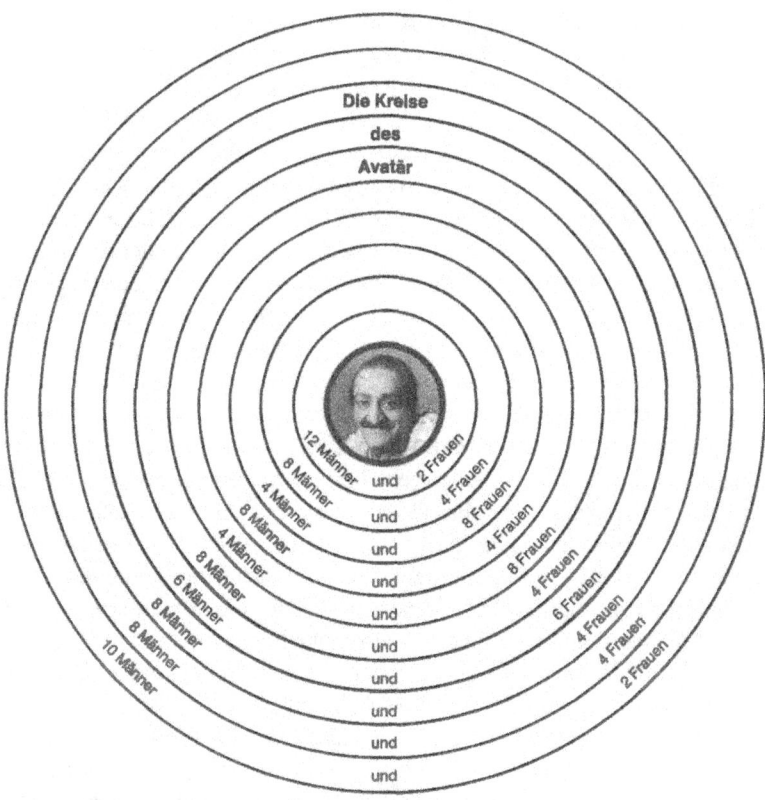

Im Fall des Avatār verhält es sich anders. Der Avatār hat insgesamt zehn Kreise, wie das vorstehende Diagramm zeigt. Der erste oder innere Kreis des Avatār besteht aus zwölf Männern und einem Anhang von zwei Frauen. Jeder der folgenden neun äußeren Kreise besteht aus zwölf Personen, Männern und Frauen. Die zehn Kreise des Avatār umfassen somit

Der zehnfache Kreis des Avatār

120 Personen, mit den beiden Frauen des inneren Kreises, die demselben als Anhang angegliedert sind, insgesamt 122 Personen. Eines oder mehrere der 108 Mitglieder der neun äußeren Kreise erreichen den Gottzustand während oder nach dem irdischen Dasein des Avatār, andere in der folgenden Inkarnation oder nach einigen weiteren Inkarnationen.

Wie der Kreis des Vollkommenen Meisters besteht auch der innere Kreis des Avatār aus nur zwölf Männern und hat einen Anhang von zwei Frauen. Der Unterschied zwischen dem Kreis des Vollkommenen Meisters und dem inneren Kreis des Avatār besteht darin, daß der Vollkommene Meister seinen Kreis *gründet* durch Berufung einiger von denen, die seit den frühesten Phasen ihrer Bewußtseinsentwicklung mit ihm verbunden sind. Doch der Avatār geht bei seiner periodischen Wiederkehr nicht durch den Vorgang von Evolution, Reinkarnation und Involution; deshalb benutzt er nicht die gleiche Art von Verbindungen, wenn er bei jeder seiner Wiederkünfte seinen inneren Kreis neu einsetzt. Kurz gesagt, während der Vollkommene Meister seinen Kreis *beruft*, ist der Avatār mit seinem inneren Kreis unmittelbar verbunden; dieser ist bei jeder Wiederkunft derselbe. Wenn der Avatār in die Welt kommt, bringt er seinen inneren Kreis gleichsam mit sich. Das Verhältnis zwischen dem Avatār und seinem inneren Kreis läßt sich vergleichen mit jenem zwischen einem Menschen und vierzehn Teilen seines Körpers: zwei Augen, zwei Ohren, zwei Nasenöffnungen, ein Mund, zwei Hände, zwei Füße, Geschlechtsorgan, Anus und Rumpf. Sobald ein Mensch geboren ist, beginnt er unmittelbar von diesen vierzehn Teilen seines Körpers Gebrauch zu machen, die individuell oder zusammen seinen Befehlen gehorchen. In ähnlicher Weise beginnt der innere Kreis von zwölf Individualitäten mit seinem Anhang von zwei Individualitäten bei der Wiederkunft des Avatār gemäß seinen Befehlen individuell und kollektiv zu funktionieren.

Mit jeder Wiederkunft des Avatār auf Erden scharen sich die zwölf Männer des inneren Kreises und dessen Anhang von zwei Frauen als vierzehn gleichbleibende Individualitätstypen um die Person des Avatār. Wann immer der Avatār auf Erden erscheint, übernehmen diese vierzehn verschiedenen Individualitäten, in der Gestalt verschiedener Persönlichkeiten, ihre entsprechenden Ämter. Während und nach dem irdischen Dasein des Avatār wirken sie – einzeln und kollektiv – in derselben Weise wie ihre Vorgänger, die während der vorhergehenden Wiederkünfte des Avatār diese selben Ämter im inneren Kreis versehen hatten. Es wäre deshalb nicht falsch zu sagen, daß mit der Wiederkehr des Christus auch Petrus, Judas und alle übrigen Apostel wiederkehren. Doch dies kann

Der zehnfache Kreis des Avatār

niemals bedeuten, daß sich *derselbe* Petrus oder *derselbe* Judas wiederverkörpern. Sie können sich niemals wiederverkörpern, da alle Mitglieder des inneren Kreises des Avatār in der jeweiligen avatārischen Periode die Gottverwirklichung erlangen, entweder noch während des irdischen Daseins des Avatār oder bald danach. Nach Erlangen der Gottverwirklichung ist eine Wiederverkörperung ausgeschlossen. Die einzige Ausnahme ist der Avatār selbst, der wieder und wieder erscheint, um die Menschheit zu erlösen.

Es ist mithin nicht so, daß sich die *Personen* des früheren inneren Kreises wiederverkörpern; es sind vielmehr die Individualitäten ihrer besonderen *Ämter*, die mit jedem Erscheinen des Avatār wiederkehren. Wenn man sagt, der Avatār bringe stets den gleichen Kreis mit sich, so deshalb, weil bei jeder Wiederkunft des Avatār jeder der zwölf Männer und zwei Frauen des inneren Kreises genau dasselbe Amt innehat und in genau derselben Weise funktioniert wie sein Vorgänger. Sobald der Schleier, unter dem der Avatār in die Welt kommt, durch einen oder mehrere der dann lebenden Vollkommenen Meister gelüftet und der Avatār seines wahren Standes innegeworden ist, versammeln sich die zwölf Männer und zwei Frauen zwangsläufig um die Person des Avatār, um ihre jeweilige Stellung im inneren Kreis einzunehmen und wie immer gemäß den Weisungen des Avatār des Zeitalters zu wirken.

Dies läßt sich veranschaulichen durch die Analogie des Schläfers. Sobald der Schlafende durch irgendeine Einwirkung von außen geweckt wird, gewahrt er spontan, daß alle vierzehn der oben aufgezählten Teile seines Körpers in ihren individuellen Rollen präsent und bereit sind, auf seinen leisesten Befehl hin zu funktionieren. Geradeso gewahrt der Avatār bei der Enthüllung seiner Avatārschaft durch einen oder mehrere der fünf Vollkommenen Meister der Gegenwart sogleich, daß die vierzehn Personen mit ihren spezifischen Rollen im inneren Kreis bereitstehen, um ihre Aufgabe zu erfüllen.

Wollte man im einzelnen erklären, weshalb bei jeder Wiederkunft des Avatār nur diese vierzehn besonderen Individualitäten seinem inneren Kreis angehören können, so würde das allein viele Bücher füllen. Um die Frage zu beantworten, wer zu einem dieser vierzehn Mitglieder werden kann und wie sich ihre Eingliederung in den inneren Kreis des Avatār vollzieht, wären weitere Bände von Erklärungen notwendig. Möge es genügen, wenn hier gesagt wird, daß jede dieser vierzehn Personen, wenn sie ihr Amt und ihre Funktion im inneren Kreis übernimmt, der charakteristischen Individualität ihres Vorgängers beziehungsweise ihrer Vorgän-

Der zehnfache Kreis des Avatār

gerin beim vorhergehenden Erscheinen des Avatār nicht nur ähnlich, sondern in jeder Hinsicht genau gleich sein muß. Im inneren Kreis Jesu Christi zum Beispiel wurde eines der vierzehn Ämter von Petrus bekleidet. Bei der Wiederkunft des Christus muß dieses besondere Amt von einem anderen Petrus bekleidet werden, der «A» heißen mag, aber die Vorzüge des Geistes und Herzens sowie alle anderen Eigenschaften des Petrus hat. Dasselbe gilt für die Ämter, die im inneren Kreis zur Zeit Jesu Christi Judas, Johannes, Jakobus und die anderen Jünger innehatten.

Alle vierzehn Mitglieder des inneren Kreises des Avatār erlangen die Gottverwirklichung durch die Gnade des Avatār während derselben avatārischen Periode, die vom Hingang des Avatār an einhundert Jahre dauert. Was die äußeren Kreise des Avatār angeht, so hat keine der 108 Personen dieser neun Kreise ein Amt inne, das jenem der Mitglieder des inneren Kreises gleichkäme. Alle dieser 108 Personen erlangen die Gottverwirklichung durch die Gnade des Avatār, doch nicht notwendigerweise während der avatārischen Periode. Diese 108 Personen der äußeren Kreise nehmen ihre jeweiligen Plätze in den neun Kreisen gemäß ihren vergangenen Verbindungen mit den Mitgliedern des vor ihnen liegenden Kreises ein. Die Mitglieder des zweiten Kreises von zwölf Personen, zum Beispiel, der sich unmittelbar an den inneren Kreis anschließt, gruppieren sich gemäß ihren vergangenen Verbindungen mit den Mitgliedern des inneren Kreises um den Avatār, und die zwölf Personen des dritten Kreises gemäß ihren vergangenen Verbindungen mit den Mitgliedern des zweiten Kreises. Ebenso verhält es sich mit den übrigen sieben Kreisen.

Die Geburtswehen der neuen Weltordnung

Der Weltsturm
Der Weltsturm, der sich zusammengeballt hat, entfesselt nunmehr seine ganze Wucht und wird auf seinem Höhepunkt weltweite Verheerung bewirken.* Im Kampf um materiellen Wohlstand haben alle Streitigkeiten gigantische Ausmaße angenommen. Das Auseinanderklaffen menschlicher Interessen hat einen solchen Grad erreicht, daß es zum offenen Konflikt geführt hat. Die Menschheit hat bei der Lösung ihrer individuellen und sozialen Probleme versagt, und der Grund dieses Versagens liegt klar zutage. Ihre Unfähigkeit, diese Probleme auf konstruktive und schöpferische Weise zu lösen, offenbart einen tragischen Mangel an Einsicht in die grundlegende Natur des Menschen und in den wahren Sinn des Lebens.

Konflikt zwischen Kräften des Lichts und der Finsternis
Die Welt ist heute Zeuge eines heftigen Konflikts zwischen den Kräften des Lichts und den Kräften der Finsternis. Auf der einen Seite suchen eigensüchtige Individuen ihr Glück durch blinden Machthunger, ungezügelte Habsucht und ungemilderten Haß zu erreichen. In ihrem Unwissen um den wirklichen Sinn des Lebens sind sie auf die niedrigste Stufe der Kultur gesunken. Sie begraben ihr wahres Selbst unter den Trümmern überkommener Formen, die eine tote Vergangenheit hinterlassen hat. Geknechtet durch materielle Interessen und beschränkte Konzepte, haben sie ihre göttliche Bestimmung vergessen. Sie sind vom Weg abgekommen und haben ihr Herz der Verheerung durch Haß und Neid preisgegeben.

* Erstmals veröffentlicht 1941. (Anm. d. Hrsg.)

Die Geburtswehen der neuen Weltordnung

Auf der anderen Seite gibt es Individuen, die das ihnen innewohnende wahre Selbst durch geduldiges Ertragen von Schmerz und Entbehrungen, durch edle Taten der Tapferkeit und Selbstaufopferung zum Ausdruck bringen. Der gegenwärtige Krieg lehrt den Menschen, tapfer zu sein und fähig zu werden zum Ertragen von Leid, zum Verstehen und zum Opfer.

Eigensucht ist eine Krankheit, die geheilt werden muß
Die Krankheit der Eigensucht, an der die Menschheit leidet, erfordert eine Kur, die ebenso universal wie drastisch sein wird. Eigensucht wurzelt so tief, daß sie nur dann ausgerottet werden kann, wenn sie von allen Seiten zugleich angegriffen wird. Wahrer Frieden und wahres Glück werden von selbst folgen, wenn der Mensch von seiner Eigensucht geläutert wird. Der Frieden und das Glück, die aus hingebender Liebe erwachsen, sind unvergänglich. Selbst der größte Sünder kann zum Heiligen werden, wenn er mutig und aufrichtig genug ist, sich einem radikalen und vollständigen Wandel des Herzens zu öffnen.

Die einzige Lösung
Die gegenwärtigen Wirren und Zerstörungen werden den ganzen Erdkreis ergreifen. In der Zukunft aber wird eine sehr lange Periode folgen, in der es keinen Krieg geben wird. Um dieser langen Periode des Glücks willen, die schließlich folgen wird, lohnt es sich, das vorübergehende Leid und Elend der heutigen Zeiten durchzustehen. Wohin führt das gegenwärtige Chaos? Wie wird es enden? Es kann nur in einer Weise enden: Die Menschheit wird seiner überdrüssig werden. Der Mensch wird es leid sein, zu begehren und aus Haß zu kämpfen. Habsucht und Haß werden ein solches Ausmaß erreichen, daß jedermann ihrer müde werden wird. Der Ausweg aus der Sackgasse wird durch Selbstlosigkeit gefunden werden. Die einzige Lösung wird darin bestehen, das Hassen aufzugeben und zu lieben, das Begehren aufzugeben und zu schenken, das Beherrschen anderer aufzugeben und zu dienen.

Leiden führt zur Einsicht
Tiefes Leid führt zu tiefer Einsicht. Tiefstes Leid erfüllt seinen Zweck und offenbart seinen wahren Sinn, wenn es die erschöpfte Menschheit zur Besinnung bringt und in ihr ein echtes Sehnen nach echtem Verstehen weckt. Nie dagewesenes Leid führt zu nie dagewesener geistiger Reifung. Es trägt bei zum neuen Aufbau des Lebens auf dem unerschütterlichen Fundament der Wahrheit. Es ist höchste Zeit, daß das weltweite Leiden

die Menschheit zum Wendepunkt ihrer geistigen Geschichte führt. Es ist höchste Zeit, daß die Qualen der Gegenwart ein wirkliches Verstehen menschlicher Beziehungen herbeiführen. Es ist höchste Zeit, daß die Menschheit den wahren Ursachen der Katastrophe, die sie überfallen hat, ins Gesicht blickt. Es ist höchste Zeit, daß sie sich aufmacht zur Suche nach einer neuen Erfahrung der Wirklichkeit. Die Erkenntnis der Einheit und Ewigkeit des Lebens bringt das Erbe unvergänglicher Seligkeit. Es ist an der Zeit, daß der Mensch zu dieser Erkenntnis findet, indem er eins wird mit seinem wahren Selbst.

Die Bejahung der Wahrheit
Durch Vereinigung mit seinem wahren Selbst wird der Mensch des unendlichen Selbst in allen inne. Indem er den Begrenzungen des ichbezogenen Lebens entwächst und sie ablegt, wird er frei. Die individualisierte Seele muß ihre Identität mit der Allseele mit vollem Bewußtsein erkennen. Im Lichte dieser uralten Wahrheit wird der Mensch sein Leben neu ausrichten und seine Haltung gegenüber dem Nächsten im Alltag von Grund auf ändern. Indem er die geistige Bedeutung des Einsseins erkennt, wird er zu wirklicher Einheit und Zusammenarbeit finden. Brüderlichkeit wird dann der spontane Ausdruck wahrer Einsicht sein. Das neue Leben, das auf geistiger Einsicht gründet, ist eine Bejahung der Wahrheit. Es ist nicht etwas, das ins Reich der Utopien gehört, sondern etwas ganz und gar Reales. Nun, da die Menschheit in das Feuer blutiger Konflikte geworfen ist, erfährt sie durch ihre unermeßliche Pein die Unbeständigkeit und Nichtigkeit eines Daseins, das auf rein materiellen Konzepten gründet. Die Stunde ist nahe, da die Menschen in ihrer brennenden Sehnsucht nach wirklichem Glück aufbrechen werden zur Suche nach seiner wahren Quelle.

Das Erbe der göttlichen Liebe
Es kommt die Zeit, da die Menschen innig danach streben werden, sich dem Gottmenschen (Avatar) zu nähern, der die Verkörperung der Wahrheit ist und der sie inspirieren und zu geistiger Einsicht emporheben kann. Sie werden die Führung annehmen, die auf göttlicher Autorität beruht. Das Ausgießen göttlicher Liebe allein vermag geistiges Erwachen herbeizuführen. In diesen kritischen Zeiten weltweiten Leidens werden die Menschen allmählich bereit, sich ihrem wahren Selbst zuzuwenden und dem Willen Gottes zu folgen. Göttliche Liebe wird das höchste Wunder vollbringen, die Herzen der Menschen für Gott zu öffnen und ihnen da-

mit zu wahrem und unvergänglichem Glück zu verhelfen. Sie wird das höchste Bedürfnis und Sehnen der Menschheit erfüllen. Die Gottesliebe wird die Menschen in ihren gegenseitigen Beziehungen selbstlos und hilfsbereit werden lassen und die endgültige Lösung aller Probleme bringen. Sie wird eine neue Brüderlichkeit auf Erden herbeiführen und die Nationen in der Gemeinschaft der Liebe und Wahrheit zusammenschließen.

Um dieser Liebe und dieser Wahrheit willen bin ich gekommen. Der leidenden Menschheit sage ich: Hoffet! Ich bin gekommen, um euch zu helfen, euch dem Werk Gottes zu übergeben und euer Herz der Gnade Seiner Liebe und Wahrheit zu öffnen. Ich bin gekommen, um euch zu helfen, den Sieg aller Siege zu erringen – euer wahres Selbst.

Reinkarnation und Karma

I. Die Bedeutung des Todes

Die Perspektive des Weltmenschen
Der Weltmensch identifiziert das Leben ganz und gar mit den Äußerungen und Aktivitäten des physischen Körpers. Deshalb ist für ihn Beginn und Ende der körperlichen Existenz auch Beginn und Ende des individuellen Lebens. Seine ganze Erfahrung führt ihm die Vergänglichkeit des physischen Körpers vor Augen. Oftmals war er Zeuge der Auflösung von Körpern, die zuvor mit pulsierendem Leben erfüllt waren, und so drängt sich ihm die Meinung auf, mit der körperlichen Existenz ende das Leben selbst. Da der Weltmensch den Tod als das Aufhören des Lebens betrachtet, mißt er ihm große Wichtigkeit bei. Doch nur wenige denken gründlich nach über den Tod, und obwohl die meisten Menschen völlig von ihren weltlichen Beschäftigungen in Anspruch genommen sind, macht die Begebenheit des Todes tiefen Eindruck auf sie, wenn sie damit konfrontiert werden.

Für die Mehrzahl der Menschen steht hinter dem irdischen Schauspiel des Lebens die unausweichliche und endgültige Tatsache des Todes, und diese Vorstellung überschattet unmerklich selbst ihre größten Triumphe und Leistungen, ihre schönsten Freuden und Genüsse. Aus der Sicht des Weltmenschen bildet der Tod nicht nur den allgemeinen Hintergrund des Lebens, sondern nimmt unter den vielfältigen Begebenheiten des Daseins überragende Bedeutung an. Er gehört zu jenen Geschehnissen, die die Menschen am meisten fürchten und beklagen. Tod ist das, was sie einander im Groll oder Zorn als höchste Strafe oder letzte Rache zuzufügen trachten, was sie als das sicherste Mittel zur Beseitigung von Aggression und Behinderung durch andere ansehen. Einige Menschen suchen sogar den eigenen Tod, sei es als Ausdruck höchster Selbstaufopferung, sei es in der falschen Hoffnung, dadurch den weltlichen Sorgen und Problemen zu entrinnen, die sie nicht zu meistern vermögen. So gewinnt der Tod in der Vorstellung der meisten Menschen eine überwältigende Bedeutung.

Der ununterbrochene Strom des Lebens
Diese überwältigende Bedeutung des Todes ist eine Folge der Bindung des Menschen an bestimmte Formen. Doch selbst für den Weltmenschen verliert der Tod weitgehend seinen Stachel und seine Wichtigkeit, wenn der Mensch sich einer breiteren Schau des Lebens öffnet. In aller Vergänglichkeit der Formen besteht eine ungebrochene Kontinuität des Lebens durch diese Formen hindurch, und während alte abgelegt werden, entstehen neue, in denen das Leben gegenwärtig ist und sich ausdrückt. Das stets wiederkehrende Ereignis des Todes hat sein Gegenstück im stets wiederkehrenden Ereignis der Geburt. Eine Generation wird durch die nächste abgelöst. In unablässiger Selbsterneuerung wird das Leben in immer neuen Formen wiedergeboren. Aus ihrer uralten Quelle fließen die Lebensströme ununterbrochen weiter durch die Formen, die kommen und gehen wie die Wellen des Ozeans. So gibt es selbst innerhalb der begrenzten Erfahrung des Weltmenschen vieles, was seine falsche Vorstellung vom Tod als unersetzlichem Verlust berichtigen kann.

Bindung an spezifische Formen
Eine gesunde Einstellung zum Tod ist nur dann möglich, wenn das Leben unpersönlich und ohne Bindung an besondere Formen betrachtet wird. Gerade das aber empfindet der Weltmensch infolge seiner Verstrickung mit bestimmten Formen als schwierig. Für ihn ist eine Form nicht ebensogut wie eine andere. Die Form, mit der er sich identifiziert, ist für ihn die weitaus wichtigste. Die Erhaltung und Förderung des allgemeinen Lebensstromes interessiert ihn nicht sonderlich. Wonach sich der Weltmensch sehnt, ist die Fortdauer seiner eigenen Form und anderer besonderer Formen, mit denen er verstrickt ist. Sein Herz kann sich mit seinem Verstand nicht versöhnen. Verschwinden die Formen, die ihm lieb gewesen sind, so fällt er endloser Trauer anheim, obwohl das Leben als Ganzes die verlorenen Formen anderswo durch neue ersetzt haben mag.

Bei näherer Betrachtung zeigt sich, daß der Schmerz des Trauernden in Eigensucht wurzelt. Der Mensch, der eine geliebte Person verliert, mag

Die Bedeutung des Todes

vom Verstand her wissen, daß das Leben als Ganzes diesen Verlust anderswo ersetzt hat, doch alles, was er fühlt, ist: «Was kann *mir* das bedeuten?» Wenn der Mensch den Tod von seinem eigenen persönlichen Gesichtspunkt betrachtet, wird er zur Ursache endlosen Leids. Vom Gesichtspunkt des Lebens als Ganzem jedoch ist der Tod eine Episode von untergeordneter Bedeutung.

Probleme des unpersönlichen Denkens
Unpersönliche Betrachtungen tragen viel dazu bei, das Gemüt im Angesicht des Todes gegen persönlichen Schmerz zu wappnen, doch reichen sie allein nicht aus, um die größeren Probleme zu lösen, die selbst einen unpersönlich denkenden Menschen verwirren, wenn er innerhalb seiner gewöhnlichen, begrenzten Erfahrung über einige der Folgerungen des Todes nachsinnt. Wenn der Tod als endgültige Auslöschung individueller Existenz betrachtet wird, scheint er für das Universum einen unersetzlichen Verlust zu bedeuten. Jedes Individuum mag in der Lage sein, dem Universum etwas so Einmaliges zu geben, daß niemand anders es ganz ersetzen kann. Auch gibt es Fälle, in denen eine irdische Laufbahn plötzlich abgebrochen wird, lange bevor die darin angelegten Möglichkeiten verwirklicht werden konnten. Der ganze Kampf eines Individuums für sein hohes Ideal, all sein Ringen und Einsatz für das Edle, Gute und Schöne, all sein Streben nach dem Göttlichen und Ewigen scheinen sich mit einem Schlag im uferlosen Nichts des Todes aufgelöst zu haben.

Der Konflikt zwischen Intellekt und Intuition
Die Schlußfolgerungen, die sich aus der Vorstellung vom Tod als Ende der individuellen Existenz ergeben, widersprechen der unausrottbaren Hoffnung, die auf vom Verstand übernommener Intuition gründet. So entsteht gewöhnlich ein Konflikt zwischen den Forderungen der Intuition und den Schlußfolgerungen des unerleuchteten Intellekts, der den Tod als das Ende individueller Existenz betrachtet. Dieser Konflikt bildet oft den Beginn reinen Denkens, das die gemeinhin akzeptierte Anschauung des Todes als Ende individuellen Lebens ernstlich in Frage stellt. Die Vorstellung vom Tod als Auslöschung des Lebens kann für das geistige Wesen des Menschen niemals ganz annehmbar sein. Deshalb nimmt das menschliche Gemüt den Glauben an die Unsterblichkeit der individualisierten Seele oft ohne großen Widerstand an, selbst dann, wenn unmittelbares Wissen um das Leben nach dem Tode fehlt.

Die Wahrheit der Unsterblichkeit der Seele

Es gibt nur sehr wenige Menschen, die um die Wahrheit der Unsterblichkeit der Seele aus eigener Erfahrung wissen. Der großen Mehrheit der Menschen ist übersinnliches Wissen um das Leben nach dem Tode unzugänglich. Für sie kann Unsterblichkeit nicht mehr sein als ein tröstlicher und annehmbarer Glaube. Zur persönlichen Gewißheit wird sie erst für jene, die aus einem Interesse am Okkulten Mittel und Wege entwickelt haben, um mit den «anderen Welten» in Verbindung zu treten, oder für jene, die aufgrund ihrer besonderen Umstände das Erscheinen oder Eingreifen von Dahingegangenen erfuhren, oder für jene, die in ihrem Fortschritt auf dem geistigen Pfad auf natürliche Weise gewisse latente innere Wahrnehmungsfähigkeiten entfaltet haben. Die individualisierte Seele ist nicht identisch mit ihrem physischen Körper. Nach dem Ablegen dieses Körpers zum Zeitpunkt des Todes lebt die individualisierte Seele durch ihren subtilen und ihren mentalen Körper mit allen Sanskāras in den inneren Welten weiter. Das Leben durch das Medium des physischen Körpers ist nur ein Teilbereich des ununterbrochenen Lebens der individualisierten Seele. Die anderen Bereiche ihres Lebens haben ihren Ausdruck in anderen Sphären.

Drei Welten

Die Schöpfung ist weit größer als das, was der Mensch durch die gewöhnlichen Sinne seines physischen Körpers wahrzunehmen vermag. Die verborgenen Aspekte der Schöpfung bestehen aus feinerer Materie und feineren Kräften als ihr offenbarer Aspekt. Zwischen diesen feineren Aspekten der Schöpfung und ihrem physischen Anteil besteht kein unüberbrückbarer Graben. Alle durchdringen einander und existieren miteinander. Die feineren Aspekte werden zwar vom gewöhnlichen Menschen nicht wahrgenommen, doch sie sind lückenlos verbunden mit dem physischen Aspekt, den er wahrnimmt. Sie sind nicht weit entfernt und bleiben dennoch unerreichbar für sein Bewußtsein, denn dieses funktioniert durch die Körpersinne, die nicht zur Wahrnehmung dieser feineren Aspekte der Schöpfung fähig sind. Dem gewöhnlichen Menschen sind die inneren Ebenen ebensowenig bewußt wie einem Gehörlosen die Töne. Er kann sich nicht bewußt mit ihnen befassen. Deshalb bedeuten sie für ihn buchstäblich «andere Welten».

Der feinere und verborgene Teil der Schöpfung gliedert sich in zwei Hauptsphären, die subtile und die mentale, die dem Subtilkörper und dem Mentalkörper des Menschen entsprechen. Die gesamte Schöpfung

Die Bedeutung des Todes

läßt sich deshalb in drei Welten einteilen: die physische, die subtile und die mentale. Wenn die individualisierte Seele einen physischen Körper annimmt, drückt sie ihr Leben in der physischen Welt aus. Wenn sie die äußere Hülle des physischen Körpers wieder ablegt, lebt sie ihr Leben weiter durch den Subtilkörper in der subtilen Welt oder durch den Mentalkörper in der mentalen Welt.

Die Folgen eines vorzeitigen Todes
Im allgemeinen endet das Leben im physischen Körper erst dann, wenn alle der in der gegenwärtigen Inkarnation zum Ausdruck freigegebenen Sanskāras verarbeitet sind. In einigen Ausnahmefällen muß die Seele ihren physischen Körper aufgeben, bevor die Verarbeitung dieser Sanskāras abgeschlossen ist. Dies geschieht zum Beispiel bei Selbstmord, wodurch die Lebensspanne künstlich abgekürzt und die Verarbeitung aller aktivierten Sanskāras verhindert wird. Wenn den aktivierten Sanskāras durch einen solchen vorzeitigen Tod der Ausdruck verwehrt wird, bleibt die Seele auch nach dem Ablegen des physischen Körpers der treibenden Kraft dieser Sanskāras unterworfen. Der Impuls nichtverarbeiteter Sanskāras bleibt im Leben nach dem Tod erhalten und äußert sich hier in einem starken Verlangen nach den Dingen der physischen Welt.

Heimsuchungen
In Fällen dieser Art kann der Dahingegangene einem so unwiderstehlichen Drang zur physischen Welt erliegen, daß er seine Begierden durch den physischen Körper inkarnierter Seelen zu erfüllen sucht. Empfindet er zum Beispiel ein starkes Verlangen nach Alkohol, so versucht er dieses auf unnatürliche Weise zu befriedigen, indem er in der physischen Welt jemanden findet, der sich als Medium hierfür eignet, und von dessen physischem Körper Besitz ergreift, um durch diesen sein eigenes Verlangen zu stillen. Desgleichen sucht er, wenn er den rohen Ausdruck von Zornesgefühlen zu erfahren begehrt, nach einer Person in der physischen Welt, die zornig ist. Er wartet ständig auf eine Gelegenheit, Personen mit ähnlichen Sanskāras heimzusuchen, und bemüht sich, seinen Kontakt mit der physischen Welt durch andere so lange wie möglich aufrechtzuerhalten. Im Leben nach dem Tod ist indessen jede sich hinziehende Verstrickung mit der physischen Welt ein ernstliches Hindernis für das natürliche Weiterfließen des Lebens der Seele. Wer sich in einem derart heiklen Zustand befindet, muß als besonders unglücklich betrachtet werden, bürdet er doch sich selbst und anderen

viel unnötiges Leid auf. Im Vergleich dazu ist für andere Seelen das Leben nach dem Tod viel leichter.

Das Intervall zwischen zwei Inkarnationen

Im Normalfall tritt der Tod ein, wenn alle der in der gegenwärtigen Existenz zum Ausdruck drängenden Sanskāras verarbeitet sind. Wenn die Seele ihren physischen Körper ablegt, bricht sie ihre Verbindungen zur physischen Welt in der Regel vollständig ab, obwohl das Ich und das Gemüt mit allen seinen im irdischen Dasein gesammelten Eindrücken erhalten bleiben. Anders als in den Fällen von Geistern, die sich nicht von der physischen Welt trennen können, bemüht sich die dahingegangene Seele normalerweise, sich mit ihrem Scheiden aus der physischen Welt abzufinden. Sie paßt sich den veränderten Umständen an und sinkt in einen subjektiven Zustand, in welchem ein neuer Prozeß beginnt – jener der mentalen Überprüfung der Erfahrungen des eben beendeten irdischen Daseins durch Vergegenwärtigung der damit zusammenhängenden Eindrücke. So eröffnet der Tod eine Periode vergleichsweiser Ruhe, die einem vorübergehenden Rückzug aus der physischen Sphäre des Handelns entspricht. Der Tod bedeutet mithin den Beginn eines Intervalls zwischen einer Inkarnation und der nächsten.

II. Himmel und Hölle

Subjektivität des Lebens nach dem Tode

Nach dem Tod hat die Seele kein Bewußtsein der physischen Welt, da solches Bewußtsein unmittelbar vom physischen Körper abhängt. Doch während das Bewußtsein der physischen Welt geschwunden ist, bleiben die Eindrücke der vergangenen Erfahrungen in dieser Welt im Mentalkörper erhalten und drücken sich im Semisubtilen* weiterhin aus. Während des Intervalls zwischen dem Ende einer Inkarnation und dem Beginn der nächsten ist das Bewußtsein der Seele auf diese Eindrücke gerichtet, und dies bewirkt ihre Aktivierung und das nochmalige Erleben der entsprechenden Erfahrungen. Seelen mit gewöhnlichem Bewußtsein werden hierbei der subtilen Umwelt nicht gewahr. Sie sind eingehüllt in völlige Subjektivität und ganz vom Wiedererleben dieser aktivierten Eindrücke eingenommen.

* s. Glossar.

Himmel und Hölle sind mentale Zustände
Im Leben nach dem Tode werden Freude und Leid viel intensiver erfahren als im irdischen Dasein. Diese subjektiven Zustände intensivierter Freude und Pein nennt man Himmel und Hölle. Himmel und Hölle sind mentale Zustände. Man darf sie daher nicht als Orte betrachten, und obwohl sie für die individualisierte Seele subjektiv sehr viel bedeuten, sind beide Illusionen innerhalb der größeren Illusion der phänomenalen Welt.

Intensivierung der Begierden und Erfahrungen
In den mentalen Zuständen des Lebens nach dem Tode gewinnen die Begierden eine weit größere Intensität, weil ihr Ausdruck nicht mehr durch das physische Medium gedämpft wird. Ebenso sind auch die Erfahrungen ihrer Erfüllung beziehungsweise Nichterfüllung viel intensiver. Im irdischen Dasein werden die Begierden ebenso wie die Freuden und Leiden, die sie bringen, durch das Medium des physischen Körpers erfahren. Tatsächlich macht die Seele dabei zwar zugleich von ihren höheren Körpern Gebrauch, doch tut sie dies nicht bewußt, weil ihr Bewußtsein im irdischen Dasein gewöhnlich an den physischen Körper gebunden ist. Die inneren Vorgänge werden somit durch einen zusätzlichen Schleier gehemmt, der ihre Kraft, Lebendigkeit und Intensität in gleicher Weise dämpft wie dickes Glas die Strahlen des Lichts. Während des Daseins im Körper vermindert sich somit die Intensität der Begierden und Erfahrungen, und nach dem Ablegen des Körpers kommt es zu einer relativen Zunahme ihrer Intensität.

Erfüllung von Wünschen durch Denken
Im mentalen Zustand des Himmels hängt die Erfüllung von Wünschen nicht wie in der physischen Sphäre vom Besitz des Begehrten ab. Sie geschieht durch bloßes Denken an das Begehrte. Wünscht eine Person beispielsweise schöne Musik zu hören, erfährt sie diesen Genuß allein schon durch das Denken an solche Musik. Die Vorstellung schöner Musik wird in diesem Zustand zum vollwertigen Ersatz für die physikalischen Schwingungen von Tönen in der physischen Sphäre. Der Genuß aus der Vorstellung schöner Musik ist sogar weit größer als jener, der im irdischen Dasein aus dem tatsächlichen Hören physikalischer Töne gewonnen werden kann. Im Himmelszustand gibt es kein Hindernis zwischen Wünschen und Erfüllung. Der Genuß der Selbsterfüllung durch Denken und Fühlen ist jederzeit erreichbar.

Der Himmel auf Erden

Tatsächlich entwickeln einige Menschen bereits in der irdischen Daseinssphäre die Fähigkeit, ihre Freude von physischen Objekten unabhängig zu machen. Beethoven zum Beispiel war völlig taub, doch durch die Vorstellung allein konnte er seine Kompositionen genießen. Im übertragenen Sinne könnte man deshalb sagen, selbst auf Erden sei er im Himmel gewesen. In gleicher Weise erfährt ein Mensch, der in Liebe über den göttlichen Geliebten meditiert, allein durch den Gedanken an Ihn Glückseligkeit, ohne daß hierfür die leibliche Gegenwart des Geliebten notwendig wäre. Nach dem Tod, im mentalen Zustand des Himmels, ist das Glück solcher Erfüllung durch bloßes Vorstellen unendlich größer, weil das Bewußtsein nun nicht mehr vom äußeren groben Schleier des physischen Körpers behindert ist.

Gröbere Begierden tragen bei zum Zustand der Hölle

Einige Begierden beziehen sich unmittelbar auf den Besitz und die Einverleibung physischer Dinge. Sinneslust, Eßsucht und Verlangen nach Alkohol oder Drogen gehören zu diesen gröberen Begierden. Sie sind spezifisch irdisch, weil sie den tatsächlichen Besitz ihres physischen Gegenstandes erstreben und Bindung daran mit sich bringen. In diesen Begierden überwiegen die Sinnesempfindungen – nicht nur jene, die aus der Berührung mit dem Objekt entstehen, sondern auch jene, die die Antwort des Körpers selbst sind. Solche Begierden tragen bei zum mentalen Zustand der Hölle.

Der Unterschied zwischen feineren und gröberen Begierden

Im Unterschied zu den feineren Begierden legen die gröberen viel größeres Gewicht auf bloße Sinnesempfindung, unabhängig von jeder geistigen Bedeutung oder irgendeinem sittlichen Wert. Auch bei den feineren Begierden ist zwar ein physisches Element vorhanden – im Wunsch nach Musik zum Beispiel das Begehren des Hörens physikalischer Töne –, doch sind hier nicht so sehr die Töne an sich wichtig, sondern vielmehr ihr Vermögen, Schönheit auszudrücken. Ebenso ist der eigentliche Gegenstand des Wunsches, eine Darlegung des Meisters zu hören, nicht so sehr das Hören von Lauten, sondern vielmehr der Sinn der Worte und deren Wirkung auf das Gemüt.

In den feineren Begierden spielen die Sinnesempfindungen mithin eine untergeordnete Rolle als bloße Vermittler dessen, was den eigentlichen Gegenstand des Begehrens bildet. Bei den gröberen Begierden je-

Himmel und Hölle

doch ist das Hauptelement die Sinnesempfindung selbst, einerseits jene, die die Berührung mit dem physischen Objekt auslöst, und andrerseits jene, die durch die Reaktion des Körpers auf die Aneignung des Objekts entsteht. In den Erfahrungen, die mit den gröberen Begierden zusammenhängen, spielt die physische Komponente die Hauptrolle. Durch sie fühlt die individualisierte Seele ihre eigene Existenz als der physische Körper viel intensiver und lebhafter als durch Erfahrungen, die mit feineren Begierden zusammenhängen.

Die Erfüllung gröberer Begierden ist in der subtilen Sphäre unmöglich
Da bei den gröberen Begierden die Erfahrung von Erfüllung fast immer unmittelbar von der tatsächlichen Sinnesempfindung abhängt, ist eine volle Befriedigung solcher Begierden durch Denken und Vorstellen allein, wie sie bei den feineren Begierden geschieht, nur selten möglich. Es ist ein charakteristisches Merkmal der gröberen Begierden, daß sie auf den Besitz und die Einverleibung ihres physischen Gegenstandes drängen, und deshalb kann die Vorstellung dieses Gegenstandes den Drang, ihn zu besitzen, nur verstärken. Da aber der physische Gegenstand der gröberen Begierden im Semisubtilen unerreichbar ist, führen solche Begierden in den meisten Fällen zur Intensivierung des Leidens der Nichterfüllung.

Leiden der Hölle und Freuden des Himmels
Wie in dieser Welt das Verfolgen gröberer Begierden zu einem Übergewicht der Leiden führt, führt auch im Leben nach dem Tode das Vergegenwärtigen der Erfahrungen im Zusammenhang mit diesen gröberen Begierden zu einem Übergewicht der Leiden. So entsteht der mentale Zustand der Hölle. Die Vergegenwärtigung der Erfahrungen im Zusammenhang mit den feineren Begierden andrerseits bewirkt ein Übergewicht der Freuden, woraus der mentale Zustand des Himmels entsteht.

Die Endlichkeit von Himmel und Hölle
Doch Himmel und Hölle sind Zustände der Gebundenheit, die der Begrenzung durch die Gegensätze von Freud und Leid unterliegen. Beide sind Zustände, deren Dauer von der Art, Summe und Intensität der gespeicherten Eindrücke abhängt. Zeit ist in der semisubtilen Welt nicht dasselbe wie in der physischen Welt, weil das Bewußtsein hier subjektiver ist. Doch auch wenn Zeit in der semisubtilen Welt inkommensurabel ist

mit der Zeit in der physischen Welt, ist die Dauer dieser Zustände streng determiniert durch die Eindrücke, die in der physischen Welt gesammelt wurden. Entscheidend ist die Tatsache, daß die Zustände von Himmel und Hölle durchaus nicht ewig sind, sondern nach Erfüllung ihres Zwecks im Leben der individualisierten Seele ein Ende finden.

Nochmaliges Durchlaufen des irdischen Daseins
Die gröberen Begierden wie Sinneslust sowie ihre emotionalen Produkte wie Haß und Zorn tragen alle bei zum Leben der Nichterfüllung und des Leidens, das im Höllenzustand überwiegt. Die feineren Begierden wie zum Beispiel idealistische Bestrebungen, ästhetische oder wissenschaftliche Interessen und Wohlwollen gegenüber Mitmenschen, sowie ihre emotionalen Produkte wie persönliche Liebe und Zusammengehörigkeitsgefühl tragen bei zum Leben der Verklärung und Freude, das im Himmelszustand überwiegt. Für die meisten Personen bestehen diese mentalen Zustände darin, die Erfahrungen des irdischen Daseins durch Vergegenwärtigung der von ihnen hinterlassenen Eindrücke nochmals zu durchlaufen. Ihre Dauer und Natur hängt ab von der Dauer und Natur der Erfahrungen, die die Person in ihrem irdischen Dasein hatte.

Analogie des Plattenspielers
So wie eine Schallplatte beiseitegelegt wird, nachdem die Nadel des Tonkopfes alle Rillen durchlaufen hat, finden die Zustände von Himmel und Hölle ihr Ende, nachdem das Bewußtsein die Eindrücke aus dem vergangenen Erdendasein allesamt durchlaufen hat. Und so wie das Lied, das die Schallplatte wiedergibt, streng determiniert ist durch das ursprüngliche Lied, das der Platte aufgeprägt wurde, ist die Qualität der intensivierten Erfahrungen, die das Individuum im Leben nach dem Tode durchläuft, streng determiniert durch die Art des Lebens, das es in seinem physischen Körper auf Erden geführt hat. Von diesem Gesichtspunkt sind Himmel und Hölle die Schatten des irdischen Daseins des Menschen.

Die rückblickende Überprüfung irdischer Erfahrung
Himmel und Hölle würden im Leben der individualisierten Seele jedoch keine besonders nützliche Rolle spielen, wenn sie eine bloße Vergegenwärtigung der irdischen Vergangenheit wären. Es würde bare Wiederholung dessen bedeuten, was bereits geschehen ist. Im Leben nach dem

Tode ist das Bewußtsein indessen in der Lage, die Aufzeichnung des irdischen Daseins einer ruhigen und gründlichen Prüfung zu unterziehen. Dank der Intensivierung der Erfahrungen kann es deren Wesen leichter und mit besseren Ergebnissen studieren. Auf Erden ist das Bewußtsein der meisten Menschen vorwiegend objektiv und zukunftgerichtet und steht unter dem Druck nichtverarbeiteter Sanskāras. Seine Aufmerksamkeit gilt zur Hauptsache der möglichen Erfüllung von Sanskāras in der Gegenwart oder in der Zukunft. Im Leben nach dem Tode ist das Bewußtsein der meisten Seelen vorwiegend subjektiv und rückblickend. In Abwesenheit vorwärts drängender Sanskāras ist es, ähnlich wie bei Erinnerungen im irdischen Dasein, hauptsächlich damit beschäftigt, die Vergangenheit zu studieren und ihre Bedeutung zu ergründen.

Die Analogie des Films
Im Leben nach dem Tode tritt an die Stelle der Hektik des unablässigen Antwortens auf die wechselnden Situationen irdischen Daseins eine geruhsame Stimmung, in welcher der Zwang zu unmittelbarem Handeln entfällt. Die gesamte Erfahrung des irdischen Lebens ist nun verfügbar zur Überprüfung in einer Form, die viel lebendiger ist als das Erinnern im Körperdasein. Alle Momente des Erdenlebens sind auf dem Film des Gemüts aufgezeichnet, und nun ist es an der Zeit, dieses Erdenleben anhand der vergrößerten Projektion dieser Aufzeichnung auf die Leinwand des subjektivierten Bewußtseins zu studieren.

Die Assimilation irdischer Erfahrung
Auf diese Weise ermöglichen die Zustände von Himmel und Hölle die Assimilation der Erfahrungen, die die individualisierte Seele in der jüngsten irdischen Phase ihres Lebens gesammelt hat, so daß sie ihre nächstfolgende Verkörperung in der physischen Sphäre mit allen Vorzügen gereiften Wissens beginnen kann. Die Lehren, die die Seele durch diese Bestandsaufnahme und Betrachtung aus den vergangenen Erfahrungen zieht, werden dem Mentalkörper durch die Macht der damit einhergehenden intensivierten Leiden oder Freuden eingeprägt. Sie werden in der nächsten Inkarnation einen festen Bestandteil des intuitiven Wissens bilden, das im aktiven Bewußtsein erscheint, ohne irgendwelche konkrete Erinnerungen an einzelne Geschehnisse der vorhergehenden Inkarnation mit sich zu bringen. Die im Leben nach dem Tode vom Gemüt assimilierten Wahrheiten äußern sich in der nächsten Inkarnation als Teil der dem Individuum innewohnenden Weisheit. Artikulierte Intuition ist nichts an-

deres als kondensiertes Wissen, das Destillat einer Vielzahl von Erfahrungen früherer Existenzen.

Etappen auf dem Weg zum Ziel
Verschiedene individualisierte Seelen beginnen ihre jeweiligen irdischen Existenzen mit verschiedenen Graden intuitiven Wissens, das ihnen als Anfangskapital für die Experimente und Abenteuer der neuen Laufbahn dient. Es mag scheinen, als sei dieses intuitive Wissen das Produkt der vergangenen Erfahrungen, das das Rüstzeug des inneren Menschen vervollständigt. Doch in Wirklichkeit ist es weit eher eine Entfaltung dessen, was in der individualisierten Seele bereits latent vorhanden ist. In diesem tieferen Sinne sind die Erfahrungen des irdischen Daseins ebenso wie die reflektierenden und konsolidierenden Vorgänge, denen sie im Leben nach dem Tod unterzogen wurden, nichts weiter als Hilfsmittel, um das von Anbeginn der Schöpfung in der Seele schlummernde intuitive Wissen nach und nach an die Oberfläche zu bringen. Wie das irdische Dasein und seine Erfahrungen sind mithin auch die Zustände von Himmel und Hölle im Leben nach dem Tode nur Etappen und Episoden auf der langen Wanderung der individualisierten Seele zur Quelle aller Dinge.

III. Die Erinnerung früherer Existenzen

Geburt und Tod – Tore im Strom des Lebens
Wer unmittelbaren Zugang hat zu den vom Verstand nicht faßbaren Wahrheiten über das Leben der Seele und ihre Wiederverkörperung, der weiß aufgrund seiner ungetrübten Wahrnehmung, daß die Geburt nur eine Inkarnation der individualisierten Seele in der physischen Sphäre ist. Die ungebrochene Kontinuität des Lebens der sich wiederverkörpernden Seele entfaltet sich im Rhythmus von Geburt und Tod. Beide sind wie Tore im Strom des Lebens, durch die dieses von einer Existenzweise zur anderen weiterfließt, und beide sind im umfassenderen Leben der Seele gleichermaßen notwendig. Das Intervall zwischen Tod und Geburt ist ebenso notwendig wie das Intervall zwischen Geburt und Tod.

Die Folgerungen falscher Vorstellung
Wie die falsche Vorstellung vom Tod als Ende des individuellen Lebens führt auch die Vorstellung von der Geburt als dessen Beginn zu einem akuten Konflikt mit den Forderungen der vom Verstand übernommenen

Intuition. Von dieser Vorstellung her gesehen scheint die ungleiche Verteilung von Wohlergehen und Glück in der Welt die Rationalität und Moralität des gesamten Plans des Universums ernsthaft in Frage zu stellen. Die Tatsache, daß Rechtschaffene zuweilen großen Leiden ausgesetzt sind, während Lasterhaften alle Annehmlichkeiten zufallen, schafft unüberwindliche Schwierigkeiten für jeden, der im Leben einen ewigen und göttlichen Sinn sehen möchte.

Solange das menschliche Gemüt keinen Einblick in die tieferen Zusammenhänge hat, bleibt es zerrissen und gequält von Widersprüchen, die dazu neigen, einen Menschen in seiner allgemeinen Einstellung zum Leben zu verbittern oder ihn in einen abgestumpften Zynismus zu stürzen, der in mancher Hinsicht noch schlimmer ist als das tiefste persönliche Leid im Angesicht des Todes. Allem Anschein zum Trotz hat das menschliche Gemüt jedoch eine angeborene Tendenz, zu einem tiefen und unerschütterlichen Glauben an die grundlegende Folgerichtigkeit und den inhärenten Wert des Lebens zurückzufinden. Ausgenommen dort, wo künstliche Widerstände erzeugt werden, ist der Mensch deshalb bereit zur Annahme von Erklärungen, die mit diesem inneren Gesetz des Geistes übereinstimmen.

Die Wahrheit der Reinkarnation
Die Wahrheit der Reinkarnation ist noch wenigeren unmittelbar zugänglich als die Wahrheit der Unsterblichkeit der individuellen Seele. Die Erinnerungen aller vergangenen Existenzen sind im Mentalkörper der individuellen Seele gespeichert. Doch sie sind dem Bewußtsein des gewöhnlichen Menschen unzugänglich, weil ein Schleier darüber geworfen ist. Wenn die Seele ihren physischen Körper wechselt, erhält sie ein neues Gehirn, und ihr normales Wachbewußtsein funktioniert in enger Verbindung mit den Vorgängen in diesem Organ. Unter gewöhnlichen Umständen können nur die Erinnerungen des gegenwärtigen Lebens ins Bewußtsein treten, weil das neue Gehirn als Hindernis wirkt für die Freigabe der Erinnerungen jener Erfahrungen, die in früheren Existenzen durch das Medium anderer Gehirne gesammelt wurden.

Reminiszenzen und wirkliche Erinnerung
In seltenen Fällen sickern trotz des Widerstandes des Gehirns einige Reminiszenzen früherer Inkarnationen in das gegenwärtige Leben, namentlich in Form von Träumen, die im Zusammenhang mit diesem gegenwärtigen Leben völlig unerklärlich sind. So kann ein Mensch im Traum

Die Erinnerung früherer Existenzen

Personen sehen, die er in seinem jetzigen Dasein nie gesehen hat. Oft sind dies Personen, denen er in früheren Existenzen begegnet ist. Doch kann man solche Traumgesichte, wenn sie zum gewöhnlichen Typ gehören, nicht als eigentliche Erinnerung früherer Existenzen bezeichnen. Sie zeigen bloß, daß die Vorstellung, die im Traum wirkte, von Inhalten beeinflußt wurde, die aus früheren Existenzen des Träumenden stammen. Wirkliche Erinnerung vergangener Existenzen ist ebenso klar, stetig und gewiß wie die Erinnerung der Vergangenheit des gegenwärtigen Daseins. Wenn sie einem Menschen zufällt, hat er keinen Zweifel mehr daran, zusammen mit vielen anderen Individuen mehrere Leben gelebt zu haben. Er kann an seinem Leben in vergangenen Inkarnationen ebensowenig zweifeln wie an der Vergangenheit seiner jetzigen Inkarnation.

Voraussetzungen wirklicher Erinnerung
Die Zahl derjenigen, die sich ihrer vergangenen Existenzen zu erinnern vermögen, ist sehr klein im Verhältnis zur großen Mehrheit derer, die so vollständig an die physische Sphäre gebunden sind, daß sie das Vorhandensein übersinnlicher Gegebenheiten nicht einmal vermuten. Die Freisetzung der Erinnerung vergangener Existenzen wird verhindert durch die Begrenzungen, die das Gehirn dem Bewußtsein auferlegt, solange dasselbe mit dem physischen Körper und dessen Hirnprozessen verstrickt ist. Erst wenn sich das Bewußtsein von diesen Begrenzungen des Gehirns befreit, kann es die Erinnerung früherer Existenzen wiederfinden, die alle im Mentalkörper gespeichert sind. Dies setzt einen Grad innerer Lösung und Einsicht voraus, wie er nur geistig Fortgeschrittenen eigen ist. Die Erinnerung vergangener Existenzen kann mit voller Klarheit und Gewißheit bereits vor der Vollendung kommen, also während der Suchende noch auf dem Weg durch die inneren Ebenen ist.

Die Vorsorge der Lebensgesetze
Mit Ausnahme einiger seltener abnormer Fälle erschließt sich die Erinnerung vergangener Existenzen einem Menschen somit erst dann, wenn er in seiner geistigen Entwicklung genügend fortgeschritten ist. Diese Vorsorge der Lebensgesetze gewährleistet einen unbehinderten Verlauf der geistigen Entfaltung der individualisierten Seele. Auf den ersten Blick könnte es zwar scheinen, als sei der Verlust der Erinnerung früherer Existenzen tatsächlich ein Verlust, doch dem ist durchaus nicht so. In den meisten Fällen ist Wissen um die eigenen vergangenen Existenzen keineswegs notwendig zur Steuerung der weiteren geistigen Entfaltung. Geistige

Entfaltung besteht darin, sein Leben im Licht der intuitiv wahrgenommenen höchsten Werte zu führen, und nicht im Hangen an der Vergangenheit. Oft wirkt schon die Erinnerung des gegenwärtigen Lebens als Hindernis für gewisse Anpassungen, die durch die geistigen Erfordernisse wechselnder Situationen notwendig werden. In einem gewissen Sinn ist das Problem der geistigen Befreiung das Problem der Befreiung von der Vergangenheit, welche unerbittlich das Leben jener gestaltet, die an das Rad von Geburt und Tod gefesselt sind.

Die Abschirmung von Komplikationen

Wenn ein Mensch, der geistig nicht fortgeschritten ist, die Bürde der bewußten Erinnerung zahlloser früherer Existenzen tragen müßte, wäre sein Leben unendlich komplizierter. Er wäre geblendet und verwirrt von der Vielfalt der Situationen, in der sich ihm die Menschen im Lichte dieser Erinnerung darstellen würden. Doch er ist nicht aufgerufen, sich solcher Verwirrung auszusetzen, da er von der bewußten Erinnerung vergangener Existenzen abgeschirmt ist. Die Dinge und Personen erscheinen ihm in einem begrenzten und eindeutigen Rahmen, in einem begrenzten und eindeutigen Zusammenhang, so daß es ihm nicht besonders schwerfällt, sein Handeln und Antworten im Licht des in diesem Leben gewonnenen Wissens zu bestimmen.

Das bedeutet allerdings nicht, daß sein Handeln und Antworten ausschließlich durch das in diesem Leben erworbene Wissen bestimmt ist. Die Erfahrungen der vorhergehenden Existenzen haben alle ebenfalls einen zwar unbewußten, aber wirksamen Anteil an der Bestimmung seines Handelns und Antwortens. Doch trotz dieses Einflusses vergangener Existenzen bleibt das Bewußtsein aufgrund seiner Abschirmung gegen deren Erinnerung von der Verwirrung verschont, die entstehen würde, wenn ein wenig Fortgeschrittener zu allen anderen Daten auch noch jene vergangener Existenzen hinzunehmen müßte, um sein Handeln und Antworten zu bestimmen.

Gefahrlose Rückgewinnung der Erinnerung erfordert Ablegen der Begierden

Die Erinnerung vergangener Existenzen kann erst dann ohne die Gefahr eines Gleichgewichtsverlustes ertragen werden, wenn der Mensch alle Begierden abgelegt und jedes Gefühl von «mein» und «dein» aufgegeben hat. Die Personen, die er einst als zu ihm gehörend betrachtete, mögen im gegenwärtigen Leben jemand anderem zugehörig sein. Wäre er nach wie vor an diese Personen gebunden und hielte an seinem Anspruch auf sie fest, so würde er für sich selbst und andere unsägliche Komplikationen, Leiden und Verwirrungen schaffen. Besitzdenken in allen seinen Formen muß vollständig aus dem Gemüt verschwinden, wenn der Suchende geistig fähig werden soll, dem verwirrenden Einfluß der Erinnerung vergangener Existenzen standzuhalten.

Geistige Reife
Geistige Reife bedeutet frei sein von allen Begierden und erfüllt sein von unpersönlicher Liebe. Es bedeutet Lösung aus den Verstrickungen des persönlichen Ich. Der geistig Reife vermag seine einstigen Freunde und Feinde mit demselben Gleichmut zu betrachten. Er ist seinen Begrenzungen so weit enthoben, daß er allen Individuen, ob er in vergangenen Existenzen und im gegenwärtigen Dasein eine Beziehung zu ihnen hatte oder nicht, in derselben Weise zu begegnen vermag. Er ist völlig frei von der Idee irgendwelcher drängender Ansprüche seiner selbst auf andere oder anderer auf ihn selbst, weil er der tieferen Wahrheit der Einheit allen Lebens und des illusorischen Charakters weltlicher Geschehnisse innegeworden ist.

Weise Nutzung der wiedergewonnenen Erinnerung
Erst wenn ein Mensch in solcher Weise geistig reif geworden ist, bleibt er von der wiedergewonnenen Erinnerung vergangener Existenzen unbewegt. Erst dann auch wird der Zugang dazu für ihn sinnvoll, weil er aufgrund seiner Ungebundenheit, seines sicheren Urteils und seiner reinen Liebe fähig geworden ist, das ihm durch die Erinnerung vergangener Existenzen zufließende Wissen richtig und weise anzuwenden. Durch seinen Einblick in die eigenen Inkarnationen und in die Inkarnationen jener, die in der Vergangenheit mit ihm verbunden waren, ist er nun in der Lage, durch bewußte karmische Anpassungen nicht nur sein eigenes Fortschreiten auf dem Pfad zu beschleunigen, sondern auch anderen Pilgern auf dem Pfad beizustehen.

Vorteile wiedergewonnener Erinnerung
Nach der natürlichen Rückgewinnung der Erinnerung vergangener Inkarnationen geht die geistige Entfaltung des Suchenden rascher vor sich. Das klare Wissen um die Entstehungsgeschichte der Verstrickungen mit weltlichen Dingen erleichtert die Lösung aus diesen Verstrickungen. Verlief die geistige Entfaltung bisher größtenteils ohne Bewußtsein der be-

grenzenden Vergangenheit, so vollzieht sie sich nun im Bewußtsein derselben. Die Hindernisse ebenso wie die Erleichterungen, die die Vergangenheit geschaffen hat, sind dem Bewußtsein nunmehr zugänglich, so daß sie in verständiger und umsichtiger Weise gehandhabt werden können. Das neugewonnene rationale Wissen verdeutlicht die unartikulierte Intuition, und damit wird ein Handeln möglich, das weniger belastet ist von Irrtümern und deshalb besser imstande, wünschenswerte Ergebnisse herbeizuführen.

Wissen um die Vergangenheit in der Hand des Meisters
Die Meister der Weisheit, in ihrer geistigen Vollkommenheit, sind an vergangenen Inkarnationen an sich nicht besonders interessiert. Für sie gehören dieselben zu den vielen unwichtigen Tatsachen weltlichen Daseins. Wenn sie von ihrem Wissen um die früheren Existenzen eines Individuums überhaupt Gebrauch machen, dann einzig und allein mit dem Zweck, diesem weiterzuhelfen auf dem Weg zur ewigen Wahrheit. Ihr Wissen um die Vergangenheit dient ihnen dazu, dem Suchenden gerade jene Hilfe zu geben, die dieser in seiner spezifischen Situation benötigt.

Die Einzelheiten des geistigen Pfads des Suchenden sind oft bestimmt von vergangenen Geschehnissen, von der Art seiner Wahrheitssuche in früheren Existenzen sowie von den Hindernissen oder Erleichterungen, die er sich durch sein vergangenes Handeln selbst geschaffen hat. Alle diese Dinge sind dem Suchenden verborgen, doch dem Vollkommenen Meister, dessen Wahrnehmung ungetrübt ist, liegen sie offen, und er benutzt sein Wissen, um den geistigen Fortschritt des Wahrheitssuchenden zu beschleunigen. Der Meister führt den Suchenden aus der Situation hinaus, in die er sich durch sein Suchen und Experimentieren über mehrere Existenzen hinweg gebracht hat. Wie in weltlichen Angelegenheiten bedeutet umfassendes und sicheres Wissen auch in geistigen Angelegenheiten eine Einsparung an Zeit und Energie.

IV. Die Rolle der Dualität

Geschlechtliche Dualität
Die individualisierte Seele hat ihren Ursprung im unendlichen, gestaltlosen, geschlechtslosen und unteilbaren Sein Gottes, der jenseits aller Zweiheit und aller Evolution ist. Der Anfang der individualisierten Seele ist auch der Anfang von Dualität und Evolution. Es gibt Zweiheit, sobald ein

Subjekt und ein Objekt vorhanden ist – ein individualisiertes Bewußtsein, wie schwach es auch immer ausgeprägt sein mag, und dessen Umwelt. Die spezifische Form von Dualität dagegen, die in der Differenzierung und wechselseitigen Anziehung der Geschlechter besteht, tritt erst in einem späteren Stadium der Evolution auf. Geschlechtlichkeit ist eine besondere Art körperlicher Anziehung, die eine Differenzierung der Formen, eine besondere Art der Verstrickung des Bewußtseins mit den Formen und einen besonderen Ausdruck des Lebens und der Energie voraussetzt.

Geschlecht bei Pflanzen und Tieren

Im mineralischen Reich gibt es keine geschlechtlichen Unterschiede. Erst im Pflanzenreich kommt es zur körperlichen Differenzierung in zwei Geschlechter mit je besonderen biologischen Funktionen. Pflanzen haben kein Geschlechtsbewußtsein, denn in ihnen ist Bewußtsein überhaupt erst schwach entwickelt und bleibt in seinem Ausdruck unbeeinflußt von diesen körperlichen Unterschieden. Bei den Pflanzen vollzieht sich der Kontakt zwischen dem Männlichen und dem Weiblichen aufgrund der Fixierung im Boden nicht direkt, sondern indirekt, durch Vermittlung des Windes, von Bienen und so weiter. Während man deshalb vom Standpunkt der *Entwicklung der Formen* sagen kann, daß die geschlechtliche Differenzierung bereits auf der Stufe der Pflanzen beginnt, müssen Pflanzen vom Gesichtspunkt der *Bewußtseinsentwicklung* als geschlechtslos angesehen werden, weil in ihrem Bewußtsein von Zweiheit die Geschlechtlichkeit keine Rolle spielt.

In der Entwicklung der geschlechtlichen Dualität stehen die Pflanzen mithin zwischen den Mineralien, die kein Geschlecht haben, und den Tieren, bei denen es voll ausgebildet ist. Unmittelbar vor ihrer Verkörperung in der ersten menschlichen Form erlangt die Seele in der letzten Tierform volles Bewußtsein und volle Energie. Sie legt nun diese Form ab, um einen menschlichen Körper anzunehmen. Den aufeinanderfolgenden Inkarnationen der individualisierten Seele in vormenschlichen Formen folgt der Prozeß der Reinkarnation in menschlichen Formen.

Geschlechtliche Dualität beim Menschen

Bei den Tieren äußert sich Geschlechtlichkeit nicht nur in Unterschieden der Formen und Funktionen, sondern ist zu einem tiefwurzelnden Faktor geworden, der das Bewußtsein beeinflußt. Da der Mensch sowohl seinen Körper als auch sein Bewußtsein von hochentwickelten Säugetieren wie

Die Rolle der Dualität

den Affen erbt, ist auch er der geschlechtlichen Dualität unterworfen. Im Menschen ist diese Dualität so vollständig ausgebildet, daß sie nicht mehr nur eine Sache des Körpers ist, sondern das Gemüt tiefgreifend modifiziert. Dieses Gemüt sucht deshalb entsprechend der weiblichen oder männlichen Form durch den Körper Ausdruck.

Keine Rückkehr zu tierischen Formen
Nach Erreichen der menschlichen Form gibt es in der Regel keine Rückkehr zu tierischen Formen. Zum Rückfall in vormenschliche Formen kommt es nur sehr selten, unter gewissen außergewöhnlichen Umständen. Normalerweise setzt die Seele, nachdem sie die menschliche Stufe erreicht hat, ihren Weg fort durch zahllose Wiederverkörperungen in menschlicher Form. Je nach den Sanskâras und den geistigen Bedürfnissen der Seele ist diese menschliche Form zuweilen männlich und zuweilen weiblich.

Vorrechte der weiblichen und der männlichen Form
Die weibliche Form hat das Vorrecht, daß selbst Vollkommene Meister und der Avatâr durch sie geboren werden müssen. Die männliche Form hat das Vorrecht, daß Vollkommene Meister meistens und der Avatâr immer in dieser Form erscheinen. Frauen können Heilige und Vollkommene Meister werden, doch der Avatâr erscheint stets in männlicher Form.

Die Bestimmung der Umstände einer Inkarnation
Die allgemeinen Erleichterungen und Hemmnisse einer Inkarnation sind immer bestimmt durch die Sanskâras, die die individualisierte Seele in der Vergangenheit gesammelt hat. Die Bedürfnisse ihrer weiteren Entwicklung hängen ab von der Art ihrer angehäuften Sanskâras. Deshalb sind es im Grunde diese angehäuften Sanskâras, die bestimmen, ob sich die Seele auf Erden in der östlichen oder der westlichen Welt verkörpert, in der männlichen oder in der weiblichen Form, in diesem oder jenem Existenzzyklus. Die Möglichkeiten, die eine bestimmte Inkarnation bietet, hängen nicht nur von der jeweiligen geschlechtlichen Form ab, sondern auch davon, in welchem Existenzzyklus und in welcher der beiden irdischen Hemisphären sie erfolgt.

Ost und West
Vereinfacht gesagt, ist der Osten in seiner Entwicklung im großen und ganzen eher geistigen Linien gefolgt als materiellen, mit dem Ergebnis, daß sich das östliche Gemüt stärker zu Gott hingezogen fühlt. Der Westen seinerseits ist in seiner Entwicklung im großen und ganzen eher materiellen Linien gefolgt als geistigen, mit dem Ergebnis, daß sich das westliche Gemüt mehr zu intellektuellen und künstlerischen Dingen hingezogen fühlt. Eine Inkarnation im Osten bringt gewöhnlich eine stärkere Neigung zum geistigen Leben als eine Inkarnation im Westen, und eine Inkarnation im Westen bringt meistens eine stärkere Neigung zum materiellen Leben als eine Inkarnation im Osten. Doch die Seele muß sowohl die materiellen als auch die geistigen Aspekte des Lebens erfahren, bevor sie sich von den Fesseln der Dualität befreien kann. Deshalb muß sich dieselbe Seele sowohl im Osten als auch im Westen verkörpern.

Wechsel der Hemisphäre
Wenn sich die Seele viele Male hintereinander im Osten verkörpert hat und sich dann im Westen inkarniert, bringt sie die Eindrücke ihrer Existenzen im Osten mit und führt ihr Leben im Westen im wesentlichen nach dem Muster des Ostens. Wenn eine Seele viele Male hintereinander im Westen verkörpert war und sich dann im Osten inkarniert, bringt sie die Eindrücke ihrer Existenzen im Westen mit und führt ihr Leben im Osten im wesentlichen nach dem Muster des Westens. So begegnet man zuweilen einer europäischen Seele in einer indischen Form oder einer indischen Seele in einer europäischen Form. Es versteht sich von selbst, daß diese Unterscheidung nur die vergangenen Inkarnationen und Sanskāras betrifft und nicht die Seele selbst, die jenseits solcher Unterscheidungen ist.

Existenzzyklen
Die besonderen Möglichkeiten, die männliche und weibliche Inkarnationen bieten, sind nicht immer gleich. Sie ändern sich je nach dem gegebenen Existenzzyklus und auch je nachdem, ob die Inkarnation im Osten oder im Westen erfolgt. In einigen Zeitaltern sind Männer aktiver, energischer und materialistischer als Frauen. In anderen Zeitaltern gilt das Umgekehrte. In der Vergangenheit waren die Frauen des Ostens tapfer und vergeistigt. Kein Opfer war ihnen zu groß für das Glück und Wohlergehen ihrer Ehemänner, und ihre geistige Demut reichte so weit, daß sie den Ehemann als Gott selbst ansahen.

Heute hat in der östlichen Hemisphäre der Mann im allgemeinen eine stärkere Neigung zum Geistigen als die Frau, während in der westlichen Hemisphäre die Frau im allgemeinen eine stärkere Neigung zum Geistigen hat als der Mann. Ein im Osten lebender Mann ist mithin verschieden von einem im Westen lebenden Mann, und eine im Osten lebende Frau ist verschieden von einer im Westen lebenden Frau. Die Pointe ist, daß dieselbe Seele im Vergleich der Geschlechter unterschiedliche Grade von Überlegenheit oder Unterlegenheit oder Gleichheit in geistigen und weltlichen Belangen zeigen kann, je nach dem Existenzzyklus, dem Geschlecht und der irdischen Hemisphäre ihrer jeweiligen Inkarnation.

V. Die Notwendigkeit männlicher und weiblicher Inkarnationen

Vorteile der männlichen und der weiblichen Form

Obwohl sich die Erfahrungsmöglichkeiten beider Geschlechter je nach Zeitalter und Ort der Inkarnation ändern, bietet jedes Geschlecht besondere Möglichkeiten für eine spezifische Entwicklung der Erfahrung. Die Lehren, die in männlichen Inkarnationen ohne weiteres assimiliert werden, mögen in weiblichen Inkarnationen oft nicht leicht zugänglich sein, und umgekehrt mögen die Lehren, die in weiblichen Inkarnationen ohne weiteres assimiliert werden, in männlichen Inkarnationen oft nicht leicht zugänglich sein.

Männer zeichnen sich in der Regel durch Eigenschaften des Intellekts und des Willens aus. Sie sind fähig zu vernünftiger Beurteilung und standhaftem Entschluß. Frauen zeichnen sich in der Regel durch Eigenschaften des Herzens aus. Sie sind fähig zu tiefer Liebe, die sie jedes Opfer für die geliebte Person auf sich nehmen läßt. Auf diese Herzenseigenschaften der Frau ist es zurückzuführen, daß die Bhaktas in ihren Hymnen auf den Avatār im allgemeinen einen weiblichen Namen dem männlichen voranstellen, zum Beispiel Rādhā-Krishna oder Sītā-Ram. Hinsichtlich der Eigenschaften des Herzens sind die Frauen den Männern meist überlegen, und hinsichtlich des Intellekts und des Willens sind meist die Männer den Frauen überlegen. Das Bedeutsame hierin ist, daß dieselbe Seele sich entweder durch Eigenschaften des Herzens oder durch Eigenschaften des Intellekts und des Willens auszeichnet, je nachdem, ob sie sich in der weiblichen oder männlichen Form verkörpert. Die abwechselnde Entfaltung spezifischer geistiger Eigenschaften durch männliche und weibliche

Inkarnationen setzt sich so lange fort, bis eine allseitige Entwicklung erreicht ist.

Männliche und weibliche Inkarnationen sind gleichermaßen unerläßlich
Da männliche und weibliche Inkarnationen zur Selbsterkenntnis der Seele gleichermaßen notwendig sind, ist es ein Irrtum, die einen als wichtiger einzustufen als die anderen. Obwohl es Unterschiede gibt in der Art der Möglichkeiten, die sie gewähren, sind beide unerläßlich. Die Seele muß sowohl männliche als auch weibliche Inkarnationen durchlaufen, wenn sie zu jenem Erfahrungsreichtum gelangen soll, durch den allein die letzte Erfahrung möglich wird, daß die Seele selbst jenseits aller Formen von Dualität ist, einschließlich der ausgeprägten Dualität, die auf dem Geschlecht beruht.

Männliche und weibliche Inkarnationen ergänzen sich
Bevor die Seele von allen Sanskāras frei wird, nimmt sie unzählige männliche und unzählige weibliche Formen an. Würde sie sich nur in männlichen oder nur in weiblichen Formen verkörpern, bliebe ihre Erfahrung einseitig und unvollständig. Die Dualität der Erfahrung kann nur durch Verstehen überwunden werden, und das Verstehen der Erfahrung bleibt unvollständig, solange sich diese innerhalb der Grenzen eines der beiden Gegensätze bewegt. Die Einheit von Subjekt und Objekt der Erfahrung bleibt unerreichbar, solange das Objekt noch irgendeinen Aspekt oder Faktor enthält, der nicht völlig durch die eigene Erfahrung erfaßt wurde, und dies gilt in besonderem Maße für die geschlechtliche Dualität.

Wie es zur Verstrickung mit dem anderen Geschlecht kommt
Die in den männlichen und weiblichen Inkarnationen gesammelten Erfahrungen bleiben alle im Mentalkörper erhalten. Da sich die Seele mit dem physischen Körper identifiziert, finden jedoch meist nur jene psychischen Tendenzen Ausdruck, die mit dem Geschlecht dieses Körpers harmonisieren. Die für das andere Geschlecht charakteristischen Tendenzen hingegen sind gewöhnlich ins Unbewußte verdrängt, weil sie mit dem Geschlecht des physischen Körpers nicht harmonisieren und sich dieser Körper nicht als Medium zu ihrem Ausdruck eignet. Wenn die Seele einen weiblichen Körper annimmt, werden die männlichen Tendenzen gleichsam zurückgestellt und nur die weiblichen Tendenzen zum Ausdruck freigegeben. Desgleichen werden, wenn die Seele einen männli-

chen Körper annimmt, die weiblichen Tendenzen zurückgestellt und nur die männlichen Tendenzen zum Ausdruck freigegeben. Identifikation mit dem physischen Körper schließt die Identifikation mit dem Geschlecht dieses Körpers ein. Sie läßt daher nur jenem begrenzten Teil des Gemüts freies Spiel, der in Einklang mit dem Körpergeschlecht ist. Da der andere Teil unterdrückt wird und unbewußt bleiben muß, entsteht im bewußten Teil ein Gefühl der Unvollständigkeit und damit eine Tendenz, durch Bindung an Personen des anderen Geschlechts zur Vollständigkeit zurückzufinden. In der Verstrickung mit dem anderen Geschlecht sucht der mit dem Geschlecht des eigenen Körpers nicht harmonisierende und deshalb unterdrückte Teil des Gemüts in irgendeiner Weise Ausdruck durch einen anderen. Von diesem Gesichtspunkt läßt sich geschlechtliche Anziehung als eine Folge der Bemühungen bezeichnen, die das Gemüt unternimmt, um sich mit dem unbewußten Teil seiner selbst zu vereinigen.

Geschlechtliche Anziehung entspringt dem durch Nichtwissen bedingten Versuch des bewußten Gemüts, den Verlust innerer Ganzheit zu kompensieren, den die Identifikation mit dem Körpergeschlecht hervorgerufen hat. Dieser Kompensationsversuch ist indessen zum Scheitern verurteilt, weil er nicht nur von der Identifikation mit dem Körper ausgeht, sondern diese noch verstärkt, indem er den Körper des anderen Geschlechts in Gegensatz stellt zum eigenen und durch Besitzenwollen zur Verstrickung mit ihm führt.

Verstehen von innen durch Lösung von der Form
Wenn die Seele versucht, die geschlechtliche Dualität durch Lösung von der Form des anderen Geschlechts zu überwinden, ebnet sie den Weg zum Verstehen der mit dem anderen Geschlecht verbundenen Erfahrung von *innen*. Das bedeutet, daß der Mann die Frau nicht mehr aus der Optik des Männlichen zu verstehen sucht, sondern durch Einfühlung in das, als was die Frau sich in ihrer eigenen persönlichen Erfahrung empfindet. Desgleichen versucht die Frau, den Mann nicht länger aus der Optik des Weiblichen zu verstehen, sondern durch Einfühlung in das, als was der Mann sich in seiner eigenen persönlichen Erfahrung empfindet. So paradox es scheinen mag, verhindert mithin die Form des anderen Geschlechts das wahre Verständnis der Erfahrung, die mit dem anderen Geschlecht verbunden ist. Lösung von der Form des anderen Geschlechts erleichtert das wahre Verstehen der mit diesem verbundenen Erfahrung, weil sie die Schranken beseitigt, die eine vom Geschlechtlichen besessene Vorstellung erzeugt.

Die Befreiung von geschlechtsbesessener Vorstellung

Wenn ein Mensch die geschlechtliche Dualität zu überwinden beginnt und versucht, die mit dem anderen Geschlecht verbundene Erfahrung zu verstehen, stellt er zuweilen eben jene Verhaltensweisen zur Schau, die gewöhnlich das andere Geschlecht kennzeichnen. So kommt es vor, daß männliche Suchende in der einen oder anderen Phase sich tatsächlich wie Frauen kleiden, wie Frauen reden, wie Frauen fühlen und weibliche Charakterzüge und Gewohnheiten annehmen. Dies ist indessen nur ein vorübergehendes Entwicklungsstadium. Wenn der Vorgang des inneren Verstehens solcher Erfahrungen abgeschlossen ist, erfahren sie sich selbst weder als nur männlich noch als nur weiblich, sondern als jenseits des Unterschieds des Geschlechts. Dem Suchenden, der die Dualität des Geschlechts überwunden hat, sind die Erfahrungen im Zusammenhang mit der männlichen und der weiblichen Form gleichermaßen zugänglich und verständlich. Er bleibt unberührt von den Begrenzungen beider, weil er sich durch Einsicht von den begrenzenden Zwängen geschlechtsbesessener Vorstellung befreit hat.

Die Versöhnung zwischen bewußtem und unbewußtem Gemüt

Die Vollständigkeit, die das Gemüt anstrebt, ist nicht durch Bindung an andere Formen oder Aneignung derselben erreichbar. Sie ist im Inneren zu suchen, durch Rückgewinnung der verlorenen Einheit des Gemüts. Die Versöhnung zwischen bewußtem und unbewußtem Gemüt geschieht nicht durch geschlechtliche Verstrickung und andere Formen des Besitzstrebens, sondern durch Ablegen der Identifikation mit dem Körper und dessen Geschlecht. Nichtidentifikation mit dem Körper beseitigt auch die Schranken, die die Integration der Gesamtheit der im Gemüt gespeicherten Erfahrungen verhindern. Wer nach innerer Ganzheit strebt, sollte die geschlechtliche Dualität und Bindung, die die Identifikation mit dem Körper nur verstärken, überwinden.

Endgültige Lösung durch göttliche Liebe

Freisein von der Bindung an das andere Geschlecht heißt Freisein von der Herrschaft des Geschlechts des Körpers, in dem sich die Seele inkarniert hat. Damit wird die Mehrzahl jener Sanskâras ausgelöscht, die die Seele zwingen, sich mit dem Körper zu identifizieren. Das Transzendieren der geschlechtlichen Dualität bedeutet zwar nicht an sich schon das Überwinden aller Dualität, doch trägt es in großem Maße dazu bei, das vollständige Überwinden der Zweiheit in allen ihren Formen zu erleichtern. Das Problem der geschlechtlichen Dualität ist nur ein Teil des Problems der Dualität überhaupt. Seine gänzliche Lösung erfolgt dann, wenn das größere Problem der Dualität an sich überwunden wird durch göttliche Liebe, in der es weder «Ich» noch «Du», weder Mann noch Frau mehr gibt. Der Zweck männlicher und weiblicher Inkarnationen ist derselbe wie der Zweck der Evolution selbst. Er besteht darin, die Seele zu befähigen, zu ihrem ungeteilten und unteilbaren Sein zu finden.

VI. Das Wirken des Karma durch aufeinanderfolgende Existenzen

Die Bestimmung der Inkarnation durch das Karma-Gesetz

Die aufeinanderfolgenden Inkarnationen einer individuellen Seele sind nicht nur verbunden durch den ununterbrochenen Faden der Identität, die sich im persönlichen Gedächtnis äußert und im Falle fortgeschrittener Seelen bewußt erinnert werden kann, sondern auch durch das ununterbrochene Wirken des Gesetzes von Ursache und Wirkung aufgrund von fortbestehendem und fortwirkendem Karma. Die aufeinanderfolgenden Inkarnationen und alle ihre Besonderheiten sind streng und unfehlbar durch dieses rationale Gesetz determiniert, so daß es für das Individuum möglich wird, durch besonnenes und intelligentes Handeln seine Zukunft zu gestalten. Das Handeln in vergangenen Existenzen bestimmt die Umstände und Bedingungen der gegenwärtigen Existenz, und das Handeln der gegenwärtigen Existenz ist mitbestimmend für die Umstände und Bedingungen künftiger Existenzen. Die aufeinanderfolgenden Inkarnationen der individuellen Seele enthüllen ihre volle Bedeutung erst im Lichte dieses Wirkens des karmischen Gesetzes.

Das Karma wirkt durch den Mentalkörper fort

Die einzelnen Verkörperungen in der physischen Welt sind nur scheinbar voneinander getrennt. Durch den Mentalkörper, der sich als permanenter und konstanter Faktor über alle Existenzen der Seele hinweg erhält, wirkt das Karma als Bindeglied und Determinante der aufeinanderfolgenden Inkarnationen fort. Das Gesetz des Karma und seine Wirkungsweise bleiben dem menschlichen Gemüt unverständlich, solange es den physischen Körper und die physische Welt als die einzigen Gegebenheiten des Daseins betrachtet. Karmische Bestimmung beruht auf der Existenz subtiler und mentaler Körper und Welten.

Mentalkörper und Subtilkörper

Die Ebene, auf der Bewußtsein des Physischen möglich ist, ist die physische Welt. Die Ebenen, auf der Bewußtsein der Begierden möglich ist, befinden sich in der subtilen Welt, und die Ebenen, wo Bewußtsein des Mentalen möglich ist, sind in der mentalen Welt. Die Quelle allen Begehrens findet sich im Gemüt, das sein Dasein auf den mentalen Ebenen hat. Hier heftet sich der Same des Begehrens an das Gemüt. Hier existiert Begehren in latenter Form, geradeso wie der Baum latent im Samen enthalten ist. Der Mentalkörper, Sitz des Gemüts, wird deshalb oft *Kārana-Sharīna* oder Kausalkörper genannt, weil er in sich die Samen oder Ursachen aller Begierden enthält. Das Gemüt speichert alle Eindrücke und Veranlagungen in latenter Form. Diese Sanskāras bilden zusammen das Ich oder Ego. Die eigentliche Äußerung der Sanskāras im Bewußtsein in Form von Begierden aber findet im Subtilkörper statt.

Das Ich-Gemüt

Die Seele, die in Wirklichkeit eins und undifferenziert ist, wird durch die Begrenzungen des Mentalkörpers, in welchem das Ich-Gemüt seinen Sitz hat, scheinbar individualisiert. Das Ich-Gemüt entsteht durch Anhäufung von Eindrücken vergangener Erfahrungen und Handlungen. Dieses Ich-Gemüt als Daseinsbasis des Individuums ist es, das sich im eigentlichen Sinne wiederverkörpert. Das Ich-Gemüt als Speicher latenter Eindrücke ist der Zustand des Mentalkörpers. Das Ich-Gemüt, das zu Energie wird und die aktivierten Eindrücke erfährt, ist der Zustand des Subtilkörpers. Das Ich-Gemüt in seinem Abstieg in die physische Sphäre zum Zwecke schöpferischen Handelns ist der Zustand der Inkarnation. Somit ist das Ich-Gemüt, das seinen Sitz im Mentalkörper hat, jene Wesenheit, die alle Phasen der fortgesetzten Existenz als gesondertes Individuum umfaßt.

Eindrücke bestimmen Bedingungen einer Inkarnation

Das Ich-Gemüt, das seinen Sitz im Mentalkörper hat, nimmt niedrigere Körper an entsprechend den Eindrücken, die in ihm gespeichert sind. Diese Eindrücke bestimmen, ob eine Person ein hohes Alter erreichen wird oder nicht, ob sie Gesundheit oder Krankheit oder beides erfahren wird, ob sie schön oder häßlich sein, an körperlichen Behinderungen wie beispielsweise Blindheit leiden oder sich allgemeiner körperlicher Leistungsfähigkeit erfreuen, einen scharfen oder einen dumpfen Verstand, ein reines oder unreines Herz, einen schwankenden oder einen festen Willen haben und sich der Verfolgung materieller Ziele oder der Suche nach dem inneren Licht hingeben wird.

Das Spiel der Dualität
Die Eindrücke des Handelns (Karma), und dazu gehört nicht nur physisches Handeln, sondern ebenso Denken und Fühlen, verändern das Ich-Gemüt, und die Beschaffenheit und Bedürfnisse des Ich-Gemüts ihrerseits bestimmen die Umstände einer Inkarnation. Wenn eine Person in einer Inkarnation beispielsweise irgendwelche besonderen Fähigkeiten oder Neigungen entwickelt hat, nimmt sie diese in die folgende Inkarnation mit, und was in einer Inkarnation unvollständig geblieben ist, kann in der nächsten vervollständigt werden. Aufgrund des Fortbestehens der Eindrücke werden karmische Verbindungen, die in einer Inkarnation angeknüpft wurden, in nachfolgenden Inkarnationen weitergeführt und entwickelt. Personen, die in der Vergangenheit durch gute oder schlechte Beziehungen miteinander verbunden waren, neigen deshalb zu neuerlichen Kontakten miteinander. So geht das Spiel der Dualität weiter, bis die Seele in der Fülle ihrer Erfahrung der Gegensätze schließlich reif wird für das Ablegen des Ich-Gemüts und sich nach innen wendet, um sich selbst als die Allseele zu erkennen.

Karmische Forderungen und Gegenforderungen
Wenn zwischen Personen ein Geben und Nehmen stattgefunden hat, das zwischen ihnen karmische und sanskärische Bindungen schafft und Forderungen und Gegenforderungen nach sich zieht, so müssen diese Personen wieder zusammenkommen und neuen Umgang miteinander haben, um diese Forderungen und Gegenforderungen zu erfüllen. Was eine Person aus selbstsüchtigen Beweggründen gibt, bindet sie im selben Maße wie das, was sie mit einem Gefühl des Getrenntseins entgegennimmt. Solch bindendes Geben und Nehmen beschränkt sich nicht auf die materielle Ebene, auf den Austausch von Gütern, Geld oder Diensten. Es kann auch ein Geben und Nehmen im Bereich der Gedanken oder der Gefühle sein.

Die Beziehung zwischen Heiligen und ihren Verehrern
Wenn jemand an einen Heiligen, der die höheren Ebenen des Bewußtseins erreicht hat, herantritt und ihm seine Ehrerbietung darbringt, schafft er eine Forderung an ihn, so daß der Heilige, der noch dabei ist, auf dem

geistigen Pfad die inneren Ebenen zu durchqueren, innehalten und dem Betreffenden helfen muß, jenen Punkt des geistigen Pfads zu erreichen, an dem er sich selbst befindet. Einem Heiligen Verehrung entgegenzubringen, bedeutet mithin Karma der Einmischung zu erzeugen. Obwohl die Verehrung eines Heiligen an sich etwas Gutes ist, verpflichtet sie den Heiligen, der sie empfängt, sein eigenes Fortschreiten auf dem Pfad so lange zurückzustellen, bis er dem Verehrenden geholfen hat.

Das wechselseitige Antworten der Seelen

Daß Seelen rasch und unvermeidlich aufeinander antworten, findet seinen Ausdruck in dem Gesetz, daß Haß wiederum Haß erzeugt, Begierde wiederum Begierde und Liebe wiederum Liebe. Dieses Gesetz wirkt nicht nur innerhalb einer einzigen Lebensspanne, sondern über mehrere Existenzen hinweg. So kann sich ein Mensch getrieben fühlen, einen Freund vergangener Existenzen zu hassen und zu fürchten, obwohl ihm das gegenwärtige Dasein keinen offenkundigen Anlaß zu dieser Haltung gegeben hat. Desgleichen kann er sich, ohne im gegenwärtigen Dasein einen offenkundigen Grund dafür zu finden, getrieben fühlen, einen Freund vergangener Existenzen zu lieben und zu unterstützen.

In den meisten Fällen ist dem Menschen der Grund seiner Haltung nicht bewußt, doch das bedeutet nicht, daß es keinen Grund dafür gäbe. Viele Dinge, die bei oberflächlicher Betrachtung unerklärlich scheinen, klären sich, wenn sie im Lichte vergangener karmischer Bindungen betrachtet werden. Das Gesetz des Karma ist ein Gesetz, das sich in ständig wechselnden gegenseitigen Anpassungen äußert, die unerläßlich sind, wo individualisierte Seelen in einer gemeinsamen Welt nach Selbstausdruck streben. Es ist ein Ergebnis des wechselseitigen Antwortens individueller Gemüter.

Willensfreiheit und Schicksal

Der Rhythmus, in welchem zwei Seelen ihre Beziehung zueinander beginnen, neigt dazu, sich zu verewigen, wenn diese Seelen ihn nicht durch neues und intelligentes Karma verändern und auf eine höhere Ebene heben. Angehäuftes Karma besitzt in der Regel eine gewisse Trägheit eigener Art. Es ändert die Richtung seines Antriebs nur dann, wenn ein besonderer Grund dafür vorliegt. Bevor Karma geschaffen wird, ist das Individuum bis zu einem gewissen Grade frei zu wählen, welcher Art es sein soll. Nachdem es aber geschaffen ist, wird es zu einem Faktor, der zählt und entweder durch Erleiden der daraus erwachsenden Folgen erschöpft oder aber durch geeignetes neues Karma entkräftet werden muß.

Die Freuden und Leiden, die im irdischen Dasein erfahren werden, die Erfolge und Mißerfolge, die es begleiten, die Errungenschaften und Hemmnisse, die es kennzeichnen, und die Freunde und Feinde, die in ihm erscheinen, sind alle bestimmt durch das Karma vergangener Existenzen. Karmische Bestimmung wird gemeinhin als Schicksal bezeichnet. Schicksal ist indessen nicht irgendein außenstehendes und tyrannisches Prinzip. Das Schicksal ist des Menschen eigene Schöpfung, die ihm aus der Vergangenheit folgt, und geradeso wie es durch vergangenes Handeln geprägt wurde, kann es auch durch Handeln im gegenwärtigen Dasein verändert, umgestaltet und sogar aufgehoben werden.

Die Meisterung des Schicksals

Richtiges Verstehen und Anwenden des Karma-Gesetzes befähigt den Menschen, durch intelligentes Handeln Herr seines Schicksals zu werden. Was einer ist, ist er geworden aufgrund seiner eigenen angehäuften Taten, und so sind auch seine eigenen Taten das Mittel, durch das er sich selbst nach dem Bild seines Herzens umgestalten oder letztlich ganz befreien kann von der karmischen Bestimmung, die ihn durch Leben und Tod regiert.

Die im Ich-Gemüt gespeicherten Eindrücke bestimmen die Art des Karma im irdischen Dasein, und die Art des Karma im irdischen Dasein wiederum bestimmt die Eindrücke des Ich-Gemüts. Die Eindrücke des Ich-Gemüts und die Art des Karma sind mithin voneinander abhängig. Karma im irdischen Dasein spielt eine wichtige Rolle bei der Gestaltung und Umgestaltung der Eindrücke des Ich-Gemüts und gibt diesem einen Antrieb, der über das weitere Schicksal des Individuums entscheidet. Das irdische Dasein ist der Schauplatz, wo schöpferisches und wirksames Karma durch den physischen Körper ausgedrückt werden kann.

Befreiendes Karma

Verallgemeinernd gesagt, gibt es zwei Arten von Karma: bindendes Karma und solches, das zur Erlösung und Verwirklichung des wahren Selbst beiträgt. Gutes Karma bindet ebenso wie schlechtes, solange es durch falsches Verständnis das Ich-Gemüt nährt. Karma wird jedoch dann zu einer befreienden Kraft, wenn es richtigem Verständnis entspringt und das Ich-Gemüt abbaut. Solch richtiges Verständnis wird am besten durch die Vollkommenen Meister vermittelt, die des wahren Wesens der Seele inne sind und um ihre Bestimmung sowie um die Komplikationen wissen, die sich aus karmischen Bindungen ergeben.

Wirksames Karma beginnt mit dem Vermögen, Gut und Schlecht zu unterscheiden
Karma, das wirklich zählt, entsteht erst, nachdem das Individuum einen Sinn für die Unterscheidung zwischen Gut und Schlecht entwickelt hat. Während der ersten sieben Jahre der Kindheit sind die Eindrücke, die zum Ausdruck freigesetzt werden, sehr schwach. Sie bewirken zudem ein Bewußtsein der Welt, das entsprechend weniger empfänglich ist für die herkömmlichen Unterscheidungen. Das Handeln von Kindern unter sieben Jahren hinterläßt deshalb keine starken oder wirksamen Eindrücke im Ich-Gemüt und spielt keine wichtige Rolle bei der Gestaltung seiner Zukunft. Eigentliches und wirksames Karma, welches das Ich-Gemüt und seine Zukunft prägt, beginnt dann, wenn das Individuum Verantwortungsgefühl erwirbt, und Verantwortungsgefühl hängt ab vom Sinn für Gut und Schlecht, der sich gewöhnlich nach den ersten Kindheitsjahren voll ausbildet.

Karmische und physische Kausalität
Das Gesetz des Karma, das in der Welt der Werte wirkt, entspricht dem Gesetz von Ursache und Wirkung in der physischen Welt. Gäbe es in der physischen Welt kein Gesetz von Ursache und Wirkung, würde Chaos herrschen, und die Menschen wüßten nicht, was als Folge wovon zu erwarten ist. Desgleichen würde in der Welt der Werte äußerste Ungewißheit herrschen, wenn es kein karmisches Gesetz gäbe. Die Menschen wüßten nicht, ob sie von ihrem Tun gute oder schlechte Folgen zu erwarten haben. In der Welt des physischen Geschehens gibt es das Gesetz der Erhaltung der Energie, wonach keine Energie je verlorengeht. In der Welt der Werte gibt es das Gesetz, daß Karma, nachdem es einmal entstanden ist, nicht auf mysteriöse Weise verschwindet, ohne zu seinem natürlichen Ergebnis zu führen, sondern so lange fortbesteht, bis es seine Früchte gebracht hat oder durch Gegen-Karma aufgehoben worden ist. Gute Taten führen zu guten Folgen, und schlechte Taten führen zu schlechten Folgen.

Das Gesetz des Karma erhält die sittliche Ordnung des Universums

Die sittliche Ordnung des Universums wird durch die systematische Verknüpfung von Ursache und Wirkung in der Welt der Werte aufrechterhalten. Gäbe es im Gesetz des Karma irgendwelche Lockerungen, Lücken oder Ausnahmen, käme es im Bereich der Werte also nicht strikt zur Anwendung, so gäbe es im Universum keine sittliche Ordnung, und der Mensch wüßte nicht, welche Werte sein Verhalten bestimmen sollten. In einem Universum ohne sittliche Ordnung wäre menschliches Streben ständig dem Zweifel und der Ungewißheit unterworfen. Es könnte kein ernsthaftes Ringen um wahre Werte geben, wenn es keinen sicheren Zusammenhang gäbe zwischen Handeln und Folgen und wenn sich das Gesetz des Karma beiseiteschieben ließe. Die Unbeugsamkeit des karmischen Gesetzes ist eine unabdingbare Voraussetzung für sinnvolles menschliches Handeln. Solches Handeln wäre schlechthin unmöglich, wenn das Gesetz des Karma ohne Folgen mißachtet oder übergangen werden könnte.

Karma, Verantwortung und Gerechtigkeit

In seiner Unverbrüchlichkeit ist das Gesetz des Karma den anderen Naturgesetzen gleich. Doch bedeutet das unerbittliche Walten karmischer Gesetzmäßigkeiten für die Seele nicht eine Bedrängung seitens irgendeiner außenstehenden blinden Macht, sondern etwas, das in der Rationalität des Lebensplans selbst begründet ist. Karmische Bestimmung ist die Voraussetzung echter Verantwortung. Sie bedeutet, daß der Mensch erntet, was er gesät hat. Was ihm auf dem Wege der Erfahrung zufällt, ist ausnahmslos verknüpft mit dem, was er tut.

Wenn ein Mensch jemandem Böses zugefügt hat, muß er die Strafe dafür hinnehmen und das auf ihn selbst zurückfallende Böse willkommen heißen. Hat er jemandem Gutes getan, muß er ebenfalls den Lohn dafür empfangen und darf sich an dem auf ihn selbst zurückfallenden Guten freuen. Was er einem anderen tut, tut er auch sich selbst, auch wenn einige Zeit vergehen mag, ehe er einsieht, daß dem so ist. Das Gesetz des Karma kann deshalb bezeichnet werden als Ausdruck der Gerechtigkeit oder als Widerspiegelung der Einheit des Lebens in der Welt der Dualität.

VII. Die Bestimmung des sich wiederverkörpernden Individuums

Karmische Schulden und Forderungen

Die Aufeinanderfolge von Inkarnationen, die die Seele aufgrund karmischer Determination einzugehen getrieben wird, hat die Tendenz, sich endlos fortzusetzen. In seinen unzähligen Existenzen ist der Suchende mit zahllosen Personen in Berührung gekommen und hat sich mit ihnen durch vielerlei Beziehungen des Gebens und Nehmens verbunden. Er ist verstrickt in ein Netz von Schulden und Forderungen aller Art, die zu begleichen oder einzutreiben sind. Nach dem Gesetz des Karma kann er weder den Schulden noch den Forderungen ausweichen, denn beide sind das Produkt des Karma, bedingt durch Begehren. So kehrt er wieder und wieder in die Welt zurück, um seine Schulden zu bezahlen und das ihm Geschuldete einzufordern. Doch selbst wenn er die Rechnung abschließen will, ist er dazu oft nicht imstande.

Schwierigkeiten beim Tilgen von Schulden und Forderungen

Es kann sein, daß während seiner eigenen Inkarnation nicht alle Personen, mit denen er durch karmische Schulden und Forderungen verbunden ist, verkörpert sind. Es kann auch sein, daß ihn die Begrenzungen, die ihm seine eigenen Fähigkeiten und Umstände auferlegen, daran hindern, die vielfältigen Erfordernisse der Situation zu erfüllen, so daß er gerade durch den Versuch, mit anderen ins Reine zu kommen, ungewollt neue Forderungen und Gegenforderungen schafft. Nicht nur in seinen Beziehungen zu jenen, mit denen er durch vergangenes Karma verbunden ist, sondern auch im Umgang mit neuen Personen schafft er unvermeidlich Schulden und Forderungen verschiedener Art und Tragweite und verstrickt sich darein. So fügt ein Mensch seinen Schulden und Forderungen endlos neue hinzu und vervielfältigt seine karmische Verstrickung in solchem Maße, daß kein Ausweg abzusehen ist.

Die Hilfe des Meisters

Der Faden karmischer Schulden und Forderungen würde ohne Ende weitergesponnen, gäbe es nicht die Möglichkeit, sich durch die Hilfe des Vollkommenen Meisters aus dieser Umgarnung zu befreien. Der Meister ist nicht nur in der Lage, den Suchenden in die hohe Kunst des nichtbindenden Karma einzuweihen, sondern er kann ihm auch unmittelbar helfen, sich aus seinen bestehenden karmischen Verpflichtungen zu lösen.

Die Bestimmung des sich wiederverkörpernden Individuums

Der Vollkommene Meister ist eins mit Gott und schließt in seinem universalen Sein alle Individuen ein. Weil er eins ist mit allem Leben, kann er, als Verkörperung aller, für den Suchenden ein Medium werden für die Tilgung der Schulden und Forderungen, die dieser im Laufe seiner Inkarnationen durch den Umgang mit unzähligen Individuen geschaffen hat. Wenn ein Mensch sich an jemanden binden muß, so binde er sich an Gott oder an den Vollkommenen Meister, denn dieses Band erleichtert letztlich die Lösung von allen anderen karmischen Bindungen.

Die Beziehung zum Meister
Wenn das gute Karma vergangener Existenzen dem Suchenden das Glück bringt, einem Vollkommenen Meister zu begegnen, so ist das Beste, was er tun kann, sich dem Meister völlig zu übergeben und ihm zu dienen. Durch diese Hingabe wälzt der Suchende die Last seines Karma auf den Meister ab, und diesem obliegt es nun, Mittel und Wege zu finden, um ihn davon zu befreien. Dienst für den Meister bedeutet für den Suchenden die Möglichkeit, sich seiner karmischen Fesseln zu entledigen. Die Beziehung zwischen Meister und Schüler hat sich oft über mehrere Existenzen aufgebaut. Wer bereits in früheren Leben mit demjenigen verbunden war, der nun zum Vollkommenen Meister geworden ist, fühlt sich in seinem gegenwärtigen Dasein unwiderstehlich zu ihm hingezogen, ohne zu verstehen weshalb. Meist steht hinter dieser scheinbar unerklärlichen Hingabe für einen bestimmten Meister eine lange Geschichte. Der Schüler knüpft oft dort wieder an, wo er die Dinge in der letzten Inkarnation zurückgelassen hatte.

Wenn ein Schüler die Aufmerksamkeit und Gnade eines Meisters auf sich zieht, so geschieht das nie ohne Grund. Zuweilen erweckt der Meister einen Schüler zum geistlichen Leben, ohne daß sich dieser durch irgendein offenkundiges Bemühen oder Opfer ausgezeichnet hätte. Dies sind indessen immer Fälle, wo der Jünger das Recht auf diese Gunst durch sein Streben in früheren Existenzen verdient hat. Die Liebe und Hingabe des Schülers für den Meister in vergangenen Inkarnationen haben eine tiefe Verbindung zwischen ihm und dem Meister geschaffen, und das Erwachen geistigen Sehnens im Schüler ist deshalb in Wirklichkeit die Antwort auf die Gnade und Hilfe, die ihm vom Meister zufließen. Sein eigenes befreiendes Karma der Vergangenheit ist es, das dem Suchenden die Gnade des Meisters einträgt, geradeso wie es sein eigenes bindendes Karma ist, das ihm das Gute und Schlechte, die Freuden und Leiden des Lebens in der Dualität einträgt.

Geistiger Fortschritt erfordert aktives Bemühen
Wer den geistigen Pfad einmal betreten hat, schreitet in der Regel allmählich voran, bis er das Ziel erreicht. Dies gilt indessen nicht für jene, die den Pfad noch nicht endgültig betreten oder keinen Meister haben, der sie führt. Durch ihre chaotischen Strebungen während mehrerer Existenzen laufen die meisten dieser Menschen Gefahr, sich durch Anhäufung bindender Sanskāras vom Ziel zu entfernen, statt sich ihm zu nähern. Geistiger Fortschritt vollzieht sich mithin nicht automatisch, ohne aktives Bemühen des Betreffenden.

Die Gefahr des Rückfalls
Früher oder später treibt die Logik der über mehrere Existenzen gesammelten Erfahrungen jeden Menschen zur Suche nach dem höchsten Ziel und zum Betreten des Pfads. Hat der Suchende den Pfad einmal wirklich betreten, schreitet er meist stetig voran. In diesem Voranschreiten auf dem Pfad entfaltet er oft gewisse latente Kräfte, die ihn nicht nur zur bewußten Erfahrung der inneren Welten (des Subtilen und des Mentalen) befähigen, sondern auch zur Anwendung der Energien derselben. Das Durchqueren der ersten der inneren Bewußtseinsebenen bedeutet indessen nicht, daß der weitere Fortschritt unwiderruflich gesichert ist. Es gibt viele Fallen auf dem Pfad, und wenn der Suchende nicht unter der zuverlässigen Führung eines Vollkommenen Meisters steht, läuft er Gefahr, zurückzufallen.

Ein solcher Rückfall ist auf jeder der ersten Ebenen möglich. In Ausnahmefällen kann ein Suchender der vierten Ebene durch Mißbrauch seiner Macht so tief zurückfallen, daß es ihn Zeitalter kostet, um wieder zu seinem früheren Stand aufzusteigen. Ein Suchender, der einen solchen Sturz erleidet, wird als *Yoga-Bhrashta* bezeichnet. Auch Yogis sind dem unerbittlichen Gesetz des Karma unterworfen, das keine Ausnahmen, Zugeständnisse oder Bevorzugungen kennt. Nur die Führung eines Vollkommenen Meisters vermag zu gewährleisten, daß die geistige Wanderung sicher und stetig vor sich geht. Sie allein kann den Wanderer vor einem Rückfall oder Sturz bewahren. Der Meister steuert den Suchenden weg von negativem Karma, in das sich dieser sonst verstricken könnte.

Der lange Weg zur Gottverwirklichung
Bevor der Suchende das Ziel erreicht, muß er den geistigen Pfad während etlicher Inkarnationen beschreiten. Jahrhunderte des Opfers, des Dienens, der Selbstläuterung, des Leidens und der entschlossenen Suche

müssen vergehen, bis der Suchende geistig reif wird für das endgültige Eingehen in die Wirklichkeit Gottes. Gottverwirklichung, das Endziel des sich wiederverkörpernden Individuums, ist nie die Errungenschaft einer einzigen Existenz. Sie ist stets die Vollendung eines langen Vorgangs, des unablässigen Strebens während vieler Existenzen. So wie die Bindungen der individuellen Seele durch unintelligentes Karma im Verlaufe vieler Inkarnationen zustandegekommen sind, müssen sie auch durch beharrliches Schaffen intelligenten und befreienden Karmas im Verlaufe vieler Inkarnationen beseitigt werden.

Die treibende Kraft der Wiederverkörperung
Die Kraft, die das Individuum an das Rad von Leben und Tod gefesselt hält, ist sein Durst nach gesondertem Dasein, der ein Heer von Begierden nach Dingen und Erfahrungen der Welt der Dualität mit sich bringt. Um der Erfüllung dieser Begierden willen geht das Ich-Gemüt immer wieder neue Inkarnationen ein. Verschwindet das Begehren in allen seinen Formen, verschwinden auch die Eindrücke, die das Ich-Gemüt hervorbringen und am Leben erhalten. Mit dem Verschwinden der Eindrücke löst sich das Ich-Gemüt auf, so daß nichts bleibt als das Innesein der einen ewigen und unwandelbaren Allseele, die die einzige Wirklichkeit ist. Gottverwirklichung ist das Ende der Reinkarnation des Ich-Gemüts, weil sie das Ende dieses Gemüts selbst ist. Solange das Ich-Gemüt in irgendeiner Form weiterbesteht, bleibt auch ein unentrinnbarer und unwiderstehlicher Drang zur Wiederverkörperung bestehen. Wenn das Ich-Gemüt aufhört zu sein, findet die Wiederverkörperung ihr Ende im endgültigen Innewerden des wahren Selbst.

Die Erfüllung des Reinkarnationsprozesses
Das Leben des sich wiederverkörpernden Individuums durchläuft vielerlei Phasen und bringt vielerlei Geschehnisse. Unaufhörlich dreht sich das Rad des Lebens, trägt den Menschen in die Höhe oder reißt ihn in die Tiefe und bereichert so seine Erfahrung. Ideale, die in einer Existenz unerreicht bleiben, werden in der nächsten weiterverfolgt. Unfertiges wird vollendet, durch unvollständiges Streben belassene Kanten werden abgeschliffen, Unrecht erfährt Wiedergutmachung. Durch Tilgung karmischer Schulden und Forderungen findet die Rechnung des Gebens und Nehmens zwischen Personen einen neuen Ausgleich. In der Reife der Erfahrung schließlich erlischt das individuelle Gemüt, und die Seele geht ein in die Alleinigkeit des göttlichen Lebens. In diesem göttlichen Leben

gibt es weder Bindung durch Geben noch Bindung durch Nehmen, denn die Seele hat das Bewußtsein der Getrenntheit oder Dualität gänzlich überwunden.

Analogie des Schauspiels
Das Schauspiel des ununterbrochenen Lebens der individuellen Seele hat viele Akte. Jede irdische Existenz ist ein neuer Akt, und ist dieser zu Ende, fällt gleichsam ein Vorhang über das Leben der Seele. Doch kein Akt offenbart seine wirkliche Bedeutung, solange man ihn als in sich selbst vollständig betrachtet. Er muß im größeren Zusammenhang des Gesamtgeschehens gesehen werden, als Bindeglied zwischen den bereits gespielten Akten und jenen, die noch kommen werden. Seine Bedeutung ergibt sich aus dem Thema des ganzen Stücks, von dem er nur ein Teil ist. Das Ende eines Akts ist nicht das Ende des sich weiter entfaltenden Themas. Die Schauspieler treten von der irdischen Bühne nur ab, um in neuen Rollen und neuen Situationen wiederzuerscheinen.

Das kosmische Versteckspiel
Die Schauspieler sind so sehr vertieft in ihre jeweilige Rolle, daß sie dieselben als das A und O allen Seins betrachten. Während des größten Teils ihres ununterbrochenen Lebens über unzählige Inkarnationen hinweg bleibt ihnen die streng behütete Wahrheit unbewußt – daß der *Autor* des Schauspiels in Seiner Schöpferlust selbst zu allen Spielern wurde und dieses Versteckspiel spielte, um in den vollen und bewußten Besitz Seiner eigenen schöpferischen Unendlichkeit zu gelangen. Das Unendliche muß die Illusion der Endlichkeit erfahren, um sich selbst als das Unendliche zu erkennen, und der Autor muß alle Rollen spielen, um sich selbst als Urheber dieser größten aller Detektivgeschichten zu entdecken, die in Schöpfungszyklen abrollt.

Für Gott leben und für Gott sterben

Dieser Krieg* ist ein notwendiges Übel. Er gehört zum göttlichen Plan, der darauf angelegt ist, die Menschheit zu höheren Werten zu erwecken. Wenn die Menschheit die Lehren des Krieges nicht zu nutzen weiß, wird sie umsonst gelitten haben. Dieser Krieg lehrt sie, daß selbst der gewöhnliche Mensch für einen uneigennützigen Zweck zu den höchsten Höhen der Selbstaufopferung aufzusteigen vermag. Er lehrt auch, daß alle Dinge dieser Welt – Reichtum, Macht, Ruhm, Familie, ja der ganze Gehalt irdischen Daseins – vergänglich sind und keinerlei dauerhaften Wert haben. Durch die Lehren, die sie bringen, werden die Geschehnisse des Krieges den Menschen für Gott gewinnen, der die ewige Wahrheit ist. Sie werden ihm ein neues Leben erschließen, das auf wahren, unvergänglichen Werten gründet.

Die Menschen nehmen für ihr Land oder ihre politische Ideologie unbegrenzte Opfer auf sich und erdulden dafür unsägliches Leid. Sie sind daher fähig zu gleichen Opfern und Erduldungen für Gott, der die Wahrheit ist. Alle Religionen rufen den Menschen unzweideutig auf zum Leben in der Wahrheit. Es ist deshalb reine Torheit, sich im Namen der Religionen zu bekämpfen. Es ist an der Zeit, daß die Menschen sich öffnen für eine neue Vision der Wahrheit, daß alles Leben eins ist und Gott das Einzige, das wirklich ist und zählt. Für Gott allein lohnt es sich zu leben und zu sterben. Alles andere ist nichtiges und sinnloses Streben nach illusorischen Werten.

---

* 2. Weltkrieg. (Anm. d. Hrsg.)

Das Werk der geistigen Befreiung der Menschheit

Der Ruf nach Freiheit
Überall in der Welt ruft der Geist des Menschen nach Freiheit. Liebe zur Freiheit und Suche nach Freiheit sind die Hauptmerkmale des Menschengeschlechts. Bei allen Rassen, in allen Breiten, in allen Ländern und zu allen Zeiten war die Losung der suchenden und ringenden Menschheit stets *Freiheit*! Doch nur sehr wenige Menschen verstehen wirklich, was wahre und uneingeschränkte Freiheit bedeutet, und groß ist die Zahl derer, die in ihrem begrenzten Verständnis der Voraussetzungen wirklicher Freiheit bloß nach jener Art von Dasein streben, die ihnen ein Gefühl relativer Freiheit gibt. So sehen sich denn verschiedene Menschen nach verschiedenen Arten von Freiheit, je nach den verschiedenen Dingen, denen sie Wert beimessen.

Die Arten der Freiheit
In allen Daseinsbereichen wird die Freiheit angestrebt, so zu leben, wie man es sich wünscht. Die gebieterische Forderung nach Freiheit drückt sich gewöhnlich dadurch aus, daß sich die Menschen an irgendwelche äußere Voraussetzungen dieses Wunschdaseins klammern. So suchen jene, die sich selbst mit ihrem Land identifizieren, nationale oder politische Freiheit. Jene, die wirtschaftliche Ziele verfolgen, suchen wirtschaftliche Freiheit. Jene, die von religiösen Bestrebungen erfüllt sind, suchen Religionsfreiheit. Jene, die sich für eine gesellschaftliche oder kulturelle Ideologie begeistern, suchen Handlungsfreiheit und Freiheit des Ausdrucks der Ideale, die sie hochhalten und zu verbreiten wünschen. Doch nur wenige sind sich bewußt, daß die grundlegende Freiheit, die allein

irgendeiner dieser verschiedenen Arten relativer Freiheit den Stempel wahren Werts aufzudrücken vermag, geistige Freiheit ist. Selbst wenn alle äußeren Voraussetzungen eines freien Daseins gänzlich erfüllt und gesichert wären – solange des Menschen Seele nicht geistige Freiheit errungen hat, bleibt sie in leidvoller Knechtschaft gefangen.

Die Grenzen relativer Freiheit
All die verschiedenen Arten von Freiheit, die an irgendwelche äußeren Bedingungen gebunden sind, müssen ihrem ureigenen Wesen nach begrenzt bleiben, denn die Freiheit, die ein Individuum, eine Gemeinschaft oder ein Staat anstrebt, muß vereinbar sein mit der gleichen Freiheit anderer Individuen, Gemeinschaften oder Staaten. Nationale, politische, wirtschaftliche, kulturelle oder religiöse Freiheit drückt sich in der und durch die Dualität des Daseins aus. Sie lebt von Dualität und wird getragen von ihr. Deshalb ist sie zwangsläufig relativ und begrenzt und kann nicht unendlich sein. Sie existiert in unterschiedlichen Graden, und selbst wenn sie durch beharrliches Bemühen gewonnen wird, kann sie niemals eine endgültige Errungenschaft sein, denn ihre äußeren Bedingungen, obwohl einstweilen gesichert, sind nicht für allemal gesichert, sondern unterliegen dem Zersetzungsprozeß der Zeit.

Geistige Freiheit allein ist unbegrenzt
Geistige Freiheit allein ist absolut und unbegrenzt, und wenn sie durch beharrliches Bemühen gewonnen wird, ist sie auf immer gesichert. Obwohl sich geistige Freiheit in der Dualität des Daseins und durch dieselbe ausdrücken kann und auch ausdrückt, gründet sie in der Erkenntnis der unverbrüchlichen Einheit allen Lebens und wird von ihr getragen. Die Voraussetzung geistiger Freiheit ist Freiheit von allem Begehren. Es sind die Begierden, die das Leben begrenzen durch Abhängigkeit von den Bedingungen, die versprechen, diese Begierden zu erfüllen. Wo keine Begierden sind, ist keine Abhängigkeit und keine Begrenzung. Die Seele ist geknechtet durch Begehren. Wenn sie die Fesseln des Begehrens sprengt, befreit sie sich von der Bindung an ihre Körper – den physischen, den subtilen und den mentalen. Dies ist die geistige Freiheit, die die endgültige Erkenntnis der Einheit allen Lebens mit sich bringt und allen Zweifeln und Sorgen ein Ende macht.

Das Werk der geistigen Befreiung der Menschheit

Geistige Freiheit das höchste Gut

Nur in geistiger Freiheit sind beständiges Glück und ungetrübte Selbsterkenntnis möglich. Nur in geistiger Freiheit erwächst die höchste Gewißheit der Wahrheit. Nur in geistiger Freiheit kommt alles Leid und alle Begrenzung unwiderruflich zu ihrem Ende. Nur in geistiger Freiheit ist es möglich, für alle zu leben und inmitten intensiver Tätigkeit dennoch innerlich gelöst zu bleiben von allem. Jede geringere Art von Freiheit ist wie ein Haus, das auf Sand gebaut wurde, und jede geringere Art von Errungenschaft enthält den Samen des Verfalls. Deshalb gibt es keine größere Gabe als die Gabe geistiger Freiheit und keine wichtigere Aufgabe als die Aufgabe, anderen zu helfen, geistige Freiheit zu erlangen. Jene, die die höchste Bedeutung geistiger Freiheit erkannt haben, müssen nicht nur für sich selbst danach streben, sondern auch an der gottgegebenen Aufgabe mitwirken, anderen zu helfen, diese Freiheit zu gewinnen.

Wahre Hilfe

Die vom Geist selbstlosen Dienens Beseelten säumen nicht, der Menschheit alle mögliche Hilfe zu leisten bei der Versorgung mit lebensnotwendigen Dingen wie Bekleidung und Unterkunft, Nahrung und Arzneien, Bildung und andere Güter der Zivilisation. Im Beschreiten des Pfads der Pflichterfüllung sind sie bereit, für die Schwachen gegen Aggression und Unterdrückung zu kämpfen und selbst ihr eigenes Leben für andere hinzugeben. Alle diese Arten des Dienens sind edel und gut, doch vom letzten Gesichtspunkt werden sie alle übertroffen von der Hilfe, die der geistigen Befreiung der Menschheit dient. Sie überragt in ihrer Bedeutung alles andere.

Geistige Hilfe kein fertiges Produkt

Hilfe bei der Erlangung geistiger Freiheit ist durchaus verschieden von Hilfen in anderen Belangen. Den Hungrigen kann man Nahrung verschaffen, und sie brauchen sie bloß zu essen. Den Nackten kann man Kleider verschaffen, und sie brauchen sie bloß zu tragen. Den Obdachlosen kann man Häuser verschaffen, und sie brauchen bloß darin zu wohnen. Doch für diejenigen, die den Qualen geistiger Knechtschaft preisgegeben sind, gibt es kein fertiges Produkt, das ihnen unmittelbare Abhilfe verschaffen kann. Geistige Freiheit muß jeder durch sich selbst und für sich selbst gewinnen durch achtsamen und unablässigen Kampf gegen das niedrige Selbst und die niedrigen Begierden. Wer ein Streiter für die Sache der Wahrheit sein will, muß allen helfen, nicht nur beim Aufbruch

Das Werk der geistigen Befreiung der Menschheit

zum Wagnis, den Sieg über sich selbst zu erringen, sondern auch bei jedem Schritt, den sie auf dieses Ziel hin unternehmen. Es gibt keine andere Möglichkeit, ihre Last mitzutragen.

Aufruf an die Getreuen
Ich habe volles Vertrauen, daß ihr, meine Getreuen, diese Last mittragen werdet. Viele von euch haben Jahre hindurch meine Weisungen befolgt und meine Anordnungen ausgeführt, im Glauben an mich und aus Liebe zu mir. Ihr habt zu mir gehalten durch Sturm und Drangsal, durch Dick und Dünn. Nun ist für euch die Zeit gekommen, all euer Dienen meiner Aufgabe zu widmen, der Menschheit beim Beschreiten des geistigen Pfads zu Gott beizustehen. Die ewige Wahrheit, daß Gott allein wirklich ist, muß deutlich verstanden, vorbehaltlos angenommen und unmißverständlich zum Ausdruck gebracht werden durch Wort und Tat. Im vollen Innewerden dieser Wahrheit wird der Mensch geistige Freiheit erlangen.

Kein Opfer, das dargebracht wird, um den Menschen aus seiner geistigen Knechtschaft zu befreien, ist zu groß – um ihm zum Erbe der Wahrheit zu verhelfen, die allein beständigen Frieden für alle bringen und ein unanfechtbares Gefühl universaler Zusammengehörigkeit wecken kann, das getragen wird von neidloser Liebe aller für alle, als Offenbarung der einen gleichen Wirklichkeit. Bei dieser von Gott gewollten, geplanten und vorherbestimmten Aufgabe, den Menschen geistige Freiheit zu bringen, müßt ihr, meine Getreuen, mir helfen – selbst wenn es euch das Leben kostet. In der Erfüllung eurer Pflicht, anderen bei ihrer Suche nach Gott beizustehen, müßt ihr bereit sein, jedes Leiden und jedes Opfer auf euch zu nehmen.

Die Aufgabe des geistig Arbeitenden*

Fackelträger für die Menschheit

Ich bin glücklich, daß ihr meinem Ruf gefolgt seid und euch versammelt habt, um meine Botschaft zu vernehmen. Die wichtigste Bedingung auf dem Pfad ist die Bereitschaft des Jüngers zur Teilnahme am geistigen Werk, die Menschheit näher und näher heranzuführen an das Ziel der Gottverwirklichung. Mit Freude sehe ich, daß ihr im Glauben an mich und aus Liebe zu mir von ganzem Herzen bereit seid, mitzuwirken an meiner universalen Aufgabe, die Welt zu vergeistigen. Ich habe volles Vertrauen, daß ihr nicht nur für euch selbst die Wahrheit erringen werdet, die ich bringe, sondern auch entschlossene und mutige Fackelträger sein werdet für die Menschheit, die in tiefer Unwissenheit gefangen ist.

Das Wesen geistiger Arbeit

Aufgrund ihrer überragenden Bedeutung für das wahre und endgültige Wohl der Menschheit erhebt geistige Arbeit einen natürlichen und gebieterischen Anspruch an alle, die die Menschen lieben. Es ist deshalb dringend notwendig, über ihr Wesen völlig im klaren zu sein. Die ganze Welt hängt an der falschen Vorstellung des Getrenntseins, und da sie in der Illusion der Dualität gefangen ist, findet sie sich allen Verwicklungen der Dualität ausgesetzt. Der geistig Arbeitende hat die Aufgabe, die

---

* In diesem Zusammenhang sei nochmals erwähnt, daß «geistig» in dieser Übersetzung durchgehend für *spiritual* steht. Die «geistig Arbeitenden» sind also nicht «Kopfarbeiter» im umgangssprachlichen Sinn, sondern Menschen, die spirituell bedeutsame Arbeit leisten. (Anm. d. Redakt.)

Welt von den Leiden vorgestellter Zweiheit zu befreien, indem er ihr die Wahrheit des Einsseins allen Lebens ersichtlich macht.

Der Ursprung der Illusion von Vielheit
Die Grundursache der Illusion von Vielheit liegt darin, daß die Seele sich in ihrer Unwissenheit mit ihren Körpern identifiziert. Der physische Körper, der Subtilkörper und der Mentalkörper sind die Medien, mittels welcher die Seele durch das Ich-Gemüt die verschiedenen Zustände der dualen Welt erfährt. Sie können jedoch nicht Medien sein zur Selbsterkenntnis der Seele, die jenseits ist von ihnen allen. Dadurch eben, daß sich die Seele mit ihren Körpern identifiziert, verstrickt sie sich in die Illusion der Vielheit. Die Seele in allen ist in Wirklichkeit ein einziges ungeteiltes Sein, doch da sie sich verstrickt mit ihren Körpern und dem Ich-Gemüt, die bloß ihre Erfahrungsmedien sind, betrachtet sie sich als begrenzt und sieht sich als eine der Vielen der Schöpfung, statt sich zu erkennen als die einzige Eine Wirklichkeit ohne ein Zweites.

Bewußtseinszustände
Jede Seele ist ewig und unverbrüchlich eins mit der einen ungeteilten und unteilbaren Allseele, die die einzige Wirklichkeit ist. Doch ihr falsches Selbstverständnis als Körper und Ich-Gemüt erzeugt die Illusion der Vielheit und Getrenntheit innerhalb des Ganzen. Körper und Ich-Gemüt sind nur die Medien oder Vehikel des Bewußtseins, und indem die Seele durch diese verschiedenen Medien oder Vehikel die verschiedenen Ebenen der Schöpfung erfährt, durchläuft sie verschiedene Zustände des Bewußtseins.

Gottverwirklichung
Die meisten Seelen wissen nichts von ihrem wahren Wesen als Gott, der die eine Wirklichkeit aller Seelen ist. Der Gottzustand ist in ihnen bloß latent und kann nicht bewußt erfahren werden. In jenen aber, die den Schleier der Dualität abgelegt haben, erfährt sich die Seele durch sich selbst, unabhängig von jedem Medium oder Vehikel. In diesem Erfahren weiß sich die Seele identisch mit Gott. Das Leben in der Wahrheit des Einsseins aller bringt Freiheit von allen Begrenzungen und Leiden. Es ist die Selbstbejahung des Unendlichen als das Unendliche. In diesem Zustand geistiger Freiheit und Vollendung ist das Leben des begrenzten Ich endgültig verschwunden und hat dem Leben in der Wahrheit Platz ge-

macht, wo Gott erfahren und bejaht wird als die einzige Wirklichkeit, für die sich zu leben lohnt.

Die Bedeutung der Zeit
Den Gottzustand verwirklichen heißt in der Ewigkeit wohnen – es ist eine zeitlose Erfahrung. Geistige Arbeit jedoch gilt denjenigen, die im Labyrinth der Schöpfung gefangen sind, und die Schöpfung ist gebunden an Zeit. Der geistig Arbeitende darf den Zeitfaktor in der Schöpfung nicht außer acht lassen. Die Bedeutung der Zeit verkennen hieße das geistige Werk selbst verkennen. Dem Zeitfluß in der Schöpfung muß sorgfältig Rechnung getragen werden, unter voller Berücksichtigung der höchsten Wichtigkeit des Augenblicks in der Zukunft, der die Ausgießung der Wahrheit des Geistes über die ganze Welt erleben wird.

Aufgaben und Hindernisse geistiger Arbeit
Die Aufgabe der geistig Arbeitenden besteht darin, mir dabei zu helfen, der leidenden Menschheit weltweit die Wahrheit darzubringen. Ihr habt die Menschheit nicht nur für den Empfang dieser Wahrheit vorzubereiten, sondern müßt auch selbst fest in dieser gegründet sein. Es ist für euch also von größter Wichtigkeit, in Erinnerung zu halten, daß ihr anderen nur dann helfen könnt, geistige Freiheit zu gewinnen und aus der Illusion der Dualität auszubrechen, wenn ihr selbst die Idee der Einheit nicht aus den Augen verliert, während ihr für andere tätig seid, die dazu neigen, Spaltungen zu erzeugen, wo keine sind, und die den geistig Arbeitenden daher keine Atempause gönnen.

Das menschliche Gemüt muß geläutert werden von allen Formen der Eigensucht und Engstirnigkeit, wenn der Mensch das Leben in der Ewigkeit erben soll, das ich bringe. Es ist keineswegs eine leichte Aufgabe, die Menschen zum Ablegen ihrer Eigensucht und Engstirnigkeit zu bewegen. Nicht aus Zufall teilt sich die Menschheit in Reiche und Arme, in Verwöhnte und Vernachlässigte, in Regierende und Regierte, in Führer und Massen, in Unterdrücker und Unterdrückte, in Hohe und Geringe, in Gewinner von Lorbeeren und Empfänger von Schmach. Diese Unterschiede werden geschaffen und aufrechterhalten durch jene, die aufgrund ihrer geistigen Unwissenheit an ihnen hängen und so sehr verkehrtem Denken und Fühlen verhaftet sind, daß ihnen ihre Verkehrtheit nicht einmal bewußt ist. Sie sind es gewohnt, das Leben als in unaufhebbare Abteilungen gespalten zu sehen, und daher nicht gewillt, ihre spalterische Haltung aufzugeben. Wenn ihr euch an eure geistige Arbeit macht, werdet ihr eintreten in einen Bereich von Spaltungen, an die sich die Menschen verzweifelt klammern, die sie verschärfen und die sie bewußt oder unbewußt zu verewigen trachten.

Nur Liebe und Verständnis können Spaltungen überwinden

Bloße Verurteilung dieser Spaltungen wird euch nicht befähigen, sie zu beseitigen. Spaltungen werden genährt von ichbezogenem Denken und Fühlen, und diese weichen nur der Berührung von Liebe und Verständnis. Ihr müßt die Menschen für das Leben der Wahrheit gewinnen. Ihr könnt sie nicht dazu zwingen. Es genügt nicht, in eurem eigenen Herzen uneingeschränkte Brüderlichkeit und Wohlwollen zu hegen. Wenn eure Arbeit gelingen soll, müßt ihr andere das Vertrauen und die Gewißheit spüren lassen, daß ihr ihnen helft, sich selbst aus Knechtschaft und Leid zu befreien und das Höchste zu verwirklichen, dessen rechtmäßige Erben sie sind. Es gibt keinen anderen Weg, ihnen beim Erlangen geistiger Freiheit und Erleuchtung beizustehen.

Hinweise für geistig Arbeitende

Um anderen geistig helfen zu können, solltet ihr folgende vier Punkte klar erfassen:

1. Scheinbarer Abstieg auf eine niedrigere Ebene

Es mag oft notwendig sein, daß ihr *scheinbar* absteigt auf die niedrigere Ebene jener, denen ihr zu helfen sucht. Obwohl eure Aufgabe darin besteht, den Menschen zu einer höheren Art des Bewußtseins zu verhelfen, müßt ihr zu ihnen in Begriffen reden, die sie verstehen können, denn sonst kann es sein, daß sie davon überhaupt keinen Nutzen haben. Was ihr ihnen durch Gedanken und Gefühle zu vermitteln sucht, sollte nicht über ihren Verstand gehen. Sie können euch nicht verstehen, wenn ihr euch nicht ihrer Aufnahmefähigkeit und Erfahrung anpaßt. Nicht minder wichtig aber ist, daß ihr dabei nicht *tatsächlich* eure eigene höhere Ebene des Verstehens verliert. Indem die Menschen nach und nach zu tieferer Einsicht finden, werdet ihr euer Vorgehen und eure Methode mit der Zeit ändern können, so daß euer scheinbarer Abstieg auf niedrigere Ebenen nur eine vorübergehende Phase ist.

Die Aufgabe des geistig Arbeitenden

2. Ganzheitliches Denken ist unerläßlich

Ihr dürft das Leben nicht in gesonderte Fächer aufteilen und dann jedes Fach gesondert und unter Ausschluß der anderen behandeln. Fachdenken behindert ganzheitliche Schau. Wenn ihr das Dasein aufteilt in Politik, Erziehung, Ethik, materiellen Fortschritt, Wissenschaft, Kultur, Religion und Mystik und euch dann ausschließlich mit einem dieser Aspekte befaßt, dann können eure Antworten auf das Leben weder zufriedenstellend noch endgültig sein. Doch wenn es euch gelingt, geistige Inspiration und Einsicht zu wecken, wird dies von selbst Fortschritt in allen diesen Daseinssphären bringen. In eurem Wirken als geistig Arbeitende habt ihr dem Ziel einer umfassenden und wirklichen Lösung aller Daseinsprobleme zu dienen, der individuellen ebenso wie der sozialen.

3. Geistiger Fortschritt ist Entfaltung von innen

Als geistig Arbeitende müßt ihr euch stets vor Augen halten, daß die geistige Weisheit, die ihr anderen nahezubringen wünscht, in ihnen bereits latent vorhanden ist und daß ihr bloß behilflich sein sollt, diese geistige Weisheit offenbar zu machen. Geistiger Fortschritt ist nicht ein Vorgang der Anhäufung von außen, sondern der Entfaltung von innen. Ein Vollkommener Meister ist für jedermann unerläßlich, der zur Selbsterkenntnis gelangen will, doch die wahre Bedeutung der Hilfe des Meisters liegt darin, daß er andere befähigt, in den vollen Besitz ihrer eigenen latenten Möglichkeiten zu kommen.

4. Einige Fragen sind wichtiger als Antworten

Als geistig Arbeitende dürft ihr nie vergessen, welches die wirkliche Arbeit ist, die der Meister durch euch zu vollbringen wünscht. Wenn ihr klar verstanden habt, daß geistige Weisheit in allen latent vorhanden ist, werdet ihr nicht länger versuchen, anderen fertige Antworten und Lösungen vorzulegen. In vielen Fällen werdet ihr euch damit begnügen, andere auf ein Problem aufmerksam zu machen, das sie bisher nicht wahrgenommen hatten, oder ihnen das Wesen der Probleme zu verdeutlichen, denen sie sich gegenübersehen. Ihr mögt eure Pflicht bereits erfüllt haben, wenn ihr ihnen in einer konkreten Situation eine Frage stellt, die sie sich selbst nicht gestellt haben würden. In einigen Fällen werdet ihr eure Pflicht getan haben, wenn es euch gelingt, sie zu einer suchenden und fragenden Haltung zu bringen, so daß sie von selbst beginnen, ihre Probleme tiefer zu verstehen und sinnvoller anzupacken.

Anderen zu einer Vertiefung ihres Verständnisses zu verhelfen oder ih-

Die Aufgabe des geistig Arbeitenden

nen eine produktivere Richtung des Denkens und Handelns nahezubringen, kann an sich weit mehr bedeuten als das Aufdrängen der Ergebnisse eures Urteils. Die Fragen, die zu stellen ihr ihnen helfen mögt, sollten weder bloß theoretisch noch unnötig kompliziert sein. Wenn sie einfach, direkt und grundlegend sind, werden sich diese Fragen selbst beantworten, und die Menschen werden ihre eigenen Lösungen finden. Damit werdet ihr ihnen einen unerläßlichen und wertvollen Dienst erwiesen haben, denn ohne euer taktvolles Eingreifen wären sie nicht dazu gekommen, die Lösung ihrer vielfältigen Probleme vom *geistigen* Gesichtspunkt her anzugehen.

Erfolg und Mißerfolg
Geistig Arbeitende werden zwangsläufig mit vielen Hindernissen konfrontiert, doch Hindernisse sind da, um überwunden zu werden. Selbst wenn einige davon unüberwindlich scheinen, müßt ihr euer Bestes tun, um anderen zu helfen, und dies ohne auf Ergebnisse oder Folgen zu achten. Hindernisse und ihre Überwindung, Erfolg und Mißerfolg sind alles Illusionen in der Unendlichkeit des Einsseins. Eure Aufgabe ist bereits vollbracht, wenn ihr euch dieser Aufgabe aus ganzem Herzen widmet. Seid treu und standhaft in eurem Wunsch, mitzuwirken an meinem Werk der Erweckung der Menschheit zur einzigen Wirklichkeit und letzten Erstrebenswürdigkeit Gottes und Gottes allein, und ihr werdet viele Gelegenheiten zu geistiger Arbeit erhalten. Es gibt in diesem Bereich eine Fülle von Möglichkeiten des Wirkens.

Ihr sollt eure Arbeit tun, ohne euch um Ergebnisse zu sorgen, ohne nach Erfolg oder Mißerfolg zu fragen. Soviel aber steht fest – die Wirkung von Arbeit, die in diesem Geiste und mit dieser Einsicht getan wird, bleibt nicht aus. Durch die unermüdliche Tätigkeit geistig Arbeitender wird sich der Menschheit ein neues Leben erschließen, das gekennzeichnet sein wird von dauerhaftem Frieden und dynamischem Einklang, unanfechtbarem Vertrauen und nie verblassender Seligkeit, unsterblicher Süße und unverderblicher Reinheit, schöpferischer Liebe und unendlichem Verstehen.

Anforderungen an den Suchenden

I. Eintritt in die Realitäten des inneren Lebens

Wert und Grenzen äußerer Konformität

Obwohl das Erkennen der Wahrheit die letzte Bestimmung aller Menschen ist, gibt es nur sehr wenige, die die notwendige Reife für eine frühe Verwirklichung dieses glorreichen Ziels haben. Das Gemüt des weltlich Gesinnten ist verdunkelt durch einen dichten Schleier angehäufter Sanskāras, die sich beträchtlich abschwächen müssen, bevor der Suchende den geistigen Pfad auch nur betreten kann.

Die übliche Methode zur allmählichen Auflösung der Sanskāras besteht darin, so streng wie möglich dem äußeren Kodex religiöser Riten und Zeremonien zu folgen. Diese Phase äußerer Konformität mit religiösen Vorschriften oder Traditionen (*Shariat* oder *Karma-Kānda*) beinhaltet das Verrichten täglicher Gebete, den Besuch heiliger Stätten, Erfüllung der in den Schriften festgelegten Pflichten sowie Einhaltung der Grundregeln des vom ethischen Bewußtsein der Gegenwart allgemein anerkannten Sittengesetzes. Die Phase äußerer Konformität hat als geistige Übung ihren eigenen Wert. Sie ist jedoch keineswegs frei von üblen Folgen, denn sie neigt nicht nur dazu, einen Menschen trocken, unbeugsam und mechanisch zu machen, sondern nährt oft auch eine subtile Form von Selbstgefälligkeit. Viele Menschen hängen deshalb am Leben äußerer Konformität, weil sie es als den leichtesten Weg empfinden, ihr unruhiges Gewissen zu besänftigen.

Übergang zu den Realitäten des inneren Lebens

Die Seele benötigt oft mehrere Lebensspannen, um die Lehren äußerer Konformität auszuschöpfen. Irgendwann aber kommt unweigerlich der Augenblick, wo sie der äußeren Konformität müde wird und sich stärker für die Realitäten des inneren Lebens zu interessieren beginnt. Wenn sich der Weltenmensch dieser höheren Art des Suchens zuwendet, kann man von ihm sagen, er sei ein echter Suchender geworden. Wie das Insekt, das durch Metamorphose zur nächsten Lebensphase übergeht, überwindet die Seele das Stadium äußerer Konformität (*Shariat* oder *Karma-Kānda*) und betritt den Pfad der geistigen Befreiung (*Tariqat* oder *Ādhyātma-Mārga*). In dieser höheren Phase begnügt sich der Mensch nicht länger mit der äußerlichen Einhaltung bestimmter Regeln, sondern strebt nach dem Erwerb jener Eigenschaften, die dem inneren Leben geistige Schönheit verleihen.

Die Falle des Konformismus

Vom Gesichtspunkt der Realitäten des inneren Lebens ist das Leben äußerer Konformität oft geistig öde, wogegen ein Leben, das sich von solch starrer Konformität gelöst hat, geistig bereichern kann. Indem ein Mensch Konformität mit Konventionen und Förmlichkeiten sucht, gleitet er leicht in ein Leben falscher, illusorischer Werte, statt ein Leben zu führen, das auf wahren und beständigen Werten gründet. Allgemein Anerkanntes ist nicht notwendigerweise auch geistig gesund. Im Gegenteil, viele Konventionen drücken illusorische Werte aus und beruhen auf dem Konsens geistig Unwissender. Illusorische Werte werden deshalb so oft zur Konvention, weil sie jener Mentalität entsprechen, die am weitesten verbreitet ist. Das bedeutet indessen nicht, daß Konventionen zwangsläufig nur illusorische Werte verkörpern.

Die Falle des Nonkonformismus

Zuweilen wenden sich Menschen unkonventionellen Dingen allein deshalb zu, weil diese sich vom Üblichen abheben. Diese Unüblichkeit erlaubt ihnen, sich von anderen verschieden und getrennt zu fühlen und sich an diesem Gefühl zu ergötzen. Oft wecken unkonventionelle Dinge auch bloß deshalb Interesse, weil sie im Vergleich zu den gewöhnlichen Dingen neu sind. Die illusorischen Werte gewöhnlicher Dinge werden durch Vertrautheit schal, und deshalb neigt das Gemüt dazu, die Illusion von Wert auf ungewöhnliche Dinge zu übertragen, statt nach wahren und beständigen Werten zu suchen. Das Überwinden der Phase äußerer Konformität bedeutet indessen nicht einen rein mechanischen und gedankenlosen Wechsel vom Konventionellen zum Unkonventionellen. Ein solcher Wechsel ist seinem Wesen nach eine Reaktion und kann keineswegs zu einem Leben in Freiheit und Wahrheit beitragen.

Die Notwendigkeit kritischer Unterscheidung
Die Freiheit von Konventionen, die das Leben eines wahrhaft Suchenden kennzeichnet, ist nicht das Ergebnis einer unkritischen Reaktion, sondern von kritischer Unterscheidung. Wer das Stadium äußerer Konformität überwinden und in das höhere Leben der geistigen Realitäten eintreten möchte, muß die Fähigkeit entwickeln, zwischen falschen und wahren Werten zu unterscheiden, und dies ohne Rücksicht darauf, ob sie konventionell oder unkonventionell sind.

Der Aufstieg von Shariat oder Karma-Kānda zu *Tariqat* oder *Ādhyātma-Mārga* darf deshalb nicht als bloße Abkehr von äußerer Konformität verstanden werden. Es ist nicht ein Wechsel vom Konventionellen zum persönlichen Manierismus, vom Gewöhnlichen zum Ungewöhnlichen, sondern es ist ein Übergang von einem Leben gedankenloser Übernahme bestehender Traditionen zu einer Daseinsweise, die auf einsichtiger Unterscheidung zwischen Wichtigem und Unwichtigem beruht. Es ist eine Entwicklung von einem Zustand blinder Unwissenheit zu einem Zustand kritischer Besonnenheit. In der Phase bloßer äußerer Konformität ist die geistige Unwissenheit des Menschen oft so vollständig, daß er nicht einmal erkennt, daß er unwissend ist. Wenn er jedoch zu erwachen beginnt und den Pfad betritt, erkennt er sein Bedürfnis nach wahrem Licht. In den Anfangsstadien äußert sich sein Streben nach diesem Licht in Form einer intellektuellen Unterscheidung zwischen Beständigem und Unbeständigem, Echtem und Falschem, Wirklichem und Unwirklichem, Wichtigem und Unwichtigem.

Die Sterilität bloßer intellektueller Überzeugungen
Bloßes intellektuelles Unterscheiden zwischen Falschem und Wahrem ist für den geistig Suchenden indessen nicht genug. Obwohl solch intellektuelles Unterscheiden unzweifelhaft die Grundlage jeder weiteren Reifung ist, kann es seine Frucht erst dann bringen, wenn die Einsicht in neue Werte in eine lebendige Beziehung zum praktischen Leben gebracht wird. Was vom geistigen Standpunkt zählt, ist nicht Theorie, sondern *Praxis*. Die Ideen, Überzeugungen, Meinungen, Anschauungen oder Doktrinen, zu denen sich ein Mensch intellektuell bekennen mag, bilden nur eine

oberflächliche Schicht der menschlichen Persönlichkeit. Manch einer ist von etwas überzeugt und tut dennoch das genaue Gegenteil. Der Bankrott solch steriler Überzeugungen ist um so kläglicher, als der Mensch, der davon lebt, oft der Täuschung erliegt, geistig fortgeschritten zu sein, während er in Wahrheit das geistige Leben noch nicht einmal begonnen hat.

Glaubensbekenntnisse und Dogmen
Zuweilen kann selbst eine falsche Überzeugung, die jedoch mit Inbrunst vertreten wird, indirekt eine Erfahrung herbeirufen, die das Tor zum geistlichen Leben öffnet. Selbst im Stadium äußerer Konformität können Glaubensbekenntnisse zu einer Quelle der Inspiration für selbstlose und edle Taten werden, denn obwohl solche Bekenntnisse oder Dogmen vorläufig blind übernommen wurden, bringt ihnen der Mensch oft einen Eifer und eine Begeisterung entgegen, die ihnen ein dynamisches Element verleihen. Religiöse Glaubensbekenntnisse und Dogmen haben im Vergleich zu bloßen intellektuellen Ideologien und Doktrinen den eindeutigen Vorzug, daß sie nicht nur den Intellekt ansprechen, sondern auch das Herz. Sie erfassen und beeinflussen einen weit größeren Teil der menschlichen Persönlichkeit als rein theoretische Betrachtungen.

Im allgemeinen jedoch sind Glaubensbekenntnisse und Dogmen ebensosehr eine Quelle des Übels wie des Guten, weil sie durch Verzerrung oder Ausschaltung des kritischen Denkens den Blick trüben. Wenn das Bekenntnis zu Glaubenssätzen und Dogmen dem Individuum oder der Gemeinschaft, der es angehört, zuweilen auch Gutes gebracht hat, so hat es doch häufiger Schaden angerichtet. Obwohl es Kopf und Herz einbezieht, funktionieren hier *beide* unter dem folgenschweren Hemmnis der Suspendierung kritischen Denkens. Deshalb tragen Glaubensbekenntnisse und Dogmen nicht zum ungetrübten Wohl bei.

Theorie muß in Praxis umgesetzt werden
Wenn ein Mensch gedankenlos übernommene Glaubensbekenntnisse und Dogmen aufgibt zugunsten von Anschauungen und Lehren, über die er nachgedacht hat, so ist er insofern ein Stück weitergekommen, als sein Gemüt nun begonnen hat, seine Überzeugungen einer kritischen Wertung zu unterziehen. Sehr oft indessen vermögen ihn diese neuen Anschauungen nicht in gleichem Maße zu begeistern und zu motivieren wie sein früheres Bekenntnis zu Glaubenssätzen und Dogmen. Ist dies der Fall, so bedeutet das, daß seine neuen Anschauungen nur den oberflächlichen Aspekt des Lebens berühren und ihm lose anhängen wie ein Um-

hang. Das Denken ist nun zwar befreit von der Herrschaft ungeläuterter Emotionen, doch wurde dabei die Mitwirkung des Herzens geopfert.

Wenn die Ergebnisse kritischer Unterscheidung geistig fruchtbar sein sollen, müssen sie das Herz wieder einbeziehen und zur Mitarbeit gewinnen. Mit anderen Worten: Die Ideen, die nach kritischer Prüfung angenommen wurden, müssen im aktiven Leben Ausdruck finden, wenn sie ihren vollen Nutzen bringen sollen. Im Vorgang ihrer praktischen Anwendung erfahren sie oft eine gesunde Wandlung und werden so inniger verflochten mit dem Gewebe des Lebens selbst.

Das Denken muß sowohl kritisch als auch schöpferisch sein
Der Übergang von äußerer Konformität zum Leben der inneren Realitäten beinhaltet mithin zwei Schritte: 1. Befreiung des Gemüts von der Trägheit kritikloser Übernahme, die auf blinder Nachahmung beruht, und Erweckung desselben zu kritischem Unterscheiden. 2. Umsetzung der Ergebnisse kritischen und unterscheidenden Denkens in praktisches Handeln. Damit Denken geistig fruchtbar sein kann, muß es nicht nur kritisch sein, sondern auch schöpferisch. Kritisches und schöpferisches Denken führt zu geistiger Reifung, indem es jene Eigenschaften zur Entfaltung bringt, die zur Vollendung und Harmonisierung von Herz und Verstand beitragen und damit zur unbehinderten Freisetzung des göttlichen Lebens.

II. Die Entfaltung göttlicher Eigenschaften

Die wechselseitige Abhängigkeit wesentlicher Eigenschaften
Wenn das innere Leben des Suchenden harmonisch und erleuchtet sein soll, so muß er im Vollzug seiner täglichen Pflichten viele göttliche Eigenschaften entfalten und zum Ausdruck bringen. Jede dieser Eigenschaften mag, für sich allein genommen, nicht besonders wichtig erscheinen, doch es ist unrichtig, sie getrennt von anderen wesentlichen Eigenschaften zu betrachten. Im geistlichen Leben sind alle diese Eigenschaften eng miteinander verbunden. Sie ergänzen und stützen sich gegenseitig, und ihr Zusammenhang ist so vital, daß keine völlig außer acht gelassen werden kann, ohne viele andere zu beeinträchtigen. In ihrer wahren Funktion erweist sich mithin jede dieser Eigenschaften als absolut unerläßlich für ein ganzheitliches Leben.

Eifer und Geduld

Jeder Mensch ist rechtmäßiger Erbe der Wahrheit, doch wer dieses Erbe antreten will, muß geistig bereit sein dafür, und geistige Vorbereitung erfordert oft mehrere Existenzen geduldigen und beharrlichen Bemühens. Eine der ersten Anforderungen an den Suchenden ist deshalb, daß er nie erlahmenden Eifer mit unerschöpflicher Geduld verbindet. Hat sich ein Mensch einmal entschlossen, die Wahrheit zu finden, so erkennt er, daß sein Weg mit unzähligen Schwierigkeiten besät ist, und nur sehr wenige gehen den Weg mit unerschütterlichem Mut bis zu seinem Ende. Es ist leicht aufzugeben, wenn man sich mit Hindernissen konfrontiert sieht. Dies läßt sich veranschaulichen durch die Geschichte eines Mannes aus Poona (Indien).

Dieser Mann las einmal ein geistiges Buch, das ihn so tief beeindruckte, daß er den Wunsch empfand, allem zu entsagen. Er verließ Poona und begab sich in einen Wald nahe der Stadt, wo er sich unter einen Baum setzte und, den Rosenkranz in der Hand, den Namen Gottes herzusagen begann. Wachsendem Unbehagen und abflauendem Eifer trotzend, tat er dies einen ganzen Tag lang. Nach Sonnenuntergang erhoben sich ringsum die Schreie von allerlei Tieren. Obwohl dieser Spektakel mit einbrechender Nacht immer lauter wurde, setzte der Mann seine Übung tapfer fort. Als er jedoch aus der Dunkelheit einen riesigen Bären auf sich zukommen sah, ergriff er die Flucht und lief um sein Leben. Er rannte aus Leibeskräften sieben Meilen weit, bis er einen Laden in Poona erreichte, wo er bewußtlos zusammenbrach. Als er wieder zu sich kam, erzählte er den zusammengelaufenen Leuten, sehr zu deren Belustigung, von seinem Abenteuer, und damit fand seine Entsagungslaune ihr Ende.

Hinnehmen der Welt, wie sie ist

Geistiges Streben erfordert nicht nur körperliches Durchhaltevermögen und Tapferkeit, sondern auch unerschütterlichen Langmut und unanfechtbare Charakterstärke. Die Welt ist gefangen in Māyā und falschen Werten. Deshalb läuft das Handeln der weltlich Gesinnten den Idealen zuwider, die der Suchende sich selbst gesetzt hat. Entflieht er der Welt, so hilft ihm das nicht viel. Er wird zurückkommen müssen in die Welt, um jene Eigenschaften zu entwickeln, die ihn befähigen werden, der Welt zu begegnen und sie so zu nehmen, wie sie ist. Sehr oft führt sein Pfad mitten durch die Welt, der er trotz seiner Abneigung gegen ihre Art dienen muß. Soll der Suchende die Welt, die ihn nicht versteht oder gar unduldsam behandelt, lieben und ihr dienen können, muß er unendlichen Langmut entwickeln.

Langmut
Der Suchende, der unter der Führung eines Vollkommenen Meisters auf dem Pfad voranschreitet, gelangt zu einem immer tieferen Verständnis wahrer Liebe. Dies macht ihn auf schmerzliche Weise empfindsam für jene Einwirkungen von außen, die nicht nur lieblos sind, sondern geprägt sind von Verachtung, Zynismus, Gefühllosigkeit, offener Antipathie oder gar Haß. Alle diese Einwirkungen stellen seinen Langmut auf die härteste Probe. Selbst der Weltmensch leidet an der Welt, die er zuweilen als gleichgültig oder feindselig empfindet, doch da er ein dickes Fell hat, ist sein Schmerz weniger heftig. Er erwartet nicht viel Besseres von der menschlichen Natur und hält diese Dinge für unvermeidlich und unheilbar. Der Suchende indessen, der von einer tieferen Liebe gekostet hat, weiß um die verborgenen Möglichkeiten jeder Seele, und sein Leiden ist heftig, weil er den Abgrund spürt zwischen dem, was ist, und dem, was sein könnte, wenn die Welt auch nur eine schwache Ahnung hätte von jener Liebe, die er zu verstehen und zu schätzen begonnen hat.

Charakterstärke und Vertrauen
Langmut zu bewahren wäre leicht, wenn sich der Suchende mit den Wegen der Welt versöhnen und sie ohne Widerrede hinnehmen könnte. Doch da ihm höhere Wahrheiten aufgegangen sind, wird es für ihn zur unabdingbaren Pflicht, daran festzuhalten, selbst wenn die ganze Welt gegen ihn wäre. Treue zu den höheren Wahrheiten, die er erkannt hat, erfordert unerschütterliche Charakterstärke und Bereitschaft zur Hinnahme der Kritik, der Verachtung und selbst des Hasses jener, die noch nicht begonnen haben, sich diesen Wahrheiten zu öffnen. Obwohl er in diesem ungleichen Kampf den unfehlbaren Beistand des Meisters und die Hilfe anderer Suchender hat, muß er die Fähigkeit entwickeln, den Kampf für die Wahrheit eigenhändig auszutragen, ohne ständig auf Hilfe von außen zu zählen. Diese höchste Charakterstärke kann nur aus höchstem Vertrauen in sich selbst und in den Meister erwachsen. Die Welt lieben und ihr dienen in der Weise der Meister ist kein Spiel für Schwächlinge und Kleinmütige.

Die Entfaltung göttlicher Eigenschaften

Freiheit von Besorgnis

Charakterstärke und Vertrauen müssen einhergehen mit Freiheit von Besorgnis. Kaum etwas verschlingt soviel Energie wie Sorgen. Sich nicht zu sorgen ist etwas besonders Schwieriges. Besorgnis entsteht, wenn etwas schiefgegangen ist, doch es ist eitel, sich bloß zu wünschen, das Geschehene wäre anders geschehen. Die erstarrte Vergangenheit ist, was sie ist, und keine noch so tiefe Besorgnis kann ungeschehen machen, was geschehen ist. Doch das begrenzte Ich-Gemüt identifiziert sich mit seiner Vergangenheit, verstrickt sich darein und erhält den Schmerz der Nichterfüllung von Begierden am Leben. So wuchert Besorgnis weiter im Gemüt des Menschen, bis es gänzlich umwölkt ist von der Vergangenheit.

Sorgen macht man sich auch in bezug auf die Zukunft, wenn von dieser irgendwelche Unannehmlichkeiten erwartet werden. Hier sucht man Besorgnis zu rechtfertigen als notwendigen Teil der Vorbereitungen zur Bewältigung der erwarteten Situation. Aber allein dadurch, daß man sich Sorgen macht, lassen sich die Dinge niemals abwenden. Außerdem treffen viele der erwarteten Dinge nie ein oder erweisen sich, wenn sie eintreffen, als viel annehmbarer, als man sich vorgestellt hatte. Besorgnis ist das Produkt fieberhafter Vorstellung, die unter dem Antrieb von Begierden arbeitet. Sie ist das Durchleben von Leiden, die größtenteils selbsterzeugt sind. Besorgnis hat noch nie jemandem gutgetan. Und Besorgnis ist weit schlimmer als bloße Energieverschwendung, denn sie bewirkt eine drastische Beschneidung der Freude und Fülle des Lebens.

Frohsinn, Begeisterung und Ausgeglichenheit

Unter den vielen Eigenschaften, die der Suchende pflegen muß, sind wenige so wichtig wie Frohsinn, Begeisterung und Ausgeglichenheit. Wenn das Gemüt düster, niedergedrückt oder beunruhigt ist, handelt es chaotisch und erzeugt Bindungen. Daher die höchste Notwendigkeit, Frohsinn, Begeisterung und Ausgeglichenheit unter allen Umständen zu wahren. All das ist unmöglich, wenn der Suchende die Besorgnis nicht überwindet. Besorgnis ist ein zwangsläufiges Ergebnis der Bindung an die Vergangenheit oder an eine vorweggenommene Zukunft, und sie besteht in dieser oder jener Form so lange fort, bis sich das Gemüt gänzlich von allem gelöst hat.

Beherrschung der Sinne und Abgeklärtheit

Die Schwierigkeiten des Pfads lassen sich nur überwinden, wenn der Suchende Einsgerichtetheit besitzt. Wenn seine Energie sich in weltlichen

Dingen zerstreut, kommt er nur sehr langsam voran. Einsgerichtetheit beinhaltet Abgeklärtheit gegenüber allen Lockungen der phänomenalen Welt. Das Gemüt muß sich von allen Versuchungen abwenden, und die Sinne müssen gänzlich unter Kontrolle gebracht werden. Beherrschung der Sinne und Abgeklärtheit sind mithin gleichermaßen notwendig, um bei der Suche nach wahrer Einsicht Einsgerichtetheit zu erreichen.

Der Beistand des Meisters
Die wichtigste aller Voraussetzungen für ein sicheres und stetes Fortschreiten auf dem Pfad ist die Führung eines Vollkommenen Meisters. Der Meister gibt dem Suchenden jeweils nur gerade die Hilfe und Lenkung, die dieser in seiner unmittelbaren Situation benötigt. Alles was der Meister vom Suchenden erwartet, ist, daß dieser sein Bestes versucht, um voranzukommen. Er erwartet keine sofortige Umwandlung seines Bewußtseins, ausgenommen dort, wo der Boden schon dafür bereit ist. Wie bei allen Vorgängen dieser Welt spielt die Zeit auch bei der geistigen Entwicklung eine wichtige Rolle. Wenn der Meister dem Suchenden einen geistigen Anstoß gegeben hat, so wartet er, bis dieser die gegebene Hilfe gänzlich assimiliert hat. Eine Überdosis Spiritualität zieht stets eine ungesunde Reaktion nach sich, besonders wenn sie zur Unzeit verabreicht wird. Der Meister wählt deshalb für sein Eingreifen sorgfältig jenen Moment, der die bestmöglichen Ergebnisse gewährleistet. Hat er einmal eingegriffen, wartet er mit unendlicher Geduld, bis der Suchende wirklich weitere Hilfe benötigt.

III. Bereitschaft zum Dienen

Unerschütterliche Entschlossenheit
Der Suchende muß jederzeit bereit sein, der Sache der Menschheit zu dienen. Damit ist nicht gemeint, daß er ohne Rücksicht auf sein Können irgendeine Arbeit tun soll. Er soll eine Arbeit auswählen, zu der er aufgrund seiner individuellen Veranlagungen und Fähigkeiten geeignet ist. Doch was immer er kraft dieser Befähigung an Dienst erbringen kann, erbringt er selbst unter widrigsten Umständen. Er mag manche Feuerprobe durchzustehen haben, doch seine Entschlossenheit, zu dienen, wo immer dies möglich ist, muß unerschütterlich bleiben.

Keine Ansprüche des Ich

Der Suchende darf jedoch nicht an der Vorstellung hängen, einen Dienst zu leisten – in dem Sinne, daß nur er die besten Ergebnisse sicherstellen kann. Wenn ein Dienst zu erbringen ist, so ist er bereit, bei seiner Erfüllung jedes Opfer zu bringen, doch bindet er sich nie an den falschen Gedanken: «Mir allein gebührt das Verdienst dafür.» Wenn das Privileg, jenen Dienst zu erbringen, einem anderen zufällt, ist er nicht neidisch. Wäre er für sich selbst begierig auf Gelegenheiten zu dienen, so wäre das eine Form von Eigensucht. In jenem Dienen, das im geistlichen Leben wirklich zählt, ist überhaupt kein Platz für den Gedanken an die eigene Person. Es läßt keinen Raum für den Wunsch, etwas für sich selbst zu erlangen oder derjenige zu sein, der anderen etwas zu geben vermag. Die eigene Person muß in jeder Hinsicht gänzlich aus dem Spiel gelassen werden. Wahres Dienen entspringt der Spontaneität der Freiheit, wenn und wann es notwendig ist, und es muß im Geiste der Zusammenarbeit erfolgen, in dem es kein Beharren gibt auf den Ansprüchen des Ich.

Freisein vom Gegensatz großer und kleiner Dinge

Wenn der Suchende innerlich vollständig gelöst ist von allen Werken und ihren Ergebnissen, wird er frei von der verzerrenden Gegenüberstellung von großen und kleinen Dingen. Die weltlich Gesinnten bekräftigen ihr gesondertes Dasein durch Leistungen. Deshalb neigen sie ganz natürlich dazu, ihre Leistungen an greifbaren Größen zu messen. Sie haschen nach großen Dingen und gehen den kleinen Dingen aus dem Weg. Vom geistigen Gesichtspunkt indessen sind die sogenannten kleinen Dinge oft ebenso wichtig wie die sogenannten großen Dinge. Der Suchende hat keinen Grund, die einen zu meiden und die anderen zu suchen. Deshalb besorgt er kleine Dinge mit gleicher Sorgfalt wie große Dinge.

Im geistlichen Leben sind kleine Dinge ebenso wichtig wie große Dinge, doch die Konventionen der Welt schenken dieser einfachen Wahrheit meist keine Beachtung. Diese Konventionen beschränken den Bereich möglichen Dienstes auf das, was vom Gesichtspunkt der Welt als wichtig gilt. So wird vieles vernachlässigt, was für das Leben von grundlegender Bedeutung ist, mit dem Ergebnis, daß das Leben geistig verarmt.

Verschiedene Werte bestimmen verschiedene Dienste

In einer Gesellschaft, die von rein materialistischen Anschauungen beherrscht ist, wird Dienst verstanden als Beschaffung von Brot, Kleidung und anderen Bedarfsgütern. In einer Gesellschaft, die dem Wert intellektueller Kultur verpflichtet ist, wird Dienst verstanden als Vermittlung von Bildung in verschiedenen Formen. In einer Gesellschaft, die vor allem den Sinn für das Schöne entwickelt hat, wird Dienst verstanden als Förderung des künstlerischen Schaffens und Verbreitung von Kunstwerken. In einer Gesellschaft, die den unaussprechlichen Werten des Herzens zugetan ist, wird Dienst verstanden als Schaffung von Kanälen zur Pflege und zum Ausdruck des Herzens. In einer Gesellschaft, die wach ist für die überragende Bedeutung des Geistes, wird Dienst verstanden als Vermittlung geistiger Einsicht. Von diesen verschiedenen Diensten ist jener, welcher der geistigen Einsicht gilt, der höchste, weil geistige Einsicht alle menschlichen Probleme in die richtige Perspektive rückt und damit deren Lösung ermöglicht.

Zweierlei Arten des Dienens
Wo hingegen geistige Einsicht fehlt, wird der Wunsch des Dienens zum Instrument beschränkter Vorstellungen. Es gibt zweierlei Arten des Dienens: Die eine besteht darin, dem Leben anderer Dinge hinzuzufügen, die wirklich erstrebenswert sind, und die andere darin, aus dem Leben anderer jene Hemmnisse zu entfernen, die es ihnen unmöglich machen, die Dinge zu erlangen, die wirklich erstrebenswert sind. Wenn unsere Anschauungen von dem, was erstrebenswert ist, beschränkt sind, ist auch die Tragweite möglichen Dienens entsprechend beschränkt.

Kleine Dinge, die zählen
Dienen beschränkt sich nicht auf großartige Gesten wie umfangreiche Schenkungen an öffentliche Institutionen. Auch jene dienen, die ihre Liebe in kleinen Dingen ausdrücken. Ein Wort, das ein betrübtes Herz aufrichtet, oder ein Lächeln, das einem Niedergedrückten Hoffnung und Frohmut wiedergibt, hat ebensolchen Anspruch darauf, als Dienst betrachtet zu werden, wie große finanzielle Opfer und heldenhafte Selbstverleugnung. Ein Blick, der Bitterkeit aus dem Herzen tilgt und es in einer neuen Liebe pochen läßt, ist ebenfalls Dienst, obwohl kein Gedanke darin enthalten sein mag. Für sich allein genommen, erscheinen alle diese Dinge als gering, doch das Leben besteht aus einer Vielzahl solcher geringer Dinge. Würden diese kleinen Dinge außer acht gelassen, wäre das Leben nicht nur arm an Schönheit, sondern geistlos.

Bereitschaft zum Dienen

Die Einseitigkeit weltlicher Maßstäbe
Geradeso wie die Weltgesinnten dazu neigen, positive Leistungen an äußeren Größen zu messen, erliegen sie auch bei der Beurteilung von Hindernissen und Widrigkeiten einem ähnlichen Irrtum. So muß für die meisten Menschen das Unglück eines anderen kolossale Ausmaße annehmen, um ihre Aufmerksamkeit zu verdienen. Es ist charakteristisch für die weltlich Gesinnten, daß sie Dingen, die äußerlich greifbare Gestalt annehmen, mehr Bedeutung beimessen als Dingen, die stumme Gegebenheiten des inneren Lebens sind. So wird zum Beispiel verheerender Krieg als größeres Unheil angesehen als ein Dasein voll bitteren Hasses, obwohl vom geistigen Gesichtspunkt ein Leben bitteren Hasses keineswegs weniger unheilvoll ist als verheerender Krieg. Krieg erlangt deshalb so großes Gewicht, weil er Grausamkeit unmittelbar sichtbar macht, doch Haß ist ebenso unschön, selbst wenn er sich nicht in äußerem Handeln ausdrückt. Desgleichen wird die Aufmerksamkeit der Weltmenschen weit eher erregt durch Epidemien, Körperverletzungen und die Leiden des Sterbebettes als durch die Qual eines Herzens, das niedergedrückt ist von der Bürde unstillbaren Begehrens.

Wahres Dienen gilt dem Leben als Ganzem
Für den Suchenden, der bestrebt ist, zu dienen ohne irgendeinen Wunsch nach Anerkennung und Lohn, verdient alles Aufmerksamkeit, was den vollen Ausdruck des Lebens vereitelt oder verdirbt, sei es nun in den Augen der Welt groß oder klein. So wie der Aufstieg und Fall von Weltreichen seinen Platz hat im Strom des universalen Lebens, haben auch die flüchtigen Momente der Traurigkeit ihren Platz darin. Die Bedeutung des einen kann nicht beurteilt werden in den Begriffen des anderen, und die Ansprüche des einen dürfen nicht übersehen werden zugunsten der Ansprüche des anderen. Der Suchende betrachtet das Leben als unteilbares Ganzes und läßt nicht zu, daß irgendein Teil auf Kosten anderer seine ganze Aufmerksamkeit an sich reißt.

Dienen aus Liebe
Auch während seines selbstlosen Dienens wacht der Suchende unablässig über sein Gemüt. Er dient in Demut, Ehrlichkeit und Aufrichtigkeit. Der Dienst, den er erbringt, soll keine Zurschaustellung sein, sondern wahrer Liebe entspringen. Ist der Suchende von Liebe beseelt, wird ihn seine Liebe befähigen, einträchtig mit anderen zusammenzuarbeiten und freizubleiben von Eifersucht. Wenn zwischen geistig Arbeitenden nicht

Anforderungen an den Suchenden

gänzliche Eintracht herrscht, vermag der geleistete Dienst das geistige Ideal nicht zu erfüllen. Wenn der Suchende außerdem seinen Dienst nicht im Geiste der Liebe erbringt, so handelt er aus Pflichtgefühl wie die bezahlten Angestellten weltlicher Institutionen. In den Institutionen arbeiten die Leute gegen Lohn. Was sie in ihrer Arbeit zur Effizienz anhält, ist bestenfalls ein kaltes Pflichtgefühl. Solche Arbeit kann niemals die innere Schönheit dessen haben, was spontan aus Liebe getan wird.

Wichtigkeit des Kontakts mit dem Meister
Wahres Dienen wird dann am besten erlernt, wenn der Suchende das Glück hat, mit einem Vollkommenen Meister in Kontakt zu stehen. Der Meister lehrt nicht durch Predigen, sondern durch sein Beispiel. Wenn der Suchende den Meister bei seinem Wirken im Dienste der Menschheit erlebt, wird er in seiner Liebe zum Meister jenen Geist des Dienens rasch erfassen. Kontakt mit dem Meister fördert auch den Geist der Zusammenarbeit, dessen Entwicklung den Suchenden durch ihre gemeinsame Liebe zum Meister leichtgemacht wird. Sie dienen, weil der Meister es wünscht. Sie tun das Werk des Meisters, nicht ihr eigenes, und sie tun es nicht aus eigenem Wollen, sondern weil sie vom Meister damit betraut worden sind. Deshalb sind sie frei vom Gedanken irgendwelcher persönlichen Ansprüche, Rechte oder Privilegien. Was für sie zählt, ist allein das Werk des Meisters. Sie sind bereit, seiner Sache nach bestem Können zu dienen, wenn sie dazu aufgefordert werden, und ebenso bereit, ihre Arbeit an einen anderen Suchenden abzutreten, wenn dieser sie besser tun kann.

Dienen ohne Aufheben
Indem die Suchenden in dieser Weise zusammenarbeiten, dienen sie sich gewissermaßen gegenseitig, haben doch alle das Werk des Meisters wie ihr eigenes angenommen. Wenn ein Suchender bei der Arbeit für den Meister einem anderen hilft, dient er deshalb sowohl diesem Suchenden als auch dem Meister selbst. In solchem Dienen kann es kein Herumkommandieren geben, weil sich der Suchende stets bewußt ist, daß es das Werk des Meisters ist, dem er sich übergeben hat und das er tut. Auch weiß er, daß als Suchende alle gleich sind, was es ihm erleichtert, im Geiste äußerster Demut zu dienen. Wenn er Stolz entwickelt auf sein Dienen, so ist das, als hätte er nicht gedient. Etwas vom Schwierigsten, das es zu lernen gilt, ist Dienen ohne Herrschsucht, ohne Aufheben und ohne Unterscheidung von hoch und niedrig. In der Welt des Geistes zählt Demut mindestens ebensoviel wie Nutzen.

Das Ideal wahren Dienens
Wenn der Meister anderen dient, so tut er das nicht, weil er an Werke gebunden ist, sondern um zu helfen, und außerdem um seinen Jüngern ein Beispiel selbstlosen Dienens zu geben. Während er anderen dient, sieht er in ihnen sich selbst und erfährt sein Dienen an ihnen als Dienst an sich selbst. In seinem nichtversiegenden seligen Innesein der Einheit weiß sich der Vollkommene Meister zugleich als der Herr aller und als der Diener aller. Er verkörpert deshalb das Ideal des Dienens, in dem es keine Versklavung gibt, weder dessen, der den Dienst empfängt, noch dessen, der ihn erbringt. Die Verwirklichung des Ideals wahren Dienens ist für den Suchenden leicht erreichbar, wenn er das Beispiel des Meisters vor Augen hat. Die geistige Vorbereitung des Suchenden kann niemals als vollständig betrachtet werden, solange er nicht die Kunst jenes Dienens erlernt hat, das nicht Überdruß, sondern Freude bringt, nicht Knechtschaft, sondern Freiheit, das nicht Forderungen und Gegenforderungen schafft, sondern der Spontaneität freien Gebens und Nehmens entspringt, das frei ist von der Bürde persönlicher Wünsche und getragen wird vom Gefühl sich fortwährend erneuernder Erfüllung.

IV. Vertrauen (Glauben)*

Vertrauen ist eine Grundvoraussetzung des Lebens
Eine der wichtigsten Anforderungen an den Suchenden ist Vertrauen. Es gibt dreierlei Vertrauen: Vertrauen in sich selbst, Vertrauen in den Meister und Vertrauen in das Leben. Vertrauen ist so unentbehrlich, daß ohne es Leben gar nicht möglich wäre. Es ist Vertrauen, das ein Zusammenleben und Zusammenarbeiten überhaupt erst möglich macht. Es ist Vertrauen ineinander, das ein freies Geben und Nehmen von Liebe, ein freies Teilen von Arbeit und deren Früchten leicht macht. Bürdet man dem Leben ungerechtfertigte gegenseitige Furcht auf, wird es verkrampft und beschränkt.

---

* Im englischen Original steht nur *faith*, was sowohl «Glauben» wie «Vertrauen» bedeutet. Da diese deutschen Begriffe aber je ihre besondere Nuance haben, erschien es notwendig, *faith* entsprechend dem Zusammenhang mit dem einen oder anderen zu übersetzen. (Anm. d. Übers.)

Anforderungen an den Suchenden

Vertrauen und Vertrauenswürdigkeit
Kinder haben ein natürliches Vertrauen in Ältere. Sie suchen instinktiv Schutz und Hilfe bei ihnen, ohne irgendeine Einführung zu benötigen. Diese Eigenschaft des Vertrauens in andere besteht auch im späteren Leben fort, wenn ein Mensch nicht gröblich verletzt wird von anderen, die ihn aus Eigennutz täuschen und ausbeuten. Obwohl mithin Vertrauen dem Menschen von Natur aus gegeben ist, wächst und blüht es nur in einer Umwelt, in der die Menschen zuverlässig, ehrlich und vertrauenswürdig sind, und es schwindet dort, wo Feindseligkeit herrscht. Gegenseitiges Vertrauen wird dann vollständig und unerschütterlich, wenn es sein Gegenstück findet in jenen Eigenschaften, die Vertrauen erwecken und festigen. Des Vertrauens, das andere in uns legen, würdig sein und Vertrauen in andere sind zwei sich ergänzende Tugenden. Sie sind die notwendigen Voraussetzungen für die ungehinderte Entfaltung individuellen und kollektiven Lebens.

Die Bedeutung des Vertrauens in sich selbst
Unbegrenztes und unbedingtes gegenseitiges Vertrauen gehört zur Welt der Ideale. In der Praxis existiert es nur in Sonderfällen. Obwohl es höchst wünschenswert ist, kann es erst dann kommen, wenn die Welt von Menschen bevölkert ist, die unbegrenztes Vertrauen verdienen. Es setzt die vollendete Entfaltung von Zuverlässigkeit, Standhaftigkeit und nie versagender Hilfsbereitschaft voraus. Diese Eigenschaften, die gegenseitiges Vertrauen schaffen, können sich nur entwickeln, wenn ein Mensch höchstes Vertrauen in sich selbst hat. Hat er kein Vertrauen in sich selbst, so ist er nicht imstande, jene Eigenschaften zu entfalten, die das Vertrauen anderer wecken und festigen. Das Vertrauen, daß du auch unter kritischen Umständen dem treu zu bleiben vermagst, was du als das Beste erkannt hast, ist die eigentliche Grundlage eines zuverlässigen Charakters.

Die sichere Basis des Selbstvertrauens
Unerschütterliches Vertrauen in sich selbst ist ebenso selten wie unbedingtes Vertrauen in jemand anderen. Wenige nur haben es so weit entwickelt, daß es wirksame und konstruktive Selbstbeherrschung gewährleistet. Bei den meisten Menschen wird das Vertrauen in sich selbst fortwährend in Frage gestellt und zermürbt durch die Erfahrung der eigenen Schwächen und Verfehlungen, die sich oft als unüberwindlich erweisen, selbst dann, wenn man weiß, was das Rechte ist. Das der ständigen Gefahr des Zusammenbruchs ausgesetzte Selbstvertrauen kann nur dann

sicher verankert werden, wenn der Mensch das lebendige Beispiel der Vollkommenheit vor Augen hat und ihm vertraut.

Vertrauen in den Meister

Vertrauen in den Vollkommenen Meister erlangt überragende Bedeutung, weil es das Vertrauen in sich selbst und in das Leben nährt und trägt, selbst im Angesicht von Rückschlägen und Anfechtungen, Hemmnissen und Schwierigkeiten, Begrenzungen und Versagen. Das Leben, wie es der Suchende in sich selbst oder in seinen Mitmenschen kennt, mag eng sein, verzerrt und voller Makel, doch das Leben, wie er es im Meister sieht, ist unbegrenzt, lauter und makellos. Im Meister sieht der Suchende sein eigenes Ideal verwirklicht. Der Meister ist das, wonach sein eigenes höheres Selbst sich sehnt. Er sieht im Meister das Spiegelbild des Besten in sich selbst, das zwar noch nicht gelebte Wirklichkeit ist, aber es eines Tages mit Sicherheit sein wird. Vertrauen in den Meister wird deshalb zur wichtigsten treibenden Kraft für die Verwirklichung des Göttlichen, das im Menschen schlummert.

Glaube und kritische Vernunft

Wahrer Glaube gründet in den tieferen Erfahrungen des Geistes und den untrüglichen Eingebungen geläuterter Intuition. Er ist nicht anzusehen als Gegensatz der kritischen Vernunft, sondern als der unfehlbare Führer der kritischen Vernunft. Wenn sich die kritische Vernunft leiten läßt von einem tiefen und lebendigen Glauben, der auf reiner Intuition gründet, ist ihr Wirken nicht länger öde, steril und sinnlos, sondern wird schöpferisch, fruchtbar und sinnvoll.

Andererseits lassen sich viele Formen naiver Leichtgläubigkeit nur durch furchtlose und freie Anwendung der kritischen Vernunft brechen. Es bleibt jedoch wahr, daß kritische Vernunft nur jene Formen des Glaubens zu Fall bringen kann, die nicht auf reiner Intuition gründen. Wahrer Glaube, der auf reiner Intuition gründet, bleibt stets eine unabdingbare innere Notwendigkeit, die sich niemals auf die Schlußfolgerungen des Intellekts reduzieren läßt. Er leitet sich nicht ab vom begrenzten Intellekt, sondern ist etwas ungleich Tieferes und Ursprünglicheres. Deshalb läßt er sich durch keinerlei intellektuelle Akrobatik zum Schweigen bringen. Das bedeutet indessen nicht, daß Glaube blind sein muß, in dem Sinne, daß er nicht der kritischen Prüfung unterzogen werden dürfte. Wahrer Glaube ist eine Form des Sehens, nicht der Blindheit. Er braucht das freie Wirken der kritischen Vernunft nicht zu fürchten.

Anforderungen an den Suchenden

Leichtgläubigkeit und Zweifel
Das Recht, den Meister durch kritisches Denken auf die Probe zu stellen, ist den Jüngern stets zugestanden worden. Hat der Jünger aber die Vollkommenheit des Meisters auf die Probe gestellt und Genugtuung erlangt und schwankt dennoch in seinem Glauben an ihn, so deutet dies auf einen beklagenswerten Mangel an Aufrichtigkeit und Integrität in seinem Streben. Ebenso wie es viel unkritische und unverdiente Vertrauensseligkeit gibt für solche, die sich geistiger Weisheit rühmen, gibt es auch viel ungerechtfertigte Zweifel, trotz einer festen Grundlage des Glaubens in der eigenen Erfahrung. Geradeso wie kritiklose Leichtgläubigkeit letztlich das Ergebnis des unbewußten Wirkens vieler weltlicher Begierden ist, erwächst auch ungerechtfertigte Wankelmütigkeit aus dem unbewußten Wirken von Begierden, die sich dem Ausdruck eines von der Vernunft erhellten Glaubens entgegenstellen. Im ersten Fall ist Begehren die Ursache ungerechtfertigten Vertrauens, im zweiten Fall ist Begehren die Ursache ungerechtfertigten Zweifels.

Begierden neigen dazu, das Wirken der kritischen Vernunft zu verzerren. Unerschütterlichen Glauben, der in reiner Intuition gründet, kann nur jenes Gemüt erlangen, das frei ist vom Drängen vielfältiger Begierden. Wahrer Glaube ist deshalb eine Angelegenheit allmählichen Wachstums. Er wächst in dem Maße, wie es dem Jünger gelingt, sein Bewußtsein von Begierden verschiedenster Art zu befreien.

Überzeugungen und Meinungen
Glaube muß sorgfältig unterschieden werden von bloßer intellektueller Überzeugung oder Meinung. Hat jemand eine gute Meinung von einem anderen, so sagt man oft, er glaube an ihn. Doch diese Art von Glauben hat nicht jene geistige Kraft, die dem lebendigen Glauben an den Meister innewohnt. Die Überzeugungen und Meinungen eines Menschen bilden oft eine sehr oberflächliche Schicht seiner Persönlichkeit. Sie stehen nicht in einer vitalen Beziehung zu den tieferen Kräften der Seele, sondern bleiben begrenzt auf einen Teilbereich des Gemüts und bewirken keine radikale Änderung im Kern der Persönlichkeit, der die Einstellung zum Leben bestimmt. Die Menschen tragen solche Meinungen wie Kleider. In Notfällen neigen sie dazu, diese Kleider gegen andere zu tauschen, die ihren unmittelbaren Zielen besser zu dienen vermögen. Die Überzeugungen werden hier unbewußt von den Zielen bestimmt. Die Ziele werden nicht bewußt von Überzeugungen bestimmt.

Lebendiger Glaube ist eine schöpferische Kraft

Lebendiger Glaube hingegen steht in einer höchst vitalen und ganzheitlichen Beziehung zu den tieferen Kräften und Intentionen des inneren Menschen. Er wird nicht oberflächlich «vertreten» wie eine Meinung, noch verbleibt er wie bloße intellektuelle Überzeugungen in peripheren Bereichen des Bewußtseins. Lebendiger Glaube wird zu einem machtvollen Faktor, der eine Wandlung des ganzen inneren Menschen bewirkt. Er ist eine schöpferische, dynamische Kraft. Es gibt keinen Gedanken, der nicht erhellt würde von ihm, kein Gefühl, das nicht erläutert würde durch ihn, und keine Zielsetzung, die nicht neugestaltet würde in ihm. Solch lebendiger Glaube an den Vollkommenen Meister wird für den Schüler zur höchsten Quelle der Inspiration und unanfechtbaren Vertrauens in sich selbst. Er drückt sich in erster Linie aus durch den Geist aktiven Verlasses auf den Meister und nicht bloß durch irgendeine Meinung von ihm. Lebendiger Glaube ist nicht eine Art Zeugnis, das der Schüler dem Meister ausstellt. Er ist eine aktive Haltung des Bauens auf den Meister, die sich nicht nur durch implizites und vertrauensvolles Erwarten seiner Hilfe äußert, sondern auch durch Selbsthingabe an ihn.

Lebendiger Glaube gründet in Erfahrung

Solch fruchtbringender und lebendiger Glaube an den Meister entspringt stets einer tiefen Erfahrung, die der Meister dem Schüler vermittelt, der sie verdient. Er ist grundlegend verschieden von den Ansichten, zu denen Menschen durch kritiklose Übernahme oder oberflächliches Denken gelangen. Bloße intellektuelle Überzeugungen sind meist von sehr geringer geistiger Tragweite. Deshalb ist der Meister an sich völlig unbekümmert darum, ob der Schüler von ihm überzeugt ist oder von jemand anderem und ob der Schüler ihm in irgendeinem Moment glaubt oder nicht. Wenn der Meister in einigen glücklichen Fällen durch sein direktes Eingreifen im Schüler lebendigen Glauben weckt (im Unterschied zu bloßer Überzeugung), so allein deshalb, weil er weiß, daß diesem damit geholfen wird.

Prüfung des Schülers

Ebenso wie der Schüler die Fähigkeit des Meisters, ihn zu führen, auf die Probe stellt, stellt der Meister seinerseits die Integrität des Strebens des Schülers auf die Probe. Es geht dem Meister nicht darum, ob der Schüler an ihm zweifelt oder nicht. Was er prüft, ist, ob dieser in seinem geistigen Streben und Suchen aufrichtig ist und sich demselben von ganzem Herzen hingibt oder nicht. Dem Vollkommenen Meister ist in keiner Weise

Anforderungen an den Suchenden

daran gelegen, dem Schüler seine Göttlichkeit zu beweisen, und er tut dies nur dann, wenn ein solcher Beweis für das geistige Wohl desjenigen, der sich ihm übergeben hat, unerläßlich ist und ihm unfehlbar helfen wird.

Māyā

I. Falsche Werte

Wichtigkeit des Verstehens der Māyā
Jeder möchte die Wahrheit erkennen und erfahren, doch Wahrheit kann erst dann als Wahrheit erkannt und erfahren werden, wenn Unwissenheit als Unwissenheit erkannt und erfahren worden ist. Deshalb ist es wichtig, *Māyā*, das Prinzip der Unwissenheit, zu begreifen. Die Leute lesen und hören viel über Māyā, doch nur wenige begreifen, was sie wirklich ist. Oberflächliches Verstehen der Māyā ist nicht genug. Māyā muß begriffen werden als das, was sie tatsächlich ist. Wer Māyā, das Prinzip der Unwissenheit, begriffen hat, hat die Hälfte der Wahrheit des Universums erkannt. Unwissenheit in allen ihren Formen muß gänzlich verschwinden, wenn die Seele sich selbst erkennen soll. Deshalb ist es für den Menschen von zwingender Notwendigkeit, zu erkennen, was unwahr ist, zu wissen, daß es unwahr ist, und sich zu befreien vom Unwahren durch das Wissen um seine Unwahrheit.

Das Wesen der Unwahrheit
Was ist das Wesen der Unwahrheit? Wenn das Wahre als wahr erkannt wird oder das Unwahre als unwahr, so ist keine Unwahrheit da, sondern eine Form des Wissens. Unwahrheit besteht darin, das Wahre für unwahr oder das Unwahre für wahr zu halten, das heißt etwas für etwas anderes, als es in Wirklichkeit ist. Unwahrheit bedeutet ein Irrtum in der Beurteilung der Natur der Dinge.

Zwei Arten des Wissens
Vereinfacht gesagt, gibt es zwei Arten des Wissens: rein intellektuelle Abschätzung der Daseinsfakten und Wertschätzung, die einen Sinn für den Wert und die Wichtigkeit der Dinge beinhaltet. Rein intellektuelle Einschätzungen oder Ansichten werden nur dann bedeutsam, wenn sie in irgendeiner Weise von Werten abhängen. Fehlt ein solcher Zusammenhang, haben sie an sich sehr geringe Bedeutung. So ist niemand besonders daran interessiert, die genaue Zahl der Blätter eines bestimmten Baumes zu ermitteln, obwohl diese Information vom rein theoretischen Gesichtspunkt eine Form von Wissen wäre. Derartiges Wissen wird als unwichtig betrachtet, weil es keine vitale Beziehung zu anderen Werten hat. Intellektuelles Wissen wird wichtig, wenn es den Menschen befähigt, gewisse Werte zu verwirklichen, indem es ihm die Mittel zu ihrer Verwirklichung an die Hand gibt, oder wenn es als bedeutsamer Faktor in das Wertgefühl selbst eingeht, indem es herkömmliche Werte verändert oder sonstwie berührt.

Falsches Werten
Den zwei Arten der Einschätzung entsprechen zwei Arten des Irrens: das Anerkennen als Tatsache von etwas, das keine Tatsache ist, und falsches Werten. Falsches Werten geschieht auf dreierlei Art: indem man das Unwichtige für wichtig hält, indem man das Wichtige für unwichtig hält und indem man etwas eine Wichtigkeit beimißt, die es in Wirklichkeit nicht hat. Alle diese Irrtümer sind Schöpfungen der Māyā. Obwohl alle Unwahrheiten unwahr sind, unterscheiden sie sich vom geistigen Gesichtspunkt in ihrer Tragweite. Es gibt Unwahrheiten, die schwer wiegen, und Unwahrheiten, die nicht sehr schwer wiegen. Wenn jemand einen Thron für höher hält, als er in Wirklichkeit ist, so ist das zwar eine Unwahrheit, jedoch eine, die nicht besonders ins Gewicht fällt. Hält eine Person aber den Thron für das Ein und Alles ihres Lebens, ist das eine Unwahrheit, die den Lauf und die Bedeutung ihres Lebens wesentlich verändert. Im Großen und Ganzen tragen Fehler bei der Wertung weit stärker zur Irreleitung, Verzerrung und Begrenzung des Lebens bei als Fehler bei der rein intellektuellen Beurteilung gewisser objektiver Fakten.

Fehler bei der Wertung erwachsen aus subjektiven Begierden oder Wünschen. Wahre Werte sind Werte, die einer Sache an sich innewohnen. Es sind innere Werte, und weil es innere Werte sind, sind sie absolut und beständig und ändern sich weder in der Zeit noch von Person zu Person. Falsche Werte dagegen leiten sich ab von Begierden oder Wün-

Falsche Werte

schen. Sie hängen ab von subjektiven Faktoren, und weil sie von subjektiven Faktoren abhängen, sind sie relativ und unbeständig und ändern sich je nach Zeit und Person.

Beispiele relativer Werte
Für einen Menschen, der sich in der Wüste verirrt hat und zu verdursten droht, ist Wasser das Kostbarste der Welt. Wer jedoch Wasser im Überfluß zur Verfügung hat und keinen besonderen Durst verspürt, der mißt dem Wasser nicht dieselbe Bedeutung bei. Desgleichen betrachtet der Mensch, der hungrig ist, Nahrung als sehr wichtig, während jener, der sich sattgegessen hat, an Nahrung vorläufig nicht einmal denkt. So erhalten die Dinge einen vorgestellten und relativen Wert durch ein Verlangen, das sie zu erfüllen versprechen.

Der Wert von Sinnesobjekten ist abhängig von der Intensität der Begierden
Der Wert von Sinnesobjekten ist größer oder kleiner je nach der Intensität oder Dringlichkeit, mit der sie begehrt werden. Verstärken sich die Begierden, nimmt auch die Wichtigkeit ihrer Objekte zu. Nehmen sie in ihrer Intensität und Dringlichkeit ab, verlieren auch ihre Objekte viel von ihrer Wichtigkeit. Wenn die Begierden schlummern, bewahren ihre Objekte potentiellen Wert, und wenn die Begierden wieder erwachen, gewinnen die Objekte aktuellen Wert. All dies sind falsche Werte, weil es Werte sind, die nicht den Dingen selbst innewohnen, sondern von den Begierden abgeleitet sind. Wenn im Lichte wahrer Erkenntnis alle Begierden und alles Verlangen gänzlich verschwinden, verlieren ihre Objekte sogleich diese abgeleitete Wichtigkeit und erweisen sich als bedeutungslos.

Das Erkennen der Leere von Sinnesobjekten
So wie eine aus dem Umlauf gezogene Münze als wertlos gilt, obwohl sie nach wie vor vorhanden ist, verlieren auch die Objekte der Sinneslust und des Verlangens ihren Wert, wenn ihre Leere wahrgenommen wird, obwohl diese Objekte weiterhin eine gewisse Anerkennung genießen mögen. Sie sind zwar da und können als daseiend erkannt und gesehen werden, doch sie *bedeuten* nicht länger dasselbe. Für eine Vorstellung, die verzerrt ist durch Sinneslust und Verlangen, beinhalten sie ein trügerisches Versprechen von Erfüllung, doch der ruhigen und klaren Einsicht zeigt sich, daß sie als von der Seele getrennt betrachtete Dinge völlig unwichtig sind.

Māyā

Wichtignehmen des Unwichtigen
Wenn ein geliebter Mensch stirbt, so entstehen Trauer und Verlassenheit; dieses Gefühl von Verlust wurzelt jedoch in der Bindung an die bloße Form, unabhängig von der Seele. Die Form ist es, die verschwunden ist, nicht die Seele. Die Seele ist nicht tot. In ihrem wahren Wesen ist sie nicht einmal dahingegangen, denn sie ist überall. Doch aufgrund von Bindung an den Körper wurde die Form als das Wichtige betrachtet. Alle Sehnsüchte, Begierden, Gefühle und Gedanken konzentrierten sich auf die Form, und wenn durch den Tod die Form hinweggenommen wird, entsteht eine Leere, die sich darin ausdrückt, daß man den Dahingegangenen vermißt.

Würde die Form als solche nicht mit falscher Bedeutung überladen, gäbe es keine Trauer, kein Vermissen des Dahingegangenen. Das Gefühl der Vereinsamung, die beharrliche Erinnerung an den Geliebten, der Wunsch, er möchte noch hier sein, die Tränen schmerzlicher Trauer und Seufzer der Trennung – all das ist das Ergebnis falscher Wertung, des Wirkens von Māyā. Wichtignehmen des Unwichtigen ist eine der hauptsächlichsten Äußerungen des Wirkens von Māyā. Vom geistigen Gesichtspunkt ist es eine Form von Unwissenheit.

Nichtbeachten des Wichtigen
Andererseits drückt sich das Wirken von Māyā auch darin aus, daß man Wichtiges für unwichtig hält. Vom geistigen Gesichtspunkt ist Gott das einzig Wichtige, doch nur sehr wenige Menschen sind wirklich an Gott um Seiner selbst willen interessiert. Wenn sich die weltlich Gesinnten Gott überhaupt zuwenden, so tun sie dies meist für ihre eigenen selbstsüchtigen Zwecke. Sie suchen Erfüllung ihrer persönlichen Begierden, Hoffnungen oder gar Rachewünsche durch das Eingreifen des Gottes ihrer Vorstellung. Sie suchen nicht Gott als Wahrheit. Sie sehnen sich nach allem Möglichen, nur nicht nach der einzigen Wahrheit, die sie als unwichtig betrachten. Auch dies ist Blendwerk der Māyā. Die Menschen suchen ihr Glück überall außer in Gott, der die einzige unfehlbare Quelle dauerhafter Freude ist.

Beimessen einer falschen Wichtigkeit
Das Wirken der Māyā drückt sich ferner darin aus, daß es das Gemüt dazu bringt, einem Ding eine andere Wichtigkeit beizumessen, als es in Wirklichkeit hat. Dies geschieht zum Beispiel, wenn Rituale, Zeremonien und andere äußerliche religiöse Praktiken zum Selbstzweck erhoben wer-

den. Als Mittel, Träger und Ausdrucksformen des Lebens haben sie zwar ihren Wert, doch sobald man sie um ihrer selbst willen ausübt, verleiht man ihnen eine Wichtigkeit, die ihnen nicht zukommt. Werden sie als an sich wichtig angesehen, so engen sie das Leben ein, statt ihm Ausdruck zu geben, wie es ihr eigentlicher Zweck ist. Gibt man dem Unwesentlichen Vorrang über das Wesentliche, so äußert sich darin die dritte Hauptform falschen Wertens. Auch dies ist das Werk der Māyā.

II. Falsche Überzeugungen

Werkzeuge der Māyā
Die Fesseln, die die Seele in geistiger Knechtschaft halten, bestehen zur Hauptsache aus falschen Werten oder verkehrter Wertung. Doch auch falsche Überzeugungen tragen viel zur Fortdauer dieser Knechtschaft bei. Falsche Überzeugungen führen zu falschen Werten und werden wiederum gestärkt durch die falschen Werte, in denen die Seele gefangen ist. Falsche Überzeugungen sind ebenso Schöpfungen der Māyā wie falsche Werte, und sie gehören zu den Werkzeugen, deren sich die Māyā bedient, um die unwissende Seele in ihren Klauen zu halten.

Die Herrschaft der Māyā über den Intellekt
Māyā wird unwiderstehlich, indem sie vom eigentlichen Sitz des Erkenntnisvermögens, dem menschlichen Intellekt, Besitz ergreift. Durchschauen der Māyā ist deshalb so schwer, weil sie durch ihre Herrschaft über den Intellekt Schranken erzeugt und falsche Überzeugungen und Illusionen nährt. Sie verhindert das Innewerden der Wahrheit durch den hartnäckigen Versuch, irrige Überzeugungen zu erhalten und zu rechtfertigen. Der frei wirkende Intellekt bereitet den Weg zur Wahrheit, doch der von Māyā beherrschte Intellekt verbaut den Weg dahin. Die von Māyā erzeugten falschen Überzeugungen wurzeln so tief, daß sie als Selbstverständlichkeiten empfunden werden. Sie erscheinen im Gewand eindeutiger Wahrheiten und werden fraglos hingenommen.

Die Identifikation mit dem physischen Körper
So glaubt der Mensch zum Beispiel, er sei sein physischer Körper. Der gewöhnliche Mensch kommt nie auf den Gedanken, daß er etwas anderes sein könnte als sein Körper. Diese Identifikation mit dem Körper geschieht unwillkürlich und scheint keines Beweises zu bedürfen. Gerade

weil diese Überzeugung unabhängig ist von jedem rationalen Beweis, hält der Mensch um so hartnäckiger daran fest. Das Leben des gewöhnlichen Menschen dreht sich um den physischen Körper und dessen Begierden. Die Preisgabe der Überzeugung, er sei der physische Körper, beinhaltet die Preisgabe aller Begierden, die sich auf diesen Körper beziehen, sowie der falschen Werte, die sie mit sich bringen.

Die Überzeugung, der physische Körper zu sein, führt zu körperlichen Begierden und Bindungen, und der Gedanke, etwas anderes zu sein als der physische Körper, läuft diesen anerkannten Begierden und Bindungen zuwider. Deshalb wird die Überzeugung, der physische Körper zu sein, zu etwas Natürlichem. Sie ist leicht zu bewahren und schwer zu entwurzeln. Der Gedanke andererseits, der Mensch sei etwas anderes als der physische Körper, scheint eines stichhaltigen Beweises zu bedürfen. Er ist schwer anzunehmen und leicht zu verwerfen. Doch wenn das Gemüt die Bürde körperlicher Begierden und Bindungen ablegt, erkennt es die Falschheit der Überzeugung, der physische Körper zu sein, und die Wahrheit des Gedankens, etwas anderes zu sein als der Körper.

Die Identifikation mit dem Subtilkörper

Selbst wenn es einem Menschen gelingt, sich von der falschen Überzeugung, er sei der physische Körper, zu lösen, bleibt er ein Opfer falscher Überzeugung, denn nun meint er, der subtile Körper zu sein. Sein Dasein richtet sich deshalb aus auf den Subtilkörper und dessen Begierden. Das Ablegen der Überzeugung, der Subtilkörper zu sein, erfordert das Ablegen aller Begierden bezüglich des Subtilkörpers sowie der falschen Werte, die sich aus diesen ableiten. Das Festhalten an diesen Begierden und Werten aber bewirkt, daß er die Überzeugung, der Subtilkörper zu sein, als selbstverständlich hinnimmt, weshalb der Gedanke, etwas anderes zu sein als der Subtilkörper, stichhaltiger Beweise zu bedürfen scheint. Doch wenn das Gemüt die Bürde der Begierden und Bindungen im Zusammenhang mit dem Subtilkörper ablegt, wird die falsche Überzeugung, der Subtilkörper zu sein, ebenso mühelos aufgegeben wie zuvor die falsche Überzeugung, der physische Körper zu sein.

Die Identifikation mit dem Mentalkörper

Dies ist indessen nicht das Ende falscher Überzeugungen. Selbst wenn ein Mensch die falsche Überzeugung aufgibt, sein Subtilkörper zu sein, bleibt er der Illusion verhaftet und ist nun der Überzeugung, der Mentalkörper zu sein. Der Mensch hegt diese falsche Überzeugung, weil er daran Gefallen findet. Während seines ganzen Lebens als individualisierte Seele hat er sich an die falsche Vorstellung seines gesonderten Daseins geklammert. Alle seine Gedanken, Gefühle und Handlungen haben stets nur eines ausgedrückt und bejaht – die Existenz des gesonderten Ich. Die Preisgabe der falschen Überzeugung, das Ich- Gemüt zu sein, bedeutet deshalb die Preisgabe all dessen, was bisher seine eigentliche Existenz auszumachen schien.

Das Ablegen der letzten Unwahrheit

Die Preisgabe der falschen Überzeugung, der physische oder der subtile Körper zu sein, erfordert die Preisgabe verschiedener Begierden und Bindungen. Es ist das Preisgeben von etwas, das man lange Zeit gehabt hat. Doch die Preisgabe der falschen Überzeugung, das Ich-Gemüt zu sein, erfordert vom Menschen die Preisgabe des eigentlichen Kerns dessen, was er zu sein geglaubt hatte. Die Preisgabe dieser letzten Unwahrheit ist deshalb am schwersten. Doch diese letzte Unwahrheit hat ebensowenig Bestand wie die vorhergehenden Unwahrheiten, die ebenfalls unanfechtbare Gewißheiten zu sein schienen. Auch sie findet ihr Ende, und dies geschieht, wenn die Seele ihr Verlangen nach gesondertem Dasein aufgibt.

Die Seele ist jenseits des Denkens, Begehrens und Handelns

Wenn die Seele sich selbst als verschieden vom physischen, subtilen und mentalen Körper erkennt, erkennt sie sich als unendlich. Als Seele tut sie nichts – sie IST. Wenn zur Seele das Gemüt hinzutritt, scheint sie zu denken. Wenn zur Seele mit dem Gemüt der Subtilkörper hinzutritt, scheint sie zu begehren. Wenn zu all dem der physische Körper hinzutritt, scheint sie zu handeln. Doch die Überzeugung, die Seele tue irgend etwas, ist eine falsche Überzeugung. So meint einer zum Beispiel, *er* sitze auf dem Stuhl, doch tatsächlich ist es der Körper, der auf dem Stuhl sitzt. Die Meinung, die Seele sitze auf dem Stuhl, rührt von der Identifikation mit dem physischen Körper. Desgleichen meint einer, *er* denke, doch tatsächlich ist es das Gemüt, das denkt. Die Meinung, die Seele denke, rührt von der Identifikation mit dem Gemüt. Es ist das Gemüt, das denkt, und der Körper, der sitzt. Die Seele denkt nicht, noch vollzieht sie irgendeine physische Handlung.

Māyā

Gemüt und Körper als Illusion der Seele
Es versteht sich, daß es nicht das bloße Gemüt ist, das denkt, oder der bloße Körper, der handelt, denn bloßes Gemüt und bloßen Körper gibt es nicht. Beide existieren nur als Illusionen der Seele, und Denken oder Handeln erwächst dann, wenn sich die Seele aus Unwissen mit ihnen identifiziert. Die Seele und ihr Körper zusammengenommen konstituieren den Handelnden, also das Ich, doch die Seele in ihrem wahren Wesen ist weder Denkender noch Begehrender oder Handelnder. Die Illusion, die Seele sei das Gemüt oder die Körper, der Denkende, Begehrende oder Handelnde, wird erzeugt durch Māyā, das Prinzip der Unwissenheit.

Freuden und Leiden wurzeln in Unwissenheit
Ebenso falsch ist die Meinung, die Seele erfahre die Freuden und Leiden des Daseins oder durchlaufe die Gegensätze der Erfahrung. Die Seele an sich ist jenseits der Gegensätze der Erfahrung, doch sie erkennt sich nicht als jenseits davon und erliegt den Gegensätzen der Erfahrung deshalb, weil sie sich mit ihren Körpern identifiziert. Der mit ihren Körpern verstrickten Seele widerfährt Freude und Leid. So wurzeln alle menschlichen Freuden und Leiden in Unwissenheit.

Wenn jemand meint, das unglücklichste Geschöpf der Welt zu sein, so ist das eine Illusion, die durch Unwissenheit, durch Māyā, hervorgebracht wird. In Wirklichkeit ist er nicht unglücklich, sondern stellt sich bloß vor, unglücklich zu sein, weil er sich mit Gemüt und Körper identifiziert. Auch hier versteht sich, daß nicht das Gemüt an sich oder der Körper an sich irgendwelche Erfahrungen von Gegensätzen haben. Es sind die Seele und ihre Körper zusammengenommen, die zum Subjekt der Erfahrung von Dualität werden. Die Seele in ihrem wahren Wesen aber ist jenseits der Gegensätze der Erfahrung.

Der Vorgang der Beseelung
So sind denn Gemüt und Körper zugleich der Täter allen Tuns und das Subjekt aller Erfahrung von Dualität. Doch spielen sie diese Doppelrolle nicht in eigener Regie, sondern nur in Verbindung mit der Seele. Weil Gemüt und Körper «beseelt» sind, werden sie zum Handelnden oder zum Subjekt dualer Erfahrung. Der Vorgang der Beseelung gründet auf Unwissenheit, denn die Seele in ihrem wahren Wesen ist ewig eigenschaftslos, wandellos und unbegrenzt. Doch aufgrund von Unwissenheit, dem Werk der Māyā, erscheint sie als mit Eigenschaften behaftet, dem Wandel unterworfen und begrenzt.

III. Über das Spiel der Māyā hinaus

Erkennen des Unwahren

Unzählig sind die Unwahrheiten, die ein von Māyā betäubter Mensch in seiner Unwissenheit hinnimmt, doch von Anbeginn tragen Unwahrheiten ihre Unzulänglichkeit und ihr Scheitern in sich. Früher oder später werden sie als Unwahrheiten erkannt. Damit erhebt sich die Frage: Wie wird das Unwahre als unwahr erkannt? Den Ausweg aus dem Unwahren findet man nur, wenn man es als das Unwahre erkennt, doch diese Erkenntnis könnte niemals dämmern, wenn sie nicht von Anbeginn im Unwahren selbst irgendwie latent vorhanden wäre.

Im Unwahren ist Argwohn und Angst

Das Hinnehmen des Unwahren ist stets ein erzwungener Kompromiß. Selbst in der tiefsten Unwissenheit wird das Unwahre von der Seele in irgendeiner Weise angefochten. Wie schwach und verschwommen diese Anfechtung in ihren Anfangsstadien auch sein mag, sie ist der Beginn jener Suche nach der Wahrheit, die letztlich alle Unwahrheit und jede Unwissenheit vernichtet. Mit der Hinnahme einer Unwahrheit geht eine stetig zunehmende Unruhe einher – ein tiefer Zweifel und eine unbestimmte Angst. Wenn ein Mensch zum Beispiel sich selbst und andere mit dem physischen Körper gleichsetzt, kann er sich niemals vollständig mit dieser Überzeugung versöhnen. Die Hinnahme dieser falschen Überzeugung bringt Angst vor dem Tod und vor dem Verlust anderer mit sich. Wenn ein Mensch sein Glück allein vom Besitz von Formen abhängig macht, so weiß er in seinem Innersten, daß er sein Haus auf Sand baut, daß dies unmöglich der Weg ist zu beständigem Glück und daß die Stütze, an die er sich so verzweifelt klammert, jederzeit zusammenbrechen kann. So ist er insgeheim voll tiefen Zweifels hinsichtlich der Tragfähigkeit des Bodens, auf dem er steht.

Das Unwahre verrät sich selbst

Der Mensch ist ständig seiner eigenen Unsicherheit gewahr. Er weiß, daß irgendwo etwas nicht stimmt und daß er auf falsche Hoffnungen baut. Das Unwahre ist von verräterischer Unzuverlässigkeit. Der Mensch kann es sich gar nicht leisten, sich ihm auf immer hinzugeben. Er könnte sich ebensogut eine Giftschlange um den Hals legen oder sich auf einem Vulkan niederlassen, der vorübergehend ruht. Das Unwahre trägt unweigerlich den Stempel des Unvollständigen und Unbefriedigenden, des Vorläufigen und Vorübergehenden. Es deutet hin auf etwas anderes. Der Mensch spürt, daß es etwas verbirgt, das größer und wahrer ist als das, was es ihm vorspiegelt. Das Unwahre verrät sich selbst, und damit führt es den Menschen hin zur Erkenntnis des Wahren.

Zwei Arten von Unwahrheiten

Es gibt zwei Arten von Unwahrheiten: jene, die aus ungenauem, schlampigem Denken erwachsen, und jene, die aus verdorbenem Denken erwachsen. Unwahrheiten, die aus ungenauem Denken erwachsen, sind weniger schädlich als Unwahrheiten, die aus verdorbenem Denken erwachsen. Unwahrheiten rein intellektueller Natur erwachsen aufgrund eines Fehlers in der Anwendung des Intellekts, doch die Unwahrheiten, die vom geistigen Gesichtspunkt zählen, erwachsen aus der Verderbung des Intellekts durch Begierden, die blind machen und die Vernunft ausschalten.

Die Analogie funktionaler und struktureller Störungen

Der Unterschied zwischen diesen Arten von Unwahrheiten läßt sich durch eine Analogie aus dem Bereich des Körperlebens veranschaulichen. Einige Krankheiten der Körperorgane sind funktionaler Natur, andere sind struktureller Natur. Funktionale Störungen erwachsen aus irgendeiner Unregelmäßigkeit im Funktionieren eines lebenswichtigen Organs, wobei die Struktur des Organs selbst nicht ernsthaft betroffen ist. Es ist bloß träge geworden oder in Unordnung geraten, und eine leichte Stimulierung oder Korrektur genügt, um es wieder funktionstüchtig zu machen. Bei strukturellen Störungen indessen ist eine Fehlentwicklung der Stuktur oder Konstitution des Organs die Ursache. In diesen Fällen ist die Beeinträchtigung des Organs viel ernsterer Natur. Aufgrund irgendeines bestimmten Faktors, der die Konstitution des Organs selbst angegriffen hat, ist dieses beschädigt oder leistungsunfähig geworden. Beide Arten von Störungen lassen sich beheben, doch bei funktionalen Störungen ist dies weit einfacher als bei strukturellen Störungen.

Die Läuterung des Intellekts

Unwahrheiten, die aus irgendeinem Fehler in der Anwendung des Intellekts erwachsen, sind funktionalen Störungen vergleichbar, und jene, die aus der Verderbung des Intellekts erwachsen, sind strukturellen Störungen vergleichbar. So wie funktionale Störungen leichter zu beheben sind als strukturelle Störungen, sind auch die aus ungenauem Denken erwachsenden Unwahrheiten leichter zu beseitigen als jene, die aus einem verdorbenen Intellekt erwachsen. Um funktionale Störungen eines lebenswichtigen Organs zu beheben, genügt es, ihm einen besseren Tonus zu verleihen und es zu stärken. Bei strukturellen Störungen indessen ist oft eine Operation notwendig. Desgleichen ist es ausreichend, den Intellekt mit mehr Sorgfalt anzuwenden, um aus fehlerhafter Anwendung des Intellekts erwachsende Unwahrheiten beseitigen zu können. Doch um die Unwahrheiten zu beseitigen, die aus der Verderbung des Intellekts erwachsen, ist eine Läuterung des Intellekts notwendig. Dies geschieht durch den schmerzvollen Vorgang des Ausmerzens jener Begierden und Bindungen, die den Intellekt verderben.

Zitadellen der Māyā

Die Unwahrheiten verdorbenen Denkens gehen zurück auf grundlegende Irrtümer in der Wertung, die durch Begierden bedingt sind. Sie sind das Nebenprodukt einer mentalen Tätigkeit, die auf die Verfolgung gewisser akzeptierter Werte gerichtet ist. Sie entspringen der Rationalisierung und Rechtfertigung dieser akzeptierten Werte und verdanken ihre Macht über das menschliche Gemüt ihrer scheinbaren Bestätigung solcher Werte. Hätten sie keinerlei Bezug zu menschlichen Werten oder deren Verwirklichung, würden sie sogleich zur Bedeutungslosigkeit herabsinken und ihre Herrschaft über das Gemüt verlieren. Falsche Überzeugungen, die auf einem Irrtum rein intellektueller Natur beruhen, sind leicht zu berichtigen, doch falsche Überzeugungen, die ihr Dasein und ihre Kraft aus tiefwurzelnden Begierden gewinnen, werden durch falsches Streben genährt und sind die eigentlichen Zitadellen der Māyā. Sie beinhalten weit mehr als intellektuellen Irrtum und lassen sich deshalb auch nicht durch bloße intellektuelle Richtigstellung beseitigen.

Die Notwendigkeit rechten Handelns

Die Beseitigung von Begierden und Bindungen, die das Denken verderben, läßt sich nicht durch den bloßen Intellekt erreichen. Sie erfordert rechtes Streben und rechtes Handeln. Nicht indem man vom Lehnstuhl aus spekuliert, sondern indem man das Rechte tut, werden geistige Wahrheiten entdeckt. Ehrliches Handeln ist eine notwendige Vorstufe der Beseitigung geistiger Unwahrheiten. Die Erkenntnis geistiger Wahrheiten erfordert nicht angestrengtes und fieberhaftes Denken, sondern klares Denken, und wahre Klarheit des Denkens ist die Frucht eines geläuterten und ruhigen Gemüts.

Māyā

Gott als die einzige Wahrheit
Erst nach Tilgung der letzten Spuren Māyā-gewirkter Unwissenheit wird Gott als *die* Wahrheit erkannt. Erst wenn Māyā ganz überwunden ist, kann das höchste Wissen kommen, daß Gott die *einzige* Wahrheit ist. Gott allein ist wirklich. Alles andere als Gott, alles Unbeständige und Endliche, alles was innerhalb des Bereichs der Dualität zu existieren scheint, ist unwahr. Gott ist die eine unendliche Wirklichkeit, und alle Spaltungen, die innerhalb dieser Wirklichkeit gesehen werden, sind bloße Trugbilder. Tatsächlich existieren sie nicht.

Gott ist unteilbar
Wird Gott als teilbar angesehen, so beruht das auf dem Blendwerk der Māyā. Die Welt bunter Vielfalt bedeutet keine Zerstückelung Gottes in verschiedene Teile. Es gibt verschiedene Ich-Gemüter, verschiedene Körper, verschiedene Formen, doch nur eine Seele. Wenn die Eine Seele (Gott) verschiedene Ich-Gemüter und Körper annimmt, entstehen verschiedene Individualitäten (individualisierte Seelen), doch damit wird innerhalb der einen Seele selbst keinerlei Vielfalt geschaffen. Die Seele ist und bleibt ewiglich unteilbar. Die eine unteilbare Seele ist der Urgrund der verschiedenen Ich-Gemüter, die auf mancherlei Weisen denken und handeln und zahllose Arten dualer Erfahrungen durchlaufen. In sich selbst aber ist und bleibt die eine unteilbare Seele immerdar jenseits allen begrenzten Denkens, allen Handelns und aller dualen Erfahrung.

Die Seele als unendliches Denken und unendliche Intelligenz
Unterschiedliche Anschauungen oder Denkweisen erzeugen keine Vielheit innerhalb der einen unteilbaren Seele, aus dem einfachen Grund, weil es in dieser einen Seele weder Anschauungen noch Denkweisen gibt. Alle Tätigkeiten begrenzten Denkens und Folgerns vollziehen sich im Ich-Gemüt, das endlich ist. Die Seele als Seele denkt nicht. Es ist das Ich-Gemüt, das denkt. Die Tätigkeit des Denkens und Schlußfolgerns geschieht im Zustand unvollkommenen und unvollständigen Wissens, der dem endlichen Ich-Gemüt eigen ist. In der Seele als solcher gibt es weder die Tätigkeit des Denkens noch jene des Erkennens durch Denken.

Die Seele selbst *ist* unendliches Denken und unendliche Intelligenz. Hierin gibt es keine Spaltung in Denker, Denken und Schlußfolgerungen des Denkens, keine Zweiheit von Subjekt und Objekt. Das Ich-Gemüt, mit der Seele als Urgrund, ist es, das zum Denker wird. Die Seele als unendliches Denken und unendliche Intelligenz aber denkt nicht und tut keines der Dinge, die der Intellekt tut. Der Intellekt und sein begrenztes Denken treten erst mit dem endlichen Ich-Gemüt ins Dasein. In der Vollständigkeit und Selbstgenügsamkeit der unendlichen Intelligenz, die die Seele ist, besteht kein Bedürfnis nach dem Intellekt oder seiner Tätigkeit.

Gott ist die einzige Wirklichkeit
Indem die individualisierte Seele die letzten Unwahrheiten der Māyā ablegt, erkennt sie nicht nur, daß ihre Wirklichkeit verschieden ist vom physischen, subtilen und mentalen Körper, sondern sie erkennt sich selbst als Gott, der die einzige Wirklichkeit ist. Sie weiß nun, daß das Gemüt, der Subtilkörper und der physische Körper alle gleicherweise die Schöpfungen ihrer eigenen Vorstellung waren und niemals wirklich existierten, daß sie nur durch Unwissenheit dazu kam, sich selbst als Gemüt oder Subtilkörper oder physischen Körper zu begreifen, und daß sie durch Identifikation mit diesen selbsterschaffenen Illusionen gleichsam selbst zu diesen wurde.

IV. Gott und Māyā

Gott ist erhaben über alle Dualität
Gott ist unendlich, weil Er erhaben ist über die begrenzenden Gegensätze der Dualität. Er ist erhaben über die begrenzten Aspekte von Gut und Böse, Klein und Groß, Recht und Unrecht, Tugend und Laster, Glück und Unglück. Deshalb ist Er unendlich. Wäre Gott gut eher denn böse oder böse eher denn gut, wäre Er klein eher denn groß oder groß eher denn klein, wäre Er im Recht eher denn im Unrecht oder im Unrecht eher denn im Recht, wäre Er tugendhaft eher denn lasterhaft oder lasterhaft eher denn tugendhaft, wäre Er glücklich eher denn unglücklich oder unglücklich eher denn glücklich – dann wäre Er endlich und nicht unendlich. Nur dadurch, daß Er erhaben ist über alle Zweiheit, ist Gott unendlich.

Das Unendliche kann nicht Gegenstück des Endlichen sein
Was unendlich ist, ist zwangsläufig jenseits von Dualität; es kann niemals Teil einer Zweiheit sein. Das wahrhaft Unendliche kann nicht das duale Gegenstück des Endlichen sein. Wird das Unendliche als neben dem Endlichen seiend betrachtet, so ist es nicht mehr unendlich, sondern wird zum Teil einer Zweiheit. Gott, der unendlich ist, kann sich nicht ent-

Māyā

zweien. Deshalb ist die scheinbare Existenz der Dualität von unendlichem Gott und endlicher Welt eine Illusion. Gott allein ist wirklich. Er ist unendlich, eins ohne ein Zweites. Die Existenz des Endlichen ist nur eine scheinbare Existenz. Sie ist unwahr; sie ist nicht wirklich.

Die Welt endlicher Dinge ist Schöpfung der Māyā
Wie kommt die falsche Welt endlicher Dinge ins Dasein? Weshalb existiert sie? Sie wird erschaffen durch Māyā, das Prinzip der Unwissenheit. Māyā ist nicht Illusion; sie ist die Schöpferin der Illusion. Māyā ist nicht Trug; sie ist das, was trügerische Eindrücke erzeugt. Māyā ist nicht unwirklich; sie ist das, was das Wirkliche als unwirklich und das Unwirkliche als wirklich erscheinen läßt. Māyā ist nicht Dualität; sie ist das, was Dualität hervorbringt.

Die Illusion der Endlichkeit
Zum Zwecke des intellektuellen Verständnisses muß Māyā als unendlich betrachtet werden. Sie erzeugt die Illusion der Endlichkeit, doch an sich selbst ist sie nicht endlich. Alle Illusionen, die die Māyā hervorbringt, sind endlich, und ebenso ist auch das gesamte Universum der Dualität endlich, das aufgrund des Wirkens der Māyā zu existieren scheint. Das Universum scheint zahllose Dinge zu enthalten, doch ist es deshalb nicht unendlich. Die Sterne mögen unzählig sein; ihre Zahl ist enorm, doch die Gesamtzahl der Sterne ist nichtsdestoweniger endlich. Raum und Zeit scheinen unendlich teilbar zu sein, nichtsdestoweniger sind sie endlich. Alles was endlich und begrenzt ist, gehört zur Welt der Illusion, doch das Prinzip, das diese Illusion endlicher Dinge verursacht, muß in einem gewissen Sinne als *nicht-illusionär* angesehen werden.

Māyā ist nicht begrenzt durch Zeit und Raum
Māyā kann nicht als endlich betrachtet werden. Ein Ding ist endlich, wenn es in Raum und Zeit begrenzt ist. Māyā existiert nicht im Raum und kann nicht durch ihn begrenzt werden. Māyā kann nicht räumlich begrenzt sein, weil Raum selbst eine Schöpfung der Māyā ist. Der Raum mit allem, was er enthält, ist eine Illusion und hängt ab von Māyā, doch Māyā hängt in keiner Weise ab vom Raum. Deshalb kann Māyā nicht endlich sein aufgrund irgendwelcher Begrenztheit im Raum.

Ebensowenig kann Māyā endlich sein aufgrund irgendwelcher Begrenzungen in der Zeit. Obwohl Māyā im Zustand des Gottbewußtseins ihr Ende findet, kann sie deswegen nicht als zeitlich begrenzt betrachtet werden. Māyā hat weder Anfang noch Ende in der Zeit, weil Zeit selbst eine Schöpfung der Māyā ist. Betrachtet man Māyā als ein Geschehen, das an irgendeinem Punkt der Zeit beginnt und an einem anderen Punkt der Zeit endet, so stellt man Māyā in die Zeit und nicht die Zeit in Māyā. Doch die Zeit ist in Māyā. Māyā ist nicht in der Zeit. Zeit und alles Geschehen in der Zeit sind Schöpfungen der Māyā. Zeit tritt ins Dasein aufgrund der Māyā und verschwindet, wenn Māyā verschwindet. Gott ist zeitlose Wirklichkeit, und Gottverwirklichung ebenso wie das Verschwinden der Māyā ist ein zeitloser Akt. Māyā ist in keiner Weise begrenzt durch Zeit.

Māyā kann nicht selbst Illusion und kann letztlich nicht wirklich sein
Māyā kann auch nicht aus irgendeinem anderen Grund als endlich betrachtet werden, denn wäre sie endlich, so wäre sie eine Illusion, und wäre sie selbst eine Illusion, hätte sie nicht die Kraft, die Welt der Illusion hervorzubringen. Zum Zwecke des intellektuellen Verständnisses wird Māyā deshalb am besten als wirklich und unendlich betrachtet, im selben Sinne wie Gott gemeinhin als wirklich und unendlich betrachtet wird. Von allen möglichen Formulierungen ist jene, Māyā sei wie Gott wirklich und unendlich, für das menschliche Denken die annehmbarste.

Nichtsdestoweniger kann Māyā nicht letztlich wirklich sein. Wo Dualität ist, ist auf beiden Seiten stets auch Endlichkeit. Das eine begrenzt das andere. Deshalb kann es nicht zwei wirkliche Unendlichkeiten geben. Es kann zwei riesige Dinge geben, doch es kann nicht zwei unendliche Wesenheiten geben. Setzt man die Zweiheit Gott und Māyā und betrachtet beide als gleichrangige Seiende, so wird die unendliche Wirklichkeit Gottes zum Teil einer Zweiheit gemacht. Deshalb drückt die intellektuelle Formulierung, Māyā sei wirklich, nicht das höchste Wissen aus, obwohl sie die einleuchtendste intellektuelle Formulierung ist.

Der begrenzte Intellekt kann Māyā nicht wahrhaft verstehen
Es ist schwer, Māyā als illusorisch und zugleich als letzthin wirklich zu betrachten. Deshalb führen alle Versuche des begrenzten Intellekts, Māyā zu begreifen, in eine Sackgasse. Wird Māyā einerseits als endlich verstanden, muß sie selbst als Illusion betrachtet werden und kann als solche nicht als Urheberin der illusorischen Welt endlicher Dinge gelten. Deshalb muß Māyā als wirklich und unendlich angesehen werden.

Wird Māyā andrerseits als letzthin wirklich verstanden, wird sie zu einem Teil einer Zweiheit, deren anderer Teil eine weitere unendliche

Wirklichkeit ist, nämlich Gott. Von diesem Gesichtspunkt aber scheint Māyā wiederum endlich und mithin unwirklich zu sein. So kann Māyā nicht letzthin wirklich sein, muß aber als letzthin wirklich betrachtet werden, um die illusorische Welt endlicher Objekte zu erklären.

Māyā ist der Schatten Gottes

In welcher Weise der Intellekt auch versucht, Māyā zu verstehen, er gelangt doch nie zu wahrem Begreifen. Es ist unmöglich, Māyā durch den begrenzten Intellekt zu verstehen. Sie ist ebenso unergründlich wie Gott. Gott ist unergründlich und unbegreiflich, und ebenso ist Māyā unergründlich und unbegreiflich. Deshalb heißt es: Māyā ist der Schatten Gottes. Wo der Mensch ist, da ist auch sein Schatten. Und wo Gott ist, da ist auch diese unerforschliche Māyā.

Während Gott und Māyā unergründlich bleiben für den begrenzten Intellekt, der beherrscht ist von Dualität, erschließt sich ihr wahres Wesen in der letzten Erkenntnis, die mit der Verwirklichung kommt. Das Rätsel des Daseins der Māyā findet seine endgültige Lösung erst im Zustand der Verwirklichung, wenn offenbar wird, daß Māyā in der WIRKLICHKEIT nicht existiert.

Māyā existiert nur im Bewußtsein von Zweiheit

Es gibt zwei Zustände, wo Māyā nicht existiert. Sie existiert nicht im nichtbewußten Urzustand Gottes, und sie existiert nicht im Zustand des Selbstbewußtseins Gottes als Gott. Sie existiert nur in Gottes Bewußtsein der phänomenalen Welt der Dualität, das heißt wenn Bewußtsein der physischen Welt oder Bewußtsein der subtilen Welt oder Bewußtsein der mentalen Welt vorhanden sind. Mit anderen Worten: Māyā existiert, wenn statt Bewußtsein des wahren Selbst Bewußtsein eines vorgestellten Anderen herrscht, wenn mithin das Bewußtsein von den falschen Kategorien der Zweiheit regiert wird. Māyā existiert nur vom Gesichtspunkt des Endlichen. Nur in der Illusion existiert Māyā als wirkliche und unendliche Schöpferin unwirklicher und endlicher Dinge.

Die letzte Erkenntnis

Vom Gesichtspunkt der letzten und einzigen Wahrheit der Verwirklichung existiert nichts außer Gott, dem Unendlichen und Ewigen. Im Zustand der Verwirklichung ist die Illusion, daß es endliche, von Gott getrennte Dinge gibt, verschwunden, und mit ihr verschwunden ist auch Māyā, die Schöpferin dieser Illusion. Die Seele gelangt zur Erkenntnis ihrer selbst, indem sie den Blick nach innen wendet und die Vorspiegelungen der Māyā durchschaut. In der letzten Erkenntnis ihrer Wirklichkeit weiß die Seele nicht nur, daß die verschiedenen Ich-Gemüter und Körper als solche nie existierten, sondern auch, daß das gesamte Universum und Māyā selbst als *getrenntes* Prinzip nie existierten. Was immer Māyā an Wirklichkeit gehabt haben mag, löst sich auf im unteilbaren Sein der einen Seele. Die Seele weiß sich nun als das, was sie von jeher gewesen ist – ewig verwirklicht, ewig unendlich in Wissen, Seligkeit, Macht und Sein und ewig frei von aller Dualität. Doch diese höchste Form des Wissens ist dem Intellekt unzugänglich. Sie kann nur von jenen begriffen werden, die die Höhen der letzten Verwirklichung erreicht haben.

Die Voraussetzungen wahren Glücks

I. Überwindung des Leidens durch innere Loslösung

Das Streben nach Glück
Jedes Geschöpf in der Welt strebt nach Glück, und der Mensch bildet hiervon keine Ausnahme. Dem Anschein nach hängt der Mensch sein Herz an Dinge aller Art, doch alles, was er begehrt und tut, begehrt und tut er um des Glückes willen. Ist er auf Macht bedacht, so deshalb, weil er sich von ihrer Anwendung Glück verspricht. Begehrt er Geld, so deshalb, weil er meint, daß es ihm die Voraussetzungen und Mittel für sein Glück in die Hand geben wird. Sucht er Wissen, Gesundheit oder Schönheit, gibt er sich der Wissenschaft, Kunst oder Literatur hin, so deshalb, weil er glaubt, sein Glück sei unmittelbar abhängig von diesen Dingen. Kämpft er um weltlichen Erfolg und Ruhm, so deshalb, weil er in ihrem Erlangen sein Glück zu finden hofft. In all seinem Wollen und Streben ist der Mensch geleitet vom Wunsch, glücklich zu sein. Glück ist der letzte Beweggrund von allem, was er tut.

Verflechtung von Freude und Leid
Jedermann strebt nach Glück, doch die meisten Menschen sind verstrickt in Leiden irgendeiner Art. Wenn sie in ihrem Dasein zuweilen tatsächlich kleine Raten des Glücks empfangen, so ist es doch weder unvermischt noch beständig. Das menschliche Dasein ist nie eine Abfolge reiner Freuden. Es bewegt sich hin und her zwischen den Gegensätzen von Leid und Freude, die ebenso untrennbar miteinander verbunden sind wie dunkle Wolken und leuchtende Regenbogen. Die

Augenblicke der Freude, die im Leben eines Menschen gelegentlich erscheinen, sind flüchtig wie Regenbogen, deren Pracht nur erstrahlt, um sogleich wieder zu erlöschen. Wenn diese Augenblicke der Freude irgendwelche Spuren hinterlassen, so jene der Erinnerung, die den Schmerz des Verlusts nur verstärken kann. Die Wehmut der Erinnerung ist die unweigerliche Hinterlassenschaft der meisten menschlichen Freuden.

Begehren trägt zweierlei Früchte
Der Mensch strebt nicht nach Leid; es kommt ungebeten zu ihm, als unvermeidliches Ergebnis der Art und Weise, in der er sein Glück sucht. Er sucht sein Glück durch Erfüllung seiner Begierden, doch diese Erfüllung ist nie gesichert, und deshalb bereitet der Mensch in seinem Streben nach Erfüllung von Begierden unvermeidlich auch den Boden für das Leiden der Nichterfüllung. Derselbe Baum des Begehrens bringt zweierlei Früchte hervor: eine süße, die Freude ist, und eine bittere, die Leiden ist. Läßt man diesen Baum gedeihen, so kann man nicht verhindern, daß er beide Früchte austreibt. Wer um die süße Frucht gebeten hat, muß auch die bittere in Kauf nehmen.

Der Mensch sucht fieberhaft nach Freuden und klammert sich fest daran, wenn er sie erlangt. Das bevorstehende Leiden sucht er verzweifelt abzuwehren, und wenn es da ist, stöhnt er unter seiner Last und hadert. Doch Fieberhaftigkeit und Festklammern nützen ihm nichts, denn seine irdischen Freuden sind dazu verurteilt, zu verblassen und zu vergehen. Ebensowenig nützen ihm Verzweiflung und Hader, denn er kann sich dem Leiden nicht entziehen, das aus Begehren erwächst.

Himmelhoch jauchzend, zu Tode betrübt
Angetrieben von vielfältigen Begierden strebt der Mensch mit immer neuer Hoffnung nach den Freuden dieser Welt. Doch seine Lust daran bleibt nicht ungetrübt, denn selbst wenn ihm der Kelch des Genusses gereicht wird, muß er oft auch eine Dosis Leiden mitschlucken. Die Begeisterung des Genusses wird gedämpft durch das Leiden, das dem Genuß meist auf dem Fuße folgt. So ist er ständigen Stimmungswechseln unterworfen. Bald ist er überglücklich und erhoben, bald zutiefst unglücklich und niedergedrückt. Seine Stimmungen ändern sich je nachdem, ob sich seine Wünsche erfüllen oder enttäuscht werden. Die Befriedigung einiger Begierden bringt ihm zwar vorübergehend Glück, doch dieses Glück hat keinen Bestand und führt bald zur Reaktion der Niedergeschlagenheit.

Sein Gemütszustand ist einem ständigen Auf und Ab, ständigem Wandel unterworfen.

Erfüllung hebt die Begierden nicht auf
Die Erfüllung von Begierden führt nicht zur Beseitigung dieser Begierden. Sie tauchen bloß zeitweilig unter, um sodann mit größerer Intensität wieder zu erscheinen. Wenn ein Mensch hungrig ist, so ißt er, um sein Verlangen zu stillen, doch bald ist er wieder hungrig. Ißt er zuviel, so erfährt er selbst in der Erfüllung seines Verlangens Schmerz und Unbehagen. So ergeht es ihm mit allen weltlichen Begierden. Sie vermögen nur flüchtiges Glück zu bringen. Schon im Moment ihrer Erfüllung beginnt das Glück, das sie bringen, zu verblassen und zu verrinnen. Deshalb können weltliche Begierden niemals zu bleibendem Glück führen. Im Gegenteil, sie bringen dem Menschen endlose Leiden aller Art. Ist der Mensch erfüllt von weltlichen Begierden, so wartet eine reiche Ernte an Leiden auf ihn. Begierden sind unweigerlich die Quelle großen Leidens – das ist das Gesetz.

Mäßigung der Begierden durch die Erfahrung von Leid
Wenn ein Mensch das Leid erfährt oder sich vorstellt, das aus Begierden folgt, so werden seine Begierden gemäßigt. Zuweilen bewegt ihn tiefes Leiden dazu, sich vom Weltleben zu lösen, doch oft wird diese Lösung durch eine neue Flut von Begierden wieder rückgängig gemacht. Durch akutes Leiden an den Folgen von Begierden verlieren viele Menschen vorübergehend ihr Interesse an den Dingen der Welt, doch muß die Lösung dauerhaft sein, wenn sie den Weg zur Freiheit von allem Begehren ebnen soll. Es gibt verschiedene Grade der Lösung, und nicht alle haben Bestand.

Zeitweilige Lösung von der Welt
Zuweilen wird ein Mensch tief bewegt durch ein ungewöhnlich starkes Erlebnis, zum Beispiel den Anblick eines Leichnams, der zu Grabe getragen oder eingeäschert wird. Derartige Erlebnisse regen an zum Nachdenken über die Nichtigkeit und Leere weltlichen Daseins. Unter dem Druck solcher Erlebnisse wird dem Menschen bewußt, daß auch er eines Tages sterben und Abschied nehmen muß von all jenen weltlichen Dingen, die ihm so teuer sind. Doch diese Gedanken und die daraus folgende innere Lösung sind kurzlebig. Sie sind bald vergessen, und der Mensch überläßt sich erneut seiner Bindung an die Welt und ihre Lockungen. Eine vor-

übergehende Weltverzichtsstimmung dieser Art wird als *Shmashāna-Vairāgya* («Kremationsstättenentsagung») bezeichnet, weil sie gewöhnlich an Kremations- oder Begräbnisstätten entsteht und sich nur in der Gegenwart des Leichnams hält. Sie ist eine Laune, die ebenso rasch verschwindet, wie sie gekommen ist. Solange sie andauert, scheint die Lösung stark und wirksam zu sein, doch sie wird nur von der Aktualität einer bestimmten Erfahrung getragen, und wenn diese Erfahrung verblaßt, verflüchtigt sich auch die Laune, ohne die allgemeine Einstellung zum Leben ernstlich verändert zu haben.

Die Geschichte vom Eintagsasketen

Diese vorübergehende Weltverzichtsstimmung läßt sich veranschaulichen durch die Geschichte eines Mannes, der im Theater ein Schauspiel über das Leben von Gopichanda sah. Die Geschichte dieses berühmten indischen Königs, der seinem Thron entsagte, um die Wahrheit zu suchen, beeindruckte den Mann so tief, daß er alle Pflichten seiner Familie gegenüber beiseiteschob und sich einer Gruppe von *Bairagis* (Wanderasketen) anschloß, die dem Kult Gopichandas zugetan waren. Seiner bisherigen Lebensweise den Rücken kehrend, legte er das Gewand des Bairagi an, schor sein Haupt und setzte sich gemäß dem Rat der Wanderasketen unter einen Baum, um zu meditieren.

Er versank bald in tiefe Meditation, doch als die Sonne höher stieg und zu sengen anhob, begann sich seine Begeisterung für Meditation abzukühlen. Mit vorrückendem Tag verstärkten sich Hunger und Durst, so daß der Mann sehr unruhig und elend wurde. Unterdessen hatten die Familienangehörigen seine Abwesenheit bemerkt und sorgten sich um ihn. Nach einigem Suchen fanden sie ihn unter dem Baum, erschöpft, verstört und offenkundig unglücklich. Als ihn seine Gattin in diesem Zustand erblickte, packte sie der Zorn, und sie überschüttete ihn mit Vorwürfen. Da dem Mann die Weltverzichtsstimmung mittlerweile ganz abhandengekommen war und er sein neues Leben gründlich satt hatte, erschien ihm die Ankunft seiner Gattin wie ein Geschenk des Himmels. Ohne Widerrede stand er auf, zog seinen Turban und seine gewöhnlichen Kleider wieder an und folgte ihr sanftmütig nach Hause.

Tiefwirkende Loslösung

Zuweilen ist die Entsagung ernsthafter. Sie besteht dann nicht nur über längere Zeit hinweg, sondern bewirkt auch eine wesentliche Änderung in der allgemeinen Einstellung zum Leben. Dies wird als *Tivra-Vairāgya* oder tiefwirkende Entsagung bezeichnet. Solche tiefwirkende Entsagung erwächst gewöhnlich aus einem persönlichen Unglück, dem Verlust eines geliebten Menschen zum Beispiel oder dem Verlust von Besitz oder Ansehen. Unter dem Einfluß dieses Geschehnisses entsagt ein Mensch allen weltlichen Dingen. Tivra-Vairāgya hat ihren eigenen geistigen Wert, doch auch sie pflegt im Laufe der Zeit zu verschwinden oder durch eine neue Flut weltlicher Begierden gestört zu werden. Der Überdruß an der Welt, der einen Menschen in solchen Fällen zur Entsagung bewegt, rührt vom starken Eindruck jenes persönlichen Unglücks, und er dauert nicht an, weil er nicht aus Einsicht geboren ist. Er ist bloß eine heftige Reaktion auf das Leben.

Vollständige Loslösung
Jene Lösung, die wirklich Bestand hat, ist innerer Art und beruht auf dem Verstehen des Leidens und seiner Ursache. Sie ist sicher verankert in der unerschütterlichen Erkenntnis, daß alle Dinge dieser Welt nur eine Zeit bestehen und dann vergehen und daß alles Hangen an ihnen letztlich eine Quelle des Schmerzes ist. Der Mensch strebt nach weltlichen Dingen, die ihm Genuß verschaffen, und sucht jene zu vermeiden, die ihm Leiden bringen, ohne zu erkennen, daß das eine nicht ohne das andere zu haben ist. Solange er an weltliche Genußobjekte gebunden ist, zieht er sich zwangsläufig und unaufhörlich das Leiden zu, sie nicht zu besitzen oder sie, wenn er sie erlangt hat, wieder zu verlieren. Dauerhafte Loslösung, die Freiheit bringt von allen Begierden und Bindungen, wird bezeichnet als *Purna-Vairāgya* oder gänzliche Leidenschaftslosigkeit. Sie ist eine grundlegende Voraussetzung dauerhaften und wahren Glücks, denn wer nichts mehr begehrt, zieht sich nicht länger das Leiden zu, das aus der Knechtschaft endloser Begierden erwächst.

Freiheit von den Gegensätzen
Durch Nichtbegehren von Irgendetwas wird der Mensch fest wie ein Fels. Weder Angenehmes noch Unangenehmes kann ihn umwerfen. Er bleibt unbewegt vom Ansturm der Gegensätze. Wer sich von angenehmen Dingen beeinflussen läßt, wird zwangsläufig auch von unangenehmen Dingen beeinflußt. Wenn sich ein Mensch in seinem Streben durch ein als günstig betrachtetes Vorzeichen ermutigen läßt, wird er zwangsläufig entmutigt durch ein Vorzeichen, das er als ungünstig betrachtet. Er kann nicht gefeit sein gegen die entmutigende Wirkung eines ungünstigen Vorzeichens, solange er Mut bezieht aus einem günstigen Vorzeichen. Der

einzige Weg, sich durch Vorzeichen nicht irremachen zu lassen, besteht darin, günstigen Vorzeichen ebensowenig Beachtung zu schenken wie ungünstigen.

Lob und Tadel
Dasselbe gilt auch für die Gegensätze von Lob und Tadel. Freut sich der Mensch, wenn er Lob empfängt, so ist er zwangsläufig niedergeschlagen, wenn er Tadel empfängt. Er kann nicht unerschüttert bleiben, wenn es Tadel regnet, solange er innerlich entzückt ist, wenn ihm Lob zufällt. Der einzige Weg, sich durch Tadel nicht aus der Fassung bringen zu lassen, besteht darin, auch Lob gelassen hinzunehmen. Nur dann kann der Mensch unbewegt bleiben von den Gegensätzen des Lobs und des Tadels, nur dann verliert er seinen Gleichmut nicht. Jene Standhaftigkeit und jener Gleichmut, die unanfechtbar sind durch Gegensätze jedwelcher Art, lassen sich nur durch gänzliche innere Loslösung erlangen, die eine grundlegende Voraussetzung ist für dauerhaftes und wahres Glück. Wer innerlich gänzlich losgelöst ist, hängt nicht länger ab von den Gegensätzen der Erfahrung, und da er frei ist von der Herrschaft aller Begierden, schafft er sich nicht länger sein eigenes Leid.

Körperliches und mentales Leiden
Der Mensch ist vielfältigen Leiden unterworfen, sowohl physischen als auch mentalen. Von diesen beiden ist mentales Leiden das schärfere. Menschen mit beschränkter Sicht glauben, Leiden könne nur physischer Art sein. Ihre Vorstellung von Leiden ist jene irgendeiner Krankheit oder Tortur des Körpers. Mentales Leiden aber ist schlimmer als physisches Leiden. Physisches Leiden kommt mitunter als Wohltat, weil es dem Zweck dient, mentales Leiden zu mildern, indem es die Aufmerksamkeit von diesem ablenkt. Rein körperlichem Leiden sollte nicht übermäßige Bedeutung beigemessen werden. Diese Art Leiden kann durch Stärkung der Willenskraft und des Durchhaltevermögens ertragen werden. Wirkliches Leiden, das ins Gewicht fällt, ist mentaler Art, und selbst Yogis, die großen körperlichen Schmerz zu ertragen vermögen, finden es schwer, dem mentalen Leiden standzuhalten, das aus der Nichterfüllung von Begierden erwächst.

Der Zustand des Nichtbegehrens
Wenn ein Mensch nichts begehrt, ist er unter keinerlei widrigen Umständen unglücklich, nicht einmal in den Fängen des Löwen. Der Zustand des

Die Voraussetzungen wahren Glücks

Nichtbegehrens von irgend etwas ist in jedem Menschen latent vorhanden, und wenn er durch vollständige Loslösung diesen Zustand des gänzlichen Nichtbegehrens erreicht, erschließt sich ihm die unerschöpfliche innere Quelle ewigen und unvergänglichen Glücks, das nicht auf den Dingen der Welt beruht, sondern der Erkenntnis und Verwirklichung des wahren Selbst entspringt.

II. Anspruchslosigkeit, Liebe und Gottverwirklichung

Durch Anspruchslosigkeit zum Frieden

Der Mensch schafft sich sein Leiden größtenteils selbst, durch seine ungezügelten Begierden und unmöglichen Forderungen. All dies ist unnötig zur Erreichung des Glücks. Wenn der Mensch seine Begierden und Ansprüche ablegt, befreit er sich von selbsterschaffenem Leiden. Dann ist seine Vorstellung nicht länger gequält von fieberhaftem Streben nach Dingen, die in Wirklichkeit unwichtig sind, und er geht ein in unanfechtbaren Frieden. Wenn der Mensch zu solcher Anspruchslosigkeit gelangt ist, braucht er nicht nach Lösungen von Problemen zu suchen, weil es die Probleme, denen sich Weltmenschen gegenübersehen, für ihn nicht mehr gibt. Er hat keine Probleme und braucht sich deshalb nicht um Lösungen zu sorgen. Die Komplexität des Daseins ist für ihn nicht mehr vorhanden, weil sein Dasein im Zustand des Nichtbegehrens äußerst einfach geworden ist.

Das Leiden der Entsagung

Wenn ein Mensch einsieht, daß Begierden nichts sind als Ketten des Geistes, entschließt er sich, sie aufzugeben. Doch selbst solche freiwillige Entsagung wird oft zu einem schmerzvollen Vorgang. Das Leiden, das aus der Läuterung des Gemüts von seinen mannigfaltigen Begierden erwächst, kommt selbst dann, wenn die Seele bereit ist, diesen zu entsagen, weil dieser Entschluß der Neigung des Ich-Gemüts zuwiderläuft, sich durch seine gewohnheitsmäßigen Begierden am Leben zu erhalten. Die Preisgabe dieser Begierden bedeutet eine unmittelbare Beschneidung des Ich-Gemüts, und deshalb ist der Vorgang der Entsagung unweigerlich von heftigem Leiden begleitet. Doch solches Leiden ist heilsam für die Seele, weil es sie aus ihrer Knechtschaft befreit.

Die Analogie des chirurgischen Eingriffs
Nicht alles Leiden ist von Übel. Jenes Leiden, das zum Nichtbegehren und damit zum ewigen Glück führt, muß als eine Wohltat in Verkleidung betrachtet werden. Geradeso wie ein Kranker den Schmerz eines chirurgischen Eingriffs in Kauf zu nehmen gezwungen sein kann, um einen fortwährenden und bösartigen Schmerz loszuwerden, muß die Seele das aus der Preisgabe der Begierden erwachsende Leiden willig hinnehmen, um freizuwerden vom ständig wiederkehrenden Leiden, das aus diesen Begierden erwächst. Das Leiden der Preisgabe der Begierden mag heftig sein, doch es wird getragen um der zunehmenden Befreiung willen, die erfahren wird, wenn die Begierden allmählich aus dem Gemüt verschwinden. Wenn ein Abszeß geöffnet wird, damit der Eiter abfließen kann, so entsteht großer Schmerz, zugleich aber auch große Erleichterung. Desgleichen wird die aus der Preisgabe der Begierden erwachsende Pein begleitet von der kompensierenden Erleichterung des zunehmenden Eingehens in das grenzenlose Leben der Freiheit und des Glücks.

Notwendiges Leiden
Es gibt kaum etwas Schwierigeres, als das einfache Leben in Freiheit und Glück zu erlangen. Durch ständige Vermehrung künstlicher, fiktiver Bedürfnisse hat der Mensch sein Leben kompliziert, und die Rückkehr zur Einfachheit läuft deshalb darauf hinaus, diesen Begierden zu entsagen. Doch da sie zum festen Bestandteil des Ich des Menschen geworden sind, widersetzt er sich ihrer Preisgabe so lange, bis heftiges mentales Leiden ihn zur Einsicht zwingt, daß alles Begehren aus Unwissenheit entspringt. Wenn sich ein Mensch durch seine Begierden großes Leid zuzieht, versteht er ihre wahre Natur. Deshalb sollte solches Leid, wenn es kommt, willkommen geheißen werden. Leid kann kommen, um weiteres Leiden zu beseitigen. Ein Dorn kann mit Hilfe eines anderen Dorns entfernt werden, und Leiden kann durch Leiden aufgehoben werden. Leiden muß kommen, wenn es die Seele von ihren Begierden heilen kann. Es ist dann ebenso notwendig wie Arznei für einen Kranken.

Unnötiges Leiden
Neunundneunzig Prozent allen menschlichen Leidens jedoch ist unnötig. In hartnäckigem Unverständnis bringen die Menschen Leid über sich selbst und ihre Mitmenschen und fragen dann sonderbarerweise: «Weshalb müssen wir leiden?» Zur Symbolisierung des Leidens werden meist Kriegsbilder herangezogen: zerstörte Häuser, gebrochene und blutende

Glieder, Tortur und Todesqualen. Doch dies sind nicht besonders repräsentative Bilder des Leidens. Tatsächlich leiden die Menschen die ganze Zeit. Sie leiden, weil sie unzufrieden sind – sie wollen mehr und mehr. Krieg ist weit eher ein Ergebnis des universalen Leidens der Unzufriedenheit als Sinnbild des Leidens schlechthin. Durch seine Habsucht, seinen Stolz und seine Grausamkeit bringt der Mensch unsägliches Leid über sich selbst und andere.

Die Fruchtlosigkeit des egoistischen Strebens nach Glück
Der Mensch beschränkt sich nicht darauf, für sich selbst Leiden zu schaffen, sondern er ist unablässig darauf bedacht, dies auch für seine Mitmenschen zu tun. Er sucht sein eigenes Glück selbst auf Kosten des Glücks anderer und bringt so Grausamkeit und endlose Kriege hervor. Solange der Mensch nur sein eigenes Glück im Auge hat, kann er es nicht finden. Die Jagd nach dem eigenen individuellen Glück stärkt das Ich des Menschen und macht es zur drückenden Last. Wenn ein Mensch nur an sich selbst denkt und sich der falschen Suche nach separatem, ausschließlich ihm selbst vorbehaltenem Glück hingibt, kann er anderen gegenüber äußerst herzlos und grausam werden, doch solches Tun fällt unweigerlich auf ihn zurück, indem es sein eigenes Leben an der Quelle vergiftet. Ein liebloses Leben entbehrt jeder Schönheit. Ein Leben in Liebe allein ist des Lebens wert.

Wahres Glück erwächst aus selbstloser Liebe
Wenn ein Mensch seinen Begierden entsagt, beseitigt er nicht nur viel Leid, das er anderen zufügt, sondern auch viel von seinem eigenen selbsterzeugten Leiden. Nichtbegehren an sich allein reicht indessen nicht aus, um Glück hervorzubringen, obwohl es den Menschen vor selbsterzeugtem Leiden bewahrt und in großem Maße dazu beiträgt, wahres Glück möglich zu machen. Wahres Glück beginnt dann, wenn ein Mensch die Kunst lernt, sich auf andere Menschen in rechter Weise einzustellen, und rechte Einstellung erfordert Selbstvergessen und Liebe. Deshalb ist es von überragender geistiger Bedeutung, das ichbezogene Leben in ein Leben der Liebe zu verwandeln.

Reine Liebe ist selten
Reine Liebe ist selten, weil Liebe in den meisten Fällen verfälscht wird durch eigennützige Motive, die als Ausdruck angehäufter schlechter Sanskāras heimlich im Bewußtsein wirken. Es ist äußerst schwer, das Be-

wußtsein von der tiefwurzelnden Unwissenheit zu befreien, die sich im Gedanken von «ich» und «mein» ausdrückt. Sagt jemand zum Beispiel, er/sie liebe seine/ihre Geliebte(n), so meint diese Person damit oft bloß, daß sie sie/ihn *begehrt.* Auch im Ausdruck elterlicher Liebe ist das Gefühl von «ich» und «mein» stark ausgeprägt. Sieht ein Vater seinen eigenen Sohn in Lumpen gehen, so tut er alles, was er kann, um ihm gute Kleider zu besorgen und sein Wohl zu sichern. Er selbst würde sein Gefühl dem Sohn gegenüber unter solchen Umständen als reine Liebe betrachten, doch in seiner spontanen Antwort auf das Elend seines Sohnes spielt der Gedanke von «mein» eine nicht unbeträchtliche Rolle. Träfe er auf der Straße den Sohn eines Unbekannten in zerlumpten Kleidern, so würde er nicht in gleicher Weise antworten wie im Falle seines eigenen Sohnes. Dies zeigt, daß sein Verhalten tatsächlich weitgehend eigennützig ist, obwohl ihm dies nicht voll bewußt sein mag. Das Gefühl von «mein» ist da, doch bleibt es im Hintergrund, und es bedarf der aufrichtigen Selbstprüfung, um es ans Licht zu bringen. Nur dann, wenn dieser Mann den Sohn des Unbekannten in gleicher Weise behandelt wie den eigenen Sohn, kann man von ihm sagen, er sei von reiner, selbstloser Liebe beseelt.

Der Weg zu reiner Liebe

Reine Liebe ist nicht etwas, das sich jemandem aufzwingen läßt, noch ist sie etwas, das einem anderen abgerungen werden kann. Sie muß sich mit unbehinderter Spontaneität von innen kundgeben. Was aber durch willentlichen Entschluß erreicht werden kann, ist die Beseitigung jener Faktoren, die die Entfaltung reiner Liebe verhindern. Selbstlosigkeit ist zugleich schwer und leicht zu erlangen. Sie ist schwer zu erlangen für jene, die sich nicht entschlossen haben, aus den Begrenzungen des Ich auszubrechen, und sie ist leicht zu erlangen für jene, die entschlossen sind dazu. Fehlt es am festen Entschluß, so bewahren die Bindungen des begrenzten Ich eine Macht, die sich nicht brechen läßt. Doch wenn ein Mensch entschlossen ist, die Eigensucht um jeden Preis abzulegen, findet er leicht Eingang in den Bereich der reinen Liebe.

Das Ich ist wie ein Umhang der Seele. So wie ein Mensch seinen Umhang willentlich ablegen kann, kann er auch in einem kühnen Willensakt den Entschluß fassen, das Ich abzulegen und sich seiner ein für allemal zu entledigen. Das sonst so schwierige Werk wird leichtgemacht durch mutigen Entschluß und beharrliches Festhalten daran. Dies ist nur jenem möglich, der sich innigst nach reiner Liebe sehnt. So wie sich

Die Voraussetzungen wahren Glücks

der Hungrige nach Nahrung sehnt, muß sich der Suchende, der reine Liebe erfahren möchte, innigst nach reiner Liebe sehnen.

Wahre Liebe wird nur durch den Meister erweckt

Wenn der Suchende solch inniges Sehnen nach reiner Liebe entfaltet, kann man von ihm sagen, er sei reif geworden für das Eingreifen des Meisters, der ihn durch angemessene Führung und Hilfe in den Stand göttlicher Liebe erhebt. Nur ein Vollkommener Meister vermag wahre Liebe zu wecken, und zwar durch die göttliche Liebe, die er schenkt. Es gibt keinen anderen Weg. Wer sich sehnt, in der Liebe zu verbrennen, muß zur ewigen Flamme der Liebe gehen. Wahre Liebe ist das Wichtigste im Leben. Sie kann nicht anders erweckt werden als durch Kontakt mit demjenigen, der die Liebe selbst ist. Bloßes Nachsinnen über die Liebe mag eine Theorie der Liebe hervorbringen, doch das Herz bleibt dabei leer. Liebe allein weckt Liebe. Sie läßt sich nicht durch künstliche Mittel herbeizwingen.

Liebe führt zum wahren Glück der Gottverwirklichung

Wenn im Suchenden wahre Liebe erwacht, führt sie ihn zur Gottverwirklichung und erschließt ihm die nie versiegende Quelle unbegrenzten Glücks. Die Glückseligkeit der Gottverwirklichung ist das Ziel aller Schöpfung. Ohne die tatsächliche Erfahrung des Gottzustandes kann keiner diese unaussprechliche Seligkeit auch nur erahnen. Die Vorstellung des Weltmenschen von Glück und Schmerz ist äußerst begrenzt. Die wirkliche Glückseligkeit, die das Aufgehen in der Wirklichkeit Gottes bringt, wiegt alles körperliche und mentale Leiden im Universum auf. Wenn sie kommt, ist alles Leiden, als wäre es nie gewesen.

Die Seligkeit der Gottverwirklichung ist unvergleichlich

Nichtverwirklichte können durch Yoga solche Herrschaft über ihr Gemüt erlangen, daß sie unter keinen Umständen Schmerz empfinden oder leiden, selbst dann nicht, wenn sie lebendig begraben oder in siedendes Öl geworfen werden. Doch obwohl fortgeschrittene Yogis jedes Leiden durchzustehen und aufzuheben vermögen, erfahren sie nicht die Glückseligkeit der Gottverwirklichung. Für den, der mit Gott eins geworden ist, ist nichts anderes mehr. Deshalb kann die Glückseligkeit der Gottverwirklichung durch nichts geschmälert werden. Die Glückseligkeit der Gottverwirklichung ist selbsttragend, ewig neugeboren, unvergänglich, grenzenlos und unbeschreibbar. Um dieser Glückseligkeit willen ist die Welt ins Dasein getreten.

Gott als unendliche Liebe

Liebe ist das Wesen Gottes
Wer versucht, Gott allein durch den Intellekt zu verstehen, gelangt zu einer kalten, trockenen Vorstellung, welche das Eigentliche des Wesens Gottes übersieht. Es ist wahr, daß Gott unendliches Wissen, unendliches Sein, unendliche Macht und unendliche Seligkeit ist, doch Gott wird in Seinem Wesen nicht begriffen, solange Er nicht auch als unendliche Liebe begriffen wird. Im Jenseitszustand, aus dem das gesamte Universum hervortritt und in den es letztlich wieder eingeht, ist Gott ewig unendliche Liebe. Nur wenn Gottes Liebe im endlichen Kontext der Formen gesehen wird (die mit dem illusorischen Universum der Dualität hervortreten und mit ihm wieder verschwinden), *scheint* ihre Unendlichkeit geschmälert zu sein.

Drei Phasen der Liebe im manifesten Universum
Wenn Gottes Liebe sich selbst in den manifesten Formen des Universums und durch diese erfährt, durchläuft sie drei Phasen: 1. Sie erfährt sich als äußerst begrenzt. 2. Sie erfährt sich immer weniger als begrenzt und zunehmend als unbegrenzt. 3. Sie erfährt sich als das, was sie in Wirklichkeit ist: unendlich in Wesen und Sein. Die Erfahrung des Begrenztseins der Liebe erwächst aus Unwissenheit, die bedingt ist durch Sanskāras, die Nebenprodukte der Bewußtseinsentwicklung, und deshalb besteht der Vorgang der Entgrenzung der Liebe in der Beseitigung dieser begrenzenden Sanskāras.

Sinneslust als begrenzteste Form der Liebe

Während die Liebe, die das Universum durchwirkt, auf den frühen Stufen der Evolution fast unbewußt bleibt, wird sie auf der Stufe der Tiere ihrer selbst als Sinneslust bewußt. Auch im menschlichen Bewußtsein erscheint sie zunächst in der Form der Sinneslust, des sinnlichen Verlangens. Sinneslust ist die begrenzteste Form der Liebe im menschlichen Bewußtsein. Trotz ihres klaren Bezugs zu anderen Personen ist sie nicht zu unterscheiden von purer Eigensucht, weil alle ihre Objekte allein vom Gesichtspunkt und zum Wohl des begrenzten und gesonderten Ich begehrt werden. Gleichzeitig ist sie aber auch eine Form von Liebe, weil ihr eine gewisse Wertschätzung anderer innewohnt, selbst wenn diese Wertschätzung verfälscht wird durch dichtes Unwissen um das wahre Selbst.

Liebe in der physischen Sphäre

Wenn das menschliche Bewußtsein völlig in der Dualität der physischen Daseinssphäre gefangen ist, kann sich Liebe nur als Sinneslust irgendeiner Art äußern. Was ist Sinneslust? Ein Mensch mag Curry, weil dieses Gewürz seinen Gaumen kitzelt. Da keine höheren Erwägungen im Spiel sind, handelt es sich um bloße Sinneslust. Es ist nichts weiter als ein Verlangen nach den Sinnesempfindungen des Geschmacks. Das Gemüt begehrt die Sinnesempfindungen des Sehens, Riechens, Hörens und Tastens und nährt sein rohes Ich-Leben durch die Stimuli, die es aus diesen Empfindungen gewinnt. Sinneslust jeder Art ist eine Verstrickung mit physischen Formen, unabhängig vom Geist, der sich dahinter verbirgt. Sie ist ein Ausdruck der Bindung an bloße Sinnesobjekte. Da Sinneslust in allen ihren Formen das Herz unerfüllt läßt und ihm den Ausdruck versagt, bleibt es leer und endlosem Leiden und Darben preisgegeben.

Knechtung des Geistes durch Sinneslust

Liebe, die sich als pure, hundertprozentige Sinneslust ausdrückt, befindet sich in einem Zustand äußerster Begrenztheit, weil sie hilflos gefangen ist in unablässigem Verlangen. Wenn das Herz von Sinneslust beherrscht wird, bleibt der Geist gleichsam in einem Zustand der Blendung oder Betäubung. Sein Wirken wird ernstlich eingeengt und verzerrt durch die begrenzende Unwissenheit, der er unterliegt. Seine höheren Fähigkeiten bleiben ohne Ausdruck, ohne Erfüllung, und diese Beschneidung und Unterdrückung des Geisteslebens stellt einen Zustand äußerster Knechtschaft dar.

Protest des Geistes durch das Gefühl der Unvollständigkeit

Sinneslust ist die begrenzteste Form der Liebe, und diese Begrenztheit ist bedingt durch Nichtwissen. Das eindeutige Gefühl der Unvollständigkeit, das Sinneslust unweigerlich mit sich bringt, ist an sich selbst ein Zeichen, daß sie ein unzulänglicher und unangemessener Ausdruck ist von etwas Tieferem, das weit und unbegrenzt ist. Durch die mannigfaltigen und endlosen Leiden, die pure Sinnlichkeit nach sich zieht, und die fortgesetzten Erfahrungen der Nichterfüllung, die sie bringt, bekundet der Geist unaufhörlich und beharrlich seinen Protest gegen die Oberflächlichkeit eines Lebens ungezügelter Sinneslust. So bringt die ununterdrückbare Stimme der unendlichen Liebe Gottes den Anspruch ihrer unerkannten, aber ungeschmälerten Wirklichkeit zur Geltung.

Der Vorgang der Vergeistigung

Selbst auf der untersten Stufe des lustbezogenen Lebens der physischen Sphäre erfährt sich Gott als Liebender, doch ist dies der Zustand eines Liebenden, der gänzlich im Unwissen ist um das wahre Wesen seiner selbst und des göttlichen Geliebten. Es ist der Zustand eines Liebenden, der von diesem Geliebten unerbittlich getrennt ist durch einen dichten Schleier undurchschauter Zweiheit. Doch dieser Zustand ist der Beginn eines langen Vorgangs, in dem der Liebende den Schleier der Unwissenheit allmählich durchdringt und letztlich seines wahren Wesens als unbegrenzte Liebe inne wird, in der es keine Trennung gibt. Doch bevor er in dieser unendlichen Liebe aufgehen kann, muß der Liebende zwei weitere Phasen durchlaufen, die für die subtile und mentale Sphäre charakteristisch sind.

Liebe in der subtilen Sphäre

Auch in der subtilen Sphäre ist der Liebende nicht frei von Lust, doch die Lust, die er auf dieser Stufe erfährt, ist nicht pure Sinneslust wie in der physischen Sphäre. Die Intensität der Lust ist in der subtilen Sphäre nur noch ungefähr halb so groß wie in der physischen Sphäre. Auch findet sie hier keinen Ausdruck mehr im Körperlichen. Der Liebende der physischen Sphäre ist völlig verstrickt mit körperlichen Dingen, und deshalb drückt sich seine Lust im Körperlichen aus. Doch in der subtilen Sphäre hat sich der Liebende von der Bindung an körperliche Dinge gelöst, und deshalb bleibt seine Lust ohne Ausdruck im Körperlichen. Sie drückt sich im Subtilen aus, kann jedoch keinen Ausdruck im Physischen finden. Die ursprüngliche Sinneslust der physischen Sphäre ist in der subtilen Sphäre etwa zur Hälfte vergeistigt, und deshalb erfährt der Liebende in der subtilen Sphäre Liebe nicht als pure Sinneslust, sondern in einer höheren Form – als Sehnsucht nach der Vereinigung mit dem göttlichen Geliebten.

Der Unterschied zwischen Sinneslust und Sehnsucht

In der physischen Sphäre drückt sich Liebe aus als Sinneslust, in der subtilen Sphäre aber als Sehnsucht. Sinneslust ist ein Verlangen nach Sinnesempfindungen und insofern gänzlich von Eigennutz motiviert. Sie läßt das Wohlergehen des Geliebten völlig außer acht. In der Sehnsucht ist weniger Eigennutz, und obwohl auch hier noch ein gewisses Fordern im Spiele ist, erkennt der Liebende nunmehr den Eigenwert und die Eigenbedeutung des Objekts seiner Liebe. Sehnsucht ist mithin eine weniger begrenzte Form der Liebe als Sinneslust. Der Schleier der Dualität ist dünner geworden und wirkt weniger hinderlich. Der Liebende sucht die Trennung vom göttlichen Geliebten bewußt zu überwinden und sehnt sich nach Seiner Gegenwart in ihm selbst. In der Sinneslust liegt die Betonung ausschließlich auf dem Ich, und die/der Geliebte wird ganz den rohen Bedürfnissen der eigenen Person untergeordnet. In der Sehnsucht liegt die Betonung zu gleichen Teilen auf dem eigenen Selbst und dem göttlichen Geliebten, und der Liebende erkennt, daß er ebenso da ist für den Geliebten wie der Geliebte für ihn.

Liebe in der mentalen Sphäre

In der mentalen Sphäre findet der Liebende zu einem noch höheren und freieren Ausdruck der Liebe. Obwohl auch hier die Lust nicht gänzlich verschwunden ist, hat sie sich doch zum größten Teil vergeistigt. Nur ungefähr ein Viertel der ursprünglichen Lust der physischen Sphäre ist noch vorhanden, doch es bleibt latent und findet keinerlei Ausdruck. In der mentalen Sphäre drückt sich Lust nicht einmal in subtiler Form aus; hier hat sich der Liebende auch von subtilen Dingen gelöst und ist frei von der fordernden Sehnsucht nach dem Objekt seiner Liebe, die für den Liebenden in der subtilen Sphäre charakteristisch ist.

In der mentalen Sphäre drückt sich Liebe als völlige Ergebung in den Willen des göttlichen Geliebten aus. Alles eigensüchtige Begehren, selbst die Sehnsucht nach der Gegenwart des Geliebten, ist verschwunden. Nun liegt die Betonung allein auf dem Wert und Willen des Geliebten und der Vereinigung mit Ihm. Da die Selbstsucht gänzlich getilgt ist, kommt es zu einer weit reicheren Freisetzung von Liebe in ihrer reinen Form. Doch selbst in der mentalen Sphäre ist die Liebe nicht unendlich geworden, denn nach wie vor besteht ein dünner Schleier von Dualität, der den Liebenden vom göttlichen Geliebten trennt. Trotz der Beseitigung der Eigensucht bleibt die Liebe im Bereich der Endlichkeit, weil sie durch das Medium des endlichen Gemüts erfahren wird, geradeso wie sie in der physischen und der subtilen Sphäre durch das Medium des physischen und des subtilen Körpers erfahren wurde.

Die Unendlichkeit göttlicher Liebe
Liebe wird dann bewußt unendlich in ihrem Sein und ihrem Ausdruck, wenn sie das individuelle Gemüt transzendiert. Solche Liebe wird mit Recht göttlich genannt, denn sie kennzeichnet den Gottzustand, in welchem jegliche Dualität endgültig überwunden ist. Hier existiert Lust nicht einmal mehr in latenter Form. Göttliche Liebe ist unbegrenzt in Wesen und Ausdruck, weil sie von der Seele durch die Seele selbst erfahren wird. In der physischen, subtilen und mentalen Sphäre erfährt sich der Liebende als getrennt vom Geliebten, doch wenn alle diese Phasen überwunden sind, erkennt sich der Liebende als eins mit dem göttlichen Geliebten. Der Liebende verliert sich im Sein Gottes, des Geliebten, und weiß nun, daß er kein anderer ist als Er. Göttliche Liebe ist gänzlich frei von der Knechtschaft der Begierden des Ich. Im Zustand unendlicher Liebe hat der Liebende kein vom Geliebten getrenntes Dasein mehr. Er ist der Geliebte selbst.

Die göttliche Romanze
So unterzieht sich Gott als unendliche Liebe zunächst der Selbstbegrenzung in den Formen der Schöpfung, um sodann durch die verschiedenen Phasen der Schöpfung seine Unendlichkeit wiederzuerlangen. Alle Phasen der Selbsterfahrung Gottes als endlicher Liebender gipfeln schließlich in Seiner Selbsterfahrung als der einzige Geliebte. Die Reise der Seele ist eine spannende göttliche Romanze, in welcher der Liebende, der am Anfang nichts gewahrt als Leere, Nichterfüllung, Oberflächlichkeit und den nagenden Schmerz der Knechtschaft, nach und nach zu einem immer freieren und volleren Ausdruck der Liebe findet, um letztlich im göttlichen Geliebten zu entwerden und aufzugehen in der Wirklichkeit des Einsseins von Liebendem und Geliebtem in der höchsten und ewigen Wahrheit Gottes als unendliche Liebe.

Epilog

Zwölf Wege zu Meiner Wirklichkeit

1. Sehnsucht
Wenn dein Sehnen und dein Durst nach Einswerden mit Mir dich verzehrt wie das Sehnen nach Wasser denjenigen, der tagelang in der heißen Wüstensonne gelegen hat, dann wirst du eingehen in Meine Wirklichkeit.

2. Innerer Friede
Wenn du in dir einen Frieden hast, der so unbewegt ist wie die Oberfläche eines gefrorenen Sees, auch dann wirst du eingehen in Meine Wirklichkeit.

3. Demut
Wenn du die Demut der Tonerde hast, die sich zu jeder Gestalt formen läßt, dann wirst du Mich erkennen.

4. Verzweiflung
Wenn du jene Verzweiflung erfährst, die zur Selbstvernichtung treiben kann, und fühlst, daß du nicht leben kannst, ohne Mich zu sehen, dann wirst du Mich sehen.

5. Vertrauen
Wenn du jenes gänzliche Vertrauen hast, das Kalayan seinem Meister bewies, als er am hellichten Tag glaubte, es sei Nacht, weil sein Meister so gesagt hatte, dann wirst du wissen, wer Ich bin.

6. Treue
Wenn du die Treue des Atems hast, der dich nie verläßt bis an dein Ende, selbst wenn du ihn nicht ständig fühlst, der dich im Glück ebenso begleitet wie in der Drangsal und sich niemals gegen dich kehrt, dann wirst du Mich finden.

7. Selbstbeherrschung durch Liebe
Wenn deine Liebe zu Mir deine Lust an den Dingen der Sinne vertreibt, dann wirst du zu Mir kommen.

8. Selbstloses Dienen
Wenn du jenen Geist selbstlosen Dienens hast, der unberührt bleibt von Ergebnissen, der Sonne gleich, die der Welt dient, indem sie auf die ganze Schöpfung scheint – auf das Gras der Wiesen, die Vögel der Luft, die Tiere des Waldes, auf die ganze Menschheit mit ihren Sündern und Heiligen, ihren Reichen und Armen – ohne auf deren Meinung von ihr zu achten, dann wirst du Mich gewinnen.

9. Entsagung
Wenn du um Meinetwillen allem Körperlichen, Mentalen und Geistigen entsagst, dann wirst du Mich empfangen.

10. Gehorsam
Wenn dein Gehorsam so spontan, vollständig und natürlich ist wie das Sehen von Licht für das Auge oder das Riechen von Gerüchen für die Nase, dann wirst du Mich erreichen.

11. Hingabe
Wenn deine Hingabe an Mich so vorbehaltlos ist wie bei dem, der sich nach langer Schlaflosigkeit dem plötzlichen Einschlafen überläßt, ohne Angst, sich zu verlieren, dann wirst du Mich erlangen.

12. Liebe
Wenn du jene Liebe für Mich hast, die der Heilige Franziskus für Jesus hatte, dann wirst du nicht nur eingehen in Meine Wirklichkeit, sondern du wirst Meine Freude sein.

Meher Baba

Glossar

Das Glossar ist in zwei Teile gegliedert. Der 1. Teil umfaßt die in diesem Buch vorkommenden fremdsprachlichen Begriffe, Personen sowie einige deutsche Begriffe, die einer Klärung bedürfen, während der 2. Teil einige gebräuchliche Ausdrücke enthält, die in anderen Schriften von oder über Meher Baba vorkommen. Die Kurzdefinitionen geben den Sinn wieder, in welchem sie im vorliegenden Text verwendet werden und der gelegentlich vom sonst üblichen Gebrauch abweichen kann. Ausführlichere Erläuterungen finden sich namentlich in Meher Babas Werk *God Speaks*.

Die mit S gekennzeichneten Begriffe stammen aus der Tradition des Sufismus (s. dieses Stichwort) und sind persischen oder arabischen Ursprungs. Die mit V gekennzeichneten Begriffe entstammen der Tradition des Vedānta (s. dieses Stichwort) und sind hier in ihrer Sanskrit-Schreibweise angeführt. Halbfett gedruckte Begriffe in den Definitionen zeigen an, daß dies in diesem Glossar erklärte Stichwörter sind.

Bezüglich der Aussprache ist Folgendes zu beachten:

j = weiches dsch
ch = tsch
sh = weiches sch
ā, ī, ū = lange Vokale
bh, dh = h als deutlich hörbarer Laut zu sprechen (z. B. Budd-ha)

1. Begriffe und Personen aus dem vorliegenden Buch

Abdâl (S) *(Ez./Mz.)*: geistig fortgeschrittene Suchende, die ihre physische Form willentlich wechseln können.
Abraham: der Prophet, der Patriarch. Nach dem Koran ist Ismael (hebr. «Gott hört») der Sohn, den Abraham zu opfern aufgerufen war, nach dem Alten Testament hingegen ist es Isaak (hebr. «der Spötter»).
Abrar (S): siehe **Wali**.
Ādhyātma-Mārga (V): der geistige Pfad, der Weg zur Wirklichkeit Gottes, des wahren Selbst. Auch V: Moksha-Mārga; S: **Tariqat**.
Ahadiyat (S): siehe **Vijñāna**.
Aham Brahmāsmi (V): «Ich bin die absolute Wirklichkeit», die Erfahrung des Gottverwirklichten. S: **Anâl Haqq**; siehe auch **Nirivikalpa**.
Aikaya (V): siehe **Vasl**.
Âlam-e-Jabrût (S): siehe **mentale Sphäre**.
Âlam-e-Malakût (S): siehe **subtile Sphäre**.
Âlam-e-Nasût (S): siehe **physische Sphäre**.
Alles, das: Gott, das unendliche Sein; das Alles, das unendlich ist, schließt das **Nichts** ein.
Amāvāsyā (Skrt.): die dunkelste Nacht im Mondzyklus (Neumond).
Anâl Haqq (S): «Ich bin die absolute Wirklichkeit», die Erfahrung des Gottverwirklichten. V: **Aham Brahmāsmi**. Siehe auch **Nirvikalpa**.
Anna-Bhuvana (V): **physische Sphäre**.
Anvaya (V): das synthetische (verbindende) Denken.
Arjuna: siehe **Krishna**.
Astralkörper: die Form, durch die das Astrale erfahren wird, das einen Übergangsbereich zwischen der physischen und der subtilen Sphäre bildet. Siehe auch **semisubtile Welt**.
Ātman (V): die Seele. S: **Jân**; **Ruh**.
Ātmapratisthāpana (V): siehe **Sahaj-Samādhi**.
Aum (V): siehe **Om**.
Avatār, der (Adj. avatārisch) (V): die volle Offenbarung Gottes in menschlicher Gestalt auf Erden als der ewige lebende Vollkommene Meister; die unmittelbare Herabkunft der Wirklichkeit in die Illusion; der Erlöser, der Höchste der Hohen, der Uralte oder Ewige. Weitere Bezeichnungen: der **Gottmensch**, der **Messias**, der **Christus**, der **Buddha**, der **Rasûl**. S: **Sahib-e-Zamân** (Herr des Zeitalters).
Azad-e-Mutlaq (S): siehe **Jīvanmukta**.
Baba Farid (oder Fariduddin): siehe **Ganj-e-Shakkar**.

Glossar

Bahlul: persischer König, der alles verließ, um Gott zu suchen, und ein großer Mystiker wurde.
Bairāgi (Hindi): Wanderasket, Weltentsager.
Baqâ-Billah (S): siehe **Sahaj-Samādhi**.
Bewußtseinsebenen, innere: die sechs Ebenen der inneren (**subtilen** und **mentalen**) Welten, die der Suchende auf dem geistigen Pfad durchschreiten muß, um zur letzten Wirklichkeit zu gelangen, der siebenten Ebene, die jenseits dieser Welten ist. Das Durchlaufen der inneren Ebenen, das mit dem Rückzug des Bewußtseins von der äußeren, physischen Welt beginnt, wird auch als Involution (Einfaltung) bezeichnet.
Bhagavad-Gītā: siehe **Krishna**.
Bhakta (V): Anhänger, Verehrer.
Bhakti (V): Liebende Verehrung. Siehe auch **Parā-Bhakti**.
Bhakti-Yoga (V): das Beschreiten des Wegs der Liebe.
Bhāsa (V): Illusion. Siehe auch **Māyā**.
Buddha, der (Skrt. «der ganz Erwachte»): der **Avatār**. Gautama Buddha (Siddhārta): die historische Persönlichkeit des Avatār, dessen Lehren im Buddhismus überliefert sind.
Chishti, Khwaja Muinuddin: ein Vollkommener Meister, der im 12. Jahrhundert in Ajmer (Indien) lebte.
Christus, der (gr. «der Gesalbte»): der **Messias**, der **Avatār**, der Erlöser. **Jesus Christus:** die historische Persönlichkeit des Avatār, dessen Lehren im Christentum überliefert sind.
Darshan (V): Anblick; schweigender persönlicher Kontakt mit Heiligen und Meistern.
Dharma-Shāstra (V): siehe **Karma-Kānda**.
Erleuchtung: Stufe des geistigen Pfads, auf welcher das Gemüt Gott (die unendliche Seele) sieht, aber noch nicht in Ihm aufgegangen ist.
Erlösung: siehe **Moksha**.
Fanâ (S): Entwerden, Auslöschung. Die Auslöschung bestimmter Aspekte des begrenzten Ich, die den Aufstieg zu den höheren **Bewußtseinsebenen** kennzeichnet.
Fanâ-e-Bâtili (S): Auslöschung des Falschen (Aufgehen in der 2. Ebene).
Fanâ-e-Jabrûti (S): Auslöschung aller Begehren (Aufgehen in der 5. Ebene).
Fanâ-e-Mahabûbi (S): Auslöschung des Liebenden im Geliebten (Gott) (Aufgehen in der 6. Ebene).

Fanâ-e-Malakûti (S): Auslöschung, die zur Freiheit führt (Aufgehen in der 4. Ebene).
Fanâ-e-Zâhiri (S): Auslöschung des Scheinbaren (Aufgehen in der 3. Ebene).
Fanâ-Fillah (S): siehe **Nirvikalpa**.
Franziskus, der Heilige: Franz von Assisi (1182-1226).
Ganj-e-Shakkar (auch Baba Farid): Jünger von Khwaja Muinuddin Chishti, später selbst ein Vollkommener Meister.
Gemüt (für engl. «**mind**», Skrt. «**Manas**», lat. «**mens**», Adj. mental): im vorliegenden Text bezeichnet dieser Begriff 1. im engeren Sinne den Speicher der Eindrücke vergangener Erfahrungen und Handlungen (**Sanskāras**), auf denen das begrenzte Wahrnehmen, Denken, Fühlen, Wollen und Handeln des Individuums beruht. In diesem Sinne wird das Gemüt auch bezeichnet als **Mentalkörper** oder **Kausalkörper** (Behälter der Ursachen oder Samen künftiger Gedanken, Begierden und Handlungen). 2. im weiteren Sinne das Ich (Ego, begrenztes Ich, begrenztes Selbst) überhaupt, das heißt die durch die angehäuften Sanskāras vorgegebene und bestimmte Individualität, durch welche die an sich unbegrenzte Seele scheinbar begrenzt wird. Deshalb auch als Ich-Gemüt bezeichnet (im Unterschied zum universalen Gemüt des Vollkommenen Meisters).
Ghausâli Shah: muslimischer Heiliger, der in Nordindien lebte.
Gopichanda: Berühmter indischer König, der alles verließ, um die Wahrheit zu suchen.
Gottberauschter: siehe **Mast**.
Gottmensch: die unmittelbare Herabkunft Gottes auf Erden in menschlicher Gestalt, d. h. der **Avatār**.
Gottverwirklichung: die Verwirklichung des eigenen göttlichen Wesens, das in jedem Menschen latent ist, mit anderen Worten die Verwirklichung des (wahren) Selbst, in welcher die Seele sich nicht mehr als begrenztes Individuum erfährt, sondern als die Allseele (Gott). S: **Fanâ-Fillah**, V: **Nirvikalpa**.
Gottzustand: der Zustand, in welchem die Seele sich bewußt als Gott (die Allseele) erfährt.
Hairat (S): Zustand der Entrückung oder Bezauberung (durch die Erfahrung der inneren Ebenen).
Harâm (S): verboten durch das islamische Religionsgesetz.
Insân-e-Kâmil (S): siehe **Vollendeter**.
Involution: siehe **Bewußtseinsebenen**.

Glossar

Irfân (S): siehe **Jñāna**.
Isaak und Ismael: siehe **Abraham**.
Jâmi: persischer Dichter und Mystiker (1414–1492).
Jân (S): siehe **Ātman**.
Jenseitszustand: der unverlierbare Zustand unendlichen göttlichen Bewußtseins jenseits aller Schöpfung, in den die Seele bei der Gottverwirklichung eingeht (siehe **Nirvikalpa**). Auch der Urzustand Gottes vor aller Schöpfung (zu unterscheiden vom Ururzustand, siehe hierzu *God Speaks*, Kap. 9).
Jesus Christus: siehe **Christus**.
Jism-e-Altaf (S): siehe **Mentalkörper**.
Jism-e-Kasif (S): siehe **physischer Körper**.
Jism-e-Latif (S): siehe **Subtilkörper**.
Jīvanmukta (V): ein Verwirklichter mit Schöpfungsbewußtsein, der jedoch im Unterschied zum Vollkommenen Meister keinen besonderen Auftrag in der Schöpfung zu erfüllen hat: S: Azâd-e-Mutlaq; Sâlik-e-Kâmil.
Jīvanmukti (V): siehe **Mukti**.
Jñāna (V): geistiges Wissen, Gnosis. Andere Schreibweisen: Anyān(a), S: Irfân.
Jñāna-Yoga (V): das Beschreiten des Wegs geistiger Erkenntnis.
Kabîr: Vollkommener Meister und Dichter Nordindiens (1440–1518).
Kalyân: im Kap. «Wahre Jüngerschaft»: Lieblingsjünger des Vollkommenen Meisters **Ramdas Samarth** (17. Jh.); im «Epilog»: Lieblingsjünger von **Kabîr** (15./16. Jh.), auch als Kamâl bekannt.
Kārana-Sharīra (V): siehe **Mentalkörper**. Andere Schreibweise: kāran sharîr, auch (V): **Manas**. S: Jism-e-Altaf.
Karma (Adj. karmisch) (V): Tat, Werk, Wirkung, Schicksal. Das Gesetz von Ursache und Wirkung, auf dem die sittliche Ordnung des Universums gründet. Die natürlichen und notwendigen Geschehnisse im Leben des Individuums, die durch dessen vergangenes Handeln vorgegeben sind.
Karma-Kānda (V): äußere Konformität mit den Geboten und Regeln der organisierten Religionen (Dharma-Shāstra), Orthodoxie. S: **Shariat**.
Karma-Yoga (V): das Beschreiten des Weges selbstlosen Dienens, der Yoga der selbstlosen Pflichterfüllung. **Karma-Yogi**: einer, der diesen Yoga praktiziert.
Kastūri-Marīga (Skrt.): Moschushirsch, ein Wiederkäuer Nordindiens, dessen Nabel den Duftstoff Moschus absondert.

Begriffe und Personen aus dem vorliegenden Buch

Kauravas: siehe **Krishna**.
Khwaja Sahib: siehe **Chishti, Muinuddin, Khwaja**.
Krishna: die historische Persönlichkeit des **Avatār**, dessen Lehren im Hinduismus überliefert sind und dessen Geschichte im Epos *Mahābhārata* erzählt wird. Krishnas Belehrungen an Arjuna unmittelbar vor der Schlacht gegen die Kauravas bilden Gegenstand der *Bhagavad-Gītā*. *Siehe auch* **Rādhā-Krishna**.
Lahār (V): Regung, Impuls, Welle, die «Laune» Gottes, die die Schöpfung hervorbrachte. Andere Schreibweise: Lahāri.
Layla: siehe **Majnun und Layla**.
Mahāpralaya (V): die große Auflösung der Schöpfung am Ende eines kosmischen Zyklus. S: Qiamat.
Mahāpurusha (V): siehe **Wali**.
Majnun und Layla: die in der mystischen Dichtung des Islam so oft erzählte Geschichte von Majnuns verzehrender Liebe für Layla stammt aus Arabien und gilt als ursprünglich wahre Geschichte.
Majzub-e-Kâmil (S): ein Verwirklichter, der in seiner Absorption im Göttlichen kein Bewußtsein der Schöpfung hat, aber seinen physischen Körper noch eine Zeitlang beibehält: V: Videha-Mukta.
Majzub-Sâlik: siehe **Paramhansa**.
Manas (V): das **Gemüt**, der **Mentalkörper** oder Kausalkörper. S: Jism-e-Altaf.
Mano-Bhuvana (V): siehe **mentale Sphäre**.
Manonāsha (V): siehe Nirvāna.
Mast *(weibl.* Mastâni) (S): Pilger des geistigen Pfads im Zustand der Gottberauschung (*masti*), d. h. des Überwältigtseins von der Gottesliebe.
Maulâna: siehe **Rumi**.
Māyā (V): das Prinzip der Unwissenheit, die Kraft, die die kosmische Illusion hervorbringt, auch als «Schatten Gottes» bezeichnet. S: Mejâz.
Meister: im vorliegenden Text stets im Sinne von Vollkommenem Meister (siehe dort).
Mensch-Gott: ein gottgewordener Mensch (im Unterschied zum **Gottmenschen**, dem menschgewordenen Gott), mit anderen Worten ein **Vollkommener Meister** (siehe dort).
Mentalkörper: der Kausalkörper, durch den die **mentale Sphäre** erfahren wird; der Sitz des **Gemüts**. S: Jism-e-Altaf, V: Kārana-Sharīra, Manas.
Mentale Sphäre/Welt: die höchste Sphäre der Schöpfung, die sich aus der fünften und sechsten der inneren **Bewußtseinsebenen** zusammensetzt

Glossar

und mittels des **Mentalkörpers** durch die mentalen **Sanskāras** erfahren wird (mentale Sanskāras sind weit feiner und weniger dicht als subtile Sanskāras, die wiederum weit feiner und weniger dicht sind als die groben Sanskāras der physischen Sphäre). S: Âlam-e-Jabrût.
V: Mano-Bhuvana.
Messias, der: der erwartete Welterlöser, der **Avatār** (siehe dort).
Mohammed, der Prophet, der Gottgesandte (Rasûl): die historische Persönlichkeit des **Avatār,** dessen Lehren im Islam überliefert sind.
Moksha (V): **Mukti** im gewöhnlichen Sinne, das heißt Erlösung vom Rad der Wiedergeburten nach Ablegen des physischen Körpers, die häufigste Art der Befreiung vom begrenzten Dasein. S: Najât.
Moksha-Mārga (V): siehe **Âdhyātma-Mārga.**
Mujâhida (S): siehe **Sādhana.**
Mukti (V): Erlösung vom Rad der Wiedergeburten (d. h. der Reinkarnation). Man unterscheidet vier Arten von Mukti: 1. **Moksha** (siehe dort), 2. **Videha-Mukti** (siehe dort), 3. Jīvanmukti des **Jīvanmukta** (siehe dort), und 4. Param-Mukti der **Vollkommenen Meister** (siehe dort). S: Najât.
Muqaddar (S): siehe **Prârabdha-Karma.**
Muqâm-e-Afsân (S): Ort der Täuschung, Phase des geistigen Pfads, in welcher der Pilger der Illusion erliegt, das Ziel bereits erreicht zu haben, während er effektiv immer noch unterwegs ist. (Muqâm bedeutet «Standort» oder «Station».) Andere Schreibweise: Mukâm-e-Afasân.
V: Sthāna.
Neti-Neti (V): wörtlich «Nicht dies, nicht das», das Prinzip asketischer Verneinung.
Nirvāna (V): das letzte Entwerden des begrenzten **Gemüts** im Göttlichen; der Zustand absoluter Leere; die erste Phase des endgültigen **Fanâ** der 7. Ebene. Auch V: Manonāsha.
Nirvikalpa-Samādhi (V): die Erfahrung des **Gottzustandes** der Verwirklichten; das völlige Aufgehen im Gottbewußtsein; die zweite Phase des endgültigen **Fanâ**; das Göttliche im Zustand der Selbstbejahung («Ich bin Gott»). Siehe auch **Aham Brahmâsmi** und **Anâl Haqq.** S: Fanâ-Fillah.
Nirvikalpa-Zustand (V): der **Gottzustand,** d. h. der Zustand, in dem die Seele mit absoluter Gewißheit weiß, daß sie Gott ist. Andere Schreibweise: Nirvikalp.
Nichts, das: der unendliche Schatten des **Alles,** d. h. Gottes.
Nuqush-e-Amâl (S): siehe **Sanskāras.**

Begriffe und Personen aus dem vorliegenden Buch

okkult: allgemein im Sinne von jenseits des Bereichs der gewöhnlichen Erfahrung, verborgen, nichtoffenbar, auch übersinnlich.
okkulte Erfahrungen/Kräfte: Es ist zu unterscheiden zwischen den okkulten Erfahrungen und Kräften, die im physischen und semisubtilen Breich (einschließlich des **astralen**) zugänglich sind, und jenen des geistigen Pfads, das heißt der inneren Bewußtseinsebenen der **subtilen** und **mentalen Sphäre**. Diese letzteren werden auch als mystische Erfahrungen und Kräfte (**Siddhis**) bezeichnet. Die eigentliche Machtebene ist die vierte, und die Macht dieser Ebene ist die Allmacht Gottes (siehe hierzu auch *God Speaks*, Kap. 5. und 6).
Om (V): der ozeanische Urton am Uranfang der Schöpfung; heilige Silbe der Hindus. Andere Schreibweise: Aum. **Om-Punkt:** der Schöpfungspunkt, der in jedem ist (s. hierzu *God Speaks*, Kap. 8).
Parā-Bhakti (V): Gottesliebe.
Paramātma(n) (V): die Allseele (Gott).
Paramahansa (V): ein Verwirklichter, der zuweilen im Göttlichen absorbiert, zuweilen auch der Schöpfung bewußt ist. Im ersten Zustand wird er (S) Majzub-Sâlik genannt, im letzteren Sâlik-Majzub.
Param-Mukta (V): siehe **Vollkommener Meister**.
Param-Mukti (V): siehe **Mukti**.
physischer Körper: jene Form, durch welche die **physische Sphäre** erfahren wird.
physische Sphäre/Welt: die Sphäre der Materie, der sichtbaren und unsichtbaren Welten in der Schöpfung, die vermittels des physischen Körpers durch die groben, dichten Sanskāras erfahren werden. S: Ālam-e-Nasût. V: Anna-Bhuvana oder Sthūla-Bhuvana.
Pir (S): Pilger auf der sechsten Bewußtseinsebene.
Prakriti (V): die phänomenale Welt, die Schöpfung; auch die nichtoffenbare kosmische Energie, die zusammen mit **Pursha** die phänomenale Welt hervorbringt.
Prāna (V): Lebensenergie; der **Subtilkörper** (siehe dort). Auch V: Sukshma-Sharīra, S: Jism-e-Latif.
Prāna-Bhuvana (V): siehe **subtile Sphäre**.
Prârabdha-Karma (V): die unausweichliche Bestimmung jeder Lebensspanne. **Prārabdha-Sanskāras:** die Eindrücke, die das Schicksal eines Individuums vorherbestimmen. S: Muqaddar.
Pūrna-Vairāgya (V): gänzliche Leidenschaftslosigkeit oder Entsagung.
Purusha (V): der Allgeist, der in Verbindung mit **Prakriti** die phänomenale Welt hervorbringt. Andere Schreibweise: Purush.

Glossar

Qiamat (S): siehe **Mahāpralaya**.
Qutub (S): siehe **Vollkommener Meister**.
Rādhā-Krishna: Rādhā war die Hirtin, die wegen ihrer unvergleichlichen Liebe für Krishna von diesem zu seiner liebsten Gefährtin auserwählt wurde.
Rah-e-Tariqat (S): siehe **Tariqat**.
Rahrav (S): Suchender, Pilger auf dem geistigen Pfad. V: **Sādhak** oder Sādhaka.
Rāma (oder Rām): die historische Persönlichkeit des **Avatār**, dessen Leben im indischen Epos *Rāmāyana* erzählt wird und dessen Lehren im Hinduismus überliefert sind. Siehe auch **Sita-Rām**.
Ramdas Samarth: Vollkommener Meister, der im 17. Jahrhundert in Indien lebte.
Rasûl (S): der Gottgesandte, d. h. der **Avatār** (siehe dort); übliche Bezeichnung für **Mohammed**.
Rishi (V): Weiser, Seher.
Ruh (S): siehe **Ātman**.
Rumi, Jalâluddin, Maulâna: Vollkommener Meister und persischer Dichter (1207–1273). Jünger von **Shams-e-Tabrîz**; begründete den Orden der tanzenden Derwische.
Sadguru (V): siehe **Vollkommener Meister**.
Sādhak (V): Suchender, Pilger auf dem geistigen Pfad. Auch Sādhaka. S: Rahrav.
Sādhana (V): Praxis, Übung, Streben auf ein Ziel hin, im Besonderen geistige Praxis. S: Mujâhida.
Sahaja-Samādhi (V): die spontane Erfahrung jener, die von der Absorption der 7. Bewußtseinsebene zurückgekehrt sind zum Bewußtsein der Schöpfung (unter voller Bewahrung des Gottbewußtseins), um zum Wohle anderer zu wirken; das Göttliche im Zustand des Handelns. Dies ist der Zustand der Vollkommenheit der **Vollkommenen Meister** und des **Avatār**. Auch bezeichnet als Ātmapratisthāpana. S: Baqâ-Billah.
Sahaja-Avasthā (V): der mühelose Zustand unendlichen Bewußtseins, in welchem absolute Spontaneität und ununterbrochene Selbsterkenntnis herrschen.
Sahavās(a) (V): Zusammensein, im Besonderen mit dem Meister.
Sahib-e-Zamân (S): siehe **Avatār**.
Sâlik-e-Kâmil (S): siehe **Jīvanmukta**.
Sâlik-e-Mukammil (S): siehe **Vollkommener Meister**.

Begriffe und Personen aus dem vorliegenden Buch

Sâlik-Majzub (S): siehe **Paramahansa**.
Samādhi (V): 1. Versenkung, Absorption, Ruhen in. 2. Trance-Meditation. 3. Heiligengrab.
Samarth, Svāmi Ramdas: siehe **Ramdas Samarth**.
Sanskāras (Ez. Sanskāra, Adj. sanskārisch) (V): Prägungen, gehäufte Eindrücke vergangener Erfahrungen und Handlungen, die das Denken, Begehren und Handeln des Individuums bestimmen und seine begrenzte Individualität ausmachen. Man unterscheidet grobe, subtile und mentale Sanskāras. Andere Schreibweise: Samskāras. S: Nuqush-e-Amâl (*pl*). Siehe auch **Prārabdha-Sanskāras, Vijñāni-Sanskāras, Yogayoga-Sanskâras**.
semisubtile Welt: Übergangsbereich zwischen der **physischen** und der **subtilen Sphäre**, in welcher die meisten Seelen während des Intervalls zwischen zwei Inkarnationen durch den **Astralkörper** die Zustände von Himmel und Hölle erfahren.
Shams-e-Tabrîz: Vollkommener Meister (gest. 1247), Meister von Jalâluddin **Rumi**.
Shariat (S): äußere Konformität mit den Geboten und Regeln der organisierten Religionen, Orthodoxie. Andere Schreibweise. Sharia. V: Karma-Kānda.
Sharīr(a) (V): wörtlich «Leib, Hülle», allgemein der **physische Körper** (auch Sthūla-Sharīra). S: Jism-e-Kasif: **Sukshma-Sharīra: Subtilkörper; Kārana-Sharīra: Mentalkörper.**
Shivāji (1630–1680): Begründer des Maratha-Reichs in Indien, Sozialreformer, Heerführer und Verfechter religiöser Toleranz.
Shivātma (V): siehe **Vollendeter**.
Shmashāna-Vairāgya (V): wörtlich «Kremationsstättenentsagung», plötzliche, aber kurzlebige Weltentsagungsstimmung, die beim Anblick des Todes aufkommt.
Siddha (V): ein Verwirklichter, **Vollendeter**.
Siddhis (V): mystische Kräfte, S: Tajalliyat (Ez. tajalli). Siehe auch **okkulte Erfahrungen/Kräfte**.
Sita-Rām: Sita war die Gefährtin **Rāmas**.
Sthāna (V): siehe **Muqâm-e-Afsân**.
Sthūla-Bhuvana (V): siehe **physische Sphäre**.
Sthūla-Sharīra (V): siehe **physischer Körper**.
Subtilkörper: Lebensenergie; Vehikel der Begierden und Lebenskräfte, durch welches die subtile Sphäre erfahren wird. S: Jism-e-Latif. (V): **Prāna, Sukshma-Sharīra.**

Glossar

subtile Sphäre/Welt: die mittlere Sphäre der Schöpfung, die sich aus den ersten vier der inneren **Bewußtseinsebenen** zusammensetzt und mittels des **Subtilkörpers** durch die subtilen **Sanskāras** erfahren wird (welche von weit geringerer Dichte sind als die groben der physischen Sphäre). Die vierte Ebene, die die Schwelle zur **mentalen Sphäre** bildet, ist gewissermaßen beiden Sphären zugehörig. S: Âlam-e-Malakût.
V: Prāna-Bhuvana. Siehe auch **semisubtile Welt**.
Sufismus (auch Sufik, Sufitum): 1. mystischer Weg, dessen Ziel die Läuterung des Herzens von allem außer Gott dem Geliebten und das gänzliche Aufgehen in Ihm ist. In diesem Sinne ist der Sufismus weit älter als sein Name, der im frühen Mittelalter im Kreis der Anhänger der inneren Lehre des Propheten **Mohammed** geprägt wurde. Jede Wiederkunft des **Avatār** erneuert diese Mystik als den Weg jener, die dem Kern seiner Botschaft folgen. 2. Im engeren Sinn die Tradition der islamischen Mystik mit ihrem umfangreichen Schrifttum in persischer und arabischer Sprache.
Sukshma-Sharīra (V): siehe **Subtilkörper**.
Tajalliyat (S): siehe **Siddhis**.
Tariqat (S): der geistige Weg. Andere Schreibweise: tariqa. Auch S: Rah-e-Tariqat. V: **Ādhyātma-Mārga**.
Tivra-Vairāgya (V): tiefwirkende Entsagung.
Unmatta (V): Zustand ungezügelter Gottberauschung, in welchem alle weltlichen Maßstäbe und Werte mißachtet werden. Siehe auch **Mast**.
Vasl (S): Vereinigung mit Gott. V: Aikya.
Vedānta: Gesamtbezeichnung für die mystischen Lehren der Upanischaden, der *Bhagavad-Gītā* und der Brahma-Sūtras, die von Shankara (8./9. Jh.) zu einem philosophischen System ausgebaut wurden und deren Gegenstand die letzte Wirklichkeit und die Befreiung der Seele ist.
Verwirklichung: siehe **Gottverwirklichung**.
Videha-Mukta (V): siehe **Majzub-e-Kâmil**.
Videha-Mukti (V): jene Art der Befreiung (**Mukti**), bei welcher der physische Körper noch eine Zeitlang beibehalten wird, jedoch ohne Bewußtsein der drei Sphären der Schöpfung. S: Majzubiyat.
Videha-Samādhi (V): göttliches Koma des Pilgers auf dem Pfad, in welchem dieser vorübergehend alles Bewußtsein seiner Körper und der Schöpfung verliert. Siehe auch **Fanâ-e-Zâhiri**.
Vijñāna (V): bewußtes Einssein, das höchste Bewußtsein des **Vollendeten**. S: Ahadiyat. Siehe auch **Jñāna**.

Begriffe und Personen aus dem vorliegenden Buch

Vijñāni-Sanskāras (V): jene besondere Art (nichtbindender) Sanskāras, die der Avatār vor seiner Enthüllung hat und die er auch den Mitgliedern seines zehnfachen Kreises gibt.
Vollendeter: ein Verwirklichter, das heißt einer, der die Gottverwirklichung erlangt hat. S: Insân-e-Kâmil, V: Shivātma.
Vollkommener Meister: ein Verwirklichter, der von der Absorption im Göttlichen zurückkehrt in die Welt (unter voller Bewahrung des Gottbewußtseins und Rückerlangung des Bewußtseins aller drei Sphären der Schöpfung), um andere Seelen zur Verwirklichung zu führen und allgemein zum Wohl der Schöpfung zu wirken. Im vorliegenden Text oft auch einfach als «Meister» bezeichnet. V: Sadguru («der wahre Meister», «der Meister, der zur Wahrheit führt»), S: Qutub (wörtlich «Achse», die geistige Weltachse), auch Sâlik-e-Mukammil («der höchst Vollkommene»). Weitere Bezeichnungen: Param-Mukta (V), Mensch-Gott (gottgewordener Mensch, im Unterschied zum menschgewordenen Gott, dem Gottmenschen).
Vyatireka (V): das analytische Denken.
Wali (S): wörtlich «Freund», Freund Gottes. Bezeichnung für einen Pilger auf der fünften **Bewußtseinsebene**. Auch S: Abrâr; Wali Allah. V: Mahāpurusha, Sant.
Yoga (V): wörtlich «Joch, anjochen», eine bestimmte Lebensdisziplin oder Lebensweise, auch Vereinigung. Siehe auch **Bhakti-Yoga, Jñāna-Yoga, Karma-Yoga**.
Yoga-Bhrashta (V): ein Pilger auf dem geistigen Pfad, der einen schweren Rückschlag oder Sturz erlitten hat, insbesondere durch Mißbrauch okkulter Kräfte.
Yogayoga-Sanskāras (V): die nichtbindenden **Sanskāras** der Vollkommenen Meister und des Avatār, die deren Wirken in der Schöpfung dienen.
Yogi (oder Yogin) (V): einer, der einen bestimmten Yoga praktiziert, ein Suchender. Auch S: Rahrav. V: **Sādhak**.
Zarathustra: die historische Persönlichkeit des **Avatār**, dessen Lehren in der avestischen Religion (Zarathustrismus, Mazdaismus, Parsismus) und deren Heiligen Schrift, dem Avesta, überliefert sind. Andere Schreibweise: Zoroaster.
Zarathustrier: Anhänger des Zarathustrismus, auch Zoroastrier oder Parsen genannt.

2. Häufig verwendete Begriffe in anderen Schriften von oder über Meher Baba

Ahuramazda (altiran. «der weise Herr»): Name Gottes in der avestischen Religion. Der Lichtgott des alten Iran. Andere Schreibweise: Ohrmuzd.

Allah (arab.): Name Gottes im Islam, Schöpfer, Erhalter und Richter aller Wesen.

Amartithi (Hindi/Marathi, amar-todlos, unvergänglich, tithi-Tag): der unvergängliche Tag, Tag der ewigen Begegnung, Bezeichnung des Jahrestags des Hingangs von Meher Baba, des Todlosen (31. Januar).

Arti (V): Gesang oder Gebet zum Lobpreis des verehrten Wesens, im traditionellen Ritual des Hinduismus begleitet von verschiedenen rituellen Handlungen wie Anzünden von Lämpchen, Verbrennen von Räucherstäbchen usw. Auch: Arati.

Avesta: die heilige Schrift der **Zarathustrier** (Parsen).

Daaman (Urdu): Saum eines Gewands. Im Sinne von Meher Baba bedeutet Festhalten an seinem Daaman das Festhalten an ihm, dem Avatār.

Dhuni (Hindi): läuterndes Feuer, Symbol des göttlichen Lichts, der Gottesliebe.

Elâhi (arab./pers.): einer der Namen Gottes, der eine und einzige Gott, verwandt mit dem hebräischen Eli (Eloah).

Ezad (avestisch): einer der Namen Gottes, mit der Bedeutung «der allein Anbetungswürdige». Andere Schreibweise: Izäd.

Jai (Sanskr./Hindi): (auch ki-jai). Lobruf im Sinne von: «Ruhm sei dir!» Verwendet im Gruß «Jai Meher Baba» und in «Avatār Meher Baba ki-jai».

Mandali (Ez./Mz.) (Sanskr./Marathi): Kreis, besonders Kreis von vertrauten Jüngern, auch die Mitglieder dieses Kreises.

Parabrahma (V): Bezeichnung des Ururzustands Gottes.

Parameshvar (V): Bezeichnung Gottes als unendliches Bewußtsein.

Parvardigâr (S): Bezeichnung Gottes als der Beschützer und Erhalter: V: Vishnu.

Prabhu (V): der Herr (Gott).

Prasād (V): Gabe Gottes, auch eine kleine Gabe (u. a. in Form von Süßigkeiten), ausgeteilt von oder im Namen von einem Heiligen, Vollkommenen Meister oder dem Avatār.

2. Häufig verwendete Begriffe in anderen Schriften von oder über Meher Baba

Samādhi (Hindi/Marathi): Grabmal, insbesondere das Grabmal von Meher Baba in Meherabad. Andere Bedeutungen s. Glossar 1. Teil.
Yezdân (avestisch): andere Bezeichnung für **Ahuramazda**.

Literaturverzeichnis

1. Bücher von Meher Baba:

Meher Baba: *God Speaks*, 2. Ausgabe, New York (Dodd, Mead), 1973.
– : *The Everything and the Nothing*, 6. Auflage, Sidney (Meher House), 1976.
– : *Life at its Best*, New York (Dutton), 1976.
– : *Beams on the Spiritual Panorama*, Walnut Creek, California (Sufism Reoriented), 1958.
– : *Listen, Humanity*, 4. Ausgabe, St. Helier, Jersey, Großbritannien (Companion Books), 1989

2. Bücher über Meher Babas Leben und Werk (Auswahl):

Charles B. Purdom: *The God-Man*, 2. Ausgabe, North Myrtle Beach (Sheriar Press), 1971.
William Donkin: *The Wayfarers*, 2. Ausgabe, North Myrtle Beach (Sheriar Press), 1988.
Bhau Kalchuri: *Lord Meher*, Bd. I–III, North Myrtle Beach (Manifestation Inc.), 1986, 1987, 1988.
Bhau Kalchuri: *Avatar of the Age, Meher Baba Manifesting*, North Myrtle Beach (Manifestation Inc.), 1985.
Tom and Dorothy Hopkinson: *Much Silence*, 2. Ausgabe, Bombay (Meher House), 1981.

Vollständige Bibliographie und Bücher zu beziehen durch Sheriar Press, 3005 Highway 17, North Bypass, Myrtle Beach, SC 29577, USA.

Kontaktadressen

Wer sich näher über Meher Baba, seine Publikationen oder die Aktivitäten von Zentren seiner Anhänger informieren will, kann sich an folgende Kontaktadressen wenden:

Avatar Meher Baba Trust
King's Road
Ahmednagar (MS) 414001
India

Meher Spiritual Center
10200 Highway 17 North
Myrtle Beach, SC 29577
U.S.A.

Avatar's Abode Trust
P.O. Box 779
Nambour, 4560 Qld.
Australia

Meher Baba Information
Box 1101
Berkeley, CA 94701
U.S.A.

**Avatar Meher Baba Center
of Southern California**
10808 Santa Monica Boulevard
Los Angeles, CA 90025
U.S.A.

Meher Baba Association
228 Hammersmith Grove
London W67FH
England

www.ingramcontent.com/pod-product-compliance
Lightning Source LLC
Chambersburg PA
CBHW071959150426
43194CB00008B/932